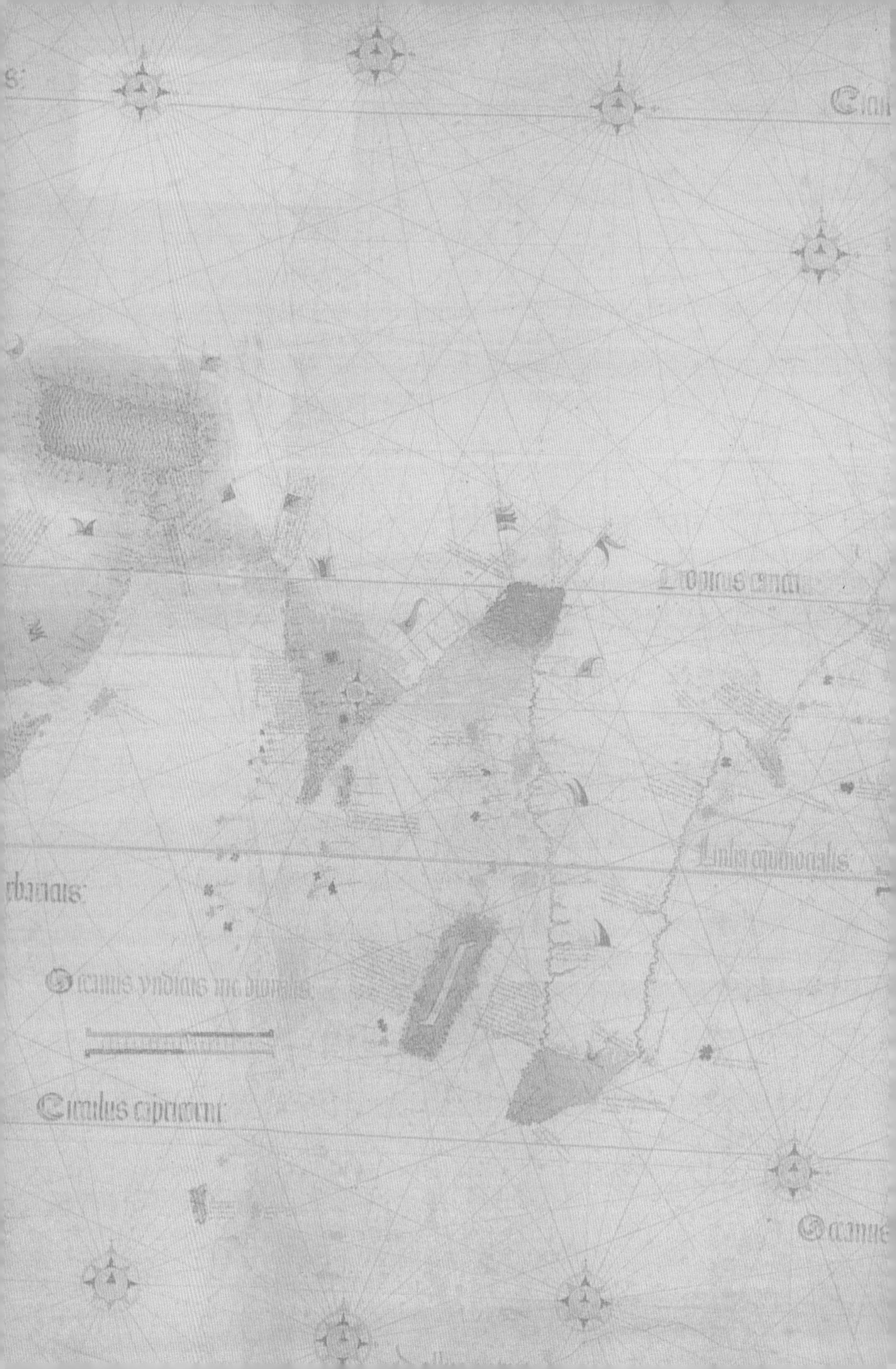
Tropicus cancri
Linea equinocialis
Circulus capricorni

图解国富论

[英] 亚当·斯密/著　高格/译

中国华侨出版社
北京

图书在版编目 (CIP) 数据

图解国富论 / (英) 亚当 · 斯密 (Adam Smith) 著；高格译 . —北京：中国华侨出版社，2016.9（2020.6 重印）

ISBN 978-7-5113-6334-3

Ⅰ . ①图… Ⅱ . ①亚… ②高… Ⅲ . ①古典资产阶级政治经济学－通俗读物 Ⅳ . ① F091.33-49

中国版本图书馆 CIP 数据核字（2016）第 224026 号

图解国富论

著　　者：［英］亚当 · 斯密
译　　者：高　格
责任编辑：林　炎
封面设计：韩立强
文字编辑：杨　君
美术编辑：吴秀侠
插图绘制：圣德文化
经　　销：新华书店
开　　本：720mm × 1020mm　1/16　印张：29　字数：670 千字
印　　刷：鑫海达（天津）印务有限公司
版　　次：2016 年 11 月第 1 版　2020 年 6 月第 2 次印刷
书　　号：ISBN 978-7-5113-6334-3
定　　价：68.00 元

中国华侨出版社　北京市朝阳区西坝河东里 77 号楼底商 5 号　邮编：100028
法律顾问：陈鹰律师事务所
发 行 部：（010）58815874　传　　真：（010）58815857
网　　址：www.oveaschin.com　E-mail：oveaschin@sina.com

编者序

《国富论》是具有“现代经济学之父”美誉的亚当·斯密的一部经济学专著，该书于1768年开始着手著述，原名《国民财富的性质和原因的研究》。1773年时已基本完成，但作者又多花了3年时间润饰此书。1776年3月，《国富论》正式出版，一度引起了大众广泛的讨论，影响所及遍布英国本地及整个欧洲和美洲。

《国富论》出版时，正值资本主义发展初期，该书及时地总结了近代初期各国资本主义发展的经验，批判地吸收了当时的重要经济理论，提出了一套系统全面的经济学说。从作为国富基础的劳动，到提高劳动生产力的分工，到分工带来的交换以及交换带来的媒介——货币，再到商品的价格以及构成价格的基本要素——工资、地租和利润，文中都有精辟的论述。

该书在历史上首次提出了全面系统的经济学说，为该领域的发展奠定了坚实的基础，是现代政治经济学研究的起点。它概括了古典政治经济学在形成阶段的理论成就，最早系统地阐述了政治经济学的各个主要学说，标志着自由资本主义时代的到来；它主张自由市场，反对政府干预垄断，但也不认为商业制度本身是完全值得肯定的；在赞扬对物质追求的同时，又鄙视商人的行为和策略……它的理论奠定了资本主义自由经济的理论基础。时至今日，《国富论》仍然可以看作是用现代经济学研究方法写作的第一部著作，对经济学研究仍然起着重要作用。

今天，《国富论》中的许多学说虽然已经被后来的经济学家所突破，但斯密所确立的研究方向和方法影响深远，他富有预见性的洞察和诸多明确、实用的见解也总能引起后人的重新思考。

《国富论》共分五篇，总结了近代初期各国资本主义发展的经验，批判、吸收了当时的重要经济理论，第一次提出了市场经济会由“看不见的手”自行调节的理论。它的首次出版标志着经济学作为一门独立学科的诞生，是现代政治经济学研究的起点，因此该书被誉为“第一部系统的伟大的经济学著作”“经济学的百科全书”“西方经济学圣经”。

200多年以来，经济学家的任务就是在《国富论》的架构上做一些修补工作，完善、细化其分析，基本是用斯密的方法分析经济发展规律的。

《国富论》是一部将经济学、政治理论、哲学、历史和经济实践活动巧妙地结合在一起的综合性著作，无论作为经济学的经典读本，还是作为语言学习的课外读物，对当代中国读者，特别是对经济学相关专业的大学生和从事经济学研究的学者都将产生积极的影响。不同的人读《国富沦》会有不同的收获，而且往往还会有意外收获。

本书对深奥的原著做出删节，在缩减篇幅的同时，充分保留斯密思想中的精华部分及完整体系。此外，本书还在经典原著的基础上，选配数百幅传世名画、大师摄影及经典插图，力求贴近原著论述的事实与思想，并使这本经济学巨著的阅读过程变得轻松愉悦。

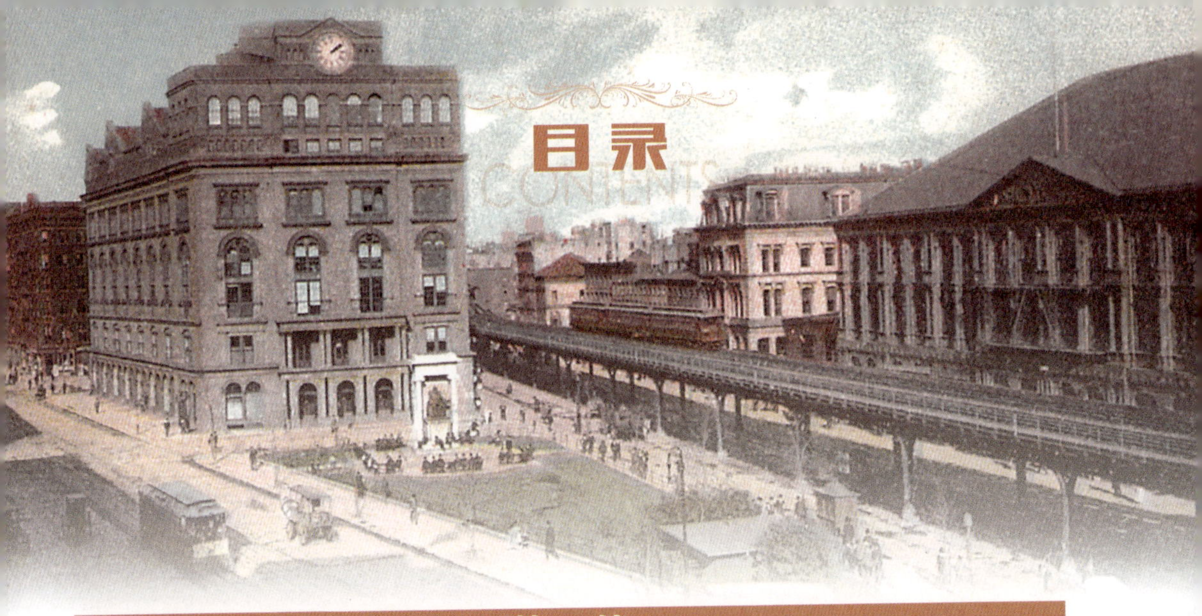

目录

CONTENTS

第一篇

论劳动生产力增进的原因并论劳动生产物自然分配给各阶级人民的顺序

第一章 论分工 /2

第二章 论分工的起因 /5

第三章 论分工受市场范围的限制 /7

第四章 论货币的起源和货币效用 /10

第五章 论商品的真实价格和名义价格，或其劳动价格和货币价格 /14

第六章 论商品价格的组成部分 /24

第七章 论商品的自然价格与市场价格 /28

第八章 论劳动工资 /33

第九章 论资本利润 /40

第十章 论工资与利润随劳动与资本的用途不同而不同 /47

　　第一节 基于职业本身性质的不平等 /47

　　第二节 起因于欧洲政策的不平等 /57

第十一章 论地租 /68

　　第一节 论总能提供地租的土地生产物 /68

　　第二节 论间或提供地租的土地生产物 /75

　　第三节 论总能提供地租的生产物与间或能提供地租的生产物二者价值比例之变动 / 82

　　本章的结论 /86

第二篇

论资产的性质、积累与使用

第一章 论资产的划分 /90

第二章 论作为社会总资产的一部分或作为维持国民资本费用的货币 /96

第三章 论资本的积累及生产性和非生产性劳动 /122

第四章 论放贷取息的资产 /140

第五章 论资本的各种用途 /146

第三篇

论不同国家的财富发展

第一章 论财富的自然增长 /160

第二章 论罗马帝国衰亡后农业在欧洲旧状态下所受到的抑制 /165

第三章 论罗马帝国衰亡后城市的兴起和发展 /174

第四章 城市商业如何对农村改良做出贡献 /183

第四篇

论政治经济学体系

第一章 重商主义的原理 /194

第二章 论限制输入本国能生产的商品 /209

第三章 论对那些贸易差额被认为不利于我国的通商国家的所有商品实施的输入限制 /221

第一节 即使根据重商主义的原则，这种限制也不合理 /221

第二节 根据其他原则，这种异常的限制也不合理 /230

第四章 论退税 /237

第五章 论奖励金 /239

第六章 论通商条约 /251

第七章 论殖民地 /256

第一节 论建立新殖民地的动机 /256

第二节 论新殖民地繁荣的原因 /260

第三节 美洲和经好望角到达东印度航路的发现给欧洲带来的利益 /269

第八章 关于重商主义的结论 /286

第九章 论重农主义，即政治经济学中把土地生产物看作各国财富的唯一来源或主要来源的学说 /298

第五篇

论君主或国家的收入

第一章 论君主或国家的开支 /316

第一节 论国防经费 /316

第二节 论司法费用 /329

第三节 论公共工程和公共机关的费用 /337

第四节 论维持君主尊严的费用 /370

本章的结论 /371

第二章 论一般收入或国家收入的来源 /372

第一节 专属于君主或国家的收入来源 /372

第二节 论赋税 /374

第三章 论公债 /426

第一篇

论劳动生产力增进的原因并论劳动生产物自然分配给各阶级人民的顺序

第一章

论分工

劳动生产力上最大的进步，以及所有劳动指向和应用的地方展现出的熟练程度、技能和判断力的提高，似乎都源于分工。

考察一些特殊制造业中的分工，可以让我们更好地理解分工在社会一般事务中所起的作用。人们习惯认为，越是微不足道的小制造业，分工反而越细。也许事实并不全如人们所想的那样。不重要的制造业之所以表现得比重要制造业中的分工更细，是因为它们本身需求量小，雇工也不多。这样一来，供职于各个部门的劳动者往往会集中在同一个地点工作，观察者能够一目了然。反之，在那些需求量大的重要制造业中，由于各个部门劳动者众多，全部集中在一起工作显然不可能，我们大多只能看到一个部门的工作者。因此，尽管大制造业中的工作划分比小制造业更细致，却常常因为这个原因而被人们忽视。

作为一种微小制造业，制针业的分工屡屡引起人们的关注。下面我们就将其引为例证来分析。一个人如果没有接受过这种职业（制针已经因为分工而成为一个专门的职业）技能的培训，又不懂得操作相关的机械（这种机械的发明大概也与分工有关），那么即使他倾尽全力，恐怕一天也难造一枚针，更别提20枚了。但是，按现行的生产模式，制针不仅形成了专业化生

这幅16世纪的版画描绘了一家书籍印刷厂的工作场景。分工成为专业化生产的基础。

产，还派生出许多部门，而这些部门中的大多数工作也同样是专门的职业。一个人抽铁丝，一个人拉直，一个人切截，一个人削针尖，一个人磨圆另一端以便装上针头。仅装针头一项，就包括两三道工序：装针头，把针涂白等。甚至外包装，都成为专门的职业。如此一来，制针的流程就包含了大约18项操作。这18项操作在有些工厂中分别由18人完成，当然也有些是一个人包办两三项。我见过这样的一个小厂，因为只有10个工人，所以有人身兼两三项操作。虽然这样的小厂资金匮乏、设备简陋，但只要工人们勤恳工作，一天生产12磅针也不成问题。依每磅4000枚中号针来算，10个工人日产针4.8万枚，平均下来每人每天产针4800枚。假如让他们在没有经过全程职业技能培训的情况下独立工作，别说一天造20枚针，恐怕连一枚也造不出来。也就是说，他们不仅完不成分工合作情况下产量的1/240，甚至连1/4800也达不到。

分工使同样人数的劳动者得以完成远超从前的工作量，其原因有三点：第一，每一个特定环节的工人技能得到提升；第二，免除了在不同类型工作之间来回转换耗损的时间；第三，大量精简劳动的机械的发明，使一个人能够胜任多个人的工作。

第一，工人技能提升，必然会使他所能完成的工作量增加。由于实施了分工，各个工人的业务变成了一种单一的操作，终其一生都在重复进行，当然能够大大提升熟练程度。

第二，由一种工作转到另一种工作时损失的那些时间，节省下来将会使我们得到超乎想象的利益。人们很难快速地从一种工作转到另一种工作，尤其是二者需要使用完全不同的工具，而且在不同场所进行时。一个还要耕种田地的农村纺织工，从织机到田间，再从田间转回到织机旁，总会耗费许多时间。如果能将两种技艺在同一工作地点进行，无疑能降低不少时间上的损失，但即便如此，损失仍旧不小。

第三，利用适当的机械，可以在很大程度上精简劳动，这点相信大家都熟知，就不再提供佐证。在这里我只想阐明一点：那些简化和节省劳动的机械的发明，也是分工的结果。人把注意力倾注在单一目标上，比分散在多个目标上能更快更轻易地找出达到目的的捷径。分工能够使每个人的全部注意力自然集中于某一简单事物上。因此，假以时日，各个具体的劳动部门中必然会有人发现一些专门针对自己工作的简单易行的操作方法，只要工作性质上还有改良的余地。当今分工最细致的各种制造业上应用的那些机械，很多都是由普通工人发明的。他们始终重复着单一的操作，自然会想到一些让操作更简便的方法。每一个去制造厂参观的人看到的那些精妙机械，都是普通工人为了更快、更轻松地完成自己的工作而发明的。

但是，并非一切机械的改良，都只依靠机械操作工的灵光乍现。当机械制造演变为一种专门的职业之后，还有许多是来自机械制造师的创造。另外还有一些，则来源于哲学家或思想家的智慧。哲学家和思想家们没有什么实事做，整天都在观察周遭的事物，因而他们常常能够将看似风马牛不相及的各种事物巧妙地结合起来。伴随着社会的发展和进步，哲学和推想也同其他职业一样，成为某一类人的主要业务和专门工作。并且哲学也像其他职业一样，派生出了许多不同的分支，给各个研究领域的哲学家提供了施展的舞台。哲学上这种分工，也像其他职业上的分工一样，既提升技能又节约时间。每个人都在自己熟悉的工作领域内拥有专长，不仅增加了全体的工作产量，而且大大提升了产业的科技含量。

由于分工的存在，各行各业的产量大幅增加，在一个政治修明的社会里，连最下层的民众也能普遍过上富裕生活。工人的劳动成果，除了满足自身需要以外，还剩余大量产品可供出

1764 年发明的珍妮纺纱机，能够同时纺织 12 股棉线或羊毛。

售；因为处在相同的环境中，其他的每个劳动者也都拥有大量自己生产的物品可以拿来交换，也就是说，都能换得其他劳动者持有的相同价值的大量产物。别人所需的物品，自己有能力供应；对于自身的需求，别人也能给予充分满足。这样一来，社会各阶级普遍富裕。

去看看文明、富强的国家里一个最普通技工或日工的生活用品吧！你会发现，在这种生活用品的生产过程中，有难以计数的劳动者参与，尽管每个劳动者只是完成其中微乎其微的一小部分。就拿一个日工所穿的粗呢外套来说，尽管粗劣，却也是由众多劳动者联合生产的。为了生产这件日用品，牧羊人、选毛工、刷毛工、染色工、粗梳工、纺工、织工、漂洗工、缝纫工，以及其他许多人须得联合起来工作。另外，由于材料往往需要在这些彼此相隔甚远的劳动者之间来回运送，就需要有很多商人和运输者参与其中。再有，染色工所用的药料购自世界各地，这需要有多少商业和航运业参与，才能把各种药料收集在一处？更别说其中的船工、水手、制帆人和制绳者了！要生产这些最普通劳动者所使用的工具，又需要多少种劳动啊！暂且不说如水手工作的船、漂洗工用的水车或织工用的织机这些大型机械，单单是牧羊人剪毛时所用的剪刀这样的简单工具，其制造就得经过多少种不同的劳动！生产一把极其普通的剪刀，就得动用矿工、熔炉制造者、伐木人、熔炉工、制砖工、泥水匠、锻工、机械安装工、铁匠等，需要将他们的各种技艺结合起来。假如我们用同样的方法考察一个劳动者的服装和家用器具：贴身穿的麻布衬衣、脚上穿的鞋子、睡觉用的床及各种床上用品、烹调用的炉灶、由地下采掘出来后经过海陆交通运输到达的煤炭、厨房中的一切用具、餐桌上的所有器具、盛取食物用的陶瓷和锡制器皿、烘面包和酿酒的用具，还有透光透热、遮风挡雨的玻璃窗（少了这项伟大发明，人类没法在地球北部如此舒适地安居），制造它们时必备的一切知识和科技，以及生产过程中所用的各种器具等，当我们结合每样东西生产过程中投入的各种劳动去探究这一切，我们就会知道，假如没有千千万万劳动者的分工协作，一个文明国家里的普通平民，将连一件极为简单平凡、不起眼的日常用品也享用不起。诚然，比起富贵人家的奢靡享受，他的日常生活需求算是极为简朴的了，但是不由得你不信，一个欧洲君主虽然比一个勤俭的农民享有的生活用品多，但这个农民享有的生活用品却比非洲国王多得多。

第二章

论分工的起因

分工带来如此多的利益，但它并非人类智慧的产物，最初的人类智慧并没有预见到并且期望通过分工能达到普遍富裕。事实上，是人性中的某种必然倾向导致了分工的出现。这种互通有无、以物易物、互相交易的倾向形成缓慢，而且几乎从未想到会有如此广泛的利益。

我们现在不去研究这种倾向是否是人性中一种无法透彻解析的本能，也不去想它是否更可能是人类理性和言语能力导致的必然结果，但它的确是人类共有和特有的一种倾向，在别的任何动物身上，这种契约行为倾向都得不到体现。两只猎犬追逐同一只兔子也是协作，它们把兔子在彼此之间来回追堵，但这只是某一小段特殊时间内偶然发生的一致性动作，而且它们从未定立契约。我们从没见过哪两只狗公平审慎地交换骨头，也从没见过一种动物用姿势和呼声告诉别的动物：这个归你，那个归我，我们交换。一个动物若想从人或者是别的动物那里获得某物，除了讨好他们之外，没有任何说服或者劝诱的手段。别的动物到了壮年几乎都可以不依靠其他动物而独立存活，而人却离不开同类的协助。

可是仅仅把希望寄托于别人的善心显然不够。如果能够利用每个人的利己心态，告诉他们你想让他们做的事对于他们自身同样有益，那就能轻松达到目的了。不论是哪个想同别人做交易的人，首先都会这样提议：请给我我要的东西吧，我会同时给你你想要的——这就是每一项交易的主旨所在。我们的日常所需，大抵都是通过这种方式获得的。我们获取的食物并非来自屠夫、酿酒师和面包师的恩惠，而是出于他们的利己思想。我们不用向他们乞求怜悯和爱意，只需唤起他们的利己心理就行了。不必向他们说我们的需求，只需强调他们能够获得的利益。没有人愿意仰仗别人的爱心过活，除了乞丐。即使是乞丐也不能完全依赖于人们的怜悯。乞丐的生存资料全部依靠善心人士提供，但是归根结底，乞丐不可能在任何有需要的时候都能马上得到施舍。他的相当一部分偶然需要也得和多数人一样，通过契约、交换和购买的形式获得。他拿别人施舍的钱去购买衣服，用别人给他的旧衣服去换另一件更适合自己的旧衣服、住所、食物，或者是钱，然后拿钱去买需要的衣服、住所、食物。

正因为我们能够通过契约、交换和购买来满足自己的绝大部分需求，所以才从这种相互交换的倾向中产生了分工。比如，在狩猎或者游牧民族中，某人有一手制造弓箭的绝活，经常拿自己的弓箭去和别人交换牲畜和肉食，后来他发现，比起自己到野外打猎，这种方式可以让他得到更多。于是，他从自己的利益出发，把制造弓箭作为自己的主要工作内容，渐渐变成

公元前7000年左右的有些地区，人们的社会分工已经很明显。建造房屋的人凭借他们的这项技术获得食物。

了一个武器制造者。另外有一个人善于建造茅屋、修缮房舍和架设屋顶，常常被人请去搭建房屋，因而得到了许多家畜和肉类。最终，他觉得专门以建造房屋为业对自己更为有利，于是他就成了一个房屋建筑者。就这样，第三个人成了铁匠或铜匠，第四个人成了硝皮者或制革者（皮革是蒙昧时期未开化人类的主要衣料）。这样一来，因为每个人都能用自己剩余的劳动生产物拿去换别人拥有的、对自己有用的劳动产物，自然就鼓励了大家各自从事一项专门的职业，继而在自己熟知的领域内发掘潜质、施展才能。

事实上，各人的天赋、资质差异并非如我们想象的那样大。多数情况下，与其说是成年人在不同职业中表现出来的极不相同的才能导致了分工的出现，倒不如说是分工造成了这种结果。两个差异较大的人，比如一个哲学家和一个大街上的挑夫，他们的差异更多地来自习惯、风俗、教育方面的不同影响，而并非天资的悬殊。从他们出生到七八岁以前，彼此的天性极为相似，恐怕连他们的父母或亲友都看不出他们身上有什么显著的差别。大约也就是从那个时候，或者是在紧接着的时间里，他们开始投身于不同的职业。慢慢地，人们看出了他们之间日渐明显的差异。到了最后，哲学家受虚荣心的驱使，将他们之间的相似之处全部抹杀。然而，人类如果没有互通有无、以物易物和互相交易的倾向，每个人都必须亲自生产自己所需的一切生活用品，所有人的任务和工作全无分别，那么职业的不同所产生的才能的巨大差异将不复存在。

交换的倾向不仅使从事各种职业的人表现出极显著的才能差异，还使这种差异得以为人所用。许多同种不同属的动物，其本身的天资差异比起人类在未经习惯、风俗、教育影响以前的天资差别大得多。就天赋资质而论，哲学家与街上挑夫的差异，远远比不上大猛犬与猎犬、猎犬与长毛垂耳犬、长毛垂耳犬与牧羊犬的差异。然而，这些同种不同属的动物彼此之间并不存在什么利用价值。猎犬的敏捷、长毛垂耳犬的机智、牧羊犬的乖顺，绝对不会对大猛犬力量的增强有任何帮助。因为它们没有互相交易的能力和倾向，所以也不能把各自不同的资质凝聚为一种共同的资源，因而也无法向自己的同类提供更好的福利和方便。每个动物始终都得各自分立、自给自足、自我保护。自然赋予了它们各种各样的才能，而它们却不能借此增加任何一点利益。人类则完全不同。他们之间即使是最不相同的才能也能引以互用。他们依着互通有无、以物易物和互相交易的一般倾向，把各种才能所能创造出的不同产物，组合成一个共同的资源体系，就像是一种共同财富平台，每个人都可以从中各取所需，随意地交换别人生产的任何产品。

第三章

论分工受市场范围的限制

因为交换引起了分工，所以分工的程度势必要受到交换能力大小的限制，换言之，要受市场范围大小的限制。如果市场过小，就无法鼓励人们毕生致力于一项专门的业务。因为在这种情况下，他们不能拿自己的剩余劳动产物随意换得自己需要的、别人的剩余劳动产物。

有些职业，哪怕是最低级的职业，也只能存在于大城市。像搬运工，就只能栖身于大城市。小村庄空间太狭小，自然不用说；即便是中型城市，亦不够大，不能提供给他稳定的工作来源。散布在苏格兰高地一带荒凉孤寂的小村庄里的农夫，不论哪一个，都不得不为了自己和家人而包揽屠夫、面包师乃至酿酒人的工作。在那种地方，方圆二十英里内甚至找不出第二个铁匠、木匠或泥水匠。远在这班工匠八九英里之外居住的零零星星的农户，就只好亲自动手去应付这许许多多的小事情；而在人口密集的地方，这些小事情照例是要请专业工匠来做。在农村里，一个人兼顾几项性质类似、用材接近的业务的情况相当普遍。在农村，木匠要制造一切木制品，铁匠要制作一切铁制品。一个农村木匠不单单是木匠，同时还是细工木匠、家具师、雕刻师、车轮制造者、耕犁制造者，乃至二轮、四轮运货车的制造者。木匠的工作已经够繁杂了，铁匠更甚。像苏格兰高地那样偏远的乡村，一个专门造铁钉的工人无论如何也维持不了生计。因为他即便只是日造1000枚铁钉，一年只有300个工作日，年产铁钉也有30万枚之多。但在那里，一年也销售不了1000枚铁钉，而那只是他一天的制造量。

铁匠要制作村落里所有的铁制品。

由于水运开拓出了比单一陆运更为广泛的市场，因此各行各业的分工改良，自然而然地最先出现于沿海、沿河一带。这种改良往往要经过很长时间才能在内陆地区普及推广开来。一辆由8匹马牵引、2个人驾驭的广辐四轮运货车，运载

4吨货物，在伦敦和爱丁堡之间往返需要6星期左右。而一艘由6人或8人驾驶的船，运载200吨货物，往返于伦敦和利斯之间，也只需要同样的时间。也就是说，需100个人、400匹马和50辆四轮货车运送的货物，借助水运，只需6~8人。而且，将200吨货物由伦敦运往爱丁堡，即使按照最低的陆运费用标准来算，也需得负担100人3个星期的生活费以及与此数目几近相等的400匹马50辆四轮货车的消耗维持费。而水运要负担的，充其量也不过是6~8人的生活费，载重200吨货船的消耗费，和比陆运多一点的保险费。所以，如果在两个城市之间，没有陆运以外的其他交通方式，那么除了那些重量不大而价格昂贵的货物以外，便找不出其他能从此处运往彼处的货物了。这样一来，两地间进行的商业活动，就将大大减少。当然，他们为彼此提供的产业发展上的促进也远远不会像今天这样大。假如世界上只有陆运这一种运输方式，那么那些偏远地区之间肯定没办法进行商业往来。有哪种货物，能负担得起由伦敦至加尔各答的陆上运输费用呢？即使有这种货物，谁又能确保货物安全通过横亘两地之间的众多野蛮民族的领地呢？可是，如今这两个城市之间进行着大规模的贸易，他们相互提供市场，并对彼此的产业发展给予着帮助和鼓励。

既然水运提供了这么好的便利条件、工艺和产业的改良，自然先从水运便利的地方开始。这种改良在内地得到普及一般都是许久以后的事。远离河海的内地生产出来的产品，长久以来都只能在附近区域销售，而无法远销各地。所以，内地的产品销量，一直以来都是和附近区域的财富与人口成比例。这就致使它的改良步伐总是落后于邻近区域。我国（指英国。下同。编者注）在北美殖民地开发的大种植园，几乎都位于海岸和河岸边，很少扩展至较远的内陆地区。

据可靠的史料记载，世界上最先开化的民族位于地中海沿岸。地中海是全世界最大的内陆海，没有潮汐，除了刮大风时引起浪涌以外，鲜有波涛汹涌的时候。指南针尚未发明、造船技术还不完善的时代，人们面对惊涛骇浪都望而却步，不敢远离海岸。在这种条件下，地中海无疑是人类初期航海事业的最佳选择。在古代，越过赫拉克勒斯之柱，也就是驶过直布罗陀海峡西航，一直被视为航海史上最大的冒险。就连当时以造船航海事业闻名于世的腓尼基人和迦太基人，也在很晚时期才敢去尝试。而且在此后很长一段时间里，仍然没有别国人民敢去远航。

埃及是地中海沿岸各国中，在农业和制造业上发达最早、改良最大的国家。埃及北部的繁盛地域，都位于尼罗河两岸数英里以内。在埃及南部的广大地区，尼罗河则分成无数大大小小支流，遍布全境；只要稍加改造，这些支流就可以为境内的各大城市、重要的乡镇，甚至是村落里的各户农家，提供便利的水上交通。这和现今荷兰境内的莱茵河和麦斯河带来的益处并无二致。能将内陆航行应用到如此广泛和便利的程度，难怪埃及文明会出现得那么早。

腓尼基人在整个地中海地区买卖各类商品，其中就包括珍贵的紫色布料。

东印度孟加拉各省，以及中国东部几个省的农业和制造业，似乎也在极早的时期就取得较大的改良，不过这尚未得到欧洲权威历史学家的确切证实。印度恒河和其他几条大河，也像埃及的尼罗河那样有许多可以通航的支流。中国东部各省亦是如此，一些大江大河，分出许许多多的支流和河道，它们交叉互通，使内地航行的范围大大扩展，就其广阔程度而言，非但尼罗河或恒河无法与之媲美，就是这两条大河加在一起也望尘莫及。值得注意的是，古代埃及人、印度人和中国人，都不鼓励对外贸易，他们的财富几乎全部得益于内河航运。

非洲内陆，黑海和里海以北遥远的亚洲地区，像古代的塞西亚，也就是当今的鞑靼和西伯利亚，似乎一直都处于野蛮未开化状态。鞑靼海是不能通航的冰洋，虽然也有些世界著名大河流经鞑靼，但它们彼此相去甚远，因此鞑靼大部分地区不适宜进行贸易和交通。欧洲有波罗的海与亚得里亚海，欧亚大陆有地中海与黑海，亚洲有阿拉伯、波斯、印度、孟加拉及暹罗诸海湾。可是非洲却连一个大的内海也没有，而境内各大河又彼此相去甚远，无法支持较大规模的内地航行。再者，即使有大河流经某个国家，但如果这条河没有支流，到了下游又须得经他国国境才能进入大海，这个国家也仍然不会有多么发达的商业。因为它与海上的交通往来，随时都要受下游国家的支配和影响，比如多瑙河，对于巴伐利亚、奥地利和匈牙利就几乎没有多大的商业效用。假如三国中任何一国掌握了该河到黑海的所有航权，那情况就大不一样了。

第四章

论货币的起源和货币效用

分工一旦形成并完全确立，一个人自己的劳动产物便只能满足其欲望中极微小的一部分。他须用自己消费不了的剩余劳动产物同别人的剩余产品进行交换，来满足自己的大部分欲望。这样，每个人都要靠交换生活，或者说，在某种程度上，所有人都成了商人，而社会也渐渐成为所谓的商业社会。

但在分工产生之初，这种交换力在发挥作用时往往捉襟见肘。比如说甲持有的某种物品数量超出了自己的消费需求，而乙所持有的同种物品却满足不了自己的消费需求，那么，自然是甲愿意卖，乙愿意买，但假如乙手中没有甲想要的物品，他们之间还是没办法进行交易。屠夫把消费不完的肉放在自己店里，而酿酒师和面包师都想要得到一份来满足自己的需要，但如果他们各自除了酒和面包以外，没有别的物品可供交换，而屠夫恰恰又不需要更多的酒和面包，那么，他们之间就完全没有进行交易的可能。屠夫做不了酿酒师和面包师的商人，而酿酒师和面包师也做不了屠夫的顾客。这样一来，他们彼此也就无法互利互惠。然而在分工确立以后，各时代各社会中都不乏一些有思想、有远见的人，他们为了避免这种不便，自然会想到随身携带一定数量的某种物品，这种物品并非自己劳动产物，却可以拿去和任何人的劳动产物进行交换而不被拒绝。

古人在交换中往往把牲畜数量作为标准来衡量物品的价值。

先后有各式各样的物品因为这个目的而被人们想出并加以利用。据悉，在未开化社会，人们曾把牲畜作为普遍的交换媒介。使用这种媒介似乎极为不便，但我们却发现，古人在交换中往往把牲畜数量作为标准来衡量物品的价值。荷马曾说：戴奥米德的铠甲，仅值九头牛，而格罗卡斯的铠甲，却价值一百头牛。据说，阿比西尼亚曾把盐作为商业变换的媒介，印度某些沿海地区用一种贝壳当媒介，弗吉尼亚用烟草，纽芬兰用干鱼，我国西印度殖民地用砂糖，其他某些国家则用兽皮或鞣皮。我还听闻，至今苏格兰的某个乡村还保留着以铁钉为媒介，来换购麦酒和面包的习惯。

但是，出于种种不可抗拒的原因，几乎所有国家的人们都渐渐决定使用金属而不是其他物品来做交换的媒介。金属耐磨，在这点上它优于其他任何物品。它不仅能够持久保存，还能被毫无损失地任意分割，分割后也可再熔成原样。而其他一切具有耐久性的物品都没有这个性质。金属的这一特性，使之成为最适宜的商业流通媒介。举例来说，假如牲畜以外的任何物品都不能用来换盐，想购买食盐的人就必须得一次性购入相当于整头牛或整只羊价值的盐，这是最低限度，因为他用以交换食盐的牲畜是不可分割物品，分割了，就不能复原。如果他想购买得再多些，也只能依此理用两头、三头或更多的牲畜，来交换两倍、三倍或更多分量的盐。可是如果他用金属而不是牲畜来作为交换的物品，那么事情就好办多了，他只需按照自己目前的实际需要量，将金属进行分割，来交换等值的物品。

不同的国家使用过不同的金属来作为交换媒介。古斯巴达用铁、古罗马用铜，其余所有富足的商业国则使用黄金和白银。最初几乎所有用作交换媒介的金属都是粗条，没有经过铸造或打上标记。普林尼说，依据古代历史学家蒂米阿斯的记载，古罗马人一直到瑟维阿斯·图利阿斯时代，都没有铸造的货币，他们使用没有标记的铜条购买自己需要的商品。当时，就是这些粗条充当着货币。

这种粗疏的金属使用方法，存在着两种极大的不便：一是称量麻烦，二是鉴定困难。贵重金属在分量上差上少许，价值就会降低许多。想要精确地称量这类金属，就得具备极精准的砝码和天平。尤其是黄金的称量，操作要更为精细。非贵重金属在称量时有些许误差，对价值的影响并不大，固然无须锱铢必较，但对于一个穷人来说，哪怕是价值区区一个铜板的买卖，也得认真衡量，这就免不了让人觉得烦琐之至。

而检验金属的工作，更是难上加难，让人烦忧。如不取一部分金属置于坩埚中，加适当的药物熔融，就无法得到可靠的检验结果。在货币铸造制度建立之前，不依靠这种既困难又烦琐的检验方法，就很容易受到极大的欺骗，一个人的交换所得很可能看起来是1磅纯银或纯铜，实则混入了许多极粗鄙、低贱的金属。所以，为了消除弊端、方便交易，进而促进工商业的发展，所有较为进步的国家都达成了这样一种共识：将商品交易中流通广泛的某些特定金属定量分割并打上官方印记。于是，铸币制度和被称为造币局的国家机构就出现了。这种制度和麻布呢绒检察官制度的性质类似。它们的用意都是通过加盖官印来统一市场上各种商品的性价，使交易变得简单规范。

吕底亚硬币。为了消除弊端、方便交易，进而促进工商业的发展，所有较为进步的国家都达成了这样一种共识：将商品交易中流通广泛的某些特定金属定量分割并打上官方印记。最早采用这种方式的是小亚细亚的吕底亚王国。

货币金属的品质或纯度难以确定又必须确定，因此最初在货币上加盖官印的目的无外乎于此。那时的刻印，类似于现在银器和银条上加刻的纯度标记，也类似于那种不覆盖整个金条表面，而只是在其中一角刻印的西班牙式标记。这种标记只显示金属的纯度，而与其重量无关。传说中亚伯拉罕称了400舍克尔的白银给伊弗伦，购买马克派拉田地。可见，那时金属货币的流通，和今日金块银条的授受一样，都不论个数，只论重量。撒克逊人入主英格兰之初，据说并不征收货币作为岁入，而是征取粮食等各种实物。自大威廉时代之后才形成了缴纳货币的惯例。不过，在很长一段时期里，货币都是按重量而不是按个数计收纳入国库的。

准确地称量金属货币是一件既烦琐又困难的事，铸币制度由此而生。铸币的两个大表面都覆盖着印记，有的连边缘也被盖住。这种刻印，既标明了金属的纯度，还显示了它的重量。从此以后，金属货币在流通中就省去了称重的麻烦，人们只需像现在一样清点货币的数目就行了。

铸币的名称，最初表达的似乎是其中含有某种金属成分的量。古罗马从瑟维阿斯·图利阿斯时代开始铸造货币，那时候的名为阿斯（AS）或庞多（Pondo）的货币里含有纯铜1罗马磅。1罗马磅等于12盎司，即每阿斯或庞多含纯铜12盎司。在爱德华一世时代，1英镑含有纯银1陶尔磅。1陶尔磅比1罗马磅略重，而比1特鲁瓦磅略轻。到了亨利八世十八年，英国造币厂才开始采用特鲁瓦磅。由于当时欧洲各国人经常出入位于法国东北部香槟省的特鲁瓦城，因此，这个著名的市场采用的权衡标准得到了广泛的认可和推崇。在查理曼大帝时代，法币1利佛（Livre）含纯银1特鲁瓦磅。从亚历山大一世时代到布鲁斯时代，苏格兰币无论从重量还是纯度上都和英币一样，1镑里含纯银1磅。最初，英格兰、法国和苏格兰的1便士，都含1便士重量的银，即1/20盎司，或1/240磅的银。先令最初也是一种重量单位。亨利三世时有法律规定：当小麦的价格为20先令1夸脱时，售价1法辛的全麦面包，重量必须达到12先令4便士。不过，先令对便士或者是对镑的比例经常浮动，而便士对镑的比例则比较稳定。在古时候的法国，苏（Sou）或先令的价值一直在变化，有时是5便士，

在古代，每个城市都有一个固定地点的定期开放的市场，供人们进行买卖和交换。

有时是12便士，有时甚至达到20乃至40便士。在古代撒克逊人中，先令有时只值5便士，其价值含量似乎紧随着邻近的法兰克人而动。在法国，从查理曼大帝时代开始，在英国则从大威廉时代以来，镑、先令和便士，虽然在价值上有很大变动，但彼此之间的比例和现在相比几乎没有多大差别。我们有理由相信，世界上任何一个国家的君主，都是贪婪不公的。他们欺骗臣民，逐渐削减了货币所含贵重金属的真实分量。到了罗马共和国后期，阿斯的价值减为最初的1/24，名义上含纯铜1磅，实际上只有半盎司。如今，英格兰镑和便士的价值约为从前的1/24；苏格兰的镑和便士，大概是从前的1/36；法国的镑和便士大约是从前的1/56。依靠这种手段，君主和国家只需用少量的白银，就能偿还债务、履行契约。单看表面的话，似乎扩大了利益，因为政府的债权人应得的一部分利益被剥夺了。但是，这势必会引起全国上下所有的债权人竞相效仿，他们也像君主一样，拿面额相同却已经贬值的新铸货币去支付货币改铸之前的债务。因此，这种措施，只对债务人有利，而对债权人是有害的。要知道，有时候这种个人利益的受损可能会引发一场比巨大的公共灾难波及范围更广、破坏性更大的革命。

但货币仍然通过这种方式，成了一切文明国商业上的通用媒介。有了货币的出现，所有的货物才得以借助其进行买卖和交换。

那么，人们在进行物物交换和货币与商品的交换时要遵循什么样的法则呢？这些法则是如何决定了商品的相对价值，也就是交换价值呢？我们现在就来研究一下。需要注意的是，“价值”一词含义有两方面：一是表示某种特定物品的效用，也就是使用价值；二是表示由于占有某物而具有的对其他物品的购买力，也就是交换价值。使用价值很大的东西，往往交换价值极小，甚至没有；反之，交换价值很大的东西，亦往往使用价值极小，甚至没有。例如，水的用途最广泛，但我们用水买不到任何物品，也不会拿任何物品去交换水。相反，钻石虽然几乎谈不上什么使用价值，却须得持有大量其他物品方足以与之交换。

我将尽力阐明以下三点，以期深究支配商品交换价值的原则：

第一，交换价值的真实尺度是什么，即哪些因素构成了所有商品的真实价格；

第二，构成真实价格的各个部分，具体包含什么；

第三，什么情况导致了某些或者是全部商品的真实价格，时而高于其自然价格或普通价格，时而又低于其自然价格或普通价格？换言之，商品市场价格或实际价格与自然价格不一致的原因何在？

我将在下面三章中对上述问题做详尽说明。因为有些地方可能略显冗长、累赘，敬请读者耐心品读，细细体会其中深意；而有些地方虽挖空心思仍旧表达得不甚明了，也请读者多加思考。我因要深挖内涵，自然不惧烦琐。但是碰到一个极端抽象的题目，可能绞尽脑汁却终不得其解，因此，如若有晦涩不明之处，万望见谅。

第五章

论商品的真实价格和名义价格，或其劳动价格和货币价格

一个人的贫穷或富有，依其享有哪种层次的日常用品、便利品和娱乐品而定。而自分工完全确立以来，各人所需要的物品，仅有极小部分是靠自己劳动生产的，绝大部分必须要仰仗于他人的劳动。如此一来，一个人是贫是富，就要依他所能够支配的劳动的多少而定，也就是看他能够购买多少劳动。一个人所占有的自己不想使用的、而想拿去和他物进行交换的某种物品的价值，就等于他能购买或支配的劳动量。所以，劳动才是衡量一切商品内在交换价值的真实尺度。

任何一件物品的真实价格，即某人欲获得这件物品需付出的实际代价，包含了为得到它而承担的辛苦和麻烦。对于既得某件物品又欲以其交换他物的人来说，它的真实价值，等于它能为自己免除并转嫁到别人身上去的辛苦和麻烦。用货币购买到的，或是用货物交换到的物品，实际上都是用劳动购买的，和我们通过自己劳动生产没什么两样。这些货币或货物，在相当程度上减少了我们的劳动，但在交换其他物品时，它们被认为和被交换物品包含着同样价值的劳动量。劳动是第一性价格，是一切货物最原始的抵偿形式。世界上的任何商品，在最初都是用劳动购买而不是用金银购买的。因此，对于商品的持有者来说，它的价值，恰恰等于因为拥有它而获得的能够购买或支配的劳动量。

一个人获得或承继了大宗财产，并不意味着他就享有了民政上或军政上的政治权力。

霍布斯说：财富就是权力。但一个人获得或承继了大宗财产，并不意味着他就享有了民政上或军政上的政治权力。他的财产也许能够为他谋求政治权力提供便利，但仅有财产未必就能使他获得政治权力。财产能够

直接提供给他的只是购买力，是支配当时市场上各种劳动或劳动产物的权力。财产的多少与这种支配权力的大小，也就是财产所有者能购买或支配的他人劳动量或他人劳动产物数量的大小成正比。一种物品的交换价值，始终和它为其所有者提供的劳动支配权力相当。

虽然劳动是一切商品交换价值的真实尺度，但是通常衡量商品的价值并非依据劳动。对于两种不同的工作，很难比较它们的劳动量。因为这不仅要比较两种工作耗费的时间，还要综合考虑其难易程度和精细程度，而劳动难易程度和精细程度极难准确地衡量。一个小时的困难工作可能比一个小时的容易工作包含更多劳动量；学习十年才能胜任的工作做一小时，可能比普通的工作做一个月包含更多劳动量。诚然，不同类型的劳动生产物在进行交换时，通常也会在一定程度上考虑其困难程度和精巧程度的不同，但毕竟无法找到一个准确的标准作参照，只是通过交换双方在市场上的讨价还价大致做到两不相亏。这种方法虽不很精准，但足以应付人们的日常买卖行为。

罗马时代，一个提着一篮葡萄，挑着野兔的乡村农民，正赶着他的牛去赶集。

另外，因为商品主要是与商品交换，而不是与劳动交换，所以还是商品与商品比较的情况多，商品与劳动比较的情况少。所以，人们更习惯于以一种商品所能换得的另一种商品的数量，而不是其所能购得的劳动量来估计其交换价值。而且，某种特定商品的数量，比某项工作的劳动量更为直观，更容易被人理解。毕竟前者看得见、摸得着，而后者却是一个抽象的概念。抽象概念即使能被人透彻理解，也始终不如具体实物那样清晰明了。

但是，当物物交换被淘汰，货币成为商业上通用媒介之后，商品就大多与货币交换，而很少与别种商品交换。屠夫不再直接拿牛羊肉到面包店或酒店去交换他需要的面包或麦酒，而是先去市场上把肉卖掉，再用卖得的货币去购买面包或麦酒。他通过卖肉能得到多少货币，就能买到多少等值的面包和麦酒。这样一来，屠户再去估量牛羊肉的价值时，自然会优先使用牛羊肉能直接换来的货币量，而不是用间接取得的面包和麦酒的量。再者，说每磅肉卖3便士或4便士，显然比说每磅肉值3斤或4斤面包，或者值3夸脱或4夸脱麦酒更合适。因此，一件商品的交换价值更多地按货币量计算，而极少按其所能交换的劳动量或别的商品的量来计算。

金银和其他一切商品一样，价格波动时高时低，因此其购买也时难时易。一定量的金银所能购买的商品量或所能支配的劳动量，往往取决于当时的金银矿出产量。16世纪，人们在美洲发现了丰富的金银矿藏，致使欧洲的金价、银价骤然降低为原来的1/3。这些金属从开采到上市所需的劳动较少，因此上市后所能购买或支配的劳动也相应减少。历史上的金银价格波动程度以这次为最，但此类波动绝非仅有一次。

君主和国家往往会为了眼前利益减少铸币内所含纯金属的量，却从来不会想到去增加铸币

这幅《春天的耕种》描绘了农民在春天劳作的场景。谷物比货币更能使地租保持原有价值。

内所含纯金属的量。相信各国都是如此。因此，货币地租的价值一直会随之降低。

随着美洲金银矿的发现，欧洲金银大幅贬值。有人推测，金银价值还会继续下跌，而且这种趋势在长时期内不会扭转——没有任何切实依据表明真的会如此。所以，按照这种推测，货币地租的价值不会增加，只会降低。即便是把地租定为纯银或标准银若干盎司，而非铸币若干镑，也无济于事。

谷物地租则不同。即使在铸币中贵重金属含量没有降低的时候，谷物也比货币更能使地租保持原有价值。伊丽莎白十八年有法律规定，国内所有学院在上缴地租时，需缴2/3货币、1/3谷物，或者把谷物按照当时的市价折合成货币。现在，据布勒克斯顿博士说，由谷物折算出的货币，一开始只占全部地租的1/3，但现在已经大约是其2/3地租的两倍了。照这样算，各学院的货币地租，价值几乎已经减少为原来的1/4或其原值谷物的1/4了。而自从菲利普和玛丽执政直到现在，英国的铸币金属含量几乎没有变化过；不管是1镑、1先令还是1便士，含有的纯银的量几乎都和它们的价值相当。因此，各学院货币地租价值的下跌完全是银价降低的结果。

倘若银价降低，同时铸币内所含的纯银量也减少，那么货币地租无疑会损失更大。就法国、苏格兰、英格兰三国相比较，其铸币内的含银量都有所降低，其中法国最甚、苏格兰次之。因此，这两国昔日极具价值的地租，到现在几乎全无价值可言。

如果我们想用等量的金银或其他货物在两个相隔久远的时代里购买到等量的劳动，似乎不太可能；倘若换用等量的谷物（劳动者的生活资料），那么可能性就大多了。在两个相隔很久的时代里，等量的谷物几乎具有同样的价值，所以谷物的持有者可以购买或支配等量的劳动。当然，我们只能说等量谷物和等量其他商品相比更有可能购买或支配等量劳动，因为即使说等量，也不可能丝毫不差。劳动者的生活资料或劳动的真实价格，如同我在后面将要说明的那样，在不同时期可能相差很大。劳动者所享有的生活资料，在进步社会中最为丰富、在停滞不前的社会中一般，在衰落社会中则较少。除谷物以外，一切商品在某一时间所能购得的劳动量，必定和它当时所能购得的生活资料量相当。所以，谷物地租只会随着一定分量谷物所能购买的劳动量的变动而变化，而以其他商品来计算的地租，则会受到一定分量谷物所能购买的劳动量，还有一定分量这种商品所能换购的谷物量这两方面变动的影响。

不过，我们需注意的是：虽然一个世纪一个世纪地比较，谷物地租真实价值的变动比货币地租真实价值的变动少得多，但一年一年来看的话，谷物地租却比货币地租真实价值的变动多得多。如后章所要说明的那样，劳动的货币价格并不随谷物的货币价格起伏波动。它几乎不与谷物的偶然价格或暂时价格相适应，而是和其一般价格或平均价格相适应，而且以后我们会知道，谷物的一般或平均价格，还要受银价、银矿出产量、银运往市场过程中使用的劳动量以及劳动者消费的谷物量的支配。虽然一世纪一世纪相比，银价时有大波动，但一年一年相比，却鲜少有大的变动。在50年或100年间，银价有可能保持近似或相等。因此，谷物的一般或平均价格在长时间内也可能保持不变。

依照此理，只要社会其他状况稳定，劳动的货币价格也可以保持原状。不过，谷物的偶然或暂时价格比上一年高出一倍，这样的事时有发生，比如，上一年还是25先令1夸脱，今年就涨至50先令1夸脱。谷物价格上涨一倍，谷物地租的名义价值和真实价值就随着提高一倍，或者说所支配的劳动量或其他商品量比以前多出一倍，而劳动和大多数其他商品的货币价格却并未随之改变。

由此不难看出，劳动才是唯一普遍的、精确的价值尺度，也就是说，只有用劳动做标准，才能把任何时代、任何地方的商品价值拿来做比较。一世纪一世纪相比来看，用所能换得的银量来衡量某种物品的真实价值不合适；一年一年比较来看，用所能换得的谷物量来衡量某物的真实价值也不行。但无论从一世纪一世纪，还是一年一年来观察，我们都可以用一种物品所能换得的劳动量来准确衡量它的真实价值。就一世纪一世纪来说，谷物比银更适合于作为价值尺度，因为在这种情况下，等量谷物比等量白银显示出更大的支配等量劳动的可能。但是就一年一年来说，银又优于谷物，因为在这种情况下，等量的银比等量谷物更能支配等量劳动。

比较真实价格与名义价格，对签订永久或长期的租地契约极为有用，但对于大多数日常买卖来说并没有太大意义。

一切物品的真实价格与它的名义价格在同一时间和同一地点都成正比。例如，在伦敦市场上出售的某种商品，售得的货币越多，那么它在当时当地所能购买或支配的劳

劳动才是唯一普遍的、精确的价值尺度。

动量也越多；反之亦然。所以，在同一时间和同一地点，货币也可以作为一切商品的真实交换价值的准确尺度。但是，只在同一时间和同一地点才是如此。

在相去甚远的两个地方，商品的货币价格不与其真实价格成比例，而往来其间买卖货物的商人只关注商品的货币价格，也就是说，他只考虑商品买价和卖价之间的差额。在中国广州，半盎司白银所能支配的劳动量或所能购买的日常用品量，或许比在伦敦花费一盎司白银所得的还要多。因此，事实上可能在广州售价为半盎司白银的某一商品比在伦敦售价为一盎司白银的这种商品，对于其所有者来说更宝贵、更重要。但是，假如一个商人能在广州以半盎司白银购入某一商品，转而拿到伦敦以一盎司白银的价格出售，那么他就从这趟买卖中获得了百分之百的利益。通过这样的交易，一盎司白银在伦敦和在广州的价值看似一样了。商人才不管广州半盎司白银比伦敦一盎司白银能多支配劳动或日常用品这一事实呢。他所关注的只是在伦敦一盎司白银能否够支配两倍于半盎司白银的劳动量和日常用品量。

由于一切买卖行为是否合算最终是看商品的名义价格或货币价格，而且日常生活中几乎所有交易都是如此，所以，名义价格比真实价格更被人们关注也就不足为奇了。

但是，在我们这样一本书中，比较特定商品在不同时间和不同地点的不同真实价值，也就是特定商品在不同时期向其所有者提供的不同的支配他人劳动的能力，也是十分必要的。此时，我们所比较的，不是出售特定商品通常可得的不同银量，而是不同银量所能购得的不同劳动量。但是，对于各个地方在不同年代的劳动时价，我们往往无法准确地知道。而谷物时价虽然正式见诸史料记载的不多，但人们对它的了解一般还是比较清楚的，它也常常受到历史学家和学者们的关注。因此，我们得满足于用谷物时价来作比较，当然这并不是因为它始终和劳动时价同步涨落，而是一般来说二者的涨落比例是相似的。下面我们就作几个这一类的比较。

随着产业的进步，各国都发现了同时使用几种金属铸币带来的商业便利：大买卖使用金币；不大不小的买卖使用银币；小额的买卖用铜币或比铜更贱的金属铸币。人们往往会从这三种金属中特别选定一种作为主要的价值尺度，而它们中最先被用作商业媒介的那个往往成为首选。在货币尚未出现时，这种金属就已经被使用，所以后来人们往往会继续使用它，哪怕已经没有这种必要。

据说在第一次普尼克战争之前五年，罗马人才开始铸造银币，而此前，罗马只有铜币。似乎因为这个原因，罗马共和国才会继续以铜币为价值尺度。罗马所有账簿的记录和财产价值的计算，都是用的阿斯或塞斯特斯（Sesterce）。阿斯是一种铜币，而塞斯特斯的表意即为2.5个阿斯，故塞斯特斯虽系银币，其价值却常以铜币计算。因此，在罗马，那些背负一身债务的人，往往被说成是借了别人许多铜。

而那些于罗马帝国废墟之上兴起的北方民族，从定居之初就只使用银币，此后数代都没有出现金币和铜币。撒克逊人入主英格兰之初，英格兰也只有银币。直到爱德华三世时代，才出现了少量金币。詹姆士一世以后，铜币才开始流通。所以，我敢以此大胆推论，英格兰乃至近代欧洲各国，所有账簿的记录和货物、财产价值的计算，都是用的银。要表示一个人的财产数量时，我们不是说它值多少几尼金子，而是说它值多少磅纯银。

我相信，最初，所有国家的法定货币都只是被定为价值标准的那种金属铸币。在英格兰，黄金在成为铸币后很久还未取得法币资格。没有法律或公告规定金币与银币的价值比例，它全然取决于市场。所以，债权人可以拒绝债务人以金偿还债务，或者，须得双方就金价达成一致意见。时至今日，铜币已经不是法币，只能用以兑换小银币了。所以，在这种情形下，本位币与非本位币就不光是名义上的区别了。

渐渐地，人们习惯了同时使用数种铸币，而且熟知各种铸币价值的比例。我相信，也就是从那时起，大多数国家才认识到了确定这比例带来的便利，例如，利用法律明文规定，这个纯度和重量的几尼可换得21先令，这个数额的债务，可以用几尼这种法币偿还。在这种情形下，在法定比例的有效期内，本位币与非本位币只有名义上的区别。

不过，一旦法定比例发生变动，本位币与非本位币的区别似乎又只是名义上的了。例如，在所有账目都以银币记录、所有债务都以银币表示的情况下，如果法律规定1几尼金币由原来的21先令落至20先令，或者升至22先令的话，用银币偿还旧债当然没有差别，但是用金币偿还就会有很大的差异。若1几尼金币低于21先令，所需的金币数就得增多；若1几尼金币高于21先令，所需金币数就会减少。这样看来，银价似乎比金价稳定；人们好像是以银价为尺度来衡量金价，而并非以金价衡量银价；金的价值，似乎取决于它所能交换的银量，而银的价值则不受金的影响和制约。但事实上，这完全是因为账簿的记录和财产价值的计算用的全是银。如果德拉蒙先生有一张期票上注明金币25几尼或50几尼，则不管法定比例如何变动，照旧可以用和以前同额的金币兑付。在这种情况下，若不以金币而以银币兑付，那么数额必然会随法定比例的变动而产生差异。仅从这张期票的兑付来看，金价似乎又比银价稳定了，好像是以金来衡量银的价值，而非以银衡量金的价值了。所以，如果人们普遍用金来记录账簿、衡量财产价值，那么被当作价值标准或价值尺度的就不是银，而是金了。

实际上，在各种金属铸币的法定价值比例持续不变的情况下，所有铸币的价值都由其中最贵重的那种金属的价值来支配。例如，英铜币12便士，含有重约0.5磅的铜（16常衡盎司为1磅，常衡为英美质量制度，用于金银、药物以外的一般物品。编者注）。而由于这种铜质量不好，在没铸成铜币之前，0.5磅铜很可能连7便士银币都不值。可是，由于法律规定，铜币12便士可换1先令，既得到了法律认可，于是这含0.5磅铜的12便士铜币在市场上随时都可以换得1先令。即使是在最近的一次金币改革以前，英国金币，至少是在伦敦及其附近流通的金币，其含金量也普遍没有像大部分银币那样跌落到标准以下。可是，尽管银币质量低劣，而金币质量优良，甚至连磨损都没有，法律仍然规定银币21先令可抵金币1几尼。由于最近的法律限制，金币已经最大限度地接近于标准重量了，并且官署发布的只按重量收受金币的命令一旦执行，即可保证在法令延续时间内金币的重量始终达标。而银币仍像以前一样，质量低劣、磨损严重。可是在市场上，21先令这样粗制滥造的银币仍可换得品质优良的金币1几尼。

刻有黑太子爱德华雕像的金币。在各种金属铸币的法定价值比例持续不变的情况下，所有铸币的价值都由其中最贵重的那种金属的价值来支配。

这样一来，这次金币改革无异于提高了可以和金币相互兑换的银币的价值。

在英格兰，1磅黄金被铸成44.5个几尼，1几尼等于21先令、46镑14先令6便士。因此，1盎司重的金币，等于3镑17先令10便士半的银币。英格兰从不征收铸币税，1磅或者1盎司重的标准金块拿到造币厂，可不折不扣换回重1磅或1盎司的铸币。所以，在英格兰，金的造币厂价格就是每盎司3镑17先令10.5便士，也就是造币厂会拿这么多金币来交换标准金块。

在金币改革以前的好多年中，市场上标准金块的价格都超过了每盎司3镑18先令，有时是3镑19先令，更多的时候是4镑。但是由于磨损，4镑的金币里很少含有1盎司以上的标准金。金币改革以后，每盎司标准金的市场价格便很少有高于3镑17先令7便士的时候了。改革前，金币的市价总是或多或少地超过造币厂价格；改革后，其市价一直低于造币厂价格。但在市场上，银币21先令一直等于金币1几尼，价值始终不变。所以说，这次金币改革，不仅提高了金币的价值，同时也提高了银币以及其他一切以固定的比例和金币兑换的商品的价值。但是，由于其他大部分商品的价格，还受其他诸多因素的影响，因此它们的价值增长比金币或银币更为明显。

威廉三世开启了英国君主立宪的大门，他在位期间成立了英格兰银行，任命艾萨克·牛顿为皇家铸币厂厂长，统一回收英国旧币、铸造新币，使得英国的商业革命得到飞跃性的进步，被称为“财政革命”。

在英格兰，1磅标准银块被铸成62先令银币。所以，银的造币厂价格为每盎司5先令2便士，这也是造币厂拿去交换标准银块的银币量。在金币改革之前，1盎司标准银块的市场价格是5先令4便士、5先令5便士、5先令6便士、5先令7便士、5先令8便士等，其中以5先令7便士居多。金币改革以后，1盎司标准银块的市场价格降到5先令3便士、5先令4便士或5先令5便士，很少超过5先令5便士。银块的市场价格，虽然因为金币改革而降低了许多，但是始终没有低于其造币厂价格。

英格兰的几种铸币中，由于铜被赋予的名义价值远远超过它的真实价值，因此银的名义价值略低于其真实价值。就法国、荷兰的铸币而言，纯金1盎司约合纯银14盎司；而就英格兰的铸币来说，纯金1盎司却合纯银约15盎司。也就是说，银在英格兰的估价比不上欧洲其他国家。可是，即使在英格兰，铜块的价格也没有因为铸币中铜的估价高而有所提升；同样，银块的价格也没有相应下降。银块仍然保持着它对黄金的适当比例；同理，铜块也保持着它对银的合适比例。

威廉三世改革银币之后，银块的价格仍然比造币厂价格略高。这种高价在洛克看来，是由允许银块输出而禁止银币输出的政策造成的。他说，允许银块输出，必使国内对银块的需求量大于对银币的需求量。然而，国内需要银币来进行日常买卖的人，实际上却比需要银块来做出口或其他用途的人多得多。直到现在，我们仍然允许金块输出，禁止金币输出，可金块价格却低于造币厂价格。和现在一样，那时铸币的银和金相比，估价太低。那时也像现在一样，其他一切铸币的真实价值都由金币（那时金币也被认为无须改革）来规定。既然以往的银币改革没能使银块价格降低到其造币厂价格，那么现在任何诸如此类的改革恐怕也难做到这样。

假如银币像金币一样能够大致达到标准重量，那么按照现行的比例，1几尼金币交换到的银币，就会多于它所能购买的银块。银币所含的纯银量如果十足，那么先把银币熔掉，然后以得到的纯银交换金币，从而进一步换取银币，就能从中获利。要防止这种弊病，唯一的办法就是改变金与银的比价。

现在，就金银铸币的比价说，把银价评得高些，使之高于这一比值，同时再规定，除兑换几尼之外，银币不许充当法币，就像规定铜币只可兑换先令而不能充当法币那样，就可以多少解决一些上述的弊端。对银价适当高估，就像现在对铜价高估一样，不会给债权人带来任何损失。在这样的规定下，只有银行会吃亏。当有挤兑现象发生时，银行通常会用最小的6便士银币来兑付，想靠这个办法来拖延时间。如果实行这种规定，银行就不能再使用这种有损名誉的办法来拖延，必须立即支付款项。这样一来，他们就得在金库中存储大量的现金来应急。这样做，对银行当然是很不利的，但是，却能很好地保障债权人的权益。

当然，就算是现在最优良的金币——3磅17先令10.5便士——也不一定就含多于1盎司的标准金；所以，有的人就觉得，这个数目的金币，不应该换得稍多的标准金块。可是，在使用的时候，金铸币确实比金块更为便利。另外，英国虽然不收取铸币费用，但把金块送到造币厂换回铸币，通常需要数个星期乃至更长的时间。在现在，由于造币厂工作太忙，至少要等上几个月才能把铸币取回来。时间上的拖延，事实上与抽取小额的铸币税无异，这样一来，金币的实际价值就会略高于相同重量的金块。因此，如果适当提高铸币银的评价，并让它与金铸币保持适当的比例，那么，无须进行银币改革，就能使铸币银的价格高于银块价格。这样一来，由于能够兑换优质金币，即使是磨损了的银币，也能因此而保持价值。

在金银币铸造的过程中，如果加征小额的铸币税，就会增加铸币金银的价值，与同等重量金银块相比，价格会进一步提高。这时候，金银铸币价值随税额比例而增加，这和把金银加工成器皿，金银器皿的价值会因附加制造费用而增加的道理是一样的。让铸币的价值高于等量金银块，不仅可以限制人们去熔解铸币，还能限制铸币的对外输出。即便万不得已必须输出货币应对紧急情况，要不了多久，这些铸币大部分也会流回本国。因为铸币在国外只能按照其重量出售，可是在国内却有超过实际重量的价值。所以，把流入国外的货币带回本国是有利可图的。比如法国，对铸币加征8%的税，据说，流出的货币都会自动流回法国国内。

金条银块的市场价格总在不时变动，其原因与其他商品市场价格波动的原因是一样的。在金银的运输过程中，难免会因意外事件而造成损失；另外，由于镀金、包金的需要，以及镶边和绣花的应用，金银都会因不断消耗而减少；并且，金银器和铸币也都会随使用而磨损。因此，那些没有金银矿的国家，就需要经常输入金和银，来弥补这些损失和消耗。我知道，与从事其他贸易的商人一样，从事金银进口的商人，一定会尽力依据当时国内的需求来输入金银。然而，不管他们怎样周密地去估算供求量，还是免不了误差，有时可能输入过多，有时又会输入过少。如果输入的金银多于需求，他们多半愿意以稍低的价格在国内卖出一部分，而不会冒风险与困难再行输出；假如输入的金银少于需求，他们就可以获得高出一般价格的售价。但是，在这些偶然因素的影响下，金条银块的市场价格如能连续几年保持在略高或略低于造币厂价格的稳定状态，我们断言，这肯定与铸币本身有关。也即这几年之内，铸币本身的价值有时会略高于有时会略低于这些铸币之中应当含有的纯金银量。正是这种原因的稳定和持续，才会有结果的稳定和持续。

无论哪个国家的货币，在特定的时间和特定的地点，其作为价值尺度的准确性都取决于这种通用铸币是否合乎相关的铸造标准，换句话说，就是要看这种铸币所含的纯金银量是否符合它应当含有的标准纯金银量。举例来说，英国的几尼，假如44.5个中恰确含有1磅标准金，也就是11盎司纯金和1盎司合金，那么，这种金币在特定的时间和特定的地点，就可作为正确尺度来衡量这里商品的实际价值。如果这44.5个几尼有所磨损，它们所含的标准金的重量就会低于1磅，再加上磨损的程度又不一致，所以作为商品的价值尺度，就会有失准确，就像其他的度量衡一样有误差。真正十分准确的度量衡是不多见的，所以，商人们通常不会以度量衡标准来确定自己商品的价格，而是尽可能凭借自己经验——心中的度量衡。在铸币质量参差不齐的场合，商品的价格通常是按商人们经验上认可的铸币实际含量来计算，而不是按铸币规定的纯金银含量来调整。

需要说明的是，我这里所说的商品的货币价格，指的是这种商品交换得到纯金银的量，而与各种铸币的名称没有关系。比如说，爱德华一世时代6先令8便士的货币与现在1镑的货币，在我看来是同一个货币价格，因为据我所知，那时候的6先令8便士与现在的1镑差不多含有同等的纯银量。

商品价格的确定

无论哪个国家的货币，在特定的时间和特定的地点，其作为价值尺度的准确性都取决于这种铸币所含的纯金银量是否符合它应当含有的标准纯金银量。

比如英国的几尼，如果含金量准确就可以作为商品价格的尺度，如果有所磨损，作为价值尺度就会有失准确。

商人们通常不会以度量衡标准来确定自己商品的价格，而是尽可能凭借自己经验——心中的度量衡。

在铸币质量参差不齐的场合，商品的价格通常是按商人们经验上认可的铸币实际含量来计算，而不是按铸币规定的纯金银含量来调整。

第六章
论商品价格的组成部分

在资本累积和土地私有制尚未形成之前，人们似乎把获取各种物品所需要的劳动量之间的比例当作物品交换时的唯一标准。比如说，一般情况下，如果猎人捕杀一头海狸所需要的劳动是捕杀一头鹿所需劳动量的两倍，那么，一头海狸就可以换两头鹿。同理，耗费两天或者两小时劳动的生产物，其价值自然应该是耗费一天或者一小时劳动的生产物的两倍。

当然，对于两种不同的劳动，还要考虑到其艰苦程度的差异。较为艰苦的那项劳动一个小时的生产物，往往可以换得相对轻松的劳动两个小时的生产物。

或者说，如果某种劳动要求从事者有非凡的技巧和能力，那么为了体现对这个劳动者的尊重，自然要给他的生产物定一个超越其劳动时间所应得的价值。由于这种技能一般须经过多年苦练才能获得，因此对生产物给予较高的价值，也等于是对劳动者在获得这种技能过程中耗费的劳动与时间给予合理报偿。在进步社会中，一般都会对比较特殊的艰苦工作和特别的劳动技能予以额外的奖励。在早期的未开化社会中，也可能有过这种做法。

在这种原始社会状态下，全部劳动所得都归劳动者自己所有。一种物品能够交换或者支配的劳动量，一般只取决于生产它所需要的劳动量。

一旦某些人手中积累起资本，便会将其投放到劳动者身上——提供原材料与生活资料给劳动者，让他们干活，以期通过售卖他们的劳动生产物或者借助他们在产品上的劳动附加值来获取利润。这些劳动生产物被用以交换后获得的货币、劳动或其他货物，除了足够支付工人工资以及原材料成本以外，还能有一部分剩余，这就是纯利润。也就是说，劳动者附加在原材料上的价值被分成了两个部分，一部分用于支付劳动者的工资，另一部分作为净利润用于报偿雇主垫付原材料和工资的全部资本。假如售卖劳动生产物的所得没有超过雇主投入的资本，他便不会产生雇用工人的想法；并且，除非他所得的利润能和投入的资本保持相当的比例，否则他就不会有兴趣进行大额投资而只会进行小的投资。

在原始社会状态下，全部劳动所得都归劳动者自己所有。

森林里的树木、田野上的草、大地上种种自然果实，在土地公有制时代只需劳动者出力去采集便可，而现在却被追加了一部分额外的价格。

或许有人认为，资本的利润也可看作是一种特别劳动工资，也就是一种监督指挥工作的劳动报酬。然而利润与工资是完全不同的，它们由两个截然不同的原则所支配，而且资本的利润并不与监督指挥这种劳动的数量、强度与技巧成比例。利润完全受所投资本的价值支配，利润的多少与资本的大小恰成比例。假设某个地方的制造业年平均利润普遍为10%，这里的两个制造厂分别雇用了20名工人，按每人年工资15镑计，则两厂每年各需支付工资300镑。其中一个厂使用的原材料较粗糙，每年的资金投入为700镑，另一个厂的原材料则较精细，投入为7000镑。那么，前者每年投入的资本合起来不过1000镑，而后者却高达7300百镑。最终，按照假设，前一个企业家每年可得100镑的利润，后者却能得到730镑的利润。他们的利润虽然差别极大，但他们投入的监督指挥却基本上并无二致。许多大工厂都将这种监管工作交由一个主管负责。主管的工资正确地反映了监督指挥这种劳动的价值。这个主管的工资，由他的劳动、技巧，还有他肩负的责任共同决定，雇主会综合这些因素考虑，但他工资的多少与其管理监督的资本大小并不成比例。而企业家几乎没有参与任何劳动，却有希望得到与其资本保持一定比例的利润。所以，作为所有商品价格的一个组成部分，资本利润完全不同于劳动工资，并且二者完全受不同原则的支配。

在这种情况下，劳动的全部生产物不再完全归劳动者所有，而要和他们的雇主分享。而且，任何一种商品所能交换、支配或购买的劳动量都不再由生产这种商品耗费的劳动量单独决定，还有另外一个因素，那就是为支付劳动工资和提供劳动材料而投入的资本。

一个国家的土地一旦完全为私人所有，那么其拥有者，也就是地主，便会想到通过出租土地的方式不劳而获。森林里的树木、田野上的草、大地上种种自然果实，在土地公有制时代只需劳动者出力去采集便可，而现在却被追加了一部分额外的价格。劳动者必须为获得这些自然产物的采集权而付出代价，必须把他生产或采集的产物的一部分交给地主。上交的这一部分产物或者这一部分产物的价值，构成了地租。这样，大部分商品的价格又有了第三个组成部分。

必须指出，商品价格的这三个组成部分各自的真实价值，由它们各自所能购买或支配的劳动量来衡量。在价格的三个构成部分中，不单是劳动所占的那部分价值要用劳动来衡量，地租和利润这两个部分的价值也要用劳动来衡量。

在任何一个社会，商品价格最终都要被分解成这三个部分中的一个或多个。在进步社会，这三者则或多或少地都参与了绝大部分商品价格的构成。

试以谷物价格为例来剖析。其中一部分支付地主的地租，一部分支付劳动者的工资及耕畜的畜养费和农具的维持费，还有一部分是农场主的利润。这三个部分直接或最终构成了谷物的全部价格。或许有人认为，耕畜和农具的消耗应该作为农场主资本的补充而被划分成谷物价格的第四个组成部分，但需注意，一切农具和耕畜的价格，本身还是由上述那三个部分构成。就耕马的价格而言，也是由饲养马匹的土地租金、养马人的工资、农场主支付地租和工资的资本利润构成。因此，尽管谷物价格的其中一部分须用来支付耕马的消耗及维持费，其全部价格也还是直接或最终由地租、劳动和利润这三个部分构成。

与谷物价格相同，亚麻价格也分为三个组成部分。麻布生产离不开理麻工、纺工、织工、漂白工等人的劳动，而这些工人各自的雇主分别投入了一定量的资本，因此，麻布的价格中包括这种种劳动的工资和各种资本的利润。

有少数商品的价格构成只有劳动工资及资本利润两个部分，更有甚者，只有劳动工资这一个部分，即使是最进步的社会也存在着这种情况。例如，海鱼的价格通常由两部分组成，一部分支付渔夫的劳动，另一部分支付渔业资本的利润。海鱼的价格构成中极少会有地租，对于这一点我会在以后解释。河上渔业的情况与海上渔业截然不同，至少就欧洲大部分地区而言是这样。在欧洲，绝大多数鲑鱼业都要支付地租。虽然从严格意义上说不能称之为土地地租，但它确实和工资、利润一起构成了鲑鱼价格的组成部分，这一点毋庸置疑。在苏格兰某些地方，有少数穷人从海滩上搜集一种被称为苏格兰玛瑙的彩色石块卖给雕石工人，这时石块的价格就只是他们的劳动工资，既不包含地租，也不包含利润。

一架简易织布机，正是由雇主投入资本才会由工人使用的。

总而言之，不论是什么商品，其价格最终必由那三个部分中的一个或多个构成。除去土地的地租和商品生产制造及运输过程的全部劳动的价格，商品价格中剩余的那部分就是全部利润。

任何一个依靠自身资源获取收入的人，仰仗的必定都是自己的劳动、资本或土地。通过劳动获得的收入叫作工资，通过资本运作获得的收入叫作利润。有资本自己不用，转借给他人，以此获取的收入叫作货币的利息或使用金。借款人依靠放款人而得到了获取利润的机会，于是就付给利息作为报酬。借款人承担了投资风险，付出了劳动，所得利润的一部分当然归他所有。而放款人给了他获取利润的机会，利润的另外一部分自然也该归放款人。利息永远是一种派生的收入，借款人偿还利息，要么是靠借款赚得利润的一部分，要么是靠自己的其他收入，只要他不是个拿新债还旧债的浪荡子。完全依靠土地获得的收入叫作地租，归地主所有。

某个拥有土地的乡绅，自己耕种一部分土地，自己支付耕作费用，那么他自然既可以以地主的资格收取地租，又可以以农场主的资格获取资本利润。可是，他最后往往会把这全部所得统称为利润，这样一来，地租和利润就被混淆了。我国在北美和西印度殖民地的那些种植园主，大多都这样经营自己的土地，因此，极少听到他们谈起种植园的地租，而常常听听他们说起种植园的利润。

在文明国家中，商品交换价值单由劳动构成的情况极其少见，大部分商品的交换价值都还包含了大量的利润和地租，因此，社会全部劳动年产物所能购买或支配的劳动量，总是远远超过年产物生产制造和运输所需的劳动量。假如每年社会所能购买的劳动量全部都能被雇用，那么劳动量年年都会大幅增加，因此后一年总会创造出比前一年更大价值的劳动生产物。可惜，无论哪个国家都不可能将全部年产物投放到劳动阶层身上，其中必有一大部分被游手好闲者消费。所以，一个国家年产物的平均或一般价值是逐年递增、逐年递减，还是不增不减，就要看这个国家每年是以什么样的比例在这两个阶层的民众中间分配劳动年产物。

第七章
论商品的自然价格与市场价格

在每一个社会和它的邻近区域，各种劳动领域的工资以及各投资领域的利润都存在着一个普及率或平均率。这普及率如同我在后面将要说明的那样，一部分是由土地所在的社会及其邻近区域的一般情况决定，一部分由土地的肥沃程度和改良程度决定。

我们可以把这种普及率或平均率称为当地在某一时期通行的工资自然率、利润自然率或地租自然率。如果一种商品的价格恰好和它在生产制造和运输过程中按照自然率支付的地租、工资和利润相等，那么，这种商品就可以被认为是按照自然价格出售的。

这种商品的售价恰好和其价值相等，或者说，它恰好把商品贩卖者所花的全部实际费用抵消掉。虽然我们习惯上所说的商品原始成本不包含商人的利润，但假如商人不能以符合当地一般利润率的价格把这商品卖掉的话，就等于蒙受了损失。这是因为，他完全可以把资本转投到其他方面，从而得到那笔利润。再者，他的利润就是他的收入，也就是他生活资料的正当来源。他在商品制造、运输的过程中，既要提前支付劳动者的工资或生活资料，又要提前支付自身的生活资料。他自身生活资料的价值，与他贩卖商品所能获得的利润是大致相等的。因此，

在超出需求程度相同的条件下，容易腐败的商品比耐久性商品更能引起卖方的竞争。就像鲜花种植行业，一旦鲜花产量加大，卖花人就不得不面对更为激烈的同业竞争。

如若贩卖商品不能获利，就等于没从商品出售中收回自己全部的实际花费。

商品的售价虽然未必是其最低价格，但是必须足以为商人提供这种利润，在相当长的时期内，只有超过这个价格，商人才肯将商品卖掉，至少在有绝对自由、各人能随意更换职业的地方是这样一种情形。

我们通常把商品售出时的实际价格称为它的市场价格。商品的市场价格有时比自然价格高，有时比自然价格低，有时二者恰好相等。

每件商品的市场价格都受其实际供应量和愿意支付它的自然价格（或者说愿意为它在出售之前已经支付的地租、工资和利润买单）的人的需求量之间的比例的影响。我们把愿意支付商品自然价格的人称为有效需求者，把他们的需求称为有效需求。因为，正是有了这种需求，商品的出售才能得以实现。有效需求不同于绝对需求。从某种意义上讲，一个贫民或许有拥有一辆六匹马大车的需求，但他的这种需求并非有效需求，因为这种马车绝不是为满足他这样的需要而出售。

如果市场上某种商品的供应量小于它的有效需求量，那么愿意支付商品自然价格的人就得不到他们所需数量的供给，而他们当中的某些人宁愿支付较高的价格，也要得到这种商品，于是便在需求者之间产生了竞争，市场价格也自然而然地升到了自然价格之上。价格上升的幅度由商品的缺乏程度、竞争者的富有程度和奢侈程度以及由此引发的竞争激烈程度决定。对于富有程度和奢侈程度相同的竞争者来说，竞争的激烈程度则要看商品对于需求者的重要性。因此，在大封锁时期或是在饥荒年代，生活必需品的价格总是出奇的昂贵。

反过来，如果市场上某种商品的供应量大于它的有效需求量，这时商品就无法全部出售给愿意支付商品自然价格的人，其中一部分必须降价出售。这样一来，必然导致商品的整体价格随之跌落。于是，商品的市场价格便或多或少地低于自然价格。价格下降的幅度，由超出需求的那部分商品引起的卖方竞争的激烈程度决定，或者说，由卖方出售商品的急切程度而定。在超出需求程度相同的条件下，容易腐败的商品比耐久性商品更能引起卖方的竞争。比如，柑橘的供应量过大就比老式铁器的供应量过大更能引起卖方的竞争。

对于某些行业，每年投入等量的劳动，生产的商品数量却大不相同，而在另外一些行业，却几乎年年不变。例如，同等数量的农民每一年生产出的谷物、葡萄酒、油、啤酒花的量往往都不相同；但同等数量的纺织工每年生产的麻布和呢绒量几乎是不变的。就前一种产业而言，与有效需求相适应的是该产业的平均产量。由于实际产量与平均产量相比不是过大就是过小，所以市场上商品量有时大大超出有效需求量，有时远远满足不了有效需求。即使有效需求量始终保持不变，商品的市场价格也免不了发生变动——时而高于自然价格，时而低于自然价格。就后一种产业而言，由于等量劳动的年产量大体不变，因此，产量便能更加恰当地和有效需求相适应。在有效需求保持不变时，商品市场价格也就能保持稳定，完全等同或几乎等同于自然价格。大家仅从经验便能得知，麻布和呢绒的价格不会像谷价那样有大幅的或经常性的变动。这就是因为前者的价格只随需求的变化而波动；而后者的价格则不仅受需求量的影响，还受市场上同种商品量大幅的或经常性的变动的影响。

商品市场价格出现偶然和暂时性的波动，主要影响其价格中的工资部分和利润部分，而地租部分所受影响则不是很大。至于那些已经被规定为一定量货币的地租，无论其比率还是价值，都不会受商品市场价格的影响。按产物数量的一定比例来计算的地租，则无疑只会在价值上而不会在比率上受商品市场价格的影响。地主在出租土地，确定地租的时候，都会竭尽所能地使地租与生产物的平均价格相适应，而不是与临时价格相适应。

这些偶然和暂时性的波动对工资或利润的比率产生影响是大还是小，要看当时积存的商品或者劳动在市场上是过多还是不足，换句话说，要看当时市场上是既成商品过多或不足，还是半成品过多或不足。每逢国丧期，市场的黑布存货都显得不足，因此，黑布价格会大幅上涨，持有大量黑布的商人的利润便会增加。然而，仅仅是商人的利润增加而已，织布工人的工资丝毫没有提升。因为这时市场上是商品不足，而不是劳动不足，换言之，是既成作业不足，而不是待成作业不足。不过，织工们的工资虽然不受影响，缝纫工们的工资却提升了。因为，在这种情况下，市场上的劳动不足，市场对劳动，或者说对待既成作业的有效需求大于现有供应量。国丧还导致了彩绸和白棉布的价格降低，从而致使持有大量彩绸和白棉布的商人的利润减少，参与这些商品制造和运输的劳动者的工资也会降低。因为在这种情况下，在半年甚至是一年之内，对于这些商品和生产这些商品的劳动者的需求都会中止。也就是说，这类商品和这类劳动的供给都大过需求。

虽然各种商品的市场价格都在不断地向其自然价格靠拢，但有时由于某种特殊的意外或是天然的原因，抑或是碍于特殊的政策，某些商品的市场价格可能在很长时间内远超过其自然价格。

紫色布料的染法曾经是古代的商业机密，为掌握这种秘密的人带来过巨额利润。

因为有效需求增加，致使某一商品的市场价格远高于自然价格时，这种产品的制造商们大都会刻意地隐瞒这种变化。因为一旦别的商人获悉了这个情况，巨额利润势必会使他们趋之若鹜，竞争者就会大大增多。这样一来，有效需求得到了充分的供给，商品的市场价格很快就会降到与自然价格持平，甚至是低于自然价格。如果制造商们距市场很远，他们有时就能保密数年，独享非常丰厚的利润。但是，必须得承认，这种秘密很难长久保守，而独享利润也只能是秘密未公开以前的事。

在这方面，制造业往往比商业更能长久地保守秘密。假如一个染工发现了某种制造染料的方法可以节省近一半的成本，而他本人又处事谨慎，他就能够终生独享这份利益，甚至能够传给子孙后代。这种额外收益来自他个人劳动的高价格，所以在某种程度上可以说是他个人劳动的高工资，但因为他每投入一部分资本就可以得到多一份收益，也就是说他的收益总额与其资本总额保有一定比例，所以，通常我们都不把这份收益称为劳动的高工资，而将它称为资本的额外利润。

赋予个人或商业公司垄断权力，和商业、制造业中的保守秘密，能起到相同的作用。垄断导致市场经常存货不足，因而有效需求永远不能得到充分供给。如此一来，商品的市场价格就能远远超过自然价格，而垄断者的个人收益不论是工资抑或利润，都会大大高于自然率。

垄断价格历来都是可能得到的最高价格。反之，自然价格或自由竞争的价格，即使在相当长的时期内也是可能得到的最低价格。垄断价格在各个时期都是能向买者榨取的最高价格，或者也可以认为是买者愿意支付的最高价格，而自然价格或自由竞争的价格，却是商人所能接受的最低价格，也就是他得以维持营生的最低价格。

同业联盟的排外特权、学徒法规，以及限制特殊职业中竞争人数的各种法规，虽然不及垄断的程度深，但却与垄断有相同的趋向。或者可以说它们是一种扩大了的垄断，因为它们能使某些行业的产品的市场价格长久地高于自然价格，并使从事该行业的劳动者的工资和投入该行业的资本利润长久地高于自然率。

这种市场价格的上涨，明显是由各种法规的约束造成的。只要这些法规继续有效，这种情况就会继续存在。

学徒法规与其他各种制度虽然能在制造业兴盛时期把劳动工资提升到自然率以上，但一旦制造业衰落，却会使劳动者的工资降落到自然率以下。因为，这些法规既能阻止外人进入他们的职业范围，也会妨碍他们从事其他职业。事实上，这些法规在提升劳动工资方面的效力更长期，在降低劳动工资方面的作用则不那么持久。这些法规的前一种作用可能持续好几个世纪，后一种作用则在那些于产业兴盛时期接受过职业培训的劳动者死去之后便失去意义。离世的这些人自会被新晋接受这一职业培训的人替代，劳动者人数依然会自动与有效需求相适应。如果像古印度和古埃及那样，依据宗教规定，每个人都有义务承继父业，随意变更职业便是重大的渎神之罪，那么，无论是什么职业，其劳动者的工资或资本利润都可能一连几代低于自然率的水平。

关于商品的市场价格和自然价格的短暂的或者永久的差异，我想我要说的就是这些了。

随着地租、工资和利润这些构成价格因素的自然率的变动，自然价格也就随之波动。这种自然率在任何时候都会随着社会的贫富、进退或停滞而变化。在以下四章内，我将尽我所能，尽可能详尽地阐述这些变动的原因。

首先，我要尽力说明哪些情况很自然地决定工资率，而这些情况又是如何受到社会的贫富、进退或者停滞的影响的。

其次，我要尽力说明哪些情况很自然地决定利润率，而这些情况又是如何受到上述社会状况的变动的影响的。

再次，我要尽力说明哪些情况决定了下列要素的比例。虽然因为劳动及资本的用途的差异，货币工资和货币利润也不尽相同，但是，这些不同用途的货币工资和货币利润似乎都存在着一定的比例。就像后章将要说明的那样，这种比例一方面取决于资金用途的性质，但也受所在社会的法律和政策的影响。此外，这种比例虽受法律和政策的多方面影响，但似乎与所在社会贫富、进步退步或停滞等状况没什么关系。在这些不同社会状况中，这个比例总是保持不变，或基本不变。

最后，我要尽力说明哪些情况影响着土地地租，并支配着所有土地生产物的真实价格的升降。

不同的商品价格变动不同的原因

对于某些行业，每年投入等量的劳动，生产的商品数量却大不相同，而在另外一些行业，却几乎年年不变。

比如，同等数量的农民每年生产出的谷物的量往往都不相同，但同等数量的纺织工每年生产的麻布和呢绒量几乎是不变的。

就前一种产业而言，与有效需求相适应的是该产业的平均产量。由于实际产量不是过大就是过小，所以市场上商品量有时超出有效需求量，有时又满足不了。所以市场价格也免不了发生变动。

就后一种产业而言，由于等量劳动的年产量大体不变，因此，产量便能更加恰当地和有效需求相适应。在有效需求保持不变时，商品市场价格也就能保持稳定。

大家仅从经验便能得知，麻布和呢绒的价格不会像谷价那样有大幅的或经常性的变动。这就是因为前者的价格只随需求的变化而波动；而后者的价格则不仅受需求量的影响，还受市场上同种商品量大幅的或经常性的变动的影响。

第八章

论劳动工资

劳动的自然报酬或自然工资由劳动生产物构成。

在土地私有和资本累积尚未形成之前的原始社会状态下，全部的劳动生产物都归劳动者支配，既没有地主也没有雇主来分享他的劳动所得。

如果这种状态得以持续下去，那么伴随着分工所带来的劳动生产力的增大，劳动工资也会不断提升，但是所有商品的价格却会越来越低廉，这是因为生产它们所需的劳动量变小了。由于等量劳动所生产的各种商品自然而然地会发生相互交换，因此，在这种状态下，只需较少数量的劳动生产物就可以购买到各种商品。

尽管所有商品的价格事实上变得便宜了，但仅从表面上看，似乎某些物品的价值较以前有所上升，因为它可交换到比以前更多的其他物品。我们假设某种产业的劳动生产力比从前提高了一倍，即现在劳动一天的产量是从前的两倍，而其他大部分产业的劳动生产力提高了十倍，即现在劳动一天的产量是从前的十倍，如果交换二者一天的劳动生产物，则前者仅以原工作量的两倍就可以购得后者原工作量的十倍。这么看来，一定量，例如1磅重的前者，价值似乎提升为从前的五倍，但事实上它却比以前便宜了一半。因为虽说购买这1磅货物所需的其他货物量增加到了以前的五倍，但生产这1磅货物所需的劳动量却减少为从前的一半。也就是说，现在获取这种商品比从前容易了一倍。

伴随着分工所带来的劳动生产力的增大，劳动工资也会不断提升，但是所有商品的价格却会越来越低廉，这是因为生产它们所需的劳动量变小了。

土地私有和资本累积一出现，这种劳动者独享自己全部劳动生产物的原始状态便宣告结束了。也就是说，这种原始状态早在劳动生产力有显著提高以前已经不复存在了，因而，进一步深究此种状态对劳动报酬或者说劳动工资可能产生

工人们的联合，无论是防御性的还是攻击性的，往往都声势浩大、影响广泛。他们总是奔走呼号，甚至不惜采用暴力手段以求争议能够尽快解决。

的影响就毫无意义了。

土地一旦私有化，地主就会从劳动者在土地上生产出或采集到的全部物品中分走一部分。因此，地主的地租便成为劳动者在土地上的全部劳动所得中第一个被扣除的项目。

一般的农民都不具备足以维持到农作物成熟时候的生活资料，往往需要雇用他们的农场主投入一定的资本用以满足日常生活需要。如果农场主不能分享劳动者的生产物，不能在收回资本的同时得到相当的利润，他就不会愿意雇用劳动者。因此，利润成了劳动者在土地上的全部劳动所得中第二个被扣除的项目。

不论在何地，劳动者的工资都由劳资双方订立的契约规定。就规定的工资数额来说，双方的想法刚好背道而驰——劳动者希望多多益善，雇主则希望越少越好；劳动者都想团结起来达到提高工资的目的，雇主却想联合起来降低工资。

在出现争议的情况下，我们不难预料劳资双方谁会占上风，谁能迫使对方接受自己提出的条件。由于雇主人数较少，比较容易联合。另外，他们的联合不受法律禁止，而劳动者的联合却为法律所不容。很少有为了降低价格而联合的团体被议会的条令取缔，却有许多为提高劳动价格而联合的团体被取缔。而且，面对争议，雇主总比劳动者更能长久坚持。地主、农场主、制造业者和商人，即使一个工人都不雇，通常也能靠已拥有的资本维持生活一两年；而劳动者一旦失业，能维持生活一个星期的都不多见，一个月的更少，一年的则几乎没有。就长期观察看来，雇主对劳动者的需要程度和劳动者对雇主的需要程度大致相同，只不过雇主的需要不像劳动者那样迫切。

我们经常听闻工人的联合，而鲜少得知雇主的联合。可是，如果仅凭这个就认为雇主们确实很少联合，那就未免太天真、太不明真相了。雇主们随时随地都会保持一种秘而不宣的联合，以操控劳动工资，保证其不超过实际工资率。不论何时何地，破坏这种联合都是不厚道的行为，都会为同行所不齿。我们之所以没怎么听说过这种联合，是因为这种事情几乎是自然而然就发生了的，几乎没有谈论的必要。此外，雇主们为了把劳动工资降低到其实际工资率以下，有时也组织一些特别的联合。这种联合，在尚未采取行动之前往往不漏半点风声。一旦行动，劳动者虽然感到切肤之痛，却也无计可施，只能屈服，因此别的知情者很少。不过，工人们往往也会组织些防御性的联合来与雇主们的联合对抗。而且，有时即便雇主之间没有兴起什么联合，工人们为了提高劳动价格，也会自发地结合起来——有时是因为粮食涨价，有时是因为雇主从他们的劳动中扣除掉的利润过多。他们的联合，无论是防御性的还是攻击性的，往往都声势浩大、影响广泛。他们总是奔走呼号，甚至不惜采用暴力手段以求争议能够尽快解决。工人们为了绝处求生，不得不铤而走险，他们不想让自己饿死，就得胁迫雇主立即答应自己的要求。这时，雇主们也同样喧呼呐喊，请求政府援助，要求严厉执行取缔工人联合的法规。因此，工人很少能从这种群情激奋的联合暴动中得到他们想要的利益。他们的联合，有些因为政府的干涉，有些因为熬不过雇主，有些因为其中的多数劳动者为了眼前的生计而屈服，最终会瓦解，他们的领袖会首当其冲受到惩罚。

尽管雇主在与劳动者的争议中处于有利地位，但劳动工资有一定的标准，即使最低级劳动者的普通工资也不可能长期低于这个标准。

一个以出卖劳动为生的人，他的工资必须至少足够维持自己的生活。在大多数情况下，工资除了维持劳动者的日常生活之外，还须得有一点剩余，否则他就没法赡养家庭。据坎梯隆先生推测，由于妻子需要照料儿女，其劳动所得只够维持自己的需要，因此，一个最下层的劳动者至少须取得自身所需的生活费的两倍，才足够供养两个儿女。但就现实来看，几乎半数儿童都在未成年以前夭折。所以，即使是最贫穷的劳动者一般也想养育至少4个孩子，以便能有两个孩子成人。但据估计，4个孩子的扶养费至少约等于一个成年人的生活费。坎梯隆还说，一个健壮的奴隶，其劳动价值约为生活费的两倍，一个最下层劳动者的劳动价值，不可能比一个

地主、农场主、制造业者和商人，即使一个工人都不雇，通常也能靠已拥有的资本维持生活一两年；而劳动者一旦失业，能维持生活一个星期的都不多见。

奴隶还要低。因此，我们至少能够肯定一点：即便是对最下层的普通劳动者来说，夫妇二人的劳动所得也必须稍稍超过维持他俩自身生活所需要的费用才足够赡养家庭。但是，这超出的部分究竟会占多大的比例、按照什么标准来确定，不是我现在想要研究的内容。

像织工和鞋匠这样的独立劳动者，除了购买供自用的原料、留足在商品售出之前的生活费用，如果还有剩余的资本，他自然就会想到拿这部分剩余资本请一个或多个帮工，以便自己从他们的劳动中获利。如果剩余额增加，他所雇帮工的数量也会随着增加。

因此，对那些以工资为生的劳动者的需求，必然会随着一个国家收入和资本的增加而增加。收入和资本没有增加，对以工资为生的劳动者的需求绝不会增加。而收入和资本的增加，就意味着国民财富的增加。所以，对以工资为生的劳动者的需求，自然也会随着国民财富的增加而增加。国民财富不增加，对以工资为生的劳动者的需求也当然不会增加。

北美虽然赶不上英格兰富有，却比英格兰发展快，它在以更强劲的势头积聚着财富。一个国家的繁荣，最明显的标志就是居民人数的增加。英格兰乃至欧洲大多数国家，在过去的500年中居民数量增加了不到一倍，而北美英属各殖民地，在20~25年内居民量就增加了一倍。从目前来看，导致人口迅速增加的主要原因，不是新移民的涌入，而是人口的迅速繁殖。据说，当地的高寿者在有生之年往往就已经拥有了50、100甚至100个以上的直系子孙。由于劳动工资较高，子女众多不但没构成家庭负担，反而还带来了富裕。在脱离父母重新组建家庭以前，每个子女创造的劳动价值算起来都有100镑之多。一个带着四五个孩子的青年寡妇，在欧洲中层及下层社会中，很难找到第二任丈夫，但在北美，她的儿女们简直被视为一种潜在的财产，因而常常有男子向她求婚。子女成了结婚的最大诱因。因此，在北美，早婚一点都不足为奇。可是，尽管早婚已经致使人口有了很大的增加，北美当地却仍显劳动人手不足。与劳动量的增加相比，对劳动者需求的增加和维持劳动的资金的增加似乎要快得多。

即便一个国家非常富有，如果长期停滞不前，那里就不可能出现极高的工资。预定用来支付工资的资金、居民的收入和资本也许本身就数额巨大，但假使它一连数个世纪恒定不变，或几乎不变，那么整个国家这一年雇用的劳动者人数就完全可以满足下一年的需要，甚至还会出现剩余。既然不缺乏劳动者，雇主自然也不需要为获得劳动者而相互竞争。另外，劳动者的数量大于社会的需要量，就业机会常显不足，于是劳动者为了要获得工作不得不互相竞争。假如原本该国劳动者的工资足以供养家庭，并且另外还有剩余，可是劳动者互相竞争，雇主们受利益驱使，不久就会把劳动者的工资降到一般人

中国的农民终日辛苦劳作，只要得到的报酬能够买些谷米，他们就知足了。

道标准的最低限度。中国素来是世界上最富有的国家之一，土地肥沃，耕作精细，居民众多而且勤劳。但是，中国似乎长久以来都处于停滞状态。当今的旅行家报告的关于中国耕作劳动及人口密度的情况，与500年前游历该国的马可·波罗记述的几乎完全一致。也许早在马可·波罗到访之前，中国就已经达到了在该国法律制度限制下的最大限度的富裕。虽然各个旅行家的记述有不少相互矛盾的地方，但有一点是绝对一致的，那就是中国劳动工资低廉，劳动者的收入普遍难以维持家庭用度。中国的农民终日辛苦劳作，只要得到的报酬能够买些谷米，他们就知足了。技术工人的境遇就更糟糕了。欧洲的技工总是优哉游哉地在自己的作坊内等候着顾客上门，中国的技工却要随身携带着劳动工具在街市上不停地来回奔走，以求被雇用。中国下层人民的贫困程度，远远超过了欧洲最贫穷国家民众的贫困程度。据说，在广州附近，成百上千的家庭没有固定的陆上居所，不得不栖身于河上的小渔船中。

不过，中国虽处于停滞状态，但毕竟还没有出现倒退。没听说过哪里有被居民遗弃的城市和开垦后又被荒芜下来的耕地；每年被雇用的劳动力都保持不变，或几乎不变；预定用于维持劳动的资金也自然没有减少。所以，最下层的劳动者虽然生活资料匮乏，但还能勉强糊口度日，劳动阶层的人数也可以得到保持。

而那些预定用于维持劳动的资金大幅减少的国家，情况就大不一样了。每年各层次的职业对劳动者的需要量都少于前一年，许多在自己原本的上层职业中谋不到出路的人不得不在下层的职业中找工作。最下层的职业固有的劳动者本来就已经超过需要了，现在又涌入了大量别的阶层的劳动者来，结果，竞争越来越激烈，就会导致劳动工资降低到一个极惨的标准。即便甘于忍受这些苛刻条件，还是有许多人找不到工作。这些人不是饿死，就是沦为乞丐，再不然也许就只有干些伤天害理的龌龊勾当才能谋取到生活资料。穷困、饥饿和死亡等灾祸先在最下层劳动者中间泛滥，接着便殃及所有的上等阶层，最终，国内的居民减少到经过灾难、苛政、暴乱的蚕食之后仅存的那些资本和收入能够维持的人数。在东印度的孟加拉以及其他一些英属殖民地，现状几乎就是如此。一个国家土地肥沃，那么人口大量减少之后，劳动者获取生活资料应该并不十分困难，可是如果每年仍旧有三四十万人饿死，那就可以断定，该国预定用于维持最贫困劳动者生活的资金正在迅速减少。北美和东印度两地的不同情况，将英国遵循不同主张——对北美进行保护和治理，而对东印度施行压迫和管制——做法体现无遗。

因此，丰厚的劳动报酬既是国民财富增长的必然结果，又是国民财富增长的自然表征。与之相反，贫困劳动者生活资料匮乏是社会停滞不进的表征，如果劳动者食不果腹，则是社会迅速倒退的表征。

目前，大英国的普通劳动工资明显已经超过了劳动者供养家庭所需的数额。这一点无须通过推算劳动者供养家庭所需的最低工资这样烦琐却未必精确的方法来证明。有许多显著的迹象表明，大英国各地的劳动工资并非时时都以符合人道的最低工资为标准。

下等阶层生活水平的提高，于社会有利还是有弊呢？这个问题的答案显而易见。佣人、工人和各种劳动者始终在社会中占有最大比例，决不能把社会最大部分群体境遇的改善，视为对社会全体不利的事情。如果一个社会的绝大多数成员都处于穷困潦倒的境遇之中，那么这个社会绝对不可能繁荣昌盛。而且，向全体社会成员提供衣、食、住的人，能在满足他人日常需要的同时拿出一些劳动产物供自己享用，这才算公平。

如果劳动报酬丰厚，劳动者就能够改善他们的孩子的生活，因此就会有更多的子女能够成人，这样，人口的增殖限度就将扩大。应当指出，上述限度的扩大程度，也必然会和社会对劳动所需要的程度相符。如果劳动需求不断增加，劳动报酬必然会鼓励劳动者结婚和增殖，以促使人口不断增加，来满足劳动需求。无论何时，一旦劳动报酬不足以鼓励人口增殖，不久就会因为劳动者缺乏而导致劳动报酬提升。而如果劳动报酬过高，引起了人口过度增殖，不久就会因为劳动者过多而导致劳动报酬下降。前一种情况是市场上的劳动供给不足，后一种情况是市场上的劳动供给过剩，二者的结果都是迫使劳动价格回到与社会需求相适应的程度。因此，如同市场对商品的需求必然支配商品的生产一样，社会对人口的需求也必然支配人口的繁殖。繁殖过于缓慢，则加以促进；繁殖过于迅速，则加以抑制。世界各地，不论在北美，在欧洲，还是在中国，支配和决定人口增长状态的都是这种需求。这种需求在北美反映为人口迅速增加；在欧洲反映为人口缓慢增加；在中国则反映为人口不增不减。

对于所有产品远销外地的大制造业，与其说它们的产量取决于产地年度价格是高还是低，不如说取决于影响商品需求量的各种情况，取决于和平或战争，取决于能与之竞争的那些制造业的盛衰，取决于消费者的消费兴趣浓厚还是寡淡。此外，在物价低廉时期，有大量的额外产品也许并未被登记在册——脱离雇主的男子成为独立劳动者，妇女则回到父母家中，为自己和家庭成员缝制衣服；连独立劳动者也未必都制造售给大众的商品，而是被邻人雇请制造家庭用品。他们生产的产品很少会登记在公开记录上，而这些记录有时难免夸大其词。但是，商人与制造业者却往往依据这种片面的记录来妄断帝国的盛衰。

食能果腹是人最基本的需求，食品价格的上涨会影响劳动者的基本需求。

虽然劳动价格的变动与食物价格的变动并不一致，甚至还可能完全相反，但我们不能由此认为劳动价格不受食品价格的影响。劳动的货币价格必然受两种情况的支配：第一是社会对劳动的需求，第二是生活必需品与便利品的价格。社会对劳动的需求，就必须按照它是在增加、减少还是不增不减，向这些劳动者提供相应数量的生活必需品和便利品。而购买这个数量商品所需要的资金就决定了劳动的货币价格。所以，在食物价格较低的情况下，劳动的货币价格有时会很高，但在食物价格上涨而劳动需求保持不变的情况下，劳动的货币价格只会更高。

在物质突然极大丰富的年份，对劳动的需求量有所增加，因此劳动的货币价格上升；而在物质突然极为匮乏的年份，对劳动的需求量减少，因此劳动的货币价格下降。在物质突然极大丰富的年份，许多雇主手中的资金足够维持比上一年更多的劳动者，但他们的雇佣需求未必能够得到满足。因此，想要雇用更多劳动者的雇主就会相互竞争，这样就很自然地抬高了劳动的货币价格和真实价格。在物质突然极为匮乏的年份，情况正好相反。用来雇用劳动者的资金比前一年少了，因此有许多人失业。于是，为了获得职业，劳动者相互竞争起来，这自然会促使劳动的真实价格和货币价格降低。例如1740年这个大饥荒年份，许多人只要雇主管饭就愿意工作，而在以后的几个丰年里，雇用劳动者就变得困难了。

食品价格的上涨会使劳动的价格抬高，而在物价高涨的饥荒年份，社会对劳动的需求会相应减少，因而会使劳动的价格降低。反之，食品价格的下跌会使劳动的价格降低，但物价低廉的丰足年份，社会对劳动需求会相应增加，因而会使劳动的价格抬高。在食品价格波动不大的情况下，促使劳动价格升降的两种因素就会互相抵消。这也许就是各个地方劳动工资始终比食品价格更为持久稳定的一个原因。

劳动工资的提升必然会使商品价格组成中的工资部分成比例上涨，这就会促使物价相应上升，进而导致国内外同类商品的消费成比例减少。但是，劳动工资的提升原因——也就是资本的增加——却会提高劳动生产力，使较少劳动所生产的产品有所增加。如果一个资本家雇用很多工人，为了使自己的利益不受损，一定会设法合理分配工人工作，尽可能生产更多的产品；出于同样的原因，他们也会去添置自己所知道的最好的机械设备。在某一特定工厂的劳动者中发生的事情，必然会因同一理由在社会的全体劳动者之中普及开来。劳动者的人数越多，他们的分工自然就越精细。有更多人致力于研究最适用个人操作的机械，这种机械就更会被发明出来。有了这些改良的机械，便能以比从前少得多的劳动生产同样多的物品。这样，拿生产商品所需的劳动量的减少去抵偿劳动价格的提升，就绰绰有余了。

第九章

论资本利润

和劳动工资一样，资本利润的增加或减少都取决于社会财富的增减。但社会财富对二者的影响却有很大的不同。

资本的增加，一方面使工资提高，另一方面又使利润减少。如有许多富商投资同一行业，那么他们的相互竞争自然会促使这一行业的利润减少。在同一社会中，如果各种行业的资本都这样增加了，那么这种竞争必然使所有行业的利润趋于减少。

亨利八世是英国都铎王朝第二任国王，他在位期间推行宗教改革，使英国王室的权力因此达到顶峰。

即使是对某一特定地方在某一特定时间的劳动的平均工资，要给出一个具体的数字也不容易。而且，能确定的只不过是最普遍的工资。但就资本利润来说，就连最普遍的利润我们也很少能够确定。利润极不稳定，即使是经营某一特定行业的人也未必能够说出他每年的平均利润是多少。他的利润不仅要受所经营的商品的价格变动的影响，而且要受他的竞争者和消费者财务状况的好坏、商品在运输和贮存过程中可能遭遇的种种意外的影响。所以，利润率可以说是年年、日日，甚至每时每刻都在变动。要想找出一个大国各行各业的准确的平均利润，更是难上加难。想要精确地判定遥远的从前的利润，那就全然不可能了。

不过，虽然无法确定过去和当前的资本的平均利润，但从货币的利息上我们可以了解一个大概。可以这样说：在利用货币获得的利益更多的地方，通常会对使用货币支付较高的利息；在利用货币获得的利益较少的地方，通常会对使用货币支付较低的利息。由此我们断定，一个国家资本的一般利润，必然会随着市场一般利率的变动而变动。利率降低，利润也会降低；利率升高，利润自然也会随之升高。因此，我们可以根据利息的变动，大致了解到资本利润的变化。

亨利八世三十七年（1545年）曾颁布一道法令：一切利息不得超过本金的10%。可见，以前的利息有时可能高于10%。后来，笃信宗教的爱德华六世曾因宗教因素而禁止收取利息，但这一禁令据说和其他同样性质的禁令一样，没产生任何效果，高利贷的流弊有增无减。于是，伊丽莎白女王十三年（1570年）又再次重申了亨利八世的法令。此后，法定利率一直是10%；詹姆士一世二十一年（1623年），则把利率限定为8%。斯图亚特王朝复辟以后，利率再次降低，被定为6%。安妮女王十二年（1713年），又降至5%。所有这些法令的规定，看来都很合理。这些利率的调整，都是在市场利率变动之后做出的，也即利率随诚实守信的人通常借款的利率的变动而改变。安妮女王时代以后，5%的利率似乎高于市场利率。在最近的一次战争之前，政府只用3%的利率就拿到借款，在首都和其他许多地方，资金信用良好的人能以3.5%、4%、4.5%等利率借款。

自亨利八世以来，国家财富与国民收入都在持续增加，而且这一增加的速度随着国家的发展似乎是越来越快。这期间，劳动者的工资也在不断增长，而同时，绝大多数工商业的资本利润却在不断减少。

与在乡村相比，在大城市经营某个行业就需要更多的资本。城市中各行业都投入了庞大的资本，而且参与竞争的富商众多，这就导致城市资本利润率普遍低于农村资本利润率。但是，城市的劳动工资通常要比农村高。在繁荣的城市，拥有大量资本的人往往不能如愿雇到自己所需要的劳动者，他们相互竞争的结果就是抬高劳动工资，并使资本利润降低。在偏僻地方，由于缺少充足资本来雇用全部劳动者，为了获得职业，劳动者必然互相竞争，这就会导致劳动工资降低，并使资本利润增加。

虽然苏格兰的法定利率和英格兰相同，但其市场利率却高于英格兰。该地资金信用良好的人，通常无法以少于5%的利率借款。爱丁堡的私立银行，对于随时可以部分兑现或全部兑现的期票，愿意支付4%的利息。而伦敦的私立银行，对于存进去的资金却不付任何利息。在苏格兰，几乎所有行业的经营所需的资本都要少于英格兰。因此，苏格兰的一般利润率要比英格兰的略高些。

在18世纪中，法国的法定利率一般不受市场利率的影响。1720年，法定利率由5%降至2%。1724年，又提升到3.3%。1725年，再次提升为5%。1766年，在拉弗迪执政期间，又降低到4%。之后，执政的特雷神父又将利率恢复到5%。这种强行调整法定利率的做法，被认为是在为降低公债的利率做铺垫，这种目的也确实达到了。就目前而言，法国富裕程度赶不上英国。法国的法定利率低于英国，而市场利率却高于英国。这是因为在法国跟在其他国家一样，总有办法可以放心地钻法律空子。那些在英法两国进行商业活动的英国商人都说，法国的商业利润要高于英国。因此，不少英国人宁愿把资本投在轻视商业的法国，而不愿把资本投在重视商业的本国。法国的劳动工资较低，普通人一般较英国常人贫穷。从苏格兰到英格兰，你会看到两地平民在服饰和脸色上的差异，这一点，能够充分体现两地经济状况的差异。然而，你要是从法国到英国来，就会觉得这种差异更加明显。毫无疑问，目前法国比苏格兰富裕，但是它的发展速度似乎赶不上苏格兰。很多人认为，苏格兰正在退步，但我认为这种说法是没有根据

从15世纪起，信贷就已经成为欧洲主要的商业活动之一。

的，就算对看上去更贫穷的法国也是不恰当的。假使你考察过二三十年前的苏格兰，再到现在的苏格兰看看，那就绝对不会有这样的想法。

而就领土面积与人口的比例而言，荷兰肯定要比英格兰富足。荷兰政府的借款利率是2%，当地那些资金信用良好的人的借款利率是3%。据说，荷兰的劳动工资高于英格兰。众所周知，荷兰商人所获取的利润在所有欧洲国家中是最低的。有人说，当今荷兰的商业已陷入衰退。诚然，就某些行业来说，这也许是事实。但前面所说的现象足以表明，荷兰的商业并未大面积衰退。利润减少了，商人们自然会抱怨，就会说商业衰退了；但事实并非如此，要知道，利润减少正是商业繁荣的结果，或者是投入资本加大的必然结果。在最近的英法战争中，荷兰人乘机巧取了法国的所有运输业务，而且时至今日，仍有一部分运输业务被荷兰人掌握。荷兰人控制的英法两国国债，也是他们的一宗巨大财富。据说，仅仅英国一家，债务就有4000万镑之多（我认为这一说法有点儿夸张）。此外，荷兰人还向利率较高的国家发放巨额贷款。这些状况，无疑表示他们的资本大量过剩，或者说，他们的资本大大增加，继续投在本国的相关行业已经无法获得与资本相当的利润。一个人由经营某个行业获得的资本，虽增加到了再投入该行业基本无利可图的程度，但该行业仍在继续发展。这种情况，在一个大国出现完全是有可能的。

英国北美殖民地和西印度殖民地的劳动工资、货币利息和资本利润，都要高于英格兰。

城市资本利润率低于乡村的原因

与乡村相比，在大城市经营某个行业需要更多的资本。

城市中行业资本投入大，参与竞争者多，迫使他们降低利润率。

城市劳动力少，为雇到劳动力而抬高工资，使得利润率降低。

在偏僻的乡村，缺少充足的资本来雇用全部劳动者。

为了获得职业，劳动者必然互相竞争。

乡村劳动力多，使得劳动工资低，利润率得以增加。

在新开发的殖民地中，资本无法照顾到所有既得的能够耕作的土地，所以，便把有限的资本投在土壤最肥沃和地理位置最好的地区——大部分位于海滨和通航河流沿岸。

那里的法定利率和市场利率通常在6%~8%的范围内。不过，劳动高工资与资本高利润并存可能是新开发殖民地的特有现象，其他地方鲜见。在新开发的殖民地中，资本与领土面积之间的比例和人口对与资本之间的比例，在一个较长的时期内一定会低于大多数国家。他们的资本无法照顾到所有既得的能够耕作的土地，所以，便把有限的资本投在土壤最肥沃和地理位置最好的地区——大部分位于海滨和通航河流沿岸。另外，这些土地的售价低廉，远低于它们的实际价值。在购买和改良这些土地过程中投入的资本，自然能够获得巨大的利润，因此投资者有能力支付极高的利息。这种可获得丰厚利润的资本的快速累积，使农场主能够大量雇用劳动者，而新殖民的人口却无法充分满足这种需求。因此，这里被雇用的劳动者就可能得到极高的酬劳。但是，随着殖民地经济的发展，资本的利润率就会逐渐降低。土壤最肥沃、位置最好的土地已经被充分利用，投在那些土壤不够肥沃、地理位置欠佳的土地上的资本所能取得的利润自然就减少了，因而也只能承受较低的利息。在18世纪中，我国大部分殖民地的法定利率和市场利率都因此大大降低。随着财富、人口的增长和劳动的改良，利息下降了，但劳动工资却没有随着资本利润的减少而下降。无论利润如何，对劳动的需求都会随着资本的增加而增长。利润减少了，资本不仅继续增加，而且还比原来增加得更快。勤劳的个人通过这种方式致富，勤劳的国家也是如此。大资本的利润虽低，却比高利润的小资本增加得更快。俗语说，钱生钱。一旦有了钱，再靠它去赚取更多的钱就不在话下。最难的是如何赚取最原始的起步资金。在上文，关于资本的增加和劳动的增加（即对有用劳动的需求的增加）二者之间的关系，我已经做出了一些说明，在以后讨论资本累积的时候，我还会作更详尽的补充。

新领域的开拓或新行业的经营，可以提高资本利润，进而增加货币利息，即使在财富正在快速增加的国家也是如此。由于新开拓和新发展的行业很多，因而对自己需求很大，而有限的资本只可能投放到那些能提供最大利润的行业上。以前投入其他行业的资本肯定会撤回一部分，转投至更有利的新兴行业。所以，旧行业竞争的激烈程度就会较原先降低，而市场上相关商品的供给就会减少。而商品的减少，就会导致价格有所上升。相应地，商人获得的利润就会增加，他们所能支付的借款利率也会提升。在最近的那场战争（指英法七年战争。编者注）结束后，资金信用良好的个人以及伦敦的一些大型商号，通常以5%的利率借款。而在战前，他们支付的利息很少超过4%或4.5%。我国对北美和西印度的占领，增加了领土面积，促进了商业发展，这一事实就足以证明上述观点，大家完全不必担心我国的资财会减少。资本量不变，而新行业大量涌现，原来用于旧行业的资本量必然大大减少，结果，这些行业内部的竞争会因此缓和，利润也会有所增加。

社会资财不足，就会减少指定用于维持产业的资金，降低劳动工资，但同时能增大资本利润，提高货币利息。由于劳动工资降低，资本所有者将商品投向市场所需的费用就相应减少，又因为商品的售价比原来提高，这样一来，所费减少，所得增多，他们就能从两方面增加利润，因而能够支付较高的资本利息。在孟加拉和东印度的英属殖民地，能够迅速、轻易地获得巨大财富。这一事实足以证明，这些贫苦地方的极低的劳动工资与超高的资本利润同时并存。所以，这里的货币利息也是超高的。孟加拉的农场主常常以下一季的收获物作抵押，按照40%~60%的利息借入资金。农场主不得不拿出相当部分的地租和资本利润，用来支付这高额的利息。

法律完全禁止利息是绝对不可能奏效的。一方面，许多人必须借入资金；另一方面，对出借人来说，不仅对出借的资金本身提出合理的报酬要求，而且为了规避法律带来的困难和危险，还会另外提出相应的补偿要求。孟德斯鸠说，所有伊斯兰国家的利率之所以高，并不是他们穷，原因是一来法律禁止利息，二来借出的款项难以收回。

最低的一般利润率，必须满足在补偿投资遭遇的意外损失以外还有剩余。这个剩余就是纯利润，或者说是净利润。人们常所说的毛利润，不仅包含这种剩余，还包含着为补偿意外风险而准备的提留部分。借款人支付的利息仅仅与其净利润成比例。

借钱与人，即便再谨慎，也有可能蒙受意外损失。所以，最低的一般利率和最低的一般利润率一样，在去除为补偿借贷可能遭遇的意外损失的提留外，还必须有所剩余。如果没有这个剩余，那只能认为出借人是在施友情或者发善心了。

在极度富裕，而且各行各业所能容纳的资本都已达到极限的国家，普通资本纯利润率

一幅荷兰船只的浮雕画，这种类型的船只支撑着这个广泛贸易的国家。

就会降到最低，这种利润条件下，普通市场利率也会降到最低。这样一来，除了豪商巨富，其他人都无法靠利息维持生活。小资产者和中等富裕人士，都不得不亲自打理自己资本。几乎所有人都必须亲自经营，去从事某项具体的产业。目前荷兰的现状，差不多就是这样。

最高的一般利润率也许是这样的：它将商品价格中应当归为地租的那部分也全部占去，只剩下恰够支付商品生产和运往市场过程中所需的劳动的最低工资，也就是仅够维持劳动者生存的工资。如果没有人养活劳动者，他们就没法工作，但地主就不一样了。东印度公司在孟加拉经营商业的利润，大概与这个最高的一般利润率相差无几。

通常市场利率与一般纯利润率的比例必然随着利润的增减而变动。英国商人认为，利润两倍于利息是适中合理的。按我的理解，他们所说的适中合理的利润，就可以视为一般利润。在某个国度里，如果一般纯利润率为8%或10%，在经营业务过程中借用他人资金，拿出一半利润来支付利息，这应该是合理的。资本风险由借款人承担，出借人的资金在一定程度上就有了保障。在大多数行业，4%或5%的利润率已经足够补偿借款人所冒的风险，并且也足以报偿他在运用这笔资金时付出的劳苦。但在一般利润率过低或过高的国家，像这样的利息和纯利润的比例就不合适了。利润率过低时，不可能将利润的一半支付利息；而利润率过高时，则可以拿出一半以上利润来支付利息。

在财富增长迅速的国家，有许多商品的价格是以低利润来补偿高劳动工资，从而使得它们的商品可以与欠发达且劳动工资较低的其他国家的商品以同样的低价售出。

事实上，高利润比高工资更容易抬高商品价格。我国的商人和工厂主对于工资提升导致的物价提高和产品销量降低总是怨声载道，但对于高利润带来的更严重的恶果他们却缄口不言。就是说，对于因自己得利而造成的恶果他们只字不提，对于因他人得利而造成的恶果他们就大发牢骚。

第十章
论工资与利润随劳动与资本的用途不同而不同

在不同的用途中，劳动和资本的收益有所不同，但大体上说，在同一地区，劳动与资本收益都是基本相等的，或者是不断趋向于相等。同一地区中，如果某种用途的收益比其他用途明显有利，劳动与资本就会朝着有利的用途蜂拥而至。反之，则会竞相离去。结果，这种用途很快就不再明显优于或劣于其他用途了。至少在任由所有事物顺其自然、每个人都能自由选择职业和随时都能自由更换职业的社会，情况是这样的。利益自然会驱使每个人追求自认为有利的事业，避开不利的事业。

事实上，在欧洲各地，不同用途的劳动所得的货币工资，不同用途的资本获得的货币利润都是大不相同的。这种不同，一方面是由各种用途本身的性质造成的（这些情况，实际人们都能想象得到，某些职业虽然收益微薄但却有补偿，某些职业虽利益优厚却另有减损）。另一方面，则是因为欧洲各国施行的限制市场完全自由发展的政策造成的。

第一节　基于职业本身性质的不平等

根据我的观察，某些职业虽然收益微薄却另有补偿；而某些职业虽利益优厚却另有减损。影响劳动者工资和资本利润的主要有以下五种情况：第一，有令人愉快的职业和令人不愉快的职业之分；第二，从业前学习有的难，有的较为容易，而且培训费用有高有低；第三，工作本身有的很安定，有的则不安定；第四，职业中的工作职责有的很重，有的较轻；第五，有的职业容易成功，有的职业很难有所成就。

第一，工作有难有易、有污秽有洁净、有尊贵有卑贱，劳动工资随这些情况的不同而不同。

例如，就年度所得而言，在许多地方，缝工的收入比织工低，因为缝工的工作比织工容易。织工的收入比铁匠低，因为织工的工作干净得多。铁匠虽属技工，但他12小时的劳动收入，往往还不如一个煤矿工人8小时的劳动收入，因为铁匠的工作没那么肮脏和危险，又是在阳光普照的地面上进行的。对于体面的职业，它带给劳动者的荣誉感可算作报酬的一部分。综

铁匠虽属技工，但他 12 小时的劳动收入，往往还不如一个煤矿工人 8 小时的劳动收入，因为铁匠的工作没那么肮脏和危险，又是在阳光普照的地面上进行的。

合各种因素，从事这类职业的劳动者，其所得的货币报酬一般较低，这一点我会在后面加以说明。而那些低贱的职业，情形则恰好相反。屠户是既粗鲁又野蛮的职业，但在大多数地方，他们的收入往往会高于其他普通职业的劳动者。刽子手可以说是最令人嫌恶的职业，但是，他们的工作量很低，可是他们的报酬却远高于普通职业的劳动者。

在未开化社会最受重视的渔猎活动，在社会进步以后却成为最令人愉悦的消遣。古时渔猎是生计所迫，现今渔猎却是为了娱乐。所以社会进步后，以别人的消遣乐事为职业谋生的人都是极其穷苦的。西奥克里塔斯时代以后，渔夫的生活都是十分贫困的。所有的偷猎者，几乎都是英国各地最贫苦的穷人。在私猎被禁止的国家，即使是特许狩猎者，其生活条件也不见得好多少。许多人从事这种职业并不是为了获得优越舒适的生活，而是出自他们对这类职业的喜爱。而且他们劳动生产物价格不高，与他们劳动量不成比例。从事这样的工作，其收入仅仅够维持最基本的生活资料。

不愉快和不体面对资本利润的影响，与其对劳动者工资的影响是一样的。小旅店或小酒馆的老板似乎从来不是自己店铺的真正主人，他们不得不忍受那些喝醉了的顾客的野蛮和无理。他们的职业既不令人愉快也不体面，但是少有哪个普通的行业能以这样小的资本赢得这样高额利润。

第二，劳动工资随职业学习的难易、学费的高低而不同。

高价购置机器，当然希望它在报废以前所完成的作业可以收回所投入的资本，至少获得一般利润。花费许多时间和精力去学习一项特殊的职业技能，也可以看作是购进一台昂贵的机器。学习的人也当然希望参加工作之后能在获得普通劳动工资的基础上，挣回所有学费，并至少获得一般利润。并且，鉴于人的寿命的不确定性，所以还要求要在一定的期间内实现这个目标。这就像考虑到机器的使用寿命，必须在确定期间内收回投资并获取利润一样。熟练技工的工资和一般劳动者的工资之所以不同，就是这个因素造成的。

在欧洲，各国的政府大都规定，机械师、技工和制造师的劳动属于熟练劳动，而所有农村劳动者的劳动则为普通劳动。这种政策似乎认定前者的劳动比后者更加精细巧妙。在某些场合，情况的确如此，但在更多的场合，事实并非如此。所以，欧洲各国的法律一般都有这样的要求：要想从事技师之类的职业，必须先做学徒，以获得相关资格。各地的要求宽严不一，对于想从事农村劳动的人，则不加任何限制，放任自流。在学徒期间，师傅占有学徒们的所有劳动。在大多数情况下，学徒的生活费都是他的父母或亲戚供应的，衣服则几乎全由父母或亲戚置办。不仅如此，依照传统，学徒还得向师傅缴纳一定的学费。付不起钱的学徒就要拿劳动时间来抵偿，也就是说，他们做学徒的时间要超过一般的年限。不过，由于学徒往往流于懒惰，因此这样做对师傅不见得有好处，而对学徒却是绝对不利的。农村劳动则不同，劳动者往往在从事简易劳动的同时也学会了比较复杂的工作。不论在受雇期的哪个阶段，他都能靠劳动养活自己。从这一点说，欧洲诸国的机械师、制造师以及技工们的工资，一般比农村普通劳动者的工资略高，这也是符合情理的。这种情况，使他们的生活确实优越了一点。不过，这种优越程度十分有限。单色亚麻布厂和呢绒工厂里普通工人的平均日工资或周工资，只不过比普通劳动者略高而已。由于他们的工作比较稳定和单一，因此他们的年度总收入或许多一些，但是，这也不过恰够抵付他们的职业学习的费用。

需要精巧劳动的艺术职业和特殊劳动的自由职业，学习起来更加耗资费时。所以，无论从理论上还是从实际上，画家、雕刻家、律师以及医生的货币报酬比普通劳动都高得多。

但资本利润却跟所投资的行业是否容易学习关系不大。大城市里较为普遍的投资技巧，其学习的难易程度几乎都差不太多。不论是国内贸易还是国际贸易，没有哪个行业的投资方法比别的行业更难学习。

第三，劳动工资因各种职业的工作稳定性而有所差异。

与其他职业相比，某些职业要稳定得多。大多数的制造业工匠，只要尚有劳动能力，一年

相对于机械师一类劳动，农村劳动者往往在从事简易劳动的同时也学会了比较复杂的工作。

到头几乎天天都有活干，而泥水匠或砖瓦匠每逢严寒酷暑或恶劣天气就完全无事可做。而且，即便是天气再好，他们是否有活干仍不确定，因为这取决于顾客是否有需求。因此，他们长时间没有工作也是可能的。这就要求他们在被雇时的劳动所得不仅要足够维持无工作时期的生计，还要对他在不稳定处境中遭受的焦虑与沮丧做出补偿。所以，大多数制造业工人的日工资和普通劳动者相差无几，但泥水匠和砖瓦匠的日工资却是普通劳动工资的1.5倍乃至2倍。如果普通劳动者每周收入四五先令，泥水匠与砖瓦匠的收入为七八先令；前者若得6先令，后者就会收入9~10先令。要是前者得9~10先令，后者所得则是15~18先令。而在各种熟练劳动中，再没有比泥水匠与砖瓦匠的工作更容易学习的了。我听说，到了夏天，伦敦的轿夫有时会转行充当砖瓦匠。所以，泥水匠们的高工资，与其说是对他们娴熟劳动技能的报酬，倒不如说是对他们工作不稳定的补偿。

建筑木匠的工作似乎比泥水匠更精细，也更注重技巧。虽不能说所有的地方，但在大多数地方，建筑木匠的每日所得却赶不上泥水匠。其原因是他们是否有活干，虽然与泥水匠一样，都是由顾客的临时需要决定的，但他们对顾客临时需要的依赖没有那么严重，并且也不像泥水匠那样受制于天气。

较为稳定的职业工资通常和普通劳动工资保持一定的比例，但如果某种一般情况下都能提供稳定工作的职业突然不能提供稳定的工作了，那么该职业的工资必定会上升，超过原有的比例。同其他各地的短工一样，伦敦一切下层技工都是按天或按周被雇用，并且随时都可能被解雇。因此，即使是最低级的裁缝，一天也能有半克朗的收入，而普通劳动的日工资仅为18便士。在小城市和农村，裁缝和普通劳动者的工资基本是相同的，但在伦敦，裁缝连着几个星期没事做的情况很常见，夏天尤其如此。

如果一种工作既不稳定，又艰难，不愉快并且肮脏污秽，那么即使它只是最普通的工作，其劳动者的工资也会超过最熟练技工的工资。在纽卡斯尔，按件计酬的煤矿工人的工资，通常是普通劳动工资的两倍左右。在苏格兰大多数地方，他们大约是普通劳动工资的三倍。他们所得的高报酬，是因为从事艰苦、不愉快和肮脏的工作。大多数情况下，只要他们愿意，就总会有工作等着他们。和煤矿工人一样，伦敦运煤工人的工作同样辛苦、不愉快且肮脏，由于运煤船的到达时间总是不确切的，所以大部分运煤工人的工作都很不稳定。因此，既然煤矿工人通常能拿得到2~3倍于普通劳动的工资，那么，煤炭运送工人拿到4~5倍于普通劳动的工资也是可以理解的。数年前的调查结果显示，运煤工人每天的收入是6~10先令，按照当时工资率，这大约是当时伦敦普通劳动工资的4倍。一种职业的最低工资往往可看作是该职业绝大多数从业者的报酬。尽管运煤工人的工资看起来过高，但如果除了补偿职业上的种种不如意之外，剩余是不多的。在这个没有垄断自由竞争的行业里，如果剩余很多，很快就会出现许许多多竞争者，最终导致工资回落。

而所有行业的资本的一般利润，都不受资本的使用是否固定的影响。资本的使用是否固定，取决于经营行业的人，而不取决于行业本身。

第四，劳动者的工资与其所应承担的责任有关系，责任的大小，决定工资高低。

在所有的地方，金银珠宝匠人的工资不仅高于需要同样技巧的其他许多职业的劳动者，甚至还高于技巧性更强的其他职业劳动者。这是因为他们承担着贵重材料的托管责任。

我们把生命和健康托付给医生；把自己的生命、荣誉和财产托付给律师。显然，那些卑微平庸之辈绝对承担不了这样重大的托付，所以医生和律师们得到的报酬必须能够使他们维持一定的社会地位，以承担相应的托付责任。维持这种社会地位，还有从业前必须接受长期教育并花费巨额费用，都会抬升他们的劳动价格。

这是一个古代金器。金银珠宝匠人的工资高于其他职业劳动者，原因正在于他们同时还负担着保管贵重材料的责任。

一个只使用自己的资本经营事业的人，根本没受到任何委托。至于他能否得到他人的信任，不取决于他经营的是何种性质的行业，而取决于别人对他的财产、人品和能力的看法。因此，各个行业利润率的不同，与经营者是否受到委托以及委托程度无关。

第五，劳动工资与劳动者取得从业资格的可能性有关。

参加学习的人获得所学行业从业资格的可能性的大小，因职业的不同而差异甚大。对于大多数的机械工作，学习成功的概率是百分之百的；但就某些自由职业来说，却不是太有把握。例如，送孩子学制鞋，毫无疑问他能够学会这项技术；但若送孩子去学习法律，那他能够精通法律并以此为生的可能性仅为5%。就完全公平的彩票来说，中奖人的所得应是全体未中者的集体损失。就成功率仅为5%的职业来说，其中的那个成功者，应该享有20名失败者该得而未得的全部。因此，对于普遍到40岁才能靠法律维持生计的律师来说，他所获得的报酬，应在充分补偿他因受教育耗去的大量时间和不菲花费的基础上，还要充分补偿那些失败者所有的受教育时间和花费。有时候，律师的收费高得过分，但事实上，他应得的报酬远不止这些。核算某地鞋匠或者织工等普通工人的年收入总额和支出总额，你会发现，他们的总收入通常都多于总支出。而以同样的方法核算所有律师及见习律师的总收入与总支出，你就会发现，即使你尽量高估他们的年收入，并尽量低估他们的年支出，其收入也只相当于支出的很小一部分。因此，对律师这个具有彩票性质的行业来说，总体上看是不划算的，也是不公平的。律师和其他一些自由职业或受尊崇的职业，从金钱报酬来看，实在都太有限，难偿从业者的付出。

但是，这些职业仍然能够与其他职业一样发展。狭窄的出路难免令一些人沮丧，但这丝毫不妨碍那些有抱负的慷慨大度之士竞相进入。鼓舞他们奋力以求的原因不外乎两个：第一，希望在这些行业中拔得头筹，争得荣誉；第二，所有人对于自己的能力或运气，都抱有天生的自信心。

一个人如果在一种能达到中等水平都实属不易的行业里做到出类拔萃，那他就是所谓的天

不同职业的报酬不同

从事体面职业的劳动者，其所得的货币报酬一般较低。而那些低贱的职业，情形则恰好相反。

对于体面的职业，它带给劳动者的荣誉感可算作报酬的一部分。

屠户是既粗鲁又野蛮的职业，但在大多数地方，他们的收入往往会高于其他普通职业的劳动者。

刽子手可以说是最令人嫌恶的职业，但是，他们的工作量很小，可是他们的报酬却远高于普通职业的劳动者。

才，一定拥有卓越的才干。因为这种才干而赢得的人们的赞誉，可归于他报酬的一部分。至于这部分报酬的高低，则依其所获赞誉的大小而定。对医生来说，荣誉占报酬的一大部分；对律师而言，所占报酬比例更大；至于诗人或者哲学家，荣誉几乎是他报酬的全部。

有几种非常愉快称心而且优美高雅的才能，若能具备，定能博得世人赞誉，但若用以谋利，就会遭世人唾弃，被认为是出卖人格。因此，运用这种才能的人所得的金钱报酬，不仅得补偿他训练此等技能所花的精力、时间和费用，还须补偿他因谋利而招致的声誉损失。艺人、歌剧演员、舞蹈家之所以获得超高报酬，就是缘于这两方面：一、拥有少见的美妙才能。二、由于运用这才能而声名受损。我们一方面在人格上鄙视他们，另一方面却在报酬上给他们丰厚的回报。乍看上去，这颇为矛盾、荒唐，然而，或许正因为我们在人格上鄙视他们，才要对他们的才能予以厚报。一旦世人对这种职业的偏见有所改变，很快就会在他们的金钱报酬上得到体现，他们的收入就会降低。因为会有更多的人来加入这些行业，竞争加剧势必会导致劳动价格降低。这些才能虽不一般，但也绝不像人们想象的那么罕见。有许多人完全具备这种才能，却不屑以此谋利。如果运用这种才能谋生而不会招致骂名，一定会有更多人能够学得它。

关于自己的才能，大多数人总是自信满满，这是历代哲学家和思想家所言的人性中固有的通病。但人们对于自己运气的过高估计，却往往不为自身所察觉。事实上，人们对自己运气的荒谬臆断，比对自己才能的自负还要普遍。一个人只要身体健康、精力旺盛，就总会相信自己属于幸运者。每个人都会过高地预估了获利的概率，而低估亏损的概率。身体健康、精力旺盛的人，很少正确地估计亏损的可能性。

人们会自然而然地过高估计获利概率，这一点，从大家购买彩票时的心理就可以看出。那种完全公平的彩票，也就是说全部落奖者的损失都归于中奖者的所有彩票，从来都没有，也永远不可能有，否则，彩票的经营者便无丝毫利益可图。就国家经营的彩票而言，购买者所付的价格实际上并非彩票的实际价值，市场上的售价通常都超过其实际价值的20%、30%甚至40%。人们对于中大奖的梦想和希冀，是产生这种需求的唯一原因。就算一个头脑清醒、行事稳重的人，即便明知道购买彩票时支付的金额高于中奖机会的实际价值的20%或30%，也不认为花费小钱去钓取1万镑甚至2万镑的大奖是愚蠢行为。奖金在20镑以内的小额彩票，虽然在各个方面都要比普通国家经营的彩票更近于完全公平，但这种彩票的需求量很小。为了增大中大奖的概率，有的人会同时购买几张彩票，有的人会购买更多的分条彩票。但你买入的彩票数越多，亏损的概率就越大，在数学上，这是再明确不过的法则。假若你购入所有的彩票，那就必亏无疑。你买入的彩票的数量越多，你的损失就与上述的必然损失越接近。

一位能干的医生在为一位女士把脉。对医生来说，荣誉占报酬的一大部分。

从保险行业的微薄利润我们可以看出，人们往往

公元7世纪的日耳曼武士墓碑。对于士兵而言，他们得到的报酬还不及普通的劳动者，付出的艰苦却比普通的劳动者大很多，但荣誉感成为他们甘愿付出的动力。

会过低估计亏损发生的概率。要经营火灾险或海损险之类的保险事业，所收的保险费不仅要足够赔付一般损失、支付经营的费用，还要能向投资人提供经营其他一般事业所能获取的利润。只缴纳普通数额的保险费的投保人，所付的显然只是危险的真实价值，也就是说，只付了他所预估的最低的保险价格。虽然许多人通过经营保险赚得一点小利，但很少有人依靠这项事业发大财。可见，一般的利润与亏损的平衡，对保险业不是太有利，不像其他那些赚钱的行业。但是，尽管保险费数额普遍不大，很多人却因为低估风险而拒绝投保。拿英国来说，为房屋缴纳火灾保险的人家不足5%，甚至不足1%。在许多人看来，海损比火灾更可怕，因此，投保与未投保船只的比例应该比房屋火灾险大得多。但实际情况却是仍有许多未投保船只不分季节时令、不避战争地在海上航行。不过这种做法也不完全是因为忽视风险。如果一个大公司或者一个大商人，其所拥有的二三十艘船同时在海上航行，那么它们就可以相互照应，由此节省下来的保费一般足以补偿海上航行可能蒙受的损失。可是，在更多的时候，船只、房屋不投保，都是思虑不周的结果，都是流于轻率以及轻视风险的鲁莽行为。

轻视风险以及奢望成功的心理，在人的一生中以青年时期择业上的表现最为突出。在这个时期，对成功寄予的厚望大大降低了对不幸的畏惧。这一点，在兴致勃勃地准备参军或出海的普通青年们身上，还有迫切渴望从事自由职业的上流社会青年们的身上表现得十分明显。

普通士兵可能遭遇的危险是显而易见的。但是，在新战争一开始，青年们就会奋不顾身，踊跃应征入伍。升迁的概率几乎为零，但这丝毫不妨碍青年们大肆幻想立功和获得荣誉。这些渺茫而又虚幻的希望，就是他们甘愿抛头颅洒热血的全部动力。他们得到的报酬还不及普通劳动者，付出的艰苦却比普通劳动者的大很多。

潜在的危险和艰难的生活非但不能让青年们望而却步，有时反而还成为他们选择这类职业的诱因。下层民众中的母亲，通常不愿把儿子送到海港城市读书，她们担心自己的孩子看到海船，听到海员们谈论那些冒险经历，因而受到引诱赴海远航。未来可能发生的危险，并不能震慑我们，因为我们期待凭借自己的机智勇敢来摆脱困境，所以这种危险构不成提高这类冒险职业工资的理由。但在那些机智与勇敢不起作用的职业里，情形就不同了。至于污浊肮脏的职业，其劳动工资总会特别高。肮脏污浊本身令人生厌，它对劳动工资的影响应归入不愉快这一项。

各种资本投向的一般利润率，会随着收益的确定性与否而多少有所不同。一般来说，对外贸易的收益比国内贸易更具有不确定性，而对外贸易的某些部门又比另一些部门更有不确定性。例如，对北美贸易的收益，就比对牙买加贸易的收益更为确定。一般来说，危险程度高的职业，其利润率也较高，但利润率增高的幅度与职业的危险程度并不成正比。也就是说，增高利润部分不一定能完全弥补危险带来的损失。在最危险的行业中，破产相当常见。所有行业中最危险的莫过于走私。如果冒险成功，所获当然不菲，但是最终走向破产是这种行业的必然结果。如同其他行业一样，成功的幻想在这里所起的作用诱使大量冒险家参与其中。竞争如此激烈，以致他们的利润减少到不足以抵偿危险的程度。这些冒险家的一般收益除了资本普通利润外，不仅能够弥补所有随时可能出现的损失，还要提供一种与保险业同样性质的利润，这样才能完全补偿其中的危险。如果一般收益能够充分满足这些，那么，破产在这种行业中就不会那么常见了。

由此可见，导致各行业劳动工资存在差别的五种原因中，影响资本利润的只有两种，那就是工作是否愉快和职业是否存在危险。就愉快与否来说，在绝大多数的资本用途中都相差不大，或者没什么差别，但在各种不同的劳动用途中差别却很大。而且，资本的一般利润虽然会与危险程度一同增高，但增高程度不一定与危险成正比。由此，我们可以推论，在同一社会或同一地区，各种用途的资本平均或一般利润率，比各种用途的劳动工资更为接近，并趋向同一水平，而事实也确实如此。普通劳动者和业务繁忙的律师与医生的货币报酬之差异，要比行业间一般利润的差异大得多，这是显而易见的。再者，表面看到的不同行业的利润差异，往往都不真实，因为很多情况下我们习惯于把工资和利润混为一谈。

在城市，零售商与批发商在表面利润上的差异，要比在农村和小城镇小得多。在杂货贸易行业能容纳1万镑资金投入的地方，相对于这巨大资本的应有利润，零售商人的劳动报酬就微不足道了。所以，在城市里，生意兴隆的零售商与批发商的表面利润更接近于同一水平。正因为此，城市里商店的零售价格与村镇小商铺的售价同样低廉，甚至比农村价格更低。一般来说，城市里的杂货比小城镇及农村便宜得多，而面包和肉类价格往往差不多。杂货运送到城市

谷物及牲畜的零售价格在全国各地大不相同，而面包和肉类的零售价格在全国大部分地区一般来说都差不多。

的费用与运到小村镇的费用差不多，而谷物和牲畜运送到城市的费用则高得多，因为它们大都来自离城市很远的地方。杂货的进货价格，在城市和农村都是一样的，所以，在货物价格中，附加的利润越少售价就越低。面包和家畜肉的进货价格，大城市要比农村高，虽然大城市所加利润较低，但这些物品的零售价格却不一定较低，而是与农村大体持平。就面包和肉类商品而言，在城市利润减少的原因，就是进货价格的增加。由于市场范围大，一方面因为涌进的资本较多，因此表面利润减少；另一方面，由于供货地较远，因此进货价格增加。这表面利润的减少和进货价格的增加，在许多情况下视为相互冲抵。这就是谷物及牲畜的零售价格在全国各地大不相同，而面包和肉类的零售价格在全国大部分地区一般来说都差不多的原因所在。

虽然一般来说零售商及批发商的资本利润在城市比在小城镇和农村少，但以小额投资赚了大钱的人，在大城市比比皆是，在小城镇和农村却是凤毛麟角。由于小城镇和农村的市场狭隘，资本的增加空间有限，贸易无法更好地扩大，因此，虽然这些地方的某些商人利润率很高，但他的利润总额却很有限，每年的积累额也不是很大。相反，大城市的贸易可以随着资本的增加而扩大，一个商人如果足够勤勉和节俭，他的信用会比资本增加得更快。这样，随着信用及资本的大幅增加，他的营业额自然能同比扩张，而他的利润总额也会随着营业额的增长而同比增加，他每年所积累的资金也会因此而大大增加。然而，即便是在大城市，一个人凭借经营一种广为人知的稳赚不赔的正常行业而发大财的情况也不多见，他之所以能发财致富主要缘于自己长期的勤俭节约和苦心经营。诚然，大城市中不乏从事投机生意而一夜暴富的人，但投机商人经营的并不能算作广为人知的稳赚不赔的正常行业。他可能今年是谷物商，明年却成了酒商，后年又变为糖商、烟草商或茶叶商。一旦他预见到某个行业的利润有可能高于一般利润，他便立马加入；一旦预见到该行业的利润将要减少到和其他行业相等，他又马上离开。因此，他的利润和亏损，不能和其他任何广为人知的稳赚不赔的正常行业的利润与亏损等而视之。一个大胆的投机商，可能因为两三次的偶然成功骤然大富大贵，但也可能因为两三次的投资失误而债台高筑。这种生意在大城市以外的任何地方都没办法进行。因为只有在商业最发达、交易最频繁的地方才能获取经营这类生意所必需的信息。

上述五种情况，虽然在某种程度上造成了劳动工资与资本利润的较大的不均衡，但是在不

城镇中拥挤的小房子成为许多人蜗居的家，他们付不起高昂的租金，只能在分租房度日。

同用途的劳动或资本中却没有造成任何真实的或想象上的利害不平等。上述这些情况，一方面补偿了某些金钱报酬较少的用途，另一方面消减了那些金钱报酬较多的用途。

但是，如果想要使劳动和资本所有不同用途的利害在总体上趋于平等，即使是在最自由的地方，也必须具备下面三个条件：

第一，这些用途只有在当地确立很久并且广为人知，平等才会产生。

第二，只有处于自然状态下的时候，劳动和资本的所有不同用途的利害才会在总体上趋于均等。

第三，劳动和资本的这些用途，必须被经营者当作唯一或者是最主要的用途，才会产生这样的利害均等。

富裕国家的市场一般都很广阔，基本上任何一个行业的劳动和资本都能全部被容纳并且得到充分运用。依靠一项主业谋生，又兼职一项副业以赚取些许额外收入的情况，多半在贫穷的国家才会存在。然而，与上面所述相类似的情况，却在一个很富裕国家的都城出现。我相信，在欧洲再也找不出一个城市的房租能高于伦敦的了。但是，要说家具齐全、租金低廉的分租房屋，那么整个欧洲也首推伦敦。伦敦的分租房不但比巴黎低廉很多，也比爱丁堡同等房屋低廉很多。令人难以置信的是，分租房租金低廉的原因之一，竟是整租房租金过于高昂。大城市房租居高不下的原因不外乎：劳动价格高昂、建筑材料昂贵（一般需要从远方运来）、地租昂贵（垄断了地皮租赁市场的地主们，对又脏又乱街区一亩地的要价，往往比百亩良田还要高）。伦敦的房租高昂，除了上述原因外，还有一个——按照当地特有的风俗习惯，户主在租赁房屋时，一般会将整所住宅全部租下。住宅这个词，在法国、苏格兰以及欧洲其他地方，常常指建筑物的一层，而在英格兰，却指同一屋顶下的所有房屋。在伦敦，商人们不得不在顾客所在城区租下整栋房子，底层作为店铺，顶楼作为自己和家人的住房，中间两层则分租给他人，以收回部分房租。他主要靠自己经营的生意来养活家人，并不指望以分租的租金过活。而在巴黎和爱丁堡，往往有人依靠分租房间所获的利润来谋生，所以，第三方支付的分租房租金，不仅能使承租人支付房租，还须足够承租人维持家庭。

第二节　起因于欧洲政策的不平等

由以上论述可知，就算是在完全自由的地方，如果缺少上述三个条件中的任意一项，劳动与资本不同用途的利害，必然会出现上述的不均等现象。更何况欧洲的政策对事物完全自由的发展有所限制，由此便产生了比前面所说的更多的不平等。

德意志地区面包师、裁缝和酿酒师的同业联盟徽章。同业联盟的排外特权势必只允许特权所在城市中的那些有经营权的人相互竞争。

欧洲政策造成上述不平等的方式主要有以下三个：第一，限制某些职业中的竞争，使一部分原本有意愿加入这些职业的人无法加入；第二，人为增强某些职业中的竞争，使这种竞争超越其自然限度；第三，阻止劳动和资本从一种职业转向别的职业，或从一个地方向其他地方转移。

第一，在欧洲，由于限制某些职业竞争的政策，使一部分原本有意愿加入这些职业的人无法加入，因此造成了劳动和资本的所有不同用途的利害出现严重的不平等。

欧洲政策限制某些职业从业人数的主要手段，就是同业联盟的排外特权。

一个有同业联盟组织的行业，它的排外特权势必只允许特权所在城市中的那些有经营权的人相互竞争。要想得到这种经营权，就必须得在当地有相应资格的师傅门下做一段时间的学徒。同业联盟有时会限定每位师傅所带的学徒人数而且往往会规定学徒的年限。这两条规则，目的都是限制行业中竞争者的人数，使一部分有意愿加入的人无法加入。限定学徒人数是直接限制竞争，而规定一个较长的学徒年限，等于增加了学习者的费用，是间接限制竞争，这种方法也同样奏效。

按照联盟规定，谢菲尔德的刀匠师傅最多只能带一个徒弟，诺福克和诺利奇的织匠师傅所带徒弟人数不得超过两个，如有违规，则须每月向国王交纳5英镑的罚款。英格兰本土及各英属殖民地的帽匠师傅所带的徒弟人数也不得超过两个，违规者也须每月上交5英镑罚款。罚款的一半归国王，一半归告发者。这两项规定，虽经王国公法确认，但显然是受了谢菲尔德同业联盟规定的影响。伦敦丝织业组织联盟还不到一年，就规定了每位师傅不能带两个以上的徒弟。后来，通过议会法令的干预，才使这项规定得以废止。

以往欧洲大部分有联盟组织的行业，几乎都规定学徒期为7年。这样的组织在过去都称为“university”，这的确是一个适合于任何组织的拉丁文名称。铁匠university、缝工university等，在古时城市的许可证中很常见。现今被称为大学（university）的那些特殊组织，在刚刚成立的时候，所规定的取得硕士学位所需的学习年限，明显参考了以往行业联盟有关学徒年限的规定。就像一个人必须得拜在符合资格的师傅门下学徒7年，才能获得一般行业上的称师授徒资格一样，一个人也必须在符合资格的硕士门下学习7年，才能成为某学科的硕士、教师或学者（这些词在古代属同义词），有资格收授学生或学徒（二者在古代也是同义词）。

长期学徒制并不能杜绝市场上不合格产品的出现，也不利于青少年养成勤劳的习惯。那些多劳多得、按件计资的劳动者自会勤奋工作，学徒们的劳动所得和自己根本没什么相关，所以免不了偷懒耍滑。对于从事低级职业的人来说，劳动的乐趣完全取决于报酬。越早感受到劳动的乐趣，就会越早对劳动产生兴趣，而且能早早地养成勤勉的习惯。一个年轻人，长时间地无法从劳动获取任何利益，自然而然地会厌恶劳动。公共慈善机构送出的做学徒的孩子，其年限大多长于普通学徒，结果这些人大多成了疏懒无能之人。

规定一个很长的学徒年限完全没有必要。即使是那些比普通行业技巧要求更高的制造业，比如挂钟和手表制造业，也没有什么需要长期教授的秘密技艺。这些作为人类聪明才智结晶的精妙机械，包括用以制造这些机械的种种器具的发明，固然需要经年累月的思考和反复试验，但是，一经发明成功，要将它们的制造方法和使用方法详细地教授给年轻人，根本就用不上几周，有时仅仅只需要几天时间就能完成所有讲解。对于那些普通的机械工艺，几天的讲授就已足够。诚然，即便是那些最普通的技术，不积累足够的实践和经验也难以得心应手。但不可否认，如果在一个年轻人学习之初就将他算作帮工，依据他的工作量支付他相应的报酬，对他因

用轴承带动传动带，驱动织布机工作。学会操作这些并不难，这类普通的机械工艺，几天的讲授就已经足够了。

自己技术不精和经验不足而毁损的材料，让他赔偿相关费用，那么他肯然会严格自律，勤奋学习。他受教育的效果也必定更卓著，所用的时间和花费也必定更少。当然，这样一来，师傅自然会蒙受损失，因为他要支付徒弟7年的劳动报酬。另外，学徒本身也会蒙受损失，行业的门槛降低了，他的竞争者就会增多，等他成为一个真正的劳动者时，他的工资将大大少于眼下。行业内的竞争加剧，不仅师傅的利润会减少，工人的工资也会降低。影响所及，所有从事手艺、工艺和技艺的劳动者都将蒙受损失，而社会大众却成为受益者，因为各种制造品的售价都将大大降低。

同业联盟的排外特权以及大部分联盟规则之所以存在，目的就是通过限制自由竞争，避免出现这种价格下降，进而阻止工资及利润的下降。古时候，欧洲的许多地方要想成立联盟，只需得到所在自治城市的认同即可。在英格兰，还须取得国王颁发的特许状。不过，国王行使这种特权的目的似乎不在于防止垄断、捍卫自由，而在于榨取民众的钱财。只要向国王缴纳一定金额，特许状一般很容易取得。如果有技工或者商人在未经国王特许的条件下私设了联盟，这些联盟所谓的不正当排外特权未必会被剥夺，只要每年向国王缴纳一定数量的罚金，依然可以得到默许。一切联盟以及这些联盟制定的适合自己的行规，都由它们所在的自治城市直接监管。因此，对联盟实行的任何管制，一般并非来自国王，而是来自自治城市，各行业联盟都依附于自治城市而存在。

在当时，自治城市的统治权力完全掌握在商人与技工手中。他们所说的严防产品在市场上的存货过多，实际上就是使各自的产品在市场上存货不足，供小于求，这明显是在满足他们自己的利益。各个阶层都迫不及待地制定适合自己的规则，以期达到这个目的，并且在自己这种做法被允许的条件下，也支持其他阶层这样做。最终，各阶层都得以比高于规则制定之前的价格从市内其他阶层那里购买自己需要的商品。而他们自己的产品，也同样能卖得高价。这样

弗兰德尔接到城市自治特许状时的情景。各行业联盟都依附于自治城市而存在。

一来，如同他们自己所说，买卖相抵，谁都不吃亏。在同一城市内，任何阶层都不会因为这些规则而遭受损失，但他们却从对农村的交易中得到很大好处。正因为有这样的交易存在，各城市才能得以维持并走向富裕。

城市的全部生活资料与工业原料都来源于农村。城市支付这些资料与原料费用的方法主要有两种：第一，把一部分原材料加工、处理，制成成品后返销农村，由于这些原材料上面附加了劳动工资和投资者的利润，因此其价格就提升了。第二，把一部分从外国进口或从国内其他较远地区购进的粗制品或者精制品向农村销售，由于这些产品上面附加了水陆运输的劳动者工资及投资者的利润，因此其价格也提升了。前一种商业利益是城市通过制造业获得的，后一种商业利益是城市通过国内贸易和对外贸易获得的。劳动者的工资和各种投资者的利润，就是这两种商业活动的全部利益。因此，只要是使工资和利润有所提高的规则，就能使城市用较少的劳动量去购买农村较多的劳动量。由于这些规则，城市里的商人和技工所获取的利益要比地主、农场主和农民所得利益大得多。因此，城市与农村商业上应有的自然平等，便遭到了人为破坏。社会劳动的年产物，全部都要在城市居民与农村居民中进行分配。这些规则的存在，导致城市居民享有的份额多于应得的，农村居民享有的份额自然少于应得的。

对于每年由农村输入的食品和原料，城市所支付的实际价格是它每年销往农村的制造品和其他商品的数量。这些输出品的售卖价格越高，输入品的购买价格越低，对城市产业来说就更加有利，对农村产业而言就更加不利。

资本与劳动会自动向最有利的用途靠拢，所以它们自然会尽量远离农村而聚集于城市。

城市居民居住比较密集，很容易产生联合。于是，即使是城市中最最一般的行业，在某处也会有同业联盟组织。就算有些地方没有这种组织，也会有最起码的联合精神，比如说，他们排斥外地人、不乐意收学徒、不愿把行业上的秘诀教给别人。由于没法用规则去禁止，因此他们往往受联合精神的指引而自愿联合或订立约定去阻止自由竞争。从业人员不多的行业里最容易出现这类联合。比如，区区五六个梳毛工，就能供应一千名纺工和织工下一步操作之所需。这几个梳毛工就会联合起来，不收学徒，此举不仅能够垄断这种工艺，还能有效控制整个羊毛制造业，而且能够使他们自己的劳动工资大大高过与其行业性质相符的标准。

农村居民一般散布在相距较远的各地区，不容易联合起来。他们向来没有联盟，甚至从来不具备联合的精神。他们的观念里，从来没有说必须经过学徒期才能获得从事农业生产的资格。可是，事实上除了所谓的美术和自由职业以外，没有哪种行业像农业这样要求如此复杂的知识和经验。那些用各国语言著成的难以计数的农业书籍可以证明，即使是最具学识和智慧的国民，也没有小觑农业生产的复杂性。并且，一些普通农民都具备的农业生产知识，在书中都没有记载。可是其中还有一些粗鄙的作家，在提到农民时竟然一副嗤之以鼻的态度。相反，所有机械行业的相关操作指导书籍，都是些薄薄的小册子，此许文字再附带些插图，就能详尽地介绍各种机械的操作方法。现今法国科学院出版发行的《工艺史》就是用这种方法对各种工艺进行说明的。此外，农业操作要随气候和诸多意外事故而变更，这方面所需的思考和判断，永远比那些一成不变的机械操作所需要的多得多。

不单农业上的技术活是如此，就连农村中许多低级劳动也一样，比大多数机械工艺所要求的技能和经验多得多。加工铜铁的工人所使用的工具和材料，其性质、用法都一样，或者大同小异，但驱使牛马犁地的农民，却要参照牲口的健康状况、体力和性情来使唤，还要在不同情况下使用不同的工具工作。他所使用的原材料也同样多变，这都需要他准确判断、谨慎处理。虽然“庄稼汉”向来都是愚昧无知的代名词，但他们几乎都具备这种判断能力与思考能力。他们虽然不像城市机械工人那样擅长社会交际，他们的口音和语言也可能是粗俗的和难以理解的，但他们的理解力却因为经常得到锻炼而比那些终日从事循环往复的简单机械劳动的人强得多。不管是出于业务需要还是好奇，但凡你曾经与农村的下层人民和城市的下层人民有过接触，你就能看得出，农民的确比普通工人优秀。我听说，在中国和印度，农村劳动者的社会地位还有劳动工资，都高于大部分技工和制造工人。如果不是由于同业联盟的排外法规和联合精神的阻碍，也许各国在这方面的情况都会和中国与印度一样。

不过，欧洲各地的城市产业之所以比农村产业更得利，并不完全是同业联盟的排外特权及联盟法规的作用。还有其他许多法规促成了这种局面。对一切从外国进口的商品征收高额关税，也会加强这种倾向性。同业联盟的排外特权法规，使城市居民得以抬高自己产品的价格而不必担心国内的自由竞争导致价格降低，高关税又保证了城市居民不必为外来的竞争忧虑。在这两种法规共同作用下提升的物价，全都由农村的地主、农场主和劳动者承担。对于这种垄断，农村人几乎从不反抗。一般来说他们既没有结成联盟的倾向也不适合结成联盟，更何况还有那些诡辩的商人和制造者们广造舆论，让他们误以为这归于社会一小部分人（而且是不重要的一部分）的私利，乃是全社会的公共利益。

同行们即便是以娱乐和消遣为初衷而进行集会，他们的谈话内容也往往离不开策划阴谋以对付公众，或是商量联合抬高价格。诚然，通过法律来禁止同行们举行这样的集会，免不了会违背自由和正义，因而很难施行，但是至少法律不应该鼓励这样的集会，更不应使这种集会成为一种必要。

同业联盟的排外特权，不但使这种集会非召开不可，而且使多数人通过的决议对全体成员都具有拘束力。在自由行业中，未经同行们全票通过，就不可能结成有效的联盟，并且只有在所有人的意见都继续保持一致的情况下，联盟才可能继续存在。在享有排他特权的同业联盟中，只要多数人同意，就可以订立规则，还能规定相关的惩罚措施。这种规则对于限制竞争所起的作用，比任何的自由联盟组织都更持久、更具效力。

有人会说，同业联盟的存在对于行业管理的有效进行十分必要，这毫无根据可言。真正对

同业联盟的同行们即便是以娱乐和消遣为初衷而进行集会，他们的谈话内容也往往离不开策划阴谋以对付公众，或是商量联合抬高价格。

工人们起有效作用的监督，不是来自他们所属的联盟，而是来自他们的顾客。正是出于对失业的担忧，工人们才会毫不懈怠。而联盟的排外特权必使这种监督力量受到削弱。由于排外，即便一批工人素质参差不齐，也得悉数雇用。因此在许多有联盟存在的城市，哪怕是一些最关键的行业中，也有滥竽充数的工人。如果你想得到满意的作品，就必须到郊外找人定做，因为那里的劳动者不存在排外特权，他们凭靠的都是真功夫。但是，你想把成品运到城市里，就必须得私下里偷偷进行。

欧洲的这种政策，将某些行业中的竞争人数限制在比愿意加入者要少的范围内，从而导致劳动和资本不同用途的利害产生了严重的不平等。

第二，欧洲的一些政策，强化了一些职业里的竞争，使从业人员增加到超越自然的限度，因而使劳动和资本不同用途的利害有了另一种不同于上述情况的不均等。

人们往往认为，某些行业适当培养一些后备人才是十分必要的，所以一些公共团体或者热心的个人便设立基金，因此而提供助学金、奖学金、贫困生津贴之类的奖励。结果必然导致这些行业的人数大大超过其自然限度。我觉得，所有基督教国家大部分神职人员的教育费用都来自于此，他们中完全自费接受教育的人很少见。这样一来，那些自费学习的人所花的功夫、时间和费用，可能就得不到相应的回报，因为教会中愿意接受低报酬的人比比皆是，哪怕这个报酬远低于他们应得的报酬。穷人纷纷加入竞争，这样就夺去了富人应得的报酬。也许我们拿牧师或者牧师助理同一般行业的帮工作比较不太合适，但他们的薪水和帮工的工资明显属于同一性质。三者都是按照自己和上级订立的契约来获取劳动报酬的。根据14世纪中叶以前的几次全国宗教会议的规定，英格兰教区牧师助理的薪水为5马克，它和现在的10镑货币含银量大致相同。在同一时期，泥水匠的工资为每天4便士，与现在的1先令含银量相同，泥水匠帮工的工资为每天3便士，与现在的9便士含银量相同。如果这两种劳动者经常性地被雇用，那么他们的所得将比牧师助理优厚得多。假如泥水匠全年能有2/3的时间在职劳动，他所得的薪金便和牧师助理相等。安妮女王十二年第十二号法令规定：“由于发给牧师助理的给养和奖励不够充足，因此某些教区的牧师助理生活很是贫困。兹特授权各地主教签字盖章，提高薪金以维持牧师助理

雄伟壮丽的科隆大教堂。教区底层教士的生活质量，远远低于普通劳动者，但他们多甘愿接受。神职人员们在社会上受到的尊敬，也弥补了他们金钱报酬上的不足。

中世纪在一所大学里上法学课的学生。在印刷术尚未发明的时候，担任公私教师是文人以自己的才能谋求薪酬的唯一方式。

的生活，牧师助理的年薪不得高于50镑，亦不得低于20镑。”如今，牧师助理年收入40镑，就算待遇非常好的了。尽管上述法令规定了最低年薪的标准，但事实上很多牧师助理年收入都低于20镑。而伦敦制鞋业的帮工，有人年收入却达到40镑；同一个城市中，随便找一个勤劳的工作者，其年收入都能超过20镑。20镑，确实低于许多农村的普通劳动者所得。每次法律试图规定工人的工资，效果总是适得其反，工资不但不降低，反而会升高。统治者曾经多次想以法律手段提升牧师助理的薪金，并且为了维护教会的尊严，命令教区长给教区牧师助理提高薪酬，发放超过他们甘愿接受的极微薄的报酬。在这两种情况下，法律都没有达到预期效果。它既没有将教区牧师助理的工资提高到预期的程度，也没有将劳动者的工资降低到预期的程度。对于牧师助理们因处境困窘、竞争者众多而甘心接受低于法定薪金的报酬这一状况，法律无力阻止；对于雇用主们急于获取利润而乐于竞相雇用工人，致使工人获得超过法定薪金的报酬这一状况，法律亦无能为力。

尽管教会下级职员待遇很差，但上层神职人员的优厚薪俸以及其他宗教上的威严，却能使教会固守崇高地位。而且，神职人员们在社会上受到的尊敬，也弥补了他们金钱报酬上的不足。在英格兰和所有天主教国家，在教会这种彩票性质的职业，希冀中奖的人远远超出了实际需要。通过苏格兰、日内瓦还有其他一些新教教会的事例，我们就能确切明白，对于一个声誉如此崇高、受教机会多多，并且容易获取职位的职业，仅仅是获得圣俸的这一希望，就足以诱使众多德才兼备的人去谋求牧师之类的神职。

对于没有固定薪资的律师与医生这类职业，如果也可以享受公费教育，那么这类职业的竞争很快就会变得十分激烈，进而大大削减从业者的货币报酬。如此一来，自费让子女接受这些职业的教育就很不划算了。这类职业中的职位，就会被慈善事业所资助的人才全部占据。由于他们人数众多而且都很贫穷，因此都能满足于很微薄的薪金。最终，律师与医生这些职业将会失去人们现有的尊重。

在印刷术尚未发明的时候，担任公私教师是文人以自己的才能谋求薪酬的唯一方式，也就是把自己掌握的知识传授给别人。比起印刷术发明以后，那些以为书商写作谋生的人，教师们的职业确实更受尊敬、更具价值，而且通常更能获利。然而，要成为一名优秀教师，所需花费的时间和功夫，所需具备的天赋、知识和勤奋，至少得和一个知名律师或者医生不相上下。可是，一个优秀教师所得的报酬却远远不及律师或医生的一般报酬，因为教师行业里，接受公费教育的穷人扎堆，而律师或医生的行业里，则多是自费受教育的人。虽然现在公私教师的一般报酬已经很低了，但如果那些更穷苦的靠笔杆子糊口的文人也加入竞争行列，那么教师们的报酬肯定会比现在更微薄。在印刷术诞生以前，学者与乞丐几乎就是同义词。那时候，各个大学的校长经常给学生们发乞讨证。

在为使贫困子弟能够从事神学、医学和法学类的职业而设立各种助学基金，资助他们接受教育的慈善事业出现之前，出色教师的报酬似乎高得多。苏格拉底在反诡辩学派的演讲中，曾讽刺那时候的教师言行不一致。他说："他们向学生打包票，说要把学生培养成睿智、正直的人，带给学生幸福，但对如此重大的勋劳，他们只求能有4迈纳或5迈纳的微薄回报。"接着他又说，"授教于人者，首先自己定当是明智之士。但是，肯以这么低的价格兜售自己的学识，此人必定会被认为是愚不可及"。苏格拉底对当时教师报酬所做的评价，没有丝毫的夸张。当时教师的报酬，的确就是这么点儿。4迈纳，合现在的13镑6先令8便士；5迈纳，合现在的16镑13先令4便士。当时雅典城内优秀教师的一般报酬应该不低于5迈纳。苏格拉底向每个学生收取10迈纳，合33镑6先令8便士。据说，有100多名学生到雅典听他讲学。我想，这恐怕只是他某一时期的听讲人数。在雅典这么一个大城市，像苏格拉底这样出类拔萃的教师，况且所授又是当时最为流行的修辞学，100多个学生，肯定不能算多。因此，每期授课他至少能赚1000迈纳，也就是3333镑6先令8便士。在当时另外的地方，有一个普鲁塔克的教师，说自己每期授课所得通常有1000迈纳。那时候许多优秀教师似乎都积累了大笔财产。乔治·阿斯曾将自己的自塑金像赠予德尔菲神庙，我不敢断言他的这尊金像是否与他本人一样大，但柏拉图曾说，乔治·阿斯，还有当时另外两位知名的教师皮阿斯和普罗

艺术家拉斐尔绘制的《雅典学园》。似乎在那个时代，出色教师获得的报酬是很多的，足以让他们维持一定的生活质量，并投入到更多的教学中去。

贫民离开了自己所属的教区，就很难获得居住权，也很难找到工作，由此他们被迫束缚在土地上。

特格拉斯，生活都过得相当阔绰，甚至可以说是奢华。柏拉图自己的生活据说也很奢华。亚里士多德曾任亚历山大王子的老师。大家都认为王子及其父腓力二世给予亚里士多德的报酬必定相当丰厚，但亚里士多德却觉得回雅典讲学更划算。当时的教师人数，与后来数十年相比要少些。在之后的几十年里，由于人数增多，竞争加剧，教师的劳动价格，还有他们受尊敬的程度，都有所下降。但是其中能力超群者享有的报酬和尊崇，似乎仍然优于今天该职业中的任何一员。

或许从公众角度来说，上面所述的不平等总体上利大于弊。虽然公职教师的地位有所降低，但教育费用低廉绝对是有益的，它大大抵消了这个微小的弊端。如果欧洲大部分地区的学校和学院组织能比现在更合理的话，公众由此获得的收益将更大。

第三，欧洲有关政策阻止劳动和资本从一种职业向其他职业转移，或从一个地方向其他地方转移，使劳动和资本不同用途的利害出现非常大的不均等。

《学徒法》阻止劳动的自由流通，甚至在同一地区之内劳动者也不能自由转换职业；同业联盟的排外特权，也使劳动的自由流动和转移受到妨碍，即使在同一行业也不能随意换到其他地方工作。

妨碍劳动者自由流动的因素，也同样会妨害资本的自由流动。因为一种行业上所能容纳的资本量，在很大程度上取决于该行业所能容纳的劳动量。不过，相对来说，同业联盟法规更偏向于阻止劳动的自由流动，而对资本由一地向另一地转移的阻碍较小。不管在哪，富商获得自治城市中的经商权，总比贫穷技工获得自由城市中的劳动权容易得多。

我确信，在欧洲各地，普遍存在着同业联盟法规妨碍劳动自由移动的现象。而据我所知，《济贫法》对这方面的阻碍却为英格兰所独有。自从出台了《济贫法》，贫民离开了自己所属的教区，就很难获得居住权，也很难找到工作。同业联盟法规只是妨害了技工和制造工人的劳动自由，而对居住权的限制，却将这种妨害扩大到了一般劳动者身上。英格兰的不良政策，在这方面体现得尤为突出。

我将用下面的话，来为这冗长的一章作结。在过去，要规定工资，首先得参照王国的一般法律，然后再依从各郡治安官的特殊规定。但现在，这两个要求都被废弃了。伯恩博士说："400多年来，种种经验告诉我们，企图强行精确规定那些性质上无法加以准确限定的事物的愚蠢做法，到了该废止的时候了。假如让相同职业的工人领取同等的工资，就会扼杀一切竞争。这样一来，也就不会再有技术革新和发明创造了。"

以前企图通过规定食品与其他商品的价格来限制商人利润的做法也常常出现。就我所知，这种习惯的唯一遗存就是当前面包的法定价格。在那些排外同业联盟存在的地方，对面包（生活第一必需品）的价格加以规定也许是恰当的。但在没有联盟的地方，在调节物价方面，竞争所起的作用比法规大得多。乔治二世三十一年（1757年）所制定的关于面包价格的规定，由于法律自身的缺陷而无法在苏格兰实行。法律明确该规定由市场管理员来执行，但苏格兰当时并没有市场管理员。直到乔治三世三年，这个法律缺陷才得以弥补。之前，苏格兰并没有法定价格的规定，也没有什么明显的不便，而今，在执行法定价格的地区，也没见它带来什么利益。在苏格兰大部分城市里，都存在有排外特权的面包业联盟，只不过这种特权没有受到严格的保护。

前面已经说过，劳动和资本在不同用途上的不同工资率与利润率的比例，受所属社会的贫富、进步退步或停滞状态的影响不大。公共福利上的变革，虽然能够影响一般工资率和利润率，但总的来说会对所有不同用途产生同样的影响。所以，不同用途上的工资率与利润率的比例，必会保持不变，至少在一个较长的时期内，不会因上述变化而改变。

第十一章 论地租

第一节　论总能提供地租的土地生产物

与其他所有动物一样，人类的繁衍也取决于生活资料的丰富程度。人类对食物有必然的需求，虽然有时多些有时少些。因此，食物总是能够购买或者支配一定量的劳动，为获得食物，愿意付出劳动的大有人在。诚然，有时由于劳动工资高昂，食物所能维持的劳动量就很有限，与按照最经济的方式所支配的劳动量有一定差别，但不管怎样，参照周边地区劳动者的一般生活标准，食物总是能维持一定量的劳动。

但是，不管是哪里的土地，其所出产的食物在维持它上市所需的劳动以外，都会有所剩余。这个剩余部分，不但足够偿付为雇佣劳动所预支的资本及其利润，还能余下一部分作为地主地租。

牧场条件越好，地租就越高。优质牧场不但能比相同面积的劣质牧场维持更多牲畜，而且由于牲畜较为集中，在饲养与收获上都较为方便，所需的劳动也较少。

在挪威和苏格兰的旷野上生长着一种牧草。拿它来喂养的牲畜所产的奶和牲畜幼崽，不仅足够支付所有畜牧工人的劳动工资，补偿牧场主资本的一般利润，还能为地主提供地租。牧场条件越好，地租就越高。优质牧场不但能比相同面积的劣质牧场维持更多牲畜，而且由于牲畜较为集中，在饲养与收获上都较为方便，所需的劳动也较少。因此，生产物数量的增加、维持费用减少，地主就能从两方面获利。

无论土地的生产物怎样，地租都会随土地的肥沃程度而有所不同；肥沃程度相差不多的土地，地租则会随土地位置的不同而不同。城市附近的土地比偏远地区同样肥沃的土地地租更高。前者和后者在耕作方面所需的劳动量虽相同，但要运送偏远地区的产物到市场，则需要更多的劳动。既然偏远地区物产需要维持的劳动量较大，当地的农场主利润及地主地租必然较少。并且，我们在前面已经说过，偏远地区的利润率普遍高于城市附近，因此，属于地主地租的部分就更少了。

由于良好的道路、运河或通航河流能够减少运输费用，使偏远地区与城市附近接近同一水平。因此，在所有的改良中，交通改良的效果最显著。通常情况下，偏远地区占据着一个国家最为广大的面积，交通改良会大大促进这些地区的开发。而且，这有利于打破城市附近农村的垄断，因而对城市也有好处。即使是城市附近的乡村也能从中获得收益。交通条件的改善，虽然一方面会使偏远地区的商品流入这些农村在城市中的旧市场，增加竞争，但另一方面，也为城市附近农村的产品开辟了大量新市场。再者，垄断本身也不利于良性经营。只有通过自由竞争，才能让所有人出于自保而采用良好经营方法，这样，良性经营才能得到普遍确立。50年前，伦敦附近有一些州郡曾请求议会不要将征收通行税的道路扩展到偏远地区。他们说，由于那些偏远州郡的劳动价格低廉，它们的牧草与谷物将会以低于附近州郡的价格在伦敦市场售出，这会导致伦敦附近州郡的地租受连带而下降，他们的耕作事业也将会因此而衰退。但事实上，道路开通以后，他们的地租反而增高了，而耕作事业也得到了改善。

即便是中等肥沃的农田，所出产的食物也要与同等面积的最优良的牧场多得多。虽然耕种农田需要的劳动量更大，但所生产的食物在扣除了种子成本和劳动维持费以后，所剩余的量也大得多。所以，如果人们始终认为1磅畜肉没有1磅面包的价值高的话，那么上述剩余产物在各地都始终具有较大的价值，而且能为农场主和地主提供更多的利润和地租。在农业处于原始阶段的时候，似乎情况总是如此。

但是在农业发展的不同时期，面包和肉这两种食物的相对价值大不相同。在农业原始阶段初期，绝大多数未经开垦的土地都被用来放牧。肉的量比面包多，面包又被人们争相抢购，因而售价会高得吓人。

伴随着不同程度的改良，天然牧场的地租和利润某种程度上开始受经过改良的牧场的地租和利润的支配，而经过改良的牧场的地租和利润，又受农田的地租和利润的支配。每年可以收获谷物，可是需要四五年才能收获肉类。也就是说，同一亩地的肉类产量比谷物产量少得多，而肉类的低产量必须以高价格作补偿。如果价格的补偿超过合理限度，就会有更多的农田被改为牧场；假若价格的补偿低于合理限度，那么已改为牧场的部分土地又会恢复为农田。但是必须强调，只有在那些大多数土地已经完成改良的国家里，牧场与耕地——也就是用来生产肉类食物的土地和用来生产谷类食物的土地——在地租与利润上才可能出现这样的平等。在某些特

伴随着不同程度的改良，天然牧场的地租和利润某种程度上开始受经过改良的牧场的地租和利润的支配，而经过改良的牧场的地租和利润，又受农田的地租和利润的支配。每年可以收获谷物，可是需要四五年才能收获肉类。

殊的地方情形则完全不同，牧场的地租和利润要远远高于农田的地租和利润。

对牛奶和马的草料的需求，以及肉类的高价，导致大城市附近的牧草价格大幅上升，大大超过了它与谷物的正常比价。显然，这种局部现象不可能扩大到偏远地区。

有时由于特殊情况，某些国家会出现人口非常稠密的现象，以致这些国家的全部土地都像大城市附近地区那样，牧草和谷物产量远远满足不了全体国民的需要。所以，这些国家的土地就主要用于生产牧草，因为牧草数量多、体积大，并且运输不便，而国民日常食用的谷物则从外国进口。如今的荷兰就是这么个情况。在古罗马的辉煌时期，古意大利大部分土地都是种植牧草的。西塞罗告诉人们，老加图曾说："在私有土地的经营中，善于饲养的人所得的收益是最多的占第一位；水平稍好的饲养者占第二位；不善于饲养的人占第三位。"他把农耕得到的收益只列为第四位。

在以谷物生产为主的幅员辽阔的国家，圈围牧场的地租往往高于附近的农田。圈围方便了牲畜饲养，而圈围牧场的昂贵地租并非依据牧场生产物价值，而是依据被围农田生产物价值来确定的。但是，假如附近的土地都被圈围起来，那么地租就会下跌。而今苏格兰的圈围地地租之所以高昂，就是因为这类圈围地太少，一旦圈围地增多，其地租自然会下降。将土地圈围起来，对畜牧的益处更大。它不但能够节约看管牲口的劳动，而且能使牲畜免受看守人或看门狗的惊扰，摄食更多，成长更快。

但是，在没有这种特殊情况的牧场，其地租和利润就自然会取决于那些生产谷物或其他农作物的土地的地租与利润了。

比起单用天然牧草，兼用芜菁、胡萝卜、卷心菜等人工饲料来饲养牲畜，更能使牲畜产量得到提升，这样一来，进步国家中的肉类价格远高于面包价格的情况就会有所改善。事实上也

花木种植园主的普通处境有理由让我们相信，他们的智慧和技能很难得到让人满意的回报。他们的这种令人愉快的作业，被很多有钱人当成日常消遣。

梵高绘制的葡萄园风景。栽培得当、护理完善的葡萄园，算得上是最具价值的一种农场，这在古代和现代的所有葡萄酒生产国，都是众所周知且毋庸置疑的真理。

确实是这样。至少有例子可以让我们相信这一点，现今的伦敦市场上，家畜肉相对于面包的价格，已经比17世纪初叶低了不少。

所有大国的大多数耕地，基本都用于生产人类的食物或牲畜的草料。这种土地的地租与利润支配着其他所有土地的地租与利润。假若有特别用途的土地，提供的地租和利润比这种土地少，那么这种特别用途的土地很快就会改为农田或牧场。若提供的地租和利润比这种土地多，那么就会有一些农田或牧场很快被改作这种特别用途。

为了使土地适宜这种特殊用途，要么一开始需投入比农田或牧场更多的改良费用，要么每年需花更多的耕作费用。增加改良费用一般会提升地租，而增加耕作费用一般会增加利润。这种地租和利润的增多，往往只是所投入的高昂费用的利息或合理补偿。

比起谷田或草场，种植啤酒花、果树和蔬菜的那些土地就属于特别用途，其地主的地租和农场主的利润相比，相对较高。但是，由于改良土地以使其适宜于这类种植需要更大投入，所以地主所得地租也应提高。另外，对于这类土地需要投入更精细、更专业的耕作，所以农场主所得利润也应增加。况且，这类作物的收成通常很不稳定，因此其价格须提供一种类似于保险的利润，以补偿可能出现的意外损失。花木种植园主的普通处境有理由让我们相信，他们的智慧和技能很难得到让人满意的回报。他们的这种令人愉快的作业，被很多有钱人当成日常消遣。因此，花木种植园主们难以依靠经营种植园获得大收益，因为本应成为他们忠实顾客的那些人，自己本来都侍弄着一些珍贵的花木。

地主依靠土地改良获得的额外利益，似乎都只是足够补偿改良过程中的投入。在古代，能提供最大价值生产物的农场，除葡萄园外似乎就是便于灌溉的菜园了。

栽培得当、护理完善的葡萄园，算得上是最具价值的一种农场，这在古代和现代的所有葡萄酒生产国，都是众所周知且毋庸置疑的真理。但据科卢梅拉记载，对于开辟新葡萄园是否有利，古代意大利的农场主众说纷纭、争议不断。科卢梅拉是一个新奇植物爱好者，他支持建设新葡萄园，并力求通过比较费用与利润来证明建设新葡萄园是绝对有利的改良。但是，这种新葡萄园建设计划的预算通常不太准确，对农业来说尤为如此。如果葡萄种植的收益果真如同科卢梅拉所预想的那样大，那么对这个问题就不会有争议了。直到现在，在葡萄酒生产国中，这还是个悬而未决的问题。这些国家的农学家，也就是高级种植的爱好者和支持者，都与科卢梅拉一样，对建设新葡萄园信心满满。法国的老葡萄园主对建设新葡萄园却持坚决反对的态度，这似乎可以反证农业家的观点。他们的态度似乎还能说明，在目前的所在国的种植业中，有经验的人都认为，再也没有比葡萄园更赚钱的了。但是，另外的情况却表明，一旦法律不再限制葡萄的自由培植，经营葡萄园的丰厚利润就难以为继了。1731年，老葡萄园主们得到了一项敕令：未经国王特许，不准私自建设新葡萄园，或是重开已经停种两年以上的葡萄园。而在请求获得国王特许之前，须先由州长检查，确认这块土地不适宜栽种其他任何作物。据说，当时之所以发布这项敕令，是因为国内谷物、牧草短缺，而葡萄酒大量过剩。但是，如果葡萄酒真的过剩，那么葡萄种植的一般利润就会降到牧场和农田的一般利润之下，这样无须下达敕令，人们自然不会再去开辟新的葡萄种植园。若说葡萄园的增加导致了谷物短缺，也不尽然。我们都知道，在法国，盛产葡萄酒且适宜生产谷物的那些州，比如勃艮第、吉延和上郎格多克，其农田耕作比别的州更为精细。一种种植业使用的劳动者增多，就会给另一种种植业产品腾出市场，这必然会鼓励后一种种植业的发展。通过减少购买葡萄酒的人数来鼓励谷物耕作事业，无疑是最蠢的策略。因为以阻碍制造业的方式来促进农业，简直是在剜肉补疮。

因此，要求较高的土地改良费以使土地适宜栽种，或者要求较高的耕作费用的那些特殊用途的土地，其地租与利润即便是远高于农田或牧场的地租与利润，但如果这超出部分仅仅够抵偿它们要求的较大投入，那么事实上，它们的地租和利润还是在受着普通作物用地的地租与利润的支配。

事实上，有时也会出现这样的情况：适合某种特殊作物生长的土地面积太小，产量不足以供应有效需求。这时，全部生产物都可出售给那些愿出高价的人，他们所出的价格，高于这种作物从生产到上市，按照相关自然率或者按照其他大多数耕地的地租、工资和利润率，所应支付的地租、工资和利润的总和。在这种情况下，并且仅仅在这种情况下，价格中去除所有的改良和耕作费用后的剩余部分，同谷物或牧草的这个剩余部分不保持一般的比例，甚至可以在任何程度上超过它。当然，这超额的大部分都归地主所有。

在特殊土壤中生长出来的特别美味，是其他土地任何人工培育物都无法比拟的。这种现实中或人们梦想的美味，可能仅仅为几个葡萄园所特产，也可能是一个不大地区多数葡萄园特产，最多时也不过为一个州里多数葡萄园的特产。

必须指出，我们所说的葡萄酒的地租和利

最原始的衣服材料，取自于兽类的皮毛。所以，主要以这些兽肉为食的狩猎和畜牧民族，就在获取食物的同时获得了超出他们自身需求量的衣服原料。

润对谷物和牧草的地租和利润的自然或普通比例，只适用于能够生产较好的普通等级葡萄酒的葡萄园。这种葡萄园土壤松软，混有沙砾，所产的葡萄酒除浓度适中、健康卫生之外，乏善可陈。国内普通土地只能和这种平常葡萄园一较高下，而无法和那些优质等级的葡萄园竞争。

在所有果树中，葡萄树是受土壤差异影响最明显的。我听说，在特殊土壤中生长出来的特别美味，是其他土地任何人工培育物都无法比拟的。这种现实中或人们梦想的美味，可能仅仅为几个葡萄园所特产，也可能是一个不大地区多数葡萄园特产，最多时也不过为一个州里多数葡萄园的特产。这种葡萄酿的酒在市场上不足以供应有效需求，也就是说，那些愿意按普通地租、工资和利润率，或按普通葡萄园提供的地租、工资和利润率，所必须支付的全部地租、工资和利润，支付这种葡萄酒的生产和运输代价的人的需求不能全部被满足。因此，只有那些愿意付更高价格的人才能买到这种酒，酒价也会超过一般价格。价格究竟能超出多少，依这种酒的受欢迎程度和稀缺程度所引起的消费者的竞争程度而定。但无论差价是多少，其中的大部分都会归地主所有。虽然这种葡萄园通常都比其他葡萄园打理得更精细，但是与其说是这种精心栽培使其价格变得高昂，倒不如说是因为其价格高昂所以人们才慎重对待、精心栽培。对于这种高价物产，掉以轻心可能会招致非常大的损失，因此，哪怕是非常粗心大意的人，也会格外留意。所以，这高价中的一小部分就足够支付生产中投入的额外劳动的工资以及所增加资本的利润。

由此可知，生产人类食物的那部分耕地的地租支配着其他田地的地租。任何一种特产所能提供的地租，必定不会长久地低于多数耕地的地租，否则，种植特产的土地很快就会被改作他用；而任何一种特产所提供的地租，如果长期高于多数耕地的地租，必定是因为出产这种产物的土地太少了，无法满足相应的有效需求。

欧洲人主要以谷物为食。因此，欧洲各国谷田的地租支配着某些特殊耕地以外的其他所有耕地的地租。对英国来说，羡慕法国的葡萄园和意大利的橄榄园完全没有必要。因为除非他们的葡萄和橄榄占有那些特殊的位置，否则其价值也都是受谷物价值决定的。

第二节 论间或提供地租的土地生产物

在各种土地生产物中，粮食似乎总是能够提供地租。而别的生产物则会随着情况的不同，间或提供地租。

除了食物以外，为人类所必需的东西就是衣服和住宅了。

在原始状态下，土地提供的衣服和住宅原材料所能供应的人数，比提供的食物所能供应的人数多得多。但随着社会的进步，土地在提供食物方面的能力大为提高，远远超过前者，至少，在人们需要衣服和住宅原材料，并且愿意为它们支付代价的情况下是这样的。因此，在原始状态下，衣服和住宅原材料总是过剩，所以几乎或完全没什么价值；而在社会进步之后，这些材料开始短缺，其价值逐步显现并不断增大。在前一种情况下，大部分过剩的材料被弃置不用，被使用的那部分价格，基本上只等于为使这些材料能够为人所用而进行改造的劳动和费用。这一价格无法为地主提供地租。在后一种情况下，这些材料全被使用，尚且往往供不应求。因此，全部的这些材料都会有人愿意以超过其生产、制造和上市总花费的价格来购买。所以，这些材料的价格，可以为地主提供若干地租。

最原始的衣服材料，取自兽类的皮毛。所以，主要以这些兽肉为食的狩猎和畜牧民族，就在获取食物的同时获得了超出他们自身需求量的衣服原料。如果不进行交换，这些多余材料就会被视为没有任何价值的东西而被丢弃。在北美土著民族没有被欧洲人发现之前，那里的情况多是如此。不过现在，他们会拿多余的毛皮去交换欧洲人的毛毡、火器与白兰地酒，这样一来，他们的毛皮就被赋予了若干价值。如今，在全世界通商的状态下，哪怕是最不开化的民族，只要已经确立了土地所有制，就一定会有这种对外贸易。虽然多余的原材料在本国内既不能被加工也不能被消费，但在较富裕的邻国却能找到销路，因此，其价格也会提升到运往邻国的费用之上。这样的价格，就能提供给地主若干地租。当苏格兰高地所产的大部分牲畜为内部丘陵地带人们所消费的时候，兽皮就成了最主要的输出商品，人们用它来交换需要的物品，这

原本无人问津的乱石地，由于伦敦需要铺路石，因此为它们的所有者提供了地租。

美丽的珠宝饰品。各人的食欲都会因为胃的大小而有限，但人们对于住宅、衣服、家具和各类用品的欲望却是贪得无厌的。也正因为此，贵金属和宝石都开始有用了。

使得高地的土地地租也有所增加。英格兰从前不能在本国被加工和消费的羊毛，也在当时更富裕、更勤劳的弗兰德国家找到了市场，其售价也为羊毛产地提供了一些地租。然而，在那些耕作条件不如当时的英格兰和现今的苏格兰高地，并且也没有对外贸易的国家，衣服原材料明显供过于求，以致一大部分都被丢弃，而不能为地主提供地租。

房屋原材料大多都无法像衣服原材料那样轻易运往遥远的地方，因此也不太容易成为对外贸易的商品。即便在现今的贸易状况下也是如此。在房屋原材料多余的国家，那些多余的材料，无法为地主提供任何地租。伦敦附近的优质石矿，能提供非常可观的地租，而苏格兰与威尔士多数地方的石矿，却不能提供任何地租。在那些人口密集、农业技术先进的国家，作为建筑用材的树木价值都很高，其产地的地租也很高昂，而在北美许多地方，树木产地的地主们非但得不到地租，还要对愿意砍伐并运走他的林区树木的人表示感激。在苏格兰高地某些地方，由于陆运和水运都不发达，因此只有树皮能被运往市场，而木材则被随意丢弃，腐烂在地上。当房屋原材料严重过剩时，其中已被使用的那部分的价值，也只是恰能抵偿砍伐和搬运所花的劳动和费用而已，并不能为地主提供地租。但是如果邻近的富裕国家对这房屋原材料有需求时，就另当别论了。例如，由于伦敦需要铺路石，因此以前从未提供过任何地租的苏格兰沿海某些乱石地，便为它们的所有者提供了地租。又如，挪威和波罗的海沿岸所产的树木在国内久无市场，却在英国打开了销路，于是这些树木也为其所有者提供了一些地租。

一个国家的人口与国内所产食物量供养的人数成比例，而不与国内所产的衣服、住房原材料供养人数成比例。食物既能供应，那么必需的衣服及住宅就不难找到。但是，有衣穿和有房住的人，不见得一定有饭吃。在英国大多数地方，一个人单独劳动一天，就能造一栋简易住宅。制一件最简单的兽皮衣服，所需也不过1天多的劳动。对于野蛮民族来说，为获得衣服或者住宅，所费的劳动不过占全年的1%，剩下的99%的劳动都用于寻找食物，即便这样，往往也只是勉强果腹而已。

但随着农耕的改良，一家的劳动就能供给两家的食物，一半人口的劳动便足以向全社会提供食物，所以余下来的半数（或者至少其中一大部分人）就能从事其他物品的生产，以满足人们的其他欲望和需求。这些欲望和需求主要包括衣服、住宅、家具，以及所谓的成套用具。富人并不比他的贫寒邻居消费更多的粮食。对量的需求或许大致相同，对质的要求则有所不同，为富人挑选和烹调食物，可能需要更多的劳动和技艺。但是，对比一下富人的豪宅华服和贫民的寒室敝衣，不论从质上还是从量上，都存在着天壤之别。各人的食欲都会因为胃的大小而有限，但人们对于住宅、衣服、家具和各类用品的欲望却是贪得无厌的。所以，人们必定愿意把自己消费不完的剩余食物来交换别的自己想要的东西，将有限欲望满足后的剩余产品拿来换取他物，用以餍足无限的欲望。为了获取食物，穷人们竭力劳作来满足富人的这些欲望；为了使自己的食物供给更稳定，穷人们往往相互竞争，导致他们的劳动产品日趋完美，也日趋廉价。劳动者的人数随食物数量的增大而增加，换言之，随土地改良以及耕作进步而大大增加。他们的工作性质允许最大限度的分工，因此，他们能够加工的原材料增加的数量，要远远多于他们人数增多的数量。也正因为此，人们在修建各类建筑物，加工各种衣服、用品和家具时，对不

煤矿是较早使用蒸汽机进行作业的产业。工业革命的成果促进了煤矿的发展。

管是有具体用途的，还是作为装饰的各种原料的使用都大大增加，就连地下的化石、矿产以及贵金属和宝石，都开始有用了。

如此看来，土地所产食物是地租的原始来源，而后来那些提供地租的其他土地生产物，其价值中属于地租的那部分，都来自劳动生产力的提高。而生产力的提高，又是随土地改良、耕作进步出现的。但是，后来那些提供地租的其他土地生产物，并不总是能提供地租。即使是在土地已经得到改良并进行耕作的国家，对这类产物的需求也没有全部达到其价格在支付工资、补偿资本并提供一般利润还有所剩余的程度。这类产物能否提供地租，应视不同情况而定。

例如，煤矿是不是能够提供地租，既要看它的产量，还要看它所处的位置。

判断一座矿山是富饶还是贫瘠，要看在使用同等数量劳动的前提下，从该矿山开采出来的矿物量与从大多数同类矿山所能开采的矿物量相比是多还是少。

有些煤矿虽然位置很好，但由于产量过低没有开采价值，其生产物抵偿不了开采费用。这种煤矿，既不能提供利润，也无法提供地租。

有的煤矿，产煤量价值仅够支付劳动工资、补偿开矿资本并提供其一般利润。企业家或许能够从这种煤矿中得到一些利润，地主却无法从中得到地租。因此，对于这类煤矿，除非地主自己投资开采，才有可能获得一般利润，其他任何人都不可能凭此获利。在苏格兰，许多煤矿都是地主自营的。地主不允许其他人不交地租去开采它们，而其他人也都无法依靠开矿获利并支付地租。

在苏格兰，还有些出产量很大的煤矿，可是地理位置不好，因此也无法进行开采。尽管这些煤矿利用一般劳动量或比一般更少的劳动量，就能获得足以支付开矿费用的产量，但由于它们处在人口稀少、水陆运输不便的内地，所以这些矿产还是无法卖出。

对于煤矿老板来说，煤矿的价值大小取决于其产量的多少，及其位置的好坏。但就金属矿山的价值而言，却是受产量支配的多，受位置支配的少。因为从矿石中提炼出来的金属，尤其是贵金属，价值极其高昂，基本上都负担得起长途的水陆运输费用。并且，这些金属的市场会超越矿山附近的国家，扩展至全世界。例如，日本的铜在欧洲市场占有一席之地；西班牙的铁也远销智利和秘鲁；秘鲁的银不仅畅销欧洲，还以欧洲为通道，远销到中国市场。

各地矿山所产金属的价格在某种程度上都受当时世界上产量最大的矿山所产金属价格的支配。因此，大多数矿山所产金属的价格，除了补偿其开采费用外，没有太多剩余，也无法对地主提供很高的地租。在大多数矿山开采的贱金属价格中，地租所占部分很少，而在贵金属的价格中，地租所占比例更是低微。贵贱金属的价格，基本上由劳动和利润组成。

众所周知，康沃尔锡矿是全世界最富饶的锡矿，据该矿区副监督波勒斯先生说，那里的平均地租占总产量价值的1/6。他还说，有些矿山的地租比这个高，有些则不如这个。苏格兰许多产量很高的铅矿的地租，也占总产量价值的1/6。

据佛雷齐和乌诺阿两位先生说，秘鲁银矿的矿主往往只要求开采者将采得的矿石交由他的磨坊来碾碎，然后把磨碎的矿石分给他一部分即可。在1736年之前，西班牙国王对这些银矿所课矿税，占标准银价值总额的20%，这可视为大多数秘鲁银矿——当时全世界最富饶的银矿——的真实地租。假如不征收矿税，那么这20%当然应归地主所有，而那些因交不起矿税而闲置的矿山也必定会重新投入开采。据说，康沃尔公爵所课锡税略高于矿产总价值的5%以上，不论税率高低，假如不课税，这些矿税自然属于矿山所有者。把这5%与前面所说的1/6加在一起，我们就能发现，康沃尔锡矿的平均地租与秘鲁银矿的平均地租的比例是13：12。可是，现在的秘鲁银矿连这个较低的地租也承担不起了，而银税在1736年也从20%降到了10%。虽说银税是如此轻微，但因为那5%的锡税的存在，人们还是更愿意冒险走私银，而贵重物品本身也比体积庞大的笨重物品容易走私。因此，有人说，西班牙国王根本征不到什么税，而康沃尔公爵征得的税收却很可观。所以，全世界最富饶锡矿所产锡的价格中地租所占的部分，可能比全世界最富饶银矿所产银的价格中地租所占的部分还大。在偿还开采所使用的资本及其一般利润后，剩下的归矿山所有者的部分，贱金属也似乎比贵金属更多。

秘鲁银矿经营者的利润一般都不算很高。前面提到的最了解当地情况而且最受人尊重的那两位学者告诉我们，在秘鲁，如果有谁准备开采新银矿，人们会认为他必定是要倾家荡产的，因而纷纷敬而远之。由此可见，采矿业在秘鲁和在这里一样，简直就被视为彩票，中奖者少，落奖者多，但是总有一些冒险家被引诱，愿意以自己的财产为代价来尝试。

但是在秘鲁，由于国王要依靠银矿取得自己的大部分收入，因此发现和开采新矿是会被政府嘉奖的。不论是谁发现了新矿山，国王一律会在他看准的矿区划出一块长246英尺、宽123英尺的土地归他所有，他可以自行开采，而不必向地主支付任何报酬。为了自己的利益着想，康沃尔公爵在他的公国内也做出了类似的规定。凡是在荒野或未被圈定的地方发现锡矿者，都可在所发现锡矿处划出一定范围，这叫作为锡矿定界。设定这个界线的人，就是该矿区的所有人。他无须经过原土地主人的授意便可自行开采，或租给别人开采，开采后只需给地主一点微薄的报酬就行了。在这两种规定中，私有财产的神圣权利都因为所谓的公共收入利益而被侵犯了。

在秘鲁，新金矿的发现与开采也会受到同样的奖励，而国王征收的金税只占标准金产量总价值的5%。最初，金税和银税一样都是20%，后来削减到10%，但就实际的经营情况来看，就算课税10%，还是显得太重。佛雷齐和乌诺阿曾说，靠经营银矿发财的尚属少见，靠经营金矿发财的就更是凤毛麟角了。这5%的税额，似乎可看作智利、秘鲁大部分金矿所支付的全部地租。走私黄金比走私白银更容易，不但是因为黄金相对于其体积来说价值更高，而且还因为金的天然产出方式。银和其他大多数金属一样，在被挖掘之初一般都掺杂着其他矿物，很少有纯银块，而从混合物中提炼出银，是一个很烦琐的过程，这种操作必须在特定的厂坊里进行，这样一来，就很容易受到国王所派官吏的监视。而金就不同了，在被发现的时候一般都是纯金，有时，即便是相当大的一块金子中掺杂了微乎其微的砂土或其他东西，只需经过极简便的操作，就可以提纯了。不管是谁，只要有少量的水银，就可以在自己的家中进行提纯工作。因此，如果说国王从银税中只获得了很少的收入，那么他从金税中所获得的就更微不足道了，因而地租在金价中所占的比例必定远远低于其在银价中所占的比例。

法国宫廷里用纯金打造的盛冰容器。

波托西银矿曾经是世界上最大的银矿。运输白银的船只将这些财富大多运到了西班牙，使得西班牙成为欧洲最富有的国家，这种状况持续了一个多世纪，直到波托西的银矿资源枯竭。

贵金属在市场所售的最低价格，也就是说，在较长的时期内，贵金属在市场上所能换得的最少的其他物品量，必然和其他所有货物的一般最低价格一样受统一原则的支配。决定这种最低价格的，是贵金属上市所需投入的资本量，也即是使贵金属上市所需的衣食与居住消费。这个最低价格，必须足够偿还投入的资本和支付资本的一般利润。

但贵金属的最高价格似乎只取决于贵金属本身的供给量是否充足，而不受其他任何外物支配。贵金属不像煤炭那样，价格由木柴的价格决定，除了木柴，别的任何东西匮乏都不会引起煤炭价格上涨。如果金的稀缺达到了一定程度，那么最小的一粒金子可能变得比钻石还昂贵，并且可以交换到大量的其他物品。

人们对贵金属的需求，一半是由于它们的用途，一半是追求其美丽。除铁以外，贵金属可能比其他任何金属都要有用。贵金属易清洁，不易锈蚀，因此，由金银打造的餐桌和厨房用具备受人们喜爱。银制的饮煮具比铝制、铜制或锡制的饮煮具清洁。金制的饮煮具又比银制的饮煮具更清洁。不过，贵金属更大的价值在于它的美观，这使得它特别适宜于装饰衣物和家具。镀金的那种光华，是任何颜料或染料都无法媲美的。由于贵金属稀少，似乎就更增强了它的美观。对于大部分富人来说，富有带来的愉悦，主要在于炫富时的那种优越感，自己拥有别人求之不得的象征财富的标志物，再没有什么比这个更能给富人带来满足感的了。在他们看来，有用又美观的东西，如果又比较稀缺，那么必定会耗费异常多的劳动，非一般人所能支付得起，而他们可以。尽管有很多物品比它们美丽得多、有用得多、只不过较为普通，但他们更愿意用比普通物品昂贵得多的价格来购买这种物品。有用、稀缺、美观这些特性，便是构成贵金属高价的原因，即在各处都能换得大量其他物品的根本原因。贵金属在没有被当作货币使用之前，就已经具有了很高的价值，正是这种高价值，赋予了它们能够被用来铸币的特质。不过，由于这种用途的出现带来了新需求，减少了其他用途的贵金属数量，因此有助于保持或提高其价值。

人们之所以对宝石产生需求，完全是因为它们美观。除了用作装饰外，宝石不具有其他用途。它们的美观，因为稀少，因为采掘难度大、费用高而更显得弥足珍贵。所以，在大多数情况下，工资和利润几乎构成了宝石高价格的全部。在宝石价格中，地租只是一个极其微小的部分，或者根本就不含这个部分，只有产量最大的矿山才可能提供较大的地租。在考察戈尔康达与维沙普尔两地的钻石矿时，宝石商塔弗尼尔听说，当地的矿山是专门为国王而开采的。国王曾下令，除了出产最大且最美的钻石的矿山之外，禁止开采其他所有矿山。其余这些被禁的矿山对其所有者来说，不具任何价值。

我们知道，各地贵金属或宝石的价格，是由世界上产量最丰富的矿山出产物的价格决定的，所以，出产贵金属或宝石的矿山能为其所有者提供的地租，和矿山绝对产量不成比例，而和它的相对丰富程度成比例，也就是取决于它相对于其他矿山的优越程度。如果新发现的银矿优于波托西银矿，就像波托西银矿优于欧洲银矿那样，那么，银价就会再次下降，甚至连波托西矿山也会丧失经营价值。在西属西印度群岛被发现以前，欧洲最富饶的矿山对其所有者提供的地租，也许就已经像秘鲁最富饶的矿山对其所有者所提供的地租那么大了。那时的白银数量虽然比现在少得多，却可以交换到和现在基本相等的其他货物量，而矿主所得部分能够换得的劳动量或货物，也大体和现在相等。生产物和地租的价值，换言之，它们为公众和矿主所提供的实际收入，古今可能都是一样的。

储量最丰富的贵金属或宝石矿山，并不能增加世界的总财富。这类产品的价值主要是因它们的稀缺而产生的。如果这类产品多了，必然会贬值，那么，用比以前较少的劳动量或商品量，就能购得金银餐具、衣服和家具上的华丽装饰等。这就是丰富的贵金属和宝石产量所能提供给世界的唯一好处。

地面上的地产情况就不一样了。土地产物和地租二者的价值，不与土地的相对出产力成比例，而和其绝对产量成比例。生产一定量衣服、食物、住宅的土地，总能供应得起一定数量的民众，而且，不论地主占有的比例是多少，这份地租使他总能支配相应比例的劳动和这劳动所能购买的商品。一块最贫瘠土地并不会因为处在最肥沃土地的旁边就贬值；正相反，它的价值还往往会增加。肥沃土地所维持的众多人口，为贫瘠土地的生产物提供了较大市场，在贫瘠土地原本维持的人口中，绝对找不到这样的市场。

所有能提高土地产物产量的东西，不仅能提升被改良土地的价值，还能为许多其他土地的生产物创造新的需求，从而提升这些土地的价值。土地改良使得许多人拥有的食物自己都消费不完，因而对贵金属和宝石，以及衣服、住宅、家具和家庭设施等方面的所有便利品和装饰

阿兹特克使者欢迎西班牙征服者科尔特斯。在美洲许多地方，小金块之于他们，似乎就好像那些稍稍特别一点的小鹅卵石之于我们一样，值得拾取，却也随时可以毫不犹豫地赠予别人。

品都有了需求。食物不仅是世界上最主要的财富，而且只有食物丰富了，其他各种财物才会被赋予其价值。在西班牙人发现古巴和圣多明各之初，那里的贫苦居民经常用小金块作为头饰和衣服装饰。这些金块之于他们，似乎就好像那些稍稍特别一点的小鹅卵石之于我们一样，值得拾取，却也随时可以毫不犹豫地赠予别人。一旦有客人请求金块，他们会立刻赠予，丝毫不认为是赠送了什么贵重的礼物。他们吃惊于西班牙人对金子的渴求。他们想不到世界上竟然还有这样的国家，那里的人们对于他们总是缺乏的食物竟有如此大的剩余量，甚至为了得到一点这种闪闪发亮的玩意儿，甘心拿足够供养全家好几年的大量食物来交换。如果他们能理解这个缘由，就不会对西班牙人的黄金热感到吃惊了。

第三节　论总能提供地租的生产物与间或能提供地租的生产物二者价值比例之变动

随着改良的深入和农耕水平的日益提高，粮食越来越丰富，人们对一切有实用价值的和用于装饰的非食物的土地生产物的需求必然会增大。因此，可以预期到，在改良进程中，这两种生产物的相对价值只有一种变化趋势，那就是，和总能提供地租的土地生产物的价值相比，间或提供地租的土地生产物的价值会不断地增长。随着技术及产业的进步，人们对衣服和住宅用料，地下有用的化石、矿物，乃至贵金属和宝石的需求也在不断增加。它们所能交换到的食物也在逐渐增多，也就是说，它们的价格会逐步提高。以上所述，是大部分事物的一般情况，如果没有意外情况导致其中某些物品的供给增加到大大超过它的需求的话，上述情况就是适用一切场合的必然现象。

白银在世界上所有商业和文明地区都有市场。如果白银的市场需求因为改良而增加，但白银供给量却不按同一比例增加，那么，白银的价值就会上升——一定量白银将能换得更多的谷物量，也就是说，谷物的平均货币价格将会因此而不断下降。

相反，如果由于某种偶然意外，在好多年中，白银供给的增加量比需求的增加量更大，那么银价就会逐渐下降。也就是说，尽管一切都在不断进步，而谷物的平均货币价格却会逐渐上升。

而如果白银的供给和需求同步增加，那么等量的白银就能继续购买或交换几乎同等数量的谷物。尽管一切都在不断进步，而谷物的平均货币价格却几乎保持不变。

以上三种假设，涵盖了在社会进步中所有可能出现的情况。如果我们以法国和英国的实际情况来判断，那么在过去的4个世纪中，这三种不同的假设在欧洲市场上全都发生过，并且发生的顺序几乎和我们所列的相同。

在原始时代，谷物被认为是一种制造品，比其他大多数商品都昂贵得多。我想，这里所说的其他大多数商品，主要指的是家禽、牲畜及猎物这类物品。在匮乏的原始时代，它们的价格无疑会比谷物低得多。但这种低廉并不是银价过高造成的，而是因为这些商品本身的价值就低。这并非因为在那个时代白银能购买或代表比现代进步社会更多的劳动量，而是因为当时这类商品能购买或代表的劳动量比在现代进步社会少得多。西属美洲的白银肯定比欧洲低廉，即在原产国肯定比在进口国低廉，因为出口国要加上长途水陆运输的运费和保险费。

有一点我们当谨记：衡量白银及其他所有商品的真正尺度，不是任何一件或者一类商品，而是劳动。

无论社会处在何种状态，也无论其处在哪一发展阶段，谷物都是人类劳动的成果。但是，人类劳动的平均产量总是和人类的平均消费量大致相等，也就是说，平均供给和平均需求大体处于平衡状态。而且，不管在哪个改良阶段，在同一气候条件下的同一块土地，要生产同等数量的谷物，所需要花费的平均劳动量也几乎是相同的，或者说，需要付出近于等量之代价。因为，在改良耕作之后，劳动生产力虽然有所增加，但由于牲畜等主要农具价格的不断上涨，会部分或全部抵销这个增加。由此，我们可以确信：在社会任何状态下和任何改良阶段，等量的谷物要比任何别的等量土产物更能代表或购买等量的劳动。所以，我在前面就说过，在社会改良和财富积累的任何阶段，谷物都是比其他任何商品更为准确的价值尺度。所以，在上述各阶段，与银进行比较时，谷物比其他任何一个或一种商品更能准确地反映银的真实价值。

另外，在所有文明国家里，谷物或者别的为大众所普遍喜爱的粮食，都是劳动者的主要生活资料。随着农业的推广，各国土地所生产的粮食都远多于动物性食物，而各地的劳动者一向都是以最低廉和最丰富并利于健康的食物作为主要生活资料。除了最富庶的国家或劳动报酬极高的地方，肉类在其他地区劳动者的生活资料中只占一个极小的部分，家禽所占比例更小，猎

无论社会处在何种状态，也无论其处在哪一发展阶段，谷物都是人类劳动的成果。

物则算不上是一种食物。在法国，乃至在劳动报酬略高于法国的苏格兰，贫穷劳动者除非逢年过节或其他特殊场合，否则很少能吃到肉食。所以，劳动的货币价格基本不受肉类或其他土地生产物的平均货币价格的影响，而受作为劳动者的主要生活资料的谷物平均货币价格的支配。因此，金与银的真实价值，也就是金银所能换得或支配的真实劳动量，不由金银所能购买的畜肉量或其他土地生产物的量来支配，而在基本上是由金银所能支配的谷物量决定的。

但是，上述这种粗略观察，不可能使那么多聪明学者受误导，除非他们同时受到一个普遍却没有任何依据的观念的影响，即各国的银量都随着财富的增加而自然增加，因此导致银的价值不断下降。

任何一个国家中贵金属的数量增加，原因不外乎两个：一、出产贵金属的矿山产量增加；二、社会财富的增长，也就是劳动年产物的增加。前一原因无疑和贵金属的价值下降有关，但后一原因却与其无关。

由于发现了更富饶的矿山，能够向市场提供的贵金属会大幅增加，而增多后的贵金属总量所能换得的生活必需品与便利品的数量，如果仍和以前一样多，那么单位数量的贵金属所能交换的商品量必定少于从前。因此，一个国家贵金属存量的增加，如果是因为矿山产量的增加，那就必然会导致贵金属贬值。

反之，当一国财富增加时，即该国劳动年产物逐渐增多时，会有更大数量的商品流通，这必然要求更多的货币。由于人们的购买力增强，即有了更多的商品用于交换，他们自然会购买

工人们在进行金矿的开采。一个国家贵金属存量的增加，如果是因为矿山产量的增加，那就必然会导致贵金属贬值。

越来越多的金银器皿。他们的铸币数量因为需要而增加，他们的金银器皿量因为追求虚荣和奢华而增加，而各种精巧雕像、绘画和其他奢侈品、珍奇品的数量，也可能由于相同的原因而增加。然而，正如雕刻家与画家在繁荣富裕时代所获得的报酬不会低于贫乏萧条时期一样，金银的价值在繁荣富裕时代也不可能比贫乏萧条时期低。

如果新的更富饶矿山的间或发现并没有导致金银价格下降，那么，由于金银价格会随着所在国财富的增长而自然上升，因此，不管矿山的状态怎样，富裕国家的金银价格总是会比贫国的金银价格高。和其他所有商品一样，金银也自然要寻找最高价格的市场，而对其他所有商品都能够支付起最高价格的国家，通常也能对金银支付最高的价格。应当牢记，支付所有商品价格的说到底还是劳动。在那些对劳动能支付优厚报酬的国家里，劳动的货币价格与劳动者生活资料的货币价格，存在一个合理的比例。但是，金银在富国所能购买的生活资料肯定比在贫国多，也就是说，金银在生活资料充裕的国家所能购买的生活资料，肯定比在生活资料匮乏的国家所能购买到的多。如果这两个国家相距很远，这个差异便会很大，这是因为，虽然金银会自动从恶劣的市场流向良好的市场，但如果距离太远，巨大数额的金银还是存在运输障碍，那么，两个国家的金银价格自然很难达到同一水平。如果这两个国家离得很近，由于运输方便，金银价格的差额便会很小，甚至可能看不出来。中国比任何一个欧洲国家都要富裕很多，而中国生活资料的价格和欧洲相比差距巨大，中国的米价远低于欧洲各地的小麦价格。英格兰富裕程度远超苏格兰，但两地的小麦价格却差异很小，只是略有不同而已。单就数量来看，苏格兰产的小麦似乎一般都比英格兰产的小麦价低，但是就品质而言，苏格兰产的小麦却应该比英格兰产的小麦价高。苏格兰几乎每年都从英格兰进口大量的小麦。无论什么商品，其价格在输入国通常总是比原产国高些。因此，英格兰小麦在苏格兰的售价肯定会高于英格兰。但是，从品质来看，也就是从小麦所能制成的面粉或食物的数量和品质来看，在苏格兰出售的英格兰小麦一般不能比苏格兰小麦的价格更高。

金银在最富裕的国家自然具有最大的价值，而在最贫穷国家自然具有最小的价值。在最贫穷的野蛮民族中，则几乎没有价值。

贸易船队返回阿姆斯特丹。在一些富裕的商业国家，比如荷兰和热那亚，谷物价格高昂的原因和大城市谷物价格高昂的原因是一样的。它们生产的谷物不能满足当地居民的需要。

谷物在大城市总是比在偏远地区昂贵，但这昂贵不是银价价格低落造成的，而是谷物本身实际价值高昂的结果。把银运往大城市，并不比运往偏远地区所耗的劳动量少，而把谷物运往大城市，需要的劳动量却多得多。

在一些富裕的商业国家，比如荷兰和热那亚，谷物价格高昂的原因和大城市谷物价格高昂的原因是一样的。它们生产的谷物不能满足当地居民的需要。那里的优势在于技术工人和制造工人的技能熟练，在于各种简化劳动与节省劳动的机器，在于运输船只，在于其他所有的运输工具与商业方式。但是它们却缺乏谷物，必须依靠从遥远国家进口来满足需要，因此谷物的价格必须加上从原产国运输而来的花费。往阿姆斯特丹运送白银，所需要的劳动量并不比送往但泽多，而往阿姆斯特丹输送谷物所需的劳动量却多得多。所以，白银的真实成本在两地基本上是一样的，而谷物的真实成本在两地却有巨大差别。假设荷兰或热那亚的居民人数是稳定的，而实际富裕程度在下降，从遥远国家进口谷物的能力也会降低，那么，白银存量必然会伴随着这种衰退而减少，可能是衰退造成了银量的减少，或者是银量的减少造成了衰退，反正谷物的价格非但不会随着银量的减少而降低，反而会有所上升，甚至升高到饥馑年份的价格水平。当我们的必需品短缺时，肯定要放弃那些非必需品。非必需品的价值在穷困年代会下降，就像它们在富裕繁荣时时会上升一样。必需品就不同了，它们的真实价格，即其能换得或支配的劳动量，在贫困年代会上升，而在繁荣富裕年代会下降。繁荣富裕的时代总是物资大丰富的时期，否则就不能称之为繁荣富裕时代。

所以，从14世纪中期至16世纪中期，无论财富增长和社会进步引起的贵金属数量的增多程度怎样，都不可能使英国及欧洲其他任何国家出现贵金属贬值的倾向。因此，那些收集古代谷物价格的学者，如果根据对谷物或者是其他商品价格的观察断定这一时期内白银贬值了，显然是缺乏根据的，而根据假设中的财富增长和社会进步来判断这一时期白银贬值，理由就更加不充分了。

本章的结论

所有的社会改良和进步，都有促使地主真实财富增加的趋势，一切改良都直接或间接提升土地的真实地租，让地主在购买他人的劳动或劳动产品时拥有更大能力。

土地改良与耕作的扩展，能直接推高土地的真实地租。地主获得的土地生产物的数量，一定会随着全部生产物的增多而增多。

有些土地原产物真实价格的上涨，是由于土地改良与耕作扩展造成的，但接下来，它又反过来推动土地改良和耕作扩大。比如，牲畜真实价格的上升，会直接推动地租同比或以更大比例上涨。地主所得的那个部分的真实价值，也就是他支配别人劳动的能力，必然会随着土地产物真实价值的升高而增加，并且，他所得部分在全部生产物中所占的比例也会随之提高。改良后土地的生产物，虽然真实价值在增加，但消耗的劳动量与以前相比并未增加。所以，在土地的生产物总量中，只需拿出很小部分，就可以偿还雇佣劳动的资本和支付一般利润。而剩余的较大部分，自然归地主所有。

如果劳动生产力的提高能够促使制造品的真实价格降低，则肯定会间接抬升土地的真实地租。一般情况下，地主会把他消费后剩余的土地原生产物出售，以交换自己需要的制造品。那些导致制造品真实价格降低的原因，都能抬升土地生产物的真实价格。因为等量的土地原产物此时能购买到的制造品的数量更多。故而，地主便拥有了购买更多必需的便利品，以及装饰品、奢侈品的能力。

全社会真实财富的增长，以及所雇用真实劳动量的增长，都倾向于抬高土地的真实地租。这些增加的劳动量必然有一部分流向土地，肯定会有更多的人与牲畜在土地上进行耕作。随着土地投资的增长，土地生产物也将相应增加，而地租同样会随之增加。

装饰用的盘子和花瓶，显示出主人喜好奢侈。一般情况下，地主会把他消费后剩余的土地原生产物出售，以交换自己需要的制造品。

如果情况与上面所述相反，比如忽视土地改良与耕作推广、土地原产物真实价格的降低、因制造水平下降和产业衰退而引发的制造品真实价格的上涨，还有全社会真实财富的减少等。这些都有降低土地真实地租的倾向，会导致地主真实财富的减少，地主支配他人劳动或劳动产品的能力也会相应降低。

一个国家土地和劳动的全部年产物，也可以说其年产物的全部价格，都是由土地地租、劳动工资和资本利润这三大部分构成。这三个部分，就是三个不同阶级民众的收入来源，也就是地主以地租维持生计，劳工以工资维持生计，雇主以利润维持生计。这三个阶级，乃是文明国家的三个最基本也是最主要的阶级。其他任何阶级的收入，追溯下去无不来源于这三个阶级的收入。

观察可知，在这三大阶级之中，与社会普遍利益关系最为密切的是第一阶级的利益，也就是地主阶级的利益。但凡能增进社会普遍利益的，也一定会增进地主阶级的利益；但凡损害社会普遍利益的，也一定会损害地主阶级的利益。在讨论政治问题与商业问题的集会上，即便是只为本阶级的利益考虑，地主阶级的建议也绝不会给国家带来不利，至少，在他们具有能够明确认识本阶级利益的知识的情况下是这样。但事实上，他们这方面的知识往往是缺乏的。在上述的三大阶级中，地主算是一个比较特殊的阶级。他们不用费心劳力，也无须精打细算就可以轻松获得收入。正是因为满足于这种稳定和安逸，这个阶级很自然地流于怠惰。因为这种怠惰，他们不仅陷于无知，而且没有脑力来理解国家的所有规定并预测其后果。

第二个阶级就是以工资为生的劳工，他们的阶级利益与社会普遍利益同样密不可分。前面说过，社会财富增长最快的时候，社会对劳动的需求快速增加，所雇用的劳动量每年都大幅增加，这就是劳动者工资达到最高的时候。如果社会的真实财富既不增加也不减少，在这种情况下，劳动工资很快就会降低，劳工阶级的收入仅仅能够养家糊口、维持生存。当社会陷入衰退的时候，劳动者的工资就会下降到上述限度之下。当社会繁荣发展时，劳动者享受不到地主阶级那么大的利益，当社会陷于衰退时，他们却要承受其他阶级体会不到的苦难。虽然劳工阶级的利益与社会普遍利益的关系是那样密切，但是，因为他们缺少了解社会普遍利益的能力，也不能正确理解本阶级利益与社会普遍利益的关系，故而陷入上述状况。他们的处境决定了他们没有时间去收集必要的有利信息，即便有时间，因受限于教育与习惯，他们也不能对繁多的

劳作中的工人。当社会繁荣发展时，劳动者享受不到地主阶级那么大的利益，当社会陷于衰退时，他们却要承受其他阶级体会不到的苦难。

消息做出合理的判断。因此，他们在公众集会上很少发言。在某种特殊情况下，劳动者也会出来发表意见，但多半是受雇主鼓动和支持。劳动者的这种发言表达的是雇主特殊意图，而不是劳工阶级自身的利益。除此之外，很少见到劳动者发言，至于其言论受到尊重，更是闻所未闻。

第三个阶级是雇主，他们靠利润为生，为追求利润而投入使用的资本，是促使社会有用劳动活跃的真正推动力。劳动者的所有重要活动都是在资本家规划设计的支配和指导下进行的。但是，资本家所有规划与设计的目的都是获取利润。地租与工资会随社会繁盛而上涨，随社会萧条而降低。资本利润率却与之相反，在富裕的国家低，在贫穷的国家高，在快速走向衰败的国家里最高。所以，雇主阶级的利益与社会普遍利益的关系，与上述两大阶级迥然不同。该阶级中的商人和企业主拥有和使用的资本量最大。他们是最富裕的两个阶层，所以在社会上最受尊重。因为每天都忙于规划和设计，所以他们的理解力比大多数乡绅地主更加敏锐。通常，他们只会为自身的特殊利益而盘算，而不会为社会普遍利益而谋划，因此，即便是他们眼里最公平的建议，也都是出于自身利益的考量，而很少是对社会普遍利益的考虑。他们要比地主更高明，与其说他们对公众利益理解深刻，毋宁说他们对自身特殊利益的理解更深刻。靠着这种高超的理解能力，他们常常去欺骗宽厚的乡绅，使他们笃定地相信，地主阶级的利益并非社会普遍利益，雇主的利益才是社会普遍利益，并诱导地主确信这样简单而错误的观念，进而放弃自身和公众的利益，并去迁就雇主阶级。事实上，不管是商人还是企业主，他们的诸多利益大部分与公众利益不一致，有时甚至背道而驰。例如，扩展市场和缩减竞争是商人确信无疑的利益，扩展市场固然有利于社会大众，但缩减竞争却会损害公共利益。缩减竞争能使商人获得超过自然率的高利润，而其他的居民却要为此付出不合理的代价。所以，雇主阶级提议的任何一项新的商业规则，都必须审慎地加以分辨。如果不是极其用心，并保持怀疑态度进行长时间的认真考察，决不可轻易采用。因为这些人的利益很少与公众利益完全一致。通常情况下，他们的利益需要欺骗大众，甚至是压榨大众；实际上，大众也常常被他们欺骗和压榨。

第二篇

论资产的性质、积累与使用

第一章
论资产的划分

如果一个人所拥有的资产只够维持他生活数日或数周，他便很少想从这笔资产中得到收入。在使用这些资产时，他将慎之又慎，同时还希望在用掉这些资产以前，能够通过自己的劳动获得一些东西用以补充。在此种情况下，他的收入全部是从他的劳动中获得的。各个国家的贫穷劳动者中有很大一部分所过的生活便是如此。

如果他的全部资产足以维持他生活数月或数年，他很自然地就会希望能通过这笔资产中的一大部分来取得收入，而只会留下一小部分用以维持尚未获得收入之前的消费。于是，他的全部资产被分成了两个部分。他希望能够通过它而获得收入的那一部分，称为资本。另一部分则保留下来以供消费之用，这一部分包括三种东西：原本为了此种目的而留有的部分资产；不论何种来源，逐渐取得的收入；用前两项的资产购买的至今没有用完的物品，如被褥、衣服和家具等。为了目前消费而留有的资产，或包含上述三项中一项，或两项，或三项都有。

有两种资本使用方法能够使投资者取得收入或利润。

第一种，使用资本进行生产、制造或购买产品，之后将产品售出，从而获得利润。这种方法使用的资本在掌握于所有者手中或者是保持原状的时候，是无法为投资者带来什么收入或利润的。商人的货物在尚未销售交换到货币之前，无法提供收入或利润；货币在尚未再一次支付出去并交换到商品之前也是如此。商人的资本不断以一种形态流出，又以另一种形态流入。而且，也只有通过这种流通和不断地交换，商人才得以赚得利润。因此，如此资本可称之为流动资本。

在市场交易中，使用资本进行生产、制造或购买产品，之后将产品售出，从而获得利润。

第二种，使用资本对

一个规模比较大的铁厂，要修建必需的熔铁炉、锻冶场和截铁场，没有极大的资本是不行的。

土地进行改良，购买生产者所需要的机器或工具，或用于购买不用更换主人或不必再次流通就能产生利润的东西。因此，这样的资本可称之为固定资本。

行业不同，各自所必需的固定资本与流动资本之间的比例差异也很大。比如，商人的资本全部都是流动资本。他几乎没有使用机器或工具的必要，除非是将商店或客栈看成机器或工具。

手工业者和制造者的资本有一部分一定要投资于工具。然而，各个行业的这一部分的比例并不相同，有的很大，有的则很小。裁缝师傅除了一包针之外，便无须其他工具了。制鞋师傅的工具比较贵点，但贵得不是太多。与制鞋师傅相比，织布师傅的工具就贵得多了。但是，在这类手工业者的资本中有很大一部分均为流动资本，它们开始可能是以工人工资的形式流出，或者是以原材料的价格流出，而后又以产品的价格流入，这其中包含利润。

其他的行业所需要的固定资本就更多了。比如，一个规模比较大的铁厂，要修建必需的熔铁炉、锻冶场和截铁场，没有极大的资本是不行的。如果要投资开采煤矿，那么购买所必需的排水机和其他各种机器所需要的资本就更多了。

对于农场主来说，购买农具的资本是固定的，维持工人和支付雇用工人的工资是流动的。他把前者保留在手中，同时又支付后者而取得利润。耕作的牲畜的价格或价值与农具一样，可称为固定资本；饲养牲畜的花销与维持工人的花销一样，可称为流动资本。农场主通过将耕作的牲畜保留在手中、支付饲养牲畜的费用来取得利润。但如果饲养牲畜只是以出售为目的，而并不是用来耕种，那购买它的费用和饲养它的费用都应该划入流动资本。在这里，农场主通过出售牲畜而获得利润。在饲养牲畜的国家，如果购买的羊或牛并不是以耕种或贩卖为目的，而是从剪羊毛、挤奶和繁殖中获取利润，那这些牛羊就应当称为固定资本。在这里，获取利润的途径就是将它们保管在手中。维持它们的费用便是流动资本。在这里，获取利润的途径就是支付维持费。这一流动资本产生的利润和牲畜的所有价格提供的利润（羊毛价格、产乳价格和繁种价格）都会重新回到所有者手里。种子的全部价值也可称之为固定资本。虽然种子在土地和谷仓之间来来回回，但并没有更换主人，因此并不算真正的流动。农场主获取的利润并不是来自出售的种子，而是来自种子生产出来的产品。

一个国家、一个社会的总资产，便是它全体居民的资产，所以，很自然地便被分成各自有

住房的租金可以给房主利润，但房租的真实来源仍旧是劳动、资本或土地中所取得的。

其不同功用的三个部分。

第一部分是保留下来以供目前消费之用的，它的特点是不产生收入或创造利润。已经被消费者购买，但却并没有全部消费完的，食品、衣服和家具等物品均属于这一类。只供居住的国内房屋也为其中的一部分。投入到房屋上的资产，如果该屋是所有者自己居住，那么，从那一时刻开始，它具有的资本作用便消失了。也就是说，它不能为房屋的所有者带来任何收入。这样的房屋，虽然对他很有用，就如同衣服和家具一样，但也如衣服和家具一样，不能产生收入。它属于费用的范畴，但却不属于收入。将房屋租赁给别人便能获取租金，但房屋自身却不能生产出任何东西，房客仍要从劳动、资本或土地中所取得的收入用以支付租金。所以，对于房屋的所有者来说，房屋为他提供了收入，因而具有资本的作用，但对于社会公众而言，它则不能提供收入，也不具备资本的作用。它根本不能使全体人民的收入有任何的增加。同样，衣服和家具有时也能提供收入，从而对某些人来说具有资本的作用。在化装舞会流行的地方，就有人以出租舞会所用的化装衣服为生，租期为一个晚上。家具商人出租家具则时常按月或按年；葬仪店出租葬仪品则常常按日、按星期。还有很多人出租提供家具的房屋，收取房租的同时还收取家具租金。总而言之，这种租借随处可见。但是，从出租上述物品中取得的收入，不管怎样，均来自其他的收入来源。除此之外，还要注意一点，无论是对个人来说还是对社会来说，在保留下来以供目前消费之用的各种资产中，消费得最慢的要数投入到房屋上的那一部分。衣服能穿好几年，家具也能用50年或100年，而建造坚固、保护完整的房屋，却能使用好几百年。房屋虽然会经过很长时间才会耗费掉，但它仍然是保留下来以供目前消费之用的资产，与衣服和家具没有什么差别。

第二部分便为固定资本。它的特点是不用于流通，也无须更换主人，便可产生收入或利润。这一部分主要包含四项内容。

一、所有能够为劳动提供便利和使劳动得以节省的机器和工具。二、所有能够提供利润的建筑物，像商店、客栈、工场、农屋、牲口棚和谷仓等。这类建筑物不但能够为出租房屋的所有者带来收入，而且也是承租人取得收入的手段。这类建筑物不同于居住的房屋，它们应当被视为生产工具。三、通过开垦、排水、修筑围墙和施肥等，将土地变成更适于耕作的土地，并能创造利润。改良过的农场犹如用处很大的机器，能够为劳动提供便利，使劳动得以节省，让投资者在投入相同数量的流动资本的情况下得以获得更多的收入。改良机器和土地都能获得利润，然而机器却很容易受到磨损，改良过的土地却比较持久。农场主只需按照最有利于获利的方法投入必需的资本，几乎不用对土地进行管理。四、社会上全体民众所掌握的有用才能。要学习一种才能，就需要去学校，就要当学徒，支付高昂的费用。这样的花费似乎已经实现而且还在学习者的身上固定下来。这些才能，对于学习者自身而言，是他个人财产的一部分；对于他所属的社会而言，也是社会财产的一部分。工人熟练程度的加强，可与为劳动提供便利、使劳动得以节省的机器和工具一样被视为社会的固定资本。虽然学习的时候会花掉一笔费用，但这一费用能够得到偿还，并且还能产生利润。

第三部分是流动资本。它的特点是通过流通、更换主人而产生收入。它也包含四项内容。

一、货币。只有依靠货币，其他三项才能实现辗转流通，从而分配给真正的消费者。二、屠夫、牧畜家、农场主、谷商、酿酒商等人所拥有的食品，他们可以通过出售这些食品来取得利润。三、仍然留存在耕作者、制造者、布商、木材商、木匠和瓦匠等人手中，用于加工衣服、家具和房屋这三者的材料。不管这些材料是单纯的原材料还是半加工的材料，只要还没有制成衣服、家具或房屋，都属于这一项。四、已经制成的物品，但却仍然留存在制造者或商人的手里，并没有出售或分配给真正的消费者，例如锻冶店、木器店、金店、宝石店、瓷器店和其他陈列于各种商店柜台上的制成品。这样，流动资本便包括各种商人手中存留的食品、材料、制成品和货币。食品、材料和制成品的流转与分配都必须通过货币才能实现，否则就无法到达最后使用或消费它们的人的手中。

在上述四项中，食品、材料和制成品这三项通常会在一年之内（也可能更长或更短）由流动资本变为固定资本，或变为保留下来以供目前消费之用的资产。

固定资本均为流动资本转变而成，同时还要由流动资本不断地进行补充。生产中所有有用的机器和工具均来自流动资本，流动资本为制造机器提供材料，为维持制造机器的工人提供费用，为维修制成后的机器提供维修费。

如果没有流动资本，固定资本便无法产生任何收入。生产过程中所使用的材料、工人生存所需要的食物均来自流动资本。如果没有流动资本，哪怕是最有用的机器工具，也无法生产出一点东西。维持耕作和收获的工人不可或缺，流动资本也不可或缺。如果没有流动资本，不管土地如何改良也不能产生任何收入。

已经制成的物品，但却仍然留存在制造者或商人的手里，并没有出售或分配给真正的消费者的，也属于流动资本。

固定资本与流动资本的目的一致，那就是不但要使保留下来以供目前消费之用的资产不会短缺，而且还能增加。民众的生计都依赖于这类资产。民众的贫富也是由这两类资产所产生的资产的多寡决定的。

为了对社会上的固定资本和保留下来以供目前消费之用的资产进行补充，就需要持续不断地从流动资本中抽取很大一部分，这样的话，被抽取后的流动资本也需要不断地进行补充。如果得不到补充，流动资本过不了多长时间就会枯竭。对流动资本进行补充的资产主要来自土地产品、矿山产品和渔业产品。这三种资源源源不断地供给食品和材料。有了这种供应，从流动资产中抽出的食品、材料和制成品才得以有新补充。除此之外，金属是制造货币所必不可少的原料，因此，还要从矿山中开采制造货币所需要的金属，以使货币的生产能够得到维持和补充。在通常情况下，虽然货币无须从流动资本中抽取出来，以充当固定资本或保留下来以供目前消费之用的资产，但是货币和其他东西没有什么差别，它不免会受到磨损，也难免会被输往国外，因此，仍然需要不断地对之进行补充，只不过数量会少一些罢了。

土地、矿山和渔业的经营均需固定资本和流动资本来支撑，其产品不但要补偿所投入的资本，并且还要创造利润，此外，还要补偿社会上所有其他的资本和利润。农民每年对制造者所消费的食品和材料进行补充，制造者则每年对农民所消费的工业品进行补充。这两个阶级虽然很少拿制造品与农产品进行直接交换，但交换情况每年都在他们之间发生。我们知道，农民所拥有的东西也就是谷物、牲畜、亚麻和羊毛，而他们所需要的则是衣服、家具和工具。购买谷物、牲畜、亚麻、羊毛的人，不一定就是出售衣服、家具和工具的人。所以农民都是先将天

梵高绘制的彩色田园。当土地、矿山和渔业的生产能力大小相同时，它们的产量便与投资额的大小与资金使用的优劣成比例。

然产物换成货币，拿到货币之后，他就能随心所欲地购买所需要的制造品。经营渔业和矿业所使用的资本，至少也有一部分是需要土地对之进行补充的。不管是从水里捕鱼，还是从地里采矿，土地上的产品都必不可少。

当土地、矿山和渔业的生产能力大小相同时，它们的产量便与投资额的大小与资金使用的优劣成比例。当资本额相等，投资方法又很得当时，它们的产量便与它们的自然生产能力的大小成比例。

在一切生活比较安稳的国家里，一个有常识的人是愿意用他的资产来追求眼前的享受或追求将来的利润的。如果是用于追求眼前的享受，那它就是保留下来以供目前消费之用的资产；如果是用于追求将来的利润，那么追求利润的途径无非是将资产留存在手中，或者是将资产投入到某一行业或领域。在前者的情况中，它便为固定资本；在后者的情况中，它便为流动资本。在生命比较安全、财产也比较安全的情况下，一个人如果不将他能够随意使用的所有资产（不管这些资产是自己本来就有的还是借过来的）投入到上述所说的用途上，我相信他肯定是疯了。

第二章

论作为社会总资产的一部分或作为维持国民资本费用的货币

由于在商品的生产和上市过程中都曾使用过劳动、资本和土地，于是，大部分商品的价格就都被分解成三部分：劳动工资、资本利润和土地地租。不可否认，实际上，有些商品的价格只是由两部分组成的，这两部分就是劳动工资和资本利润，甚至存在极少数商品的价格只由一部分组成的情况，那一部分就是劳动工资。但是不管怎样，商品价格最终都不外乎由上述三部分中的其中一个或者全部构成。有一部分既不能划入地租，又不能划入工资，那肯定就是利润的一部分。

对于个别的商品而言是这种情况，对于构成全国土地和劳动的年产品的所有商品而言，情况也是如此。一个国家年产品的总价格或总交换价值，也必然会被分解成上述三部分而分配给国内的各个居民。要么当作劳动工资、资本利润，要么当作土地地租。

一个国家土地和劳动的年产品的全部价值按照上述方法分配给各个居民，并让其成为各个居民的收入。国内所有居民的收入也可以被分成总收入和纯收入两部分，如同私有土地的地租可以被分成总地租和纯地租一样。

梵高画笔下的土地。判断地主的真实财富，不是看他的总地租有多少，而是要看他的纯地租有多少。

私有土地的总地租囊括了农民的一切开支。在总地租中，除去各种必要的开支（也就是用于管理和修缮等的开支）外，其余均供地主支配，这供地主支配的一部分就被称为纯地租。换句话说，纯地租其实就是在不减少地主资产的前提下，供地主当前消费的资产。或者可被用于购买衣食、修葺房屋、娱乐等。判断地主的真实财富，不是看他的总地租有多少，而是要看他的纯地租有多少。

一个大国所有居民的总收入囊括了该国所有居民的土地和劳动的所有年产品。在总收入中，除去固定资本和流动资本的维持费，其余均供居民自由支配。供居民自由支配的那一部分便是纯收入。换句话说，纯收入其实就是在不减少居民资本的前提下，供居民享用的资产。这一部分资产可被用在当前的消费上，也可被用于购买生活上所必需的物品、便利品、娱乐用品等。判断国民的真实财富，不要看其总收入的高低，而是看其纯收入的高低。

增加劳动生产能力是固定资产的目标，也就是使同等数目的工人能做更多的工作。拥有完善的设备，同时又有必要的建筑物、围墙、水沟和道路等的农场，与没有这些设施的农场相比，即便土地的面积大小一样、肥沃程度相同、劳动数目和拥有的牲畜数目一样，前者所获得的产品也肯定比后者多得多。拥有优良的机器设备的工厂，与设备并不完善的工厂相比，即便所雇用的工人数目相同，但是前者的出产量也必然会比后者大很多。任何投入到固定资本中的费用只要运用得当，很快就能创造出巨额利润。并且，比较而言，年产品的价值由此而产生的增加也将比维持其所必要的费用要大得多。不过，这种维持是通过消耗一部分的年产品实现的。在原先用来增加食品、衣料、住所、各种必需品和便利品的材料和人力的年产品中，便会有一部分被改用到其他用途上。这些新用途也很有利，只是与原来的用途不太一样。因此我们可以这样说，对机器进行改良，能够让同等数目的工人操作更便宜、更简单的机器，完成同量的工作，这确实是一种社会福利。以前要维修那些价格高昂且构造复杂的机器，经常要耗费一定的材料和人力，而今机器改进之后，不但节省了那一部分材料和人力，而且还能增加产品的数目。

纺织业机器的改进在英国有目共睹，而对机器进行改良，能够让同等数目的工人操作更便宜、更简单的机器，完成同量的工作，这确实是一种社会福利。

在一个大国，维持固定资本的费用比得上个人保养私有土地的费用。为了保证土地产品的出产量，也为了保证地主的总地租和纯地租的收入数量，保养费必不可少。但是如果采取的措施比较恰当，使保养费得以减少而产品却并没有减少时，那么总地租至少也能保持不变，而纯地租则必然会增加。

虽然维持固定资本的费用不能算入社会纯收入，但是维持流动资本的费用却与它不太一样。流动资本由四部分组成，它们是货币、食物、材料和制成品。我们之前说过，后三部分常常被从流动资本中抽取出来，转而变成社会上的固定资本，或被作为供目前消费之用的资产。只要是没有变成固定资本的消费品，就会转变成为供目前消费之用的资产，从而变成社会纯收入的一部分。所以，除去维持固定资本所必需的部分，不管我们从年产品中抽出多少用于维持后三个部分的流动资本，都不会导致社会纯收入减少。

从这一点上来看，社会流动资本和个人流动资本有些不一样。不能将个人的流动资本看成是个人的纯收入，构成个人纯收入的是他的利润。虽然社会流动资本是由社会中每个人的流动资本汇合而成的，但是不能因此就说社会流动资本肯定不属于社会纯收入、不是它其中的一部分。存放在商店里的货物，虽然不是商人自身供目前消费之用的资产，但却能够是他人供目前消费之用的资产。他人从其他的钱财来源中取得的收入，可以经常用于交换商人的货物的价值，并且为商人提供利润，而商人和享用者的资本都不会减少。

因此，导致社会纯收入减少的只是社会流动资本中的一部分维持费，这一部分就是货币。

货币虽然属于流动资本，但是它对社会收入的影响却和固定资本很是相似。

第一，制造和维持生产中所使用的机器和工具需要支出一项费用。虽然这一费用属于社会总收入，是它的一部分，但却不是从社会总收入中抽取出来的，而是从社会纯收入抽取出来的。货币也是如此。货币的积累和补充，也需要支出一定费用。这一费用虽然属于社会总收入，是它的一部分，但却也是从社会纯收入中抽取出来的。货币是商业中的重要工具，正是因为有了它，社会上的生活必需品、便利品和娱乐用品才能得以经常依照一定的比例分配给社会上的每个人。但是，货币也是最昂贵的工具。维持这种昂贵的工具需要耗费社会上一定数目且又价值不菲的材料（也就是金银）和一定量的精细劳动，以至它不能用在增加供目前消费之用的资产上。

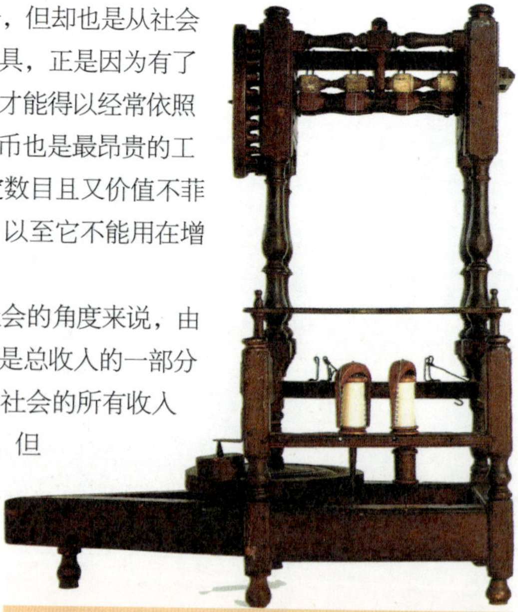
1770年前后改进的水利纺织机。类似这样的生产工具是固定资本的一部分。

第二，不管是从个人角度来说，还是从社会的角度来说，由生产中使用的机器和工具构成的固定资本都不是总收入的一部分或社会纯收入的一部分。货币也是如此。虽然社会的所有收入要依赖货币才能常常分配给社会上的每个人，但是货币并不是社会收入的一部分。货币只是帮助货物实现流通的辅助工具，与通过它得以流通的货物并不一样。因此，在统计社会总收入或纯收入的时候，必须要从每年流通的所有货币和所有货物中，扣除货币的所有价值。

我说这样的话，人们可能会感觉有些惊讶或有些疑惑，这可能是因为所用的文字过于含糊。如果有恰当解释而又能准确理解，那其中的道理就不言自明了。

我们提到一定数量的货币时，有时候只是指货币中所含有的金块，有时候却又暗指这一数额的货币能够换得的货物，换句话说，也就是因占有这一数额的货币而获得的购买力。比如，如果我们说英国的通货有1800万镑，意思其实就是英国现在流通的金块数目。但是如果说到某人的年收入为50镑或100镑的时候，我们通常所指的有两层含义，即他每年能够获得的金块数量和他每年能够购买或消费的物品的价值。我们一般用这句话来表明他是如何生活的，或者说他应当如何生活。换句话说，也就是他所能享受的生活必需品和便利品，从数量和质量来说应该是什么样的。

我们在说一定数量的货币，意思不但是指这一数量的货币中所含有的金块量，而且还暗指这一数量的货币能够换得的货物时，这一数量的货币所表明的财富和收入只能是其中之一，而不能既等于这种价值，又兼等于另外一种价值。这时说不是等于前者而等于后者，也就是说不是等于货币而等于货币的价值更恰当。

一个国家所有居民每周或每年的收入虽然都是用货币支付的，但是不管怎么样，他们的实际财富、他们每周和每年的实际收入数量，总是与他们所拥有的货币能够购买的消费品量成比例。很明显，他们的所有收入不能既等于这些货币，又兼等于这些消费品，而只能等于这两者其中之一，不是等于前者的价值，就是等于后者的价值。

我们在说一个人的收入时，常用他每年领取的金额来表示。之所以会这样，是因为他的购买力便取决于这一金额。换句话说，他每年能够获得的消费品的价值是由这一金额决定的。事实上，构成个人收入的是这种购买力或消费力，而不是被赋予购买力或消费力的金块。

墨西哥发行的金属货币。货币是流通的巨大车轮，是商用大工具，如同所有其他的专业工具一样，它属于资本。

单对个人而言，情况已十分明了，而对社会而言，情况就更明了了。一个人每年领取的金额，常常正好与他的收入相等。也正是因为如此，用他所领取的金额来表明他收入的价值最清楚不过。但是，决不能将社会上流通的金额与社会上全体居民的收入画等号。同一几尼，今天能够作为养老金付给甲，明天也能够作为养老金付给乙，后天也能作为养老金付给丙。所以不管在哪个国家，每年流通的金额与每年支出的养老金相比，价值要小得多。换句话说，这种陆续支付的全部货币养老金的购买力，或用它所能购得的货物，与所有的养老金相比，具有相同的价值。同理，所有领取养老金的人的收入，也肯定和所有的养老金具有相同的价值。构成社会收入的肯定不是金块，如果构成社会收入是金块的话，那社会上所有的金块的价值就未免太小了。购买力才是构成社会收入的真正因素，也就是用在不同的人之间辗转流通的金块陆续购买到的货物。

货币是流通的巨大车轮，是商用大工具。如同所有其他的专业工具一样，它属于资本，而且也已成为资本中很有价值的一部分，但却不属于社会收入，不是社会收入的一部分。尽管依靠其中含有金块的铸币的流通能将收入分配给应该获得收入的人，但是那些金块肯定不是社会收入的一部分。

最后，构成固定资本的专业机器和工具，类似于由货币所构成的那一部分流动资本。要想节省机器的建造费和维持费，要么损耗劳动生产力，要么增加社会纯收入。同理，要想节省积累和维持由货币所构成的那一部分流动资本的费用，也要通过增加社会收入来实现。

为什么节省固定资本的维持费要通过增加社会纯收入来实现？其实这个问题很明了，企业家的所有资本必定会划分成固定资本和流动资本两部分。在资本总额不变的情况下，二者彼此消长是大势所趋。一部分越小，另一部分势必就越大。流动资本所起的作用乃是提供材料、支付工资和推动产业。因此，如果要节省固定资本维持费而又不损耗劳动生产力，那么增加推动产业的基金就势在必行，这样的话，土地和劳动的年产品就会相应增加，社会的实际收入也会增加。

用纸币代替金银币，也就是用一种比较便宜的商业工具代替另外一种比较昂贵的商业工具，其便利性丝毫不会受到影响，二者所起的作用有时几乎一样。纸币的出现，就像是流通领域使用了一个新的轮子，与旧轮子相比，它的建立费和维持费要少得多。那么，它是如何充当流通的轮子，又是怎样增加社会总收入或纯收入的呢？其中的道理，人们还不是太清楚，因此需要进一步进行解释。

纸币有很多类，且各不相同，最普通、最适用的就是银行的流通券。国内的居民如果相信某个银行家拥有雄厚的资产、为人处世比较小心谨慎，是一个诚实可靠的人，其实就是相信他有这样一种能力：即不管在什么时候都能兑换现金。那么，银行家发行的钞票就和金银币毫无差别，能够在社会上流通。

印钞工厂的工人正在印制钞票。纸币的出现，就像是流通领域使用了一个新的轮子，与旧轮子相比，它的建立费和维持费要少得多。

假设一个顾客从某个银行家那里借到10万镑的期票。这种期票和货币具有的作用相同，那么，债务人就应该像借入货币那样支付利息。银行家获取的利润就出自这一利息。期票一经发出，虽然有一部分会陆续返回兑现，但是仍有一部分在社会上不停地流通。虽然他发出去的期票只有10万镑，但是为了应付不时之需，常

塞维利亚港口的繁荣景象。这里是贵重金属的集散中心，商业十分繁荣。

常要保留2万镑的金银币。如此一来，这类期票的发行，能使2万镑的金银币所发挥的作用与10万镑金银币无异。这张10万镑的期票，无异于通常所使用的10万镑的金银，通过它能够实现相同数量消费品的交换、周转和分配。因此，就能在国内流通的过程中节省8万镑。假设国内银行众多，同时他们也都是依照此种方法经营的，那么，国内货物进行流通所需要的金银就只相当于期票尚未出现时的1/5。

假设某个国家在某一时代的通货共有100万镑，这一金额已足以维持国内所有年产品的流通。再假设，后来由于银行众多，发行了100万镑兑现期票，为应付不时之需，同时在金柜内留有20万镑。于是，在流通领域就出现了总计是180万镑的通货：包括80万镑的金银币和100万镑的期票。原来，实现国内土地和劳动的年产品的流通、周转和分配有100万镑就已足够；而银行的作用又难以立即实现国内年产品数额的增加，所以，当银行的作用发挥以后，实现国内年产品的流通，100万镑依然足够。待售的货物量和待买的货物量没有改变，用于交易的货币量自然也不会改变。流通的渠道（如果这一名称恰当的话）自然也不会改变。100万镑足以确保流通顺利进行。现在，我们将180万镑投入到流通领域，必定会有80万镑因为国内流通流域难以容纳而溢流出来。如果把国内难以容纳的数额搁置起来，弃之不用，造成的损失必会过于惨重。因此，必然会将它输往国外，去寻找在国内难以找到的有利用途。

如此巨额的金银并不是白白送到国外去的，也绝不是作为礼物送给外国的。它的外流，一定会换得一些外国货物，以供国内居民消费或者转手出售给其他国家的居民消费。假设是甲国输出金银，现在他们用如此巨额的金银购买乙国的货物，同时供两国的民众进行消费。那他们经营的业务便为运输贸易，从中得到的利润自然为甲国纯收入的增加。所以，如此巨额的金银就如同新创设的基金一样，能够用于开办新业务。现在，国内的贸易经营是通过纸币来实现的，金银转而成为这一新贸易的基金。

如果把如此巨额的金银用来购买外国的货物，并且供国内居民消费，那购买回来的货物要么是闲散阶级消费的商品，如外国的葡萄酒、外国的绸缎等，要么是勤劳的人民生活所必需的材料、工具和食品，使这些人能够再生产出他们每年所消费的价值以及利润。

如果是用在前一用途上，便与鼓励奢侈没什么两样，能实现消费的增加，却不能使生产增加，也无法实现维持这种消费的固定资金的增加。不管从哪一方面来说，都不利于社会。

如果是用在后一用途上，却能鼓励勤劳，虽然会使社会消费增加，但是也能产生维持这种消费的固定资金。消费者会再生产出每年消费的所有价值，并产生利润。社会的总收入，也就是社会上土地和劳动的年产品一定会增加，而其增加的数目则与工人对材料进行加工后所增加的全部价值相等；社会的纯收入也一定会增加，增加的数目与上面所说的价值扣除维持工人所使用的工具器械的费用之后剩余的价值相等。

在计算社会流动资本能够推动的劳动数量时，我们只需要计算在社会流动资本中的三项，也就是食物、材料和制成品，而需要将只起促进上述三者流动作用的货币部分扣除。劳动需要三样东西：材料、工具和工资。材料、工具和工资分别是劳动的对象、手段和目的。货币并不是劳动的材料，而且也不是劳动的工具。工资虽然通常是用货币支付的，但是构成工人实际收入的却并不是货币或金块，而是货币的价值或者说是金块能够交换到的货物。

很明显，一定数额的资本能够雇用到的劳动量，与此项资本所能购买到的材料、工具和维持胜任这项工作的工人的数目相等。购买材料、工具和维持工人都离不开货币，但是此项资本所能雇用的所有劳动量显然不能既等于用来购买的货币，也等于所能购买到的材料、工具和食物，而只能等于二者中的一个，不是与前者相等，而是与后者相等。

一个国家流通的货币和通过它而得以流通的货物的价值之间到底保持着什么样的比例，也许难以确定。有人说这一比例为1∶5，也有人说这一比例为1∶10、1∶20或1∶30。尽管在年产品中，充当维持产业的基金通常只有很小一部分，但是，不管货币在所有的年产品的价值中占有的比例多么微不足道，货币在这一小部分年产品中占有的比例却并不小。如果用纸币来代替，那么流通中所需要的金银量就会减至原来的1/5，而其余的4/5中的很大部分将会添加到维持产业基金中去，不言而喻，这会促使产业的数目激增，从而促使土地和劳动的年产品价值也激增。

近二三十年来，在苏格兰，几乎所有的大城市都创建了众多银行，就连人迹罕至的地方有时也是这样。因银行的作用而产生的结果，就像前面所讲：国内贸易的周转几乎都是依靠纸币来实现，所有产品的购买和支付也都依靠纸币。除非是兑换20先令的钞票，不然，很少能够见到银币，金币就更不用提了。虽然银行众多，但却良莠不齐，为此议院曾经试图通过立法的方式对之进行管理，但是碍于银行为国家贡献的巨额收益，最终不了了之。

银行发行信用券的主要方法是贴现汇

墨西哥纸币样张。因银行的作用而产生的结果，国内贸易的周转几乎都是依靠纸币来实现，所有产品的购买和支付也都依靠纸币。

可兑换纸币多发会给银行带来损失

在货币金本位制度下，纸币可以自由兑换黄金。在此制度下如果银行多发纸币，将给银行带来很大的损失。

因为过度发行，银行需要委托代理人出面替他们收回货币，这样需要支付一定的费用。

收回的货币是用马车运输的，需要支付一定的保险费。

由于纸币过度发行，过剩的数目又不断流回银行兑换成金银。

那些由于兑换过剩的纸币而支付的金币，也由于数量多难以在国内流通。

最终，这种金币或者是以铸币的形式或者熔成金块输往外国。

佛罗伦萨商人在银行。只要具备信用条件，就能从银行借到一定量的货币，同时可以进行分期还款。银行方面就从每次收到还款的日期算起，至全部还清的日期止，统计每次收回的金额，同时从全部金额的利息中减去相应数目的利息。

票，也就是垫付货币，购买还没有到期的汇票。不等汇票期满，便可拿着汇票前往银行兑换现金。银行先计算到期应该收取的利息，然后从全部的贷款数额中扣除这一部分。到期之后，兑付汇票能够偿还银行事先贷借出去的价值，也能产生纯利润，这种纯利润是以利息的形式出现的。银行对汇票进行贴现，支付的是本银行发行的钞票而不是金银。银行家可以根据经验，在力所能及的范围内尽可能地将钞票垫付出去，他能够贴现的汇票金额增加之后，从利息上能够得到的纯利润也会随之增加。

在苏格兰，只要具备信用条件，就能从银行借到（比如说）1000镑，但也能不定时地进行分期还款，一次偿还二三十镑也没关系。银行方面就从每次收到还款的日期算起，至全部还清的日期止，统计每次收回的金额，同时从全部金额的利息中减去相应数目的利息。不同的商人和实业家都觉得这一方法十分便捷，因此都很愿意帮助银行推广这项业务。他们不仅在所有的支付形式上都乐于接受银行的钞票，而且还主动劝说其他人也接受这一方法。在顾客借款的时候，银行支付的大部分是钞票。商人用钞票来购买制造者的产品，制造者用钞票来购买农场主的食物和材料，农民用钞票来支付地主的地租，地主用钞票从商人那里购买各种便利品和奢侈品，商人最后又用钞票来偿还银行的借款。因此，全国的货币来往几乎都是通过钞票来进行的。银行的业务，自然也就繁盛起来了。

现金账户可以让商人们放心地扩大生意规模。假设有两个商人，一个在伦敦，一个在爱丁堡，他们所经营的业务一样，所投入的资本也一样。爱丁堡的商人利用现金账户不断扩大经营规模，雇用的工人人数也不断增多，而且无须顶风冒险。由于没有现金账户，伦敦商人需要频繁地将大量货币存储在自己的金柜或银行金柜里（自然不收取利息），以满足接连不断提出的索要赊购贷款的要求。假设经常要存储500镑，那么，这时与无须存储500镑滞财的情况相比，他仓库内货物的价值一定会减少500镑。假设通常每年商人储存的货物都会脱售一次，这时，与无须存储滞财的情况相比，由于经常要存储500镑的资产，出售的货物自然就会减少500镑。在这种情况下，他每年获得的利润和他所能雇用的工人都必定会比前一种情况要少。反之，如果爱丁堡商人无须存储滞财以应付不时之需。万一急需，可利用现金账户向银行借款来解决燃眉之急，以后，不断地有货物售出，就能用出售货物获得的货币或钞票来一步步地偿还银行的借款。与伦敦商人相比，爱丁堡商人无须顶风冒险就能用同等数目的资本购买到更多的货物。因此，他就能赚取更多的利润，为生产商品的劳动人民提供更多的工作机会，国家也因此而获得更大的收益。

在任何国家，能够随处流通的所有纸币的金额一定不会超过它所代替的金银的价值，或在这些纸币未曾出现的时候所需要的金银币的价值。例如，假设苏格兰通用的最小面值的纸币是20先令，那么，能在苏格兰流通的这项通货的总额一定不能超过国内每年交易20先令和20先令以上的价值的通常所需要的金银量。如果大于这一总额，那么过剩的部分既不能在国内流通，也不能被输往国外，最终还是会返回银行兑换金银。持有钞票的人马上就会感到他们拥有的钞票已超出国内进行交易所需要的量，且不能输往国外，他们就会立即去银行进行兑换。原因就是过剩的钞票如果兑换成金银，就能轻易地在国外找到用处；如果不兑换的话，那么它在国外就可能毫无用处。如果银行在兑现的时候行动比较迟缓，而且显得有些力不从心，那么这样引发的后果只会是到银行要求兑换的钞票更多。由此而导致的恐慌一定会使兑现的情况加剧。

经营各种企业，经费不可或缺。房租、佣人、办事员、会计等人的工资，在各种企业中都是必不可少的开支。除去这些，银行有两类特殊的开支：第一，为应付随时可能出现的持汇票要求兑现的情况，需要经常在金柜内存储不能获取利息的巨额货币。第二，因为时常应付不时之需而随时面临枯竭的金柜需要不断地进行补充。如果银行发行的纸币过多而且又超出了国内流通所需要的数量，那过剩的部分就会接连不断地辗转兑换。不仅如此，由于纸币流回银行要求兑换的速度要比发行过剩的纸币的流通速度快得多，因此，银行的金柜需要在根据过剩纸币的比例增加存储的金银数目的同时，还要以更大的比例增加存储量。所以，银行的第一项特殊开支在根据兑现增加的比例而增加的同时，增加的幅度也会更大。除此之外，这些发行过剩的银行虽然应该有比较充裕的金柜，但是由于此时金柜枯竭的速度必然会比在谨慎发行的情况下快得多，因此，要不断地充实金柜。不过，因此而从金柜中不断流出的铸币却无法在国内流通。因为这种铸币只是出于要兑换超出流通需要而流出的纸币的目的而流出的，而流通领域却并不需要它。

某银行高管在金库。发行过剩的银行虽然应该有比较充裕的金柜，但是由于此时金柜枯竭的速度必然会比在谨慎发行的情况下快得多，因此，要不断地充实金柜。

假设某银行所发行的纸币是4万镑，而且这一数目正好是国内流通很容易就能吸收和使用的数目，为了应付不时出现的兑换要求，还要经常在银行金柜里存储1万镑的金银。假如这家银行想要发行4.4万镑，那么，多出来的4000镑便是超过社会容易吸收和使用的数目，它将在发行的同时流回银行。这样的话，为应付不时出现的兑换要求，银行金柜所应存储的数额就不只限于1.1万镑了，而应该是1.4万镑。于是，那4000镑过剩的纸币不但不能带来收益，反而还会造成损失。原因在于金银一旦收回，随之便发行出去，如此循环，银行在不断收回发行的过程中还要承担收回这4000镑金银的费用。

如果所有的银行都能理解并且考虑自身的利益，那么，在流通过程中就不会出现纸币过剩的现象。遗憾的是，并不是所有的银行都能考虑到自身的利益，因此，在流通的过程中会频频发生纸币过剩的现象。

由于纸币过度发行，过剩的数目又不断流回银行兑换金银，近年来，英格兰银行每年都要铸造80~100万镑不等的金币。数年前，由于金币出现磨损，银行在铸造金币时常常需要出每盎司4镑的高价来购买金块，发行时却只能以每盎司3镑17先令10便士半的价格出售，损失了2.5%~3%。由于铸造的数额不小，所以损失惨重。尽管银行不必缴纳铸币税，铸币的所有费用均由政府承担，但银行的损失仍不可避免。

也正是因为过度发行，苏格兰银行不得不经常委托伦敦代理人出面替他们收回货币，这样支付的费用大多高于1.5%或2%。一般通过这种方式收回的货币是用马车运输的，其保险费是每百镑15先令，也就是0.75%。由于银行的金柜枯竭速度过快，以致代理人收回的货币往往难以及时地对其进行补充。在这种情况下，为了筹措所需数额，苏格兰银行就向与其有业务来往的伦敦各银行开出汇票。期满时，伦敦各银行就会向这些开出汇票的银行索要借款、利息和佣金，一些苏格兰银行由于过度发行，十分困难，常常难以偿还，无奈之下，又向原债权人或伦敦的其他有业务往来的银行开出第二批汇票。同一金额的汇票有时候会往返于伦敦和爱丁堡之间至少两三次，由此而累积的全部金额的利息和佣金均由债务银行负担。苏格兰的各家银行，即使是那些一向并没有顶风冒险追逐利益的银行，有时也不得不铤而走险，使用这种无异于自杀的方法。

佛罗伦萨早期制造的弗洛林金币。由于兑换过剩的纸币而由银行支付的金币，也必然会过剩，难以在国内流通。最终，这种金币或者是以铸币的形式输往外国，或者被熔成金块输往外国。

那些由于兑换过剩的纸币而由英格兰银行或苏格兰银行支付的金币，也必然会过剩，难以在国内流通。最终，这种金币或者是以铸币的形式输往外国，或者被熔成金块输往外国。熔成的金块有时高价出售给英格兰银行，其价格为每盎司4镑。最新、最重、最好的金币往往被输往外国或熔成金块，因为留在国内而且又是以铸币形态存在的金币，其轻重对于其价值没有任何影响。然而，如果是在国外或在国内熔成金块，重的价值却比较大。所以，虽然英格兰银行每年都会铸造很多新币，但是到年终的时候都不免感叹：今年面临的铸币短缺问题与往年并没有什么不同。而且，虽然英格兰银行每年都会发行不少崭新优良的铸币，但是铸币的情况并没有因此而好转，反而每况愈下。今年铸造了如此多的新币，明年仍然觉得很有必要再铸造这么多的新币。而且，由于铸币经常会出现磨损，金块价格因而不断提高，因此，铸造新币的费用也是逐年攀升。英格兰银行为了把铸币直接供给其银行金柜，就将铸币间接供给全国。这样一来，英格兰银行金柜内的铸币就会通过各种方式不断地流向全国各个地区。所有用于维持过剩的英格兰和苏格兰纸币的铸币和所有由于纸币过剩而引起的铸币短缺，都由英格兰银行提供。无疑，苏格兰的各家银行因为自己的不小心和不慎重而吃了不少亏。然而，英格兰银行吃的亏更大，因为它不仅要为自己的不慎重买单，而且还要为几乎所有的苏格兰银行更大的不慎重买单。

英国一些大胆的投机商常常不从自己的资本实力出发而过度开展贸易，也正是因为这个原因，英国的纸币才出现了过剩。

商人或企业家开展业务所需要的资本，既不应该全部从银行借贷，也不应该大部分都从银行借贷，而只应从银行借贷为了应付不时之需的那一部分资本，而且也只能限于这一部分。如果银行借贷出去的纸币并没有超出这一限度，那么发行的纸币数目也绝不会超过纸币未出现时国内流通所需要的金银数目，肯定不会导致数目过剩。也肯定不会导致有一部分货币难以被国内流通吸收。

假设银行为商人所贴现的汇票乃是真实债权人向真实债务人开出的，期满时，债务人就会马上兑付，那么，就只有使商人不必为应不时之需而以现金的形式存储起来的那部分价值是由银行垫付的。这种汇票，一经到期就会兑付，所以，银行所垫付的价值和利息也一定能够收回。如果银行只同这类顾客打交道，那么银行的金柜就如同一个水池，虽然有水不断地流出，但是也有水不断地流入，而出入的数目是一样的。因此，水池里的水经常很满，无须时刻留心。这种对银行金柜进行补充的方法的花费并不多，甚至无须支付任何费用。

一个没有过度开展贸易的商人，即使不会出现期票贴现的情况，也会经常需要现金。如果银行方面不但为他提供汇票贴现的业务，而且还允许他按照简单的条件使用现金账户，当他需要钱时，借给他货币；当他出售商品时，允许他陆续偿还，对商人来说是十分便捷的。这样，他就不必为应不时之需而存储专门的款项了。当确实有需要的时候，他就可以通过现金账户来处理。不过，银行要对这种顾客多加注意，看短期内（例如4个月、5个月、6个月或8个月）能从他们那里收回的总额是不是与一般出借给他们的总额相等。如果在这段时间里，收入额大都与贷出额相等，那就可以毫无顾虑地继续与这种顾客来往。像这样的交易往来，金柜的流出很大，流入也很大，所以，无须多加注意，金柜就能始终保持充实的状态，对这样的金柜进行补充也花不了多少钱。相反，如果顾客偿还额常常低于贷出额，那就慎重地和他来往了。在这种情况下，金柜的流出必须远超流入。如果没有不断努力支付的巨额费用对金柜进行补充，那么金柜很容易就会枯竭。

因此，苏格兰各银行在很长一段时期内都非常谨慎，要求所有顾客要经常在固定的时间偿还贷款。如果顾客不遵守，那么不管他有多少财产，有多么好的信用，也别想从银行贷到款项。由于这样的谨慎，银行方面不但几乎无须特意留出一定的费用对银行的金柜进行补充，而且还能得到别的两种比较大的收益。这两种收益分别是：

第一，由于这样的谨慎，银行方面只需根据自己的账簿就能比较准确地判断出债务人的情况，而无须再去搜集别的证据。债务人偿还债务的情况是不是正常，很多时候都是由其业务的好坏决定的。私人放债的债户通常不过数十家，所以，要想获知债务人的行为和他的经济情况，只需委托一个经理人便可，甚至无须经理人。银行放债一般就有好几百家，除此之外，还

著名油画《放贷者和他的妻子》。银行成立之后，民间资本并没有消失，民间放贷者和银行一样，操作资本，积累财富。

要时刻注意很多其他的事情。所以，银行不但要从自己账簿中获得信息，而且还要从一些经常性报告中获取信息，而这些报告的内容正是大部分债务人的情况和他们的行为。也许就是因为这一点，苏格兰各银行才要求债务人必须经常偿还贷款。

第二，由于这样的谨慎，银行方面就不会出现发行过剩的、社会流通无法吸收的纸币。在一定的时期内，顾客偿还的数额大都与贷出的数额相等，就证明银行出借给他的纸币数额并没有超出他在未向银行借贷时为应不时之需而必须存储的金银量，从而也就证明银行发行的纸币额也未超出在无纸币的情况下国内所应流通的金银量。偿还的次数多少、偿还日期是否有规律和偿还的金额，都能表明银行方面贷出的数额是不是已经超出顾客在未借贷时为应付不时之需而必须以现金形式存储起来的那一部分资本。也就是说，是不是超出顾客在未借贷的时候所必须以现金形式存储起来的、使他的其他资本能够持续不断运用的那一部分资本。唯有那些未超出的顾客的资本，能够在一定时期内，接连不断地以铸币或纸币的形态流进流出。如果银行的借贷额超出这一部分，那在一定时期内，顾客偿还的数额必定不会与贷出额相等。对于银行的金柜来说，流入的金额一定没有流出的多。因为发行的纸币如果超出在纸币未发行时顾客所必须存储的以备不时之需的金银量，也就立刻超出在纸币未发行时国内流通中所应有的金银量，也就立刻会超出在纸币未发行时国内流通容易吸收的数目。这种过剩的纸币过不了多长时间就会返回银行兑换金银。与第一种利益相比，第二种利益同样实在，但是苏格兰各银行对这种利益并不是太了解。

银行既然通过贴现汇票和现金账户竭尽全力使国内有信用的商人不再为应不时之需而存储滞财，国内的商人也不能再对银行抱有任何期望。出于自身的利益和安全考虑，银行也只能做到这一地步。商人的流动资本不能全部是从银行借贷出来的资本，就算是大部分也不行。这是因为商人的流动资本总是以货币的形式表现出来的，而达到收支平衡的时间相去甚远，很难在短时间之内达到银行的要求，实现偿还的数额与贷出的数额相等。至于固定资产，也不应该大部分都是从银行借贷出来的。例如，制铁商修建铁厂、铁炉、工场、仓库和工人的宿舍等的资

蒸汽犁。类似这样的固定资本的投资，斯密认为不应该从银行借贷出来。

本，矿主掘井挖坑、排除积水、建造道路轨道的资本，地主开垦荒地、排积水、砌围墙、修建农舍、牲口棚和谷仓的资本，都不应该大部分是从银行借贷出来的。因为，收回的固定资本的速度要比收回流动资本的速度慢得多。固定资本投入之后，无论投入的方法多么得当，收回也要经过很多年。这么长的时间，当然对银行很不利。当然，企业家可以适当地使用借入的资本来实施他的大部分计划，但是要想使债权人不吃亏，债务人一定要拥有足量的资本，这一资本能够确保（如果我可以这么说）债权人资本的安全，即使债务人的经营计划失败，也能够保证债权人不会因此而遭受损失，如此才算对债权人比较公道。

不过，即使这样，如果不是必须要经过很多年才能还清的借款，还是不从银行借贷为好。最好的方法是向那些专门以利息为生的私人借，因为这些人并没有想在贸易上投资，但却愿意把钱借给有信用的人，很多年不还也没关系，只是这种办法要通过抵押一定的物品才能实现。将货币出借给其他人，无须抵押品、印花费和律师费，而且偿还的条件也很简单，就像苏格兰银行愿意接受的那样，这对商人来说，不能不说是最方便的债权人。然而，对银行来说，这样的商人却是最不方便的债务人。

在这25年里，苏格兰各家银行所发行的纸币至少完全与国内流通领域易于吸收的数额相等。银行已经竭尽全力对苏格兰的各种事业给予了帮助，出于对银行自身利益的考虑，它们只能做到如此地步。由于过度拓展业务范围导致利润减少，银行方面已经吃亏。其实，这种业务的经营规模只要过度一点，出现这样的结果便难以避免。但是追逐利益对于普通人而言是再正常不过的事情，商人和企业家们并不满足于此，他们认为银行的信用业务只是添加几张纸而已，不必添加任何费用，可以随意进行拓展。他们埋怨银行的理事目光短浅、过于谨慎。他们说，银行的信用业务还能进一步拓展，以达到与国内各种拓展的业务相适应的程度。他们所谓的业务拓展，显然是指将业务拓展到超出他们所拥有的资本或者是可以依靠抵押品而从私人那里借来的资本所能经营的范围。在他们看来，在他们资本短缺的时候，银行有设法为他们提供资本的义务。他们觉得，银行理当应尽使他们获得所希望得到的全部资本的义务。银行方面并不这么认为。于是，有些企业家在银行拒绝拓展信用业务的时候想出了一个办法，这种方法在一段时期内使他们很受用，虽然花费比较多，但是却极其有效，与极力拓展银行信用事业无异。这一方法就是众所周知的循环划汇，一些商人在濒临破产的时候常常利用这一方法。在英格兰，利用这个方法获取资金的情况早已不是什么新鲜事。据说，在上次战争期间，由于贸易的利润极大，商人们常常不从自己的资本实际出发，过度拓展业务，于是，这种循环划汇的方法便流行起来。后来，这一方法又从英格兰传到了苏格兰。在苏格兰，贸易有限，资本也很有限，因此，这种方法比在英格兰时更流行。

普通的实业家对于这种循环划汇的方法当然都很明白，好像不需要再对它进行说明了，但是本书的读者，却并非都是实业家，而且，即使是普通的实业家好像也不太了解这种方法对银行的影响，所以，我会竭尽所能，做出明白的解释。

在欧洲的野蛮法律尚未强迫商人们履行契约时，商人之间便已形成一种习惯，那就是赋予汇票特殊的权利，使汇票比其他的任何证据都能更容易借到款项（特别是所规定的期限很短，也只有两三个月的汇票）。如果汇票期满，承兑人却不能马上照付，他立即便会成为破产队伍中的一员。于是，持票人便可拿着汇票去向出票人索要款项。如果出票人也没有马上照付，就

美国纽约的哥伦布环岛。无论货币如何投资和运作，最终它们都体现在社会整体的变化上。就像美国的纽约，从荒原演变为都市。

也要算破产。如果汇票在尚未期满之前不断地辗转流通，或者被用于购买物品，或者被用于借款，经手的人有好几个，这些人都在汇票的背面签署了自己的名字作为签保，这些人就承担了对这一汇票兑付的责任，如果有人拿到了汇票却不能马上照付，他马上会被宣告破产。近200年来，这种惯例已被欧洲各个国家的法律所采纳。出票人、承兑人和背书人（即在汇票背面签名）的信用即使存在问题，但是因为汇票的期限很短，这多少算是为持票人提供了一种保障。虽然他们都存在破产的危险，但并不一定在这么短的时间内全会破产。虽然房子已经倾斜了，支撑不了多久，但旅行者会想：不一定今天晚上就会倒塌吧，我姑且冒险住上一晚。汇票持有人的心理也是如此。

据说，国内大多数商业上的投资，其一般利润在6%到10%之间浮动。通过这样方法借到的货币，如果在偿还借到的巨额费用的同时还能提供可观的剩余利润，那肯定是一种运气非常好的投机项目。并且，最近就有众多的投机商拥有这样的野心，他们制订了许多宏大计划，想要通过这种方法支出巨额费用来取得经营的资金。无疑，巨额利润只是这些投机商在他们的黄金梦中看到的幻象，当他们梦醒之后，或在他们项目结束时，或在他们无法再继续经营时，我相信，能够实现自己梦想的人没有几个。

爱丁堡商人甲向伦敦商人乙开出的汇票，常常由甲持有并于汇票到期之前的前两个月向爱丁堡银行贴现。伦敦的乙之后向甲开出的汇票，也同样经常由乙持有并向英格兰银行或者是伦敦的别家银行贴现。银行在贴现这些循环汇票时，大多数时候支付的是钞票。在爱丁堡，支付的是苏格兰银行的钞票；在伦敦，支付的是英格兰银行的钞票。诚然，贴现的汇票到期之后都要立刻兑付，不过，为贴现第一张汇票而实际支付的价值，事实上却永远没有归还给贴现它的银行。因为，在第一张汇票即将期满时，第二张数额更大的汇票又开出了。如果不存在第二张汇票，第一张汇票压根就不可能得到兑付。所以，其实第一张汇票只是在名义上得到了兑付。也就是说，银行金柜由于这种循环汇票的来往而发生流出之后，却并没有流入对它进行弥补。

银行用纸币来兑付循环汇票，原本可使企业家不必为应不时之需而存储滞财，因此，利益巨大。然而，银行借款也只能做到如此地步，这一点我们在前面已经讲过。现在却不一样了。农业、商业和工业上一些宏大计划的经营资金都是利用这种循环汇票从银行获得的。于是，银行发行的纸币由此出现过剩，其中有很大一部分是社会无法吸收的，也超过了在纸币未曾发行的情况下国内流通领域中应有的金银价值。过剩的部分会立即流回银行要求兑换金银，而银行必须使出浑身解数寻求这些金银。这些资本是那些投机商略施巧计从银行取得的，不但没有让银行知情或得到银行经过深思熟虑后的同意，甚至在一定时期内，银行丝毫没有察觉曾为他们提供了这些资本。

假设甲乙二人朋比为奸，互出循环期票，而向同一家银行贴现。过不了多久，银行方面就能觉察他们的意图，就能明白地看出，虽然他们正在营业，但他们的资本全是从银行借来的，自己并没有资本。如果甲乙二人并不是经常在一家贴现，而是有时是在这家，有时是在那家，而且两人也不是总是彼此互相开出汇票，而是拐弯抹角，通过许多其他的投机商——这些投机商都出于对自己利益的考虑——互相帮忙，力图利用这种方法得到货币，那么，哪一张为真实的汇票，哪一张为虚假的汇票，就难以辨认了。是否存在真实的债务人、真实的债权人的汇票，或者是除了那些贴现汇票的银行就不存在其他的真实的债权人、除了力图得到货币的投机商就不存在其他的真实的债务人的循环汇票，也就无从知道了。即便银行最终还是察觉到了这一点，但可能为时已晚。这时，再拒绝为他们贴现，必然会使他们都破产，而他们的破产可能会间接导致银行也跟着破产。出于对自身利益与安全的考虑，在这种危险的情况下，银行方面不得不再冒险继续对他们进行贴现，目的是逐渐收回贷款，或者增加贴现的条件，使他们自觉从这家银行退出，转而把目光投向别的人或者别的银行。然而，就在陷入这一圈套过深的英格兰银行、伦敦各主要银行和比较谨慎的苏格兰各银行开始在贴现方面提出过高要求时，这些投机商惊慌、愤怒起来。他们苦恼的直接原因无疑是银行方面不得已而准备实施的这一慎重措施，但是他们竟然把自己的苦恼夸大，说是全国的苦恼。他们说，都是因为银行方面的见识肤浅、举措不当导致了全国的苦恼；虽然他们想努力使国家逐渐繁荣、富裕起来，但是银行却不愿意伸出双手援助。他们好像觉得将巨额的资金长期借贷给他们是银行的义务。然而，在这种借贷已经超过可承受的范围的情况下，要挽救银行自己的信用与国家的信用，唯一可行的办法就是银行不再借贷。

银行就是货币经济发展的产物，图为早期的银行柜台。

在这种混乱困窘时期内，苏格兰创立了一家号称以挽救国家危难为宗旨的新银行。它的目的很明确，但措施却不太恰当，

荷兰的郁金香狂热使得大多数投资者血本无归，而银行也因为投机者过多遭受不少损失。

而且似乎对它所要解决的困难的性质和原因不甚明了。银行的信贷，无论是从现金账户来说，还是从贴现汇票来说，都比其他银行要更为宽松。对于后者而言，它几乎不辨认汇票的真伪，不管是真实汇票还是循环汇票，都会予以贴现。这家银行曾经很明白地宣布自己的宗旨：只要有一定的保证，即使是需要经过很长的时间才能偿还（如改良土地）的资本也可全部都从银行借贷。据说，推动这类土地的改良是银行在设立时便明确的一个目标。对现金结算和期票贴现竟然采取了这样宽松的政策，银行必定会因此而发行大量钞票，那么过剩的部分既然难以被社会吸收，当然就会什么时候发行什么时候便返回银行兑换金银。银行的金柜原本就不太充裕。银行的资本总额虽然号称有16万镑，但是实际上收到的也只不过80%，而且这80%还是分期缴纳的。大部分股东在第一次缴纳入股款之后，就用现金账户向银行借款。银行的理事们觉得股东借款应该享受宽松的待遇，所以，在大部分股东缴纳了第一期的股款之后，其余各期缴入的款项几乎都是通过现金账户借出的。这样的话，他们后来缴纳的股款，不过就是先从银行的某一个金柜提取出来，然后再把它放入银行的另外一个金柜。所以，即使银行金柜原来是满的，也会随着过度发行而迅速枯竭，从而走向失败。向伦敦银行开出汇票，期满时算入利息和佣金的数额后开出新的汇票，用来兑付前一汇票，除了这种办法能够及时地对枯竭的金柜进行补充外，再没有其他的办法。银行的金柜原先就不是很充裕，据说，这家银行还没有营业几个月就陷入困境。

这家银行经营的结果，好像正与创办人的本意背道而驰。他们的目的不但要支持国内那些在他们看来有着锐意进取精神的企业，而且要排挤掉苏格兰各银行，特别是那些设在爱丁堡、被指责在贴现方面过于谨小慎微的各家银行，这样就能独霸整个银行业务。无疑，这家银行曾在投机商陷入困境的时候给予了暂时的援助，使他们多延续了两年左右，但最终，不过是导致他们的债务状况更加恶化，因此，到失败时，他们遭受的损失更严重，也致使他们的债权人遭受的损失更严重。所以，这家银行不但没能减轻这些投机商为自己和国家带来的困难；相反，却使它加深了。出于对自身、债权人和国家的考虑，他们的多数业务不如提前两年就终止。不过，这家银行为各投机商提供的暂时性的援助，结果却成为对苏格兰其他银行永久性的援助。这家新银行在苏格兰其他银行都不愿意贴现循环汇票的时候，却对开出循环汇票的人伸出欢迎之手。正是因为有了它，其他各银行才轻易地走出困境；否则它们就难以摆脱困境，必然会遭受巨大的损失，甚至在一定程度上会使名誉遭受损失。所以这家银行经营的结果是使它原本想要消除的国家灾难更为严重，却使它所要取代的各家竞争银行获得了最切实的援助。

在这家银行刚刚成立时，一些人认为，银行金柜虽然很容易就会枯竭，但是来借贷纸币的人均有贷款担保品，在他们看来，用这种担保物品作为担保而获得的钱来对金柜进行补充肯定很容易就能实现。但我相信，过不了多久，现实就会告诉他们，这个筹款方法无异于远水救近火。这样不充裕且易枯竭的金柜最后肯定会消亡，向伦敦各银行开出一次汇票，期满时再开出一次汇票，这样循环下去，如此累积的利息和佣金就会越来越多。我实在想不出第二个办法对其进行补充。诚然，屡次向伦敦各家银行开出汇票可以应急，但结果不但得不到丝毫利润，反而每次还会遭受损失。虽然没落的速度并不像反复使用这种费用巨大的筹款方法那样快，但这样只会导致一个营利性的公司最终败得一塌糊涂。它仍然无法从其所发行的纸币的利息中获取利润，这是因为既然纸币超过了国内流通领域所能吸收和使用的数额，必定会一发行就流回兑换金银，而为了对其进行兑换，银行方面就需要不停地借债，而在借债的过程中的所有费用，包括借债的实际费用和打听谁手里有多余的钱能够出借、和有钱人进行磋商、写债券、订契约等所需要的费用，全都要由银行承担。很明显，上述做法只能使银行遭受损失而不会使其获得什么好处。用这一方法来补充金柜，就如同让人拿着水桶去很远的地方的井打水以补充只流出而无流入的水池一样，肯定会失败的。

虽然这种办法对作为营利性机构的银行来说很适用，也很有利，但对国家来说，不但不利而且还有很大的害处。这种办法完全不能增加国内出借的货币数目，只能导致这家银行集全国的借贷事项于一身，从而使这家银行成为全国总贷借机关。要借钱的人都会向银行申请贷款，而不是向有钱出借的私人那里借贷。私人的贷借通常也只有数人或数十人，债务人的行为是否谨慎、诚实与否，债权人都很熟悉，也可对其进行甄选。与银行有来往的债务人。动辄有数百家，理事们对这里面的很多人往往并不熟悉，当然选择甄别也就无从下手。因此，比较而言，银行在贷出

私人借贷在乡间更加盛行，私人的贷借通常也只有数人或数十人，债务人的行为是否谨慎、诚实与否，债权人都很熟悉，也可对其进行甄选。

一事上显然没有私人那么谨慎。实际上，与这样一个银行来往的人除了爱冒险的商人，大都是反复开循环汇票的出票人。他们将资金投入到奢侈浪费的生意上，这些生意通常即使获得了所有可能的帮助，也必然难以成功，就算能成功，也肯定不能偿还所有的费用。他们肯定也不会将足量的基金用于维持其所雇用的劳动力上。相反，私人贷借就不存在这种现象。诚实而又俭朴的私家债务人，往往会斟酌自己的资本，而将借来的资本用于经营适合自己资本的生意。也许这些生意并不怎么大，也不怎么惊人，但却比较稳妥，也比较有利，一定能够偿还投入的资本，并能创造可观的利润，以提供一笔能够雇用到比原来更多劳动力的基金。所以，即使新银行的计划取得了成功，结果也完全不能增加国内资本，而是白白使大部分资本不能投入到慎重有利的生意上去，而转移到了大意且无利可图的生意上去。

繁忙的汉堡港口。作为德意志北部重要的经济城市，汉堡的商业活动需要得到银行的支持。

有名的劳氏认为，缺少货币的支持是苏格兰产业衰落的原因。他提议建立一家专门的银行，使这家银行所发行的纸币与全国土地的总价值相等。在他看来，这是解决货币匮乏问题的不错的方法。在他刚开始提出这一计划时，苏格兰议会也认为不应该采用。后来，奥尔良公爵在法兰西摄政时，对他的提议稍微改动之后便实施了。这也就是所谓的密西西比计划的事实依据，该计划认为能够随意增加纸币数目的观念，不管是对银行业来说，还是对买卖股票生意来说，其狂妄在世界上都是绝无仅有的。杜浮纳在他的《对林托〈关于商业与财政的政治观察〉一书的评论》里，曾经对这个计划的内容进行了详细说明，这里不再多说。这一计划所依据的原理，劳氏在其所著的一篇关于货币与贸易的论文（在他刚刚提出这个计划的时候，就在苏格兰发表）中也进行了说明。直到现在，许多人仍然对这篇论文和其他依据同一原理的著作中所提出的那些宏伟而空幻的理论留有很深刻的印象。最近，受到人们攻击的、被人们认为对业务丝毫不加节制的苏格兰和其他各地的银行，恐怕或多或少也受到了这一理论的影响。

英格兰银行为欧洲最大的银行，成立于1694年7月27日，是由国会决议并敕令所设立的。当时它出借给政府的资本额共有120万镑，每年可从政府那里支取10万镑，其中，9.6万镑充当利息（年利是8%），4000镑充当管理费。经过革命而刚刚建立起来的新政府的信用肯定不是太好，不然肯定不会有这么高的利息。

银行红利时高时低，要看各个时期银行对政府贷款利息的高低和其他的情况。这一贷款利率已经由8%逐渐降到3%。在过去的几年间，银行红利常为5.5%。

同一货币，因流通速度比较快，其作用也就越大，其充当消费者购买手段的次数要比充当商人购买手段的次数多得多。

英国政府局势稳定，英格兰银行也跟着稳定。借贷给政府的金额没有遭受损失，银行的债权人也不会遭受损失。英格兰不能存在第二个由国会决议创建的银行，或者存在多于6人的股东。所以，英格兰银行已经不是一般的银行，而是成为一个国家的重要机关。每年大部分的公债利息是由它收付的，财政部证券是通过它流通的。土地税、麦芽税的征收数目，往往是由它垫付的。纳税人常常超过规定的期限好几年也不将这些税的税款上缴国库。在这种情况下，即便主管的官员明察，也难以遏止银行发行过剩的纸币。它也贴现商人的汇票。有时，不仅英格兰商人，就连那些汉堡和荷兰的商业巨头也向它贷借。据说，1763年，英格兰银行有一次在一星期之内便贷出差不多有160万镑，而且多数还是金块。数目是不是有如此大，时间是不是如此短，我不敢随便断定。但在其他情况下，英格兰银行不得不用6便士的银币来应付各种支出。

谨慎的银行活动可促进一个国家产业的发展。但是促进产业的目的并不是要增加一个国家的资本，而是要使原本没有得到利用的大部分资本发挥作用，使原本并不产生利润的大部分资本能够创造利润。商人为应不时之需而不得不存储的材料均为滞财，不利于商人和国家。谨慎的银行活动就能让这种滞财成为活资财，换句话说，也就是变成工作所需要的材料、工具和食物，这既对自己有利，也对国家有利。国内土地和劳动产品得以流通并分配给真正消费者，金银币必不可少。保留在商人手中的现金也是滞财。这种滞财，虽然在一个国家资本中是极具价值的一部分，但却无法为国家生产任何产品。谨慎的银行活动会用纸币代替多数金银，使国家能够将多数滞财转变成活资财，变成对国家有利的资财。国内流通的金币银币，可以看成进行商业贸易的道路。道路虽然不能生产稻麦，但却能将稻麦运输到国内各个市场。谨慎的银行活动会用纸币代替金银，说得夸张一点，就像是在高空中架设的轨道，使往常大部分四通八达的道路转变成优良的牧场和稻田，同时使土地和劳动的年产品激增。但是，我们又必须承认一点，自从有了这种设施之后，国内工商业固然得到了推动，但是与脚踏在用金银铺成的实地上旅行相比，这种悬在纸币双翼之上的吊在半空的做法是很危险的。如果管理纸币不是很熟练，那就不用说了；即便熟练谨慎，也仍然会发生难以阻止的灾难。

国内货物的流通可分成两类：商人之间的流通，商人与消费者之间的流通。同一货币，无论其是纸币的形式或是现金的形式，都可能会被用于前一种情况，也可能会被用于后一种情况，但由于这两种流通是同时而且又是持续不断地进行的，所以，各自都需要一定量的货币来维持。商人之间流通的货物的价值一定不能超过商人与消费者之间流通的货物的价值。商人所购买的一切，最后还是要销售给消费者。商人之间的交易，常常是批发，所以每次都需要有大量货币。商人和消费者之间的交易，常常是零售，所以每次只要有少量货币就已足够。少量货币要比大批货币流通得快得多。1先令流转的速度比1几尼快，半便士流转的速度又比1先令快。因此，按年计算的话，虽然所有消费者所购买的价值应该与所有商人所购买的价值相等，但是消费者每年购买物品所需要的货币量，相比而言却少得多。同一货币，因流通速度比较快，其作用也就越大，其充当消费者购买手段的次数要比充当商人购买手段的次数多得多。

纸币可以加以管理，或使其只在商人之间流通，或扩大其流通的范围，使商人与消费者间的交易中，有很大一部分能够使用纸币。如果像在伦敦的情况那样，钞票面额没有低于10镑的，那么，纸币的流通必然就只会在商人之间进行。如果消费者的手中持有一张10镑的钞票，那他在第一次买东西时，即便所购买的物品只需5先令，也要兑换这张钞票。所以这张钞票在被消费者使用过1/40之前，早已返回到商人的手中。苏格兰各银行所发行的钞票中，小额的就有20先令的，这无疑扩大了纸币的流通范围，商人与消费者间的大部分交易也都依赖于纸币。在国会决议禁止10先令和5先令的钞票在各处随意使用之前，消费者在购买物品的时候，就常常使用小额纸币。北美洲发行的纸币中，面额最小的竟有1先令的，结果，消费者在购买物品的时候基本上都是用钞票。至于约克郡，有些纸币仅值6便士，结果如何，就不用提了。

发行这样的小额纸币，如果获得准许而且又得以普遍实施，便与鼓励众多普通人去开办银行，而且使他们有能力变成银行家无异。普通人所发行的5镑甚至1镑的期票，大家会拒绝使用；但是如果他发行的是6便士的期票，大家却不会拒绝。这些如乞丐一样的银行家当然极易破产，最终，可能会给接受他们钞票的穷人带来很大的困难，甚至使他们遭受极大的灾难。

也许将全国各地钞票的最低面额限定为5镑是一个比较不错的办法。这样，大概就能像伦敦那样，使各地银行所发行的钞票通常仅限于在商人之间流通。伦敦发行的钞票面额不能低于10镑。5镑所能购买到的货物虽然只相当于10镑的一半，但是在英国的其他各个地方，人们对5镑的重视程度就像富有的伦敦人对10镑那样，而且很少见到一次花掉5镑的情况。

如果正如伦敦那样，纸币主要是在商人之间流通，那么，就不会出现市面上金银缺乏的现象。如果像苏格兰，特别是像北美洲那样，商人与消费者之间的大部分交易是通过纸币的流通来实现的，那么国内的贸易就会通过纸币来进行，而市面上的金银则会被驱逐出流通领域。苏格兰禁止发行10先令和5先令钞票的措施，曾经一度缓解了市面上金银匮乏的情况；若再禁止发行20先令的钞票，当然会产生更大的功效。听说，美洲自从禁止发行一些纸币以来，金银已经比之前丰裕。听说在纸币没有发行之前，美洲的金银更丰裕。

银行发行的纸币应当主要限定在商人之间进行流通。在这种情况下，国内流通虽然并非完全依靠纸币来实现，但其对国内工商业和银行家的帮助却差不多相同。因为商人为应付不时之需而必须存储的滞财原本就是限于商人之间流通。如果商人与消费者进行交易，商人则没有必要存储滞财。在这种交易中，商人无须支出货币，只是收入货币。所以，虽然银行发行的钞票

钞票面额的大小也会影响到一个国家或地区金银的储备量。

只限定在这样的数目上，同时使其仅在商人之间流通，但银行依然能够通过贴现真实汇票和现金账户的办法使大部分商人无须为应不时之需而存储那么多现金。银行家依旧可以为各种商人提供他们所能提供的最大贡献。

也许有人会说，只要私人愿意接受，银行钞票不管数额大小，都应该被许可发行。政府禁止人们接受，取缔钞票的发行，不是法律应该做的。因为法律应扶持天然的自由，而不应妨害。从某种观点来说，这一限制确实侵犯了天然的自由。这会危及全社会的安全、侵犯少数人的天然自由，要受到而且应该受到所有政府的法律制裁，不管这一政府是最民主的政府还是最专制的政府。为了防止火灾蔓延，法律强迫人民修建隔墙，其对天然自由的侵犯，与我们这里主张用法律来限制银行的活动的用意相类似。

由银行钞票所构成的纸币，如果是由信用可靠的人发行的，并且不附加任何条件，只要拿着它随时都能兑现，那不管从哪个方面来说，它的价值都与金币银币相等，因为它随时能够兑换金银。所有货物均能用这种纸币进行交易，它的价格一定如用金银交易那样只会低廉，不会更贵。

有人说，通货总量因纸币发行过度而增加，致使全部通货价值降低，所以，必然会提高商品的货币价格。这话不见得对，原因是投入多少纸币就会有多少金银被改作他用，因此，通货的总量不一定由此就会增加。一个世纪以来，苏格兰的粮食价格以1759年的最为低廉。但是那时由于发行10先令和5先令的银行钞票，纸币之多，今日无法与之相提并论。另外，现在苏格兰银行数量也有了一定增加，然而现在苏格兰粮食价格与英格兰粮食价格的比例却和原先的没什么变化。虽然英格兰的纸币有一定的增加，法兰西的纸币出现减少，但是两国谷物的价格贵贱却是一样的。在休谟发表《政治论文集》的1751年至1752年间和苏格兰增加发行纸币后，粮食价格明显提高，然而其原因，与其说是纸币增加引起的，不如说是天时造成的。

如果构成纸币的钞票是不是可以马上兑现，还要看发行的人有没有诚意，或看持券人是否有能力履行的某一条件，或者要在几年之后才能真正兑现，并且现在不算入利息，那情况就不一样了。根据马上兑现时出现的困难大小、不可靠性的大小，或者根据兑现期间的远近，这种纸币多少会比金银价值低些。

数年前，苏格兰各银行经常在它们所发行的钞票上加印选择权条款。根据这一条款，只要是持票要求兑付的人，或在见票后立刻兑付，或在见票六月后兑付，但是后一种情况要加付六个月的法定利息。有些银行的理事为了让兑付者满足于一部分的兑付，有时就利用这一条款威胁持大量钞票要求兑付的人。因此，钞票越发行越多，直到充斥于苏格兰金融领域的几乎都是这些银行的钞票。能不能兑现既然悬而未决，其价值自然会比金银低。在这一弊端尚未消除的时候（特别是1762年、1763年和1764年），卡莱尔对伦敦实行的是平价汇兑，距卡莱尔不到30英里的邓弗里斯却常常对伦敦的汇兑贴税4%。原因在于卡莱尔是用金银兑付汇票，而邓弗里斯则是用苏格兰银行钞票兑付汇票。既然钞票不一定有把握能兑换现金，那其与铸币相比的价值就下降了4%。后来，国会发布禁止发行5先令和10先令钞票的命令，又规定禁止在钞票上加印选择权条款，英格兰对苏格兰的汇兑这才得以恢复自然汇率，也就是说得以与贸易情况和汇兑情况相顺应。

约克郡面额最小的纸币竟然有6便士的，但是按规定，持票人要存票到1几尼的时候才能要求兑现。这一点，持票人往往很难办到，故其价值也比金银的价值低。后来，国会决议废止这一规定，认为它不合法，并且效仿苏格兰，禁止发行低于20先令的钞票。

北美洲的纸币，除非是银行发行的，否则便无法随时兑现。由政府发行的纸币要兑现的话，非经过数年不可。殖民地政府虽然不支付给持票人任何利息，但是曾经宣布其纸币为法币，必须根据票面价值流通。但是，即便殖民地政府的政权非常稳固，15年后所支付的100镑，与在利息通常为6%的地方的40镑现金相比，其价值相差无几。因此，强迫债权人接受100镑纸币，并通过这一纸币来清偿债权人所拥有的100镑债权，显然很不公平，任何习惯以标榜

宾夕法尼亚的创建者威廉·宾与土著签订条约的场景。在美洲的新殖民地中，有多种手段获得土地和其上的收益。

自由示人的政府大概都没有尝试实行过。很明显，这正如诚实直率的道格拉斯博士所说，这是虚伪的债务人欺骗债权人的狡黠手段。1772年，宾夕法尼亚政府在第一次发行纸币的时候，假装说纸币价值等于金银，禁止人们用纸币出售货物的时候索要比用金银出售货物的时候更高的价格。这个法令，如果说专横，则和它本意上所要维护的法令并无区别；如果说无效，则会逾越其本意所要维护的法令。法律能够使1先令与1几尼相等，因为它能够指导法庭在债务人拿出1先令的时候清偿他1几尼的债务。但是，商品如何出售，出售者可以自主决定。强迫卖的人把1先令看成1几尼，却是法律难以实现的。所以，有时英国对一些殖民地的汇兑是100镑可以与130镑相等，但是对另外一些殖民地，100镑却几乎可以与1100镑相等，虽然存在这样的法令，对此也无能为力。试着探究个中原因就会明白，价值之所以会如此悬殊，是因为殖民地发行的纸币数额很不一样。而且，纸币兑现的期限有长有短，兑现的可能性大小也不一样。

这样看的话，国会决议通过的殖民地以后发行的纸币都不得定为法币的议案很是恰当。为什么各殖民地不拥护这一决议案呢?

与我国其他的殖民地相比，宾夕法尼亚对发行纸币似乎比较慎重。据说，那里的纸币从来没有出现过比没有发行纸币的时候金银价值低的情况。然而，在纸币第一次发行之前，宾夕法尼亚已经由议会决议，提高了殖民地铸币的单位名称，在殖民地境内流通的英国5先令的铸币可以当成6先令3便士，随后又提高到了6先令8便士。所以，殖民地货币1镑与英币1镑相比，即便是在通货为金银币时，价值也已经低了30%以上，当通货为纸币时，它的价值比英币1镑的价值要低，很少有超30%的。主管这件事的人以为，只要提高了铸币单位的名称，就能使相同数目的金银在殖民地以更大的数目使用，这样就能防止金银的输出。殊不知，当殖民地铸币的单位名称提高以后，从母国运来的货物的价格也必定会按照一定的比例相应提高，金银输出的速度还是很快。

殖民地纸币既然准许民众按照纸币的票面价值缴纳本州各种赋税，因此，即便兑现的期限确实很长，或被认为很长，其价值也一定会增加一些。增加的价值取决于本州发行的纸币数目超过其缴纳赋税所能使用的纸币数目的多少。据我们考察得知，各州的纸币数目都远超其缴纳赋税所能使用的纸币数目。

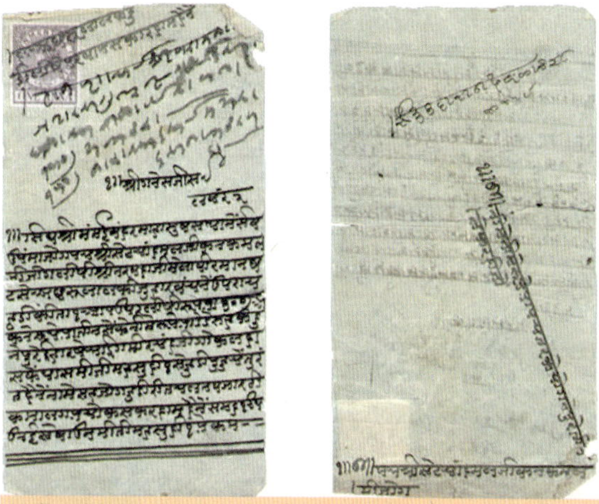

信贷证券。银行需要负担的除了储蓄和贷款，有些还承担汇票和信贷证券兑付。

一个国家的君主如果规定有一部分赋税必须要用纸币缴纳，那么，即使纸币兑现的时间全由国王的意志决定，纸币的价格也一定会因此而提高。发行纸币的银行如果在测算纳税需要的时候，常常使其所发行的纸币额不能满足纳税人的需求，那么纸币的价值也将会高于它的票面价值。或者可以说，纸币在市场上所能购买到的金银币会比它票面所标明的数目多。一些人就从这一点出发，解释阿姆斯特丹银行所发行的纸币升水的原因，也就是解释纸币的价值为什么会高于通用货币。据他们说，这种纸币不能任凭所有者的意愿随意拿出银行。他们认为，大部分外国汇票一定要用银行纸币兑付，也就是必须要在银行账簿上办理转账手续。谨慎的银行理事却故意使银行纸币数目常常不能满足这种用途的需求。他们说，这就是为什么阿姆斯特丹银行所发行的纸币往往比金银币的价值高出4%甚至是5%的原因。但是后来的事实证明，这种解释是不太准确的。

纸币价值虽然可以比金银铸币价值低，但是金银价值却不会因为纸币价值的下降而下降，金银所能换到的其他货物量不会因此而减少。金银价值与其他货物价值之间的比例，无论在什么情况下，都不是由国内通用纸币的性质和数目决定的，而是由当时把金银提供给商业世界大市场的金银矿藏的丰富程度决定的，换句话说，是由一定数量的金银上市时所需要的劳动量与一定数量的其他货物上市时所需要的劳动量之间的比例决定的。

如果银行低于一定数目的流通银行券或者持票便立即兑付的票据被禁止发行，如果他们有义务马上不附加任何条件地对这种银行债券进行兑付，那么银行的营业就不会妨碍社会的安全，而银行的其他营业也就可以实现完全自由。近年来，英格兰和苏格兰两个地区的银行数量不断增加，对此许多人非常担心。但是这些银行的设立不但没有妨碍到社会，反而巩固了社会的安全。银行众多，而且其竞争对手林立，为防范同行业之间进行恶意的排挤，各家银行在营业时必须小心谨慎，所发行的纸币也必须要与现金数目保持适当的比例。这种竞争能使各银行的纸币被限制在比较狭小的范围内流通；能使各银行流通中的纸币由此而减少。全国的流通领域既然被分成众多的区域，所以，一个银行的失败（这种事难以避免）对公众的影响必定不是太大。同时，这种竞争使银行为避免受到同行业的排挤而不得不放宽对顾客的营业条件。总而言之，一种有益于社会的生意，就应该让它自由发展。竞争越自由、普遍，对社会就越有利。

第三章 论资本的积累及生产性和非生产性劳动

投入到劳动对象上并能增加其价值的劳动，称为生产性劳动；另一种劳动则不能增加其价值，称为非生产性劳动。前者能够生产价值，后者却不能。制造业工人的劳动通常会将维持自身生活所需要的价值和为雇主提供利润的价值，添加到所加工的原材料的价值上。相反，家仆的劳动却丝毫不能使价值有所增加。制造业工人的工资虽然是由雇主垫付的，但是实际上雇主毫无其他支出。制造业工人将劳动投入到劳动对象上，劳动对象的价值便随之增加。由此而增加的价值，一般能够补偿工资的价值，并能创造利润。而维持家仆的费用却无法收回。雇用众多工人能使人走向富裕，维持众多家仆却会使人陷入贫困。尽管如此，家仆的劳动和工人的劳动一样，也有它自身的价值，因此，应该获得报酬。不过，制造业工人的劳动能够固定下来，并且能够在某种劳动对象或可出售的商品上实现，能维持一段时间而不会立刻消失，就好像是将一部分劳动存储起来，到非用不可的时候再提取出来使用。那种劳动对象或者说是它的价值，在日后非用不可的时候，还能用来雇用劳动力，而这一劳动力的数量至少会等于原来为生产这种物品而投入的劳动数量。相反，家仆的劳动却无法固定下

俄罗斯女皇叶卡捷琳娜二世一家。君主的劳动与家仆的劳动一样，不生产价值，不能固定下来或在耐用的物品或可出售的商品上实现，而且也无法存储以供日后雇用相同数量的劳动力。

来，也无法在某种劳动对象或可出售的商品上实现。家仆的劳动在提供之后就会立刻消失，要将其价值存储起来，用以日后雇用相同数量的劳动力是很困难的。

某些社会上等阶层人士的劳动正如家仆的劳动一样，不生产价值，不能固定下来或在耐用的物品或可出售的商品上实现，而且也无法存储以供日后雇用相同数量的劳动力。上自君主，下自其官吏和海陆军，都属于不生产的劳动者。他们是人民的公仆，他们是依靠他人提供的一部分劳动年产品来维持生计的。他们的职务，无论多么高贵、多么有用、多么必要，但最终还是在提供之后就会立刻消失，无法保存起来以供日后取得同量的职务。他们的功劳当然不小，处理政务、保卫祖国，然而今年的政绩并不能买到明年的政绩，今年的安全并不能买到明年的安全。在这一类人中，当然包括各类职业，有些是很尊贵、很重要的，如牧师、律师、医师、文人；有些却可以说是最不重要的，如演员、歌手、舞蹈家。在这一类人的劳动中，就连最低级的劳动也具有一定的价值，支配这类劳动价值的原则就是支配其他一切劳动价值的原则。但在这类劳动中，即使是最尊贵的劳动，也无法生产出任何东西以供日后购买等量的劳动。演员的台词、雄辩家的演讲、音乐家的歌唱，这类人的工作都是在提供之后就会立刻消失的。

罐头加工厂。大工厂的生产品，进入市场所得，一部分是用于对厂商的资本进行补偿，其他的部分则用于支付利润而充当资本所有者的收入。

生产性劳动者、非生产性劳动者和不劳动者，都依靠土地和劳动的年产品。不管生产品的数量多么庞大，都是有限的，而不是无穷的。因此，如果用来维持非生产性人力的比例越大，那么用来维持生产性人力的比例肯定就会越小，从而次年的生产品也肯定会越少。相反，如果用来维持非生产性人力的比例越小，那么用来维持生产性人力的比例肯定就会越大，从而次年生产品也肯定会越多。除去土地上的自然生成物，所有年产品都是生产性劳动的结果。

在任何一个国家，土地和劳动的年产品都被用于供国内居民消费、为国内居民提供收入，然而这些土地和劳动的年产品不管是产自土地还是由生产性劳动者生产出来的，都是一生产出来就很自然地被分成两个部分：一部分（这一部分所占的比例常常最大）是用于对资本进行补偿，对从资本中提取出来的食物、材料和制成品进行补充；其他的部分则不是以利润的形式充当资本所有者的收入，就是以地租的形式充当地主的收入。以土地生产品为例，一部分用于对农场主的资本进行补偿，其他的部分则不是用于支付利润从而充当资本所有者的收入，就是用于支付地租从而充当地主的收入。以大工厂的生产品为例，一部分是用于对厂商的资本进行补偿，其他的部分则用于支付利润从而充当资本所有者的收入。

用于对资本进行补偿的那一部分年产品，只能直接用来维持生产性劳动者，从而也仅能支

凡尔赛宫廷里的绘画。在以往的许多世代，如路易十五这样的大贵族和君主，很乐意供养一些懒散而不参加劳动的人。

付生产性劳动的工资。其他的部分既然是以利润或地租的形式存在，所以既可用于维持生产性劳动者，也可用于维持非生产性劳动者。

每个将资产的一部分当作资本而投入的人都希望能够顺利收回资本，同时还能赚取利润。因此，他将这一资产仅用于雇用生产性劳动者。这项资产在投入过程中，先是对它的所有者发挥资本的作用，尔后又充当生产性劳动者收入的一部分。而他用于维持非生产性劳动者的那一部分资产，则从开始使用时起就被从资本中提取出来，放进供目前消费之用的资产中。

富国用于对资本进行补偿的那一部分土地和劳动的年产品自然要比穷国大得多。

无论是非生产性劳动者，还是不劳动者，都要依赖收入。这里所说的收入，可以分成两项：一项是原先在年产品中有一部分以地租或利润的形式划入这类人的收入中；一项是在年产品中还有一部分，原先是用于对资本进行补偿，用来雇用生产性劳动者的，然而当转移到得到它的人们手里后，除去被用于维持生产性劳动者所必需的生活资料的部分，其余的部分则不分种类地都被用于维持生产性劳动者、非生产性劳动者。例如，当工资待遇比较丰厚时，不仅大地主和富商，就连普通工人也经常雇用若干家仆。这样，他就将一部分收入用于维持非生产性劳动者。同时，他可能要缴纳一些税款。这个时候，虽然他所维持的那些人的地位尊贵得多了，但是他们仍然是非生产性劳动者。

按照常理，原来被指定用于对资本进行补偿的那部分年产品，在还没有被用于雇用足够的生产性劳动者促进他们工作之前，绝不会被转移到充当维持非生产性劳动者的费用上。劳动者在尚未进行劳动得到工资之前，绝对不可能会将一部分工资用于维持非生产性劳动者。这一部分工资往往并不是太多，只是他节省出来的。对于生产性劳动者的情况而言，无论如何，节省出来的部分也不会太多。从赋税这一角度来说，由于他们这一阶层的人数众多，所以，虽然每个人所缴纳的税款很有限，但是整个阶层的人所缴纳的税款却很可观。不管在什么地方，非生产性劳动者所依靠的主要生活资源还是地租和利润。节省这两种收入是最容易不过了。它们的所有者可以将它们用于雇用生产性劳动者，也可以用于雇用非生产性劳动者。然而，总的来说，他们好像尤其喜欢将其用于后者。一般的大领主比较偏爱供养懒散而不愿参加劳动的人，而对供养勤劳的人则不太情愿。富商的资本虽然只被用于雇用勤劳的人，但是和大领主并没有什么区别，他的收入在大多数时候也是被用于维持非生产性的人们。

佃农的地位

在和平年代，地主不管什么时候都能征用佃农让其服劳役。

在战争时代，佃农又需要出去服兵役。

虽然他们住的地方与地主家相去甚远，但是他们仍归地主所有，与居住在地主家里的家奴毫无差别。

既然他们的劳役任凭地主支配，那土地生产品自然也全部归地主所有。

土地的自然生成物或经生产性劳动者之手所生产出来的年产品一生产出来，便有一部分被指定充当对资本进行补偿的基金，还有一部分以地租或利润的形式充当收入。我们现在又了解到，无论在哪个国家，生产者与不生产者之间的比例，大都是由这两个部分之间的比例决定的。而且，在穷国和富国，这一比例又很不一样。

现在欧洲的各个富国，常常将很大一部分的土地生产品用于对独立富农的资本进行补偿，而将其余的部分用于支付其利润和地主的地租。然而在以前封建政府众多的时候，很小一部分的年产品就已足以补偿耕作的资本。这是因为在当时，耕作所需要的资本也就几头老牛老马而已，而其食物则是荒地上的天然产物，因此，也可以将它们看成是天然产物的一部分。通常，这些荒地也是归地主所有，而由地主将其租借给土地耕作者。所以，只要是从土地上生产出来的产品，只要有剩余，便几乎尽归地主所有，而这些可以是土地的地租，也可以是毫无价值的资本利润。耕作者大部分为地主的仆人，其身家财产也都归地主所有。如果耕作者不是仆人，那他们就是能够随意退租的佃农。虽然他们所缴纳的地租常常在名义上与免役租并没有什么区别，实际上却依旧与全部土地生产品相等。而且，在和平年代，地主不管什么时候都能征用他们让其服劳役；在战争时代，他们又需要出去服兵役。虽然他们住的地方与地主家相去甚远，但是他们仍归地主所有，与居住在地主家里的家奴毫无差别。既然他们的劳役任凭地主支配，那土地生产品自然也全部归地主所有。现在，欧洲的情况却不同往日。地租在全部土地生产品中所占的比例大多低于1/3，有时甚至还不及1/4，但是按照数量计算的话，改良土地的地租却在大多数时候已比以前多3倍或4倍；而今从年产品中提取出1/3或1/4与以前的全部年产品相比，似乎就多了3倍或4倍。在农业得以逐步发展的时代，地租的数目虽然在不断增加，但是其与土地生产品之间的比例却日益减少。

对于欧洲的各个富国而言，现在规模巨大的资本都投在了商业和制造业。在古代，贸易量很少，制造业的设备比较简陋，所需的资本量极少，然而它们所提供的利润必然很大。因为古时的利率大都高于10%，它们的利润必然足以提供如此大的利息。现在，欧洲各个比较进步的国家的利率大多低于6%；最先进的国家的利率，有时低至4%、3%甚至2%。诚然，与穷国相比，富国所拥有的资本要多得多，因此，就从资本中所获得的利润而言，富国的居民也比穷国的居民要多得多。但是从利润与资本的比例来说，一般就会小得多。

富国用于对资本进行补偿的那一部分土地和劳动的年产品自然要比穷国大得多。不仅如此，与直接归入地租和利润的那一部分相比，其在年产品中所占的比例也必然会大得多。此外，富国雇用生产性劳动的基金自然也要比穷国的大得多。我们讲过，在一个国家的年产品中，除去用于雇用生产性劳动的基金那一部分，剩余的部分是用于雇用生产性劳动，抑或是用于雇用非生产性劳动，一般是用于后者。因此，富国用于雇用生产性劳动的资金在年产品中所占比例也比穷国的要大得多。

无论在哪个国家，那里的人民是勤劳或是懒惰都必然取决于这两种资金之间的比例。比起我们的祖先，我们更为勤劳。原因在于，与二三百年前相比，我们用于维持勤劳人民的资金比用于维持懒惰人民的资金大得多。由于我们的祖先没有从勤劳那里获得丰厚的奖赏，所以就变懒了。俗话说：劳而无功，不如戏而无益。工商业城市中的下层居民大都依赖于资本的运作，这些地方的居民大部分都是勤劳、认真、生机勃勃的。英国和荷兰的大城市就是很好的例子。

繁荣的巴黎。在王公所在的有大量收入用于消费的城市，下层人民并不希望资本的投入。

设立首都的地方，王公贵族大都聚集于此，下层居民主要依靠国家收入来维持生计，这些地方的居民大部分都是懒惰、堕落、贫苦的。罗马、凡尔赛、贡比涅和枫丹白露便是很好的例子。提到法国，除了里昂和波尔多这两个城市外，其他各议会城市的工商业都不值一提。由于一般下层人民主要依赖于法院工作人员的支出和到那里打官司的人所缴纳的诉讼费来维持生计，所以，这些人大部分都是懒惰、贫苦的。里昂和波尔多这两个城市由于地理位置的关系，商业比较发达。里昂是巴黎的门户，巴黎所需要的任何物品，不管是从外国输入的还是从沿海各地运来的，都必须要经过里昂。波尔多则是加隆流域所产的葡萄酒出口的门户，这些地方的产酒量很大，在世界上很有名气，输出量也很大。如此优越的地理位置，自然能吸引更多资本投入到这里。正是因为如此，这两个城市的工业才会欣欣向荣。其他各议会城市的情况就不一样了。人们仅仅为了维持其所在城市的消费而投入资本。换句话说，也就是投入资本的数目实际上很有限，一定不能超过他们所在的城市能够使用的限度。巴黎、马德里、维也纳的情况均是如此。在这三座城市中，最勤劳的莫过于巴黎人民了，然而巴黎自身便是本市所生产的制造品的主要销售市场，巴黎自身的消费便是所有营业的主要对象。既是王公贵族所居住的地方，又是重要的工商业城市；不但是为了本市的消费而营业的城市，而且也是为外地和外国的消费而营业的城市，在欧洲，这样的城市也只有伦敦、里斯本和哥本哈根。这三个城市所处的地理位置交通便利，众多来自遥远地方的消费物品都将它们视为门户。但是我们知道，在王公所在的有大量收入用于消费的城市，下层人民并不希望资本的投入。这不比那些工商业大城市，下层人民维持生计都依赖于资本的运作。因此，如果不是只将资本用来供应本市的消费，而是把资本投入到王公所在地，想有效运用资本也许比较困难。大部分依赖国家收入的支出来维持生计的人都好吃懒做惯了，不免使一些本应勤恳做事的人受到影响。投资也是如此。在这些地方使用资本当然要比在其他地方所获得的收益更少。在英格兰和苏格兰没有合并以前，爱丁堡的工商业很落后。后来，苏格兰议会搬离了，王公贵族也不大可能住在那儿了，那里的工商业才逐渐发展起来。然而，由于苏格兰的大理院、税务机关等都还没有搬离，所以仍然有不少国家收入花费到那里。因此，从工商业方面来说，爱丁堡远远比不上格拉斯哥。格拉斯哥居民的生计大部分依赖于资本的运作。我们有时会看到，在制造业方面很有发展前途的大乡村的居民，往往会因为公侯贵族在里面居住而变得懒惰和贫穷。

节俭致使资本增加，奢侈浪费与任意而为致使资本减少。一个人从收入中节省多少，就能使资本增加多少。所有者可将这一增加的资本亲自投入到雇用更多的生产性劳动者中去，也可将其以一定的利息借贷给别人，使他能够雇用到更多生产性劳动者。个人的资本既然只能随着每年节省下来的收入或每年所获得的利润而增加，那么，由各个人所构成的社会资本也只能通过这一方法来实现增加。

节俭能直接引起资本增加，而勤劳则不能。不可否认，在尚未进行节俭之前，勤劳是必不可少的因素，节俭所积累的物品都是通过勤劳而获得的。但是如果仅有勤劳，而没有实行节俭，那么就只能获得却不能保留，资本肯定不能增加。

节俭能够使维持生产性劳动者的资金有所增加，从而使生产性劳动者的数目增加。既然生产性劳动者的劳动能够使工作对象的价值有所增加，那么，节俭也将具有使一个国家的土地和劳动的年产品的交换价值增加的趋势。节俭能够推动更多的勤劳，更多的勤劳则能增加年产品的价值。

与每年花费的资本一样，每年节省的资本常常会被消费掉，而且，二者被人消费掉的时间几乎是同一的。然而消费它们的人就不一样了。富人每年支出的收入大部分是由懒散而不愿参加劳动的客人和仆人消费掉的，这些人在消费完之后并不留下什么东西充当报酬。至于每年节省下来的、为了获取利润而直接转化成资本的那一部分，也同样并且几乎是在同一时

一位法国贵妇人在沙发上阅读。从其房间可以看出，这位贵妇人的家庭货币有不少用于奢侈品消费。

周转消费品是货币的唯一用处。只有通过货币，食品、材料和制成品才能实现交易，并分配给真正的消费者。

间被人消费掉，然而将其消费掉的人是劳动者、制造者和工匠。他们会再生产出他们每年所消费掉的价值，同时创造利润。现在假设富人的收入全为货币，如果他将货币全部花完，他利用所有收入所购买到的衣服、食品和住宅，就会分配给前一类人。如果为了获取利润而将节省的那一部分直接转化成资本，亲自投入使用或借给别人投入使用，那么，他用节省的这一部分所购买到的衣服、食品和住宅就将分配给后一类人。虽然消费是一样的，但消费者却并不一样。

节俭的人每年所节省的收入，不但可以用于今年或明年维持更多的生产性劳动者，而且，就如同一位工厂的创立者一样，他开办了一种永久性基金，这种基金在将来任何时候都能供养同等数量的生产性劳动者。这种基金将怎样分派，将被用在什么地方，固然没有法律对其进行保障，也不存在信托契约或永久营业证书对其进行规定，然而却有一个强大有力的原则保护它的安全，这一原则就是所有者个人的利害关系。如果将这种基金的任意一部分用在维持非生产性劳动者上，那么不根据原先指定的用途而随意使用该基金的人肯定会吃亏。

奢侈浪费的人就是这样随意使用资本：不根据收入的多少来决定收入的限度，结果就导致资本一步步被占用。正如将一种用来敬神的基金转移给将其用来亵渎神灵的人一样，他将父亲兄弟储蓄起来准备用来做些买卖的钱，供养了许多懒散而不愿参加劳动的人。因用来雇用生产性劳动者的基金数量减少，通过这种基金而雇用的能使物品价值实现增加的劳动数量也会随之减少，因而，国家的土地和劳动的年生产品价值、国民的真实财富与收入也会随之减少。奢侈浪费的人将勤劳的人的面包抢过来以供养懒散而不愿参加劳动的人。如果另外一部分人的节俭无法补偿这一部分人的奢侈，那么奢侈浪费的人的所作所为不但会使自己陷入贫困的境地，而且将致使全国陷入匮乏的境地。

即便奢侈浪费的人所消耗的商品全是国产的，没有用什么外国货，但是最终仍然会使社会的生产基金受到影响。每年总有一定数目的食品和衣服本应该用于维持生产性劳动者，但却被转移到用于维持非生产性劳动者上。因此，一个

繁荣的城镇风光。如果一个国家的年产品价值有所增加，那么其货币数量也肯定会实现增加。

国家每年生产品的价值比本来应该有的价值要低的事情时有发生。

有人会说，这种花费既没有被用于购买外国货，也没有导致金银输往外国，因此，国内货币也不会由此而减少。但是，假设这一定数目的食品和衣服没有被非生产者消费掉，却被分配给了生产者，那他们就不但可以再生产出他们消费掉的所有价值，而且还能创造利润。这相同数目的货币将会仍旧留在国内，而又能再生产出一个与它价值相等的消费品，从而出现两个价值，而不仅仅是一个价值。

除此之外，年产品价值日益减少的国家肯定不可能留有这相同数目的货币。周转消费品是货币的唯一用处。只有通过货币，食品、材料和制成品才能实现交易，并分配给真正的消费者。一个国家每年能够通用的货币数量是由每年在境内流通的消费品的价值决定的。每年在国内流通的消费品，要么是国内土地和劳动的直接生产品，要么是用国内的生产品购入的物品。如果国内生产品的价值减少，那么每年在国内流通的消费品的价值也一定会减少，因而，国内每年能够通用的货币数量也必然会减少。由于生产品年年减少而被驱逐出国内流通领域之外的货币，肯定不能废弃不用。货币的所有者出于对利害关系的考虑，也肯定不愿让自己的货币闲置起来。如果在国内没有寻找到用途，他就会把法律和禁令抛在脑后，将其用于购买国内有用的各种消费物品而输往外国。每年的货币输出，致使国民每年所消费的数量多于本国年产品的价值。繁荣的时候积累的用来购买金银的年产品，在逆境中能让他们支撑一段时间。在这种情况下，与其说金银输出是导致社会穷困、经济衰败、人民生活极端困苦的原因，不如说就是因为社会穷困、经济衰败、人民生活极端困苦才会产生金银输出这样的结果。事实上，这种输出甚至还能暂时减轻社会穷困、经济衰败、人民生活极端

小型食品加工厂。节俭往往从个人的衣食住行开始，个人的节俭慎重不但能够补偿个人的奢侈和任意而为，而且还能补偿政府的浪费。

困苦的痛苦。

反过来说，如果一个国家的年产品价值有所增加，那么其货币数量也肯定会实现增加。如果每年在国内流通的消费品价值有所增加，那么自然就会需要有更大的货币数量来支持流通。因此，必定就会有一部分增加的生产品散布到有金银的地方，以购买所增加的金银。在这种情况下，金银增加并不是导致社会繁荣的原因，而是由于社会繁荣产生的结果。购买金银的条件在任何地方都一样。从矿山中挖掘出来，再运送到市场上去，一定数目的劳动或资本必不可少。投资于这种生意而劳动的人，衣、食、住的供给和收入也必不可少。而这一定数目的供给和收入便是购买金银的价格。在英格兰购买金银是如此，在秘鲁购买金银也是如此。只要需要金银的国家有能力出这一价格，就不必担心所需的金银会长期缺乏，而用不着的金银也不会长期在国内停留。

所以，无论我们根据公道的说法，认为一个国家的真实财富与收入是由一个国家的劳动和土地的年产品的价值所构成的，或是依据世俗的偏见，认为一个国家的真实财富与收入是由国内流通的贵金属量所构成的，总而言之，奢侈都是全民的公敌，节俭都是社会的恩人。

再说任意而为。任意而为的结果与奢侈毫无差别。所有不慎重的、毫无成功希望的农业、矿业、渔业、商业和工业计划，都会导致雇用生产性劳动者的基金呈现出减少的态势。投入到这种计划上的资本也仅是被生产性劳动者消费，但是由于不慎重，他们所消费的价值并不能被充分地再生产出来，比起慎重的情形，总不免会引起社会上的生产资金减少。

好在对大国来说，个人的奢侈和任意而为并不会产生很大的影响。另一部分人的节俭慎重通常能够补偿奢侈和任意而为的人所消耗的那一部分，并且还有剩余。

提到奢侈，一个人之所以会浪费，自然是因为他自身存有及时享乐的欲望。这种欲望十分强烈，以致有时几乎无法控制，但是通常来讲，这种欲望总是暂时、偶然的。再说节俭，一个人之所以会节俭，自然是因为他对改善自身状况存有愿望。尽管这种愿望很平淡无奇，但是我们从出生一直到死去，一刻也没有放弃过对这一愿望的追求。我们从出生到死去，几乎没有人会对自身的地位感到完全满意，没有人不想进步、不想改善自身的状况。但是如何改善呢？通常，人们都认为，最常见、最明显的必要手段就是增加财产。最恰当的增加财产的方法，莫过于从常年的收入或特殊的收入中节省出一部分，并将其储蓄起来。所以，尽管每个人都免不了会有浪费的欲望，并且有一类人无时无刻都存在这种欲望，但平均来说，在人类漫长的生命过程中，节俭的心理不但经常占有优势，而且还占有很大的优势。

国土辽阔、物产丰富的国家固然不会因私人的奢侈和任意而为而陷入贫困，但是政府的奢侈和任意而为，有时却能导致国家贫穷。在不少国家里，民众的收入全部或几乎全部都被用于维持非生产性劳动者。无论是朝廷中的王公大臣，还是教会里的牧师和神父，都属于这一类。又比如海陆军，他们在平时无须进行生产，在战争期间又无法收获什么来对维持他们的费用进行补偿，甚至在战争持续进行时，也是这样。由于这些人不进行生产，就只能依靠别人的劳动产品来维持生活。如果他们的人数增加，而且增加的数目又是别人的劳动产品难以承受的数目，那么他们就有可能会在某一年消费掉大量产品，这样就会导致没有足够的剩余用以维持能够进行再生产的生产性劳动者。于是，下一年的再生产肯定赶不上上一年。如果这种情形持续紊乱下去，那第三年的再生产又肯定赶不上第二年。那些本来只应将国民的一部分剩余收入用以维持的非生产性劳动者，有可能会消费掉全体居民的收入中很大一部分，从而使这么多人不得不占用他们自己的资本，即维持生产性劳动的基金。那样的话，不管个人多么节俭、多么谨慎，都难以补偿如此大的浪费。

然而，从经验上来说，在大多数情况下，个人的节俭慎重不但能够补偿个人的奢侈和任意而为，而且还能补偿政府的浪费。社会财富、国民财富和私人财富能够得以产生的重要因素是每个人改善自身状况的共同的、经常的、不懈的努力。这种不懈努力的力量之强，足以战胜政府的浪费、纠正行政的重大错误，逐渐改善国家的困窘状况。比如，人间虽然存在疾病和庸医，但是人身上好像总是存在一种无法言说的力量，能够克服一切困难，使人的身体恢复如初。

有两个方法能够实现一个国家土地和劳动的年产品的价值的增加，一个是增加生产性劳动者的数目，一个是提升所雇用劳动者的生产能力。显然，要实现生产性劳动者的人数的增加，必须首先要增加资本，使维持生产性劳动者的资金得以增加。要实现相同数目的受雇劳动者的生产力的提升，要么增加为劳动提供便利的、能够缩减劳动的机械和工具，或者对它们进行改良；要么就将工作分配得更恰当。不管怎样，增加资本都必不可少。要对机器进行改良，增加资本不可避免；要对工作分配进行改良，也免不了增加资本。如果将工作进一步细分，让每个工人专干一项工作，比起让一个工人同时干几项工作，肯定需要增加更多资本。因此，我们如果比较同一个国家在不同时代的状况，发现那里后代的土地和劳动的年产品比前代增多，土地耕作状况有所进步，工业的规模有所扩大并兴旺起来，贸易得到了推广，由此我们就可以得知，在这两个时代之间，这个国家的资本肯定增加了很多。这个国家由于一部分民众的节俭慎重而使资本增加的数目，一定比另一部分民众任意而为和政府的浪费而使资本受到占用的数目多。

伊丽莎白一世统治时期的英国，相对于以往的时代，英国相当和平、稳定、繁荣。

与100年前查理二世复辟时相比，现在英格兰的土地和劳动的年产品必然是多得多了。固然现在怀疑英国年产品增加的人并不多，但是在这100年间，差不多每隔5年，便会有几本写得不错且能让人感动的书或小册

如何实现国家土地和劳动的年产品的价值的增加

有两个方法能够实现一个国家土地和劳动的年产品的价值的增加：

一是增加生产性劳动者的数目

要实现生产性劳动者的人数的增加，必须首先要增加资本，使维持生产性劳动者的资金得以增加。

二是提升所雇用劳动者的生产能力

增加为劳动提供便利的、能够缩减劳动的机械和工具，或者对它们进行改良。

将工作分配得更恰当。

不管怎样，增加资本都必不可少。要对机器进行改良，增加资本不可避免；要对工作分配进行改良，也免不了增加资本。

资产的不同消费方式

一种消费方式用于维持生产性劳动者，能实现一个国家土地和劳动的年产品的交换价值的增加；如果用于维持非生产性劳动者，则不能实现交换价值的增加。

把资产用在购买耐用物品上，取悦的只有个人，价值小。

把资产用在款待宾客上会产生浪费，因为晚宴上的食物也许有一半会被倒掉。

假设把宴会所用的开支用于雇用泥水匠、木匠等，那么虽然所消耗的粮食的价值是一样的，但是所供养的人数必然会增多。

在“光荣革命”之后，英国国内的王权传承再没有出现流血争夺的场面。

子上市，这些书称英格兰的国家财富正急剧减少，人口正在锐减，同时还称那里农业倒退落后、工业凋敝、商业衰败。而且，这类书籍并不一定都是党派的宣传品、欺诈和见利忘义的产品。我知道，书中的不少内容是非常诚实、非常聪明的作家写的。这些人所描写的无不是他们自己所坚信的。

此外，与200年前伊丽莎白即位时相比，查理二世复辟时代英格兰的土地和劳动的年产品必定多得多了。与300年前约克与兰开斯特争胜时代末期（即玫瑰战争时期。编者注）相比，伊丽莎白时代英格兰的年产品必定又多得多了。再往前推，约克与兰开斯特时代，当然胜过诺曼征服的时代；诺曼征服的时代，当然又超过撒克逊七王国统治的时代。在撒克逊七王国统治的时代，英国当然算不上是一个先进的国家，但是与尤利乌斯·恺撒侵略时代（这一时代，英格兰居民的状况与北美野蛮人相差无几）相比，又称得上是一大进步。

然而，在上面所提到各个时期中，在私人中存在不少浪费现象，政府也存在不少浪费现象，而且又发生了多次耗资巨大的、不必要的战争，原本用于维持生产者的年产品有许多被转移到了维持非生产性劳动者的身上。有时候，在国内战争激烈时，浪费严重，资本遭受的破坏不但会使财富的自然蓄积受到妨碍（事实上正是如此），而且会导致国家在这一时期陷入更加贫穷的境地。查理二世复辟之后，英国处于最幸福、最富裕的阶段，但是那个时候又发生了多少战乱和不幸的事件呢？如果我们生在那时，我们必定会对英格兰的前途感到担心，它不但会陷入贫穷，而且恐怕还会彻底毁灭吧！想想看，伦敦大火以后，就爆发了大规模的瘟疫，又加上英荷两次战争后的革命骚乱、对爱尔兰发动的战争，1688年、1702年、1742年和1756年与法国的四次耗资巨大的大规模战争，再加上1715年和1745年的两次叛乱。不说其他的，光从四次英法大战的结果来说，英国欠下的债务至少在1.45亿镑以上，加上因战争而产生的各种特殊支出，恐怕总额不下2亿镑。自从革命以来，我国就经常有这样多的年产品被用于维持众多的非生产性劳动者。假如当时没有发生战争，那么在当时用于战争的资本中，肯定会有很大一部分被用以雇用生产性劳动者。生产性劳动者不但能够再生产出他们消费掉的所有价值，而且还能创造利润，那么，可以想见我国土地和劳动的年产品的价值每年的增加，而且每一年的增加又一定能够使下一年的增加增多。如果当时没有发生战争，修建起来的房屋一定更多，改良过的土地面积一定更广阔，已经改良过的土地的耕作体系一定更完善，制造业的数量一定增多，已经存在的制造业又一定得到推广，而国民真实财富与收入将会如何增加，我们也许无法想象。

政府的浪费虽然无疑曾经阻碍了英格兰在财富和改良方面的自然发展，但是并不能使其停滞不前。与复辟时代相比，现在英格兰土地和劳动的年生产品增加了不少，与革命时代相比也增加了很多。英格兰每年用于耕作土地、维持农业劳动的资本，也必然比过去多得多。一方面，虽然政府强行征收各种苛捐杂税，残酷剥削人民，但是另一方面，却有不计其数的人在那里不动声色地、一步一步地通过不懈努力改善自己的境况，通过节俭和慎重的投资将资本累积

繁荣的市场。如果两个富人财产相同，两人选择不同的消费方式，那么他们日后的境况也会不同。

起来。正是通过这种努力，英国得以受到法律的保护，能够在最有利的情况下自由地发展，英格兰也由此几乎在过去所有时代都能日渐富裕，状况日益改善。而且，永远如此持续下去，也不是没有希望的事情。但是，英格兰从来不存在极为节俭的政府，所以，居民身上也就不存在节俭的特性。由此可见，英格兰的王公大臣不仅不对自己的行为进行反省，反而颁布节俭法令，甚至禁止进口国外的奢侈品，公开倡议说要监督私人经济，节制挥霍无度，这不能不说是最放肆、最专横的行为。他们似乎并不清楚，他们自己无一例外都是社会上最浪费的阶层。他们管理好自己的开支就可以了，民众的开支应任由民众自己管理。如果他们的浪费不会导致国家灭亡，人民的浪费就更不可能导致国家灭亡。

节俭能使社会资本增加，奢侈会导致社会资本减少。所以，收支平衡的人，既不积累资本，也不占用资本，不会使资本增加，也不使资本减少。不过，我们应该明白，在各种各样的开支方法中，有些方法更易实现国家财富的增长。

皇宫别院、书籍图像和各式各样的珍奇物品，往往既是荣誉又是装饰，对其所在地和所属的国家均是如此，凡尔赛宫就是法兰西的装饰和荣誉。

个人的收入，有的被用于购买马上就能享用的物品，这种能够直接消费的物品，无益于未来；有的被用于购买比较耐用的、能够积累起来的物品，今日购买了，就能使明日的开支有所减少，或者增强明天的开支效果。例如，有些富翁有很多仆人和马匹，吃用均极为铺张。有些人则宁愿在饮食方面节俭一些，仆人的数量少些，却为了装饰庄园、修缮别墅、频繁地建造房屋，而购买很多有用的或专门用于装饰的家具、书籍和图画等。有些人愿意购买不太重要的东西，如珠宝、玩具和各种精巧的小东西。如同几年以前去世的某位国王宠爱的大臣一样，还有一些人喜欢收藏好衣服。假设有甲、乙两个富人，二人的财产相同，甲将他的大部分收入用于购买比较耐用的商品，乙则将他的大部分收入用于购买直接消费的物品。之后，甲的境况必然会逐步得到改善，今日的开支多少能增强明日的开支效果。乙的境况肯定不会比原来好到哪儿去。结果，甲一定比乙更富有。甲手里还有一些商品，虽然那些商品的价值没有当时所支出的费用多，但是多少总还有些价值。乙的费用却连个影子都没有，10年或20年浪费的结果便是一无所有，仿佛什么都没有拥有过。

美丽的镶金蜗牛。许多富人将这些精美的装饰品视为收藏对象，这也是一种消费的形式。

有益于个人财富的消费方法，也比较有益于国民财富。富人的房子、家具和衣服瞬间就会变成对中下层人民有用的东西。当上层人士对它们感到厌烦的时候，中下层的人民便可以把它们购买过来，所以，在富人通常都是如此使用钱财时，所有人民的生活状况通常就能逐渐得到改善。在一个长期富有的国家，下层民众虽然不能自己出钱修建大厦，但却往往拥有大厦；虽然不能自己定做上等家具，但却往往使用着上等家具。昔日色莫尔的邸宅，如今已变成了巴斯道上的旅馆；詹姆士一世的婚床（它是皇后从丹麦带来的嫁妆）几年前已经被摆放在邓弗姆林的酒店。在一些没有进步也没有退步，或已经稍微有些败落的古城中，我们有时会发现几乎没有一幢房屋是现在的占有人所能盖起的。如果你走入里面，还能看到许多虽然很适用，也非常讲究，但却已经过时的家具。这些家具肯定不会是目前的使用者花钱定做的。皇宫别院、书籍图像和各式各样的珍奇物品，往往既是荣誉又是装饰，对其所在地和所属的国家均是如此。凡尔赛宫是法兰西的装饰和荣誉，斯陀园和威尔顿是英格兰的装饰和荣誉。虽然意大利创造名胜古迹的财富减少了，创造名胜古迹的天才（也许是因为无处施展才华）也好像消失了，但是那里的名胜古迹却仍然是意大利的装饰和荣誉。

将收入用于购买比较耐用的物品，不但对积累有利，而且又易于养成节俭的习惯。假使一个人在这一方面花销太大，他可能会幡然醒悟，而不会沦落到被社会人士讥笑讽刺的地步。如果原来有成群的仆人，突然人数裁减；如果原来经常大摆丰盛的筵席，现在的次数减少；如果原来陈列着的众多华丽物品数量突然减少，就不免引起邻居的注意，而且好像意味着自己承认以往的行为是不对的。所以，像这样花钱大手大脚的人，如果不是不得已而破产，就很少具备改变习惯的勇气。相反，如果他原先就喜欢将钱用于添置住宅、家具、书籍或图画，以后如果感觉自己的财力无力承受时，他很快就可以彻底改变这一习惯，人们也不会怀疑他改变的动机。因为这类物品此前已经购买过，不需要不断地购买。在别人眼里，他之所以会改变习性好像不是因为财力无力承受，而是因为对其失去兴趣。

把资产用在购买耐用物品上，所产生的维持费会比较多；把资产用在款待宾客上，所产生的维持费则略少。一个晚上的宴席，所消耗的粮食有二三百斤，其中也许有一半会被倒掉，浪费不能说不大。假设把宴会所用的开支用于雇用泥水匠、木匠、装潢工和技工等，那么虽然所消耗的粮食的价值是一样的，但是所供养的人数必然会增多。工人们会一便士一便士地、一镑一镑地购买这些粮食，绝对不会浪费1镑。一种消费方式用于维持生产性劳动者，能实现一个国家土地和劳动的年产品的交换价值的增加；一种消费方式用于维持非生产性劳动者，则不能实现一个国家土地和劳动的年产品的交换价值的增加。

读者不要以为把开支用在购买耐用物品上便是善行，把开支用在款待宾客上便是恶行。一个富人将他的收入主要用在款待宾客上时，也就是把收入的大部分分给朋友享用。如果他把上述资本用在购买耐用物品上，那么获利的便只有他一个人，如果不付出点代价，就不允许他人分享。因此，后一种的花费，尤其是用在购买珠宝、衣服等琐碎的物品上时，不仅表现出一种轻浮的行为，而且也表现出卑下自私的性格。我上面的所说的意思不过是，把资本用于耐用物品能够有助于有价值的商品的积累，所以应该鼓励私人的节俭习惯，这对社会资本的发展比较有利；因为所供养的是生产性劳动者而非非生产性劳动者，所以对国家财富的增长比较有利。

第四章

论放贷取息的资产

贷款人总是将借贷出去收取利息的资产看作自己的资本，总希望借贷的期限到了之后，能够将其顺利收回。而在借期当中，借钱的人会因为借用这笔资产而付给贷款人一定数额的年租。这笔资产，可被借钱的人作为资本，也可用作供目前消费之用的资产。如果充当资本，就会被用于维持生产性劳动者，能够再生产出价值，并创造利润。在这种情况下，他不必支出或占用任何别的收入来源，就能偿还这一资本并支付利息。如果充当目前消费之用的资产，他就变成了浪费的人，将原本用于维持勤劳的人的基金用于供养懒惰的人。在这种情况下，除非他占用其他某种收入的来源，如资产或地租，不然，他就难以偿还资本并支付利息。

借贷来的资本，如果充当目前消费之用的资产，他就变成了浪费的人，将原本用于维持勤劳的人的基金用于供养懒惰的人。

借贷出去收取利息的资产，虽然有时会同时被用于这两种用途上，但是用在前者上的情况比较多，用在后者上的情况则比较少。借钱挥霍的人过不了多长时间就会破产，借给他钱的人常会因自己的愚蠢而后悔。除了利用高利贷的方式进行残酷剥削的情况之外，像这样的贷借对双方都毫无益处可言。虽然这样的贷借事情在社会上总是不可避免地发生，但是由于各人都会从自己的利益出发考虑问题，所以，可以相信，它发生的次数并没有我们想象的那么多。任何对待资产比较慎重的富人，如果问他们是愿意把自己大部分的资产借给将其用在有利的用途上的人，还是愿意借给将其用在对开支不利的用途上的人，他听了恐怕只会笑话你竟然提出这样一个幼稚的问题。借钱的人虽然不是以节俭著称的人，但就是在他们之中，节俭的人终究还是比奢侈的人多得多，勤劳的人终究还是比懒惰的人多得多。

收取利息的贷款绝大部分是依靠货币来进行的，或是钞票，或是金银。但是借钱的人所需要的与贷款人所提供的事实上不是货币而是货币的价值，也就是货币能够购买到的商品。如果借钱的人想要的是能够直接消费的资产，那么，他所借到的便是这种能够直接消费的商品。如果借钱的人所想要的是用来扩大产业规模的资本，那么，他所借到的便是那些劳动者开展工作所需要的工具、材料和食品。贷款的事情，事实上就像是贷款人将自己的一定部分土地和劳动的年产品的使用权转让给借钱的人，听任借钱的人肆意挥霍。

不论货币是钞票或是铸币，都是国内各种贷借的工具。无论哪个国家有多少资产能够以收取利息的方式借贷出去，或正如一般人所说，能有多少货币以收取利息的方式借贷出去，并不取决于货币（纸币或铸币）的价值，而是取决于具体的某一部分的年产品的价值。这一部分年产品从地里生产出来或经生产性劳动者之手制出来后，便被指定用来充当资本，因其所有者无意亲自使用它们，因而便将其借给别人。由于这种资本的出借和偿还一般都是以货币的形式进行的，因此便被称为所谓的货币权益。它不但不同于土地权益，而且也不同于贸易权益和制造权益，因为在后一种情况中，资本的所有者是运用自己的资本。但是我们应该知道，即使是为了货币的利息而将其借贷出去的货币，也不过像一张转让的证书一样，把所有者无意亲自使用的资本转让到另外一个人的手中。与作为转让工具的货币量相比，这样转让的资本量要大得多。同一枚铸币或同一张纸币可以先后多次进行不同的购买，也可以连续用来充当贷款。例如，甲将1000镑贷给了乙，乙马上用这1000镑向丙购买了1000镑的商品。丙因为自己并不需要这笔钱，所以就把这1000镑贷给了丁，丁又马上用它向戊购买了1000镑的商品。戊也因为不需要这笔钱，同样地就把这1000镑贷给了已，已再马上用它向庚购买了1000镑的商品。货币或许还是原先的那几枚铸币或几张纸币，但是在几天之内就借贷了三次，也购买了三次。每一次的价值都与全部货币的数目相等。甲、丙、戊是有钱贷出的人，乙、丁、已是要借款的人。有钱贷出的人所贷出的，其实只是购买那些商品的能力，贷出的价值与用途都取决于这种购买力。这三个有钱人所出借的资产，与这笔货币所能购买的商品价值相等，所以，这三次出借所贷出的资产，实际上是用于进行购买的货币价值的3倍。假设借钱的人运用得比较恰当，在一定的时期内能够偿还原先借来的价值和它的利息，那么这种贷借就有了可靠的保障。这笔货币既然能被用来充当3倍于其价值的贷款工具，或者也能充当30倍于其价值的贷款工具，所以，也可连续充当偿还债务的工具。

照这样看的话，以这种方式借贷出去收取利息的资本实际上无异于由贷款人将一定部分的年产品转让给借钱的人。为了回报这种转让，借钱的人必须要在借款期间，每年将一小部分的年产品转让给贷款人，这称为利息；在借款期满之后，又要根据贷款人原先转让给他的数额，将同等数额的较大部分的年产品转让给贷款人，这称作还本。在对这较小部分和较大部分的年产品进行转让的过程中，货币虽然都起到了转让证书的作用，但是它本身却与其所转让的东西完全不一样。

从地里生产出来或者经生产性劳动者之手制出，便被指定用来充当对资本进行补偿的那一部分年产品，如果增加了，则所谓的货币权益也自然会随之增加。资本增加了，所有者无意亲自使用但却希望从中获取收入的资本也必然会增加。换句话说，资产增加了，借贷出去收取利息的资产也必然会逐渐增加。

借贷出去收取利息的资产增加了，因运用这笔资产而必须支付的价格——也就是利息——肯定会下降。那些使商品的市场价格随着商品数量的增加而下降的一般原因，固然是导致利息下降的一个原因，但除此之外，我们还能寻找出其他几个特殊的原因。一、国家的资本增加了，从投入的资本中所获取的利润必然会减少。要在国内为新资本寻找到有利用途，将越来越困难。于是资本间的竞争便随之产生，资本的所有者之间常常互相倾轧，试图将原先投资于一种资本的所有者排挤出去。但是要想将原先的投资人排挤出去，就不得不放宽自己的条件。不仅要以极为低廉的价格销售自己所经营的东西，而且，有时为了要将其销售出去，还不得不以昂贵的价格买进。二、由于生产性劳动的维持费增加，对生产性劳动的需求也必然会一天天地增加。因此，劳动者便不会发愁自己找不到工作，但是资本家反而发愁难以雇用到劳动者。资本家之间的竞争致使劳动的工资抬高、资本的利润降低。因使用资本而获取的利润既然下降，为使用资本而支付的价格（也就是利率）也必然会下降。

油画《冶炼场的帕特·里昂》里的铁匠，生产性劳动的维持费增加，对生产性劳动的需求也必然会一天天地增加。因此，劳动者便不会发愁自己找不到工作，但是资本家反而发愁难以雇用到劳动者。

洛克先生、劳氏、孟德斯鸠先生，还有许多别的学者都以为，由于西班牙所属的西印度群岛的发现致使金银数量增加，由此而增加的那一部分便是引起欧洲大部分地区利率下降的真正原因。他们说，这两种金属自身的价值下降了，所以，它们其中具体某一部分的使用价值也肯定会变小，因而为它们支付的价格也会比较低。这种看法乍一看好像很有道理，但是实际上是错误的。这一错误已经被休谟先生彻底揭穿，我们也许没有必要再讲什么了。

在国内流通的货币量保持不变的情况下，国内每年流通的商品数量出现增加，除了会导致货币价值上升外，还会造成许多其他的重要影响。这时，虽然国家的资本在名义上并没有改变，但是实际上却增加了。它可能仍然继续由同等数量的货币表示，但其能够支配的劳动者的数量却更大。它能够维持、雇用的生产性劳动者的数量增加，因而对这类劳动的需求也会随之增加。劳动工资实际上已经随着劳动需求的增加而提高了，但是从表面上看却在下降。因为这时劳动者所领到的用以支付工资的货币量，可能比以前减少了，但是现在用这较少数量的货币所能购买到的商品量，却比以前用较多数量的货币所能购买到的商品量更多。不管是实际上还是名义上，资本的利润都会下降。既然由各个资本所构成的国家全体资本增加了，那么各不同的资本之间的竞争当然也会随之加剧。资本家各自投资的结果即使是一无所获，即使其在所能雇用的劳动能够生产出的产品中所占比例比以前小了，也只能自认倒霉。货币的利息既然与资本的利润保持同步，所以，货币的价值，也就是特定数目的货币所能购买到的商品量虽然激增，但是货币的利息仍然可能骤降。

在允许将钱贷出而收取利息的国家，为了禁止那些通过高利贷而进行残酷剥削的行为，法律往往规定能够收取但却不会遭受惩罚的最高利率。这个最高利率，总是应当比最低的市场价格略高，也就是比那些能够提供绝对可靠保证的借钱的人在借用货币时一般所支付的价格略高。这个法定利率如果在最低市场利率之下，其效果将与完全禁止将钱贷出而收取利息的效果无异。如果获得的报酬低于使用货币所得到的价值，则出借人便不会将钱贷出，所以债务人必须为出借人因冒险接受货币使用获得的全部价值而承担的风险支付一笔费用。如果法定利率恰好与最低市场利率相等，遵纪守法的诚实人将因此而不敢将钱出借，这样的话，那些没有可靠担保的人便无计可施，只好求助于高利贷者，并任其宰割。现在，在英国，将货币贷给政府，收取3%的利息；将货币贷给有可靠担保的个人，则收取4%或4.5%的利息。所以，像英国这样的国家，将5%定为法定利率，也许是再适当不过了。

美国在19世纪贷款修建铁路，给美国经济的发展带来了很大的帮助。

必须要说明一下，法定利率虽然应当要比最低市场利率稍高一些，却不应该高出太多。比方说，如果英国所规定的法定利率是8%或10%，那么，用于贷款的大部分货币就会落入愿意为使用这些货币而支付这样高利息的浪费的人和投机商的手里。谨慎的人则不会冒险参与这样的竞争，他们只会将使用货币而获取

拥有资本而无意亲自使用却想从中取得收入的人，对于究竟将它用于购买土地，还是将它借贷出去收取利息，通常会再三考虑，而土地极其安全可靠，因而成为许多投资人的首选。

的利润的一部分作为使用货币的利息。这样，一个国家的资本将有大部分不是落入能够使它有利的人的手里，而是落入使它浪费和遭受摧毁的人的手里。相反，如果法定利率仅比最低市场利率稍高一些，有钱出借的人则都愿意将钱借给谨慎的人，而不愿将其借给浪费的人和投机商。这是因为贷款人对谨慎的人所收取的利息，与对浪费的人所收取的利息几乎一样，而钱在谨慎的人手里要比在浪费的人手里安全得多。这样，大部分的国家资本就落入谨慎的人手里，而资本在这些人手里，最有可能被用在有利的用途上。

无论什么法律，都无法将利率降到当时最低的普通市场利率以下。1766年，尽管法国国王颁布命令，规定利率必须从5%降到4%，但结果却收效甚微。民众通过各种各样的方法逃避这一法令，民间货币仍旧以5%的利率贷出。

据观察得知，土地的一般市场价格都是由一般市场利率决定的。拥有资本而无意亲自使用却想从中取得收入的人，对于究竟将它用于购买土地，还是将它借贷出去收取利息，通常会再三考虑。土地极其安全可靠，此外，在很多时候它还具有其他一些好处。所以，比较而言，虽然将钱贷给别人收取利息而获得的收入会更多，但是他一般却宁愿将其用于购买土地而获得较少的收入。这些好处能够补偿两种收入之间的差额，但也仅仅限于补偿这两种收入之间的差额。如果土地地租远远少于货币利息，就没有人愿意购买土地，土地的一般价格必然会因此而下降。相反，如果这些好处在补偿了这一差额之后还有许多剩余，那么每个人都会愿意购买土地，土地的一般价格就会因此而上升。当利率是10%时，土地的售价通常是年租的10倍或12倍。当利率下降到6%、5%、4%时，土地的售价就会上涨到年租的20倍、25倍甚至30倍。法兰西的市场利率略高于英格兰，而其土地的一般价格则低于英格兰。英格兰土地的售价一般是年租的30倍，法兰西的土地售价一般则是年租的20倍。

不同的资本之间竞争加剧的原因

在国内流通的货币量保持不变的情况下，国内每年流通的商品数量出现增加，除了会导致货币价值上升外，还会造成许多其他的重要影响。

国家的资本在名义上并没有改变，实际上却增加了。它可能继续是由同等数量的货币表示，但其能够支配的劳动者的数量却更大。

国家的资本能够维持、雇用的生产性劳动者的数量增加，因而对这类劳动的需求也会随之增加。

这时劳动者的工资数目上可能减少了，但用这些货币所能购买到的商品量却比以前多了，所以说实际上工资是提高了。

因此，不管是实际上还是名义上，资本的利润都会下降。

既然由各个资本所构成的国家总资本增加了，那么各不同的资本之间的竞争当然也会随之加剧。

第五章

论资本的各种用途

所有资本虽然都仅仅为了维持生产性劳动，然而相同数量的资本所能推动的生产性劳动数量，却因用途不一样而迥然不同。因此相同数量的资本使一个国家土地和劳动的年产品所能增加的价值也有很大不同。

资本有四种不同的用途。第一，用于购买天然产物以供社会每年使用和消费；第二，用于制造和筹备天然产物，使之适用于目前的使用和消费；第三，用于运输天然产物或制造品，将其从充裕的地方运往匮乏的地方；第四，用于把天然产物分成较小的部分，以便满足需要者的临时需求。使用第一种资本方法的人是农场主、矿商和渔业家，使用第二种资本方法的人是制造商，使用第三种资本方法的人是批发商，使用第四种资本方法的人是零售商。我认为，这四种用法已经涵盖了所有的资本使用方法。

这四种投资方法之间的关系非常密切，每一个都不可或缺，即使独自存在，也难以实现发展。出于对全社会的福利考虑，这四种方法也是缺一不可。

一、假设没有资本投入到供应比较充裕的天然产物上，那制造业和商业恐怕都难以立足。

二、有一部分天然产物常常要经过加工制造之后才能得以使用或消费。假设没有资本投入

法国投入巨资修建铁路，正是为了使产品能够更多更快地运输出去，以形成良性经济循环。

伦敦桥附近繁忙的码头市场。零售商肯定能从所经营的生意中获得利润，而这种利润便来自其所提高的零售商品的价格。

到制造业上对它进行加工，那这种天然产物将因没有需求而不会被生产出来；或者如果这种天然产物是自然生长的，不具有任何交换价值，因此，不能使社会财富增加。

三、天然产物和制造品充裕的地方，必然要将其剩余部分运往匮乏的地方，假设没有资本投入到运输业中，这种运输便无法实现。这样的话，除去本地所必需的部分，其生产量不会更多。批发商的资本能够使不同地区之间的剩余产品进行交换，这样就能既鼓励产业的发展，又能实现两个地区的享用增加。

四、假设没有资本投入到零售业中，把大量天然产物和制造品分成许多较小的部分，来满足需要者的临时需求，那么，每个人都只能购买大量的生活必需品，并且这一数量超出了目前所必需的量。假设社会上没有屠夫这一行业，每个人就都只能一次购买一头牛或一只羊。这样做，即便是对富人来说，也很不方便，更不用说穷人了。一个贫穷的劳动者如果迫不得已一次购买了足以维持一个月或半年的粮食，那么他的资本中肯定有大部分只得改用到供目前消费之用的资产上，肯定有一部分资产被迫变成不能提供收入的资产。工作所需要的生产工具、商店里摆放的家具，肯定都会减少。对于这种人而言，最便捷的办法就是在需要食物的时候，一天一天地去购买，当然一小时一小时地购买就更好了。这样，他就能把几乎所有的资产都作为资本。零售商肯定能从所经营的生意中获得利润，而这种利润便来自其所提高的零售商品的价格，那么这些人所能提供的工作的价值也必然会增加，那足以补偿为获取利润而提高的价格，并有剩余。有些政治家对店主和商人有成见，这种行为其实毫无根据。零售商众多，也许他们会对彼此造成伤害，但是并不妨碍社会。因此，没有必要让他们缴纳赋税，也没有必要限制他们的人数。例如，某一城市能够销售出去的杂货数量受制于该城市及其周边地区对杂货的需求，因此，可投入到杂货业中的资本，一定不能多于购买这一数量的杂货所必需的数额。如果将这种有限的资本分给两个杂货商人让其经营，这两人之间的竞争会导致双方降低售价，而这一售价要比一个人独自经营的情况更便宜。如果将其分给20个杂货商人经营，他们之间的竞争会更激烈，而他们联合起来抬高价格的可能性却会变小。他们之间的竞争，也许会导致一些人破产，但这是他们自己应当注意的事，我们不必费心。他们的竞争肯定不会伤害到消费者，也不会伤害到生产者。相反，与一两个人独自经营的情况相比，那一定会导致零售商以昂贵的价格买入而不得不以低廉的价格出售。零售商众多，其中一定不乏引诱软弱的顾客上当受骗的奸商，致使顾客购买了自己其实并不需要的商品。不过，这种弊端并不是什么大问题，不值得国家费心费力，更无须通过限制他们人数的办法来防止。举一个最鲜明的例子，不是因为市场上的酒店太多，社会上才会出现酗酒的人；而是由于其他的原因，社会上才出现了酗酒的人，从而使市场上出现众多酒店。

运用这四种投资方法的人，自身都是生产性劳动者，如果他们的劳动使用得当，就能固定下来，并且会在劳动对象或可出售的物品上实现，至少，也能把维持他们自己的费用和消费掉的价值附加到劳动对象或可出售的商品的价格上。农场主、制造商、批发商、零售商的利润，均来自前两种用途所生产的商品和后两种用途所交易的商品的价格。然而，虽然他们每人所投入到这四种用途的资本是一样的，但是由于用途不同，相同数量的资本能够直接推动的生产性劳动的数目和获得的收入也很不一样，从而使其所属社会的土地和劳动的年产品增加的价值的比例也截然不同。

从批发商那里购买货物的零售商，其资本补偿了批发商的资本和利润，使批发商的生意能够继续进行。零售商的资本所能直接雇用的人就只有他自己这样唯一的一个生产性劳动者。在零售商的利润中，包括因这一资本的使用而增加的社会土地和劳动年产值。

棉花交易市场。棉花这样的原材料需要流动资本购买，这一部分补偿了为其提供这些原料的农场主和矿商的资本和利润。

从农场主那里购买天然产物和从制造商那里购买制造品的批发商，其资本补偿了农场主和制造商的资本和利润，使他们的生意能继续进行。这便是批发商间接使社会上的生产性劳动得以维持、使社会年产值有所增加的主要方法。他的资本也雇用了运输商品的海员和搬运工。所以它在这种商品的价格上所增加的价值，不仅包括批发商自己的利润，而且还含有海员和搬运工的工资。它所能直接推动的生产性劳动只有这么多，它使年产品能够直接增加的价值也只有这么多。但从对这两方面所起的作用来说，批发商的资本远大于零售商的资本。

东南亚地区的橡胶林。橡胶出口是东南亚地区重要的经济来源，但它的出产更多属于大自然的工作。

在制造商的资本中，有一部分被用在了固定资本上——投入到其经营生意所使用的工具上，这一部分补偿了出售这些工具的其他制造商的资本和利润。剩余的部分就是流动资本。在流动资本中，有一部分被用在了购买原料上，这一部分补偿了为其提供这些原料的农场主和矿商的资本和利润。但是在流动资本中，还有很大一部分在一年或短于一年的时间里分配给了其所雇用的工人。所以，这种资本在其所加工的原料上所增加的价值，就包括工人们的工资和制造商因使用资本支付工资、购买原料和生产工具而应获取的利润。所以，假如批发商和制造商所拥有的资本相同，从其所能直接推动的生产性劳动数量和增加的社会年产值来说，制造商的资本远大于批发商的资本。

在所有的资本中，推动生产性劳动数量最大的要数农场主的资本。不但农场主雇用的工人是生产性劳动者，而且他拥有的牲畜也是生产性劳动者。在农业上，大自然也与人共同劳动。自然的劳动虽然不需要付出什么代价，但它生产出的产品也有自己的价值，与最昂贵的经工人之手所加工出的产品没什么两样。与其说农业最为重要的作用在于使大自然的生产力得以增加，不如说其对大自然的生产力所起到的引领作用，使大自然能够生产出最有利于人类的植物。荆棘丛生的土地所能产出的植物，往往并不逊色于耕种得最好的葡萄园或麦田。种植和耕作，与其说是增加大自然的生产力，不如说是在支配大自然的生产力。除了人类劳动之外，还有很多工作必须要依赖自然力才能完成。所以，农业上所雇用的劳动者和使用的牲畜要再生产出他们所消费掉的价值，或者说是再生产出资本家维持他们的资本及其利润，这和制造业上所雇用的工人毫无区别。然而，除此之外，他们还要生产出更大的价值。除去再生产出农场主的资本及其利润的那一部分价值，一般还要再生产出地主的地租。这种地租，可以视为地主将自然力借给农场主使用的产物。地租的大小由想象中的自然力的大小决定。换句话说，也就是由想象中的土地的自然生产力或改良之后土地的生产力的大小决定。除去人类的所有工作之后，剩余的就是大自然的工作。大自然的工作在全部的产品中所占有的比例大多高于1/4，往往占1/3以上。投入到制造业上的相同数量的生产性劳动，都难以实现如此大的再生产。在制造业中，丝毫不存在大自然的工作，只有人力；再生产的大小，往往与引起再生产的生产力的大小

制造商的资本

在制造商的资本中，有一部分被用在了固定资本上——投入到使用的工具上，这一部分补偿了出售这些工具的其他制造商的资本和利润。

剩余的部分就是流动资本。其中一部分被用在了购买原料上，这一部分补偿了为其提供这些原料的农场主和矿商的资本和利润。

还有很大一部分在一年或短于一年的时间里分配给了其所雇用的工人。

所以，这种资本在其加工的原料上所增加的价值，就包括工人们的工资和制造商因使用资本支付工资、购买原料和生产工具而应获取的利润。

成比例。所以，假如投入到制造业中与投入到农业中的资本相同，那么从其所推动的生产性劳动数量，使社会年产值、国民的真实财富与收入所增加的价值来说，投入到农业的资本要比投入到制造业中的资本大得多。在各种投资方法中，对社会最有利的莫过于农业投资。

投入到农业和零售业中的资本，通常都会留在其所属的社会里。它们的使用大都有固定的地点，对于农业来说，是农场；对于零售业来说，是商店。而且，它们的所有者在很多时候都是其所属社会的居民。当然，有时也有例外。

批发商的资本似乎并不在什么地方固定下来或停留在某地，也没有那个必要。因为要以低廉的价格买入而以昂贵的价格出售，他们的资本往往要从一个地方流往另外一个地方，如此周转。

制造商的资本自然要留在制造的地点。至于在什么地方制造，则没有必要进行确定。有时，制造的地点不但远离出产原料的地方，而且也远离制成品销售的地方。里昂制造品的原料是从极为遥远的地方运来的，而其制造品也要运到极为遥远的地方进行销售。西西里的时尚人士穿的衣服的衣料是其他国家制造的丝绸，而丝绸的原料却产自西西里；西班牙的羊毛，其中有些制造于英国，而英国用其所织成的呢绒有一些后来又送回西班牙。

不管将资本投入到国内剩余产品出口贸易上的批发商是本国的居民还是外国人，都无关紧要。如果是外国人，受雇用的本国生产性劳动者的数目当然会比批发商是本国人时少，但也只

由于英国纺织行业的兴盛，许多耕地被改为牧场，因为其出产的产品如羊毛等利润更高。但无论如何，改良土地、出产产品、将产品运输到遥远地方售卖，这不是一个人能做到的。

少他一个人；本国的年产值当然也比较少，但也只少他一个人的利润。至于所雇用的船员和搬运工是不是本国人，便与他是不是本国人毫无关系，即便他为本国人，也可雇用外国的船员和搬运工。虽然批发商在国籍上有所不同，但将资本输出、用国内剩余产品来交换国内所需要的物品，那就不分国籍了，二者使剩余产品具有的价值一定相同。无论批发商是不是本国人，生产这种剩余产品的人的资本同样都可以获得补偿，其经营也能继续进行。这就是批发商的资本对维持本国生产性劳动、使本国的年产值实现增加所做出的主要贡献。

有一点比较重要，那就是制造商的资本应当停留在国内。由于这种资本的存在，本国所能推动的生产性劳动的数量、使本国社会年产值实现的增加一定比较大。然而，即使有些制造商的资本并没有留在国内，仍然可能对本国有用。比如，英国的亚麻制造商每年将资本投入到亚麻的加工上，而这些亚麻是从波罗的海沿岸各地进口的。这种资本，虽然并不属于产麻国，但是显然却很有利于产麻国。这种亚麻，只是出产它的国家的一部分剩余产品，假如不每年出口用来交换其所属国家所需要的东西，便毫无价值，其生产不久也会停止。出口亚麻的商人补偿了亚麻生产者的资本，由此鼓励这些生产者继续生产；英国的制造商又补偿了这些出口亚麻的商人的资本，使他们得以继续出口。

要对所有的土地进行改良和耕种，又要对全部天然产物进行加工，使其适用于目前的消费和使用，又要将天然产物和制造品的剩余部分运到遥远的市场，以交换国内所需要的物品，这么多事情不免过于烦琐。一个人的资本难以实现经营所有的生意；同样，一个国家的资本也不足以支撑如此众多的生意。英国国土幅员辽阔，居民众多，但是即使这样，要对所有土地进行改良和耕种，恐怕所拥有的资本还是不够。因为当地资本短缺，苏格兰南部的羊毛不得不被长途跋涉、运到约克郡进行加工。英国有不少小制造业城市，其居民常常因为资本短缺而无法将自己的劳动产品运到对产品有需求的遥远的市场进行销售。他们中即使有一些商人，也只能算是大富商的代理人，而所谓的大富商，往往住在大商业城市里。

如果一个国家资本不足以同时投入到这三种用途上，那么，我们就可以说，投入到农业上的部分越大，所推动的生产性劳动数量、使社会年产值实现的增加也越大。除去农业，就要数制造业所能推动的生产性劳动数量最大了。在这三者中，投入到出口贸易中的资本所达到的效果最小。

所有资本都不足以投入到这三种用途的国家，从其富裕的程度上来说，确实没有达到应有的水平。不管是对个人来说，还是对社会来说，想要在时机尚未成熟的时候将不充足的资本投入到这三种用途上，绝对算不上取得充足资本的最好方法。个人的资本有限，一个国家全体人民的资本也有限，要都投入到这三个用途上，确实不太现实。要想增加个人资本，就必须增加收入中的节余部分并不断积累；要想增加国民资本，也必须增加收入中的节余部分并不断积累。因此，资本的使用方法如果能使本国的所有居民获得最多的收入，由此而让所有居民都能拥有最多的积蓄，则国民资本自然会迅速增加。然而，国内所有居民收入的多少，一定要与国民土地和劳动的年产值保持一定的比例。

美洲殖民地差不多将其所有的资本都投入到了农业中。也正是因为这样，那里才迅速地走向了富强。这些殖民地除了那些会随着农业的发展而产生的、往往是每个家庭的妇女和儿童都能胜任的家庭制造业和粗糙制造业外，几乎不存在其他制造业。将资本投入到出口贸易和沿海贸易上的人，大都是住在英国的商人。甚至有些地区经营零售生意的店铺和货仓也都归居住在宗主国的商人所有，这在弗吉尼亚和马里兰尤为明显。零售业并非是本地居民所投入的，资本经营的事例屈指可数，这便是其中之一。假设美洲的居民团结起来，或者使用其他形式的暴力手段阻止欧洲制造品的进口，使国内制造同种产品的本地人垄断制造业，将导致本地的大部分资本都改变用途，投入到了制造业上，最终，将不仅不能实现他们年产品值的增加，使国家逐渐富强起来，恐怕只会阻碍国家发展。同样，如果他们企图垄断全部出口业，结果也许同样如此。

人类繁荣的历程好像从来都没有达到让人感到满足的程度。繁荣的时间过于短暂，以致使任何国家都无法获得足以投入到这三种用途上的资本。关于中国、古埃及、古印度的富裕和农业情况，各种记载都令人诧异不已。然而，即使是这三个被推崇为世界上最富有的国家，也只是因为它们在农业和制造业方面所占有优势而闻名。这些国家的对外贸易并不繁荣。古埃及人对海洋存在一种迷信，对其很是害怕和恐惧；印度人也常常有这类迷信；至于中国人，其对外贸易方面一向就不怎么发达。这三个国家的剩余产品，大都是由外国人出口，所交换回来的也多为他们所需要的东西——常常是金银。

同等数量的资本在国内所推动的劳动量的多少和其使社会年产值实现增加的大小，因它投入到农业、工业、批发业中的比例不同而有所差别。而且，即便均为批发业，其投资的结果也将因所经营的批发业的种类不一样而差异很大。

所有批发贸易可以分为三类，也就是国内贸易、对外消费贸易和运输贸易。国内贸易是从

描绘中国明朝都市商业繁荣景象的绘画。关于中国、古埃及、古印度的富裕和农业情况，各种记载都令人诧异不已。

国内的一个地方购入劳动产品，之后在国内的另外一个地方将其售出，它有内陆贸易和沿海贸易两类。对外消费贸易是购买外国货物满足国内居民的消费。运输贸易是经营不同国家之间的贸易，也就是把甲国的剩余产品运到乙国。

投入到国内贸易中的资本，将从国内甲地购买的产品运到乙地出售，每运作一次，通常可以补偿两个均为投入到国内农业或制造业中的资本，从而使其得以继续运作。当使用这项资本从商人的店里将一定价值的商品运出去时，很多时候至少可交换回来一个与其价值相同的其他商品。所以，如果交易的双方均为国内劳动的产物，结果自然能够补偿本国两个用于维持生产性劳动的资本，使其能继续运作。比如，先把苏格兰所生产的制造品运至伦敦，再将英格兰所生产的谷物或制造品运到爱丁堡的资本，每运作一次，无疑能够补偿英国的两个投入到制造业或农业中的资本。

既然进行对外消费贸易的一方是本国劳动的产物，那么，每运作一次，投入到这种贸易中的资本虽然能补偿两个不同的资本，但仅有一个是用于维持本国产业的资本。例如，先把英国的货物运至葡萄牙，再把葡萄牙的货物运回英国的资本，每运作一次，仅补偿一个英国资本，另外一个则是葡萄牙的资本。所以，即使这种贸易的资本每运作一次的速度与投入到国内贸易的资本运作的速度一样，比较而言，投入到这种贸易中的资本也只能鼓励半数的国内产业和国内生产性劳动。

事实上，对外贸易的资本运作速度很少能达到国内贸易的运作速度。国内贸易的资本，在很多时候每年能运作一次，有时甚至三四次。对外贸易的资本每年运作一次就已经很难得了，两三年运作一次也不足为奇。往往投入到国内贸易中的资本已经运作了十二次，而投入到对外贸易中的资本只运作了一次。所以，如果两个资本是一样的，投入到国内贸易中的资本对本国产业所提供的鼓励和扶持往往会比投入到对外贸易中的资本多24倍。

适合远洋航行的葡萄牙帆船。对外贸易的资本每年运作一次就已经很难得了，两三年运作一次也不足为奇。

国内消费的外国货物有时并不是用本国产品购买的，而是通过一些外国商品购买的。但这些外国商品必然是直接通过本国产品购买的，或是间接通过本国产品购买的——用本国产品购买外国商品，再用外国的商品来购买外国商品。因为除了战争的情况之外，外国商品只有通过本国产品直接进行交换获得，或利用本国的产品通过两三次不一样的交换获得，此外便没有其他的方法。所以，用在这样间接交换的对外消费贸易的资本，与用在最直接的对外消费贸易的资本相比，除了它每运作一次所需要的时间比较长这一点外，不管从哪一点来说，二者的效果都是一样的。假设商人用英国的制造品来购买弗吉尼亚的烟草，再用弗吉尼亚的烟草购买里加的亚麻和大麻，那么，如果不经过两次对外贸易，资本就难以返回到商人的手中用于购买相同数量的英国制造品。再假设用来购买弗吉尼亚烟草的不是英国制造品而是牙买加的砂糖，但要通过英国的制造品才购买到牙买加的砂糖，那就必须进行三次对外贸易商人才能再使用同一资本去购买相同数量的英国制造品。再假设这两次对外贸易或三次对外贸易是由两三个不同的商人经营的。第一个人进口的是商品，其进口的商品被第二个人购买用以出口，第二个人进口的商品又被第三个人购买用以出口，对每个商人来说，资本的回收速度的确比较迅速；但是要将投入到贸易中的所有资本都如数收回，却是十分缓慢。此外，投入到这种间接交换的贸易中的资本终究是属于一人，或归这三人共同所有，对于个别商人来说，虽然有计较的必要，但是对于国家来说，却毫不相干。不论是属于一人，还是归这三个人共同所有，用一定价值的英国制造品辗转几次交换到一定数量的烟草，与拿英国制造品与烟草直接进行交换的情况相比，所需要的资本往往会大三倍。所以，虽然投入到比较直接的对外消费贸易的资本和投入到间接交换的对外消费贸易中的资本数量是相等的，后者为本国生产性劳动所提供的鼓励与扶持却通常会略少。

用来购买国内消费的外国货物的，不管是什么样的外国商品，都无法改变贸易的本质，也无法使它对本国生产性劳动所能提供的鼓励与扶持发生增减变动。如果它们是用巴西的黄金或秘鲁的白银所购买的，自然要通过本国的某种劳动的产品，或用本国的劳动产品通过交换而得来的某种物品购买。这种交换，便与先购买弗吉尼亚的烟草，然后再用弗吉尼亚的烟草来购买本国所需要的物品毫无差别。所以，对于本国的生产性劳动而言，不管是从利的方面说，还是从弊的方面说，在补偿直接用在维持该生产性劳动上的资本的速度方面，通过金银进行的对外消费贸易与其他任何同样间接交换的对外消费贸易毫无差别。不过，比较而言，通过金银进行的对外消费贸易还有一个优点。金银作为金属，虽然体积小，但是其包含的价值却不小，因此，与相同价值的其他物品相比，运输的费用比较少，保险费用也不会更多。再者，运输过程中，与其他的物品相比，金银更不易受损。所以，用金银充当媒介与用其他的外国货物充当媒

北美殖民地的烟草在市场上很受欢迎。

介相比，我们常常能够通过较小量的本国劳动产品交换到相同数量的外国产品。所以，比较而言，用其他的外国货物充当媒介，不如用金银充当媒介，因为本国的需求可以由此而以较少的花费获得更充分的供给。至于这种不断输出金银用以换得本国所需要的外国货物的贸易是不是会导致国家陷入贫困，这个问题我们在下面要详细讨论。

投入到运输贸易中的资本，都是从国内抽调出来的，没有用于维持本国的生产性劳动，却转而用于维持外国的生产性劳动，这种贸易每运作一次，虽然能够补偿两个资本，但这些资本并不归本国所有。荷兰商人将资本投入到谷物从波兰运送到葡萄牙、葡萄牙的水果和葡萄酒运回波兰上，确实补偿了两个资本，但是两个都没有用于维持荷兰的生产性劳动：一个是被用于维持波兰的生产性劳动，一个是被用于维持葡萄牙的生产性劳动，属于荷兰的只有荷兰商人所获得的利润。这种贸易的进行，使荷兰的土地和劳动的年产品的价值实现了一定的增加，但是所增加的部分却微乎其微。当然，如果经营运输贸易所使用的船舶和水手属于本国，那么，用于支付运费的那一部分资本，大部分被用于推动本国的生产性劳动、雇用本国的生产性劳动者。实际上，运输贸易发达的国家基本上都是按照这样的方式进行的，而这些国家的民众往往是外国人的搬运工。运输贸易的名称，也许正是因为这而得来的。然而，运输货物所需要的船舶与水手并非一定归本国所有。比方说，荷兰商人所经营的是波兰与葡萄牙之间的运输贸易，其所用的船舶并非一定是荷兰的，用英国的船舶也行。在这种情况下，可以说运输贸易对英国这样的国家尤为有利，因为一个国家的国防和安全是由其所拥有的船舶与水手的数目决定的。但是，同等的资本在对外消费贸易，甚至在国内贸易中（如果由沿海船舶进行）照样可以雇用那么多的船舶和水手。一定数量的资本所能雇用的船舶和水手到底有多少，不是由贸易的性质决定的，而是一部分由货物的体积和其价值的比例决定，一部分由进行运输贸易的海港之间的距离决定。在这两个决定性因素中，前者更重要。尽管纽卡斯尔与伦敦两个海港之间的距离比较近，然而，二者之间进行的煤炭贸易所雇用的船舶和水手却比英格兰所有运输贸易雇用的总量还多。所以，想利用特别的奖励迫使国家的资本不顺应自然的趋势，而将很大一部分投入到运输贸易中，并不完全能促进一个国家的航海运输业。

与投入到对外消费贸易中的相同数量的资本相比，投入到国内贸易上的资本所能扶持和鼓励的本国生产性劳动数量既然比较大，那么其使本国年产值实现的增加通常也更多。与投入到运输贸易中的相同数量的资本相比，投入到对外消费品贸易中的资本却能在这两个方面上提供更大的利益。一个国家的财富和实力（在财富决定实力的今日），一定与其年产值，也就是与其支付所有税收的最终基金成比例。政治经济学的远大目标，便是增长本国财富、增强本国实力，所以，出于对本国经济的考虑，不应奖励对外消费品贸易，而应奖励国内贸易；不应奖励运输贸易，而应奖励对外消费品贸易或国内贸易。出于对本国经济的考虑，不应强迫也不应诱使较大份额的资本违背事物的自然趋势，流入到对外消费品贸易或运输贸易渠道中去。

然而，如果这三种贸易无论哪一种都没有受到约束或强迫，而是顺应事物的趋势自然发展起来的，那么，它们均为有利的，且为必要的、不可缺少的。

当某一特定的产业部门的生产超出了本国的需求时，剩余部分必定会被送到国外，用于交换国内所需要的物品。假如没有这种出口，必然会有一部分国内生产性劳动停止，从而

英国所生产的谷物、呢绒和金属制品，一般都会多于国内市场的需求。因此，剩余的部分必定会送到国外，用于交换本国所需要的物品。

导致国内的年产值减少。英国所生产的谷物、呢绒和金属制品，一般都会多于国内市场的需求。因此，剩余的部分必定会送到国外，用于交换本国所需要的物品。假如没有这种出口，这一剩余的部分将无法得到足以补偿生产这些剩余产品时所消耗的劳动和支出的价值。沿海沿江一带由于出口剩余产品比较方便，很容易就能交换到本地所需要的物品，因此，比较适宜开办产业。

用本国的剩余产品交换而来的外国商品，如果也超过了国内市场的需求，则其剩余部分也必须运到国外，用于交换国内所需要的其他物品。英国每年用本国剩余产品购买到的弗吉尼亚和马里兰的烟草达9.6万桶，但是英国每年的需求量却可能仅为1.4万桶。所以，剩余的8.2万桶如果不输出到国外，以交换国内所需要的物品，那么烟草进口就会马上停止。每年为购买这8.2万桶而制造的产品，原来并不是为了满足本国的需求，现在出口的渠道又被堵塞，生产当然会停止，而为制造这种产品受到雇用的那一部分英国人也将无事可做。所以，最迂回的对外消费品贸易，有时无异于最直接的对外消费品贸易，是推动本国生产劳动、维持本国年产值必不可少的手段。

如果一个国家所积累的资本不能全部用在满足本国的消费需求、维持本国的生产性劳动上，那么它所剩余的部分自然就会流进运输贸易渠道，用于满足其他国家的消费需求，维持其他国家的生产性劳动。运输贸易是巨额国民财富的自然结果和象征，但却并不是国民巨额财富的自然原因。对这种贸易极为赞成的政治家们，似乎误把结果和象征当成了原因。从土地面积和居民人数的比例上来说，荷兰是欧洲最富有的国家，所以，荷兰在欧洲运输贸易中所占有的份额是最大的。在欧洲的富有国家中，英格兰位居荷兰之后，也有许多运输贸易。不过，在多数情况下，英格兰的运输贸易不如说是间接交换的对外消费品贸易。我们将东、西印度群岛和北美洲的商品运到欧洲各个市场去的贸易，一般都属于这种性质。这种贸易中的商品，一般如果不是英国的产品，就是通过英国的产品所购买的物品，而且，这些贸易最终所购回的物品又通常是在英国消费或使用。真正的英国运输贸易，只有那些利用英国的船只在地中海各个港口之间进行的贸易和由英国商人在印度沿海各个港口之间经营的贸易。

由于国内各地都有必要交换各自的剩余产品，由此便产生了国内贸易。所以，国内贸易的范围和投入到国内贸易中的资本量，必然会受制于国内各地剩余产品的价值；对外消费品贸易的范围必然会受制于本国所有剩余产品的价值和能够由此而购买到的物品的价值。运输贸易所交换的是世界各地的剩余产品，所以，其范围必然会受制于世界各地的剩余产品的价值。与前面两种贸易相比，运输贸易的前景无限，它能够吸收的资本量也最大。

决定资本用途的动机仅有一个，那就是对私人利润的考虑。是将资本投入到农业中、投入到工业中、投入到批发业中，还是投入到零售业中，要看哪种用途能够创造的利润最大。至于哪种用途能够推动的生产性劳动数量最大，哪种用途能够使社会年产值实现的增加最多，资本所有者从来不会放在心上。所以，在农业是最能创造利润，通过耕作和改良最容易富裕起来的国家，个人的资本必然会投入到最有利于社会的用途中去。然而在欧洲，将资本投入到农业上所获得的利润并不比其他用途多多少。不可否认，近几年来，欧洲各个地方有许多计划家极口称赞耕作和改良所创造的利润，但只要稍微观察一下，就会发现他们的结论是错误的。我们经常看到这样一些人，他们从微薄的资本甚至没有资本开始，只要在制造业或商业上打拼数十年，便跻身富翁行列。然而18世纪以来，像这样依靠少量资本从事农业贸易而致富的人，在欧洲几乎找不到。在欧洲各个大国，仍然有许多没有实现耕作的优良土地；已经有人耕作的土地，也没有获得充分改良。所以，现在几乎所有地方的农业都还能容纳不少资本。

第三篇

论不同国家的财富发展

第一章
论财富的自然增长

在文明社会，城市与农村之间的贸易往来是其商业的重要组成部分。构成这种贸易的因素主要是自然生成物和制成品之间的交换，这种交换或直接进行，或者通过货币或纸币这些流通工具进行。农村向城市供应生活资料和制成品的原材料，城市则将一些制成品返回农村。可以毫不夸张地说，城市所拥有的财富和生活资料均来自农村，城市不存在什么生活资料，也不可能存在对这种生活资料进行的再生产。但是，我们不能单从这一点就说城市所获得的利益便是农村的损失。其实二者并没有什么利害冲突，它们从彼此身上所获得的利益是一致的。分工所产生的结果与其他情形毫无二致，有利于城市和农村中所有从事不同行业的人。农村居民无须亲自加工自己所需要的产品，从城市购买即可，这样，他们就实现了以自己不多的劳动产品交换到较多的制成品。城市为农村居民的剩余产品提供了市场，这些剩余产品是超出农村居民所需要的数量，过剩的物品可拿到城市去出售，以交换自己所需要的物品。城市的居民越多，居民所获得的收入越高，农村居民剩余产品的市场就越广阔，就能造福更多的人，为他们带来更大的福利。试比较一下所有郊区土地

两个正在使用铁犁耕地的农民。类似铁犁这样的生产资料更新，会增加土地的产出。

耕种情况与所有远离城市的地方的土地耕种情况，你就会发现城市的商业对农村的影响之大。即使是在那些关于贸易差额的极不合理的言论中，也从未出现过城乡之间互通有无的贸易不利于城市或农村的言论。

一般来说，生活资料走在便利品和奢侈品的前面。所以，生产生活资料的产业也一定会走在生产便利品和奢侈品的产业的前面，农村的耕种和改良也一定会走在城市发展的前面。城市的生活资料随着剩余产品的增加而增加，这是因为构成城市生活资料的正是农村的剩余产品，也就是超出农村居民需求的过剩部分。然而，城市的生活资料并不一定依赖于与其相距不远的农村，甚至也不一定依赖于国内的农村，而可从相去甚远的地方输入。虽然这一点只是例外情况而非一般规则，但不同时代、不同国家的国民财富的增加却因此而迥然不同。

农村的发展走在城市的前面的顺序，取决于其必要性。虽然并不是所有的国家都存在这种现象，然而在每个国家，人类的天性都为这种现象的形成贡献了力量。如果人为的制度无法约束人类的天性，那么，在城市所在地的所有土地完全实现耕种和改良之前，城市的发展必然不能超过其所在地的土地耕种和改良所能支持的限度。在前提是利润一样或几乎一样的情况下，人们宁愿投资于土地的耕种和改良，也不愿将资本投入到制造业或对外商业上。这是因为，如果投资于土地的耕种和改良，人们能够清楚地看到资本的流通过程，与商人相比，他不必过于担心意外事故对其造成的影响。商人的资本经常任由市场上大风大浪支配，随时都有可能发生意外。将资本委托给对当地的风俗人情都不太熟悉的远方人，也很不靠谱。相反，地主的资本在土地上固定下来，这样的安全程度极尽人类所能，非其他资本使用方式所能企及。再者，乡村的别致景色、生活于期间的愉悦感，以及其抚慰心灵、让心情归于平静的作用如果没有遭受到人为的干涉，那么，这些出众的地方无不吸引着每一个人。耕种土地从一开始就受到人们的偏爱，而且，在人类存在的所有阶段，这种古老的职业将永远受到人们的偏爱。

除非有一些工匠的帮助，土地的耕种才能顺利实现，不然，只会遇到诸多不便，从而导致耕种断断续续。铁匠、木匠、车匠、犁匠、泥水匠、砖瓦匠、皮革匠、鞋匠和裁缝等人的工作都是农民必不可少的。这些工匠因需要相互帮忙而居住在相距不远的地方，由于不用像农民那样一定要在某个地方固定下来，于是，就逐渐形成了小城镇。不久，又加入了一些能够满足他们不时之需的人，这些人的存在非常有必要，而且十分有用，如屠夫、酿酒人、面包师以及其他的工匠和零售商，他们促使城镇进一步壮大。结果，城市的居民与乡村的居民双方互为彼此的仆人。城市常常成为一个市场，由于乡村居民需要将自然生成物拿到城市出售，以交换他们所需要的制成品，这就为城市居民提供了生产和生活的原料。城市居民所购买的原料量和食品量便取决于他们出售给乡村居民的制成品的数目。城市居民原料和食品增加的比例与乡村居民对制成品的需求保持一致，而这一需求的增加比例又与耕种和改良的发展情况保持一致。因此，如果人类的制度没有影响到事物的发展进程，那么城市财富的增加和发展，便都是乡村耕种和改良发展的必然结果，而且其比例也与之保持一致。

人们能够轻而易举地在北美殖民地购买到未被开垦的土地，但是在这些地方并不存在用于销售到遥远地方的制造业。如果一个工匠从经营的生意中所获得的资本，超过了为附近的乡村

北美洲丛林中的农场。人们能够轻而易举地在北美殖民地购买到未被开垦的土地，但是在这些地方并不存在用于销售到遥远地方的制造业。

提供服务所需要的数目，他不是将剩余的资本投入到用于销售到遥远地方而创立的制造业中，而是投入到购买土地或对未被开垦的土地进行改良上。他心甘情愿从一个工匠变成一位农场主。即便为让他长期从事工匠的工作而以高工资或易于得到的生活资料相诱，也难以改变他的心意。他宁愿为自己劳动，也不愿为他人劳动。在他看来，工匠所扮演的角色是顾客的仆人，从为顾客服务的劳动中获得自己所需要的生活资料，而农场主则不同。农场主所扮演的角色是自己的主人，在世界上是一个独立的个体，不受任何人支配，从自己的劳动中获得自己所需要的生活资料。

相反，在不存在荒地或购买土地比较困难的国家，工匠所获得的资本超过了为附近的乡村提供服务所需要的数目，那么他们将会为销售到遥远的地方而着手准备。铁匠就会建造铁厂，纺织工人就会设立麻织厂或毛织厂。这些工厂将随着时间的推移而实行细密的分工，这样，各方面就会由此而得到改善。这一点大家很容易就能理解，就不需要我多说了。

在利润一样或几乎一样的情况下，制造业当然要走在对外商业的前面，至于原因，与农业要走在制造业前面相同。与制造商的资本相比，地主或农场主的资本更为安全，与从事对外商业的商人资本相比，制造商的资本因在自己的支配和控制的范围内而更安全。不可否认，每个社会、每个时代的自然生成物和制成品中的过剩部分，或在国内找不到用途的那一部分，都会为交换本国所需要的物品而被送往国外。至于把剩余产品输出、送往国外的资本到底是哪国的资本，是外国还是本国的，则不是太重要。如果本国的资本不足以支持对所有土地进行耕种和最大限度地对自然生成物进行加工，那么，即使将本国的剩余产品送往国外的资本不属于本国，也会对本国有利。这是因为，有了这种资本，就能使本国的所有资本投资于更有利的用途上。中国、埃及和印度的富有充分证明了一点：即使国家的大部分对外商业掌握在外国人手

比利时泽布鲁日港口。在欧洲的一些城市中，用于销售到远方的制造业大都是由对外商业引发的。

中，也不会对该国的财富有任何影响，该国依旧能够很富裕，甚至还能达到很高的富裕程度。如果北美殖民地和西印度群岛殖民地只用本国的资本而将剩余产品送往国外，那么这两个地方的发展肯定不会像现在这样快。

每个正在发展的社会，其资本一定是根据自然的顺序，先将大部分资本投入到农业上，其次投入到制造业上，最后投入到对外商业上。这一顺序很是自然。无论哪个大城市，在其建立之前，都必然要开垦一些土地，必然要在这些城市创办一些简单粗糙的制造业，而后才会出现从事对外商业的人。

尽管每个社会都或多或少会遵循这一自然顺序，但是就现在欧洲的情况而言，却在很多方面与之背道而驰。在欧洲的一些城市中，用于销售到远方的制造业大都是由对外商业引发的。制造业和对外商业又推动了农业的改良。这种与自然顺序背道而驰的顺序，是由政府促成的。正是这些城市原先的政府使他们的方式和习惯变成了现在的样子。虽然后来的政府进行了大幅度改革，但是，他们的方式和习惯却并没有因此而改变。

第二章

论罗马帝国衰亡后农业在欧洲旧状态下所受到的抑制

从日耳曼民族和塞西亚民族滋扰罗马帝国西部开始，欧洲发生了重大变革，而后产生的骚乱接连不断，一直持续了好几百年。野蛮民族对原住民实施的掠夺和迫害致使城乡之间的贸易被迫中断。城市空无一人，成了名副其实的荒凉之地，农村的耕地则无人耕种。曾经在罗马帝国统治时期异常富有的西欧，现在已沦落为贫穷、野蛮的地区。在接连不断的扰乱中，这些民族的酋长或首领将很多土地收入囊中。因此，虽然这些土地中很多都是未被开垦的，但是要想找一块儿没有主人的土地却很困难。所有土地都被人占有，而其中大部分则是被一小部分地主占有。

一开始，这种对土地的占有造成的危害很大，然而，这或许只是暂时的事情。因为继承和转让的存在也许会使这些土地过不了多久就会从一整块被分割成很多小块。长男继承法的出现，使因继承而导致的土地分割现象得到遏止；限定继承制的出现，则使因转让而导致整块土地被分成若干小块的现象得到遏止。

如果我们只是将土地视为维持生活和追求享受的手段，就像动产一样，那么，根据自然继承法，很自然就会将土地分配给家庭中的所有子女。这是因为，每个子女都是父亲的心头肉，他们的生计都牵引着父亲的心，他们所获得关心是一样的。罗马人的自然继承法就是如此。在土地继承中，罗马人不分男女长幼，只要是自己的孩子都可以继承土地。这样的分配方法和分配动

类似西哥特人洗劫罗马的场面，在罗马帝国衰亡的过程中屡见不鲜。曾经在罗马帝国统治时期异常富有的西欧，在罗马帝国灭亡之后，已沦落为贫穷、野蛮的地区。

产一样。不过，当土地不再仅仅限于维持生活的手段，而且还充当了权力的手段时，再分配土地时，将其完整地传给一个人似乎更为恰当。在那些时局动荡的年代，每个大地主或小诸侯，其佃户便是他的臣民，而他则是佃户们的法官，在和平时期，他是佃户们的立法者，在战争时期，则是他们的首领。他可以随心所欲地对邻居或君主发动战争。因此，地产安全与否和生活于其中的居民有无保障便取决于地产的大小。对它进行分割，无异于将它毁灭，也将意味着使其每个部分遭受势力强大的邻居侵占的危险。因此，长男继承法便应运而生。这一法律并不是突然冒出来的，而是有一个缓慢发展的过程，其原因与君主国的继承毫无差别，尽管在建国之初并不是一直如此。出于对君主国安全和权力的考虑，使它们不会因土地的分割而减弱，必须要在众多儿女中选择一个人完整地继承。至于到底要选谁，这样一件大事，自然要通过制定一个普通的规则来确定，以使这种选择不是建立在个人好恶的基础上，而是建立在一种毋庸置疑的明确标准基础上。同一个家庭的子女，其毋庸置疑的区别无外乎性别和年龄。通常，在人们看来，男性比女性出色，而当其他条件都一样时，年龄大一点的要比年龄小的出色。于是，长男继承法便由此产生，直系继承的名称也随之产生。

法律最初产生时都是出于环境的需要，而使其合理化的也是这一环境。实际上，常常会发生这种现象：虽然导致某一法律产生的环境已不复存在，而这一法律却仍然在发挥作用。现在的欧洲，只拥有1英亩土地的小地主，其土地的安全程度与拥有10万英亩土地的大地主毫无二致。尽管如此，长男继承权并没有因社会的变革而发生变化，它依然活跃在各个国家的舞台上。这是因为，在所有的制度中，也只有这种制度最能维持贵族的体面，因此，这一制度或许还会持续几百年。实际上，除了这一点之外，长男继承权所发挥的作用无不触犯大家庭的实际利益。这一权利的存在，因使一人富有而导致其他的子女陷入贫穷的境地。

限定继承制是随着长男继承法的实行自然而然产生的。实施限定继承制原本是为了将财产传给嫡子，以防继承人因恣意而为或遇到不测而致使财产以赠予、转让或遗赠的方式被分割，落入非直系人的手中。罗马人对限定继承制的存在一无所知。尽管在一些法国法律学家看来，罗马古代的制度仍然适用于现在，但实际上，罗马人实行的预定继承人或以遗嘱指定继承人的方法，均与限定继承法大相径庭。

在大地产仍然是诸侯领地时，限定继承制的存在还是比较适宜的。正如某些君主国所实施的根本法一样，这种法律的实施，能够使国内的百姓不会因某人的恣意妄为而遭受苦难。而在现在的欧洲，无论地产大小，其安全所受到的法律保护是相同的，因此，再看这一法律的实施，就有些荒唐可笑了。其实，这种法律的制定建立在某种错误的假设上，这种假设便是人类的每一个后代对所有土地及其他一切所有财产享有的权利并不一样，这便意味着现代人的所有权受制于500年前祖宗的意愿。现在，欧洲实行限定继承权的地区仍然为数不少。尤其是在那些以贵族血统作为享受民事或军事荣誉所必不可少的条件的国家里，这种法律更是根深蒂固。这种法律被贵族视为继续延续贵族所享有的高官厚禄的必要手段。尽管这种法律的实施已使这一阶层夺取了一种不正当利益，但是他们还是担心因不够富裕而受人讥笑，由此便认为应当再让他们享受一种利益。据说，英国的习惯法对永久不得转让的产业是深恶痛绝的，因此，与欧洲其他国家相比，限定继承权在英国所受到的限制更多。现在，在苏格兰，几乎有1/5，也可能有1/3以上的土地仍然受制于限定继承。

法国著名的卡尔卡松城堡。作为继承权的一部分，城堡往往成为贵族重要的财产。

如此一来，不但有大量未被开垦的土地被少数家族占有，而且这些土地毫无再次分割的可能。然而，大地主多数不是大改良家。在产生这一制度的时候，动乱接连不断，大地主的精力都耗费在了保卫自己的领地或扩展领地——将其范围和管辖权扩展到邻近的人的领土上，而对土地的耕种和改良则疏于照顾。而当法律建立、秩序稳定，使得他们有时间、精力对土地进行耕种和改良的时候，他们又没有了心思，也没有那个能力。家庭和个人的支出，如果恰好与他的收入相等或超过了他的收入（这是经常发生的事情），他也就没有资本投入到这种用途上。如果他是一个头脑灵活、很会做生意的人，出于对经济利益的考虑，他会将每年的储蓄投资于购买新地产，而不是投资于改良原先的土地上，因为前者似乎更有利。对土地进行改良，正如其他的商业计划一样，要想获得利润，就非得密切注意节省的小额资本和利润不可。一个生在富有家庭里的人，即使他天生就具备节俭的习性，也很难能够达到如此地步。由于家庭环境的熏陶，出生在富有家庭里的人自然而然地会注重那些能够吸引众人目光的装饰，而对那些不需要的利润毫不上心。从他很小的时候开始，其养成的习惯便是穿着华丽、陈设华美、住宅富丽堂皇、家具精美。即便他想起对土地进行改良，也不会使他的习惯有丝毫的改变。他也许会对住宅周围四五百亩的土地进行装饰，花费比对土地进行改良高10倍的费用而不管这一做法是否得当。如果他按照这种方法进行下去，那么，即便他没有其他的嗜好，恐怕也会在土地还没有耕种1/10之前变得一无所有。现在，在联合王国境内的两个地方，从封建时代开始，一些大地产始终掌握在少数人手里。试比较一下上述大地产和邻近的小地产，你就会对大地产不利改良的情况一目了然。

这样的大地主对土地进行改良尚且希望渺茫，更不用说隶属于他们的人对地产进行改良了。在欧洲旧秩序下，他们均为毫无自由的佃户。佃农几乎就是奴隶，但是他们所受到的奴役，比起古希腊和罗马制度下的奴隶，或者是西印度群岛殖民地制度下的奴隶，还算是比较温和的。与其说他们隶属于主人，不如说他们隶属于土地。虽然他们可与土地一起出售，但是却不能单独出售。如果获得主人允许，他们还能结婚。并且，主人不能将他们拆散并出售给不同的人，只能同时出售给同一个人。如果主人将其中的一个人致残或将其杀害，那么，主人将会由此而受到惩罚，不过所罚款项数额很小。奴隶不能积累财产。他们得到的所有东西均归主人所有，主人可以随时随地拿走他们的东西。所以，只要是这种奴隶对土地进行的耕种和改良，事实上均是他们的主人开展的，在此过程中的所有费用也是由主人支付的。种子、牲畜和农

佃农在收获季节辛苦劳作。与其说他们隶属于主人，不如说他们隶属于土地。

具均属于主人。因此，这种奴隶所获得的东西，除了日常所需的生活资料之外，便没有其他的了。在这种情形下，土地属于主人，只是土地是由其奴隶耕种的。如今，在俄罗斯、波兰、匈牙利、波希米亚、摩拉维亚和德意志的其他地方，这种制度仍然存在。将这种制度逐渐废除的，只有欧洲西部和西南部的地方。

期望大地主对地产进行大改良已经很不容易，更不用说在他们使用奴隶进行耕种时对土地进行大改良了。所有时代、所有国家的经验都表明一件事，那就是支付奴隶的劳动虽然只需要维持他们的费用，但是这一费用不管怎么看都极度高昂。一个不能得到任何财产的人，所想的无非是尽量多吃、尽量少干活。他只需从工作中获得能够维持生活的资料便可，要想从他身上再想榨出一点油水，只能通过暴力手段才能实现；否则，他肯定不愿意多干。在普林尼和科卢麦拉所写的著作中都曾经指出，在奴隶的经营下，古代意大利谷物种植的倒退程度，以及对主人不利的程度。

人们大都喜欢指挥别人，这是人类的好胜心理使然，而若是让他们俯就他人，这只能让他们感到耻辱。因此，如果获得法律允许，工作的性质也允许，他们通常愿意选择使用奴隶而不是自由人。例如，种植蔗糖和烟草足以提供支付奴隶耕种的费用，而种植谷物却做不到。在出产的物品主要是谷物的英国殖民地，多数工作都是由自由人承担的。最近，宾夕法尼亚的贵格会教徒决议要解放奴隶。我们相信，他们所拥有的黑奴人数肯定不是太多。如果奴隶在财产中占有很大的比例，他们肯定不会赞成这项决定。在出产的物品主要是蔗糖的英国殖民地，所有工作均由奴隶承担；在出产的物品主要是烟草的英国殖民地，多数工作也是由奴隶承担的。西印度群岛种植蔗糖的利润非常大，以至欧洲或美洲种植其他作物的利润都不能与之相比。虽然种植烟草的利润要低于种植蔗糖，但却高于种植谷物。二者都足以支付奴隶耕种的费用，但是与种植烟草相比，种植蔗糖支付的费用更多。因此，在我国，与种植烟草的殖民地相比，种植蔗糖的殖民地的黑人人口数目要远大于白人人口数目。

农民耕种土地所使用的资本是自己的，不过，他们要向地主缴纳一定数目的地租。这种农民所租用的土地均有租期。所以，有时他们会发现将自己的一部分资本投入到土地的改良上比较有利于自己。有时他们希望在租期未到之前，投入的资本能够及时收回，并且还能获得可观的利润。不过，这种农民租用土地的权利在相当长的时期内也是很不可靠的。现在，在欧洲很

佃农对土地的改良实际上是他们主人开展的

佃农几乎就是奴隶，但是他们所受到奴役，还算是比较温和的。

与其说他们隶属于主人，不如说他们隶属于土地。他们可与土地一起出售，但是却不能单独出售。如果获得主人允许，他们还能结婚。并且，主人只能将他们同时出售给同一个人。

如果主人将其中的一个人致残或将其杀害，那么，主人将会由此而受到惩罚，不过所罚款数额很小。

奴隶不能积累财产。他们得到的所有东西均归主人所有，主人可以随时随地拿走他们的东西。这种奴隶所获得的东西只有日常所需的生活资料。

所以，只要是这种奴隶对土地进行的耕种和改良，事实上均是他们的主人开展的，在此过程中的所有费用也是由主人支付的。

多地方，由于土地的主人更换，就算租期未到，将农民赶出农场也不算犯法。在英格兰，也需要根据一种虚构的普通退租法取回租借的土地。即便地主违法赶走农民，农民也不能反抗。诚然，农民所投入的资本常常会获得一定的赔偿，但是这些赔偿难以与所投入的资本画上等号。在欧洲，英格兰或许算得上是对自耕农最为尊重的国家了，但就算是在那里，也是到亨利七世十四年前后的时候才实行收回地产诉讼法。这一法律规定，在地主要收回土地的时候，农民可以要求地主对之进行补偿，农民也可以重新占有土地。然而这种要求不一定经过一次审判之后就能实现。这种诉讼法实行之后颇为有效，所以，最近如果地主因占用土地而起诉时，常常以佃农的名义根据退佃令而提起诉讼，而很少以地主的名义根据权利令和进入令而提起诉讼。因此，在英格兰，佃农的安全已与地主无异。除此之外，英格兰又规定，每年缴纳的地租是40先令的终身租约，就能被当成终身保有的不动产，拥有投票选举国会议员的权利。大部分自耕农基本上都拥有这类不动产，所以，他们在政治上所占据的势力不可小觑。我相信，没有一个地方的佃农会像英格兰的一样，不订立租约便在土地上修建仓库，并相信地主不会前来抢夺。这种如此有利于自耕农的法律和制度，确实为英格兰现在的伟大做出了贡献。比较而言，那些夸大的商业规章则不值一提。

据我所知，这种不会遭到各种继承人妨碍而保证最长租期的法律，是英国所特有的。早在1449年的时候，这种法律便由詹姆士二世传到了苏格兰。不过，由于限定继承制尚未废除，限

丰收的田地。因为租期的短暂，还不足以鼓励佃农对土地进行重大改良。

定继承人常常不允许将土地以一年以上的租约租借出去，所以，这种法律所具备的有利作用并没有得到充分发挥。最近，国会显然想要设法补救这一弊端造成的影响，因而制定了一项条例以放宽条件让其发挥作用，但限制仍然很多。除此之外，在苏格兰，佃农并不享有选举国会议员的权利，所以，与英格兰的佃农相比，他们所受到的重视程度要低得多。

在欧洲的其他地方，虽然也能保证佃农的权益，使其不会遭到继承人和购买者的妨碍，但是这种权利的保证期限却很短暂。例如，法国规定的租期是9年，直到最近才把租期延长至27年，尽管如此，这一租期仍然有些短，还不足以鼓励佃农对土地进行重大改良。古代欧洲各个地方的土地所有者向来就是他们所在地的立法者。因此，关于土地的法律全是从他们的自身利益出发制定的。在他们看来，出于对土地所有者的考虑，祖先不应该将土地出租出去，致使他们不能长期拥有土地的所有价值。贪婪和不公只会使其目光短浅，他们从来没有想到，这一规定会极度妨碍改良的进行，最终损害的还是他们自己的实际利益。

在古代，农民除了要向地主缴纳地租之外，还要为地主提供各种劳役。这种劳役既不在租约中明文规定，也不受制于任何规定，而取决于庄园或诸侯的需要和习惯。这种没有任何规定的劳役，使佃农苦不堪言。最近，苏格兰废除了所有没有规定的劳役，短短几年工夫，国内自耕农的状况就得到了明显改善。

既然农民所服的劳役已为如此，就更不用说那些公共劳役了，它们就更随意残暴了。我相信，虽然这种劳役在不同的国家残暴程度不等，但是，各地依然存在着修建和维修公路的劳役，而且这种劳役并不是唯一的一种。当国王的军队、王室成员，或任何一类的官员过境的时候，当地的农民都有为他们提供车马和粮食的义务，而其价格则取决于粮食征购官。我相信，在欧洲的各个国家中，只有英国是完全废除粮食征购这种压迫人民的制度的国家。在法国和德国，这种压迫依然存在。

既然农民所承担的劳役义务如上面所说，那么，农民所承担的纳税义务的不规范性，及其具有的压迫性与劳役并没有多少差别。古代的贵族虽然极不愿意向君主提供任何金钱方面的援助，但是却对君主向自己的佃农征收赋税毫不在意。他们没有想到，这种税收的存在最终会对他们自己的收入造成重大影响。在法国，佃农税仍然未被废除，这便是古代君主征收赋税的一个例子。这种税的征收对象是假定的农民，根据农民投入到农场中的资本估算而得。因此，出于对自身利益的考虑，农民会尽量装得很穷，这样一来，投入到耕种上的资本就会尽量少些。至于改良的资本，则以不支出为好。即便法国农民的手中积累了一定的资本，也会因这种税收的存在而不会投入到土地上。这种税实际上几乎与投资土地的障碍无异。向他人租借土地的人免不了都要缴纳这种税，然而，缴纳这种税的人常视其为耻辱的标志，认为这样只会降低自己的身份，使自己不但不能与绅士享有同样的地位，而且还降到了市民之下的地位。绅士，甚至是拥有资产的市民，都不愿意蒙受这样的耻辱。所以，征收这种赋税所造成的结果便是，不但导致积累于土地上的资本不能用于对土地进行改良，而且还将使所有资本积累在土地上的可能都毁灭殆尽。过去，在英格兰存在十分之一税、十五分之一税，从它们对土地造成的影响来说，其性质与君主所征收的赋税一样，不过它们早在革命的时候就已经取消了。

在一切迫害农民的政策之下，土地的所有者对土地进行改良的希望渺茫。这一阶层的

贫苦的农民家庭。农民的地位略低于大商人和工厂主，这在欧洲是比较普遍的现象。很少出现舍弃众多财产和高贵地位而与下层人为伍的人。

人，即便受到法律的保障，也拥有自由，在改良土地时所处的地位也极其不利。将农民与地主相比，无异于将把借来的钱用于做生意的人与拥有资产拿自己的钱用于做生意的人相比。不管是借钱经商还是用自己的资产经商，二者在行事时都十分谨慎，他们的资产就都能实现增加，但是由于在借钱做生意的人的利润中，有一大部分将用于支付借钱的利息，所以其资产的增加速度要比用自己的资产做生意的人慢得多。同样，与地主相比，即便他们在行事时一样谨慎，农民对土地的改良速度也要缓慢得多。这是因为，对于农民来说，大部分的土地生成物要用于缴纳地租，而对于地主来说，这一部分则仍然可以用于对土地进行改良。除此之外，按照常理，农民的地位略低于地主的地位。不仅如此，在欧洲很多地方，农民的地位甚至不及手艺人和工匠。农民的地位略低于大商人和工厂主，这在欧洲是比较普遍的现象。很少出现舍弃众多财产和高贵地位而与下层人为伍的人。直到现在，在欧洲，其资本也大都不愿意从其他行业转投到农业上，用于对土地进行改良。虽然英国的农业资本多数是从农业上获得的，但与欧洲其他的国家相比，英国转投到农业上用于改良土地的资本终究还是多些，但就算在英国，有些地方投入到耕种中的大笔资本一般也是从耕种中获得的。与其他行业相比，这一行业的资本积累速度大概是最慢的。然而，我们应该知道，除了小地主之外，最有可能对土地进行改良的莫过于富有的大地主了。在欧洲的君主国中，这种人最多的国家或许要数英国了。虽然荷兰和瑞士伯尔尼的农民地位不低于英国的农民，然而，这几个地方实行的却是共和制。

除了上述所说的一切之外，欧洲向来对地主和农民实行的政策都对土地的耕种和改良十分不利。一、任何地方都规定，除非获得特许，否则谷物出口一律禁止；二、限制谷物贸易，甚至也限制国内其他一切农产品贸易，实行禁止垄断、禁止购买和禁止囤积的谬法，而且还形成市场特权。古代意大利是欧洲土地肥沃程度最高的国家，而且又是当时世界上最大帝国的核心，然而其土地的耕种事业却依然不免因禁止谷物出口的政策和某些对进口外国的谷物的鼓励做法而受到阻碍，更不用说其他土地不怎么肥沃、地理位置比较偏僻的国家了。这些国家的耕种事业因国内谷物贸易的限制、禁止谷物的出口而遭受到阻碍的情况更是难以想象。

第三章

论罗马帝国衰亡后城市的兴起和发展

罗马帝国衰亡后，城市居民的境况比起那些农村居民并没有好多少。不过，那时的城市居民已和古希腊、意大利共和国最初的居民截然不同。在这些古代共和国境内，地主占有很大的比例，他们也是最早的对公共土地进行分割的人，他们感觉在彼此挨着的地方建房子、筑围墙对于抵御外敌入侵十分方便。在罗马帝国衰亡后，地主大部分散居在各自领地内的城堡里，邻人则是自己的佃农和依附自己的人。居住在城市的则是商人和工匠，他们的地位与奴隶无异，甚至还不及奴隶。这一情况从欧洲各重要城市居民在古代所获得的特权证书上得到了充分证明，在这些证书上，我们能够清楚地了解到他们在没有获得特权证书的时候的生活状况。这些特权证书赋予他们的特权有：无须领主的准许，便可自由嫁女；在他死后，自己的财产可由自己的儿女继承而不是领主；可以通过订立遗嘱的方式处理自己的财产。从中可以看出，在他们

欧洲各国经常对那些从庄园或桥上通过、带着货物从一个市场赶往另一个市场、在集市上摆摊的人征收赋税，这些税收在英格兰就是所谓的过境税、过桥税、落地税和摊贩税。

没有获得这些特权之前，他们的地位与奴隶无异，或者接近于奴隶。

这种人的确是很贫穷、很低贱，他们经常载着货物奔走在不同的地方，如同现在那些沿街叫卖的人。那时欧洲各国经常对那些从庄园或桥上通过、带着货物从一个市场赶往另一个市场、在集市上摆摊的人征收赋税，这些税收在英格兰就是所谓的过境税、过桥税、落地税和摊贩税。但是有权征收这些税种的国王或大领主，也有权免除那些居住在自己领地内的商人的税收。因此，这些商人的地位在其他的地方虽然无异于奴隶或类似于奴隶，但是仍然可被称为自由商人。出于感激，他们通常每年会向保护自己的国王或领主缴纳一次人头税。在当时，保护者提供这种保护也是出于对金钱的考虑，因此，这一税种的征收可以被看作是弥补保护者放弃对其他税种的征收而遭受的损失。刚开始的时候，缴纳这种人头税和享受税收豁免权的人仅限于个人，所以税收的期限取决于个人或领主的好恶。在英国的一些城市都存有土地勘测档案，在这些记载不很详细的资料中，经常提到有一些市民为寻求保护而向国王或领主所缴纳的这类税收。有时，所记录的只有这些税收的总额。

繁荣的自由城市。在这类城市里，商人们会建立一种自治机关，这一机关有权选举市长、设立市议会、制定市法规，修建城堡以防御外敌入侵，有权令自己的所有居民参加军事训练、承担防御和保卫的职责。

城市居民所处的地位不管多么低贱，与农村占有土地的人相比，他们获得自由和独立的时间要早得多。国王的收入有一部分来自城市居民的人头税，这一部分一般是由国王确定缴纳的数目，在一定年限内交给各郡的司法行政长官或其他人，由他们包办并代为征收。但市民自己往往能够取得本市对这种税收的承包权，随后他们对这种税收负责。这种征收赋税的方式有利于欧洲各国国王的一般经济，这是因为，通常他们将庄园的全部税收包给庄园所有人，使其对这种税收负有连带责任。这种办法对于佃农来说极其有利。他们可以请人按照自己的方式征收赋税，然后上缴国库，而不必遭受国王和官员的欺凌。这在当时被看作是极为重大的一件事。

刚开始时，由城市居民包办、代为征收城市税收，类似于农民承包土地，是有一定的年限的。然而，随着时间的推移，这似乎转变成了一种惯例，永久地包办给了市民，而且征收的数额也永远不变。既然征收的数额成为永久性的，那么以征收此种税为条件的其他各种税收的豁免权自然而然也就成为永久性的。因此，获得其他各种税收豁免的人便不仅仅限于个人，而是推及到了某一城市的所有市民。这一城市由此便称为“自由市”，其市民也便因此而被称为“自由市民”或者“自由商人”。

城市居民所获得的权利除此之外，还获得之前所说的种种特权，也就是自由嫁女权、子女继承权和遗嘱权。至于以前这种特权是不是经常伴随着贸易自由权一起赐予某些特殊的个人市民，我不是太清楚。也许真的存在这种事情，不过，我拿不出什么能够直接证明这一事实的证据。然而，不管怎么样，低贱的地位和奴隶制度的主要特征就这样从他们身上消失了，至少，从这一时刻开始，他们算得上实现了真正的自由。

还不止如此，他们一般还会建立一种自治机关，这一机关有权选举市长、设立市议会、制定市法规，修建城堡以防御外敌入侵，有权令自己的所有居民参加军事训练、承担防御和保卫的职责。在遇到外敌入侵和偷袭时，只要是城市内的居民，都要不分昼夜地尽巡逻和保卫的义务。在英格兰，他们可以不必受州郡法庭的管辖，除非是公诉，否则他们的所有诉讼都是由自己的市长判决。在其他国家，市长获得的裁判权和司法权更大。

在市民包办征收赋税的城市，赐予这种审判权很有必要。想要强迫市民缴纳赋税，必须要赋予市长强制的裁判权。况且，那个时候政局十分动荡，如果因为没赋予市长这种裁判权而使这些城市不得不到别的法庭寻求这种裁判权，也必然十分不便。令我们感到十分奇怪的是，为什么欧洲各国的君主一定要将这种税收规定为一定的数额，而且还将其定为永久性的。这或许是因为，在所有的税收中，这种赋税的征收最为省钱省力，它自然就能实现增加。除此之外，还有一点比较奇怪，那就是君主们会在自己领土的中心建立一种独立的共和国。

要想了解其中的缘由，就必须要记住，当时时局动荡，在欧洲各君主国中，没有一个能够使自己国家居民中的弱势群体免受大领主的压迫。这一部分人，既得不到国家的保护，又无力捍卫自己，因此，摆在他们面前的只有两条路：那就是为了获得某个大领主的保护，只能充当其奴隶或农奴；或者联合起来建立一个同盟，以相互保护、共同守卫。单个城市居民的力量薄弱，难以自我保护，但是如果建立攻守同盟的话，其力量就不容小觑了。领主们时常鄙视市民，认为他们跟自己不是同一阶层的人，将他们视为解放了的奴隶，跟自己不是同族类的人。因此，市民的财富常常引起领主们的嫉妒，一有机会，他们就会将市民的财富据为己有而毫无怜惜和后悔的意思。市民自然对领主是既憎恨又畏惧。与此同时，国王也嫉妒憎恨他们。尽管国王也鄙视市民，但是他却没有憎恨和畏惧他们的理由。所以，共同的利益促使国王和市民联合起来建立同盟，共起反对领主。市民为国王之敌人的敌人，因此，从自己的利益出发，他会尽可能维护市民的安全和独立。他赋予市民选举自己的市长、为维持秩序而制定法规的权利，并且允许他们修建城堡以防御外敌入侵，使所有居民参加军事训练。总而言之，就是国王尽最大的力量，为市民提供一切保证领主安全和独立的手段。但是，要想这种自愿建立起来的同盟能够使他们获得永久性的安全，为国王提供强有力的支持，就必须要建立比较正规的政府、拥有强制居民服从的权利。那时，国王规定缴纳一定数额的赋税，表示不会增加赋税的数额，也不会将包办、代为征收赋税的权力转交给他人，不过是为使市民成为自己的朋友、同盟军而消除他们的疑虑和猜忌的手段而已。如此一来，市民便不会担心国王再压迫他们，或增加他们所缴纳的赋税的数额，或将其转包给其他的人征收。

弗兰德尔商人获得了城市特许状。图中文献为“约翰王大宪章”，它授予伦敦市民选举市长的权利。国王赋予市民选举自己的市长、为维持秩序而制定法规的权利，并且允许他们修建城堡以防御外敌入侵，使所有居民参加军事训练。

弗兰德尔的庄园主正在和他的总管商量葡萄收获事宜。在农奴制度下的庄园里，一切出产都归庄园主所有，农民几乎没有任何自由可言。

虽然国王与领主关系不和，但他在赋予市民特权时往往一点都不吝啬。例如，英格兰的国王约翰就是对市民比较慷慨的人。据神父丹尼尔说，法国的菲利普一世已经全然失去了统率领主的权威。在他统治后期，其儿子路易（也就是后来被称为胖路易的人）曾经和国内各主教共谋约束领主暴行最合适的方法。主教们的意见可以归纳为两种：一是在国王的领土范围内的各大城市都设立市长、市议会，以确立新司法制度；二是使城市居民组织一种新民兵，听从市长调遣，必要时，随时出征支援国王。据法国各考古学家说，法国的市长制度和市议会制度就产生在这一时代。德意志多数自由市也是在苏阿比亚王室各国王统治衰落时才开始获得各种特权，著名的汉萨同盟也在这时开始崭露头角。

在当时，城市民兵的力量并不比农村民兵弱，一旦发生意外，集结军队往往比较容易，因此，在与邻近的地主发生矛盾时，他们常常占据优势地位。意大利、瑞士等国家，或许是因为城市距离政府的中心甚远，或者是因为其他势力的扩张，或者是因为其他的原因，致使君主们的权威丧失殆尽，城市逐渐变成独立的共和国，并且征服了当地所有贵族，强迫他们拆毁在乡村的城堡，和平民一样在城市居住。伯恩和瑞士的其他一些城市民主共和国的简史均是如此。除了威尼斯，12世纪到16世纪初，在意大利先后出现的众多共和国的历史也是如此。

英格兰或法兰西国王的王权虽然有时甚是衰落，但是从来没有完全消失过，城市因此而毫无独立的机会。但是由于市民的势力日益壮大，除了上述所说的包税之外，国王征收的所有赋税都要事先征得市民的同意。因此，如果国王急需用钱，就要通知全国各个城市，让他们派遣代表出席国会，与教士和贵族一起商议，为国王提供某种特别的支援。由于城市的代表多数拥护国王，因此，国王非常乐意他们出席，并利用他们来对抗议会里大贵族的权威。此后，欧洲各大君主国的议会竞相仿效，都推选市民代表，这实际上就是市民代表的起源。

城市的秩序、良好的政府以及个人的自由和安全，便通过这种方式建立起来。然而这时，农村的土地占有者仍然遭受贵族的种种迫害。在农村，农民不敢反抗，只能满足于必要的生活资料，因为获得更多的东西所带来的后果只会是让压迫他们的人更残暴。相反，如果人们的确能够享有自己的劳动成果，很自然，他们就会努力改善自身状况——不只满足于获得必要的生活资料，还会想要得到生活上的便利品和娱乐品。从为生产超出生活必需品以外的东西而兴起

建立精密制造业的原因

商业城市往往会从富有国家进口制成品和昂贵的奢侈品，以供大地主满足其虚荣心，而大地主都很乐意拿本国的众多天然物产来交换这些物品。

比如英格兰的羊毛常常拿来与法兰西的葡萄酒进行交换，波兰的谷物常常拿来与法兰西、意大利的绸缎和丝绒进行交换。

对于那些经过精致加工而成的产品的嗜好，就这样由对外贸易逐渐扩展到了还没有建立精密制造业的国家。

这种嗜好一旦在国内普及起来，就会产生巨大的需求，商人出于对节省运费的考虑，自然想在国内建立一样的制造业。

因此，罗马帝国衰亡之后，欧洲西部各个地方才开始建立用于销售到远方的制造业。

肥沃土地带来的良性循环

运输不方便使得剩余的部分粮食常常无法运到外地或国外市场，土地肥沃，所产的粮食量自然很大，致使粮食价格低廉，从而鼓励了大量工人在附近居住。

他们将本地的原料进行加工后，就变成制成品，再用制成品去交换更多的食物和原料。

农民自己的剩余产品也可以获得较高的价格，从而就能以更低廉的价格购买到他们所需要的其他便利品。

这样就大大鼓励了农民，使他们对土地进行耕种和改良，以增加更多的剩余产品。

的产业这一点来说，城市居民早在农村的土地所有者着手之前就已经普遍实施，可以说是他们农村居民的前辈。因此，在奴隶制度下受到领主控制的农民，如果手中略有积蓄，必然会对主人隐瞒而将其小心翼翼地藏起来，否则只会被领主没收、据为己有。并且，一有机会，他们就会逃往城市。由于当时的法律偏向市民，同时又削弱领主对农村居民的权力，因此，只要他逃到城市之后一年没有被领主抓住，他就实现了永远自由。农村勤劳的居民，一旦手中积蓄了一定的财产，就会逃往城市，将城市视为他们唯一能够获得安全的避难所。

不管怎么说，城市居民的食品、材料和工具均来自农村。但是邻近海岸或通航河道的两岸的城市居民，却不必依赖于邻近的农村，而从遥远的国家获得他们所需要的各种物品。他们的活动领域要比一般的城市大得多，他们可以用自己加工的产品进行交换，或者经营各个国家之间的中间商贸易，用甲国的产品交换乙国的产品。在他们邻近的农村地区和与他们进行贸易的所有国家都很贫穷落后的时候，他们所在的城市却逐渐发展，走向富强。单独来看，这样的地方所能提供的生活资料或就业机会十分有限，但是综合来说，却能提供众多的生活资料和大量的就业机会。不过，即使在商业范围极其有限的情况下，有些国家还是实现了国家富裕、产业繁荣。比如还没有灭亡时的希腊帝国、阿巴西德统治下的萨拉森帝国，再比如未被土耳其占领之前的埃及、巴巴利海岸的某个地方，还有摩尔政府统治下的西班牙。

在欧洲，因商业而致富的大国当首推意大利的各个城市。当时，意大利地处世界发展和文明地区的中心。十字军虽然损坏了众多资产，也伤害了很多居民，不免使欧洲大部分地区的发展遭受阻碍，然而，对意大利的某些城市而言，却十分有利。为夺取圣地而出征的大军对威尼斯、热那亚和比萨的航海业做出了重要贡献。十字军是由那里的船队运送的，其粮食也是他们提供的。可以毫不夸张地说，这些地方简直是这种大军的军需营地。对于欧洲其他国家来说，十字军带来的是毁灭性的疯狂，对于这类国家来说，却是致富的源泉。

商业城市往往会从富有国家进口制成品和昂贵的奢侈品，以供大地主满足其虚荣心，而大地主都很乐意拿本国的众多天然产物来交换这些物品。因此，当时欧洲的大部分商业主要由用本国的天然产物来交换更文明国家的制成品构成。英格兰的羊毛常常拿来与法兰西的葡萄酒、弗兰德的精制呢绒进行交换，波兰的谷物常常拿来与法兰西的葡萄酒和白兰地以及法兰西、意大利的绸缎和丝绒进行交换。

意大利比萨著名的斜塔。为夺取圣地而出征的大军对威尼斯、热那亚和比萨的航海业做出了重要贡献。对于欧洲其他国家来说，十字军带来的是毁灭性的疯狂，对于这类国家来说，却是致富的源泉。

对于那些经过精致加工而成的产品的嗜好，就这样由对外贸易逐渐扩展到了还没有建立精密制造业的国家。这种嗜好一旦在国内普及起来，就会产生巨大的需求，商人出于对节省运费的考虑，自然想在国内建立一样的制造业。因此，罗马帝国衰亡之后，欧洲西部各个地方才开始建立产品用于销售到远方的制造业。

必须注意，世界上绝不存在没有任何制造业的国家。我所说的一个国家没有制造业，是指这一国家不存在比较精良和先进的制造业或用于销售到远方的制造业。不管在哪个大国，大多数居民所穿的衣服、日常所用的家具，均为本国产业加工的产品。这种情况一般在没有制造业的落后国家里更为常见，而在制造业比较发达的发达国家则没有那么普遍。与落后国家相比，发达国家下层人民所穿的衣服和日常所用的家具有很大一部分是外国的产品。

工人在椅子上细致地梳理羊毛。早期英国的制造业所使用的原料大多来自国外。

各国用于销售到远方的制造业大概有两种用途。

先说第一种用途。国内的个别商人和企业家，有时会效仿外国的某种制造业而勇敢地（如果可以这么说的话）将资本投入到这一制造业上。如此而产生的制造业乃是对外商业的产物。在伊丽莎白时代才传入英格兰而在古代就已经在弗兰德盛行的精细呢绒制造业，里昂和斯皮塔菲尔的丝织业，似乎也都是这样发生的。由于这样产生的制造业大都效仿外国，因此其所使用的原料一般也是外国的。在威尼斯的制造业刚刚建立的时候，所有原料都是从西西里和黎凡特运来的。这样看来，从前卢卡制造业所使用的原料也都产自外国。在16世纪以前，意大利北部的人对于桑树的种植、蚕的饲养似乎并不是太清楚。在查理九世时，种桑养蚕的技术才得以传入法国。弗兰德的制造业所使用的羊毛出自西班牙和英国。西班牙的羊毛虽然不是英格兰毛织业最初所使用的原料，但是却是用于销售到远方的毛织业最初所使用的原料。里昂所使用的丝大部分也是产自外国，而且，在它刚刚建立的时候，几乎全部的原料都产自外国。以英国的斯皮塔菲尔为例，制造业所使用的原料也完全不是英国本地所生产的产品。像这样的制造业，多半产生于少数人的计划和设计，因此，其设立的地理位置是沿海的城市，还是内地的城市，全由他们的利益和判断决定。

有时，用于销售到远方的制造业的产生完全是自然而然的，是由比较粗放的家庭制造业逐渐改进而成。即使是在最贫穷的国家，也存在粗放的家庭制造业。从这种制造业改进而成的制造业，所使用的原料多是本国出产的，出产原料的地方一般离海岸比较远，并且离那些能够通航运输的大河也比较远。物产丰饶的内陆国家土地很容易耕种，所出产的物品除了维持耕作者基本的生活需要外，尚有许多剩余。由于在陆地上运输的费用比较昂贵，用河道运输又不太方便，因此这些剩余的部分常常无法运往国外。土地肥沃，所产的粮食量自然很大，致使粮食价格低廉，从而，鼓励了大量工人在附近地区居住。与其他地方相比，他们在那里通过自己的劳动而获得生活必需品和便利品要多得多。他们对来自本地的原料进行加工后，就变成制成品，再用制成品或者说是制成品的价格去交换更多的食物和原料。这样，他们便节省了将产品从内陆运往沿河沿海和遥远的地方的运费，从而为天然产物中的剩余部分增加了一个新的价值。农民就可以以比以前更为宽松的条件从这些工人手中交换到对他们有用或他们看中的物品。农民自己的剩余产品也可以获得较高的价格，从而就能以更低廉的价格购买到他们所需要的其他便利品。这样就大大鼓励了农民，使他们对土地进行耕种和改良，以增加更多的剩余产品。土地的肥沃推动了制造业的产生，制造业的进步反过来又增加了土地的肥沃程度。当初制造业的产品仅供应给本地，后来，产业得到进步和改良之后，其产品将供应给更远的市场。将天然产物和粗糙的制成品通过陆地运输运往远方所需要的运费甚大，需要克服的困难很多，而获得进步和改良之后的制成品则不然，因为它的体积虽小，包含的价格却很大。比如，一匹精制的呢绒，虽然重量只有80磅，但是其中所包含的价格却不止80磅羊毛的价格，其中有时还包含着不同工人和其直接雇主的生活资料，像几千磅谷物之类。如果将这种谷物按照其原有的形状运往国外必将十分困难，但是如果将其加工为完全的制成品，则不管运往哪里，哪怕是世界上最远的地方，也是极容易就能实现的。利兹、哈利法克斯、谢菲尔德、伯明翰和伍尔夫汉普顿的制造业，就是依照这一方法自然产生的。这种制造业的产生是农业的结果。与上述所说那种制造业相比，一个是对外商业的结果，一个是农业的结果，而根据欧洲的现代史可知，后者的推广和改进常常比较晚。在上述各地用于销售到远方的制造业还没有繁荣起来的前100多年，英格兰的精制呢绒业就已经很著名了，其精制呢绒的原料则是西班牙的羊毛。上述各种制造业的推广和改进是农业推广和改进的结果，而农业的推广和改进则是对外商业和直接由此而产生的制造业最后、最大的结果。

第四章

城市商业如何对农村改良做出贡献

工商业城市的增加和富裕，对于其所在农村的改良和耕种所做的贡献主要是通过三种途径实现的。

首先，为其所在农村的天然产物提供了一个广阔而又方便的市场，这样，无异就鼓励了农村对土地的进一步改良和耕种。享受到这种实惠的除了城市所在的农村之外，还有所有与城市有贸易往来的农村。这些地方的天然产物或制造品由此而获得一个广阔的市场，其耕种和改良也将随之跟进。当然，享受到实惠最大的还是要数城市所在的农村，因为只有它离城市最近，其运输天然产物所需要的费用也比较少，因此，即便商人们对生产者支付的价格比较高，其所出售的价格也与产自离城市比较远的农村的售价一样便宜。

其次，城市居民往往将获得的财富用于购买能够销售的土地，而这些土地大都是尚未开垦的土地。商人们都非常希望自己成为乡绅，并且，在成功转型之后，这些人通常是最能对土地进行改良的人。乡绅和商人不一样。乡绅一向大手大脚惯了，只会花钱，却从来不想怎么赚钱。而商人却只会将钱花在有利可图的事情上，每一笔钱花出去之后都想着能产生利润。截然不同的花钱习惯使他们一个成为勇敢的经营者，一个成为畏缩的经营者。对于商人来说，如果将一定的资本投入到土地的改良上能够有希望按照费用的比例获得一定的价值，那他就会毫不犹疑地着手进行。而对于乡绅来说，当他的手中稍微有一定的资本时（情况并不是总是这样），大都不敢像商人那样运用资本。即便他也着手对土地进行了改良，所用的资本也不过是每年收入里剩余的资金而不是一笔资本。因此，土地的改良确实要寄希望于购买土地的商人。假设你有幸在一个商业城市里居住，而其周围的农村的土地都尚未进行改良，你经常会看到一种情况，那就是与乡绅相比，商人按照这种方式进行的资本运作更活跃。除此之外，商人因经商而养成的讲究秩序、看重节省、谨慎的习惯，也使他一旦对土地进行改良，便能取得成功，而且还能获得利润。

再次，从前，农村居民时常生活在持续不断的混战和压迫状态下。他们经常与邻近的人交战，又时常被贵族所役使。随着工商业的发展，有序、良好的政府也使农村居民的自由和安全得到保障。这一点所产生的效果是最重要的，但却很少有人注意到。

重视羊群饲养的农民家庭。工商业城市的增加和富裕，为其所在农村的天然产物提供了一个广阔而又方便的市场，这样，无异就鼓励了农村对土地的进一步改良和耕种。

在既没有对外商业，又没有精密制造业的农村，大地主从土地中所获得产品除了支付给耕作者那一部分外，还剩余很大一部分。剩余部分由于交换不到东西，因此就被用在摆设家宴、招待宾客上。如果这些剩余产品能够维持100人，就会用于维持这100人，如果能维持1000人，就会用于维持1000人。除此之外，便没有其他的用途。因此，大地主的身边经常围绕着成群的仆人和侍从。这些人依靠地主的恩惠而生存，他们对于地主只有服从的分，就像士兵服从为他提供军饷的王公一样。实际上，除此之外，他们也没有任何等价的物品用来回报地主的供养。在欧洲的商业和制造业还没有扩张之前，上到国王、下到小贵族都是这样款待客人的，其场面之大是我们现在难以想象的。

侍从依附于大地主，佃农也依附于大地主。他们这种人由于不是奴隶，而是能够随意退租的佃农，因此，其所缴纳的地租无论如何都不能与从土地中获得的生活资料画上等号。几年前，在苏格兰高地一带，从土地中所获得的产品足以供养一家，而通常所缴纳的地租却只有一克朗、半克朗、一头羊或一头小羊而已。有些地方现在仍然是这样。但是，这些地方的货币所能购买到的商品却并不比其他地方多。实际上，在这样的农村，产自本地的产品必须在本地消费掉，因此，对于地主来说，与其让这些地方的佃农像侍从那样依附于自己，听从自己的指挥，还不如让他们消费掉产自本地的产品。这样，他就可以省去很多麻烦。我们应该知道，这种不能随意退租的佃农，虽然只需要向地主缴纳略多于免役税的地租就可养活全家，但是他们仍然像侍从或仆人那样依附于地主，绝对听从地主的命令。这样一来，地主好像在自己家中供养其仆人和侍从，又在佃农家中供养他们一家。既然仆人和侍从的生活资料固然来自地主的恩赐，佃农的生活资料也是如此，那么，这种恩赐是否会继续，自然就由地主的好恶决定了。

在这种情况下，大地主对于其佃农和仆人必然具有一种权威。这一权威便是古代贵族权力的基础。平时他们是境内居民的法官，战时则是他们的首领。他们拥有调动境内所有居民以反抗不公正行为的权力，因此，在他们自己的领地内，他们俨然是维持治安和执行法律的人。拥有这种权力的人，在古时大概也只有那些封建诸侯，就连国王也没有。在古代，虽然国王是一国领土中最大的地主，拥有调动全体民众一起防御敌人的权力，但是如果国王想要依靠自己的权威去强迫某个也拥有武装力量的大地主偿还一笔数目很小的债务时，所要花费的力气不亚于平息一场内战。因此，大部分地区的司法权不得不交给那些能够执行法律的人，让他们行使这一权力。同样，由于国王仅靠自己的力量无法平息内战，因此，他不得不把农村民兵的指挥权交给那些能够让

仆从们为主人准备丰盛的宴会的情景。在既没有对外商业，又没有精密制造业的农村，大地主从土地中所获得产品除了支付给耕作者那一部分外，还剩余很大一部分。剩余部分由于交换不到东西，因此就被用在摆设家宴、招待宾客上。

著名的巴约挂毯，绘制的是黑斯廷斯战役的场景，在这场大战之后，英国完成了诺曼征服。英格兰征服前的撒克逊贵族们所掌握的统治权和司法权，并不亚于征服后诺曼贵族所掌握的统治权和司法权。

民兵服从的人。

如果认为这种地方的司法权是起源于封建法律，那就错了。在欧洲还不知道所谓的封建法律之前的几百年，不仅最高的民事和刑事司法权已经掌握在大地主手中，就连所有的招募军队、铸造货币和为维持领地内秩序而制定的法律也已经掌握在了大地主的手中。英格兰征服前的撒克逊贵族们所掌握的统治权和司法权，并不亚于征服后诺曼贵族所掌握的统治权和司法权。然而，即使是在征服以后，封建法律也没有演变成为英格兰的习惯法。至于法兰西，其权威和司法权的产生先于封建法律的产生则是一个无可争辩的事实。这些权威和司法权无疑产生于上述的各种财产制度和风俗习惯。不必上溯到古代法兰西或英格兰的历史，就是在更晚的时代，也能找到充分的证据证明两者之间的因果关系。不到30年前，在苏格兰洛赫巴，有一位绅士卡麦隆，他既非贵族领主，也算不上大佃农，只不过是亚盖尔公爵家的一名家臣而已，却经常对其民众执行最高的刑事裁判权，并且不仅仅限于民事调解。据说，尽管没有任何正式的司法仪式，但是他在裁判审判时却十分公正。这仅有可能是为了顺应当时的社会形势，出于对维持公共治安的考虑不得不将这项权力交给他来行使。这位绅士每年所获得的地租也只有500镑，但他却于1745年率领自己领地的民众800人参加了斯托亚起义。

封建法律的设立，其实质乃是缩小大地主贵族的权力，而绝非将其扩大。上自国王，下自最小的地主，封建法律制定了一定的等阶划分，各自都有其职责和义务。在小地主还没有成年的时候，其土地上的地租和管理权均归其直接上级，而在大地主还没有成年的时候，其地租和土地管理权则归国王。国王对未成年的地主尽维持和教育的责任，并且以监护人的身份为他操办婚事，但采用的方式要与其身份相符。虽然这种法律的本意在于稳固国王的权力，削弱大地主的权力，但却难以在农村的居民中确立秩序、建立良好的政府。在混乱局面中产生的各种财产制度和风俗习惯，并不会因这种法律的产生而彻底改变。政府的权力仍然过于弱小，贵族的权力仍然过于强大，而贵族权力的强大正是造成政府权力弱小的原因。虽然封建等级秩序已经确立，但是国王仍然不能控制大贵族的暴行。各大贵族仍然根据自己的意愿随意发动战争，相互间不断地交战，甚至经常对国王发动战争，而农村仍然处于混乱状态之中。

然而，一切封建制度的强制力量无法实现的事情，却由对外商业和制造业在潜移默化中实现了。对外商业和制造业的兴起，渐渐使大地主将从土地中获得的全部剩余产品与其他物品进行交换。由此而获得的物品无须与佃农共享，于是，他们所获的地租便可由自己消费掉。一切都归自己，什么也不留给别人，这句可耻的格言流行于一切的时代。因此，从这时开始，他们开始变得不愿意再与他人分享。从前，如果剩余的生活资料能够供养1000人一年，他们就只能将这些生活资料用于供养这1000人。现在却与往日不同了。他们会选择将这1000人的生活资料或其价格（二者一样）用于购买一对钻石纽扣，或其他一些无价值、无用处的东西。他们宁愿逐渐舍弃从这些生活资料中所获得的势力和权威，也不愿意与他人共享。现在纽扣是自己的，没有人与他分享；要是在以前，则要与1000人分享。其中的差别不言自明，很容易做出取舍。就这样，为了满足自己最幼稚、最没有价值、最卑鄙的虚荣心，他们最终舍弃这些势力和权威，将它们拱手让人。

在一个没有对外商业、没有精密制造业的国家，一个每年获得1万镑的人，其消费方法除了将这些钱用于供养1000个对自己言听计从的家人之外，便再也找不出其他的方法。在现在的

装饰豪华的房间。大地主很乐于使自己的生活更加奢侈一些，对外商业和制造业的兴起，渐渐使大地主将从土地中获得的全部剩余产品与其他物品进行交换。由此而获得的物品无须与佃农共享，于是，他们所获的地租便可由自己消费掉。一切都归自己，什么也不留给别人，这句可耻的格言流行于一切的时代。

欧洲，一个每年获得1万镑的人，无须供养20个人或雇用10个以上的仆人就会将其所有收入花光。事实上他们也是这样做的。与以前相比，他们间接所供养的人数或许和以前的消费方法所供养的人数相同，甚至比这还多。因为虽然他自己的所有收入交换到的贵重物品的数量不是很多，但是为采集和制造这一物品而雇用的工人人数却肯定很大。这种物品昂贵的价格，大部分来自这些工人的工资及其雇主的利润。他直接支付了的这种物品的价格，也就相当于直接支付所有的工资和利润，从而，也就间接维持了这些工人及其雇主的生活。不过，他对于这些人所做的贡献在他们全年的生活费中占有的比例很小，对极少数人也许有1/10，许多人只有1/100，有的人甚至不到1/1000、1/10000。他虽然支付了每一个人的生活费用，但是这些人的生活不一定都靠他来维持，没有他，他们照样可以维持自己的生活。

当大地主供养佃农和侍从的费用是其地租时，他们所供养的人都是自己的佃农和侍从。但当他们用地租来供养商人和工匠时，他们所能供养的人数也许和从前一样多，考虑到农村或许会因款待客人而造成一定的浪费，则现在所供养的人数或许比从前还要多。然而，分开看的话就会知道，他们中每个人对于更多人中的每一个的生活费所做的贡献极小。每个商人或工匠的生活资料并不仅仅来自一个人，而是来自100个或1000个顾客。虽然他在某种程度上依赖于顾客，但却并不是绝对地依赖于他们中的任何一个人。大地主的个人开支就是在这样的情况下逐渐增多的。因此，他所供养的仆人人数就非得慢慢减少，直到完全消失不可。又因为同样的原因，不是特别需要的佃农也会慢慢减少，直至完全消失。虽然佃农对此不免心生不满，但是地主仍然会按照当时尚未完全实现耕种和改良的土地状况而使佃农人数减少到所必需的人数。不必要的人肯定要被全部辞退，因从土地上榨取了尽可能多的价值，地主所获得的剩余产品也逐

欧洲大部分地区的商业和制造业就是在这种情况下成了农村土地耕种和改良的原因，而不是其结果。

美洲本土发明的农业机械，大大提高了农业生产效率。在那儿，将资本投入到对尚未进行改良的土地的购买和开发，既是最有利于最大资本的用途又是最有利于最小资本的用途。

渐增多或剩余产品的价格也逐渐提高。这一较大的剩余，又是他从商人和工厂厂主那里获得一种个人消费的方法。又是因为同样的原因，使地主们渴望所获得的地租数额能够超过目前耕种状况下土地所能提供的数额。但是，如果这样的话，对土地进行改良、佃农增加对土地进行改良所耗费的费用就不可避免，如果租用土地的期限长度不足以让他收回追加的费用和其利润，那他肯定不会同意地主提出的加租要求而要求延长租期。地主们出于虚荣心的考虑，最后必然会答应佃农的要求。租期由此便得以延长。

一个不能随意退租的佃农，要耕作土地虽然需要支付土地的全部价值，但是他并非完全依附于地主。他们从彼此的身上所得到的金钱方面的利益是相互的、平等的。在这种情况下，佃农不会因为地主服务而放弃自己的生命和财产。然而，在租期延长之后，他就能实现独立；除去那些在租约清楚表明的或国家的习惯法中所规定的，地主别想从他那儿享受到任何额外的服务。

既然佃农已经独立，仆人们也已经辞退，那大地主就不能再干扰正常的司法活动了，也不能再扰乱地方的治安了。他们天生拥有的权利于是出售了出去，然而，出售的目的并不是因为饥饿和其他必需的东西，而只是为了仅适宜充当儿童的玩物而并非成人应追求的那些漂亮却没有价值的东西。因此，他们变成了与城市里的富裕的市民和商人毫无差别的平庸之人。于是，乡村也设立了正规的政府，就像城市的一样，任何人都无法扰乱政府在农村的治理。

对于公共福利而言，这是一种非常重要的变革，但它的实现却是由两个丝毫不愿考虑公众福利的阶层的人促成的。满足最幼稚的虚荣乃是大地主的唯一出发点。至于商人和工匠，虽然不像大地主那么可笑，但也只是为了自己的利益。他们所追求的不过是去一个有利可图的地方能赚多少钱就赚多少钱。大地主的愚蠢、商人和工匠的勤劳，最终促成了这场变革的完成，然而，他们对变革却始终不了解，也没有预见。

欧洲大部分地区的商业和制造业就是在这种情况下成了农村土地耕种和改良的原因，而不是其结果。

这种与自然顺序背道而驰的顺序，当然是缓慢不定的。试比较一下国家财富建立在商业和制造业基础上的欧洲各国所进步的速度，与国家财富建立在农业基础上的我国北美殖民地所进步的速度，你就会发现欧洲各国的进步速度是多么慢。欧洲大部分地区的居民人数，似乎在将近500年的时间里也没有增加一倍。我国北美殖民地的有些地方，却在20年或25的时间里就增加了一倍。在欧洲，长男继承法和各种永久所有权都使大地产难以分割、小地主的人数不能增加。我们知道，小地主所拥有的土地有限，他熟悉土地的每一部分，用心照料土地，对土地是爱护备至。他不但喜欢耕种土地，而且也喜欢对土地进行改良。在各种耕作者中，他是最勤恳、最明智和最成功的。再者，长男继承法和各种永久所有权也使许多土地无法出售，导致用于购买土地的资本量多于等待出售的土地量，致使土地总是以垄断的价格出售。从购买的土地中所获得的地租，常常不够支付购买土地所花费的数额的利息，就更不用提那些维修费和其他意外的开支了。所以，在欧洲，用小额资本购买土地是获得利润最少的一种方法。即便有些已经不再从事工商业的人，为了安全起见，有时也愿意将小额资本投入到购买土地上。还有一些收入来自其他来源、从事专门职业的人，也常常为了不让自己的积蓄分散而将资本投入到土地上。一个年轻人不去经商，也没有从事专门职业，却将其两三千镑的资本投入到购买和耕种一块面积很小的土地上，从而加以开发，想要生活得幸福、独立，很容易就能实现，但是要是想得到大笔资产就希望渺茫了。通常，这样的年轻人没有成为地主的希望，他们也大都不愿成为地主。既然市场上所能出售的土地很少，土地的价格又比较昂贵，结果使很多原本用于对土地进行开发改良的资本改作他用。相反，在北美洲，只要有五六十镑的资本便足以实现土地的改良。在那儿，将资本投入到对尚未进行改良的土地的购买和开发，既是最有利于最大资本的用途又是最有利于最小资本的用途。在那里，这是最直接的致富途径。在那里，几乎不需要付出什么代价就能获得土地，即便要付出代价，也不会超过其自然生成物的价值。这种事情在欧洲绝对不可能发生，在很早以前土地就已经成为私有财产的国家更不可能发生。除此之外，在子女众多的家族主人去世时，所遗留的地产如果能平均分配给各个子女，那所遗留的地产必将有出售的那一天。如果等待出售的土地增加了，那么土地也将不再以垄断价格出售。土地的自由地租也渐渐能够支付购买土地所花费的数额的利息；用小额资本购买土地，也将和其他用途一样有利。

欧洲许多地方的土地还未开垦，更不用说改良，即使这些国家的商业具有巨大潜力。

因为土壤天然肥沃，海岸线比较长，再加上众多通航河道贯穿其中，为内陆的各个地区的水上运输提供了便利。因此，英格兰与欧洲任一大国相比，都更适合发展对外商业、设立用于销售到远方的制造业、对土地进行改良。从伊丽莎白统治初期开始，英国在制定法律时对商业和制造业的利益很是注重。实际上，欧洲的各个国家的法律通常都有利于这些产业的发展，就连荷兰也不例外。所以，在整个伊丽莎白统治期间，商业和制造业不断地向前发展。无疑，农村的耕种和改良也在不断发展，但是其发展往往落后于商业和制造业的发展，而且其发展的速度要比商业和制造业发展的速度迟缓得多。大部分农村的土地也许在伊丽莎白时代之前就已经得到耕种，但还有很大一部分尚未获得耕种，就算那些已经得到耕种的土地的状况也不容乐观。不过，英格兰的法律不仅因保护商业而间接鼓励农业，而且还对农业进行了直接的奖励：除去庄稼歉收的年度，谷物不但能够自由出口，而且还能获得出口津贴；在一般的收获年度，对进口外国谷物征收禁止进口的关税。除了从爱尔兰进口活牲畜之外，其他所有均被禁止，而且，准许从爱尔兰进口也是最近才发生的事。在两种最重要的土地生成物，也就是面包和鲜肉上，耕种土地的人享有一种垄断权。正如我在下面所要说的，虽然这种奖励毕竟只是一种空想，但是从这一点上至少可以看出英国立法机关重视农业的诚意。而最重要的，莫过于英格兰法律竭尽所能使其自耕农安定、独立和受到人们的尊敬。在长男继承法还没有消失、什一税依旧征收、与法律精神背道而驰的永久所有制有时仍然发挥作用的时候，英格兰尽其最大的努力鼓励农业。然而，尽管如此，英格兰农业的状况仍然如此。假设农业所获得的鼓励除了因商业的发展而间接获得的之外，便没有其他的鼓励（包括法律的直接鼓励），并假设英格兰农民的处境和欧洲其他国家一样，那么农业的情况将会是什么样呢？从伊丽莎白统治英格兰以来，迄今已有200多年，如此长的时期已为人类繁荣的过程中所能持续的最长的吧。

在英格兰以商业国闻名的100年前，法兰西在对外商业中所占的份额还比较可观。按照当时人们的观念，法国的航海业在查理八世远征那不勒斯以前就已经很强大了，但是整体而言，法国的耕种和改良却不如英格兰。和英国不同，法国的法律从来没有为农业提供相同的直接鼓励。

西班牙和葡萄牙与欧洲其他国家所进行的对外商业，虽然大都是通过外国的船只运输的，但是其贸易份额并不小。西班牙和葡萄牙对其殖民地的贸易是通过本国的船只运输的，贸易额更是大，这是因为殖民地很是富裕，面积辽阔。然而，如此巨大的对外商业潜力并不会使两国产生很大的用于销售到远方的制造业，这两个国家的土地甚至还有大部分没有被开垦。在欧洲各国中，除了意大利，对外商业历史最悠久的便是葡萄牙了。

在欧洲，因对外贸易和用于销售到远方的制造业而使全国的土地实现完全耕种改良的国家，似乎只有意大利。根据圭恰迪尼所说，在查理八世入侵之前，意大利不管是平原地区最肥沃的土地还是山区最贫瘠的土地都得到了耕种。这个国家所处的地理位置，境内存在的众多独立小国，对于全国土地的耕种都不无益处。然而，那时意大利的土地耕种情况不如现在的英格兰，却也不是不可能的事情。

不管在哪个国家，从商业和制造业中获得的资本，只要没有固定在土地上，或保存到土地的耕种和改良上，都是极不可靠、极不确定的财产。说商人不一定是某一国家的公民，一点都不假。究竟在哪里做生意，对于商人而言，似乎无关紧要。如果他们在甲国受到了冷遇，哪怕是很小的一件事，都有可能导致他将资本迁往另外一个国家。随着资本的迁移，资本所维持的产业也必将随之迁移。在资本还没有以建筑物或土地的改良等方式成为土地永久的改良产物之前，绝不能说资本属于某一国家。汉萨同盟众多城市的巨额财富不知道都弄到了哪里，除了能在13世纪和14世纪的历史书中寻到蛛丝马迹之外，就再也找不到其他的痕迹。那些城市究竟在哪儿，属于拉丁文中的哪些城市，也都不能肯定。15世纪末16世纪初，意大利的衰落虽然会使伦巴底和托斯卡纳所属的各个城市商业和制造业大为减少，但是其所属的农村直到现在还是欧洲人口最密集、土地的耕种和改良最好的地方。弗兰德经历了内战之后，又受到了西班牙的统治，这虽然将安特卫普、根特和布鲁日的大商业驱逐了出去，但是现在的弗兰德仍然是欧洲财富最多、人口最密集、耕种和改良最进步的地方。战争和统治上所进行的一般变革，很容易就能破坏以商业为唯一来源的致富源泉。相比而言，发现农业的改良更为稳定，因农业的改良而产生的财富则更为持久。所以，除了由于遭受敌国和野蛮国家比较强烈的欺凌一二百年而产生大变动之外，就再也没有其他能够破坏掉它的事件，罗马帝国衰亡前后的西欧状况便是如此。

第四篇

论政治经济学体系

第一章

重商主义的原理

财富是由货币或金银构成的这个普遍流行的观点，是因为货币具有交易工具和价值尺度的双重作用自然而然产生的。因为货币是交易工具，所以，我们用它，可以比用其他商品更方便地取得所需的商品。因为只要有了货币，以后想买什么都很容易，所以我们时常会觉得获取货币是一件很重要的事。又因为货币具有价值尺度的功能，所以，我们常常用商品所能换得的货币来估量它的价值。我们把拥有大量货币的人称为富人，仅拥有少量货币的人称为穷人。节俭的或急于变富的人，称为爱货币的人；不谨慎的、大方的、浪费的人，称为看轻货币的人。想变得富有就是想拥有更多的货币。综上所述，从任何一点上看，财富与货币都可被视为同义语。

像富人一样，富国往往被认为是拥有很多货币的国家。贮积金银被所有的国家认为是致富的捷径。在美洲被发现后的一个时期里，西班牙人每到一个陌生海岸后问的第一个问题就是附近是否发现了金银。他们根据这个情报来判定这个地方是否值得殖民，是否有征服的价值。法国国王曾特别派遣庇亚诺·加宾诺作为使节去见成吉思汗的一个王子。据这位使节说，他们最经常问到的问题是，法国的牛羊多吗？他们的问题和西班牙人的问题目的是相同的，他们都想知道某地的财富是否值得他们去征服。他们和其他的游牧民族一样，大多数不知道货币的用处，在他们那里，牲畜就是交易的工具，就是价值的衡

在美洲被发现后的一个时期里，西班牙人每到一个陌生海岸后问的第一个问题就是附近是否发现了金银。他们根据这个情报来判定这个地方是否值得殖民，是否有征服的价值。法国国王曾特别派遣庇亚诺·加宾诺作为使节去见成吉思汗的一个王子。据这位使节说，他们最经常问到的问题是，法国的牛羊多吗？他们的问题和西班牙人的问题目的是相同的，他们都想知道某地的财富是否值得他们去征服。

量尺度。所以，在他们看来，家畜便构成了财富，这正如在西班牙人看来，金银便构成了财富一样。在这两种看法中，恐怕还是他们的看法更接近于真理。

洛克先生曾经指出过货币和其他种类动产的区别。他说，其他各种动产是很容易消耗掉的，因此由这些动产构成的财富是不大可靠的。今年这种动产充裕的国家，就算一点都没有输出，但如果浪费掉了，明年这种动产就可能匮乏。相反，货币则是一个比较可靠的朋友了，尽管它也会在不同的人之间流转，但只要保证不流出国外，就不会轻易浪费消耗掉。所以，金银是一个国家动产中最可靠、最根本的部分，多获得这类金属，应该是一个国家政治经济的大目标。

另一些人却认为，如果一个国家能够脱离全世界而独立存在，那么国内流通的货币是多是少，就毫无关系了。因为各个国家货币有多少之分，所以以这种货币为流通媒介的消费可能品，也会换得或多或少的货币。他们也承认，这样的国家是富庶是贫困，实际上取决于这类消费可能品是充裕还是匮乏。但对于那些同外国有联系，并且有时不得不和外国作战，因而必须维持军队的国家，他们却又有不同的看法。他们认为，只有向国外送出货币来支付给养，才能在远离国家的地方维持军队，而只有国内有许多的货币，才能向外送出货币。所以，每个这样的国家都必须尽力在和平时期蓄积金银，这样，一旦有需要时，才会有财力支持对外战争。

因为存在这种普遍认同的观点，所以尽管没有多大的成效，欧洲各国仍竭尽全力地研究所有可能在本国蓄积金银的方法。作为向欧洲供应这些金属的主要金银矿山的所有者，西班牙和葡萄牙就曾以最严酷的刑罚或沉重的关税禁止金银输出。过去，几乎欧洲所有的国家都曾采用过这种禁止政策。根据我们的推测，苏格兰是不会出现这样的政策的，但是一旦考查古代苏格兰议会法律，我们不难发现，它也曾经用重刑来禁止金银输出。法兰西和英格兰也都曾采用过同样的办法。

当这些国家发展为商业国时，在许多情况下，商人们会更明显地感到这种禁令造成的不便。他们向外国购买要输入本国或运往其他外国的商品时，使用金银比使用任何其他商品都更方便。因此他们反对这种禁令，认为它妨害了贸易的进行。

首先，他们说，为购买外国货物而向外输出金银，不一定会减少国内的金银量，相反，往往还会增加国内的金银量。因为，如果国内消费的外国货物额没有因此增加，那么那些货物就可以再次输出到国外，以更大的利润在那里销售出去，所以，带回来的财宝也许会比原来购买货物时输出的金银多得多。

其次，他们认为，这种禁令并不能真正起到阻止金银输出的作用，因为相对于其价值而言，金银体积很小，走私起来非常容易。他们认为，只有适当地注意所谓的贸易差额，才能防止这种输出。当一国输出商品的价值大于输入商品的价值时，外国就欠它一个差额，这是一定要用金银偿还的，从而可以增加国内的金银储量。当输入的价值大于输出的价值时，它就欠外国一个差额，这也一定是要用金银偿还的，这就会减少国内的金银量。在这种情况下禁止金银输出，不但不能起到阻止金银输出的作用，相反，还会让金银输出多一层危险，从而让金银输出多一层费用。和不禁止输出金银相比，这种禁令对于那些贸易差额上为负的国家的汇兑更不利。购买外国汇票的人，对于销售外国汇票的银行，除了要承担它运送货币的天然风险、困难和费用外，还要承担由于禁止金银输出而带来的额外风险费用。汇兑越是不利于一个国家，贸

中国明朝时期极具特色的青花瓷。中国的大量诸如这类精美瓷器的产品输出国外，必然增加了国内的金银储量。

易差额也必然越是不利于这个国家。与贸易顺差的国家相比，贸易逆差的国家的货币价值必定越来越低。

商人们的观点有一部分是理由充分的，有一部分却是不合理的。他们认为贸易上的金银输出通常对国家有利是理由充分的；认为在私人觉得金银出口有利可图时，国家禁令不能防止金银输出，也是合理的；但是他们下面的观点却是不合理的。他们认为，既然自由贸易不需要政府的关心就能给国家提供适当数量的其他有用产品，因此，相比于保持或增加本国其他的有用物品量，政府更应该关心保持或增加本国的金银量。他们还认为，高汇率一定会加重他们所说的贸易差额的不利程度，导致金银出口的数额越来越大。的确，这种高汇率对于那些欠有外国债务的商人非常不利。他们在购买外国汇票时，需要支付高得多的价格给银行家。由禁令而产生的风险固然可以让银行索取一些额外费用，但是，却未必会因此而向国外输出更多的货币。这额外费用，大多是走私时在国内支付的，因此，除了所需汇出的数目外，不会让国家多输出分毫。高汇率自然会促使商人努力做到出口和进口平衡，减少高汇率需要支付的数额。此外，高汇率可以产生类似于税收的效果，也就是提高了外国货物的价格，减少其销量。所以，高汇率只会减少贸易差额的不利程度，也只会减少金银的输出。

尽管这样，这些观点却让人们深信不疑。它们经由商人之口到达了国会、王公会议、贵族和乡绅们，经由那些被认为了解贸易的人到达了那些自认为对这种问题一无所知的人。商人、贵族、乡绅们都知道，同外国进行贸易可以富国，但是对外贸易是如何富国的，他们却没有一个人清楚。商人们十分清楚怎么进行国外贸易让自己富裕起来，这本就是他们自己的事，但国外贸易如何让国家富起来，却不是他们关心的问题。除了在向国家申请修改与国外贸易相关的法律时，他们从来都不考虑这个问题。只有在申请修改法律的时候，他们才必须陈述国外贸易如何有利，现行法律如何阻碍这种有利的结果等。他们通常会说，外国贸易可以输送货币到国内，但外国贸易法的存在却阻碍了这种输送。裁判官听了这个说明，觉得十分满意，于是，预期的效果实现了。刚开始的时候，法国和英国只限制本国铸币的输出，解除了对外国铸币和金银块输出的禁令，恢复了它们的自由输出。在荷兰和其他一些地方，这种输出的自由甚至扩展到了本国铸币。政府关注的焦点，从对金银出口的监控，转移到了对贸易差额的监控，因为贸易差额才导致了国内金银量的增减。他们放弃了一种毫无结果的监控，转向另一种更为复杂、更为困难但却是同样毫无结果的监控。

正如没有葡萄园的国家需要从外国获取葡萄酒一样，没有金银矿山的国家也需要从外国获取金银。政府似乎没有必要特别注意某一种物品而特别不注意另一种物品。就像一个有财力

女工们在葡萄园里劳作。正如没有葡萄园的国家需要从外国获取葡萄酒一样，没有金银矿山的国家也需要从外国获取金银。

购买葡萄酒的国家总能获得它所需要的葡萄酒一样；一个有财力购买金银的国家也绝不会缺少那些金属。金银就像其他所有商品一样，也需要以一定的价格购买；而且，正因为金银是其他一切商品的价格，所以其他一切商品也都是金银的价格。我们确信，脱离了政府注意的自由贸易，也会为我们提供需要的葡萄酒；我们同样确信，自由贸易总会按照我们所能购买、所能使用的程度，提供用来流通商品或用于其他用途的金银。

在所有国家，人类辛勤劳动所能购买或生产的各种商品量，自然会按照有效需求（生产商品，让商品上市，需要支付地租、劳动和利润。愿意支付所有地租、劳动和利润的人们的需求，就是有效需求）自行调节。在金银这种商品上，按照有效需求而发生的这种调节作用最为容易，也最为准确。这建立在金银体积小而价值大的基础上：金银要从一个地方运到另一个地方，从价格低廉的地方运到价格昂贵的地方，从超过有效需求的地方运到不足以满足有效需求的地方特别容易。例如，如果英国想要更多的黄金，而这种需求又是有效需求，那么只要一艘轮船就可以从里斯本或从其他可以购买到黄金的地方运来足以铸成500多万几尼的黄金50吨。但如果有效需求需要的是同等价值的谷物，那么按照5几尼换1吨谷物计算，输入这批谷物就需一艘载重为100万吨的船只，或1000艘载重为1000吨的船只——英格兰的全部海军也没有这么多。

当一国所进口的金银量超过其有效需求时，无论政府采取什么样的防范措施，都不能阻止其出口。西班牙和葡萄牙的严酷法律没能阻止金银的出口就很好地说明了这一点——来自秘鲁和巴西的源源不断的金银输入，超过了西班牙和葡萄牙的有效需求，让金银在这两个国家的价格低于邻国。相反，如果一国的金银量不能满足其有效需求，那么金银的价格就会高于邻国，就算政府不关心，金银也会输入到国内。这时，就算政府千方百计想禁止金银输入，也不可能生效。

相较于其他的货物，金银的价格更稳定的原因一部分在于许多货物因为体积较大，不能随意从一个充足的市场运至一个匮乏的市场，但是金银想要运输却很方便。当然，金银的价格也不是完全不动的，但是它的变动一般是缓慢的、渐进的、整一的。例如，有人假设（这种假设也许是没有什么根据的）欧洲在18世纪及17世纪进程中，因为金银源源不断地从隶属于西班牙的西印度输入，价值在不断地下降，但也只是慢慢地下降，要使金银的价格突然发生巨大的改变，换一种说法，要想使所有货物的货币价格迅速地涨落，就需要再出现一次像发现美洲大陆那样的商业革命。

这些暂且不论。对于一个有财力购买金银的国家，即使偶尔缺乏金银了，想方法补足金银也是比补足其他商品要更方便的。试想，如果制造业缺乏了原料，那么一定会陷入停产；如果人民缺少了粮食，那么一定会饿死。但如果一个国家缺乏货币了，那么人们既可以用物物交换，也可以用每年或每月结算一次的记账买卖，更可以用控制得当的纸币代替金银货币。尽管第一种方法很不方便，但第二种方法就比较方便了，至于第三种方法，不但不会不方便，甚至比金银货币还更为方便。所以，不论是从哪个角度来说，政府千方百计地储存国内货币量都是没有必要的。

关于缺少货币的抱怨是我们最经常听到的了。我们对于货币的需求就像对于葡萄酒的需求一样，如果想买却没有足够的费用，又没有足够可以借贷货币的信用，那么就会常常感到缺乏。而那些拥有足够资本和信誉的人，从来不缺他们所需要的，不论是货币还是葡萄酒。然而，抱怨缺少货币的人，却不一定是那些不谨慎的人。有时候，整个商业城市及其周边的城郊都会感到缺少。导致这一现象的普遍原因是过度贸易。稳重的人如果不根据其资本的雄厚程度而制订经营计划，就会像那些入不敷出的浪费者一样，既没有可以购买货币的收入，也没有可以借贷货币的信用。在计划还没有实现以前，他们的资财就已经用完了，紧接着，信用也用完了。他们四处去向别人借贷货币，但是均收效甚微。在这样的情况下，就算抱怨货币缺少的言论充斥全国，也不能真的表明国内流通的金银量已经比原来的少了，那仅仅表明有许多人想要金银但是却无力支付换取金银的代价而已。不论大小商人，在贸易利润比平时高的时候，都很容易犯过度贸易的错误。他们输出到国外的货币尽管看上去并不比平常多，但是他们用赊账的方法在国内和国外买进了比平常多得多的货物，运往远方可以赢利的市场，期望可以在付款期前收回货款。如果在付款期前没有能够收回货款，那么他们手上就既没有了可以购买货币的资财，也没有了可以借贷货币的可靠担保品。一般抱怨货币缺少的言论，起因并不在于货币缺少，而在于想借货币的人借不到，债权人担心难于索回款项吝于出借。

一幅富于幻想色彩的版画，描绘了探险家亚美利哥·维斯普奇到访美洲百慕大群岛时的情景。对美洲的地理大发现，是欧洲金银价格发生波动的重要原因。

如果有人认为并且认真地想要去证明，财富不是由货币或金银构成的，而是由货币所购买的各种物品构成的，并且对于购买的物品来说，货币只有在购买的时候才有价值，那就太滑稽了。毫无疑问，货币是组成国民资本的一个部分，但是，正如我们以前讲过的，它通常只占据很小的一部分，而且是利润最少的一部分。

一个葡萄牙商人正在购买肉豆蔻。对于商人而言，有货物在手上和有同等价值的货币在金库中，前者更容易让商人遭遇所不能应对的需要货币的紧急情况。

商人之所以普遍觉得用货币购买货物比用货物购买货币容易，并不是因为构成财富更主要的成分是货币而不是货物，而只是因为货币是已经获得所有人认可的交易工具，所有物品都容易和它交换——要用货物来换取货币，却不一定那么容易。而且，和货币相比，其他大部分货物都更容易磨损，如果要储存它们，往往会遭受很大的损失。另外，对于商人来说，有货物在手上和有同等价值的货币在金库中，前者更容易让商人遭遇所不能应对的需要货币的紧急情况。此外，商人的利润大多都来源于销售货物，而很少来源于购买货物，所以，他们大多数都更希望用货物交换货币，不怎么喜欢用货币交换货物。虽然个别的商人会因为丰富的物品不能及时销售出去而破产，但是这个原因却不可能让一国或一个地方破产。商人的全部资本经常是由容易磨损、消耗的货物构成的，它们生来就是要用来交换货币的，但是一个国家的土地和人民辛苦劳动所得到的生产物，却只有极少的一部分可以用来从邻国购买金银，其余大部分都是用来在国内流通和消费的。即使是送往外国的那一部分剩余产品中，也有相当大的一部分是用来购买其他种类的外国商品的，而不是用来购买金银的。所以，必须用来购买外国金银的那部分货物，就算是不能销售出去，也达不到让国家破产的地步。损失和不方便肯定是会有的，想办法补足货币也是必需的，但是，因为每年都有同样多或者是差不多同样多的可消费资本作支撑，所以每年国家土地和人民通过劳动获得的生产物是都一样或差不多一样的。尽管用货品交换货币比用货币交换货品困难一点，但是从长远的角度来看，用货物吸引货币似乎比用货币吸引货物更有把握。因为，和货币相比，货物除了可以购买货币外，还可以有许多其他用处，但是货币除了购买货物外，就没有其他任何用处了。只要有了货物，就一定会有货币，但有了货币却不一定就会有货物。购买货物的人，是为了自己使用和消费才买的，买了就不需要再卖出去了，任务就完成了；卖货物的人，在卖了货物之后，还必须再买别的东西，才算是任务真正完成，如果不再购买，就只能算是完成了任务的一半。人们需要货币，更多的时候需要的不是货币本身，而是货币所能购买的物品。

有人认为，可消费的物品很快就会被消耗破坏掉，而金银则可以储存很久，所以如果只储存不输出，就可以使金银长久地积累在国内，使国家富有，使人民富裕到不敢相信的地步。他们由此得出结论：用这种可以储存很久的商品来交换那些很容易消耗的产品对于国家是极为不利的。铁器也是可以储存很久的，如果我们不输出，也可以长久地在国内积累，从而让我国的

印度莫卧儿王朝发行的纪念金币。不论是铸造成铸币当货币使用，还是制作成器皿当家具使用，任何一个国家的金银量都是受它的实际用途的制约。

锅釜多到让人不敢相信的地步，但是我们并不去计算用它来交换法国葡萄酒的不利之处。这样一看，我们很容易就知道，不论在哪个国家，锅釜这类用具的数量都是受它的用途制约的。不论在哪个国家，锅釜都是用来烹制食物的，所以它的数量够烹制食物就行了，再多了也没有用处。如果食物增加了，只要用增加的食物中的一部分来购买锅釜，或者来维持制造更多锅釜的工匠就可以了。同样的道理，不论是铸造成铸币当货币使用，还是制作成器皿当家具使用，任何一个国家的金银量都是受它的实际用途的制约。不论哪个国家，依赖铸币流通的商品的价值都支配着其国内铸币的数量。商品的价值增多了，立刻有一部分商品会被送到有金银铸币的外国，购买流通商品所需要增加的铸币。我们还知道，不论在哪个国家，国内喜欢奢华的家族的数量和富有程度都支配着金银器皿的数量。喜欢奢华的家族数量增多了，财富增加了，增加的财富很快就会被送到有金银器皿的地方，购买更多的金银器皿。锅釜虽然是家里所必须用到的，超出必需的锅釜虽然想办法储存起来了，但是也不能增加家人吃食物的快乐。同样，金银虽然是一个国家需要的，但如果不是国家货物流通过程中所必需的数目，即使想办法储存起来了，也不能增加国家的财富。正如支出资财购买不需要的用器不但不能增进家庭食物的质量，反而有可能减损一样，支出资财购买不必要的金银也一定会导致用于人们衣、食、行方面的财富的减少，从而不能像原来那样雇用人民，维持人民的生计。我们必须记得，金银无论是铸造成铸币还是锻造成器皿，都和厨房的用具一样。增加金银的用途，增加依赖金银而流通、支配、准备的消费可能品，就一定能够增加金银的数量；相反，如果通过不正常的方法增加金银的数量，那么金银的用途就一定会减少，同时又因为金银的数量受用途地制约，所以甚至会导致金银数量的减少。如果一个国家金银的储蓄量超过了国家流通所需的数量，再加上运送起来那么容易，闲置不用损失又巨大，那么任何法律也不能阻止它输出国门。

一国要维持在异国的军队并进行对外战争，并不一定要蓄积金银。因为维持军队的不是金银，而是可消费的物品。在异国购买这类可消费物品的财力就是国内产业的年产物，换言之，就是本国土地、劳动和可消费资本的年收入。有了这些收入的国家，就能维持在异国开展的战争。

一个国家有三种不同的方法来支付在异国作战的军队的军饷。第一，把蓄积的一部分金银运往外国；第二，把制造业年产物的一部分运往外国；第三，把常年原生产物的一部分运往外国。

一个国家真正积蓄在国内的金银由三个部分组成：第一部分，流通的货币；第二部分，私家的金银器皿；第三部分，多年节俭而积累于国库中的货币。

一个国家从流通货币中节省下来的货币是很少的，因为流通中的货币不会有很多的剩余。

关于对外贸易

把金银输入到没有金银矿山同时又需要金银的国家，固然是对外贸易的一部分，但不是一个国家进行对外贸易所获得的主要利益。

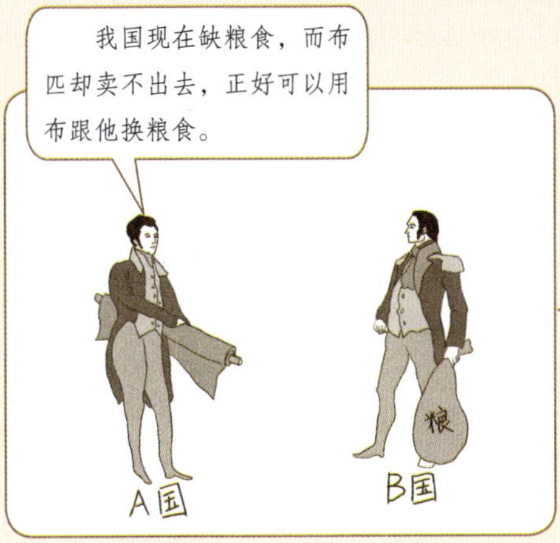

任何经营对外贸易的地方，都可以从中得到两种不同的利益，也就是输出本国剩余的土地和劳动年产物，换回本国需要的其他种类的物品。

剩余物品的价值通过换回需要的其他种类的物品得以实现。通过这个方法，国内市场的狭隘，不会阻碍国内各工艺部门的分工达到完善的程度。

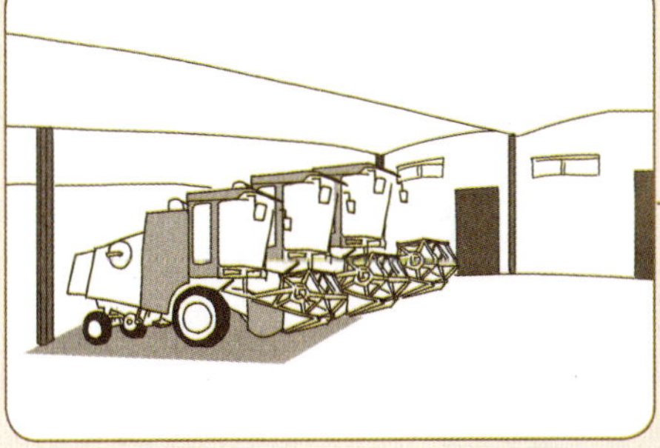

国内消费不完的剩余劳动生产物拥有了更广阔的市场，鼓励人们改进生产力，尽可能多地增加年产物，从而增加社会的真实财富和收入。

所以，商人所在国是对外贸易的最大受益者。

不论在哪个国家，虽然每年买卖的货物价值都必须有一定数量的货币来流通并分配给真正的消费者，但是流通中却不会使用多于必要量的货币。流通的通道会且只会吸引足够的货币额充满其自身，而不能容纳超过必要量的货币。在对外战争的情况下，通常会从流通通道中取出一部分货币，但是既然有许多人被遣往国外了，那么国内需要供养的人数就减少了，国内流通的货物也相应减少了，进而流通中需要的货币也就减少了。并且，在这样的情况下，像英国的财政部证券、海军部证券、银行证券等各种纸币会开始大批地发行，代替流通渠道中的金银，从而有机会把更大量的金银送往国外。不过，用这些方法来维持对外战争是远远不够的，因为对外战争往往耗费巨大、耗时多年。

依靠熔解私人家庭的金银器皿来维持战争更是无济于事。上次战争刚开始时，法国曾经使用过这种办法，但这个方法所获得的利益还抵不上铸造的损失。

过去，在战争爆发时，君王累积的财宝会为国家和军队提供一个相对比较大而且持久得多的资源。但在现在，除了普鲁士国王，全欧洲几乎没有一个国家的君王把累积财宝当作一项政策。

据史料记载，18世纪的对外战争要算耗费最为巨大的了，但维持这种战争的经费却只有很少一部分来自流通货币、私人家庭的金银器皿或国库财宝。上次和法国的战争，英国花费了9000万镑以上，其中有新募的国债7500万镑，还有每镑土地税2先令的附加税，以及从还债基金中每年借用的款项。这项费用中有2/3以上用在了德意志、葡萄牙、美洲、地中海各口岸、东印度和西印度群岛等远离国土的地方。英格兰国王没有积蓄的财宝，我们也从来不曾听说有大量的金银器皿被熔解。当时，人们认为国内流通的金银不超过1800万镑。但自从最近一次金币改铸以来，大家相信那个估计有点太低了。根据我所看到或听到的最夸大的统计，我国金银合计达3000万镑。如果维持战争全部是用我国的货币来进行的，那么根据这个统计，在六七年间我国至少曾经把这个数目的全部货币运出、运回两次。如若这样的假设成立，则提供了一个最有力的证据证明政府蓄积货币的用心是多么多余。因为，根据这个假设，国内的全部货币肯定在短时间内明目张胆地做了两个来回。而在全部货币来回往返的时候，国

第一次英荷战争中，荷兰与英国的舰队正在交战。维持军队的不是金银，而是可消费的物品。在异国购买这类可消费物品的财力就是国内产业的年产物，换言之，就是本国土地、劳动和可消费资本的年收入。

在英法两国争夺魁北克的战役中，英军统帅詹姆斯·沃尔夫身受重伤，但在他的指挥下，英军取得了胜利。

内流通渠道却并没有显现出比平时空虚的样子。有资财换取货币的人，几乎没有感到货币的缺少。在整个战争期间，特别是战争将要结束的时候，对外贸易的利润比平时高，这个时候，在英国各地都发生了过度贸易的现象。这种现象导致了货币缺少的抱怨声。有很多人既没有财力购买货币，又没有信用可以借贷货币，缺少货币也是理所当然的。不过，拥有价值可以换取货币的人，大多数都还是可以换取到金银的。

所以，上次战争巨额费用的主要来源，绝不是金银的输出，而是英国某些商品的输出。在政府或政府工作人员同一个商人签约汇款至外国时，这个商人就向国外来往通汇处开出一张期票，为了支付这张期票，他会尽力把商品而不是金银运到国外。因为运送商品出国，他可以获得很大的利润，但是运送金银出国，却没有任何利润。如果运送的英国商品，签约国家不需要，他就会想办法把商品运往其他国家，总能获得很大的利润。同时，他会买一张期票，来付清欠签约国家的款项。商人送金银之类的金属到外国购买外国商品，虽然也有利润，但这种利润并不是来源于商品的购买，而是来源于在外国所买商品回国后的转卖。送到外国的金银，既不能购买外国商品，也不可能产生利润，所以，商人会想方设法用输出商品的方法代替输出金银的方法来偿还外债。《英国现状》的作者指出，在上次战争中，英国就输出了大量货物，但却没有运回任何货物来。

除了上述三种金银外，在所有大商业国中，为了经营国外贸易，都有大量金银块交替地输出和输入。就像一个国家的铸币在特定国家内流通一样，这种金银块流通于各个商业国之间，可以被看作是大商业共和国的通用货币。和一个国家铸币的流动和方向受流通于本国的商品支配一样，大商业共和国货币的流动及其方向，也受流通于各国间的商品的支配。一个国家的铸币和大商业共和国的通用货币一样，都是为了便利交易而设，前者是用于同一个国家不同个人之间，后者则是用于不同国家不同个人之间。上一次战争中，可能已经动用了在大商业共和国中流通的一部分货币。在战争期间，这种货币的运动和流向与和平时期自然是不一样的。因为战争中的交战双方均需在交战地点及其周边城郊购买战争所需的俸给和食粮，所以，战争期间，这种货币在战场附近流动得更多。英国用于这种用途的大商业共和国货币，不论多少，都必须年年购买，而购买所花费的，或者是英国商品，或者是用英国商品换取的其他国家的商品。总之，都是商品，是一国土地和人民劳动的年产物。只有它才是维持战争的根本资源。人们通常认为，那么巨额的费用只有由同样巨额的年产物供给才是合理的。在1761年，战争费用已经达到了1900万镑以上。这样巨大的耗费是任何金银蓄积都不能维持的，甚至也是任何金银的年产量都不够维系的。根据最可靠的数据，每年输入到西班牙、葡萄牙两国的金银总量也不过600万镑。就某些年份来说，这个数目就算要支付上次战争4个月的开支也是不够的。

军队被派往遥远的国家，它的俸给和粮食都需要在当地购买，不论是直接购买还是先购买大商业共和国的货币，再用货币购买，都需要输出本国商品。最适合为这个目的而输出的要算是精巧的制造品了，因为它体积小而价值大，可以用较少的费用进行长距离的运输。一个国家如果能够每年生产出许多剩余的这种制造品输往外国，那么就算是不输出大量的金银，甚至是国库中没有大量的金银可以输出，也可以维持耗费巨大的对外战争很多年。这种情况下输出大部分剩余制造品虽然为商人带来了利润，但是对于国家却是没有任何好处。因为，政府曾经为了给在外国作战的军队提供俸给和食粮而向商人购买了外国期票。不过，总有一部分剩余制造品的输出，是可以继续取回利润。战争期间，对制造品的需要会加倍。因为，第一，为了给军队购买俸给和食粮，向外国购买了期票。为了偿还期票，自然需要制造品；第二，为了购买国内通常消费的外国货物，也需要制造品。所以，在破坏性最大的对外战争期间，大部分的制造业往往会繁荣起来；相反，在和平时期，却会衰落下去。试着比较一下上次战争中以及战后一段时间内英国各种制造业的情况，就可以证明上面的观点。

席卷欧洲的七年战争，最初的战事发生于美洲殖民地，这是法国与英国在美洲殖民地进行的莫农加希拉战役。

依赖土地原生产物的输出而进行耗费巨大、耗时长久的对外战争是不太方便的。通过输出原生产物购买军队的俸给和食粮，费用太大了。而且，很少有哪个国家的原生产物除了供给本国居民的生活所需外，还会有大量剩余。所以，把大量的原生产物输往国外，就相当于夺走了人民必需的生活资料的一部分。输出制造品就不一样了。输出制造品的时候，维持制造工人的生活资料仍然在国内，输出的只是他们劳动产品的剩余部分。休谟先生多次提到古代英国通常不能进行长期对外战争的情况。那时，英国除了土地原

普鲁士腓特烈大帝主持修建的无忧宫，他在这处奢侈豪华的宫殿群里招待客人。修建宫殿耗费的巨大金额，不仅阻止了蓄积财宝，而且还占用了本应用于其他用途上的资财。

生产物和粗糙的制造品，就没有其他东西可以用来支付军队的俸给和食粮了。原生产物供给国内消费后剩不下多少，粗制造品和原生产物的运费又巨大，所以英国不能经常进行长期的对外战争，并不是因为它缺少货币，而是因为缺少精巧的制造品。英国的商业贸易，现在是依靠货币进行的，当时也是一样。现在，流通渠道中的货币量固然与买卖次数和价值成一定比例，但是当时也是一样的。实际上，因为当时没有纸币，而现在纸币却已经代替了大部分的金银，所以那个时候，流通中的货币量与买卖次数和价值所成的比例甚至比现在还大。在商业制造业不是很发达的国家出现异常情况，臣民很少能给君主提供大的帮助。所以，这样的君主只能自己努力积蓄财宝，作为应付意外情况的资本。发达的商业国家的君主就没有蓄积财宝的必要性了，因为在紧急事件发生时，他们可以从臣民那里得到帮助。既然蓄积财宝的倾向没有那么严重了，那么自然地，他就会追随时代的风尚。他们的经费就会和领土内的其他地主一样，主要用于满足自己穷奢极欲的虚荣心。宫廷中各种毫无意义的装饰会一天多过一天，它耗费的巨大金额，不仅阻止了蓄积财宝，而且还占用了本应用于其他用途上的资财。这个时候，欧洲君主的宫廷，可以用德西利达斯描写波斯宫廷的话来描述：在那里，看得到金碧辉煌，却看不到力量；看得到奴仆，却看不到军人。

金银输入本国，不是一个国家进行对外贸易所获得的主要利益，更不是唯一利益。任何经营对外贸易的地方，都可以从中得到两种不同的利益，也就是输出本国剩余的土地和劳动年产物，换回本国需要的其他种类的物品。剩余物品的价值通过换回需要的其他种类的物品得以实现。通过这个方法，国内市场的狭隘，不会阻碍国内各工艺部门的分工达到完善的程度。同时，国内消费不完的剩余劳动生产物拥有了一个更广阔的市场，鼓励人们改进生产力，尽可能多地增加年产物，从而增加社会的真实财富和收入。这为进行对外贸易的各国做出了巨大的贡献，并且，这种贡献将一直持续下去。当然，从事对外贸易的商人，会更多地为本国人们提供需要的货物，输出本国的剩余生产物，所以，商人所在国是对外贸易的最大受益者。事实上，通商各国都将获利匪浅。把金银输入到没有金银矿山同时又需要金银的国家，固然是对外贸易的一部分，但相对来说，也是最没有意义的一部分。仅仅因为这种目的而进行对外贸易的国家，恐怕100年内也装不满一船金银。

美洲的发现确实让欧洲变得富有了，但它让欧洲变富的原因并不是因为金银的输入。相反，美洲丰富的金银资源还让金银贬值了。和15世纪相比，现在只需要付相当于当时1/3的谷物或劳动，就可以购买到同等价值的金银器皿。而且，因为金银器皿的价格变成了原来的1/3，所以不但原来有财力购买的人可以买到原来数量的3倍，而且原来没有财力购买的人也可以支付得起了，所以有财力购买金银器皿的人，也许会比从前多10倍甚至是20倍。因此，欧洲现有金银器皿的数量，和美洲金银矿山没有发现之前相比，就算是按照现在的发展速度，也多了不止3倍以上，甚至恐怕是多了20倍、30倍以上。欧洲无疑从中获得了利益，不过那真的是很小的利益。由于金银的贬值，购买同样价值的东西，现在需要支付更多的货币了。原来，我们只需要带4个便士，现在却需要带1个先令了。这也是一种不便。金银价值过高和过低都是一种不便，至于哪种不便更无足轻重，还很难判断。不过，这两种不便都不会让欧洲的情况发生根本的变化。但是美洲的发现却让欧洲发生了非常大的变化，这是为什么呢？这是因为美洲的发现为欧洲的商品开拓了一个广阔的新市场。新市场带来了分工的进步和技术的改良，这在通商范围狭小、大部分物品缺乏市场的时候是不可能发生的。随之，劳动生产力改良，欧洲各国的生产物增加，人们的实际收入和财富也增多。欧洲生产的商品对于美洲来说几乎是见所未见、闻所未闻的，美洲生产的商品对欧洲来说几乎也是一样。于是，出现了一种全新的交易，它对欧洲有利，对美洲也有利。没有人想到，这样一件本来对所有国家都有利的事情，却因为欧洲人的蛮不讲理，成了一些国家遭遇不幸的源泉。

来自欧洲的殖民者围攻东南亚一处要塞。虽然距离更远一些，但对东印度的稳定航线的开辟，可以说是开拓了一个更广阔的国外通商市场。

几乎和美洲同时，经由好望角至东印度的航道也被发现了，虽然距离更远一些，但可以说是开拓了一个更广阔的国外通商市场。美洲被发现的

铁匠的工坊。对于供本国消费的外国产品，如果本国可以生产，那么不论从哪个国家输入，都要一律进行限制。

时候只有两个民族脱离了野蛮人的状态，这两个民族在被发现后不久也被消灭了。东印度包括了中国、印度、日本等国，虽然和美洲相比，它们没有更丰富的金银矿资源，但是在其他方面，比如耕作和制作工艺和美洲的秘鲁、墨西哥等国相比则更先进，算是富庶的国家。就算我们相信西班牙作家关于秘鲁、墨西哥的夸大记载，也得承认它们比不上东印度各国。相较于和没有开化的野蛮国家，和文明富庶的国家交易，获得的价值当然要大得多。但是事实上，欧洲同美洲交易获得的利益却比同东印度交易获得的利益大得多。葡萄牙人曾经独占东印度长达一个世纪，欧洲其他国家要想把任何货物运送到东印度或者从东印度购买任何货物，都需要通过葡萄牙人间接地进行。17世纪初期，荷兰人开始侵入东印度时，随即成立了一个公司全权包办东印度的商业。英国、法国、瑞典、丹麦紧随其后进行效仿。所以，无论欧洲哪个国家，都不曾对东印度享有自由贸易的利益。这就是东印度贸易利益之所以不及美洲贸易利益的原因——东印度不能自由贸易，而欧洲各国对其美洲各殖民地实施的却是属民自由经营。那些东印度公司的排他性专营特权、深厚的财力以及从本国政府那里得到的庇护和利益，每一项都足以引起妒忌。妒忌声称这种交易是有害的，因为进行这种贸易的国家，每年都要输出大量的金银。针对这种观点，有关人士回答说，金银的不断输出，虽然确实导致欧洲整体上贫困了，但是却没有让进行贸易的国家变贫困，因为一个国家通过把换回来的货物输往欧洲其他国家得到的金银量，远远超过它输出的金银量。反对者和支持者都是以我一直在考察的普遍流行的观点为依据的，所以，关于他们，我不再多说。每年向东印度输出金银，固然可以稍微提高一点欧洲金银器皿的价值，金银铸币所能购买的劳动和商品也会有所增加，这两个结果中，前一个是很小的损失，后一个是很小的利益，都微不足道，不值得引起任何社会公众的注意。东印度的贸易既然为欧洲的商品开拓了一个市场，也可以说为其金银开拓了一个市场，那么当然也就会增加其商品的年产量，从而增加其实际财富和收入。而这种贸易，之所以一直让欧洲的财富收入增加得比较少，也许原因在于交易中处处受到限制。

我认为，输入的限制分为两种：

第一，对于供本国消费的外国产品，如果本国可以生产，那么不论从哪个国家输入，都要一律进行限制。

第二，和外国进行交易，如果贸易差额不利于本国，那么只要是从那个国家输入的，不论是哪种货物，都要一律进行限制。

这些限制，有的是通过高额关税实现的，有的是通过绝对禁止实现的。

鼓励输出的措施，有时是采用退税，有时是采用发放奖金，有时是与外国签订有利的通商条约，有时是在遥远的地方建立殖民地。

有两种情况允许退税。第一，国内制造品已经缴纳了关税或者国产税，那么在输出时，就允许将所纳税款的全部或者一部分退还；第二，输入时已经缴纳过关税的外国货品，在再次输出时允许退还全部或者是一部分的关税。

奖励金的颁发，有时是用来支持、鼓励某些新兴的制造业，有时是用来奖励、保护那些被认为应当受到特殊照顾的产业。

根据有利的通商条约，本国的货物或商人在某一特定国家内可以享有其他国家的货物和商人所不能享有的特殊待遇。

在遥远的地方建立殖民地，不仅可以给殖民地母国的货物和商人提供某些特权，而且往往获得垄断权。

以上两种限制输入的方法和四种鼓励输出的方法，就是六种主要的让贸易差额有利、国内金银量增加的方法，为重商主义所提倡。

第二章
论限制输入本国能生产的商品

通过高额关税或者绝对禁止限制输入本国可以生产的商品，就在一定程度上让国内的这个产业享有了垄断权。例如，禁止从外国输入活家畜，英国畜牧业就享有了对国内屠肉市场的独占；对谷物输入征收高额关税，英国的谷物生产业就得到了同样的利益；对外国羊毛输入实行禁止，同样有利于英国的羊毛生产。尽管丝绸制造业生产所用的原料全部都是从外国进口的，但是最近它也获得了同样的利益。麻布制造业尽管还没有取得这种利益，但也正在大步地朝着这个目标前进。还有许多其他的制造业，也取得了或者是差不多取得了不利于本国同胞的垄断权。英国绝对禁止或在一定条件下禁止输入的货物种类之繁多，对于那些对关税法不熟悉的人来说，简直是不可想象的。

羊毛工人在工作。通过高额关税或者绝对禁止限制输入本国可以生产的商品，就在一定程度上让国内的这个产业享有了垄断权。例如，对外国羊毛输入实行禁止，有利于英国的羊毛生产。

这种对国内市场的独占，毫无疑问极大地鼓励了国内的这些产业。它会让社会上大部分的劳动和资财不再流向它原来的方向，而是流向这些行业。但是这种办法能不能增进社会的一般产业，能不能引导国内产业向着最有利的方向发展，并不十分明确。

社会总产业不可能超过社会总资本所能维持的限度。任何个人所能雇用的工人数和他所拥有的资本必定成一定比例，同样，一个社会所有行业所能雇用的工人数也一定和这个社会的全部资本成一定比例，绝对不可能超过这个比例。任何商业条例都不能让社会产业量的增加超过社会资本所能维持的限度，它不过是改变了劳动和资财本来应该流向的方向，勉强改变了一部分资本的用途而已。至于这种人为的改变和自然的流向相比哪个对于社会更有利，却是不能确定的。

每个人都为他所能支配的资本不断地寻

找着最有利的用途。他在心里所考虑的当然是自己的利益，而不是社会的利益，但是他为自己考虑的结果，自然或者说必然会引导他选出对社会最有利的用途。

首先，如果把资本投在国内产业上，能取得资本的正常利润，或者只比正常利润少一点点，那么每个人都会尽量把资本投在国内。

如果利润相等或者差不多相等，那么所有的批发商人都更愿意进行国内贸易，而不愿意进行对外贸易，但是和进行中间商贸易相比，那就更愿意进行对外贸易。投资进行消费品的对外贸易，资本常常超出商人的视野，但是投资进行国内贸易的资本，则常常在商人的视野之内。投资进行国内贸易的情况下，所委托的人品行怎么样、情况怎么样，投资人更容易弄明白，就算是偶然被骗了，对于法律上索取赔偿的手续他也更清楚。至于中间商贸易，商人的资本投资在本国以外的两个国家，没有任何部分有带回来的必要，也没有任何部分在他的支配下。

譬如，阿姆斯特丹商人投资进行中间商贸易：从克尼斯堡运送谷物至里斯本，从里斯本运送水果和葡萄酒至克尼斯堡。通常，他必须把资本一分为二，一半投在克尼斯堡，一半投在里斯本。不论是他贩卖的谷物还是水果和葡萄酒，都没有必要流入阿姆斯特丹。这样的商人自然是住在克尼斯堡或里斯本比较合适。只有在有特殊事情的情况下，他才会选择阿姆斯特丹作为住处。然而，最终他还是因为不放心远离资本，而不顾装卸货的双重费用，也不顾要支付税金和关税，把一部分货物转道运到阿姆斯特丹。他会为了亲身支配一部分资本而宁愿承担这种额外的费用。也正因为这样，在经营中间商贸易上有优势的国家，经常成为通商各国货物的中心市场或总市场。因为，为了省去第二次装卸货物的费用，商人通常都想方设法在本国市场售卖各国的货物，也就是说，尽可能地将中间商贸易变成消费品的对外贸易。同样，进行消费品对外贸易的商人，当准备把收集的货物运往外国市场时，也总乐意以同样或者差不多的利润尽可

18世纪的英国建筑，整个房屋为双层起脊阁楼，适合用于企业生产和经营。同样的资本，投在国内贸易上比投在消费品对外贸易上能推动更多的国内产业发展，能让更多的国内居民获得收入和就业机会。

能在国内售卖一大部分。他会尽可能地把消费品对外贸易变为国内贸易，这样他就可以省去输出存在的风险和麻烦。于是，虽然由于某些特殊的原因，资本被投到了国外，但是我们仍然可以这样说，不论哪个国家，本国仍是本国居民资本流向的中心，本国居民的资本不断地流通于这个中心的周围。同样的资本，投在国内贸易上比投在消费品对外贸易上能推动更多的国内产业发展，能让更多的国内居民获得收入和就业机会。同样的资本，投在消费品对外贸易上比投在中间商贸易上更能获得上述同样的好处。所以，在利润相等或差不多相等的情况下，每个人的投资方向，大多都能给国内产业提供最大的援助，从而也给本国更多的居民提供收入和就业机会。

其次，把资本用来维持国内产业的每个人，都一定会努力促进那种产业的发展，让它的生产物尽可能有最大的价值。

辛勤劳动的生产物就是劳动对象或者材料上增加的东西。雇主利润的大小是和劳动生产物的价值大小成一定比例的。用资本维持产业的人，既然把获取利润作为唯一目的，那么他自然就会努力让投入资本的产业得到最大价值的生产物，也就是能交换到最多数量的货币或其他货物的生产物。

但每个社会的年收入和它辛勤劳动全部年产物的交换价值通常是恰好相等，或者说，恰好是价值相当的东西。所以，每个人把他的资本投入到国内用来维持国内产业，并想方设法让它的生产物的价值达到最高限度，本来就和每个人竭尽所能使社会的收入最大化是异曲同工的。的确，他们通常没有促进社会利益的想法，也不知道自己曾经怎样促进了社会利益。他们愿意投资维持国内产业而不投资国外产业，只是从自身的安全出发；他们积极指导产业的发展使其生产物的价值能达到最大限度，也只是考虑到了自身的利益。和其他时候的情况一样，他们是受着一只“看不见的手”的指导，无意间竭力达到了一个他们从来没有考虑过的目标。他们不考虑这种目标，未必就对社会有害。他们径自追求利益，往往能更有效地促进社会利益的实现。他们如果真的总想着如何促进社会利益，结果往往达不到这样有效的程度。据我所知，那些打着为了公众幸福的旗号而经营贸易的人，并没有真正做出过多少好事。实际上，这种故作姿态的商人也并不多，我们也没有必要多费唇舌来劝阻他们。

至于哪种国内产业最适宜投资，哪种国内产业的生产物能有最大价值，因为商人本身就处在当事人的位置上，所以他们做出的判断要比政治家或立法者准确得多。如果政治家非要指导商人进行投资，那不过是多此一举，而且是在僭取一种他既不能放心地委托给任何人，也不能放心地委托给议会或者元老院的权力。把这种权力交给一个迂腐、大言不惭、越权、自认为适合这样做的人，是最危险的。

让国内产业中的某种特殊工艺或制造业单独占有国内市场，在某种程度上就是指导了商人应该把资本投到哪里。而这种限制外国货物输入本国的法规，在所有情况下，几乎都是没用或者是有害的。如果本国的生产物和外国的生产物一样便宜，那么这种法规很明显是没用的。如果价格不是一样便宜，那一般说来就是有害的了。如果购买某种商品所花费的钱比自己在家里生产所花费的钱少，那么就一定不适合在家里自己生产，这是所有英明的家中主事人都知道的道理。所以，做衣服的裁缝绝对不会自己做鞋穿，而是向做鞋的人购买；做鞋子的人也绝对不会自己做衣服穿，而是向做衣服的人购买。农民则既不会自己做鞋子也不会自己做衣服，而要

哈勒姆的市场，房屋和商铺并列。人们通过生产和交易都发现了，专门经营一种与其他人相比有优势的产业，再用自己生产物中的一部分或者是生产物价格的一部分购买需要的其他物品，对自己更有利。

雇用裁缝和鞋匠给他们做。他们都发现了，专门经营一种与其他人相比有优势的产业，再用自己生产物中的一部分或者是生产物价格的一部分购买需要的其他物品，对自己更有利。

对于个别家庭来说是明智的选择，对于国家也绝对不会是不明智的。就某种商品来说，如果自己生产比向外国购买花费得要多，那就不如经营有优势的产业，然后输出自己产业生产物的一部分向国外购买需要的物品。国家的产业总是和维持产业的资本成一定比例，所以，就像鞋匠一样，他的劳动绝对没有减少，只不过是放任它选择了最有优势的用途而已。如果一种物品购买花费得少，自己制造花费得多，那么自己制造显然就没有选择最有利的方法。按照这种假设，向国外购买花费较少，自己生产花费较多，则只需将同样的资本投入到国内生产出来的商品的一部分或者商品价格的一部分，就可以把所有需要的商品从外国购买进来。所以，如果规定了这类本国产品的垄断权，不过是让国家从自己有优势的产业转到了自己没有优势的产业，从而导致国内产业的价值不但没有如立法者所希望的那样增加；相反，可能会因此而减少。

的确，通过这种法规，有些特定的制造业会更快地确立起来，并且，一段时间之后也能以同样低廉的价格甚至是更低廉的价格生产这种产品。要让社会产业转到某个特定的有利的用途，确实可以通过法规更快捷地做到，但是，产业和收入的总额却不会因此而增加。社会的产业只会随着社会资本的增加而增加；社会资本增加多少，又取决于社会能从其收入中逐渐节省下来多少。既然这种法规的直接影响是社会收入的减少，那么和没有法规，资本和辛勤劳动自由流动时相比，社会的资本也就不可能有更迅速的增加。

没有那种法规，特定制造业的确不能在社会上确立起来，但在社会发展的任何时期内，社会都不会因此而感到更贫乏。在社会发展的任何时期，它的全部资本和辛勤劳动都将投在虽然对象不同，但都是当时最有利的用途上。在所有时期内，它所投入的资本也都将提供最大的收入，因此，资本与收入都得以用最大的速度增加。

有时，在某些特定商品的生产上，某一国占有的自然优势大到全世界都认为跟它竞争是没有一点好处的。只要甲国有这个优势，乙国没有这个优势，那么相对于自己制造来说，乙国从甲国购买就更为有利。比如，拥有某种技艺的工匠，和拥有其他技艺的工匠相比，尽管他的技艺是后天得到的，但是，互相交换产品比自己制作更有利却是他们共同认可的。

垄断国内市场最大的受益者是商人与制造业者。禁止外国牲畜及腌制食品的输入，以及对外国谷物的输入征收高额关税（这在丰收年份等于禁止），虽然也对英国牧畜者与农民有利，但总体来说，有利程度比不上商人和制造业者从同类限制中得到的利益。和谷物、牲畜比起来，制造品，尤其是精细制造品，更容易从一个国家出口到另一个国家。所以，国外贸易通常都以贩卖制造品为主要业务。在制造品方面，外国商人哪怕只占有一点点的优势，也能让我国商人在本国市场上贱卖。但在土地原生产物方面，除非占有非常大的优势，否则就不能做到这个地步。在这种情况下，如果外国制造品可以自由输入，那么也许真的甚至会有几种国内制造业受到损害，甚至会有几种国内制造业因为外国制造品的冲击而完全覆灭，结果肯定会有大量的资本与劳动离开现在的用途，被迫转向其他用途。但是，就算土地原生产物实行最自由的输入，也不能对我国农业产生这么巨大的影响。

电器厂装配车间。和谷物、牲畜比起来，制造品，尤其是精细制造品，更容易从一个国家出口到另一个国家。

例如，就算牲畜的输入一直完全自由，但因为输入的数量非常少，所以也绝对不会对英国牧畜业产生多大的影响。活牲畜恐怕是唯一一种用海运比用陆运昂贵的商品了。因为牲畜可以行走，所以用陆运时就是自己运送自己。但用海运，被输运的除了牲畜，还有牲畜所需要的食料和饮水。这些运输起来也是要花费许多资财、承担许多麻烦的。爱尔兰和不列颠间的海程很短，因此爱尔兰的牲畜要输送到英国也比较容易。其实，就算是允许永久的自由输入（最近，已经允许爱尔兰牲畜在规定的时期内输入），不列颠牧畜者的利益也不会受到很大影响。不列颠靠近爱尔兰海的地方，都是畜牧地，根本不需要进口牲畜。也就是说，爱尔兰的牲畜必须再越过很辽阔的一片土地，走很远的路程，才能到达其真正的市场，所以必然会花费很多，也有很多麻烦。肥的牲畜走不了那么远，所以只有瘦牲畜可以输入。这种输入不会对饲养牲畜或饲养肥牲畜地区的利益造成损害（不但不会损害，相反因为降低了瘦牲畜的价格，所以对这些地方是有利的），仅仅只会损害繁殖牲畜地区的利益。英国解除对爱尔兰牲畜进口的禁止以来，因为爱尔兰牲畜进口量不多，而瘦牲畜售价又依然昂贵，似乎证明了，就连英国繁殖牲畜的地区也没有怎么受到爱尔兰牲畜自由输入的影响。据说，爱尔兰的普通人民曾经强烈反对牲畜的出口。但是，如果出口商觉得继续出口牲畜有利可图，而法律又支持他们，那么要克服爱尔兰群众的反对，是很容易的。

除此之外，饲养牲畜以及饲养肥牲畜的地区，通常是已经经过了很大改良的，但是繁殖牲畜的地区通常都是一些没有经过开垦的。瘦家畜价格的高昂可以增加没有开垦过的土地的价值，所以通常就相当于给其颁发了反对改良的奖励金。对于全境都已经改良过的国家来说，与其自已繁殖牲畜，倒不如从国外进口有利。据说，现在荷兰各地都奉行这个原则。苏格兰、威尔士及诺萨伯兰的山地，都没有多少改良的余地，似乎天生就是要做英国的繁殖牲畜场的。允许外国牲畜自由输入的唯一结果就是，让这些地方不能利用联合王国其他地方日益增加的人口与改良，不能再把牲畜价格提高到超乎寻常的高度，不能再向国内改良和开垦程度比较高的地区征收一种真实的赋税。

像活牲畜一样，腌制食品完全自由的输入，也不会对英国牧畜者的利益产生多大的影响。腌制食品不仅是体积较大的商品，而且和新鲜的肉类相比，其质量较低，但又因为耗费了较多的劳动和费用，所以价格较高。因此，外国的腌制食品虽然能够和本国的同类商品竞争，但是绝对竞争不过本国的鲜肉。它虽然是远洋航轮上需要的食物，虽然有许多用处，但在人民食物中，毕竟只占了很小的一部分。腌制食品被允许自由输入以来，从爱尔兰输入的腌制食品数量仍然不多，充分地表明我国牧畜业者根本用不着害怕这种完全自由的输入，家畜的价格并不会明显地受到它的影响。

腌制食品完全自由的输入，并不会对英国牧畜者的利益产生多大的影响。

就算是外国谷物的输入，也不会对英国农民的利益产生多大的影响。和家畜肉相比，谷物是体积更大的商品。用4便士购买1磅的家畜肉和用1便士购买1磅的小麦，是同样昂贵的。即使是在收成不好的年份，外国输入我国的谷物数量也很少的事实，可以安慰我国的农民，让他们不用再害怕外国谷物的自由输入。

用永恒、长久的法律对谷物及牲畜的输入进行限制甚至禁止，实际上就是在规定一

与西班牙无敌舰队之战。在大航海时代，保证本国的海上力量十分重要，英国制定《航海条例》就是为了保证自身的海上国防力量，并在世界市场大竞争中获得优势。

个国家的人口与产业永远不得超出本国土地原生产物所能维持的限度。

增加外国产业的负担，以鼓励国内产业，似乎只有在下面两个情况下是有利的。

第一，事关国防的特定产业。对于这类产业，通过增加外国同类型产业的负担，从而促进国内同类产业的发展是很有利的。第二，本国某种特定产业的生产物如果在国内需要征收赋税，那么增加外国同类产业的负担，通常也是有利的。

先说第一种情况。例如，英国海员和船只的数量在很大程度上决定着其国防力量。所以，为了鼓励本国航海业的发展，制定《航海条例》，绝对禁止或者对外国航船征收重税，从而给本国航海业国内市场独占权就很合适。

《航海条例》对于对外贸易和通过对外贸易让国家变得富有都是不利的。一个国家在和外国进行贸易时，当然以低价买入、高价卖出才有利可图。买入的时候追求最低价格，卖出的时候追求最高价格，这和个体商人的处境是完全一样的。要想用最低的价格买入，在贸易完全自由的情况下最适合。为什么呢？因为一个国家贸易完全自由，会鼓励其他所有国家把这个国家需要的物品运来。如果想要用最高的价格卖出，也同样在贸易完全自由的情况下最为合适。因为如果买者都聚集在本国市场里，那么货物的售价就可以尽量提高。的确，《航海条例》对于从英国输出英国货物的外国船只从来没有征收过赋税。根据后来的一些法令，甚至原来进出口都要缴纳的居留税，大部分输出品都不用再缴纳了。但是这些，都不能从根本上减轻《航海条例》对对外贸易的有害影响。为什么呢？因为如果外国人被禁止来英国售卖，或者售卖时被征收了高额的关税，那么肯定也不会再来此购买了。因为空船来英国装货的外国人，一定会浪费掉他们从自己国家到英国的船费。所以减少售卖者的人数，也就是减少购买的人数。这样一来，和贸易完全自由的时候相比，我们不仅在购买外国货物的时候花得更多，而且在售卖本国货物时要赚得更少。但是，国防和国富相比要重要得多，所以，在英国各种通商条例中，《航海条例》也许是最明智的一种。

下面再说第二种情况。如果一种本国产业生产物在国内需要缴税，那么，对外国同种产业的商品征收赋税从而鼓励国内产业，通常情况下也是有利的。对外国同种产业征收等额的赋税似乎是合理的。这种办法不会让国内产业独占国内市场，也不会让流向这个产业的资财和劳动多于它所需要的。征收赋税的结果，仅仅是促使一部分的资财和劳动稍稍偏离它本来应该流向的方向。税后，本国产业和外国产业仍然像税前一样，站在差不多平等的位置上进行竞争。所以，在英国，如果对本国产业生产物征收赋税，那么就一定会对外国输入的同类产品征收更沉重的赋税，以免国内商人和制造业者发出自己商品要在国内贱卖的抱怨声。

有人认为，第二种限制不应该仅仅局限于输入本国的商品与本国的缴税货品发生竞争时，而应该进一步推广。他们认为，如果本国的生活必需品在国内缴税了，那么不但对于外国输入的这类商品征收赋税是合理的，而且对所有输入本国会和本国产业生产物产生竞争的商品征收赋税都是合理的。他们说，对这种生活必需品征收的赋税，肯定会导致其价格的提高，从而让劳动价格跟着提高。所以，虽然本国生产的其他各种商品没有直接缴纳赋税，但是却都将因此而提高价格。也就是说，这种税虽然以生活必需品作为征税对象，但是却产生了对国内所有生产物征税的效果。所以，为了要让外国输入的商品和本国的商品站在平等的位置上竞争，他们

糕点店里的美食与饮料。它们的价格中通常包含了特种赋税，特种赋税可以使商品的价格提高到什么程度，通常可以很准确地判定。但劳动价格的提高，会让各种不同劳动生产物的价格提高到什么程度，却不能准确地判定。

认为，对所有输入本国和本国产品进行竞争的外国产品征收赋税是很有必要的。

生活必需品税，如英国的石硷税、盐税、皮革税、烛税等，是否一定会通过提高劳动价格从而提高所有其他商品的价格，我将在后面讨论赋税时加以讨论。现在，我们就假定这种税会产生这样的结果，这种一般性的提高（因劳动价格提高，导致一切商品的价格提高）和特殊的提高（因为对特定商品征收特种赋税而导致商品价格的提高）从下面两点来说是有所不同的。

第一，特种赋税可以使商品的价格提高到什么程度，通常可以很准确地判定。但劳动价格的提高，会让各种不同劳动生产物的价格提高到什么程度，却不能准确地判定。所以，要根据国内各种商品价格上涨额度的一定比例而对各种外国商品征收赋税，不可能做到准确。

第二，生活必需品税对人民生活境况的影响，大概类似于土壤贫瘠与不良气候所产生的影响。这种用赋税提高粮食价格的方法，就像生产粮食时需要投入比平时更多的劳动和费用。在因为土壤贫瘠和气候异常引起天然的贫乏时，指导人民使用其资本与劳动当然是不合理的；在因为对生活必需品征收赋税引起人为的缺乏时，指导人民使用其资本与劳动同样也是不合理的。很显然，在这两种情况下，对人民最有利的是让他们自己思量所处的环境，即使在恶劣的情况下，也要尽可能地适应环境，在国内或国外找出比较有利的产业。他们的赋税负担已经太重了，再征收新的赋税，让他们用高昂的价格购买其他大部分产品，无疑是最不合理的改良方法。

生活必需品税在达到一定高度时是非常可恶的，它不仅相当于土壤贫瘠，更相当于恶劣的气候条件所造成的损害。这种赋税最经常征收的地方，却是那些最富庶、最勤劳的国家。其他的国家都经受不起这么大的折腾。只有最强健的体魄，才能在饮食不卫生的条件下生存并保持健康状态，所以，只有各种产业都具有最大的天然优势和后天优势的国家，才能在这种赋税下存在并兴盛。在欧洲，荷兰要算是这一类赋税最普遍的国家，但是荷兰之所以会繁荣，并不是因为有了这一类赋税，而是因为荷兰有特殊国情。

通过对外国产业征收赋税增加它们的负担从而鼓励本国产业的发展，在上面两种情况下是有利的，但在下面两种情况下则是需要认真考虑的。第一，继续允许特定的外国货物自由输入到什么程度是合适的；第二，采用什么方式，或者说在什么程度上恢复已经中断一段时间的外国商品的自由输入是合适的。

在什么情况下需要考虑第一种情况呢？在某个国家以高额的关税或者是完全禁止的方法限制我国某种制造品输入它们国家时，我们就要考虑第一种情况了。在这种情况下，报复心理会让我们以牙还牙。通常的情况是，我们会对它们的某一种或者所有货物的输入征收高额的关税或者完全禁止。各国之间也经常这样报复。

为了撤销千夫所指的高额关税或禁令而实施的报复政策，如果能够达到撤销或废除禁令的目的，那么就可以说它是一个好政策。通常，广阔的外国市场的恢复，对于因为某种物品价格的暂时昂贵而遭受的损失来说，不仅可以得到补偿，还会有更多的好处。但是判断这种报复性政策是否能够达到它预期的目的，与其说是立法者应该具备的知识，不如说是通常所说的政治家所应该掌握的技巧。立法者的思考应该受长久不变的普遍原理的指导，政治家作为狡猾权谋的动物，才会受暂时变化的支配。在这种禁令不可能撤销的时候，为了补偿我国某一特定行

18世纪法国巴黎的财政会议。判断这种报复性政策是否能够达到它预期的目的，与其说是立法者应该具备的知识，不如说是通常所说的政治家所应该掌握的技巧。

业人民的损失，而把这种损害施加到我国其他行业每一个人身上实在不是一个好办法。在邻国禁止我国某一种货品输入的时候，我国通常不是仅仅禁止他国此类货品的输入，而是同时禁止多种货品的输入，以给他们施加更多的影响。这无疑鼓励了我国某些特定行业的工人，替他们排除了一些竞争者，让他们在国内市场上可以提高自己产品的价格。不过，生产被外国禁止输入的那一部分产品的工人，并没有从禁令中得到好处。相反，他们以及我国其他行业里的人们在购买某几种货品时，不得不支付更高的价格。这一类法律等于对所有人征收了真正的赋税，但受益的不是那个被外国禁止输入的行业的人们，却是其他行业的人们。

在什么样的情况下我们要考虑第二种情况？在本国的某些制造业因为能和它竞争的外国货物都被高额关税或禁止输入的法令挡在国门外，从而扩大到可以雇用很多工人的时候，就是该考虑第二种情况的恰当时机了。在这样的情况下，人道主义可能要求一步一步地、小心谨慎地、慢慢地恢复贸易自由。因为如果突然撤销高额关税或禁止低廉货品输入的限制，那么外国的货品将迅速涌进我国的市场，顷刻间就把我国许多人民的工作和生活资料夺走。这样想来，由此带来的混乱是巨大的。但是依据下面的两个理由，也许它引起的混乱并没有我们想象的那么严重。

首先，没有奖励金也会输出到欧洲其他各国的制造品，通常都不太受外国商品自由输入的影响。这种运往外国的制造品，价格一定和同品质同种类的其他外国商品一样低廉，在国内的售价也一定很低廉。因此，就算是完全恢复了自由贸易，它也仍然能控制国内市场。即使有一些爱时髦的人崇洋媚外，只因为是外国货便爱好起来，本国制造的同种货物虽然物美价廉，他们也不喜欢，但是按照事物发展的自然规律，这种愚蠢的行为怎么也不会普及到对人民的一般职业产生显著影响的地步。例如，我国的羊毛制造业、制革业、锻造业中，每年就有很大一部分制造品不依赖奖励金而输往欧洲其他各国，而雇用人数最多的制造业，也就是这几种行业，所以，既然产业不会受到影响，那么也就不会有很多人因为完全恢复自由贸易而失去生计。受到自由贸易影响最大的，也许是丝制造业，再者是麻布制造业，但后者所受损失已经比前者少得多。

其次，这样突然完全恢复贸易自由，虽然会让许多人失去他们原来从事的职业和原来熟悉的谋生方法，但并不能由此得出结论：他们将没有工作或没有了谋生的办法。上一次战争结束时，海陆军裁员，有10万以上（约相当于大制造业所雇用的人数）海陆军人忽然就失去了原来从事的职业，毫无疑问，他们会觉得困难，却并未因此就被剥夺了所有职业和收入来源。海军中的很大一部分逐渐转行，开始为商船服务。被遣散的海陆军士兵，被吸收到了人民大众中，受雇于社会的各个行业。10万以上习惯了拿武器，甚至有一些是习惯了劫掠的人，身份上经历了一次巨大的转变，但是却没有引起大的混乱，也没有见到任何地方的流氓数目增多。而且，据我所知，除了商船海员的工资以外，也没有哪个职业的工资降低了。士兵都可以这样转变身份，转换职业，那么制造业工人要重新就业，当然更容易，因为士兵一向依靠俸给过生活，制造工人则依靠劳动技能过生活；士兵习惯于懈怠和浪费，而制造工人则习惯了勤劳和实用。士兵从懈怠和浪费转变成勤劳实用是比较困难的，但是制造工人从一种劳动换成另一种劳动就简单得多了。此外，根据我们观察，所有的制造业都有一些性质相似的旁系制造业，所以工人只需要改变一下方向，很容易就可以达到就业的目的。而且这类工人有时还被雇用从事农村劳动。以前特定制造业上用来雇用他们的资财仍将留在国内，只不过换一个方式雇用同样数目的人。国家的资本依然那么多，对劳动的需要也和从前相同或大致相同，不过是资本使用的地方不同、使用的职业不同而已。被遣散的海陆军士兵，有在英国或爱尔兰任何地方从事任何职业的自由。国王下面的臣民如果都能像海陆军士兵那样，拥有选择职业的自由，换句话说，能够撤销、摧毁对自由造成实际侵害的行业垄断权和学徒法令，再撤销居住法，让在某个地方某个行业失业的工人可以在别的地方别的行业就业，而不用担心被人检举、被迫迁移，社会和个人就都不会因为某种制造业工人的偶然解散而蒙受巨大损害。制造业工人确实为国家做出了巨大的贡献，但是和用血肉保护国家的士兵来比，他们的功绩就显得小很多，所以对于他们无须特别对待。

从事大制造业的人，如果因为国内市场上突然遇到外国输入品的竞争而不得不放弃原来的产业，那么损失当然很大。一般来说，用在购买原料和支付工人工资上的那一部分资本，还比较容易找到其他用途，但是那些依附在工厂以及设备上的资本，处置起来却是很麻烦的。为了公平对待他们的利益，就要求这种变革不能冒进，而应逐步开展，在长期的警告过后再执行。

一家玻璃制造厂。根据我们观察，所有的制造业都有一些性质相似的旁系制造业，所以工人只需要改变一下方向，很容易就可以达到就业的目的。

立法院如果在最广大人们的幸福的指导下，不被为了片面利害关系而吵闹的要求所左右，就应该特别小心，不再建立任何新的对国内市场的垄断，也不推广已经建立的垄断。每一种这样的法规，都会在实际中扰乱国家的秩序，就算是之后进行补救，也难免会引起其他的问题。

至于在什么程度上每一种可对外国商品征收不以防止输入为目的，而以为筹集政府收入为目的的赋税，那是我以后讨论赋税时所要讨论的问题。为禁止外国商品输入，或者是为减少外国商品的输入而征收的赋税，显然是既破坏了贸易自由，也破坏了关税收入。

第三章
论对那些贸易差额被认为不利于我国的通商国家的所有商品实施的输入限制

第一节 即使根据重商主义的原则，这种限制也不合理

关于如何增加国家金银存量，重商主义所提倡的第二个方法，是限制那些被认为贸易差额不利于本国的国家几乎所有商品的输入。在最近这次战争开始前，法国大部分农产品和制造品至少也要上缴75%的赋税。由于大部分货物实在承担不起这样沉重的赋税，所以向它们征收这样沉重的赋税就是变相地禁止了。我相信，为了报复，法国肯定也会对我国输出到他们国家去的商品征收同样沉重的赋税。这种针对彼此的限制，几乎断绝了两国间的所有公平贸易，法国商品进入英国和英国商品进入法国，主要都靠走私。

首先，就算英、法两国间自由通商的贸易差额确实对法国有利，我们也不能因此便得出结论，认为这种贸易对英国不利，更不能因此便断言英国全部贸易的总差额，也将因为这

百年战争期间的一场海战。英国和法国历史上就是积怨已久的国家，两个国家几乎在任何方面都对对方有敌意，这也给两国之间的商业贸易填上了阴影。

银行柜台上的钱商贸易。

种贸易而对英国更加不利。如果同样是葡萄酒，法国的比葡萄牙的物美价廉，同样是麻布，法国的也比德国的物美价廉，那么英国向法国购买需要的葡萄酒和麻布当然比向葡萄牙和德国购买更有利。这样一来，从法国输入的商品的价值，当然会大大增加，但是因为同样的商品，法国的比葡萄牙和德国的便宜，所以总的来说，法国全部输入品的价值肯定会减少，而减少的数量，就和商品的便宜程度成一定的比例。就算法国输入的商品全部都在英国消费，情况也是这样。

其次，输入到英国的商品，事实上并非全部都由英国人自己消费，而是有相当大的一部分是会为了盈利而再次贩卖，输出到其他国家去。这种贩卖，可能会带回和法国输入到英国全部商品同等价值的利润。人们关于东印度贸易的说法，也可适用于法国贸易，就是说，尽管为了购买东印度的货物花费了一些金银，但是其中一部分货物的再次输出带回来的金银，通常要比购买全部货物时花费的原始费用还多。现在，在荷兰所有的贸易中，最重要的就是向欧洲其他各国运送法国的商品。英国人喝的法国葡萄酒，就有一部分是秘密从荷兰及西兰岛输入的。如果英法间实行自由贸易，或对法国商品征收和欧洲其他各国商品同样的赋税，并在输出时退税，那么对荷兰来说十分有利的贸易可能就会被英国分走一部分。

再次，两国间的贸易差额究竟对哪个国家有利，换句话说，究竟哪个国家输出的价值更大，是很难判断的一个问题。判断的时候，没有一个很明确的标准。这种问题，通常根据国民的片面见解和敌对情绪来判断，而国民的片面见解和敌对情绪又常常为个别营业家的私利所左右。在这种情况下，我们常常会参考关税账簿和汇兑情况这两个标准。由于关税账簿对各种商品的评价大多都不准确，所以现在大家都认为这个标准是靠不住的。和关税账簿一样，汇兑情况恐怕也是靠不住的。

据说，当伦敦与巴黎两地平价汇兑时，那就表明伦敦欠巴黎的债务和巴黎欠伦敦的债务一样多，然后互相抵销了。相反，如果购买巴黎的期票需要在伦敦支付贴水，那就表明伦敦欠巴黎的债务比巴黎欠伦敦的债务多，因此，伦敦必须把一定差额的货币送往巴黎。因为输出货币有一定的风险、麻烦和费用，所以代汇者要求贴水，汇兑人也必须支付贴水。据说，这两城市间债权与债务的状态，受彼此间普通商务来往情况的影响。由甲城输入乙城的数额如果和由乙城输出到甲城的数额差不多，由乙城输入到甲城的数额如果和由甲城输出到乙城的数额差不多，那么它们之间的债务与债权就可以相互抵销。但如果甲方从乙方输入的价值大于甲方向乙方输出的价值，则甲方欠乙方的数额就一定大于乙方欠甲方的，这时债权和债务就不能互相抵销，于是债务比债权多的那一方就必须输出货币。汇兑的通常情况，既会表明两地间债务与债权的通常状态，也会表明两地间输出与输入的通常情况，因为两地间债权债务的通常状态肯定受两地间输出输入情况的影响。

就算汇兑的一般情况可充分表明两地间债务与债权的一般状态，但也不能因此便得出结论，认为债务债权的一般状态如果有利于一个地方，那么贸易差额也就对它有利。因为两地间债务与债权的一般状态，不一定完全由两地间商务来往的一般情况决定，还会受两地间任何一地对其他各地商务来往情况的影响。譬如，英国购买了汉堡、但泽、里加等各地的商品，通常购买荷兰期票支付货物的价值。那么英国和荷兰之间债务与债权的一般状态，除了受两国间商务来往一般情况的影响外，还受英国和其他地方商务来往一般情况的影响。在这种情况下，就算英国每年向荷兰的输出超过荷兰向英国输入的价值，就算所谓的贸易差额对英国有利，英国每年也仍然需要输出一些货币到荷兰。

此外，按照一直以来计算汇兑平价的方法，就算汇兑的一般情况有利于一个国家，也不能充分说明债务与债权的一般情况也会有利于这个国家。换句话说，真实的汇兑情况与原来设想的汇兑情况，可能很不相同，而且事实上也往往很不相同。所以，在许多情况下，关于债务债权的一般情况，我们绝不能依据汇兑的一般情况得到可靠的结论。

如果你在英国支付的一定数量的货币，按照英国造币厂的标准，包含了若干盎司的纯银，而你所得到的期票，按照法国造币厂的标准，在法国兑付的货币额所含的纯银量和在英国所付货币含的纯银量恰好相等，那么人们就说英法两国以平价汇兑。如果你支付的货币的含银量多于兑付所得货币的含银量，人们就认为你付了贴水，并说汇兑不利于英国，有利于法国。如果你支付的货币的含银量少于兑付所得货币的含银量，人们就认为你得了贴水，并说汇兑对法国不利，对英国有利。

首先，我们不能根据各国造币厂的标准来判断各国货币的价值。各国货币因为磨损和削减而低于标准的程度是各不相同的。一个国家通用货币与其他国家通用货币的价值比较大小的时候，比较的并不是它们应该含有的纯银量，而是它们实际含有的纯银量。在威廉王时代改铸银币以前，英国和荷兰之间的汇兑，如果按照一般的计算方法，根据各自铸币厂的标准，那么英国要贴水25%。但是，根据朗迪斯调查研究显示，英国当时通用货币的价值比它的标准价值低25%。所以，照通常的计算方法，当时两国之间的汇兑表面上看起来是不利于英国的，但是实际上却是对英国有利的。在英国支付较少量纯银购入的汇票，却可以在荷兰兑换到较大量的纯银。被认为支付了贴水的人，实际上却得到了贴水。英国金币改铸以前，法国货币比英国货币的磨损程度小得多，在接近规定标准上，法国铸币也许比英国铸币要大2%或3%。英国和法国之间的汇兑，如果不利于英国的程度没有超过2%或3%，那么汇兑便是对英国有利的。而且金币改铸以来，汇兑有利于英国而不利于法国的情况就更常见了。

英国在印度发行的银卢比。我们不能根据各国造币厂的标准来判断各国货币的价值。各国货币因为磨损和削减而低于标准的程度是各不相同的。

其次，有些国家由政府支付铸币的费用，有些国家则由私人支付。在后一种情况下，将银块送往造币厂铸造的人，不仅要支付铸币的费用，有时还要向政府

欢乐的威尼斯。威尼斯是著名的商业城市，在欧洲历史上有过积极的推动作用。

缴税。在英国，铸币费用由国家支付，所以如果你拿1磅重的标准银到铸币厂，那么，就可以取回内含标准银1磅的铸币62先令。在法国，铸币要征收8%的税，这一税款不仅支付了铸币费用，而且还给政府提供了一笔小小的收入。因为把银块铸造成铸币不收费，所以在英国，铸币的价值不可能超出铸币内含有的银块的价值很多。在法国，就像工价增加精制金银器皿的价值一样，工价也增加了铸币的价值。所以，包含同样重量纯银的法国货币比英国货币更有价值，必须得支付更多数量的银块或者商品才能购买到。所以，就算这两国的铸币同样接近于各自造币厂的标准，所包含的纯银量也相同，但一定数额的英国货币却不一定能购买到同等数额的法国货币，也不一定就能购买到可以在法国兑付这一定额的期票。如果英国为了购买一张期票多支付的货币恰好等于法国铸币所花费的费用，那么两国之间的汇兑虽然根据通常的计算方法看起来对法国有利，但实际上却是平价汇兑，债务与债权就可以互相抵销。如果为购买这张期票，英国多支付的货币比法国铸币所花费的少，那么，两国间的汇兑虽然按照通常的计算方法看上去对法国有利，但事实上是对英国有利的。

再次，像阿姆斯特丹、汉堡、威尼斯等地，都以所谓的银行货币兑付外国汇票，但像伦敦、里斯本、安特卫普、勒格亨等地，则以当地通用货币兑换汇票。所谓银行货币，通常比同样金额的通用货币价值更大。例如，同样是1000盾，阿姆斯特丹银行货币就比阿姆斯特丹地方通用货币有更大的价值。它们二者之间的价值差，在阿姆斯特丹通常有大约5%，这被称为银行的扣头。假设两国通用的货币都接近于各自造币厂的标准，但是一国用本国的通用货币兑付外国汇票，另一国以银行货币兑付外国汇票，那么按照一般的方法计算，这两国之间的汇兑是对用银行货币兑付的国家有利，但实际上是对用通用货币兑付的国家有利。这就像是按照一般的方法计算，两国间的汇兑是对用较好的货币兑付的国家有利，但是实际上却是对用较差的货币兑付的国家有利的一样。在最近一次的金币改铸以前，我相信，按照一般的计算方法，阿姆斯特丹、汉堡、威尼斯等其他所有用银行货币兑付的地方和伦敦的汇兑，都是对伦敦不利的。但是，我们不能因此便得出结论，认为这种汇兑在事实上也是对伦敦不利的。自从金币改铸以来，甚至和地方通汇也对伦敦有利了。我相信按照一般的方法计算，除了对法国，伦敦对里斯本、对安特卫普、对勒格亨等欧洲大多数以通用货币兑付汇票的地方，汇兑大多数都对伦敦有利的，事实上，也极有可能是这样。

谈谈储蓄银行，尤其是阿姆斯特丹的储蓄银行

像法国、英国这样的大国，其货币差不多都是由本国的铸币构成。如果这种货币因磨损、削减或其他原因低于其标准价值了，那么国家可以通过改铸有效地恢复其原来的状态。但是，像热那亚、汉堡这样的小国，其货币全部由本国铸币组成的几乎没有，这些国家大部分的货币都是由国民经常来往的各个邻国的铸币组成的。这样的国家，用改铸的方法改良其货币将非常困难。因为这种货币本身性质很不确定，一定数量这种货币的价值在国外一定会低于其实际价值。因此，这些国家如果用这种货币兑付外国汇票，一定十分不利。

对于一个国家的商人们来说，要忍受这种不利的汇兑是很不方便的。这样的小国家，如果意识到了贸易的好处，为了补偿商人的损失，就会规定不能用货币兑付有一定价值的外国汇票，而只允许用一定银行的银票或用一定银行的账簿进行转账。这种银行是以国家的信用为后盾，并建立在国家的保护下的，它兑付汇票，必须准确地按照国家的标准，用真正良好的货币兑付。虽然后来其中有些可能被迫改变了初衷，但实际上，威尼斯、热那亚、阿姆斯特丹、汉堡、纽伦堡等地的银行，最开始都是为了这个目的而设立的。这种银行的货币既然比这些国家的通用货币优良，必然会产生贴水。贴水的大小，由货币被认为低于国家标准的大小程度而决定。据说，汉堡银行的贴水，一般约为14%。这14%，就是国家标准良币和从邻国流入的已经损耗、削减的劣币之间存在的差额。

1609年以前，阿姆斯特丹通过广泛贸易从欧洲各地带回来大量磨损严重的外国铸币，因此就出现了阿姆斯特丹货币价值比造币厂新出良币的价值约低9%的情况。在这种情况下，新出的良币往往是一铸造出来就被熔解或输出了。货币充裕的商人也不是总能找到足够的良币来兑付他们的汇票。因此，尽管有了很多防范法规，但这种汇票的价值仍然在很大程度上变得不确定。

1609年以矫正这种情况为目的，阿姆斯特丹在全市的保证下设立了一家银行。这家银行既接受外国铸币，也接受本国磨损程度较轻的铸币，除了在价值中扣掉必要的铸币费和管理费外，就按照国家的标准良币计算它的实际价值。在扣除小额费用以后，剩下的价值就在银行账簿上创建了一种信用，这种信用就叫作银行货币。因为银行货币所代表的货币，恰好符合造币厂的标准，所以真实价值通常不变，而它本身的价值又通常都比通用货币大。同时，阿姆斯特丹又规定，600盾以上的汇票，不论是在阿姆斯特丹兑付还是卖出，都需要用银行货币进行。

这种规定，立刻就把所有汇票价值的不确定性消除了。因为这种规定，为了兑付外国汇票，每个商人都不得不与银行打交道，这很自然地引起了人们对银行货币的需要。

除了它本来就有的比通用货币的优越性以及上文所说的需要对它产生的附加价值外，银行货币还有其他几种优点。它没有遭遇火灾、劫掠及其他意外的风险，阿姆斯特丹市对它全权负责；它要完成兑付，只需要简单地转一下账，用不着劳心劳神的计算，也用不着冒着风险从一个地方运到另一个地方。因为它有这么多的优点，所以从一开始就产生了一种贴水。大家都觉得，原来存储在银行内的货币，就让它继续留在那里好了，虽然在市场上出售这种存款可以得到一项贴水，但谁也没想过让银行支还债款。因为，如果要求银行支还，银行信用的所有者就会失去此项贴水。既然造币厂新造出的先令不能比普通的磨损了的先令购买到更多的货物，那么，从银行金柜中取出来放入私人金柜中的真正良好的货币和通用货币混在一起，价值就不再高于通用货币，而且恐怕很难被人们识别出来。当真正良好的货币在银行金柜时，它的优越性是很清楚而且肯定的。但是当它流入私人金柜时，确认它的优越性所花费的代价恐怕比这两种货币之间的差额还要大。另外，良好的货币一旦从银行金柜中提出来了，那么银行货币的其他各种优点也将随之丧失，包括安全性、方便而安全的转移性、可以支付外国汇票的用处等。不仅如此，如果没有预先支付保管费，那么想把货币从银行金柜中提取出来也是不可能的。

对于银行来说，银行信用所有者和受领证书持有者，是两种不同债权人。受领证书持有者不支付给银行相当于被提取金银价格的银行货币，就不能提取到受领证书上面标明的金银。如果他自己没有银行货币，就需要向有银行货币的人购买。但有银行货币的人，如果不能向银行出示受领证书，表明自己需要的金银数额，也不能提到金银。如果他自己没有受领证书，就必须向有的人购买。有受领证书的人购买银行货币，就相当于购买提取一定金额金银的权利。通常，这种金银的造币厂价格，比银行价格高5%。所以，他为购买银行货币而多支付的那5%的贴水，并不是购买了一种想象的价值，而是购买了一个真实的价值。有银行货币的人购买受领证书，其实也是购买了一种权利，即提取一定数量金银的权利。通常，这种金银的市场价格，比造币厂价格高2%~3%。所以，他为购买受领证书而支付的价格，同样也是支付给了一个真实的价值。受领证书的价格及银行货币的价格总和，就是金银的完整价值或价格。

荷兰的特殊情况，使得国民对商业贸易极其精通。如在巴达维亚设立的荷兰东印度公司总部，从很多方面看，都像一个荷兰市镇。而建立这样庞大的公司，银行的支持是少不了的。

把国内流通的铸币存进银行，银行也会给存储人一种银行信用，同时发给受领证书，但这种受领证书一般是没有什么价值的，在市场上也卖不出什么价格。因为受领证书过期而归银行所有的货币的数额一定是很大的。存入银行的全部资本，自从第一次存进来，就没有一个人想过要调换新的受领证书，或者把存进去的取出来，因为依据我们上面列出的各种理由，不论是采取上面两种方法中的哪一种，都会受到损失。所以，银行最初的原始资本肯定包括了那些受领证书过期归银行所有的金银。但是，不论这些数额有多大，根据一般情况下的假设，它们在银行的全部资本中所占的份额都是很小的。过去几年以来，作为欧洲最大的金银仓库，阿姆斯特丹银行的受领证书很少有过期的，或者说很少有存储的金银归银行所有的。大部分银行货币或者银行账簿上的信用，都是在过去数年间由金银商人不断储存、不断提取而产生的。

没有受领证书，就不能向银行要求提取金银。证书过期的那一部分银行货币是很小的部分，受领证书有效的那一部分银行货币则比较重大，但是由于它们混在了一起，所以没有受领证书的银行货币额虽然可观，但是却没有哪一个特定部分的银行货币是永远没有人来提取的。银行不能因为同一事物而成为两个人的债务人，所以在没有购买到受领证书以前，一个没有受领证书的人，就算是银行货币所有者，也绝对不能要求银行付款给他。在平常的时候，他要按照市场价（这个市场价格，和他根据受领证书可以向银行提取的铸币或金银条在市场上能卖的价格差不多相等）购买到一张受领证书，也不是什么困难的事情。

但在国家多灾多难的时候，情况就不一样了。例如，1672年法兰西入侵时。当时，银行货币所有者都迫切地想把存储的金银从银行中提出来自己保管，这时，他们就都需要受领证书了。这种需要，可能会让受领证书的价格变得非常高。有受领证书的人可能就会产生非分之想，他们会要求受领证书所标明的银行货币的5%，而不再是平时要求的2%或3%。为了防止财宝被运走，有些了解银行组织的敌人甚至会把所有的受领证书都买下来。一般认为，在这种特殊时期，银行会打破平时的规矩：没有受领证书的人可以向银行要求提取金银；没有银行货币但是有受领证书的人，也可以向银行要求提取受领证书上所标明的存储金银量的2%或3%。有人认为，在这种情况下，银行应该毫不犹豫地给那些有银行货币但是没有受领证书的人全额的货币或者是金银。同时，要支付给那些有受领证书但是没有银行货币的人受领证明上面标明的2%或3%，因为在这个时候，这个数额已经是他们应该得的全部价值了。

就算是在平常的时候，拥有受领证书的人也希望可以减低贴水，从而可以用比较低的价格买进银行货币，进而用比较低的价格购买到受领证书上所标明的、可以提取的金银；或用比较高的价格把受领证书转卖给有银行货币并想要从银行中提出金银的人。因为大多数情况下，受领证书的价格都等于银行货币的市场价格和受领证书所标明的铸币或金银的市场价格之差。相反，有银行货币的人却希望提高贴水，从而可以用较高的价格卖出银行货币，或用低价买来受领证书。这样恰好相反的利害关系，通常会引起投机和钻营。为防止这种诈骗的行为，近些年来，银行决定，为了通用货币而卖出银行货币固定执行贴水5%，而再度买进银行货币，执行贴水4%。银行的这种决定，让贴水永远不能超过5%，也永远不能低于4%；银行货币与流通货币二者市场价格之间的比例不论什么时候都很接近它们固有价值之间的比例。但在没有这种决定以前，银行货币的市场价格往往高低不一，受这两种相反利害关系对市场的影响，有时贴水攀升到9%，有时又会下跌到和通用货币价格相等。

阿姆斯特丹银行宣称，它们从来没有把存储进银行的任何部分金银或者货币作为贷款资金贷出去；存储金账簿上每记下1盾，金库内就会多出价值1盾的货币或者金银。只要受领证书

受领证书过期不是银行货币的主要来源

把铸币存进银行，银行会给存储人发受领证书，如果受领证书过期，归银行所有的货币的数额是很大的。

一般只要把资本存入银行，就没有人想要调换新的受领证书，或者把存进去的取出来。

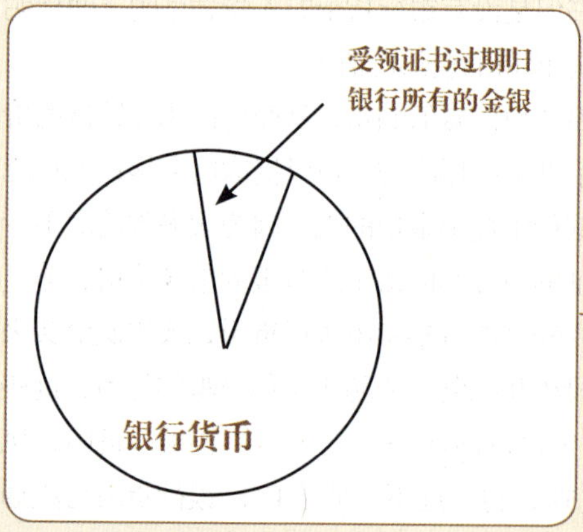

虽然银行最初的原始资本肯定包括了那些受领证书过期归银行所有的金银。但是，它们所占的份额很小。

过去几年以来，大部分银行货币或者银行账簿上的信用，都是在过去数年间由金银商人不断储存、不断提取而产生的。

在有效的范围内，那么受领证书持有人就可以随时提取。实际上，不断地进进出出的那一部分货币与金银，会全部储存在金库内是毫无疑问，但受领证书已经过期很长时间，按照通常情况来说，不能再向银行要求提取货币或者金银，实际上将永远（或者在联邦国家存在的时期内）将归银行所有的那一部分资本是不是也这样，似乎是很不确定的。但是，在阿姆斯特丹，有1盾银行货币就有1盾价值以金银或者货币形式存在于银行金库里被作为第一信条，并确保其得到落实。银行由四个现任市长监察。这四个市长每年改选一次，新任的四个市长，在上任之初，必定会根据账簿清点银行金库，宣誓接管，他们谢任的时候，再用同样庄重的仪式，对金库清点，交给继任的人。有了这种不断地更换，对于防范一切不正当行为，似乎就有了充足的保障。阿姆斯特丹多次因为党派斗争引起了政治上的革命，但在所有的革命中，占优势的党派从没有在银行管理方面攻击他们的前任不忠诚。因为再没有任何事情比这种攻击对于失势党派的名誉与信用有更深刻的影响了，所以，我们可以确定，只要有这种事情，是一定会被提出来的。之所以我们没有听到这样的攻击，是因为真的没有。1672年，当时的法国国王在乌德勒支要求提取货币或者金银，阿姆斯特丹银行迅速付款，这件事让所有人都不再怀疑阿姆斯特丹银行践行契约的忠诚度了。当时，从银行金库中提出的货币，有一些甚至还可以看出被市政厅大火烧过的痕迹（银行设立后，市政厅发生过大火）。这些货币，肯定是从那时候起就被保存在银行金库内的。

布莱尼姆战役是西班牙王位继承战争中，英国与法国进行的一场重要战役。这场战争中，英国与荷兰结盟，而路易十四对荷兰的入侵，使得当时的银行业遭受重大打击。

银行存储的金银总额究竟有多少，很早就成了好事者常常猜测的问题。但到底这个总额有多少，也只能是猜测而已。人们普遍认为，和银行有账目来往的人大约有2000人，把他们平均每个人存在银行的钱按照最大的数目算，那么银行货币总额（也就是银行金银总额）大约有300万镑，按照每镑11盾计算，就大约有3300万盾。这样巨大的数额，不论维系多广泛的流通也足够了，但这还是大大低于人们关于这个总额的猜测。

阿姆斯特丹市通过银行获得了很大的收入。除了所说的仓库租金外，所有第一次和银行开往来账户的人，都需要缴费10盾；每开一次新账，又需要交纳3盾3斯泰弗；每转账一次，须交纳2斯泰弗；为了减少小额转账，银行还规定，如果转账的数目不够300盾，那么就需要缴费6斯泰弗。每年清算账目不到两次的，罚25盾。转账的数目如果超过了储存的数目，那么需要交纳超过额3%的费用，请求转账的单子也会被搁置。通常想来，受领证书满期，银行在有利时卖出收归自己所有的外国铸币与金银，也是可以获得不少利润的。此外，银行货币用5%的贴水卖出，用4%的贴水买入，也可以给银行带来利润。这各种渠道得来的收入，已经大大超过支付职员薪水和开支管理所需。就仅仅存储金银所要交纳的保管费一项，据说就有15~20万盾的年纯收入。不过，银行设立的目的原来并不是为了收入，而是公益。其目的在于帮助商人，让商人不至于因为不利的汇兑而遭受损失。由此而产生的收入是没有预想到的，甚至可以说是一种意外。我为了要说明用银行货币兑付的国家和用通用货币兑付的国家在汇兑上似乎总是有利于前者，而不利于后者的原因，无意中说出了这么多的题外话，现在，让我们回到本题。前一种国家用来支付汇票的货币，其本身价值经常不变，与造币厂标准恰好相符；后一种国家用来兑付汇票的货币，其本身价值经常变动，而且几乎通常都或多或少地低于其造币厂标准。

第二节　根据其他原则，这种异常的限制也不合理

在上一节，我已经努力地说明了就算是从重商主义的原理出发，也没有必要限制那些被认为贸易差额不利于我国的国家的产品的输入。

然而，让这种限制以及许多其他商业条例得以建立的整个贸易差额学说是非常不合理的。当两地通商时，这种学说认为，如果双方的贸易额平衡，那么两地就谁都没有损失也没有获得利益；如果贸易额稍微有一点点不平衡，那么就一定有一方遭受了损失、另一方获得了利益，损失和获利的程度和贸易额不平衡的程度成比例。但是这两种设想都是不正确的。就像我在后面将要说明的那样，奖励金和垄断权，虽然在设立的时候是从本国利益出发的，但是因为奖励金及垄断权所发展、兴盛起来的贸易，却和预想的恰好相反，对本国是不利的。相反，不受限制、自然进行的两地间的贸易，虽然对两地有利的程度不一定一样，但是一定对两地都是有利的。

所谓好处，根据我的理解，并不是国内金银量的增加，而是一个国家所有土地和劳动年产物的交换价值的增加，或者是一个国家居民年收入的增加。

如果两地间的贸易全部由两国生产的商品的交换构成，贸易额又恰好平衡，那么在大多数情况下，交易双方不仅都会有好处，而且所得到的利益也一定相等或差不多相等。这种情况下，它们互相交易就好像为对方的一部分剩余生产物提供了一个市场。乙方将补偿甲方投在生

产及制造这一部分剩余生产物上的资本，也就是分配到一定数目的居民中间并给他们提供收入或生计的资本；乙方投下的这种资本，也将由甲方补偿。所以，两国中都有一部分国民将间接从另一国获得收入与生计。如果两国交换的商品的价值相等，那么在大多数情况下，两国投入到这种贸易上的资本也一定相等或差不多相等。而且，因为这些资本都是用来生产两国自己的商品，所以，分配给两国居民的收入与生计也一定相等或差不多相等。根据两地商务往来大小的比例，两地互相提供给对方的这种收入和生计也有多少之别。如果两地每年的商务往来都等于10万镑，那么两地给对方国民所提供的年收入也是10万镑；如果两地每年的商务往来等于100万镑，那么两地给对方国民提供的年收入也是100万镑。

如果甲乙两国间的贸易是下面的性质：甲国向乙国输出自己生产的商品，乙国向甲国输入的回程货则全部是外国商品，那么，假设两国的贸易额仍然是平衡的，而且双方都用商品支付，在这种情况下，两国仍然都可以获得利益，但获利的程度是不同的。从这种贸易中获得最大收入的，是那个只输出本国商品的国家。比如说，法国输入英国的全部都是自己所生产的商品，但英国没有法国所需要的商品，所以每年都得用大量像烟草、东印度的货物等这样的外国货物来支付，这种贸易虽然仍然可以给两国国民提供一些收入，但是提供给法国国民的收入肯定大于提供给英国国民的。因为，法国每年投资在这种贸易上的全部资本，都是在法国人民中间分配的。但是，英国每年投入的资本却只有用来生产和外国货物进行交换的货物的那一部分资本，是在英国人民中间分配的。英国投入的资本有很大一部分被用来支付给弗吉尼亚、印度和中国，并给那些国家的国民提供了一种收入和生计。因此，就算两国每年所投入的资本相等或差不多相等，但法国的资本让其人民所增加的收入比英国资本让其人民增加的收入多得多。在这种情况下，法国所进行的是和英国的直接的消费品对外贸易；英国所进行的，是对法国的间接的消费品国外贸易。这两种对外贸易所带来的不同结果，已经在前面充分说明过了。

不过，两国间的贸易也许既不可能双方全是用自己生产的商品进行交换，也不可能一方

美洲土著将烟草作为礼物馈赠给到访的客人，而欧洲的探险家们将烟草带回本土后，这种神奇的产品很快风靡欧洲。

全部是用自己生产的商品，另一方全部是用外国商品进行交换。几乎所有国家之间所交换的商品，都是有一部分是自己生产的，有一部分是外国生产的。但是，两者相较，交换的商品中自己生产的商品占大部分而外国商品占小部分的国家，总是得到利益比较多的国家。

如果英国不是用烟草和东印度的货物，而是用金银支付法国每年的输入品，那么贸易额就被认为是不平衡的。其实，在这种情况下，它们也能给两国人民提供一些收入，不过提供给法国人民的多一些，提供给英国人民的少一些罢了，但英国的人民也是能从中获得利润的。为生产可以交换金银的英国商品而投下的资本，也就是分配到英国一定数量的国民间、为他们提供收入和生计的资本，也会因此而得到补偿，使其用途可以继续。和输出一定价值的任何其他货物一样，输出一定价值的金银并不会减少英国资本总量。相反，在大多数情况下，倒会增加英国资本总量。除非国外对这种商品的渴求程度大于国内，而回程货在国内的价值大于输出品在国内的价值，否则的话，那些货物是不会输出到国外的。如果输出去的烟草在英国仅值10万镑，但输往法国后购回的葡萄酒在英国却值11万镑，那么这种交换就可以使英国资本增加1万镑。如果英国通过支付10万镑金银购买到的法国葡萄酒在英国也值11万镑，那么这种输出金银购买商品的交易也就同样可以让英国的资本增加1万镑。酒窖中有价值11万镑葡萄酒的商人，比仓库中有价值10万镑烟草的商人更富有，同样也比金柜中有10万镑的商人更富有。他和其他二个人相比，可以促进更大的产业运转，并可以给更多的人民提供收入、生计和职业。国家的资本和国内全体人民拥有的资本是相等的，而一个国家每年所能维持的劳动量又等于国内所有资本所能维持的劳动量。所以，一个国家的资本及其每年所能维持的劳动量，就会因为这种交换而增加。为英国的利益考虑，与其用弗吉尼亚的烟草或者用巴西、秘鲁的金银来购买法国的葡萄酒，当然不如用英国自己生产的铁器及宽幅厚呢来购买法国葡萄酒更有利。直接的消费品对外贸易，总是比间接的消费品对外贸易更有利。但是以金银进行的间接的消费品对外贸易，并不会比用其他货物进行的间接的消费品对外贸易更加不利。就像没有烟草的国家每年向外输出烟草，不会让国内的烟草更容易匮乏，没有矿产资源的国家每年输出金银，也不会让国内的金银更容易匮乏一样。有资财购买烟草的国家，是不会长久缺乏烟草的；同样，有资财购买金银的国家，也是绝对不会长久缺乏金银的。

有人说，工人和麦酒店的交易，是一种亏损的交易，而制造业国和葡萄酒生产国之间自然形成的贸易，也是这种性质的。我却认为，工人和麦酒店的交易并不一定是亏损的。从这种贸易本身的性质来说，它的利益和任何其他贸易是大致一样的，只是它比较容易受诋毁一些罢了。酿酒商，甚至小酒贩的职业，和其他职业一样都是必要的部门分工。工人所需要的麦酒，通常说来，与其亲自酿造，不如向酿酒商购买更有利；而且，如果他是一个贫穷的工人，那么他与其向酿酒商大量的购买，不如向小酒贩作小量的购买。一个喜欢喝酒的人可能过度地购买麦酒，就和一个喜欢吃肉的人有可能过多地购买家畜肉、一个喜欢锦衣华服的人可能过度购买布匹是一样的。贸易自由当然会有被诋毁的可能性，而且，有几种贸易自由特别容易被诋毁，但无论如何，对于人民大众来说，这所有的贸易自由总是有好处的。此外，因为喜欢过度喝酒而破产的个人虽然很少但还是会有，但因为过度喝酒而败亡的国家却是从来不曾有过，以后也是不会有的。虽然每个国家都有许多人在酒上面花费了超出他们支付能力的资财，但却有更多的人在酒上面的花费远远小于他们支付能力所能承担的资财。并且，根据经验，我应该指出，

相较于欧洲任何国家，英国和法国进行贸易更有利

英法两国进行贸易，将比和欧洲任何其他国家进行贸易都更为有利。

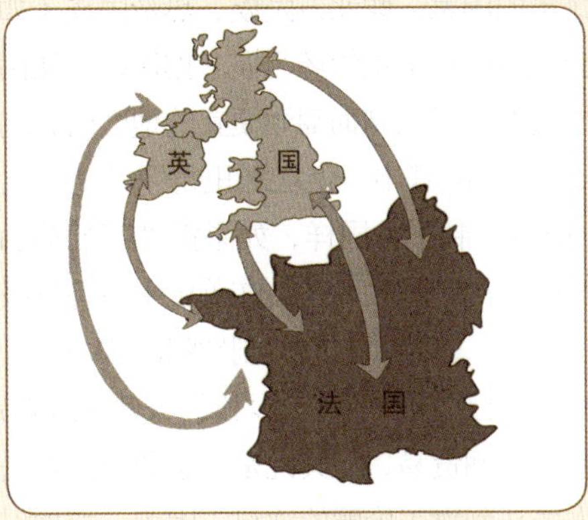

英法是距离最近的邻国。两国最近地区之间进行的贸易，每年可以在两地间往返4次、5次甚至6次。

同样的资本投入，可以比投在其他大多数对外贸易上多推动4倍、5倍甚至6倍的产业发展或者雇用和养活4倍、5倍甚至6倍的人数。

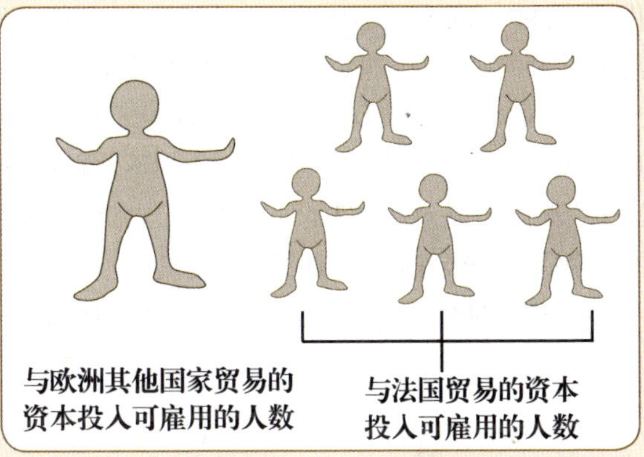

就算是英国和法国相隔最远的两个地区进行贸易，每年也至少可以往返一次。也比和欧洲其他大部分地方进行的贸易有利。

葡萄酒价格的低廉，似乎不是让人们喝得烂醉如泥的原因，而是让人们很有节制地喝酒的原因。生产葡萄酒的国家的人民，通常都是在喝酒方面最有节制的，例如西班牙人、葡萄牙人、法国南部各省的人民等。对于人们的日常饮食，很少有人会过度食用。像温和啤酒那样廉价的饮料，就是在上面花费再多的钱，也不能表现出一个人的宽宏和热情好客。相反，只有在那些过热或过寒不能栽种葡萄树，所以葡萄酒比较珍稀、昂贵的国家，像北方民族、热带民族（如几内亚海岸的黑人）居住的地区等，喝得烂醉如泥才会成为一种常见的坏习惯。据说，当法国军队从法国北部各省来到南部各省，也就是从葡萄酒昂贵的地区来到葡萄酒便宜的地区时，刚开始，士兵常常因为见到物美价廉的葡萄酒，而一次次地沉醉其中。但在那里待了几个月之后，士兵中的大多数人便像当地居民一样，在喝酒上很有节制了。同样，如果把外国葡萄酒税、麦芽税、麦酒税、啤酒税等一律取消，那么喝得烂醉如泥的风气可能会在英国中下等阶级的人民中间盛行，但也许过不了多久，就会养成一个恒久的、普遍的、有节制地喝酒的习惯。现在，在有资财消费最贵饮料的上流社会中，喝得烂醉如泥已经不是他们的习惯了。喝麦酒喝得烂醉如泥的达官贵人是很少见到。此外，在英国限制葡萄酒贸易，与其说是为了要防止人民进入（如果可以这么说）酒店，不如说是为了要妨碍人民买到物美价廉的饮料。因为，那种限制只是对法国的葡萄酒不利罢了，对葡萄牙的葡萄酒贸易却是有利的（也就是说并没有完全的禁止葡萄酒的输入）。据说，对我国的制造品来说，葡萄牙人是更好的顾客，而法国人则是比较不好的顾客，所以，我们应当优待葡萄牙人。理由是他们照顾了我们，我们也应当照顾他们。英国作为一个大帝国竟然把小商人的不入流的策略作为政治原则。其实，只有小商人才会把这种策略当作是对待顾客的原则。至于大商人，通常不顾这些细小的问题，而只是在价格最便宜、物品质量最好的地方购买需要的货物。

依据这样的准则，各个国家都觉得它们的利益在于让所有的邻国变得穷困不堪。对于那些

三十年战争中的惨烈战斗。在斯密生活的时代，以及之前的几个世纪，王公大臣们的野心对欧洲和平所造成的威胁，并不比商人和制造业者张狂的妒忌心所造成的危害大。

和我国通商但很兴盛的国家，就用妒忌的眼光看待，并把它们的繁荣昌盛看作是我国的损失成就的。像人与人之间通商一样，国际通商本来也应该是国家间团结与友谊的桥梁，但是现在，却成为矛盾和敌意的最大来源。在本世纪及上世纪（指17、18世纪，编者注），王公大臣们的野心对欧洲和平所造成的威胁，并不比商人和制造业者张狂的妒忌心所造成的危害大。人间统治者的粗暴和不公正，自古以来就是有害的。根据人间事务的性质，这种有害的东西恐怕是无可救药的。但是对于那些不是也不应该是人间支配者的商人和制造业者们，卑鄙的贪念、独占的精神虽然不能改正，但要让它们不扰乱别人的安定却是很容易做到的。

最先发明这种原则并传扬这种原则的，毫无疑问是垄断精神；最先提倡这种原则的人，并不像后来奉行这种原则的人一样是傻瓜。不论在哪个国家，普通人民的利益经常在于而且必然在于从卖的最便宜的人手里购买需要的各种物品。这个道理是非常明白的，如果浪费心思去证明它，那将是一件很可笑的事情。而且，如果没有商人和制造业者为了自己的利益而混淆视听，从而搅乱了人们的常识，那么这也不会成为一个问题。在这一点上，这些商人和制造业者的利益和人民大众的利益是正好相反的。正如同一个行业组合内的自由人尽量阻挠国内居民雇用其他人而只雇用自己一样，这些商人和制造业者的利益，在于自己独自占有国内市场。因此，在英国，以及欧洲其他大多数国家，对所有输入本国，能和本国制造品竞争的外国制造品，都征收高额的关税，或者禁止输入。因此，对于那些贸易差额被认为不利于我国的国家，换句话说，如果国民的敌对情绪对那个国家表现得特别激烈，那么就会专门地限制它几乎所有货物的输入。

在战争中或者政治上，邻国的富有虽然对我国有威胁，但在贸易上，却是有利无害的。在发生战争时，敌国的富有或许可以让它维持比我国更多的军队。但是，在和平的通商状态下，邻国的富有却让它可以和我国交换更大的价值，从而给我国产业的直接生产物或用这种生产物购买进来的商品提供一个更广阔的市场。同样是邻居，对于勤恳的人来说，富人是比穷人更好的顾客；国家之间也是这样。

法国和英国之间的贸易，如果两个国家都能抛弃商业上的妒忌和国民的敌对情绪，理性地考察两国贸易真实的利害关系，那么就会发现：对于英国来说，和法国进行贸易将比和欧洲任何其他国家进行贸易都更为有利；同样，对法国来说，和英国进行贸易也将比和欧洲任何其他国家进行贸易更为有利。法国是和英国距离最近的邻国。英国南部沿海各地与法国北部及西北部沿海各地之间进行的贸易，就好像国内贸易一样，每年可以在两地间往返4次、5次甚至6次。同样的资本，投在英国和法国之间的贸易上，可以比投在其他大多数对外贸易上多推动4倍、5倍甚至6倍的产业发展，能够雇用和养活的人数也将有4倍、5倍甚至6倍。这两个国家就算是相隔最远的两个地区进行贸易，每年也至少可以往返1次。所以，就算是两国最远的两个地区进行贸易，也比英国和欧洲其他大部分地方进行的对外贸易有利。

开放自由的贸易环境对两国都是那么有利，但是它却成了贸易的主要障碍。因为它们是邻国，所以也是敌国，所以，一国的强大加剧了另一国的不安，本来应该成为增进两国间友谊桥梁的有利因素，却成了鼓动两个国家间敌对情绪的源泉。它们都是富庶勤恳的国家，每个国家的商人和制造者都担心对方会在技术与活动上和自己竞争。受国家间敌对情绪的影响，商业上的妒忌被激发起来，而强烈的国家敌对情绪加剧了商业上的妒忌，两者互为助力。两国的贸易者都坚定

汉萨同盟但泽自由市的徽章。相对而言，但泽这样的城市称得上是自由港。从某种程度上说，现在在欧洲称得上自由港的城市虽然有几个，但是称得上自由港国家的却还没有。

不移地相信完全是从他们自私自利的角度得到的谬论，声称不受限制的对外贸易一定会产生不利于本国的贸易差额，从而一定会导致国家的衰亡。

欧洲各商业国家自称研究这种学说的人常常预言：因为不利的贸易差额的存在，国家很快就会灭亡。他们的言论引起了很多人的担心，几乎所有的商业国家都曾经努力尝试改变贸易差额，以使它变得对自己有利，而对邻国不利。但是在这所有的担心过后，在这所有的尝试以无效告终后，却没有哪一个欧洲国家因为对外贸易而变得穷困。和重商主义者的推测相反，所有门户开放并实行自由贸易的城市与国家，不但没有因为这种自由贸易而灭亡，反而因此变得富有了。从某种程度上说，现在在欧洲称得上自由港的城市虽然有几个，但是称得上自由港国家的却还没有。最接近于自由港的国家，也许要算荷兰了，但是它离真正的自由港也还相去甚远。大家普遍都承认，不仅荷兰的全部财富是由对外贸易得来的，而且荷兰大部分必要的生活资料也是由对外贸易得来的。

我在前面说过，还有一种差额是和贸易差额完全不同的。这种差额就是年生产和年消费的差额，这种差额是有利还是不利，直接影响着一个国家是越来越昌盛还是越来越衰败。前面说过，如果年生产的交换价值多于年消费的交换价值，那么每年社会的资本就一定会按照超过额的比例而增加起来。在这种情况下，社会收入除了维持生存外，每年还能从收入中节余一部分下来加到社会资本上去，并用来进一步增加年生产物。相反，如果年生产的交换价值少于年消费的交换价值，那么，每年社会的资本就一定会按照不足的比例而减少下去。在这种情况下，社会的支出多于收入，那必然会耗费社会原来积蓄的资本。资本一定会越来越少，产业年产物的交换价值也就会越来越少。

生产与消费所产生的差额，和所谓贸易差额完全不同。即使是在没有对外贸易、不和世界交往的国家里，也可以产生这种差额。不论是在财富、人口与改良都在逐渐增进，还是在逐渐减退的任何地方，都可以产生这种差额。

就算是在所谓的贸易差额可能不利于我国时，生产与消费的差额仍然可以持续地有利于我国。就算半个世纪以来输入我国的价值一直大于我国输出的价值；在这所有的期间内，流入到我国的金银立刻全部输出，流通中，铸币的数量逐渐减少，渐至被各种纸币代替，甚至担负的对其他各个主要通商国家的债务逐渐增加，但我国的真实财富，它的土地劳动年产物的交换价值，仍然可以在此期间按照比以前大得多的比例增加。我国北美殖民地的状态，以及它们在现在的暴乱事件（即北美独立战争开始。编者注）发生以前对英国的贸易状态，都可以证明这是一个可能存在的情况。

第四章
论退税

商人和制造业者垄断了国内市场还不满足，还想让自己的货物垄断广阔的外国市场。但是，他们的国家在外国并没有管理权力，所以要垄断广阔的外国市场，几乎是不可能的。因此，只有满足于要求奖励输出了。

在各种各样的奖励中，退税似乎是最合理的了。在商人输出货物时，退还商人缴纳的本国产业上的国产税或国内税的全部或一部分，和没有征收税款时相比，货物的输出量并不会增大。这种奖励，不会改变资本本来的流向，不会让大部分的资本流向一个特殊的产业，但是会在某种程度上防止征收赋税导致的应该流向某个产业的资本流向其他产业。这种奖励也不会打破社会上各种行业间自然形成的平衡，但是，却可以在某种程度上减轻征收赋税引起的自然平衡被破坏的程度。这种奖励不会打破社会上劳动的自然分配，而是会维持这种分配。

同样的道理，自外国输入本国的货物，再次输出时，也可以获得退税。在英国，退税金额相当于输入税的大部分。

有些外国商品在输入时，就已经注定了输入量会大大超过国内能消费的量，那么在再次输出时，就会退还已经缴纳的全部税款，甚至旧补助税也不再执行退还一半了。在美洲殖民地还没有反叛以前，我国单独占有了马里兰和弗吉尼亚的烟草。输入到国内的烟草约有9.6万大桶，但据说国内消费却还不到1.4万大桶。这样就产生了一个相当大的余额，这个余额是一定要再次输出的。为了方便这种巨额的输出，相关法领规定只要它在三年内完成输出，就退还缴纳的全部税款。

在烟草来到欧洲之后，人们迅速对它产生好感，这是17世纪的一本书中对于烟草的描绘，并认为烟草可能含有独一无二的药用性质，是重要的草药。正因为如此，烟草成为重要的商品。

因为有些种类的商品是我国制造业者妒忌的对象，所以这类商品禁止输入国内。但是如果缴纳一定数额的税，就可以输入到国内，储存在仓库中等待输出。但这些种类的商品在输出时所征收的税是一点也不退还的。就算是对于这种有限制的输入，我国的制造业者似乎也不想要进行鼓励；他们担心存储在仓库中的商品会被偷运一部分到市场上，从而和他们的商品进行竞争。我国现在输入的精制丝制品、法国亚麻布与上等细麻布、印

梵高笔下的梨。像梨这样的产品，如果国内生产过剩的话，商人们同样寻求出口贸易，并希望获得退税。

花染色棉布等，都是受这种条令制约的。

退税制度的设立，刚开始的目的也许是为了要鼓励中间商贸易。既然运送船舶的运费经常都是由外国人用货币支付，那么中间商贸易就被认为是能给国家输入金银的。虽然中间商贸易不应该受到特殊的奖励，而当初国家设立退税制度的初衷也是很可笑的，但是从这种制度的本身来看，却似乎是合理的。这样的退税，不会打破输入税没有设立时资本本来的自然流向就是流向中间商贸易，不过倒是可以让输入税不能完全消灭中间商贸易。虽然我们不应该特别奖励中间商贸易，但却也不应该阻止它的发展，我们应该像对待其他行业一样让它自由发展。这种贸易为那些既不能投在农业也不能投在制造业，既不能投在国内贸易也不能投在消费品对外贸易上的资本，提供了一个必要的出路。

关税收入不但不会因为这种退税而减少，还会因为这种退税而增加。因为在退税时，只是退还了一部分的关税，还有一部分的关税是要保留的。如果全部关税都被保留而不加退还，那么缴税的外国商品因为缺少市场不能输出，因而也不会有输入了。这样，本可以保留一部分的关税便一点也没有办法保留了。

因为这些理由，在商品再次输出时，全部退还对本国产物或者是外国产物征收的赋税似乎也是合理的了。当然，在这种情况下，国产税的收入一定会多多少少地受到损失，而关税的收入就可能遭受很大的损失。但全部退还关税之后，产业的自然平衡、劳动的自然分工和分配，却也将因为这种规定而更加接近平衡。

但以上各种理由仅仅可以证明当出口商品到完全独立的国家时，退税是合理的，并不能证明当出口商品到我国商人制造业者享有垄断权的地方时，退税也是合理的。我们需要时刻记得的是，只有输出品是真正输送到外国去时，退税制度才会带来益处，如果输出去的货物最后又被偷偷地运回国内，那么，这种退税制度就没有任何用处了。例如，就像大家都知道的，烟草退税就常常被人滥用，从而引起了一些不但会减少关税收入，而且会影响正常贸易秩序的欺诈行为。

第五章
论奖励金

经常有人要求对英国某些产业自己生产商品的输出发放奖励金。有时，英国政府也会真的发放输出奖励金。据说，就是因为有这种奖励金，我国商人和制造业者才能用和竞争者同样低廉甚至更为低廉的价格在外国市场上出售货物。据说，输出量将因此增加，而贸易差额也将因此变得对我国有利。外国市场和国内市场不一样，我们不能在外国市场给本国工人以垄断权。对于外国人，我们也不能像对待本国人那样，强迫他们购买我国工人生产的货物。于是，他们想出了一个好办法，那就是付钱给购买我们商品的外国人，让他们购买。这个用贸易差额富国富民的办法，是重商主义学说所提倡的。

大部分人都认为，奖励金只适宜发给那些没有了奖励金就经营不下去的商业部门。不论什么商业部门，只要商人卖出货物得到的价格可以补偿这种货物生产和进入市场所花费的资本并提供一般利润，那么就算没有奖励金，也一定可以继续经营下去。很明显，这种商业部门和其

夕阳下的河流。长途运输，尤其是海上运输对于寻求获得奖励金的商人来说，是非常重要的。

他在没有奖励金状态下经营的各商业部门，是处在同样的地位上的，所以，这样的商业部门就不会那么急迫地需要奖励金的补助。只有商人卖出货物的价格不能补偿资本投入并提供一般利润的商业，或卖出货物价格不能补偿货物进入市场实际花费的商业，才会急迫地需要奖励金。

有一个聪明而博闻多识的作者，写了一个论谷物输出的小册子。在册子中，他很明白地指出，自从谷物输出奖励金第一次设立以来，按照最保守的计算，输出谷物的价格已经远远超过输入谷物的价格，而根据最夸大的价格计算，它超出的额度远远超过了这中间付出的奖励金的总额。他认为，根据重商主义的原理，这很清楚地证明了这种强制的谷物贸易对国家有利，因为输出价值大于输入价值那么多，除了补偿国家奖励输出所花费的全部额外费用，还会有很大一部分的剩余。他没有考虑到，这个额外费用——奖励金——只是社会为输出谷物所花费的极小部分而已。农民用来栽种谷物的资本，也同样需要考虑在内。如果谷物在外国市场上所售卖的价格不能够补偿这种奖励金和栽种谷物的资本并提供资本的一般利润，那么中间的差额就是社会的亏损，国家资财也将随着差额而减少。但是，人们认为有必要发放奖励金，正是因为谷物在外国市场上售卖的价格不能补偿上面所说的亏损。

据说，奖励金设立以来，谷物的平均价格已经有了明显的下跌。我曾在前面说明过，在17世纪末期，谷物平均价格已经多多少少地有了一些下跌，而且在18世纪最初的64年间，价格保持了继续跌落的趋势。如果真像我说的那样，那么就算没有奖励金也一定会发生这种结果，而且这种情况的发生，可能和奖励金无关。法国对于谷物的输出不但没有奖励金，而且在1764年以前，一般还禁止谷物输出，但是和英国一样，法国谷物的平均价格同样降低了。所以，谷物平均价格降低的趋势也许既不能片面地认为是因为奖励金条例的影响，也不能认为是其他哪一种条例的影响，而根本原因应该在于银的真实价值的上升，奖励金是不能让谷物的价格降低的。

在奖励金的作用下，丰年谷物的额外出口，一定会让国内谷物的价格上涨到自然的程度。但这就是奖励金制度倡导者对外宣称的目标。在收成不好的年份，虽然奖励金大多数都停止，但它在丰年所引起的大输出一定会一次次地让丰收年份不能救济歉收年份。所以，不论是丰收年份还是歉收年份，奖励金都一定可以提高谷物的货币价格，使它略微高于没有奖励金时国内市场上谷物的货币价格。

我想，所有理性的人都会同意，在目前的耕作情况下，奖励金必然会造成这种趋势。但很多人却认为，奖励金可以通过两个方法达到鼓励耕作的目的。第一，他们以为，奖励金为农民生产的谷物开拓了一个更广阔的国外市场，从而增加对谷物的需求，鼓励谷物生产；第二，他们认为，奖励金可以确保农民得到一个更好的（和在目前耕作情况下，没有奖励金时相比）价格，从而鼓励耕作。他们认为，因为这种双重的奖励可以在一个很长的时期内促进谷物的生产，所以让国内市场上谷物价格下跌的程度，不仅抵消了奖励金提高谷物价格的程度，而且还有节余。

对于这种意见，我的回答是，由奖励金引起的外国市场的开拓，必然以每年都牺牲了国内市场为代价。因为依靠奖励金而输出的谷物，如果没有奖励金就不会输出了，就可以留在国内市场上，通过增加消费而降低谷物的价格。谷物奖励金，像其他所有的输出奖励金一样，在人民身上多增加了两种税。第一，为支付奖励金而缴纳的税；第二，国内市场上，因为输

贫穷的一家人以土豆充饥。对类似谷物、土豆这样的生活必需品征收沉重的赋税，一定会减少贫苦人民的生活品，或一定会导致劳动工资根据生活品货币价格的提高而提高，使得他们餐桌上的食品质量下降。

出了一部分商品到国外，所以商品的数量减少了，这必然会导致商品价格的提高。由于谷物类商品是人人都必需的，所以，在谷物这种特定商品上，因为商品价格提高而产生的税必须由大众缴纳。就谷物这一特殊商品来说，第二种税要比第一种税重得多。让我们假定，每年平均计算下来，输出1夸脱小麦发放奖励金5先令，只能让国内市场上谷物的价格比无奖励金时每蒲式耳贵6便士，也就是每夸脱贵4先令。这种假设可是一点也不算夸张，但就是按照这最保守的假定计算，人民大众除了要支付每夸脱小麦5先令的输出奖励金以外，每消费1夸脱小麦，还需要在价格上多支付4先令。根据前面提到过的那位博闻多识的讨论谷物贸易的小册子的作者所说，输出的谷物和国内消费的谷物的比例，一般不会超过1∶31。那么，如果他们缴纳的第一种税为5先令，他们缴纳的第二种税就是6镑4先令。对第一生活必需品征收这么沉重的赋税，一定会减少贫苦人民的生活品，或一定会导致劳动工资根据生活品货币价格的提高而提高。如果导致的是第一种影响，那么一定会减弱贫苦人民养育子女、教育子女的能力，从而制约国内人口的增长。如果导致的是第二种情况，那么一定会降低雇主雇用工人的能力，使他们所雇用的人数比没有奖励金时少，因此一定会制约国内产业的发展。这样一来，奖励金引发的谷物的额外出口，不仅会根据扩大国外市场与国外消费的比例相对应地减少国内市场和国内消费，而且因为制约了国内人口的增长和产业的发展，最后一定会妨碍并制约国内市场的推广。长此以往的话，与其说它会增加谷物的全部市场与全部消费量，不如说它会缩小谷物的全部市场与全部消费量。

根据一般人的想法，对于农民来说，谷物货币价格的提高会让它变成更有利的商品，所以一定会促进它的生产。

对于这种观点，我的回答是，如果发放奖励金的结果是让谷物的真实价格提高，换一种说法，是让农民能用同样数量的谷物维持当地更多劳动者生活的一般状态（不论是富裕、一般还是贫苦），那么情况可能真的是这样。但是很明显，奖励金肯定不会有这种结果，任何人为制定的制度也都肯定不能产生这样的结果。奖励金只是极大地影响了谷物的名义价格，至于谷物的真实价格却没有受到多大影响。这种制度增加在人民大众身上的赋税，对缴纳者来说是个沉重的负担，对受益者来说利益却又很小。奖励金的真实效果，与其说是提高了谷物的真实价值，不如说是降低了银的真实价值，换句话说，用同样数量的银，不仅只能交换到比较少量的谷物，而且也只能交换到较少量的其他国产商品：因为其他所有商品的货币价格都受谷物货币的价格支配。

劳动的货币价格受谷物货币价格的支配。通常情况下，劳动的货币价格必须够劳动者购买一定数量的谷物，够他维持自己及家庭的生活，这种生活或宽裕，或适中，或节俭。至于他们的生活状态是宽裕、适中还是节俭，那就要看当时的社会是进步、停滞还是退步。社会上的雇主会按照社会上的一般情况来维持劳动者的生活状态。

其他土地原生产物的货币价格受谷物货币价格的支配。尽管所有土地原生产物的货币价格和谷物货币价格所成的比例会随着改良阶段的不同而不同，但它们却总是成一定比例的。例如牧草、干草、家畜肉、马、马粮等大部分国内贸易以及内陆运输的货币价格都受谷物货币价格的支配。

市场上的摊贩。谷物价格的上涨虽然可以在购买外国商品时带来一些小利益，但是在购买本国生产商品时却是一点利益也没有的，而农民的花费却几乎都是用来购买本国商品的。

因为谷物货币价格可以支配其他所有土地原生产物的货币价格，因此它也就几乎可以支配所有制造业原料的货币价格。因为谷物的货币价格可以支配劳动的货币价格，所以也就几乎可以支配制造工艺和劳动的货币价格。因为谷物货币价格支配着这两个因素，所以也可以说它支配着所有制造品的货币价格。劳动的货币价格、所有土地生产物和劳动生产物的货币价格，都会按照一定比例随谷物货币价格上升或者下降。

发放奖励金虽然让农民售卖谷物的价格从每蒲式耳3先令6便士上涨到了4先令，并根据谷物价格上涨的比例而对地主缴纳货币地租；但，如果谷物价格上涨的结果，是让现在4先令可以购买的任何种类的国产商品，不比以前3先令购买得多，那么农民与地主的生活都不会因为这种价格的上涨而有多大改变。农民的耕作不会有多大的改进；地主的生活，也不会有很大的改善。这样一来，谷物价格的上涨虽然可以在购买外国商品时带来一些小利益，但是在购买本国生产商品时却是一点利益也没有的。但是，农民的花费却几乎都是用来购买本国商品的，甚至地主的费用大部分也都是用来购买本国商品的。

由于金银矿山多而产生的银价下跌，对大部分商业国家产生的影响都是差不多的，所以对于单独的某个国家来说，并不是什么重要的事件。由此而产生的所有商品货币价格的上涨，虽然不能让承受上涨的人真正变得更富裕，却也不会让他们更贫穷。这种情况下的银价下跌，除了金银器皿的价格确实比从前便宜了，其他所有物品的真实价值仍和从前一样。但是，如果银价的下跌是由某个国家的特别情况或者政治制度造成的，银价的下跌只发生在这个特定的国家，那么对于这个国家来说，就是很重要的一个事件了。这种情况不但不能让任何人变得更富有，相反还有可能让所有人变得贫穷。所有商品价格的上涨——只是这一个国家所特有的现象——或多或少都会制约国内各种产业的发展，从而让外国商品不仅在外国市场上，而且在本国市场上，都能够以低于本国产品的价格出售。

因为在欧洲只有西班牙和葡萄牙有金银矿山，所以只有它们能够把金银分配给其他国家。因此，在西班牙和葡萄牙，这两种金属显然会稍微便宜一点，而在欧洲其他各国则稍微贵一点。但便宜与贵之间的差额，不应该大于运输费和保险费之和。因为金银体积小价值大，所以运输费不是大问题；至于保险费，也一定和其他等价值货物的保险费相同。所以，如果西班牙和葡萄牙不通过政治制度加重这种特殊情况的不利，那么它们从这种特殊情况中遭受的损失也一定是很小的。

不论国内耕作的实际情况如何，谷物输出奖励金总会让国内市场上的谷物价格比没有奖励金时稍高，并让外国市场上的谷物价格比没有奖励金时稍低。因为其他所有商品的平均货币价格都多少受支配于谷物的平均货币价格，所以，谷物输出奖励金又会让国内白银的价值大大地降低，外国白银的价值稍微提高。这种奖励金可以使外国人，尤其是荷兰人，用比较低廉的价格消费我国的谷物。这个价格不但比没有奖励金时低，甚至比我们自己支付的还低。这种奖励金让我国的工人不能像没有奖励金时那样，花费较少量的白银就能提供货物，却让荷兰人能做到这一点。这样，就让我国制造品的价格不论在哪儿都比没有奖励金时稍贵，并让荷兰制造品的价格不论在哪儿都比没有奖励金时稍低。从而，和我国的产业相比，荷兰的产业就能够享受双重的利益。

因为这种奖励金在国内市场上所提高的不是我国谷物的真实价格，而是名义价格，所增加的也不是一定量谷物所能支持和雇用的劳动量，而是所能交换的白银量，所以，它肯定会妨害我国制造业的发展，同时对农民或乡绅也没有很大的利益。的确，农民和乡绅都因为奖励金而有了更多的货币收入，要让他们中的大多数相信这对他们并没有多大好处可能有点困难，但是，如果货币贬值，同样多的货币所能购买的劳动量、食料量和各种国产商品量都减少了，那么，从这种货币增加中得到的利益也就只是名义上、想象中的了。

在整个国家中，能从这种奖励金中获得实实在在利益的，可能只有一种人，那就是谷物商人。奖励金使谷物在丰年时的输出量大于没有奖励金时，而且，因为它使收成好的年份不能支援收成不好的年份，所以肯定会导致收成不好的年份谷物输入量也大于没有奖励金时，因此，不论是在收成好的年份还是收成不好的年份，奖励金都增加了谷物商人的业务。在收成不好的年份时，奖励金不但使他能够输入比没有奖励金时更多谷物，而且能用较高的价格和较高的利润售卖输入的谷物。所以，依我看来，最衷心拥护这种奖励金继续实施和更新的，就是这种人。

乡绅对外国谷物的输入征收重税（这在一般丰年便等于禁止谷物输入）和对本国谷物的输出发放奖励金，似乎是在模仿制造业者。第一种措施，让他们单独占有了国内市场；第二种措施，让他们尽量防止国内市场积存过多的谷物。总之，他们是想通过这两种措施提高自己商品的真实价值。在这个方面，他们和制造业者采取了一样的措施。制造业者也通过采取这两种措施提高自己制造品的真实价值。但是乡绅们没注意到的是，谷物和其他各种商品有本质的差别。通过垄断国内市场和奖励输出的办法，确实可能让毛织物以比没垄断占权和没有奖励金时更好的价格出售，因为这些方法不但提高了货物的名义价格，而且提高了货物的真实价格。让这种货物等价于较多的劳动量与生活品量，不仅提高了制造业者名义上的利润、财富和收入，而且也确实提高了他们的真实利润、财富和收入。由此，他们就能够过更富裕的生活，或在这类制造业上雇用更大量的劳动量。这实际上就是在鼓励这类制造业，让它吸引比没有这种制度时更大量的国内劳动流向这类产业。但是，如果将这种制度应用到谷物上，那么它所提高的就只有谷物的名义价值，却没有提高谷物的真实价值。它既不能增加农民的真实财富或收入，也不能增加乡绅的真实财富或收入；它不能鼓励谷物的种植，因为它不能让谷物养活和雇用更多的劳动者。按照事物的本质，谷物的真实价值是确定的，不会随着货币价格的变动而变动。输出奖励金和对国内市场的垄断，都不能提高谷物的真实价值。同样，最自由的竞争也不能让它降低。不论在世界上哪个地方，谷物的真实价值都等于按照当地劳动者的一般生活状态（不论是富庶、一般还是贫苦）所能维持的劳动量。毛织物和麻织物不是拥有支配性的商品，一切其他商品的真实价值的真实价值，最后并不是通过毛织物和麻织物的价值来衡量断定的。谷物却不是这样。一切其他商品的真实价值最后都要通过各自平均货币价格和谷物平均货币价格所成的比例来衡量。虽然谷物的平均货币价格也会在不同的时期有所不同，但是它的真实价值却不会因为谷物货币价值的变化而变化。随谷物货币价值变化而变化的，只是白银的真实价值。

在英国，精耕细作是良好的耕作方式，这样会使土地的农作物产量增加。

国产商品输出奖励金，都会受到两个方面的反对。第一，对所有重商主义方法的普遍性的抗议：因为这些办法违反自然规律，强迫国内一部分劳动者流入较少利益的行业。第二，专门针对国产商品输出奖励金的反对，因为它不仅强迫国内一部分劳动者流入利益较少的行业，而且强迫他们流入实际上赔本的行业。没有奖励金就经营不下去的生意，肯定是一种赔本的生意。谷物输出奖励金就会遭到第二个方面的反对。因为，无论从哪个方面说，它都不能得偿所愿地促进本来要促进的那种商品的生产。在乡绅们要求设立这种奖励金时，虽然是模仿了商人和制造业者，但商人和制造业者完全明白奖励金和他们之间的利害关系，他们的行动也通常受这种理解的指挥，但是乡绅们却没有完全地理解奖励金和他们之间的关系。他们让国家收入承受了一个巨大的损失，让人民大众承受了沉重的赋税，但却没有让自己商品的真实价值有任何明显的增加。而且因为他们让白银的真实价值出现了下跌，所以他们实际上在某种程度上妨害了国家的一般产业，又因为国家的一般产业决定土地的改良程度，所以可以说他们不但没有促进土地的改良，反而多多少少地妨害了土地的改良。

其实，人们应该这样想，要奖励一种商品的生产，更为直接的方法是发放生产奖励金而不是发放输出奖励金。如果发放生产奖励金的话，只需要对人民征收发放奖励金的税款就行了。生产奖励金不但不会提高商品在国内市场上的价格，还可能会降低它的价格。所以，人民不会因此而需要缴纳第二种税，而且他们缴纳的第一种税也将因此而得到部分补偿。但是，生产奖励金是很少发放的。因为重商主义的观点让我们认为，国民财富都是直接来自输出，而不是来自生产。输出受到优待因为它被认为是更直接地带回货币的方法。据说，根据经验看来，和输出奖励金相比，生产奖励金更容易产生欺诈行为。这种说法的可信度如何，我不知道，但是输出奖励金往往容易被滥用进行欺诈行为，却是众所周知的。这一切政策的发明者——商人与制造业者，并不希望他们的货物在国内市场上储存太多。生产奖励金有时会引起这种情况，但输出奖励金却会运送多余的部分到外国，这样国内剩余那部分货物的价格就可以得到提高，所以能防止这种情况的发生。因此，在重商主义的各种政策中，输出奖励金便成了商人与制造业者最喜欢的一种。我知道，某些行业的经营者在私底下都愿意自掏腰包来鼓励一部分货物的输出。这种政策如果执行顺利，虽然国产商品增加了很多，但在国内市场上的价格却仍能提高一倍以上。如果这种政策应用到了谷物上面，因为它可以降低谷物的货币价格，作用就大相径庭了。

在某些特定情况下，曾经颁发过类似生产奖励金的东西。白鲱鱼及鲸鱼捕捞业根据渔船吨数发放的奖励金，也许可以看作是带有这种性质的奖励金。据说，这种奖励金使这类商品在国内市场上的价格比没有这种奖励金时降低了。从其他方面看，我们得承认，它的结果与输出奖励金的结果是一样的。因为这种奖励金的存在，国内一部分资本就被用来促使这种价格不能补偿其费用，并且不能提供资本一般利润的商品上市。

这种根据渔船的吨位而发放的奖励金，虽然不能让国家变得富有，但是可以增加船舶和水手的数量，所以，也可以看作是对国防有利的。用这种奖励金来维护国防（像维持常备陆军那样），和维持一个庞大的常备海军相比，花费可能要少得多。

虽然有上面的辩护，但考察下面各种情况，我却仍觉得，至少在批准发放这些奖励金中的一种时，议会被大大地欺骗了。

第一，发放给捕捞白鲱鱼渔船的奖励金似乎太大了。

在1771年至1781年冬渔期间，对捕捞白鲱鱼的渔船发放的吨位奖励金，是按照每吨30先令发放的。在这11年间，苏格兰捕鱼船捕捞到的白鲱鱼总数为378 347桶。在海边捕获后随即腌存的白鲱鱼称为海条。要将海条运到市场上销售，需要再加上一定数量的盐重新包装，从而成为商用白鲱鱼。此时，常常把3桶海条改装成2桶商用白鲱鱼。所以，在这11年间，所捕获的商用白鲱鱼，共有252 23113桶。在这11年间，支出的总的吨位奖励金，有155 463镑11先令，也就是每桶海条8先令2.25便士，每桶商用白鲱鱼12先令3.75便士。

腌制白鲱鱼所用的盐，不论是苏格兰产的还是外国产的，都可以不用缴纳一切国产税就

大海和渔民。在英国，渔业是非常重要的支柱产业之一，也因此，针对渔业的奖励金研究，对研究英国经济也很有帮助。

到达腌鱼者手中。现在，每蒲式耳苏格兰盐，需要缴纳1先令6便士的国产税，外国盐每蒲式耳需要缴纳10先令。假设，用外国盐腌制白鲱鱼，那么平均每桶需要大约1.25蒲式耳。如果用苏格兰盐，那么平均每桶大约需要2蒲式耳。如果白鲱鱼是要用来输出的，那就完全不用缴纳盐税。如果是供国内消费用，那么不论用的是外国盐还是苏格兰盐，每桶都需要纳税1先令。腌制1桶鱼，就算根据最低的标准，也需要用1蒲式耳盐。但是苏格兰对这1蒲式耳的盐却只征收1先令的税。在苏格兰，外国盐基本都是用来腌制鱼类的。据统计，自1771年4月5日到1782年4月5日，输入的外国盐，总共有936 974蒲式耳，每蒲式耳重84磅。苏格兰盐给腌鱼业的数量，却只有168 226蒲式耳，每蒲式耳仅重56磅。由此可以发现，渔业腌制用的主要是外国盐。此外，每输出1桶白鲱鱼，又发放2先令8便士的奖励金。渔船捕获的白鲱鱼有2/3以上是用来输出的。所以，综合算来就会发现，在这11年间，每捕获1桶白鲱鱼，如果用苏格兰盐腌存，那么在输出时，政府就需支付17先令11.75便士，如果用于供给国内消费，那么政府就需支付14先令3.75便士；如果用外国盐腌存，那么在输出时，政府就需支付1镑7先令5.75便士，如果是供国内消费，那么政府就需支付1镑3先令9.75便士。1桶优质商用白鲱鱼的价格，最低是17或18先令，最高24或25先令，平均约为1几尼。

第二，捕捞白鲱鱼的奖励金是一种吨位奖励金，是根据捕鱼船只的载重量发放的，而不是按照船员在捕捞鱼上是否勤劳和捕捞了多少鱼发放的。我猜想，很多船舶都是为了奖励金而不是为了捕捞到鱼才出海的。1759年，奖励金是按照每吨50先令的标准发放的，但苏格兰所有渔船捕捞到的却只有4桶海条。在这一年，仅仅奖励金一项，每桶海条政府就耗费了113镑15先令，而每桶商用白鲱鱼则耗费了159镑7先令6便士。

第三，有吨数奖励金的白鲱鱼捕捞业，往往用载重20~80吨的大渔船或甲板船。这种捕鱼法也许是从荷兰学来的，但是它却不怎么适合苏格兰。荷兰陆地与白鲱鱼主要聚集区相距很远，所以，这种捕捞渔业必须得用甲板船，因为只有甲板船才可以携带充足的水分和食物，从而进行远洋捕捞。但苏格兰捕捞白鲱鱼的主要地方，像赫布里兹群岛或西部群岛、海德兰群岛、北部海岸和西北部海岸等，主要都是伸入陆地，被当地人称为海湖的海湾。因为这种白鲱鱼（我相信，还有许多其他种类的鱼）游来的时间很不确定，所以苏格兰的特殊情况最适合采用小舟渔业。这样，渔人一旦捕获了白鲱鱼，就可以立刻运到岸上腌存或直接消费掉。每吨30先令奖励金，固然可以鼓励大船渔业的发展，但一定会妨害小舟渔业的发展。因为小舟渔业没有奖励金，所以它不能与大船渔业在平等的条件下把腌鱼提供给市场。因为这个原因，曾经很兴旺、雇用过很多海员的小舟渔业现今几乎全都衰败了。至于现在已经衰落而且无人问津的小舟渔业，以前究竟有多大的规模，必须承认，我不能说出多么准确的话——既然小舟渔业没得到过什么奖励，那么关税吏和盐税官那里也就不曾留下什么记录。

第四，在苏格兰的许多地方，白鲱鱼在一年中的某个时段会成为普通人民很重要的一部分食品。可以让国内市场上白鲱鱼价格下跌的奖励金，对于生活并不富裕的我国大多数同胞来说，也许是一个很大的帮助，但对捕捞白鲱鱼的大渔船发放的奖励金，肯定收不到这样的效果。最适合为国内供应白鲱鱼的小舟渔业被它破坏了；每桶2先令8便士的附加输出奖励金，又

铸造大炮部件。对于对国防十分重要的武器生产而言，发放奖励金似乎值得辩护。

让大渔船把捕捞到所得的2/3以上输送到国外。我已经证实，在三四十年前大渔船奖励金还没有设立的时候，白鲱鱼每桶的一般价格为16先令。10~15年之前，小舟渔业还没有完全衰败的时候，白鲱鱼的一般价格为每桶17~20先令。在最近5年间，平均每桶价格为25先令。不过，这种高价也许是因为苏格兰沿海各地的白鲱鱼确实是减少了。同时，我必须说明，与白鲱鱼同时卖掉的桶的价格（桶价计算在上述各种价格内），自从美洲战事开始以来，已经上涨了约一倍，也就是从原来的大约每个3先令上涨到了现在6先令。还需要说明，我所见到的关于过去的价格的记载，并不是完全相同、首尾照应的。曾经有一个知识广博、经验丰富的老人对我说，

风暴中的渔船。捕捞白鲱鱼的奖励金是一种吨位奖励金，是根据捕鱼船只的载重量发放的，而不是按照船员在捕捞鱼上是否勤劳和捕捞了多少鱼发放的。但在渔民而言，每一次出海都是对生命的考验。

50多年以前，优质商用白鲱鱼的一般价格为1桶1几尼。我认为，这一价格在现在还可以看作是平均价格。但我还是坚持认为，这所有的记载都说明，奖励金的存在并没有降低国内市场上白鲱鱼的价格。

渔业经营者在领了如此丰厚的奖励金以后，如果仍然按照原来的价格或者更高的价格出售产品，那么利润就大大增加了。单就某些人来说，这种情况也不是不可能的。但通常说来，我却有理由相信，情况不是这样。因为这种奖励金造成的通常结果是，让一些鲁莽的企业家冒险经营他们不了解的行业，懈怠和不了解情况所造成的损失，就算是有政府的补助金也弥补不了。1750年，根据第一次颁布的每吨30先令鼓励白鲱鱼渔业的法令，即乔治二世二十三年（1749年）第二十四号法令，成立了一个股份公司，资本50万镑，纳资人（除了上述的吨数奖励金、每桶2先令6便士的输出奖励金等其他各种奖励外，如盐税等一律不必缴纳）每出100镑的本金，就可以在14年间，每年得到3镑奖金，并由海关部门每半年发放一半。这家大公司的经理和董事都住在伦敦。除这个公司外，政府又宣布承认总公司在国内各海港建立的资本总额不低于1万镑的渔业公司的合法性。这些比较小的渔业公司的经营，虽由经营者自负盈亏，但同样也可以得到年金和各种奖励。很快，这个大公司的资本就到位了，并在国内各海港成立了好几家渔业公司。但是，虽然享有了那么多的奖励政策，所有的公司，不论大小，几乎都亏损了投入资本的全部或大部分。现在，这种公司都没影了，目前的白鲱鱼捕捞业几乎都是由私人经营者经营。

如果某种制造业是维护国防需要的，那么依靠邻国供应就很不聪明了。如果这种制造业只有在奖励金的帮助下才能在国内开展起来，那么对其他所有产业征收赋税来保证这种产业开展下去，也不一定就不合理。对英国制造的帆布及火药发放输出奖励金，也许可以依据这个理论进行辩护。

对人民大众的产业征收赋税，从而支持某个特定制造业的发展，几乎不存在合理性。虽然这样，但在人民大众都有丰厚的收入，不知道怎样使用全部收入的超级兴盛时期，给自己所喜欢的制造业颁发这种奖励金，就像把钱花在其他无可无不可的事情上一样，没有什么奇怪的。不论是在公事上还是私事上，太富有通常可以成为一些很愚蠢行为的注解。但在普遍艰难和困苦时期，如果继续这种浪费，那就是非常荒谬的了。

所谓奖励金有时候就是退税，因此不能等同于真正的奖励金。例如，对输出精砂糖发放的奖励金，就可以说是对赤砂糖、黑砂糖所征收赋税的退还。对于输出精丝制品发放的奖励金，就可以说是对生丝、捻丝输入时所征收赋税的退还。对输出火药发放的奖励金，就可以说是对硫黄、硝石输入时所征收赋税的退还。用关税用语来说，只有那些输出和输入时货物形态相同的货物在输出时得到的津贴，才叫作退税。如果输入以后，货物形态经过了某种制造业的加工，产生了新的名称，那么用新名称获得的津贴就叫奖励金。

对于那些业务有专长的技术家和制造家，社会发放给他们的奖金，也不等同于奖励金。奖金虽然可以奖励高超的技巧与技能，从而提高正受雇于各个行业、在各自岗位上工作的工人的竞争心，但不能让一个国家的资本违反自然规律，过多地流向任何一个行业。这种奖金不会打破各行业间自然形成的平衡，却可以让各行业的产品尽可能地接近完善。此外，奖金的花费很少，但是奖励金的花费却很大。仅仅谷物奖励金一项，每年的花费就有30万镑以上。

奖励金有时会被称为赏金，退税有时也会被称为奖励金。但我们在任何时候都应该关注事物的本质，而不是它的名称。

第六章 论通商条约

如果受条约束缚，某个国家只允许某特定外国的某种特定商品输入，或者对别的国家这种商品的输入实行禁止或征收赋税，而单单对这个外国的这种商品免税，那么商业上得到好处的国家，或者至少是该国的商人和制造业者，一定会从这种条约中获得很大的利益。这些商人和制造业者，就在这个特定的国家内享有了垄断权。这个施益的国家，就成为受益国家商品的一个更广大、更有利的市场。说它更广大，是因为其他国家的商品要么被禁止输入，要么征收赋税，所以施益国可以最大限度地接受受益国的货物；说它更有利，因为得到受益国家的商人，在这个国家内享有了垄断权，因此，和在其他所有国家都可以进行自由竞争的国家相比，在这个国家通常可以用更高的价格销售商品。

这样的条约，虽然对受益国有利，但是对施益国家的商人和制造业者来说却是有害的。这样一来，他们就把对自己国家有害的垄断权给了别的国家。和其他所有国家都可以进入本国市场自由贸易的时候相比，他们需要用更高的价格才能购买到自己需要的外国商品。而用来交换外国商品的本国生产的商品又肯定是便宜的。所以，本国生产物的交换价值就会因为这种条约而减少。但是，这种减少不能当作是真正的减少，它只是减少了本来应该得到的利润而已。本国销售商品的价格，虽然比没有这个条令时所卖的价格便宜，但是却不会低到赔本的程度。所以，就像发放奖励金一样，其所交换到的价值绝对不会低于货物为了投入市场所花费的资本和

中日两国进行《马关条约》的谈判。中国在近代与其他国家的来往中，往往处于不利的地位，这点在经济上的表现十分突出。

货物的普通利润。否则的话，这种贸易就不会长久地进行下去。所以这种贸易就算是对施益国也是有利可图的，只是没有原来自由竞争情况下的利润大而已。

根据和它很不相同的原理，有些通商条约被认为是有利的。有时，商业国把对本国有害的本国垄断权给某个外国的某个特定商品，只是希望可以在两国的全部贸易中让本国的出口多于进口，从而在贸易差额上对本国有利而已。

1703年，英国和葡萄牙签订的通商条约就是根据这个原理制定，从而赢得了人们的推崇。

根据条约，葡萄牙国王在禁止英国毛织物输入以前，有义务按照同样的条件允许英国毛织物的输入，也就是在禁止以前，不能把税额提高。但是他没有义务给英国的毛织物输入提供比任何其他国家（如法国或荷兰）更好的条件。而英国国王却有义务给葡萄牙葡萄酒的输入提供比法国葡萄酒（最容易和葡萄牙的葡萄酒形成竞争）更好的条件，也就是要减税1/3。从这个角度说，这个条约很明显是对葡萄牙有利，而对英国不利的。

但是这个条约却被推崇为英国商业活动中一个杰出的政策。每年从巴西输往葡萄牙的黄金，都多于其国内贸易需要用在铸币和金银器皿上的量。把多余的黄金放置或者是锁在金柜中不用，恐怕损失也太大了，但是在葡萄牙国内，又找不到有利的市场，所以，就算是禁止输出，也肯定是会被运送出去，从而交换到在国内更有利的货物。其中，从葡萄牙输出的黄金中有一大部分都输送到了英国，用来交换英国的货物或者是从英国交换欧洲其他各国的货物。巴勒特先生曾经说，从里斯本到英国的周期邮船，平均每周都可以给英国带来5万镑的黄金。这个数字也许被夸大了。如果真是这样的话，那么一年下来，从葡萄牙运送到英国的总金量将有260万镑以上，比巴西每年运送到葡萄牙的总金量还多。

其实，每年在所有输往英国的黄金中，只有很小的一部分可以被认为是用来增加英国的金制器皿和铸币的数量，其余的部分肯定是输往其他国家，从而交换一些消费可能品。这些消费可能品如果是直接用英国生产的货物交换得到的，那肯定比英国先用自己生产的货物从葡萄牙那里交换到黄金，然后再用黄金交换外国的消费可能品更有利。直接的消费品对外贸易，肯定比间接的消费品对外贸易有利。而且，要从外国运送一定量的外国货物到本国市场上，直接的消费品对外贸易所需资本，一定比间接的消费品对外贸易需要的资本少得多。假设英国的国内产业中，只有较少部分负责生产葡萄牙市场需要的货物，较大部分负责生产适合其他市场需要的货物，而英国从葡萄牙以外的其他国家得到需要的消费可能品，对英国也是很有利的。英国通过这个方法取得需要的黄金和消费可能品，和现在它采用的方法比起来，可以节省很多的资本。英国有了这节省下来的资本，就可以用来干许多其他的事情，比如，用来推动更多的产业发展，用来生产更多的年产物，等等。

据说，我国的黄金几乎全部来自葡萄牙。我国和其他各国通商所形成的贸易差额，要么是不利，要么是没有多大的好处。但我们应该记着，既然从某一国输入了较大量的黄金，那么从其他各国输入的黄金量一定会较小。黄金，就像任何其他的商品一样，不论在哪个国家，需要的数量都是一定的。从某个国家输入了本国需要黄金量的9/10，那么从其他国家输入的黄金量就不会超过剩下的1/10。而且，每年从其他国家输入的黄金超过我国在器皿上、铸币上所需要的数量越多，向其他各国输出的数量也一定越多。这样，与某些国家间的贸易差额——近代政策所关注的最没有意义的目标——看起来对我国越有利，那么和其他国家之间的贸易差额就一定会对我国越不利。

没有葡萄牙，英国贸易就不能生存这个可笑的想法，竟然让法国和西班牙在上次战争快要结束的时候，甘愿冒天下之大不韪，没有任何正当理由地就要求葡萄牙国王将所有的英国船只驱赶出葡萄牙海港，并声称为了葡萄牙的安全着想，应迎接法国和西班牙的守备军进入海港。如果葡萄牙国王接纳西班牙国王所提出的不正当的条件，英国从中免去的麻烦比丧失跟葡萄牙交易造成的不便大得多。那么英国就可以抛弃一个大包袱，也就是在国防力量上没有任何设备、力量很弱的同盟国——葡萄牙，从而可以专心致志、全力以赴，就算是再来一次战争，它也是有足够的力量自卫的。毫无疑问，丧失了和葡萄牙的贸易，会让当时经营这种贸易的商人陷入很大的困境，让他们在一两年内都找不到同样有利的任何其他投资方法。但是，这可能也是英国从这一受人关注的商业政策中所遭受的全部困难了。

七年战争中的一场战役。斯密所说的上一场战争，就是指的席卷欧洲几个主要国家及其殖民地的七年战争。这场战争中，英国成为最大的赢家。

每年输入大量的金银，既不是为了铸造金银器皿，也不是为了铸造铸币，仅仅是为了对外贸易。用金银作为间接的消费品对外贸易的媒介，比用任何其他的商品作为媒介都有利得多。因为金银是普遍认可的商业手段，所以，它比任何其他商品都更容易被人们接受从而换得商品；同时，因为它们体积小价值大，所以，从一个地方运送到另一个地方，来往所需的运费几乎比其他任何商品都少，而且，因运输而损耗的价值也比较小。在所有商品中，没有其他任何一种商品可以像金银这样方便地在某一个外国买进，再到其他国家卖出去从而交换到其他商品。和葡萄牙贸易的主要益处，就在于让英国各种间接的消费品对外贸易变得更为方便。这虽然不能说是最大的益处，但是至少也是一个很值得重视的益处。

查理二世时，第一次颁布了用免税鼓励铸造货币的法律，但是有时间限制。此后，其他的法律一次次地将它规定的时间延长，直到1769年，这项法律才取消了时间限制。为了得到货币补充金柜，英国银行经常迫不得已地拿着金银到铸币厂。在银行看来，和自己支付铸币费比起来，政府支付铸币费对自己更有好处。也许就是因为英国银行的请求，政府才同意将这项法律改订为恒久的法律。如果称量黄金的习惯被废除（因为操作不便，它已经露出了要被废除的迹象），如果英国金币回到最近一次改铸以前的按照个数计算，那么英国银行就会发现，像在其他情况时一样，它们又一次错误判断了利害关系。

在英国最近一次通用金币改铸以前，金币比其标准重量低2%，因为没有造币税，所以它的价值也就比应含标准金量的价值低2%。所以，银行为了铸造货币而购买金块时，所出的价格就比铸成金币的价格多2%。如果铸币需要征收2%的铸币税，那么铸成的金币虽然比应含的标准金量少2%，但是却仍然和应含标准金量有相等的价值。在这种情况下，铸造花费的价值抵销了重量减少造成的价值减少。虽然银行必须支付2%的造币税，但在这所有的事情上，它所遭受的损失也只有2%，刚好和现实中金币减重带来的损失完全一样，不会更多。

如果铸币需要征收5%的铸币税，而通用金币只比其标准重量少2%，在这种情况下，银行将从金块价格上得到3%的利润。但因为它还要支付5%的造币税，所以在这所有事情上，它的损失依然刚好是2%。

如果铸币征收的造币税只有1%，而通用金币比其标准重量低2%，在这种情况下，银行将从金块价格上损失1%。但因为它还需要支付1%的造币税，所以它在所有事情上的损失和其他情况一样，仍然是2%。

如果征收的造币税数额特别合适，而铸币也是包含足额的标准重量，就像最近一次改铸之前那样，那么银行在铸币税上亏损的一定可以从金块的价格上收回来；从金块价格上得到的利益，一定会在铸币税上失去。在整个过程中，它就既没有失去什么，也没有得到什么，所以，在这种情况下，就像其他情况一样，处于和没有征收赋税时完全一样的情况。

如果一种商品的税收数额合适，不至鼓励走私，那么把贩运这种商品当作职业的商人，虽然需要缴纳赋税，但是因为可以从商品价格中收回来，所以他并不是真正缴纳赋税的人。消费者，也就是这种商品最后的购买者才是这种赋税真正的纳税人。但是对于货币来说，所有人都是商人。我们购买货币的目的都是把它再卖出去，所以，通常来说，货币是没有最后一个购买者或者消费者的。因此，在征收的铸币税收数额合适时，不至鼓励伪造，那么虽然所有人都缴纳了赋税，但是，因为没有谁最后缴纳了这种赋税，所以所有人都可以从提高了的铸币价值中收回自己缴纳的赋税数额。

制作精美的黄金珐琅耳环。黄金的用途除了铸币，还可以应用于各类装饰品和工业产品上，这是黄金的特殊属性。

因此，如果铸币税征收的数额合适，那么不论怎样，都不会加重银行或者是任何拿着金银去往铸币厂进行铸造的个人的费用；不征收这个数额合适的造币税，也不会减少他们的费用。如果通用货币包含了足额的标准重量，那么不论有没有铸币税，铸造都不会让任何人损失资财；如果通用货币包含的重量没有达到标准，那么铸造所花费的一定等于铸币应该包含的纯金量和它实际含金量之间的差额。

所以，在由政府支付铸造费时，政府不但要承担小额费用，而且还会失去本来应该得到的小额收入，但是政府这种徒劳的慷慨，却又不能让银行或私人得到任何一点的利益。

如果你对银行理事说，征收铸币税虽然不能让他们获得任何利益，但是却可以保证他们不会有任何损失，他们可能不会因为听了这些毫无证据的话就同意征收铸币税。在现有的金币状况下，如果继续按照重量接受，那么他们当然不能从这种改变中得到任何好处。但是，如果按照重量接受的习惯有一天被废止了，同时，金币的质量又降低到最近一次改铸之前，那么银行从征收铸币税中获得的利益——准确地说是银行节省下来的开支，可能会非常可观。送大量金银到造币厂去的只有英格兰银行，所以每年铸造税也全部或者几乎全部都由它承担。如果每年的造币只是用来补足铸币不可避免的丢失和必要的磨损，那么一年的需要通常不会超过5万镑，最多也不会超过10万镑。但如果铸币包含的金量低于它应该含有的标准重量，那么在补足不可避免的丢失和必要的磨损之外，每年还需要造币用来补足铸币因为不断熔化和输出而导致的巨大不足。因为这个原因，在金币改铸之前的10年或者12年间，每年铸币数额竟然平均高达85万镑以上。如果当时曾经征收了4%或5%的铸造税，那么在当时的情况下，也许可以有效地阻止铸币的输出和熔解。这样的话，也许银行每年所受的损失就不会是所铸造金块的2.5%，也就是说不会每年损失21 250镑以上，而可能仅仅是它的1/10。

议会每年拨出用来支付铸币费的收入，只有1.4万镑。而铸币花费政府的真实费用，即铸币厂职员的俸给，我相信，通常不会超过这个数额的一半。想节省这样小的一个数额，或者想取得差不多大小的另一个数额，在一些人看来可能是没什么意义的想法，不值得引起政府的关注。但是，节省那些可以节省、以前常花掉以后也可能要花掉的1.8万镑或2万镑，就算是对英国银行这样的大公司来说，也是很值得关注的事情。

重商主义认为，货币是组成所有国家财富的东西，那么，最符合重商主义精神的事情，也就是鼓励货币的生产了。货币生产奖励金，是重商主义众多富国妙策之一。

第七章 论殖民地

第一节　论建立新殖民地的动机

刚开始，欧洲人在美洲及西印度群岛建立殖民地的利益动机，并没有古希腊、古罗马建立殖民地利益动机那么明显。

古希腊各个城邦都只占有很小的一块土地，当任何一个城邦的人民多到本邦土地不能支撑时，它们就派遣一部分人民出去，在世界上其他的地方寻找新的安身立命之所。周围喜欢征战的邻国，让其中的任何一个城邦都很难在国内大范围地扩大领土。多里安人要殖民就只有到意大利及西西里去——这两个地方在罗马建立以前，都是被野蛮、没有开化的人占据的。希腊的爱奥尼亚和伊奥里亚这两大部落的人，就只有到小亚细亚及爱琴海等地去殖民。当时，这两个地方和意大利及西西里的情况几乎一样。虽然母市把殖民地当作子国，常常给予很大的好处和帮助，并受到“孩子”的感激和尊敬，但它们把殖民地看作是拥有自由的孩子，不要求任何直接的权威或司法权。殖民地可以决定本国的政治体制、制定本国法律、遴选本国官员，而且可以用独立国家的身份向其他国家宣战或者是和谈，不需要母市的认可或者首肯。建立这种殖民的利益最是显而易见了。

希腊著名城邦雅典的帕特农神庙。雅典在小亚细亚地区有不少殖民地城市。

就像古时候其他大部分共和国一样，古罗马是依据土地分配方法而建立的，也就是将全部的公有土地，按照一定的比例分配给组成国家的各个市民。但是结婚、继承、割让等人为变化会把原来的分配弄乱，常使本来应该用来供养许多家族的土地为一个人所占有。为了矫正这种问题，古罗马颁布了一项新的法律，也就是规定各市民可以占有的土地量最多不得超过500朱格拉，约合350英亩。据我所知，这法律虽然执行过一两次，但多数时候都被人避开了。土地财产的不均衡现象越来越严重。没有土地的市民占了大多数，根据当时的风俗人情，没有土地就很难维系自由人的独立，没有土地的市民，除了在每年选举的时候得到候选人的赠金以外，几乎没有其他生计来源。当护民官想鼓动人民对抗富豪时，就会让人民追忆古代的土地分配制度，并把那种限制个人私有财产的法律当作是共和国的基本法律。人民为了得到土地而大闹的时候，我们相信，富豪们是绝对不会分任何土地给他们的。但是，为了要在一定程度上满足人民的要求，富豪们通常会建议建立新殖民地。作为征服者，就算在这样的情况下，罗马帝国也没有必要派遣市民到世界各地去谋求出路。大多数情况下，它都把自己征服的意大利各地的土地分配给他们。在那里，他们就像在共和国的领土上一样，不能形成任何独立的共和国，最多也只能形成一种自治团体。这种自治团体，虽然有制定当地附属法律的权力，但是在司法权及立法权方面，仍然需要顺从母国的统治。但这种殖民地的建立，并不仅仅是为了满足一部分人的要求，还可以借着这个机会在当地建立一种守备队——因为这个殖民地刚刚被征服，当地人民是否服从还不能确定。所以，不论是从性质上，还是从它建立的目的上，罗马殖民地和希腊殖民地都是完全不相同的。

欧洲人在美洲及西印度建立殖民地，并不是因为某种必要；殖民地的建立虽然最后带来了很大的利益，但是这种利益却并不是那么地明显而巨大。在殖民地建立之初，没有谁知道会带来这样的利益；建立和发现殖民地的目的，也不是为了这种利益，即使到了今天，这种利益的性质、范围和局限，人们也还是不能透彻地理解。

14、15世纪的时候，威尼斯人经营了一种利润丰厚的贸易，就是把从东印度购买的香料等货物贩运到欧洲进行售卖。他们大多在埃及购买物品。埃及当时归高加索管辖。高加索是土耳其的敌人，而威尼斯也是土耳其的敌人。这种利害关系的同盟，加上威尼斯货币的帮助，几乎相当于给了威尼斯商人一种贸易的垄断权。

威尼斯商人获得的巨额利润，引发了葡萄牙人的贪念。15世纪时，葡萄牙人已经努力通过海路，到达了摩尔人越过沙漠给他们带来象牙和金砂的国家。他们发现了马德拉群岛、卡内里群岛、亚速尔群岛、佛德角群岛、几内亚海岸、卢安果、刚果、安哥拉、本格拉各海岸，最后

哥伦布像及其船队航船模型。

好望角也被发现。他们早就希望可以分割威尼斯商人那利润丰厚的贸易；好望角的发现，为他们分割这种贸易提供了可能。1497年，达·伽马率四艘轮船组成的船队从里斯本港起航，经过11个月的航行，最终到达了印度斯坦海岸。一个世纪以来，凭借超常的毅力、不懈的努力，葡萄牙人所开展的发现工作就这样结束了。

数年前，在欧洲人还在质疑葡萄牙人的计划能否成功时，热那亚水手哥伦布就提出了一个更大胆的计划——向西航行到达东印度。他幸运地说动了卡斯蒂尔王国的伊莎贝拉。于是，1492年8月（比达·伽马早了差不多五年），哥伦布从帕罗斯起航，经过两三个月的航行，发现了小巴哈马群岛，也就是卢拉扬群岛中的一些小岛，然后发现了圣多明各大岛。

但哥伦布这次航行以及以后各次航行所发现的地方，都不是他原来要拜访的地方。他没有发现拥有巨额的财富、发达的农耕与稠密的人口的中国和印度，却在圣多明各以及他曾经到过的新世界其他所有地方，发现的都是丛林密布、被贫苦的野蛮人占据的地方。但他不愿意承认自己发现的地方不是马可·波罗曾经描写过的地方（马可·波罗是第一个到达中国、到达东印度的欧洲人，至少是第一个把这些国家的情况描写下来的欧洲人）。哥伦布在羡慕他的同时，希望自己到达的地方就是他笔下的那个地方。于是，他在偶然听见圣多明各有一座山的名字"西巴奥山"和马可·波罗笔下的"西潘各的"的名字很像后，尽管没有什么明确的证据，仍断定这个地方就是他心中想的那个地方。

由于哥伦布犯的这个错误，"印度"就永远地成了那些不毛之地的名字了。最后，因为发现了新印度和老印度迥然不同，所以才把前者叫作"西印度"，以和东印度区别开来。然而，不论发现的是什么地方，哥伦布都要向西班牙宫廷说明他发现的这个地方是多么的重要。不论在哪个国家，财富都是由土地上生产的动植物组成的。但是如果他说，那里生产的动植物是多么的丰富，那么就没有一个论据可以证明他的说法是合适的。

因为当地的农业不发达，所以居民的植物性食物也不是很丰富，但是却比肉类食物要丰富一些，有玉米、芋、马铃薯、香蕉等。这些食物是欧洲人不知道的，也没有受到欧洲的重视。因为欧洲人并不觉得那些植物的营养价值会比欧洲原来生产的谷类、豆类高。

当然，棉花是一种非常重要的制造业原料，当时在欧洲人看来，那些岛上最有价值的植物性产物就是棉花了。当时欧洲各地都很重视东印度的软麻布及其棉织品，但是在15世纪末之前，欧洲的棉织制造业还没有产生，因此，就算是这种产业，在当时的欧洲人看来也不是很重要。

哥伦布意识到新发现之地的动植物都不能够充分说明这些地方的重要性时，就把目光转移到了矿产资源上。他安慰自己，矿产资源方面的丰富足够补偿动植物方面的匮乏了。他看到当地居民的衣服上经常悬挂着小片的金，并从他们口中得知，那些金片是在溪流中发现的。而溪流是从山上流下来的，由此断定，山上肯定有丰富的金矿。就这样，圣多明各就被描述成了金矿丰富的国家，并因为这个原因（根据当时人们、也是现在人们的片面见解）被描述成了西班牙国王及其国家无穷无尽的真实财富的来源。

根据哥伦布的描述，卡斯蒂尔的议会决定攻占这些国家。这些国家的人民当然是没有任何抵抗能力的。他们又以传扬基督教这个崇高的目的为名义，让这种违背正义的计划成了神圣的事业。实际上，这个计划的唯一目的却是希望发现这个地方的金矿。为了要突出这个目的，哥伦布还建议在那里发现的黄金的一半，应该归国王所有。议会采纳了他的这个建议。

刚开始的时候，冒险家输入欧洲的黄金全部或相当大的部分都是通过非常容易的方法——也就是向没有丝毫抵抗能力的土著劫掠——得到的，所以，要纳这样的重税（即有一半要交给国王），也不会很困难。但土著原来拥有的黄金一旦完全被抢夺完了（事实上，不到六年或八年的时间，在圣多明各及哥伦布发现的其他所有地方，黄金就被完全剥夺干净了），要再找到黄金，就只有从矿中挖掘了，也就无力支付这样沉重的赋税了。据说，严酷的征收这种税，使得圣多明各的矿山完全停止了开采，一直持续到现在。

现在看来，在西班牙第一次发现的那些地方里，连一个值得开采的金银矿山都没有。冒险家们第一次发现的金银的数量和人们第一次开采出来的金银的数量，都被狠狠地夸大了。冒险家的虚假描述越夸张，越能够引起人们的贪念。每一个到达美洲的西班牙人，都期望可以发现一个埃尔多拉多黄金国。最终，命运女神竟奇迹般地降临了。他们孜孜以求的丰富的贵重金属，在发现墨西哥和秘鲁的时候（墨西哥的发现大约是在哥伦布第一次航行的30年之后，秘鲁的发现大约是在哥伦布第一次航行的40年之后），被命运女神送到了手上。

和东印度进行商业贸易的计划，最终导致了西印度被发现。一个征服的计划，又引起了西班牙人在这些新发现的地方建立殖民地。但是，他们征服的动力，却又是为了发现金银矿山的计划。这计划，又因为一连串的出乎意料的事件，最后竟然超过计划策划人的本来预期，大获成功。

刚开始的时候，欧洲其他各国想到美洲去殖民的冒险家，也都是受到同样想法的驱使，但成功的程度却很不相同。巴西首次发现金、银和金刚石矿山，是在被葡萄牙殖民了100多年后。在英国、法国、荷兰、丹麦等国的殖民地中，迄今为止也还没有发现有贵重金属的矿山，至少就目前来看，还没有发现有开采价值的矿山。但为了获得可以在北美殖民的特许

西班牙殖民者攻占阿兹特克主城特诺奇蒂特兰。现在看来，在西班牙第一次发现的那些地方里，连一个值得开采的金银矿山都没有。

状，英国最初在北美殖民的人，承诺让国王得到所发现金银的1/5。沃尔特·拉雷爵士的特许状、伦敦公司及普利茅斯公司的特许状、普利茅斯议会的特许状等，都是以此为条件获得的。这些最早的殖民者，希望既发现金银矿山，又发现到东印度去的西北通路的双重愿望，最终都落空了。

第二节　论新殖民地繁荣的原因

被殖民的地区，或者是荒芜的土地，或者是人口稀少、当地人很容易就把土地让出去的地区。但不论怎样，这些殖民地都可以用比其他任何社会更快的速度，变得富有和强大。

这些地区千百年来独自形成的农业知识和技术，肯定比不上殖民者传进来的技术。同

位于西西里的塞拉库西城，是希腊诸殖民城邦中较为强盛的一个。

时，这种殖民者还把尊卑有序、正常政府、维护政府的法制、正常司法制度等观念一起带了进来，他们自然而然地就会把这些观念在新殖民地上建立起来。但是，在这些民族中，一旦保护自身和政府所必需的法律确立之后，法律和政府的自然进步就会慢于技术的自然进步。每个殖民者拥有的土地量都超过了他所能耕作的土地量。他不用支付地租，也几乎不用缴税。没有地主分割他们的生产物，君王分走的又通常只是很少的一部分。因此，不论从那个角度说，他们都会努力增加自己的土地生产物，因为生产出来的差不多都归他自己所有。但是他拥有的土地实在是太辽阔了，就算他尽自己所能，也雇用所有能雇用的人为他劳动，土地的生产物仍然不及土地潜力应该能生产物品的1/10。于是，他就会积极地从各地寻找劳动者，并给他们提供丰厚的报酬，让他们为自己工作。工资是那么优厚，土地又是那么的肥沃便宜，这刚好加强了劳动者离开雇主自己做地主的决心。他们想要自己做地主，然后用同样优厚的工资雇用别人为他工作。但是，他们迅速地离开自己雇主的原因，也正好就是他们雇用的人迅速地离开他们的原因。优厚的工资促进了人们结婚。孩子们在小时候得到了充分的照顾，长大后的劳动价值会大大超过抚养他们的费用。等到他们成年后，优厚的工资待遇和廉价的土地价格，又让他们像祖辈那样，用同样的方法取得自立。

在其他国家，地主的地租和经营者的利润会减少一部分的工资，两个上层阶级压迫下层阶级。但是在新殖民地，两个上层阶级从利害关系出发，却不得不更大度、更人性化地对待下层阶级，至少下层阶级没有处在奴隶阶级的状况中。荒地的生产力非常大，却只需支付很小的代价就可以得到。既是经营者又是地主的人，希望可以通过改进耕作增加收入，增加的收入就成了他的利润。在这种情况下，利润一般是非常丰厚的，但是这种丰厚的利润只有通过雇用他人进行土地的开垦和耕作才能得到。新殖民地往往地广人稀，所以地主很难雇用到人为他劳动。因此，他很少计较劳动者工资的高低，不论价格如何，他都愿意雇用。优厚的劳动工资促进了人口的增多。肥沃而便宜的土地促进了耕作的改良，从而，让地主有能力支付优厚的工资。工资差不多构成了土地的全部价格。虽然作为劳动的工资来说，这个价格显得有些高，但是作为土地的价值，这个价格却又显得有些低。促进人口的增加和耕作的改良的，也促进了真实财富的增加和国家的强大。

正是因为这个原因，许多古希腊殖民地变强盛的步伐似乎非常快。在一二百年间，就有一些殖民地能和母市分庭抗礼，甚至超过母市了。比如，西西里的塞拉库西及阿格里真托，意大利的塔伦图和洛克里，小亚细亚的埃弗塞斯和米利都，不论从那个方面来说，都至少可以和古希腊的一个城市相提并论。虽然这些地方建设起步比较晚，但艺术、哲学、诗学及修辞学，却和母国任何地方开发得一样早，发展水平一样高。甚至，两个最古老的希腊学派——泰勒斯学派和毕达哥拉斯学派——都不是出现在古希腊，而是一个出现在亚细亚殖民地，一个出现在了意大利殖民地。这是因为，所有的殖民地都建立在落后的地方，在那里，新殖民者更容易得到他们需要的土地。新殖民者拥有大量肥沃的土地，同时因为他们相对独立，所以通常可以从自己的判断出发，按照最有利于自己的方法来自由处理事务。

罗马殖民地的历史好像没有这样灿烂过。有些城市，比如佛罗伦萨，经过多年发展，在母市衰落之后的确也曾经成了很强大的国家，但是它们却没有一个是进步非常快的。这是因为，它们都是建立在被征服的地方，那里的人口原来就已经非常密集了，可以分给新殖民者的土地都很少。而且因为殖民地不能独立，所以殖民者不能经常按照他们认为最有利的方法来处理事务。

从拥有很多肥沃的土地这个方面来说，欧洲人建立在美洲和西印度群岛的殖民地，和古希腊建立的殖民地很像，甚至超过了古希腊的殖民地。从附属于母国这个方面来说，虽然它们和古罗马的殖民地很像，但是因为还隔着欧洲，所以附属国的性质多多少少都降低了一些。它们的地理位置让其受母国监视和支配的程度比较小。在它们通过自己的方式努力追逐利益的时候，要么因为欧洲不知道，要么因为欧洲不了解，所以往往被忽视。有时候，就算是知道了，了解了，欧洲也只能选择忍耐，因为距离太远了，不容易约束。所以，就连像西班牙那样强横专制的政府，也经常因为担心全体殖民地人民叛乱而把已经下发给殖民地政府的命令撤回或修改。这样一来，欧洲所有的殖民地，在财富、人口、土地的改良和耕作上，就都有了显著的进步。

欧洲人最早在美洲建立的殖民地，除了西班牙人的殖民地外，就要算葡萄牙人在巴西建立的殖民地了。因为巴西被发现后很长一段时间，都没有找到金银矿，能够给国王提供的收入也很少，甚至没有，所以有很长一段时间，巴西都不受葡萄牙人的重视。然而，就在这种不被关注的情况下，它成长为强大的殖民地。

在15世纪末以及16世纪的大部分时间里，西班牙和葡萄牙都是海上霸主。虽然威尼斯也和欧洲各地通商，但是它的舰队却几乎没有踏出过地中海一步。西班牙人认为既然是自己最早发现了美洲，那么整个美洲就应该都归自己所有。虽然它没有能够阻止同样是海军霸主的葡萄牙把巴西变成殖民地，但是其他的国家却都非常忌惮西班牙，不敢在美洲建立殖民地——西班牙曾经把想在佛罗伦萨建立殖民地的法国人杀死了。但是，自从西班牙所谓的“无敌舰队”在16世纪末被打败一次之后，西班牙的海军力量就开始衰退了，再也没有能力阻止欧洲其他国家在美洲建立殖民地了。所以，在16世

早期北美移民建造的庄园。移民们在殖民地所占有的土地之广，是他们在母国无法想象的。

纪，英国、法国、荷兰、丹麦、瑞典等所有有海港的大国，都试图到美洲建立自己的殖民地。

瑞典人在新泽西建立了殖民地。现在那里仍可以找到很多瑞典家族，这充分说明，如果这个殖民地能够得到母国的保护，也可能越来越兴盛。但瑞典不重视这个殖民地，所以没过多久这个殖民地就被荷兰人的新阿姆斯特丹殖民地吞并了。1674年（此处为作者笔误，应为1664年）荷兰人的新阿姆斯特丹殖民地又被英国人吞并了，英国人更其名为“新约克”（纽约）。

来自美洲殖民地的财富涌入西班牙，使得它进入了一个黄金时代，西班牙的统治者菲利普二世则成了欧洲最强大的国王，直到1588年。他派出的无敌舰队败于英军，此后西班牙逐渐衰落下去。

丹麦人在新世界（美洲）曾经仅仅占有了圣托马斯和圣克罗斯两个小岛。这两个小殖民地，是由一个垄断公司单独统治着的。在这两个小殖民地，只有这个公司有权力购买殖民者的剩余生产物，并给他们提供所需要的外国货物。所以，在交易过程中，这个公司不但有压制他们的权利，还有压制他们的很强烈的动机。不论在什么地方，垄断商业公司的单独统治都是最坏的统治，但是就算是它也不能阻挡殖民地的进步，只不过是让殖民地进步速度变慢而已。丹麦的上一任国王下令解散了这个公司，从那时候开始，这个殖民地就开始变得很繁华。

原来，荷兰人在东印度和西印度的殖民地都被一个垄断公司单独统治，所以，这些殖民地和旧殖民地相比，虽然进步也比较大，但是和新殖民地相比进步就比较缓慢了。虽然苏里南殖民地发展得不错，但是和欧洲其他国家的大部分蔗糖殖民地相比，就差远了。现在分裂成纽约和新泽西两省的诺瓦·伯尔基殖民地，就算是在荷兰的统治下，也没有多长时间就发展得很好了。充足的土地、低廉的价格，对一个地方发展繁荣的影响力太大了，就算是最差劲儿的统治，也不能完全阻止其发挥作用。同时，距离母国比较远，殖民者正好可以通过走私多少减轻点垄断公司的妨害。现在，这个垄断公司规定，所有的荷兰船只，只要缴纳相当于货物价值2.5%的税，领到特许状，就可以和苏里南进行贸易往来（但是，以贩运奴隶为主的非洲和美洲之间的直接贸易，仍然归垄断公司单独经营）。殖民地现在能够这么繁华，估计得益于垄断公司减少了单独占有的经营权。属于荷兰的两个大岛库拉索亚和尤斯特沙都是自由港，所有国家的船都可以自由出入。就是因为这样，这两个岛屿尽管贫瘠，但仍然很繁荣。

法国在加拿大建立的殖民地，在17世纪大多数时间以及18世纪的一段时期内，也曾经被一个垄断公司垄断。在这种不利的政治制度下，殖民地的发展速度和其他殖民地相比肯定是比较慢的，但在被称作“密西西比”的计划失败以后，这个公司就被解散了，然后，这个殖民地的发展速度就快了很多。后来，当这个殖民地又被英国占领的时候，人口已经比查理瓦神父所说的人口增加了几乎一倍。查理瓦神父曾经在加拿大全境游历过，所以他应该不会少报人口数。

在所有的殖民地中，发展最快的要算是英国在北美洲的殖民地了。所有殖民地得以繁荣的原因似乎都有两个：一个是广阔而肥沃的土地，一个是可以用自己认为最合适的办法处理

荷兰殖民地曼哈顿岛的绘画。在不久之后，这里便成为英国的殖民地，并得到了长足的发展。

事务。

从有广阔而肥沃的土地这一点来说，英国的北美洲殖民地虽然不能说差，但是和西班牙、葡萄牙的殖民地相比，就没有那么好了；也没有上次战争之前法国人的殖民地好。但是从政治制度来说，英国殖民地的政治制度却比其他三国中的任何一个都更有利于土地的改良与耕作。

第一，在英国殖民地，对没有开垦土地的单独占有，虽然没有能够完全禁止，但是却比其他国家的殖民地多了一些限制。殖民地法规定，各个地主都有义务在规定的时间内开垦并耕作一部分的土地，如果不执行这项义务，这种土地就视为无人管理的土地，政府就可以把土地转交给其他任何人。虽然这项法律执行得不是很严格，但还是起到了一定的作用。

第二，在宾夕法尼亚，没有长男继承权，土地就像所有的动产一样，被平均分配给家中所有儿女。在新英格兰，只有三个省份和摩西律一样，根据法律长子可以得到双份财产。在这三个省份，虽然有时候也会有个别人占有很大量的土地，但是只要经过了一两代，土地就会被分割给很多人，每个人也只占有了小量的一部分。在土地继承方面，和英国法律相比，法国殖民地根据巴黎的风俗习惯，对于长子以下的孩子更有利。但在法国殖民地中，带有骑士尊号和领地称号的归贵族所有的土地，如果有任何部分割让，那么按照赎买权，在规定的时间内，需要由领地继承人或家族继承人赎买回来。国内所有大块土地都归这种贵族所有，那么一定会妨碍土地的割让。我们说过，土地广阔、价格低廉，是殖民地迅速发展兴盛的主要原因。对土地的单独占有，事实上就会影响这种充足且低廉条件。另外，对没有开发土地的单独占有，又会成为土地改良的最大阻碍。给社会提供了最大数量、最大价值生产物的，正是用来改良土地和耕作土地的人类劳动。其他三个国家的殖民地，实行的都是对土地的单独占有，这样就或多或少会让劳动流入其他用途。

第三，英国殖民地人民的劳动，不仅可以提供更多和更有价值的生产物，而且因为征收的赋税比较合适，所以当地人民生产物的相当大一部分还是归他们所有，被储存起来用来维持更多的劳动量。英国殖民地自从建立以来，对于母国的国防和行政费用，从来没有贡献过什么。相反，它们保护自身所需要的费用，差不多全部都由母国支付。既然海陆军的费用大大超过了行政所需要的费用，那么它们的行政费用也就不会很多。行政费用应该包括总督、裁判官及其他若干警察官吏的俸禄，和一些很有用的维持公共工程的费用。用很少的费用，统治了300万人，而且统治得很好，真是让人印象深刻。相反，西班牙和葡萄牙政权却在一定程度上依靠对殖民地征收的赋税而维持生存。法国虽然没有从殖民地划走任何大笔的收入，而且征收的赋税也都用在了殖民地上，但是，其行政费用却和西班牙与葡萄牙一样，是非常浪费的。

第四，英国殖民地在处理消费不完的剩余生产物时，比欧洲任何其他国家的殖民地都更便利，而且享有更广阔的市场。欧洲各个国家都曾经努力要独占殖民地的贸易，并因此禁止外国船只和本国殖民地进行商业贸易，禁止本国殖民地从任何其他国家输入欧洲货物。只是各个国家实现这种独占的方法各不相同。有些国家采用的方式是把殖民地的全部贸易都交给一个垄断公司经营。殖民地人民需要的所有欧洲产物，都必须从这个公司购买，殖民地人民的剩余生产物也必须都卖给这个公司。所以，这个公司的利益，不仅在于把欧洲货物以尽可能高的价格卖给殖民地人民，以尽可能低的价格买进殖民地人民的剩余生产物，而且还在于就算是用很低的价格买进，购买的数量也非常少，因为如果购买的多了，就不能用很高的价格在欧洲市场上出售。它的利益，不仅在于在任何情况下都降低殖民地剩余生产物的价值，而且在于在许多情况下妨害并阻止生产物产量的自然增加。对于妨害殖民地的自然发展来说，在所有可以已知的方

地理大发现大大促进了欧洲与美洲乃至世界各地的贸易往来。而在斯密看来，英国在其中获利最多。

案中，建立排他的独占公司无疑是效果最好的。

有些国家没有建立这种单独占有的垄断公司，但它们规定殖民地的全部贸易只能和母国某个特定港口进行，除了在规定时间内的舰队和有特许令（花费很大代价购买到的）的船只外，其他所有船只都不能从这个特定的港口起航。的确，这种政策让母国全体居民只要在合适的港口、合适的时间、使用合适的船只都可以和殖民地进行贸易，但是出资购买到这种特许令船只的商人，仍然会全部团结起来，让这种贸易和建立单独占有的垄断贸易差不多。这种商人的利润也差不多是同样用非法的压迫手段得到的，非常之高。殖民地绝对不可能得到充足的供给，它们通常不得不用非常高的价格购买欧洲的产品，而用非常低的价格出售当地生产的产品。

有些国家允许本国全体人民和殖民地进行自由贸易。母国人民可以从母国任何港口和殖民地进行贸易，而且除了海关的一般证件外，不需要再购买任何特许状。在这种情况下，从事殖民地贸易的人数就特别多，而且分散居住在全国各个地方，他们不能联合起来，所以彼此间的竞争就让他们不能从殖民地贸易中获得高额的利润。在这种宽松的环境下，殖民地能够用相对合理的价格出售产品、购买欧洲的产品。自从普利茅斯公司解散以来，我国一直都实行这种政策。而自从被英国人称为“密西西比”的公司解散以来，法国也一直采用这项政策。所以，英法两国和殖民地进行贸易的利润并不是特别大，如果允许其他所有国家和殖民地进行自由贸易，利润也许还会更低些。就是因为这样，在这两个国家的殖民地，欧洲产品的价格也不会非常昂贵了。

在到处都是树木的地方，木材价值很低，甚至没有价值，于是开垦土地的花费，就成为土地改良的一个主要障碍。如果法律允许殖民地有广阔的木材市场，就可以使这种商品价值提高，并使它们能够从原来只有支出没有收入的事业中得到一些利润，这样改良就会变得比较容易。

在人口还很少，耕作面积也还很小的地方，牲畜的繁殖肯定会超过当地居民的消费，因此牲畜的价值往往很低，甚至没有价值。但原来我们说过，如果想让一国的大部分土地得到改良，牲畜价格与谷物价格必须保持一定的比例。如果法律允许它有广阔的市场，那么不论畜肉还是活牲畜，价值都将提高。乔治三世四年第十五号法令规定，皮革和毛皮为列举商品，这就降低了美洲牲畜的价值。这个法令在一定程度上降低了上面所说的自由贸易带来的良好影响。

我国议院总想着通过开展殖民地渔业而增加我国船只和海军的力量。于是，自由制度所能给予的所有奖励都被给予了殖民地渔业，它也因此兴盛起来。特别是新英格兰的渔业，在最近的叛乱之前，它可能是世界上最重要的渔业之一。虽然捕鲸业在英国有额外的奖励金，但在一般人看来（我不想做这种意见的证人），它每年生产的价值比每年政府支付的奖励金的价值多不了多少，而在新英格兰，尽管没有奖励金，却仍然有大规模进行的捕鲸业。鱼是北美洲和西葡两国及地中海沿岸各国进行贸易的主要商品之一。

英国的美洲殖民地和西印度殖民地之间的贸易，无论是何种商品，都有完全自由的。这些殖民地人口众多、发展繁荣，所以它们对于对方的生产物而言，就是一个非常广阔的市场。把所有的殖民地合起来看，对于对方的生产物而言，就是一个非常广阔的国内市场了。

但英国给其殖民地贸易的自由，仅限于生产物是原料或者是所谓的初级加工品更先进、更精致的制造业，仍然归英国的制造业者所有，并且他们请求英国议会采用高额的关税或者是完

拥有茂盛原始森林的土地。在北美殖民地，如果法律允许殖民地有广阔的木材市场，就可以使这种商品价值提高，并使它们能够从原来只有支出没有收入的事业中得到一些利润，这样改良就会变得比较容易。

全禁止的方法，阻止更先进、更精致的制造业在殖民地建立。

英国一方面允许生铁和铸铁不用缴税就从美洲直接输入（从其他国家输入需要缴税），从而鼓励美洲的这种制造业；另一方面又严格禁止制钢厂和炼铁厂在英国殖民地上建立——就算是为了殖民地自己的消费，也要向英国商人和制造业者购买。

英国又禁止殖民地用水运，甚至是车马的陆运，把美洲生产的帽子、羊毛和毛织物，从一省运到另一省。这种条例非常有效地制止了殖民地为了远地贩运而发展这类制造业。这样一来，殖民地人民就只能从事仅供私家或者同省邻人使用的、粗糙的家用制造业了。

限制人民大众，使他们不能生产本来可以生产的全部产品，使他们不能依据自己的判断把钱财和劳动投入到最可能带来利益的地方，当然侵害了最神圣的人权。这种禁令，尽管非常不公平，但是还不至于对殖民地的发展造成非常大的妨害。土地价格仍然那么便宜，劳动价格也仍然那么昂贵，所以殖民地仍然能够用比自己生产更低廉的价格从母国输入需要的精制品。所以，就算不禁止建立这类制造业，在当前的改良条件下，从自身利益出发，殖民地可能也不会从事这项事业。在目前的改良情况下，这种禁令可能没有束缚殖民地的劳动，也没让当地的劳动违背自然趋势，投在不应该投的用途上。这些不过是母国商人和制造业者基于毫无根据的嫉妒，而在没有充分理由的情况下强加在殖民地上的毫无意义的奴隶标示罢了。但是，如果殖民地的发展更进一步，那么这种禁令很可能就会成为其发展中不能忍受的桎梏。

因为英国规定殖民地某几种很重要的产物只能输入到本国市场，所以作为补偿，它让这几种产物在国内市场上享有一些优势，也就是在其他国家的同类产品输入时，征收高额的关税，或者是对于从殖民地输入的产品发放奖励金。对于国内市场上从殖民地输入砂糖、烟草和铁，

位于北美北卡罗来纳海岸附近的岛屿，是英国在北美地区所建立的殖民地之一。随着殖民地的扩展，英国产品的销售市场也越打越大。

它按照第一种方法给予优势。对于国内市场上的生丝、大麻、亚麻、靛青、船只用品和建筑木材，它按照第二种方法给予优势。据我所知，第二种方法，也就是用奖励金奖励输入，是英国所特有的。葡萄牙似乎觉得仅用高额关税限制烟草从殖民地以外任何其他地方输入仍然不够，还用严苛的刑罚禁止殖民地以外其他国家烟草的输入。

对于欧洲货物输入殖民地，英国也比任何其他国家更宽松。

对于外国货物输入时缴纳的税款，英国允许在它们再次输出时退还一部分——通常都是一半，一般情况下是大部分，有时候甚至是全部。如果英国在外国货物输入时征收高额的税款，在再次输出时又不退还任何一部分，那么不论哪个独立的国家都不会愿意接受这种再输出的商品。所以，如果不允许退税，那么中间商贸易就会停止——这是重商主义绝对不允许的。

由于殖民地并不是一个独立的国家，而英国又得到了对殖民地提供所有欧洲商品的垄断权，因此英国就可以像其他国家对待殖民地那样，强迫殖民地接受这些在输入母国时征收了沉重赋税的商品。

我们必须要了解的是，在制定关于殖民地贸易的大多数法令时，都参考了进行殖民地贸易的商人的意见。所以，相较于关注殖民地或者是母国的利益，这种条例更关注商人的利益也就不足为奇了。有一种普遍的观点认为，英国亚麻布制造业的发展曾经因为德国亚麻布再次输出到殖民地而停滞不前。

虽然和其他国家一样，英国实行的关于殖民地贸易的政策也受重商主义精神的支配，但是，综合来看，它却比其他国家给予的发展环境更宽松，更易于接受。

除了对外贸易外，其他情况下，英国殖民地人享有完全的自由，可以按照自己认为最好的方式来处理事务。在所有方面，他们都享有和英国民众同样的自由，而且同样也有一个人民代表议会来保障这种自由。

相反，西班牙、葡萄牙和法国的专制统治，分别又在它们的殖民地上建立起来。这种统治，通常是把独断权交给一切下级官吏，因为相隔距离比较远，所以这种独断权的执行，自然会比一般情况下还要严苛。

征服智利和秘鲁，甚至是西班牙其他的美洲殖民地的人，在征服这些地方的时候，除了打着西班牙国王的旗号外，没有收到过国家的任何鼓励和支持。这些冒险家的费用，也都是自己支付的。西班牙政府没有对他们给予过任何帮助。英国政府也一样，它对于属于自己的几个最重要北美殖民地建设的完成，几乎是没有一点贡献的。

但当这种殖民地建立起来，而且形成一定规模，足够引起母国政府注意的时候，母国对它们所颁布的法律，总是着眼于怎样保证自己可以单独占有殖民地贸易，也就是限制殖民地的市场，通过牺牲殖民地利益而达到扩大母国市场的目的。所以，与其说母国法律促进了殖民地的繁荣，倒不如说抑制了殖民地的发展。欧洲各个国家实行这种垄断的方法是各不相同的，这也是欧洲各个国家殖民政策最不相同的地方。英国的政策要算是最好的了。但是，英国的政策也仅仅是比其他国家的殖民政策稍微自由一点、宽松一点而已。

第三节 美洲和经好望角到达东印度航路的发现给欧洲带来的利益

那么欧洲又从美洲的发现和殖民中得到了什么好处呢？所有的好处可以分为两类。第一，如果把欧洲当作一个大国，那么这个大国从美洲的发现和殖民中得到了什么样的一般利益；第二，对于自己的殖民地，各个殖民国家都享有母国的威信和统治权，但是各个殖民国又从各自的殖民地得到了什么样的特殊利益。

如果把欧洲当作一个大国，那么通过美洲的发现以及殖民，这个大国得到了下面两种利益：第一，供给这个大国的享乐用品增加了；第二，促进了这个大国产业的发展。

美洲的剩余生产物运送到欧洲，增加了欧洲大陆居民可以消费的商品种类，如果没有美洲的发现和殖民，这是绝对不可能的。这些商品有的是用来方便人民生活的，有的是用来增加生活中的快乐的，还有的是用来装饰的，所以增加了欧洲大陆居民的享乐用品。

很明显，美洲的发现与殖民，促进了以下各国产业的发展：首先是和美洲直接进行商业往来的国家，如西葡两国、法国、英国；其次是不直接和美洲进行贸易往来，但以其他国家为媒介，把大量麻布及其他货物运送到美洲去的国家，如奥地利的殖民地法兰德斯和德国的某几个省份。显然，这些国家因为有了一个更广阔的市场销售剩余生产物，所以肯定会受到鼓励，从而增加剩余生产物的数量。

远航的帆船。随着与殖民地之间商业贸易的兴盛，类似这样的远航越来越多。

美洲的发现与殖民，对于从来没

有把自己生产的物品运到美洲去的其他国家，像匈牙利、波兰等国家，是不是也有促进产业发展的作用呢？虽然不是那么明显，但是毫无疑问，它也促进了这些国家产业的发展。

不但那些从来没有把自己国家生产的商品运送到美洲去的国家从这个大事件中增加了享乐用品，促进了产业发展，就连那些从来没有接受过美洲商品的国家也从这个大事件中得到了好处。和美洲进行贸易的其他国家的剩余生产物增加了，那些没有从美洲得到过任何商品的国家将从那些和美洲进行贸易的国家中得到更丰富而充足的商品。这种丰富而充足，肯定会增加它的享乐用品，也肯定能促进其产业的发展。有更多新种类的等价交换物出现在了它们面前，来交换它们的剩余生产物，最终，为它们国家的剩余生产物打开了一个更为广阔的市场，从而提高了生产物的价值，促进了生产物的生产。每年投入到欧洲大商业界、最后分配到欧洲各国的商品数量，经过种种周转，肯定会因为整个美洲剩余生产物的输入而增加。美洲输入的剩余生产物增加了，最后分配给各个国家的商品数量通常也会增加，从而增加了其享乐用品，促进其产业的发展。

母国排他的单独经营的贸易，会减少其他所有国家的享乐用品，阻碍其他国家产业的发展，至少也会压制，使它们不能正常发展。对于美洲殖民地的享乐用品和产业来说尤其是这样。促进人类大部分事业发展的一大动力，受到了一种死死的压制。这种排他的垄断经营让殖民地的生产物在其他所有国家价格昂贵起来，从而让人们的消费量下降，进而抑制殖民地产业的发展，抑制其他所有国家享乐用品的增加和产业的发展。因为享受需要支付较高的价格，所以享受减少；因为生产可以交换到的价格比较少，所以生产减少。这种排他的垄断经营又让其他所有国家的生产物在殖民地的价格比较高昂，从而同样抑制了其他所有国家产业的发展，进而抑制了殖民地享乐用品的增加和产业的发展。这是一个拦路虎，某个特定国家为了自己想象中的利益，而妨害了其他所有国家享乐用品的增加和产业的发展。殖民地所遭受的妨害尤其严重。这个拦路虎不仅尽可能地排除其他国家商品进入到某一个特定殖民地市场，而且尽可能地限制殖民地的商品，让它们只能到一个特定的市场上去。关闭了一个特殊市场却开放了其他所有市场和开放了一个特定市场却关闭了其他所有市场，这是完全不同的两回事。殖民地的剩余生产物是欧洲从美洲的发现及其殖民中获得各种利益（享乐用品增加，产业发展）的源泉。但是，母国实行的排他的垄断经营，却有违反自然规律、减少剩余生产物的倾向。

各母国从殖民地得到的特殊利益，也有两种：第一，把各个殖民地当作一般的领地，得到的普通利益；第二，因为美洲殖民地特异的性质，而被想象出来的特殊利益。

各个母国从自己的殖民地得到的一般利益有以下两类：第一，各殖民地所提供的保护母国的兵力；第二，各殖民地提供的用来支持母国民政的收入。古罗马殖民地通常可以提供这两种利益。古希腊的各个殖民地，有时会为母国提供兵力上的支持，但是几乎从来没有提供过任何收入。它们几乎不承认自己是归母国统治的。在发生战争时，它们是母国的同盟，但是在平时，它们几乎不承认自己是希腊的属地。

对于欧洲的美洲殖民地来说，它们从来没有给母国提供过任何兵力支援。它们的兵力用来保护自己都还不够。在母国和其他国家发生战争的时候，它们不仅不能提供兵力上的援助，而且往往还会极大地分散母国的兵力，因为它们需要母国派兵保护。所以，从这个方面来说，所有的欧洲殖民地，与其说让母国变得强大，不如说是让母国变得衰弱。

只有西班牙和葡萄牙的殖民地为母国的防卫和民政维持提供了一些收入。至于欧洲其他国家，尤其是英国，从殖民地征收的赋税能够等于它支付给殖民地的费用的情况都很少，如果要支付战争的费用，那是怎么样也不够的。所以，这样的殖民地，对于母国来说，只会让母国支付费用，却不能让母国增加财富。

所以，各个母国从殖民地得到的利益，就只剩下第二种利益了，也就是因为美洲殖民地特殊的性质而被人们想象出来的利益。人们还认为，排他的垄断经营是这种特殊利益的来源。

垄断的结果是，殖民地生产的被称为列举商品的那一部分剩余生产物只能输往英国，而不能输往其他国家。其他国家如果需要这种货物，就不得不向英国购买。所以，这种货物在英国肯定就会比在任何其他国家都更便宜，因此，和其他国家相比，更能促进英国享乐品的增加，同样，也更能促进英国产业的发展。和其他国家相比，英国在用自己国家的剩余生产物交换列举的殖民地商品时，可以让自己国家的剩余生产物得到更好的价格。例如，在自己的殖民地，用同等价值的制造品，英国可以交换到比任何其他国家都更多的砂糖和烟草。所以，在英国制造品和其他国家的制造品都被用来交换英国殖民地的砂糖和烟草时，这种价格上的优势会让英国制造业得到一种鼓励，而在这种情况下，其他国家就不能享有这种鼓励。殖民地的垄断经营，既然能妨害（至少也是压制）不享有这种贸易的国家享乐用品的增加和产业的发展，那么对于享有这种经营的国家，自然就提供了一种比其他国家有优势的利益。

但是这种利益，与其说是绝对的利益，不如说是相对的利益。实施这种垄断贸易的国家，之所以能够享有这种优势，与其说是因为鼓励了本国的产业和生产，使它比自由贸易的时候更

英军打败法军，占领了北美圣劳伦斯河河口一处居高临下的堡垒。对于欧洲的美洲殖民地来说，它们从来没有给母国提供过任何兵力支援。它们的兵力用来保护自己都还不够。在母国和其他国家发生战争的时候，它们不仅不能提供兵力上的援助，而且往往还会极大地分散母国的兵力。

好了，不如说是因为它压制了其他国家的产业和生产。

例如，马里兰和弗吉尼亚的烟草，就是因为英国在这些地方享有垄断权，所以可以用比较便宜的价格进口。而法国需要的烟草，通常大部分都需要从英国转运，所以这种烟草在法国的价格就比较昂贵。如果法国及欧洲其他国家都能和马里兰及弗吉尼亚自由通商，那么运送到其他所有国家的烟草的价格都将比现在低廉，不仅如此，运送到英国的烟草价格也将同样低廉。因为烟草市场有了很大的扩展，所以生产量可能会有一个大的增加，烟草种植的利润比现在（据说，现在烟草种植的利润比一般产业的利润稍高）低一些，回到和谷物种植业同等的利润水平。烟草价格可能会比现在的价格稍微低一点。所以，和现在相比，英国和其他任何国家都可以用同样价值的商品，在马里兰和弗吉尼亚交换到更多的烟草。所以像烟草这种如果数量充足、价格低廉，就能促进英国或任何其他国家的享乐用品增加或产业发展的行业，在贸易完全自由的情况下，一定可以在这两方面发挥比在现在更大的作用。在这种情况下，英国就不比其他国家有优势。英国虽然可以用比现在稍微低一些的价格购买殖民地的烟草，也可以用比现在稍微高一些价格把烟草卖出去，但是，和其他国家相比，它既不能用更低的价格购买前者，也不能用更高的价格销售后者。这个时候，它会得到一种绝对的利益，但是它一定会失去相对的利益。

18世纪的北美纽约码头。殖民地贸易的利润如此丰厚，一定会吸引社会上一些应该流向其他用途的资本流向殖民地贸易。

但是，我们有理由相信，英国为了取得在殖民地的相对利益，为了尽可能地排除其他国家分割殖民地贸易，不仅牺牲了它和其他所有国家本来应该得到的绝对利益的一部分，而且让其他所有的贸易部门都遭受了一种绝对或相对的不利。

在英国根据《航海条例》单独占有殖民地贸易时，原来投资在这个殖民地上的外国资本就不得不撤回。原来用来经营一部分这种贸易的英国资本，现今不得不经营这种贸易的全部。先前只需要提供殖民地所需的一部分欧洲货物的英国资本，现在需要给殖民地提供所需的全部欧洲货物。由于英国资本不够给殖民地提供所需的全部欧洲货物，所以，英国提供给殖民地的货物肯定会用很高的价格售卖。而且，原来只用来购买一部分殖民地剩余生产物的资本，现在用来购买殖民地剩余生产物的全部了。但是，英国资本按照和原来差不多的价格购买殖民地的全部剩余生产物是不够的，所以，它购买殖民地的剩余生产物的时候，肯定会把价格压得非常低。用非常高的价格销售产品，却用非常低的价格买进产品，商人这样使用资本，利润一定会大大超过其他商业部门的一般利润。殖民地贸易的利润如此丰厚，一定会吸引社会上一些应该流向其他用途的资本流向殖民地贸易。资本从别的行业转到殖民地贸易行业，一定会增加殖民地贸易上资本的竞争，也肯定会减少其他贸易部门上资本的竞争；从而，肯定会逐渐降低殖民地贸易的利润，而增加其他部门贸易的利润，使所有贸易的利润达到一个新的标准，这个新标准会略高于旧标准。

这双重的结果（把资本从其他贸易吸引过来；提高所有贸易的利润，不仅是垄断刚建立时会产生的，而且是在建立以后将继续产生的。

第一，这种独占权不断地从其他行业把资本吸收到殖民地贸易中。

自从《航海条例》颁布以来，虽然英国的财富有了很大的增加，但是，它的增加却没有和殖民地财富的增加保持在同样的比例上。一个国家对外贸易的发展，自然是和其财富及剩余生产物成一定比例的。英国几乎占有了所谓的殖民地贸易的全部，但是它的资本和殖民地对外贸易的发展却没有按照同样的比例增长，所以，除非从其他部门吸引一部分资本，并吸引更大部分本来要投在那里的资本，否则就没有办法继续经营下去。因此，自从《航海条例》颁布以来，殖民地贸易是不断发展的，但是，许多其他的对外贸易部门，尤其是对欧洲其他各国的对外贸易，却是不断衰落的。我国远距离贩运的制造品，已经不像《航海条例》没有制定时那样适合邻近的欧洲市场，或者是较远的地中海周围各国市场，而有更适合于距离更远的殖民地市场。换句话说，就是不适合有许多竞争者的自由市场，而适合享有垄断权的市场。德克尔爵士及其他作家在研究其他对外贸易部门衰落的原因时，得出的结论是：赋税过于沉重、征收赋税的方法不合适、劳动价格昂贵、浪费加剧等。实际上，殖民地贸易的过度膨大，可以说是其他对外贸易部门衰落的全部原因。虽然英国的商业资本巨大，但并不是无穷无尽的。

第二，这种单独占有权一定会提高英国各贸易部门的利润率，使其比允许其他各国和英国殖民地自由贸易时略高。

因为对殖民地贸易的单独占有，会让英国一部分资本改变本来的流向而流向殖民地贸易，从而导致流入的量超过其实际需要的量；又因为排斥所有外国资本，所以一定会导致最后投在殖民地贸易上的资本比自由贸易的少。但是，因为它可以减少殖民地贸易上的资本竞争，所以一定会提高这个部门的利润率。又因为它可以减少英国其他贸易部门上的资本竞争，所以可以提高英国其他所有贸易部门的利润率。自从《航海条例》颁布以来，不论英国商业资本在任一时期内的情况和范围如何，殖民地贸易的单独占有一定会提高英国的普通利润率，让英国的殖民地贸易和其他所有贸易部门的利润率都比没有这种单独占有时略高。如果自《航海条例》颁布以来，英国的普通利润率已经大幅下跌（的确是大幅跌落了），那么，如果没有这个法令确立的单独占有权，它一定会跌得更低。

在一个国家，违反自然趋势提高普通利润率的事情，一定会让国内没有享有单独占有权的贸易遭受一种绝对的和相对的损失。

先说遭受一种绝对的损失。因为在这种贸易部门，商人只有违背自然趋向，用比原来更高的价格销售外国输入品和本国输出品，才能取得较大的利润。他们国家必须用高昂的价格买进，再用昂贵的价格卖出，一定会导致买卖都减少，同时导致违反自然趋向，享受减少，生产也减少。

再说遭受一种相对的损失。因为在这些贸易部门，和遭受绝对损失的国家相比，不遭受绝对损失的国家将处于比前者更有优势的位置，或处于不像从前那么不利的位置。于是，不遭受绝对损失的国家可以比那些遭受了绝对损失的国家享受更多、生产更多。也就是说，如果它们原来比我们有优势，那么就会加大它们的这种优势，如果它们原来比我们有劣势，那么就会减小这种劣势。由此，提高我国生产物的价格，让外国商人可以迫使我国产品在外国市场上低价销售，把我国从那些我国没有享有占有单独占有权的贸易部门中排挤出去。

我国商人经常抱怨说工人工资太高，让他们在外国市场上不能和外国商人进行低价竞争，但是，他们对于自己得到的高额利润却一句也不提。他们经常抱怨别人会有额外利润，但是对于自己得到的却一句话都不提。在很多情况下，英国高额的资本利润和高额的劳动工资一样，都可以导致英国制造品价格的提高，有时作用还更为明显。

我们可以这么说：英国资本，就是这样被从我国享有单独占有权的贸易部门（尤其是欧洲贸易和地中海沿岸各国贸易）中吸引走了；有一部分被从我国不享有单独占有权的部门中排挤出去了。

一部分资本被吸引过去，是因为随着殖民地贸易的发展壮大，用于维持殖民地经营的资本会连年不足，殖民地贸易的利润也就更大了。这种优厚的利润，对其他贸易部门的资本来说是一种吸引力。

一部分资本被排挤出去，是因为英国形成的高利润使其他国家在英国没有享有单独占有权的贸易部门中占有了一些优势。这些优势，逐渐把英国资本从这些贸易部门中排挤了出去。

既然殖民地贸易的单独占有会把原来要投在其他贸易部门上的一部分英国资本吸引到殖民地贸易上去，那么它一定会迫使一部分在没有这种单独占有权时不会投在殖民地贸易上的资本转投到殖民地贸易上。在这些不享有单独占有权的贸易部门中，因为英国资本的竞争减弱了，所以可以打破原来的情况，提高利润率。相反，在这些贸易部门中，外国资本的竞争加剧了，从而打破原来的情况，让外国资本的利润率下降。显然，这两种作用都会让英国在其他的各个贸易部门中遭受一种相对的损失。

英国商人从美洲土著那里购买海狸皮。与殖民地的贸易，大大促进了英国经济的发展。

也许会有人说，殖民地贸易对英国是更有利的。如果一种独占权能打破原来的情况，迫使更多的资本流入这种贸易，那么就相当于把这种资本投入到了对国家更有利的用途中。对于资本的拥有国来说，最有利的用途，就是能够维持最多数的生产性劳动，就是能够让本国土地生产最多年产物。

但是，从英国资本的用途来说，对殖民地贸易的单独占有在所有的情况下都会迫使一部分的资本从和邻近国家的消费品对外贸易流向和较远国家的消费品对外贸易；而在很多时候，又会迫使资本从直接的消费品对外贸易流向间接的消费品对外贸易。

第一，在所有的情况下，都会因为殖民地贸易的单独占有，而让一部分英国资本从和邻近国家的消费品对外贸易流向和较远国家的消费品对外贸易。

第二，在大多数情况下，对殖民地贸易的单独占有，都会迫使一部分英国的资本从直接的消费品对外贸易流向间接的消费品对外贸易。

第三，殖民地贸易也迫使一部分的英国资本从消费品对外贸易转向中间商贸易。投入消费品对外贸易的资本，不论怎样，还可以维持一部分英国产业的发展，但是投入中间商贸易的资本，却是一部分用来维持殖民地产业的发展，一部分用来维持其他国家产业的发展，对英国国家产业的发展没有任何促进作用。

此外，殖民地贸易的垄断，可以迫使更大部分的英国资本违反自然趋向，流向殖民地贸易，这就好像打破了原来英国所有产业部门间的自然平衡。英国产业开始变得不适应数量繁多而小的市场，转而开始适应一个大的市场。它的主要贸易将不在数量多而小的商业体系中进行，而是被引导进了一个更大的商业体系中。

我们必须认真区分殖民地贸易和殖民地贸易垄断的影响。殖民地贸易通常而且一定是有利可图的，殖民地贸易的垄断则通常而且一定是有害的。但是因为殖民地贸易的利润是那么大，所以，就算是殖民地贸易被垄断，而垄断的害处又是那么大，从整体来说，仍然是有利可图的，而且利益是巨大的。

在完全自然和自由的情况下，殖民地贸易为英国产业邻近市场（欧洲市场及地中海沿岸各国市场）所不能消化的那一部分剩余生产物，开辟了一个虽然遥远但是却很广阔的市场。殖民地贸易不会从欧洲市场及地中海沿岸各国市场能消化的产品中抽出一部分用来进行殖民地贸易，却会不断地用殖民地的产物为英国剩余生产物提供用来交换的新等价物，从而鼓励英国不断地增加剩余生产物。殖民地贸易有增加英国生产性劳动的倾向，但是却不会在任何方面改变生产性劳动原来的用途。在这种情况下，其他所有国家都可以进行完全自由的竞争，从而使新市场或者新职业的利润不会超过普通水平。新市场不需要从原来的市场得到任何东西，就可以创造一个新的生产物来供养自己。而这个新的生产物，同样不需要从原来的职业中得到任何东西，就可以形成一个新的资本来经营新的职业。

相反，因为可以排除他国家的竞争，提高新市场和新行业的利润率，所以对殖民地贸易的垄断一定会从原来的市场吸走一部分的产物，从原来的职业吸走一部分的资本。增加我国的殖民地贸易，是这种垄断公开提出的目标。如果这种垄断并没有让我国殖民地贸易所占的份额增加，那么，无论如何，这种垄断也没有存在的理由了。既然殖民地贸易的往返比其他大部分贸易往返用的时间更长、距离更遥远，那么不论什么事情，如果迫使一个国家超过正常部分的资本违反自然趋向，流入殖民地贸易，那么一定会让那里每年所能维持的生产性劳动的总量、每年土地和劳动生产物的总量比原来更少。这样一来，这个国家居民的收入就会比通常状态下少，从而让他们的存储能力降低。这就不仅会在所有的情况下都妨害资本，使它不能雇用原来那么多的生产性劳动，而且会使它不能像原来那样增加，从而妨害它雇用更多的劳动量。

但是，殖民地贸易良好的结果，不但可以弥补英国因为垄断而带来的恶劣结果，而且还有节余，所以，这种贸易虽然有垄断的妨害，但仍然是有利可图的，而且利润是丰厚的。因为殖民地贸易而开辟的新市场、新职业，和因为垄断而损失的那一部分旧市场、旧职业相比，范围要大得多。因为殖民地贸易而创造的新生产物和新资本，和因为资本改业（从往返更为频

黑人奴隶在监工注视下，从河床的泥浆里淘钻石。随着殖民地贸易的兴起，使用奴隶工作成为美洲许多商人的选择。

繁的贸易投到其他距离更远的贸易部门）而丢失职业和生产劳动量相比，可以在英国维持更大量的生产劳动。不过，殖民地贸易进行到今天，还仍然对英国有利，并不是因为垄断，而是因为虽然有垄断，但是仍然还不足以破坏它的良好结果。

殖民地贸易开辟的这个新市场，与其说是欧洲原生产物的新市场，不如说是欧洲制造品的新市场。农业是适合所有新殖民地的业务，因为土地低廉，所以和其他国家相比，殖民地更有优势。所以，它们在土地原生产物方面是非常富有的，通常不但不用输入，还经常输出大量的剩余土地原生产物。新殖民地的农业，通常可以从其他职业中吸引劳动者加入，就算是没有吸引更多的劳动者加入，至少也笼络住了劳动者，让他们不至于流向其他职业。这样一来，留给生活必需品制造业的工人就不多了，而留给装饰品制造业的工人简直就没有了。所以，对于这两种产品，与其自己制造，倒不如向其他国家购买。至于殖民地贸易对于欧洲农业的鼓励作用，主要都是间接的。也就是说，通过鼓励欧洲的制造业，间接地鼓励欧洲的农业。主要由殖民地维持的欧洲制造业，是欧洲土地原生产物的一个新市场。我们说过，对于谷物市场、家畜市场、面包市场、生肉市场来说，最好的市场就是国内市场，而在这样的情况下，这个最好的市场就扩大了。

但是，如果殖民地在被殖民以前就已经是人口稠密、生产丰富的国家了，那么对其贸易的垄断，并不能在任何国家建立起制造业，甚至也不能够在任何国家维持制造业。西班牙和葡萄牙可以充分地说明这个观点。西班牙和葡萄牙在还没有任何影响力比较大的殖民地时，就已经是制造业发达的国家了。但是，在它们占有了世界上最富庶、最肥沃的殖民地以后，就都不再是制造业国家了。

相反，在英国，殖民地贸易的良好影响，加上其他各种原因，就曾经在很大程度上战胜了垄断带来的恶劣影响。这里所说的其他各种原因，也就是贸易的一般自由。在英国，殖民地贸易尽管也受到各种限制，但是和其他国家相比，就算是没有更加自由，至少也是一样自由的。只要是本国产业的生产物，不论是什么种类的，不论输出到什么国家，都可以不用缴税就输送出去；更重要的是，本国产业的生产物，从一个地方运送到另一个地方，不需要向任何政府部门报告，不需要接受任何部门的盘问，换句话说，也就是得到了没有任何约束的自由。最重要的是，英国有平等而公平的司法制度，就算是最高等的国家臣民也得尊重最下层人民的权利，使得每个人都可以享有自己辛勤劳动成果的一部分，从而最有力、最有效地鼓励了各种产业的发展。

但是，如果英国制造业因为殖民地贸易而进步了（事实上也的确是这样），那一定不会是因为对殖民地贸易的垄断，而是因为殖民地贸易的垄断没有能够阻止英国制造业的发展。殖民地贸易单独占有的结果，不是增加了英国制造品的数量，而是改变了一部分英国制造品的性质和形式，使它们违背自然的趋向，不再适合那些往返频繁、距离近的市场，而是更适合那些往返比较慢、距离比较远的市场。所以，它的结果仍然是改变了一部分英国资本的用途，从而明显地减少了资本可以维系的制造工业的数量。这不但没有增加英国制造工业的总数量，还把这个总数量减少了。

所以，对殖民地贸易的垄断，就和重商主义其他卑鄙邪恶的政策一样，不但阻碍了其他国家产业，尤其是殖民地产业的发展，而且对于母国的产业来说，也没有一点好处，甚至还让母国的产业减少了。

不论母国在某个特定时期有多少资本，这种垄断都会妨害资本，使它违背自然趋向，不能维系原来那样多的生产劳动，并使它不能像原来那样给那么多辛勤劳动的民众提供大量的收入。既然资本只有通过节省收入才能增加，那么妨害资本使它不能像原来那样提供大量收入的垄断，就一定会妨害资本，使它不能像原来那样逐渐增多起来，从而不能像原来那样维系更大量的生产劳动，给国内辛勤劳动的民众提供更大量的收入。人民收入的一个大源泉是劳动工资，但是这个源泉因为这种单独占有而变得没有原来丰富了。这种结果，是不论在什么时候都会产生的。

因为对殖民地贸易的垄断，提高了商业利润率，所以妨害了殖民地土地的开垦和改良。土地开垦改良的利润，由土地实际生产额和投入资本后土地的能生产额之间的差额决定。如果这个差额形成的利润比同样的资本从商业中得到的利润大，那么就会吸引一部分商业资本到土地的开垦和改良事业中来；如果这个差额形成的利润比同样的资本从商业中得到的利润小，那么商业就会从土地的开垦和改良事业中吸走一部分的资本。所以，所有提高商业利润的事情，都一定会降低土地的开垦和改良事业利润的优越性，或者是增加其不利程度。在第一种情况下，将阻止资本流入到土地开垦和改良的事业上；在第二种情况下，将会把资本从土地的开垦和改良事业上吸引出来。妨害土地开垦和改良的垄断，又会减慢收入的另一个源泉——土地地租的增加。此外，可以让利润率提高的殖民地贸易的垄断，又一定会提高市场的利息率。土地的价格和所支付的地租成一定的比例，通常按照年租的若干倍计算，并会随着利息率的上升而下降。这样的话，地主的利益就会因为这两种方法而受到殖民地贸易垄断的损害：它减慢了地租的自然增长，它减慢了与土地地租成一定比例的土地价格的自然增长。

的确，对殖民地贸易的垄断可以提高商业利润率，因此，可以稍微增加商人的利润。但是因为会妨害资本的自然增加，所以，与其说它会增加国内人民从资本利润上而得到的收入总额，不如说它有减少这个总额的趋向：和小笔资本的大利润相比，大笔资本的小利润通常可以给人们提供更大的收入。殖民地贸易的垄断，提高了利润率，却妨害了利润总额，使它不能像没有垄断时那样多。

像这样，殖民地贸易的垄断，使所有收入的源泉（劳动的工资、土地的地租、资本利润），远远没有垄断前那样充裕了。就是说，为了要增加一个国家某一个小阶级的利益，损害了这个国家其他所有阶级和其他所有国家所有阶级的利益。

殖民地贸易的垄断，要使一个阶级可以得到利益，只有一个方法，那就是提高普通利润率。但是，高利润率对于一般的国家来说，除了会引起上面所说的各种恶劣影响外，通常还会引起另外一种更恶劣的影响。根据经验说来，这种恶劣的影响和高额的利润率都是一起发生的，而这种恶劣影响的危害，比上面所有恶劣影响的总和还要严重。不论在什么情况下，高额的利润率，都会让商人抛弃在其他情况下自然形成的勤俭节约的习性。在利润很高时，勤俭节约似乎没有必要了，而奢侈浪费似乎更适合富有的处境。但是一个国家大商业资本的拥有者，一定是全国商业的领军人物和风向标。他们作为榜样的示范力量，比任何其他阶级对国内人民的生活习性都有更深刻的影响。

英国对殖民地进行统治，最主要，也是唯一的目的，一直以来就是保持这种对殖民地贸易的垄断。这些殖民地既没有给母国提供任何的收入，也没有给母国提供任何兵力上的支持，从而维持母国的内政或者国防。一般人认为，这种殖民地的最大利益就在于这种排他的对殖民地贸易的垄断。这种垄断，是这些殖民地隶属于我国的标志，也是我国从这种隶属取得的唯一结果。一直以来，英国支付费用来维持的这种隶属，其实都是用来维持这种垄断的。在目前的骚乱事件开始以前，殖民地建设的费用相当于20个步兵团的供给；炮兵队的军需品费用和他们的特殊供应，以及为保卫无边无际的北美海岸及西印度海岸，并防止其他国家船只偷偷出入而需要不间断地维持的巨大的海军的军费。这些维和的费用，是英国一个沉重的负担，但是这只是殖民地花费母国的很小的一个部分。如果要知道殖民地总共到底花费了母国多少，我们除了要计算殖民地平时维和花费了母国多少之外，还需要再加上母国为了保卫殖民地每次所花费的数额的利息。我们特别需要把上一次战争的全部费用和上上次战争的大部分费用也计算在内。

为了占领更多的殖民地，除了与欧洲各国进行的战争之外，英国还与美洲土著部落交火。这是发生在1675年北美大陆上的菲利普王战争，在英军火器压制下，土著失败，大多被卖为奴隶，而英国在北美的殖民地则得到了拓展。

上一次战争完全就是殖民地的战争，它的费用，不论是用在了什么地方（德国还是东印度），都应该算在殖民地的账上。那9000万镑以上的数额中，不仅包含新债，还包含每镑附加的1先令的地租税，以及每年动用的减债基金。1739年进行的西班牙战争，主要就是殖民地的冲突。它的主要目的，就是为了阻止在西班牙和殖民地间走私的船只。这全部费用实际上就相当于是支持殖民地贸易垄断的奖励金。虽然它标榜的目的是鼓励英国制造业的发展，为了开拓英国商业，而实际效果是，提高了商业利润率，让我国商人把超过正常比例的资本从其他产业转投到了通常距离遥远而往返缓慢的贸易部门上——如果奖励金真的可以制止这两件事情发生，那么也许它的发放就是值得的。

所以，在现在的经营结构下，英国从殖民地的统治中得到的，除了损失，别无他物。

英国应该主动放弃它在殖民地的所有权力和威信，应该让殖民地自己管理自己，自己制定法规，自己决定是议和还是开战。提出这样的建议，就相当于提出了一个世界上从来没有国家采用过，以后也永远不会有哪个国家采用的建议。不论一个地方统治起来有多困难，也不论它所能够提供的收入和它所花费的相比是多么微薄，都没有任何一个国家会放弃对一个地方的统治权。这样的选择虽然通常对一个国家有利，但是却损害了一个国家的威信。最重要的是，这种选择和一个国家统治阶级的私人利益相违背。因为这将会剥夺他们对于许多有责任、有利益的地方的处理权，从而使从那里获得财富和荣誉的机会也被剥夺了。对于他们来说，占有最混乱、对人民最不利的地方，无疑是获得这种处理权和机会最好的办法。就算是最爱幻想的人，在提出这个建议的时候，也不会真的希望它被接受。但是如果这个建议被采用了，那么英国不仅可以立刻抛开殖民地建设这个沉重的包袱，而且可以和殖民地订立通商条约，使英国可以有效地享有贸易自由。这种自由，和现在享有的垄断权相比，虽然对商人来说利益会少一些，但是却会对人民大众比较有利。就像朋友的分别导致的彼此感情疏远一样，因为最近的叛乱而被破坏掉的殖民地和母国的感情，很快就会恢复起来。它们不仅会尊重和我们分别时订立的通商条约，而且在战争时还会像在商业上一样支持我们。它们将不再是叛乱的人民，而将成为我们最忠诚、最有情义、最宽容的朋友。就像希腊对它的殖民地有一种父母对子女的爱护；而希腊殖民地对希腊则有一种子女对父母的孝敬心理。我想，如果这样做，我们也是可以恢复英国和英国殖民地之间的感情的。

当罗马帝国日渐衰败的时候，担负保卫国家开拓帝国疆土之责的罗马同盟国，都要求享有和罗马市同样的特权。当请求遭到拒绝后，内战就全面爆发了。在这次的战争中，罗马的同盟国接连脱离了罗马，因此，罗马不得不把这种特权逐渐地赐给了同盟国中的大多数。现在英国要对殖民地征收赋税，但是殖民地拒绝交纳赋税，因为他们没有派代表出席议会。如果英国允许那些要脱离自己的殖民地按照缴纳税款的标准选举代表，而且因为他们缴纳了同样的赋税，就允许他们自由贸易，而它们参加议会的人数，又会随着所纳税款增加的一定比例而增加，那么，各个殖民地的领袖人物，就会有一种新的得到重要地位的方法，也有一个新的更有吸引力的野心目标了。像这样，他们将不会再在意那些可以被当作是彩票小奖的殖民地党派，而会带着所有人类都会有的对于自己幸运度的不正常的妄想，希望可以从被当作是彩票大奖的英国政治界得到收获。这种方法最能保持美洲领袖人物的重要地位，最能满足他们的野心。除了用这种方法，或者是其他同样的方法，他们就不一定会服从我们。如果使用暴力的方法，那么我们

北美英国殖民地的代表联合起来，举行了大陆会议，要求独立。在第二次大陆会议上，他们起草并通过了《独立宣言》。

应该知道，流的每一滴血，或者是我们同胞的，或者是想成为我们同胞的人的。有些人认为，只要时机一到，想要用武力征服殖民地是非常容易的，这种想法是非常愚昧的。现在主持召开所谓的大陆会议的人，常常觉得自己处在一个欧洲大多数公民无缘的重要位置上。他们从小买卖商人、商人、律师，一下子转变成了政治家和立法者，正致力于为一个广阔的帝国制定一个新的政治体制。他们自我夸奖说，那将成为有史以来世界上最广阔而强盛的国家。也许真的会这样。

人类历史上最伟大、影响最深远的两件事，一件是发现了美洲，另一件是发现了绕过好望角到达东印度的道路。到现在为止，它们的巨大影响已经初现端倪了，但是自两个事件发生到现在也只有二三百年的时间，在这么短的时间内，它们的深远影响绝对不可能全部显现出来。这两个事件以后到底将给人类带来好处还是不幸，以人类目前的智慧，还不能够做出准确的判断。

同时，这两个发现的最主要的结果之一，就是让重商主义的发展提高到了一个无以复加的程度。

猛地一看，对美洲殖民地贸易的垄断，似乎理所当然是占了大便宜，能获得不可估价的收获。在被利欲蒙蔽了眼睛和心智的野心家看来，这无疑是纷繁复杂的战略及战争的争夺中的一种颇具价值、颇有吸引力的目标。然而，这种垄断贸易，也仅仅具有吸引人眼球的外表而已，表面看来，贸易额巨大，实质上正是形成在这方面的有害垄断的本质所在。换句话说，相比其他大部分自然状态下的行业，垄断行业——对国家利益更少的行业——吸收了太多的国家资本。

一个国家的商业资本自然应该投入对国家最有利的行业。如果一个国家的商业资本投在了中间商贸易上，那么这个国家就会成为与它进行贸易的各个国家货物的商业中心。它就一定会竭尽所能地把这些货物的大部分在国内销售完毕，以省去对再次输出的投入——费用、风险，或许还有不尽的麻烦。也是因为这一点，尽管货物在国内市场上的销售价格可能会比在国外市场上的价格低很多，所得到的利润也会比再次输出销售得到的利润小很多，他们还总是希望可以把大部分的货物在国内市场上销售出去。所以，他们一定会竭尽所能地把中间商贸易转变成消费品对外贸易。此外，如果资本投资在了消费品对外贸易上，他们又一定会为了同样的理由，竭尽所能地把从各个地方购买到的准备输出到国外市场上的货物在国内销售出去，从而将消费品的对外贸易转变成消费品的国内贸易。各个国家的商业资本会自然而然地趋向近的用途，而放弃远的用途；趋向往返频繁的用途，而放弃往返缓慢的用途；趋向能雇用所属国或所在国最大量生产劳动的用途，而放弃只能雇用所属国或所在国最小量生产性劳动的用途。一言以蔽之，国家商业资本自然会寻求在一般情况下对国家最有利的用途，而放弃在一般情况下对国家利益最少的用途。

这种远途贸易虽然在通常情况下对国家的利益比较小，但如果它的利润偶然提高了，并且提高的份额足可以抵消近途贸易的天然益处，那么这种贸易就会从其他距离比较近的贸易中吸引更多的资本，直到各种行业的利润都回到合适的水平为止。不过，这种超出常规的高利润证明，在现实社会中，和其他行业相比，这种远距离贸易的资本供应稍显不足，全社会的资本没有按照最合适的方法分配到社会中的各个不同行业。这说明有一些物品打破了它应该有的状态，而用更低廉的价格购买或者是用更高昂的价格销售了；市民中有某个特定的阶层或多或少地受到了压迫，从而违反了自然状态或者是所有阶级的平等状态，导致有的人支付的多或者是有的人收取的少。同样的资本投在远途贸易上，虽然不能像投在近途贸易上那样雇用那样多的生产劳动量，但是，它也同样是社会福利所必需的。许多远途贸易的货物都是近途贸易交易所需要的。但是如果进行这种货物买卖的商人的利润超过了正常的水平，这种货物就会改变它应有的状态，而用更高的价格销售，也就是会按超过它通常形成的自然价格进行销售。这种高昂的价格会让所有做近途贸易的人或多或少地受到压迫。在这种情况下，从利害关系出发，他们就会要求一部分的资本从近途贸易中撤出，而转投到远途贸易，从而将它的利润降低到适当的水平，将它们的价格下降到正常的价格。在这种不正常的情况下，公共的利害关系也一定会要求一些资本从对公众比较有利的用途撤出，转而投向对公众利益比较少的用途。这种情况下，个人的自然利害关系与趋向恰好和公众的利害关系一致，从而导致资本从近程贸易撤出转投向了远程贸易。

个人的利害关系与对资财的追求，通常会让他们将资本投在对社会最有利的行业上。但是如果这种自然而然的趋向让他们投入了太多的资本在这个行业上，那么这个行业的利润一定会下降，其他各种行业的利润一定会提高。这样，立刻就会使他们更改这种不合理的分配。根本不用法律的干涉，仅仅就是个人的利害关系和对资财的追求，就会引导人们把社会上的资本尽可能地按照对社会利害关系最合理的比例分配给国内所有不同的行业。

所有重商主义的法规，都一定会或多或少地扰乱这种自然形成的最有利的资本分配方法。

但是和其他的法规相比，关于美洲贸易和东印度贸易的法规中，这种扰乱作用尤其明显，因为这两个地方的贸易吸收的资本比任何其他两个地方吸收的资本都要多很多。但是，扰乱这两个地方的法规却又不是完全一样的。它们都把垄断作为最大的措施，但是垄断的种类却不相同，当然，不论是哪一种垄断，都是重商主义唯一的措施。

自从葡萄牙国力衰退以来，欧洲各国家都不再宣称自己独自拥有印度各个海域的航行权了，印度各个海域的海港，现在对所有国家的船只开放。但除了葡萄牙及近年来的法国，欧洲各个国家的东印度贸易都受制于一个排他的垄断公司。这一种垄断不仅可以妨害其他被禁止和殖民地进行贸易的国家，而且对实行这种垄断贸易的国家也有害。由此，这个国家的大部分人民，不仅将从此失去一种本来可以通过投资获取利润的贸易，而且将不得不用比全国人民都可以自由经营这种贸易时稍微高一点的价格来购买这种垄断经营的货物。比如，自从英国殖民地建立起了东印度公司，英国其他的居民就不仅不能从事这种贸易，而且只有用较高的价格才能购买到他们需要的东印度殖民地的货物。这种殖民地贸易的垄断，让这个公司在销售这些货物的时候得到了超常的利润；而且，公司这么大，处理起事务来有可能会出现欺诈和过度使用，从而造成超常的浪费。这种超出正常水平的利润和浪费，最后都需要本国消费者来支付费用。所以，第二类垄断的不合理之处，比第一类垄断的不合理之处要明显得多。

这两种垄断都会或多或少地破坏自然形成的分配制度对社会资本的分配，但破坏的方式却不一定相同。

第一种垄断，是让大部分的社会资本违反自然趋向，放弃原来应该的流向而流向享有垄断权的特殊贸易。

第二种垄断，会根据情况不同，有时吸引更多的资本流入到享有垄断权的特殊贸易；有时

从罗马时代以来，香料就是欧洲人不可或缺的商品。而地理大发现之后，欧洲许多国家都来到东方，直接从事香料贸易，并从中获得巨大利润。

又会排挤资本，不让过多的资本流入到享有垄断权的特殊贸易。在贫穷的国家，自然是违反自然趋向，吸引超过正常比例的资本流入到这个特殊的贸易；而在富庶的国家，则是违反自然趋向，排挤许多资本，使它们不能流入到这种特殊贸易。

英国在亚洲的东印度公司，机构庞大，甚至代替了政府的作用，统治了广大的印度领土许多年。

例如，如果东印度贸易不受制于一个垄断经营公司，那么像瑞典和丹麦那样贫穷的国家，也许从来就不会派一艘船到东印度去。这个垄断经营公司的建立，对冒险家具有很强的鼓励意义。他们的垄断权，让他们在国内市场上可以对抗所有的竞争者，在国外市场上又可以和其他国家贸易者享有同等的机会。也就是说，他们的垄断权暗示他们，对于国内大量的货物，他们取得巨额利润的可能性非常大，对于大量的国外货物，也有取得巨额利润的机会。如果没有这种超过正常收益比例的鼓励，这些贫穷国家的贫穷的商人，是不会把自己那小额的资本投在那么遥远又不确定的贸易上去的，比如东印度贸易。

相反，像荷兰那样富有的国家，如果是在自由贸易的情况下，也许会派遣比现在多很多的船只到东印度去。荷兰东印度公司有资本的限制，这种限制，难免会让大量的商业资本从这种贸易中被排挤出来。荷兰的商业资本非常大，所以不断地有资本流出，这些资本流出后，有的充当了外国公债，有的充当了外国商人和冒险家的私债，有的流到了最间接的消费品对外贸易上，有的流到了中间商贸易上。所有近途贸易容纳不下更多的资本后，资本就会流向利润稍低、距离稍远的行业，如果这个行业的资本也过剩了，那么荷兰的资本就一定会流向更远的行业。如果东印度贸易是完全自由的，那么一定会吸收剩余资本中的大部分。因为东印度为欧洲的制造品和美洲的金银及其他美洲生产物，提供了一个比欧洲和美洲加起来还要大的市场。

扰乱资本的自然分配一定会对社会造成损害，至于这种扰乱是通过排挤资本的方式让更多的资本不能流入到这个行业，还是吸引更多的资本流入到这个行业，就无足轻重了。如果没有垄断经营的公司，那么荷兰跟东印度之间的贸易一定会比现在的规模大。对于荷兰而言，不能把一部分资本投在最有利的用途上，当然是很大的损失。同样，如果没有垄断经营的公司，瑞典、丹麦和东印度之间的贸易一定会比现在的规模小，甚至根本不存在。对于这两个国家而言，把一部分资本投在不适合它们当前国情的用途上也是很大的损失。按照它们当前的国情，还不如像其他国家那样购买东印度的货物，就算是价格比较高昂，也不应该从它们那本来就很微薄的资本中抽出那么大的一部分进行距离这么远的贸易，毕竟这种交易的往返通常很缓慢，所能维持的国内生产劳动量也极小，而国内对生产性劳动的需求又十分迫切，还没有开展和等待开展的事业有很多。

所以，如果没有了垄断经营的公司，虽然会有个别的国家不能跟东印度进行直接的贸易，但不能由此就做出判断，这样的公司应该在那里建立，而只能由此做出判断，在这样的情况下，这样的国家不应该和东印度直接进行贸易。葡萄牙的经验有力地说明了这样的公司并不是进行东印度贸易必要的。因为，尽管葡萄牙没有任何垄断经营公司，但是它却坐享几乎全部的东印度贸易一个世纪以上。

对于一个大贸易部门来说，没有哪一个商人的资本足够经营哪怕是必需的（为了主要的贸易部门而必须经营的）附属贸易部门。但在一个国家有资格经营某个大贸易部门时，就自然会产生这样的分工，有些商人投资经营主要的部门，有些商人投资经营附属的各个部门。所有的贸易部门虽然都有人经营，但是全都由某一个商人投资经营的情况却非常少见。所以，如果一个国家有资格经营东印度贸易，那么就一定有一部分的资本分别投资在这个贸易的所有不同部门中。其中，有些商人出于自己的利益考虑住在东印度，在东印度投下资本，代替住在欧洲的商人为欧洲商人的船只提供货物。欧洲各国在东印度占有的殖民地，如果能从这种垄断经营的公司的手中转移到君主的直接管理之下，这里至少对母国的商人来说是一个安全而方便的住处。如果某个时间，某国在自然趋向的支配下投向东印度贸易的那一部分资本，不足以维持这个贸易的各个部门的运营，那就表明在当时，那个国家还没有进行这种贸易得资格。在这种情况下，这个国家就应该宁可花更高的价格向其他欧洲国家购买需要的东印度货物，也不应该直接从东印度进口这种货物。这种货物的高昂价格，可能会让这个国家遭受一些损失，但是和要从其他更必要、更有用或更适宜的用途抽出大部分资本进行东印度直接贸易而遭受的损失相比，这种损失要小得多。

虽然欧洲人在非洲及东印度海岸也占有很多重要的殖民地，但是他们在那些地方建立的殖民地，却没有像在美洲各岛及美洲大陆建设的殖民地数量那么多，也没有那么兴盛。

如果对于欧洲的管理部门来说，统治印度的政府的性质已经是一个不可挽回的错误，那么对于印度的统治部门来说，就更是这样了。这个统治机构，一定是由一个商人协会组成的。毫无疑问，商人的工作是令人尊敬的，但是世界上没有哪一个国家可以赋予这个工作一种天然可以震慑人民、不使用暴力就可以让人民自愿服从的威信。所以，这样的一个商人协会，就只能通过武力的方法让人民服从了。所以，他们的政府一定是暴力的、蛮横的，但是他们的本来职务却是商人，是接受主人的嘱托，代替主人销售欧洲的货物，并买回欧洲需要的印度货物的。也就是用尽可能高的价格销售欧洲货物，而用尽可能低的价格购买欧洲需要的印度货物，从而达到为他们所在的市场排除所有竞争者的目的。所以，从公司贸易的角度来说，统治机构的性质和管理机构的性质是一样的。管理机构的性质要让统治机构服从垄断的利益，结果，就让至少一部分殖民地剩余生产物不能按照它的自然情况增长，使之仅仅够提供给这个公司的需要。

此外，所有的管理人员都会从自己的利益出发，而且在经营贸易的时候进行禁止也将是徒劳的。这种管理人员，既有进行贸易的方法，又位于距离主人万里之外的商栈里，几乎完全不受主人监视，因此强迫他们放弃为自己谋划的事业、放弃自己发财的梦想，而满足于主人认定的、少量的、不太可能会有大幅度增加的薪水，是最愚蠢不过了。在这种情况下，禁止公司人员为自己谋划而毫无二心地进行贸易，除了给上级人员借着主人的命令压迫下级人员找了个借口之外，就再也不会有其他的效果了。这种人员自然一定会竭力地模仿公司的贸易，从而建立起对自己同样有利的贸易垄断。如果让他们就这样肆无忌惮地进行下去，他们将明目张胆地、直接建立起这种垄断，从而禁止其他人从事他认定的贸易。大贸易公司的这种禁止可能是建立垄断最好而又最没有强制力的方法。但是如果欧洲来了命令，禁止他们继续这样做下去，他们就会偷偷地、间接地建立起同样的垄断。这样的话，对于他们的国家来说，危害就远远大于公开建立的时候了。如果他们通过代理商而偷偷认定或者是没有公开认定的贸易部门受到了其他人的侵害，他们就会动用政府的全部权力，并干扰司法部门的正常工作，进行约束或破坏。但是，公司人员的私人贸易，又自然会比公司的公贸易涉及更多得多的商品种类。公司的公贸易只限于欧洲的贸易，只包含了对外贸易的一部分，公司人员的私人贸易却可以涉及国内外所有的贸易部门。公司的单独占有只会妨害一部分剩余生产物（在进行自由贸易时，要输送到欧洲去的那一部分剩余生产物）的自然生长。但是，公司人员的垄断却会妨害他们要垄断经营的所有生产物（不论是用来自己消费的还是用来出口的）的自然生长，结果就会对全国的耕作事业造成损害，让全国居民的人数减少。这样一来，就会产生减少他们认定要自己垄断经营的那种生产物的趋势。就算是生活必需品，如果被公司人员认定为自己垄断经营的生产物也会这样。所有不能被这种公司人员购买或者是销售的价格不能满足他们意愿的那部分生产物，都会遭受生产上的妨害。

这种公司人员所处地位的性质，决定了他们一定会用比他们的主人更苛刻的方法来维护自己的利益，而损害他们所统治国家的利益。在他们心目中，国家是属于他们的主人的，关注国家利益的理所当然应该是他们的主人。他们主人的真正利益是和统治国家的利益一致的，但是因为他们不知道自己的真正利益，又受重商主义片面见解的影响，所以他们常常压迫自己的殖民地。

上面说的这些，并不是诽谤东印度公司一般人员的品行，也不是诽谤某些特定人员的品行。我所要责难的是政治体制，是这些人所处的地位，而不是处在这个地位上的人的品行。这些人的行为，只是按照他们地位的自然引导而已；那些大声谩骂他们的人，行为也不见得会比他们好。

所以，不论从哪个方面来说，这种排他的垄断公司都是有害的。对于建立这种公司的国家，或许只会造成很少的困难，但是对于要忍受这种公司统治的国家，它带来的却是一定程度的毁灭。

第八章

关于重商主义的结论

虽然重商主义者认为奖励出口和阻止进口是两种能让国家变得富有的方法，但是针对某些特定的商品，他们所实行的政策却又和这两种方法相反，也就是对进口实行奖励，但是对出口却实行妨害。尽管他们的方法不同但最后目标是相同的，也就是通过有利的贸易差额让国家变得富有。他们通过阻止工业原料和各种职业需要的工具的出口，使本国商人可以在外国市场上用比其他国家同样货物更低的价格销售自己的货物。他们有时会建议限制某几种价值不大的商品的出口，从而促进其他商品不论是数量上还是价值上都有更大的出口。他们有时又会建议鼓励工业原料的进口，从而让本国的工人可以用比较低廉的价格把原材料加工成制造品，从而防止进口更大数量也更有价值的制造品。至少在本国的法律全书中，我没有看到过鼓励输出各种职业需要的工具的法令。当制造业发展到一定程度的时候，各种职业需要的工具的制作，就会成为许多非常重要的制造业的目标。给这种工具的输入任何额外的奖

繁忙的码头交易。商业贸易的推进，使得英国的原料进出口范围更加扩大，输入工业原料有时候会得到免税的优待，有时候会得到奖励金的鼓励。

建造战船的船坞。英国工业原料，如制造船只的木料，大多来自其美洲殖民地。

励，都会对从事这个行业的制造业者的利益产生很大的妨害。所以，这样的进口，不但不会受到奖励，而且通常会被禁止。

输入工业原料有时候会得到免税的优待，有时候会得到奖励金的鼓励。如果按照正当手续上报海关，从一些国家进口羊毛；从所有国家进口棉花；从爱尔兰或者是英国殖民地进口生麻、大部分染料、大部分生皮；从隶属于英国的格陵兰渔场进口海豹皮；从隶属于英国的殖民地进口铸铁和生铁，以及进口其他几种工业原料，都可以享受免除所有税收的优待。也许和许多其他商业条令一样，这种免税条令也都是本国商人和制造业者从自己的利害关系出发向立法院请求得来的，但是这些规定是完全正确的、合理的。如果不和国家的利益相矛盾，而让这种规定在所有一切其他工业原料上通用，那么，一定会对人民大众有利。

但是，大制造业者的贪婪让许多本来不应该被当作工业原料的货物，也可以享有这种税收优待。例如，乔治二世二十四年（1650年）第四十六号法令规定，每进口1磅外国黄麻织纱，只需要缴纳1便士的税。在此之前，每进口1磅的帆布麻织纱需要缴纳6便士的税，每进口1磅法国和荷兰麻织纱需要缴纳1先令的税，所有普鲁士生产的麻织纱每进口100磅需要缴纳2镑13先令4便士的税。但是本国的制造业者没多久就对这种减少税收的政策不满意了。于是，乔治二世二十九年（1655年）第十五号法令规定，当不列颠和爱尔兰的麻布出口时，如果价格没有超过1先令6便士，就可以领取奖励金，另外，还对原来黄麻织纱进口时征收的很轻的赋税实行全部免除。到那个时候，每磅征收的1便士的税也废除了。其实，和由麻织纱加工成麻布的操作相比，由亚麻加工成麻织纱的各种操作需要的劳动量更大。就算不把亚麻种植者和亚麻梳理者的劳动算在内，单单说要给一个织布工人不停歇的织布提供原料，就需要有3~4个纺线工不停地纺线。在所有制造麻布的劳动中，有4/5以上都是用在麻织纱制造上面的。本国的纺线工人通常都是些贫穷的人，而且大多数都是妇女，她们分散地居住在全国各个地方，既没有人会帮助她们，也没有人保护她们的利益。但是本国大制造业者获得利润的方法，并不是通过销售纺线工人的制造品，而是通过销售织布工人的完全制造品。从他们的利益出发，他们愿意用最高昂的价格销售完全制造品，也就愿意用最低廉的价格购买原材料。为了让自己的完全制造品可以用尽可能高昂的价格出售，他们逼迫立法院对他们的麻布出口发放奖励金，对于所有外国麻布的进口征收高额的关税，对于用来供给国内消费者的法国麻布的进口，则完全禁止。而为了要让自己可以用尽可能低的价格购买到纺线工人的制造品，他们又奖励外国麻织纱的进口，使它们与本国生产的产品竞争。正如他们想要降低纺线工人所得到资财一样，他们也一心要降低所雇用工人的工资。所以，他们努力提高自己完全制造品的价格或降低原料的价格，都不是从劳动者利益的角度出发的。重商主义所要奖励的产业，都是由富有而有权势的人所经营的。至于那些由贫苦而弱小的人经营的产业，通常是被重商主义忽视或者抑制的。

对麻布出口发放奖励金的条例，和对外国麻织纱进口实行免税的条例，在颁布的时候有效期为15年，后来经过两次延长，将在1786年6月24日国会议期结束时期满无效。

工业原料的进口可以享受奖励金的，主要是从本国美洲殖民地进口的原料。

发放这种奖励金，最早开始于本世纪（18世纪）初，是针对美洲船只工具的进口而发放的。这里所说的制造船只的工具，主要包括制造船桅、帆桁、牙樯的木材，以及大麻、柏油、松脂、松香油。

按照时间的先后顺序，第二次发放给工业原料的奖励金，是乔治二世二十一年（1647年）第三十号法令规定的对英国殖民地蓝靛的进口发放的奖励金。根据这种法令，在殖民地向英国输入蓝靛时，如果殖民地蓝靛的价格只等于法国蓝靛价格的3/4，那么每磅蓝靛就可以领得6便士的奖励。这种奖励金的发给也是有时间限制的，但是曾经经历了数次延期，并且每磅的奖励金也降低到了4便士。其有效期将到1781年3月25日国会议期结束为止。

在这种奖励金中，第三次发放的是乔治三世四年（1763年）第二十六号法令规定的对英国殖民地的大麻或生亚麻进口发放的奖励金了（在这一时期内，我国和殖民地已经有了一些矛盾）。这个奖励金的发放条令，有效期为21年，也就是从1764年6月24日到1785年6月24日。这个条令每七年为一个阶段。第一个阶段每吨发放的奖励金为8镑。第二个阶段每吨发放的奖励金为6镑。第三个阶段每吨发放的奖励金为4镑。因为苏格兰的气候条件不适合种麻，所以虽然也有种植，但是产量小、品质差，并没有享受到这种奖励金。如果苏格兰生产的亚麻输入到英格兰也可以得到奖励金，那对英国联邦南部的生产来说就会是一个非常大的损害。

这一类奖励金中，第四次发放的是乔治三世五年（1764年）第四十五号法令对美洲木材的进口发放的奖励金。这个奖励金有效期为9年，也就是从1766年1月1日至1775年1月1日。每三年为一个时期。第一个时期，每输入120条好枞板可以获得20先令的奖励金；其他方板每输入50立方英尺，可以得到12先令的奖励金。第二个时期，每输入120条好枞板可以得到奖励金15先令；其他方板每输入50立方英尺可以得到8先令的奖励金。第三个时期，每输入120条好枞板

麻布商人提高自身利益的方法

1. 用最高昂的价格销售完全制造品

他们逼迫立法院对他们的麻布出口发放奖励金。

对于所有外国麻布的进口征收高额的关税，对于用来供给国内消费者的法国麻布的进口，则完全禁止。

2. 用最低廉的价格购买原材料

奖励外国麻织纱的进口，使它们与本国的产品竞争。

降低所雇用工人的工资。

这些商人都不是从劳动者利益的角度出发的。重商主义所要奖励的产业，都是由富有而有权势的人所经营的。至于那些由贫苦而弱小的人经营的产业，通常是被重商主义忽视或者抑制的。

可以得到10先令的奖励金；其他方板每输入50立方英尺，可以得到5先令的奖励金。

第五次发放这一类奖励金的是乔治三世九年（1768年）第三十八号法令规定的，对英国殖民地进口生丝发放的奖励金。这个奖励金的有效期为21年，也就是从1770年1月1日至1791年1月1日。每七年分为一个时期。第一个时期，每输入价值100镑的生丝，可以得到25镑的奖励金。第二个时期，可以得到20镑的奖励金。第三个时期，可以得到15镑的奖励金。因为养蚕生产丝需要的手工劳动量非常大，在北美劳动的价格又是那么昂贵，所以就算是发放了高额的奖励金，也不能很明显地促进生丝的生产。

第六次发放的是乔治三世十一年（1770年）第五十号法令规定的对英国殖民地进口酒桶、大桶、桶板、桶头板发放的奖励金。这个奖励金的有效期为9年，也就是从1772年1月1日至1781年1月1日。每三年为一个时期。第一个时期，输入的各种货物达到一定数量可以得到6镑的奖励金。第二个时期，可以得到4镑的奖励金。第三个时期，可以得到2镑的奖励金。

第七次，也是最后一次发放的这一类奖励金，就是乔治三世十九年（1778年）第三十七号法令规定的对爱尔兰进口大麻发放的奖励金。这个奖励金的有效期为21年，也就是从1779年6月24日至1800年6月24日。每七年为一个时期。这个奖励金和从美洲进口大麻及生亚麻的奖励金是完全一样的，而每一个时期的奖励金标准也是一样的，唯一不同的是它不像对美洲那样把奖励金推广到生亚麻。如果对爱尔兰生亚麻的进口发放奖励金，那么对英国亚麻栽种损害就太大了。和以前英国和美洲的关系相比，在对爱尔兰进口大麻发放奖励金时，英国议会和爱尔兰议会之间的关系并不见得更好。但人们希望，给予爱尔兰的这种优待会比给予美洲的优待能给当地带来更好的发展。

这几种商品，如果是从美洲输入，我们就给它们发放奖励金，如果是从其他国家输入，我们就对它们征收高额的关税。在这个时候，美洲殖民地的利害关系被认为是和我国的利害关系一致的，它们的财富被认为就是我们的财富。据说，出口到那里去的货币会通过贸易差额最后全部回到我们这里来，所以，不论我们在殖民地上怎样花钱，都不会让我们少一个铜板。不论从哪个角度说，它们都是隶属于我们的国家，把钱花在它们身上，就相当于用钱来改良自己的财产，对本国人民来说是有利的。经验已经充分地表明了这种说法的愚昧和不合理，我觉得不用再浪费一句话了。如果隶属于英国的美洲殖民地真是英国的一部分，那么这种奖励金就可以被认为是对生产的奖励，仍然要承受这种奖励金（而不是其他奖励金）所要承受的所有指责。

对制造业原材料进口的抑制，有时通过绝对禁止的方式，有时超过征收高额关税的方式。

我国呢绒制造者常常对立法院说这种业务的成功和发展和国家的繁荣昌盛息息相关。在这个方面，他们比其他种类的工人都更成功。他们不仅通过对外国呢绒制品的进口进行禁止而获得不利于消费者的垄断，而且通过禁止活羊及羊毛的出口，得到一种不利于牧羊者和羊毛生产者的垄断。在我国用来保证收入的法律中，有许多经常被人们斥责太严酷了，就相当于在用非常严酷的刑罚处罚那些法律颁布以前通常被认为没有犯罪的行为。但是，我敢说，就算是最严酷的法律，和我国商人要求立法院颁布的支持他们垄断的某几项法律比起来，也会让人觉得非常合理。支持那种垄断权的法律，就像德拉科的法律一样，可以说是用血书写成的。

伊丽莎白八年（1565年）第三号法令规定，凡是第一次出口绵羊、小羊、公羊的人，都

租借公羊的交易。因为纺织产业的发达，连带英国的畜牧业也发展起来，并催生了诸多相关法令。

会被判处没收其全部货物，监禁一年的惩罚，并将在某一个市集日砍断他的左手，钉起来悬挂在市镇上；如果第二次再犯，就宣布他为重罪犯人，判处死刑。这种法律的目的，就是为了防止我国的羊在外国繁衍生殖。查理二世十三年（1672年）及十四年（1673年）第十八号法令又规定，出口羊毛也是犯了重罪的，出口者需要承受和重犯罪人一样的刑罚，货物也要被没收。

从国家的人道名誉的角度出发，我们都希望这两种法律从来都不曾实施过。据我所知，第一种法律到现在为止也没有被直接废除，法学家霍金斯也认为它至今仍然有效。但是这项法律也许在查理二世十二年（1671年）所颁布的第三十二号法令第三节中，已经在实际上被取消了。查理二世颁布的法令虽然没有非常明确地表明废除了前面法令所规定的刑罚，但是却确立了一种新的刑罚，也就是每出口或者尝试出口一头羊，就征收20先令的罚金，并没收走私者的羊和他拥有的船只。第二种法律则通过威廉三世七年、八年（1695年、1696年）第二十八号法令第四节被明确地废除了。这法令对外宣称说："查理二世十三年及十四年颁布的禁止羊毛输出的条令，把羊毛输出当作重罪。因为这刑罚太严酷了，对犯罪者的控诉不能按照正常的法律程序进行，所以这种法律规定的这种行为为重罪的一节，现在起明确废除，不再有效。"

但是，这个比较宽松的法律制定的刑罚，以及原来的法律制定而被这个法律废除的刑罚，都还是非常严酷的。除了没收货物外，输出者每出口或者试图出口1磅羊毛，都需要缴3先令的罚金——这个价格通常比1磅羊毛的价格高4~5倍。而且，犯了这项罪的任何人，都不能向任何代理商或其他人索要债务或要求清还账目。不管犯罪的这个人有多少财产，也不管他能不能交得起这么重的罚款，法律的目的就是让他完全破产。幸好，人民大众的道德水平还没下降到像法律制定人那样，所以我从来没有听说过有人利用这个条款。如果犯了这项罪名的人不能在三个月内交出所罚款项，就会被判处七年的流刑（古时的一种刑罚，把犯人遣送到边远地区服劳役），如果还没有到期就逃了回来，就要被当作重犯进行处罚，不能享有僧侣的特典（僧侣特典是指天主教僧侣犯罪被捕不受普通法庭审讯的特权）。如果船主知道有人犯罪了却不上报，要被处以没收船只和设备的刑罚。如果船长和水手知道有人犯罪了却不上报，要被处以没收所有动产和货物的刑罚，并处三个月的监禁。后来监禁的时间又更改为六个月。

为了要禁止出口，境内的羊毛贸易全部都受到了非常严苛、非常繁杂的制约。羊毛不能装在箱子内、桶内、樽里、盒子里、柜子里、包里，只能用布或皮革包起来，外面写着3英寸长的大字“羊毛”或“毛线”，否则货物及盛放货物的工具就要被没收，并且每磅罚款3先令，这笔罚金由货物的所有者或者是包装货物的人缴纳。除了在日出和日落之间的时段外，羊毛不能由马或马车搬运，也不能从和海相距5英里以内的地方经过，否则就没收货物和运送货物的车马。靠近海岸的各个郡都必须在一年内对于从郡内外经过而出口羊毛的人提出诉讼，如果羊毛的价值不到10镑，就征收罚金20镑，如果羊毛的价值在10镑以上，就征收相当于羊毛价格三倍或者诉讼费价格三倍的罚金。就像在盗窃和抢劫时的情况一样，对居民中任何两人交不出罚金，法院就必须通过向其他居民征收赋税来偿还。如果有人向当地官吏说情，希望可以降低或者免去罚金，将处五年的监禁；任何人都可以举报。这种法规适用于全国。

肯特及萨塞克斯二郡的制约条件更是繁杂。距离海岸10英里以内的羊毛所有者，必须在羊毛剪下后的三天内，以书面报告的形式把所剪下的羊毛的数量和放在什么地方呈报给最近的海关。在把其中的任何部分转移以前，又必须把羊毛的捆数、重量，购买者的姓名、住址，及转移地址，用同样的形式呈报给海关。在这两个郡内，所有居住在距海15英里以内的人，在还没有跟国王保证不会把这样购买到的羊毛的任何部分，再次销售给距海15英里以内的任何其他人以前，不能购买任何羊毛。如果没有做出这样的报告和保证，就把羊毛向海边运输，一旦被发现，全部羊毛将被没收，并对违反的人征收每磅3先令的罚金。如果没有做出这样的报告就把羊毛存放在距海15英里内，羊毛将被查封并没收；如果在查封后，有人要索回羊毛，那么他必须向国库做出保证，在败诉时，除了接受其他所有的刑罚外，还要多交三倍的诉讼费用。

我相信，在境内贸易遭受这样繁杂的制约时，沿海贸易也绝对不会很自由。拥有羊毛的人，要运送羊毛到海边的任何港口，以便从那里经过海上道路运送到其他港口，那么在他运送羊毛到达距离出口港5英里以内的地方之前，必须先到出口港呈报要运送的羊毛的包数、重量及记号，否则羊毛、马、马车或其他车辆就要被没收，并处以禁止羊毛出口的其他各种法律规定的罚金。但是，威廉三世一年（1689年）第三十二号法令看起来却又是那么的宽松，它说：“如果在羊毛剪完后的10日内，转移羊毛之前将羊毛的数量及放置的地点亲自向最近的海关呈报证明，就可以把羊毛从剪毛的地点运到家里。但是如果要再转移到其他地方，就需要在转移前三天，亲自向距离他最近的海关呈报他的想法。”向沿海运送的羊毛，必须保证从登记过的某个港口装船出海；如果没有当着官员的面装船，羊毛就要被没收，并要按照一般情况缴纳每磅3先令的罚金。

我国呢绒制造者为了要表明他们要求立法院颁布这种超出常规的制约和法令是完全合理的，竟然说英国的羊毛比其他国家的羊毛品质更好；说其他国家的羊毛如果不加入一些英国羊毛，就不能制造出任何质量不错的制造品；说精良呢绒只有用英国的羊毛才能织成；说英国如果能够完全禁止自己国家羊毛的出口，差不多就可以垄断全世界的呢绒业，就没有谁能和它竞争，英国就可以根据自己的意愿提高呢绒的价格，并在很短的时间内，通过最有利的贸易差额，让国家变得非常富有。就像很多其他被人们认为是正确的说法一样，这种说法也被大多数的人毫无理由地相信，并且一直相信到现在。但是，英国羊毛不但不是制造精良呢绒所必需的，而且完全不适合用来制造精良呢绒。精良呢绒全部都是由西班牙羊毛织成的。把英国羊毛掺杂在西班牙羊毛中进行织造，不但不能提高制造品的质量，还会在一定程度上降低呢绒的质量。

这种法规不仅让羊毛的价格低于在目前情况下它应该有的价格，而且比爱德华三世时的实际价格还要低很多。也许有人会认为，因为这样低廉的价格会妨害羊毛的生产，一定会导致它的价格上升到自然形成的合适价格，在年生产额上有很大的减少（就算和以前相比没有减少）。但是我总是认为，羊毛的年产额虽然会多多少少地受到这种法规的影响，但是受到的影响不会太大。因为牧羊者花费劳动和资本最想得到的并不是羊毛。与其说他是希望从羊毛上得到利润，不如说是希望从羊肉上得到利润。在大多数情况下，羊肉的一般平均价格可以弥补羊毛一般平均价格造成的不足。在耕作先进的国家，尽管羊毛价格降低了很多，但是却不会让商

工人正在梳理羊毛。羊毛的优劣取决于羊的健康、发育和身体；从某个方面来说，提高羊肉质量所需要注意的，也就能够提高羊毛质量了。

品年产额减少很多。但是，因为它提高了羊肉价格，所以可能会稍稍地减少人们对羊肉的需求量，从而稍稍降低羊肉的生产。但就算是这样，它的影响似乎也不是很大。

可能有人会认为，尽管羊毛价格的降低对于羊毛的年产量影响不是很大，但是对于羊毛的品质影响会非常大。也许有人认为英国羊毛的品质的低劣（虽然没有比从前更低，但是和现在的农耕条件下应该有的状态相比是低的），几乎是和它价格的低廉成比例的。羊毛的品质，由羊的品种、牧草及羊毛生产的整个过程中对羊的管理和清洁决定，而大家可以想象，牧羊者对这些事件的关注程度，又一定取决于羊毛价格对于羊毛的生产要花费的劳动和费用可以提供多少补偿。但是在很大程度上，羊毛的优劣取决于羊的健康、发育和身体；从某个方面来说，提高羊肉质量所需要注意的，也就能够提高羊毛质量了。所以，尽管英国羊毛的价格很低，但是它的品质就算是在18世纪也有了很大的提高。当然如果价格高一些的话，也许会让这种质量提高得更快一些；但是尽管价格低廉妨碍了羊毛质量的提高，却没能够完全阻止羊毛质量的提高。

我认为，这种条令对于羊毛年生产物在质量上的影响一定超过在数量方面的影响，但是，这种条令的影响还没有像预期的那样，对羊毛年生产数量和质量方面都产生深远影响。生产羊毛的人的利益虽然受到了一定程度的影响，但是总的来说，受到的影响没有想象中那么大。但是这也不能证明完全禁止羊毛出口是合理的，只不过是充分证明了对羊毛的出口征收重税是合理的。

一个国家的君主对于隶属于它的各个阶层的人民都应该公平的对待。为了一个阶级的利益而损害另一个阶级的利益，很明显是违反这个原则的——禁止羊毛出口的条令，恰恰就是为了制造者的利益而损害了生产羊毛的人的利益。

不论哪个阶层的人民，都有给君主和国家缴税的义务。每输出1托德（等于28磅，12.7公斤）的羊毛，需要缴纳5先令或者是10先令的税，就已经可以给君主提供很大的收入了。和禁止羊毛出口相比，这种征收赋税的方法，因为不会让羊毛的价格降低得那么厉害，所以对于生产羊毛者的利益损害也会少一些。对于制造商来说，它所提供的利益也已经足够了，因为虽然和禁止羊毛出口的情况相比，他需要用较高的价格购买羊毛，但是和外国制造商相比，他仍然可以1托德少付5先令或者是10先令。而且，外国制造商还需要支付运送费用和保险费用。这样看来，这种征收赋税的方法，既可以给君主提供很多的收入，又不会给任何人带来很大的不便。像这种的赋税已经是很难得的了。

精美的羊毛地毯。对于英国来说，外国市场上和本国市场上羊毛价格之间的差额，成了吸引羊毛出口的最大动力。

其实，虽然这种禁止羊毛出口的条令有非常

严酷的刑罚，但是却绝对不能禁止羊毛的出口——就像我们知道的，每年羊毛的输出量还是非常巨大的。外国市场上和本国市场上羊毛价格之间的差额，成了吸引羊毛出口的最大动力。这种吸引力如此巨大，以至就算是有严酷的刑罚进行禁止，也不能阻止羊毛的出口。这种违法的出口，除了让偷运者获益之外，对其他人是没有利益的。但是，通过征收赋税而让羊毛可以合法出口，既可以给君主提供收入，又因为可以免去征收其他更沉重、更麻烦的赋税，所以对国内各个阶层的人民都是有利的。

技术工人受法令限制不能自由行动。这个限制自由的法令与英国所标榜的自由国度显然是相抵触的。

煤炭既可以被当作工业原料，也可以被当作某些行业的工具，所以它的出口被课以高额的赋税——现在（1783年）征收的赋税是每吨5先令以上，或每焦尔伦（纽卡斯尔煤的衡量单位，根据不同地区相当于32~72蒲式耳）15先令以上。这在许多情况下，简直比炭坑所在地的煤炭价格还要高，甚至也比要通过港口运输的商品价格高。

但是对于真正的各个职业需要的工具的出口，并不是通过高额的关税来制约的，而是通过绝对禁止来制约的。威廉三世七年和八年第二十号法令第八条规定，用来织造手套和长袜的织机和机械是完全禁止出口的；否则的话，不仅要没收要出口的织机或机械，而且还会征收40镑的罚金——其中一半归国王所有，一半归举报人所有。同样，乔治三世十四年第七十一号法令规定，用在棉制造业、麻制造业、羊毛制造业和丝制造业上的所有工具都禁止出口；否则的话，没收全部货物，并征收200镑的罚金。明明知道某人犯了罪却不举报，同时还把船只提供给犯罪人使用的船长，也处以200镑的罚金。

当死的生产的工具的出口都受到那么严酷的处罚时，活的生产就更不能自由出口了。所以，乔治一世五年（1718年）第二十七号法令规定，所有诱使英国技术工人或者是制造业工人到外国去从事这个职业，或者是向外国人传授相关经验的，第一次犯法处以100镑以下的罚金和3个月的监禁，3个月内未缴清罚款将继续拘留，并一直拘留到缴清罚款为止；第二次犯法就根据法庭的意愿处以罚金，并处以12个月监禁，12个月内未缴清罚款将继续拘留，并一直拘留到缴清罚金为止。乔治二世二十三年（1749年）第十三号法令又加重了对这种犯罪的惩罚：第一次犯法处以500镑的罚金和12个月的监禁，12个月内未缴清罚款将继续拘留，并一直拘留到缴清罚金为止；第二次犯法处以1000镑的罚金和两年监禁，两年内未缴清罚款将继续拘留，并一直拘留到缴清罚金为止。

根据上面两个法令，如果某个技术工人已经被证明受到其他人的诱使或者是同意为了上面所说的各种原因而前往外国，那么这样的技术工人必须向法庭提出合乎规定的保证，保证不会再到其他国家去。在没有向国家提出这种保证之前，他会被监禁。

如果有哪一个技术工人居然私自出国了，并且在外国从事了这个职业或者是向外国人传授了相关的经验，那么他必须在接到英国的驻外公使、领事的警告，或当时阁员的警告后6个月内回国，并继续居住在本国；否则从那个时候开始，他对国内所有财产的继承权都将被剥夺，也不能成为国内任何人的遗嘱执行人或财产管理人，更不能继承、获得或购买国内任何土地。国王也将没收归他个人所有的动产和不动产，他将被当作外国人看待，不再享有国王的保护。

我国经常自夸说自己是热爱自由的国家，但是，这个规定和我们自夸的热爱自由是多么相悖啊！显而易见，这种情况下，我们热爱的自由，因为商人和制造业者表面上的利益而被牺牲掉了。

这些规定可以被人们称道的就是它们的出发点——拓展我国的制造业。但是它拓展所采用的方法并不是通过提升自己的制造业，而是通过阻碍周边国家的制造业，并竭尽所能地消灭所有可能和我国进行竞争的国家的制造业。我国的制造业者认为，他们理所当然应该单独占有自己国家同胞的技术和才能。通过限制雇用的人数、规定所有职业都需要有很长的学徒期，他们力图使各个行业的知识只有少数的人知道，而且还不希望这少数人中有人到外国去，把这些知识教给外国人。

所有生产的唯一目的和宗旨就是消费。只有当促进消费者的利益必须要考虑生产者利益的时候，生产者的利益才会被重视，也只有在这种情况下，才需要重视。这个准则是非常明白的，简直就不用证明。但是在重商主义下，消费者的利益几乎总是为了生产者的利益而被牺牲掉。重商主义似乎抛弃了消费，而是把生产当作了所有工商业的最终目的。

对于所有能和本国产物和制造品竞争的外国商品，都在进口时进行制约，很明显就是为了生产者的利益，而牺牲了国内消费者的利益。为了生产者的利益，消费者不得不承担起了这种垄断所造成的高出自然价格的那一部分价格。

针对本国某些生产物出口时发放的奖励金，也全部都是为了生产者的利益。发放奖励金不但对于国内消费者没有任何的好处，而且还不得不承受两个方面的损失：第一，不得不承受为发放奖励金而新征收的赋税；第二，不得不承受因为国内制造品的出口造成的国内商品减少，进而引起的商品价格上涨（国内消费者要承受的上涨的那一部分价格，甚至比要承受奖励金带来的赋税还要多）。

和葡萄牙签订的著名的通商条约，通过征收高额的关税，让我国的消费者不能向邻近国家购买我国气候不适合生产的商品。虽然明明知道比较远的那个国家这种商品质量比较差，但还是要向它购买。为了让我国的生产者可以在出口某几种商品到一个遥远的国家时保有一定的优势，国内消费者不得不忍受这种麻烦。因为这几种商品的强制出口导致的国内同种商品数量减少、价格上涨，多增长出来的那一部分价格也一定是由国内消费者承担的。

和我国其他所有的通商条例相比，我国美洲殖民地和西印度殖民地所确立的许多法律更加过分的，因为他们都为了照顾生产者的利益，而牺牲了国内消费者的利益。一个非常庞大的帝国（这里指的是殖民地帝国）建立起来了，不过它建立的唯一目的，就是形成一个消费者国家，使这个国家的人民只能向我国各个生产者的店铺购买我国能为他们提供的商品。我国生产者从这种垄断的贸易经营中得到的只是商品价格的稍微提高，但是我国消费者就需要

1851 年万国博览会上的英国宣传品。借助广大的殖民地市场，英国成为工业革命之后的世界强国，有“日不落帝国”之称。

承担维持、保卫这个帝国所需要的全部费用。为了维持并保卫这个帝国，我国在最近的两次战争中耗费了2亿镑以上，借债1.7亿镑以上，这还不包括两次战争之前的其他各次战争的费用。仅仅借的那1.7亿镑产生的利息，就不仅超过了殖民地贸易垄断经营所带来的利润，而且还超过了殖民地贸易所产生的全部价值，换句话说，比平均每年出口到殖民地的商品价值的全部还大。

谁提出了重商主义学说似乎不难确定。我相信，肯定不是消费者，因为消费者的利益完全被忽略了。提出重商主义学说的一定是生产者，因为这整个学说时时处处都在为生产者的利益考虑。但在生产者中，商人与制造业者又要算是设计者中的中流砥柱。在这一章所讨论的所有商业条例中，制造业者的利益受到了最全面的考虑和保护。消费者或者说其他各种生产者的利益，都被制造业者的利益牺牲掉了。

第九章

论重农主义，即政治经济学中把土地生产物看作各国财富的唯一来源或主要来源的学说

我觉得，关于重商主义的学说有详细说明的必要，但是，关于政治经济学中的重农主义学说，却没有详细说明的必要。

据我所知，世界上从来没有哪一个国家把土地生产物看作国家财富的唯一来源或主要来源。现在，它也只存在于法国少数博学多智的学者超脱世俗的思想中。对于一种从来、也可能永远不会让世界上任何地方受到损害的错误学说，当然没有大费周章讨论的必要。不过，我将竭尽所能地描述出这个学说的大概轮廓。

路易十四时期，有一个非常有名的大臣叫科尔贝尔。他诚实正直，博学多识，而且非常勤劳，对于检查公共账表经验非常丰富，且非常准确。总之，从各个方面来说，他都能让公共收入和支出井然有序。但非常不幸的是，这位大臣抱有重商主义的所有片面观点。重商主义学说从它的性质与本质来说，就是一种制约和管制的学说，所以，对于一个已经适应了分配各种公务、制定必要的惩罚和监管，从而让各个部分的事务不超过合理的范围，而又勤劳奋进的事务家来说，很难不投其所好。对于一个庞大国家的工业和商业，他采用了和照管各个公务部门一样的方法，也就是，他不让各个人根据平等自由、正义的计划，按照各自的方法追求各自的利益，却把超出常规的特权赋予某些特定产业部门，而对其他产业部门进行超过常规的制约。他不仅像欧洲其他大臣一样，更有力地促进城市产业的发展，而很少鼓励农村产业的发展，而且为了促进城市产业的发展，他还抑制农村产业的发展。为了让城市居民可以用低廉的价格购买到食物，从而促进制造业与对外贸易的发展，他对谷物的出口实行了完全的禁

工业革命之后，欧洲许多国家十分重视工业和城镇。类似这样遍布工厂的城镇成为国家政要关注的重点。

止，这样就让农村居民不能把他们生产的最重要的产业产品运送到国外市场上。这种禁令、原来各省颁布的禁止谷物在各个地方间运输的法令，再加上各个地方对耕作者强制征收的各种不合理的赋税，就抑制了这个国家农业的发展，使它不能达到按照天然情况下根据土地的肥沃程度和气候的优劣而应该发展到的程度。这种消极压抑的状态，在全国各地都能或多或少地感觉到，关于其原因也有许多人进行了专门的探讨研究。科尔贝尔鼓励城市产业发展超过鼓励农村产业的发展，似乎是原因之一。

谚语说，矫枉过正。法国各个提倡重农主义的哲学家，好像印证了这句话。科尔贝尔的政策高估了城市产业的地位，低估了农村产业的地位；重农主义者则刚好相反，他们高估了农村产业的地位，低估了城市产业的地位。

他们把在任何方面对一个国家的土地劳动年生产物做出贡献的人民分为三个阶级：土地所有者；耕作者、农民和农村劳动者——他们称这个阶级为光荣的生产阶级；工匠、制造者和商人阶级——他们这个阶级为无生产或非生产性阶级，从而表示这个阶级是不光荣的、可耻的。

土地所有者阶级，之所以会对土地年产物有所贡献，是因为他们有时会把金钱投在土地改良上，例如，花在建筑物、排水沟、围墙和其他各种对于土地的改良上。这些改良有

的是建造，有的是修补，但是所有这些，都可以让耕作者用同样的资本生产出更多的生产物，从而可以缴纳更多的地租。耕作者多缴纳的那一部分地租，就可以当成土地所有者投在改良土地上的资本的利润。在重农主义学说中，这种投在土地改良上的费用，被称作土地费用。

耕作者和农民之所以会对年产物有贡献，是因为他们为了耕作土地会付出一定的费用。在重农主义学说中，这种费用被称为原始费用及年度费用。原始费用包括农业用具、耕作用的家畜、种子以及至少在第一年度耕作的大部分时间（或者在土地有一些收获物以前）农民用于维持其家庭雇工和牲畜的费用。年度费用中包括种子、农具的磨损以及农民的雇工、耕畜和家人（家人中的某些人员可以被当成农业雇工）每年的维持费。交过地租后剩下来的那一部分土地生产物，需要足够补偿两个方面的费用：第一，应该足够补偿在合理的时间段，至少在他借耕的时间段内，他的全部原始费用并给他提供资本的一般利润；第二，应该足够补偿他全部的年度费用，并给他提供资本的一般利润。农民是依靠这两种资本进行土地耕作的，如果这两种资本不能正常地回到他的手上并为他提供资本的一般利润，那么和从事其他职业的人相比，他就没有和他们处在同等的地位上。从自己的利益出发，他一定会用自己最快的速度放弃这种职业，寻找其他职业。必须留给农民使他可以继续进行土地耕作的那一部分土地生产物，应该被当成农业耕作的神圣基金，如果地主侵害了这种资金，一定会减少自己土地的生产物，用不了多少年，就会让农民不但不能缴纳沉重的地租，而且也没有能力缴纳他本来就应该缴纳的合理的地租。归地主所有的地租，应该是把原来投到土地生产中的总生产物或者全部生产物的所有费用扣除之后，剩余下来的纯生产物。就是因为耕作者的劳动在扣除了所有投入的费用之后，还能够剩余下来这种纯生产物，所以在重农主义学说中，他们才被称为生产阶级。因为同样的原因，他们投入的原始费用和年度费用才会在重农主义学说中，被称为生产性费用，因为这种费用除了可以补偿它们自身的价值外，还可以让这个剩余下来的纯生产物每年都被生产出来。

所谓的土地费用，也就是地主投资在改良土地上的费用，在重农主义学说中也被称为生产性费用。所有这些费用和费用的一般利润还没有通过上涨的地租全部还给地主以前，这上涨的地租是神圣不可侵犯的，教会不应该征收什一税，国王也不应该征收赋税。否则的话，就会影响到土地的改良，从而影响教会以后什一税的增收，也会影响国王以后税收的增加。因为在良好的状态下，这种投入在土地上的费用，不仅会生产出自身的全部价值，而且还会在一段时间之后生产出纯生产物，所以，在重农主义学说中，它也被称为生产性费用。

在重农主义学说中，只有三种费用可以被称为生产性费用，即地主的土地费用、农民的原始费用和年度费用。除此之外，其他所有的费用和所有阶级的人民，就连通常情况下最被认可是从事生产性劳动的人，也因为上述原理被认为是完全非生产性的。

在一般人看来，工匠和制造业者的辛勤劳动是可以非常大地增加土地原生产物的价值的，但是在重农主义学说中，工匠和制造业者却被当作完全不能生产的阶级。根据重农主义学说的说法，工匠和制造业者的劳动仅仅只是补偿了雇用他们所花费的资本并提供了资本的一般利润而已。这里所说的资本就是雇主提前支付给他们的原材料、工具和工资，也就是雇主决定用来雇用他们并维持他们生活的资金。雇主提前把工匠或者制造业者工作需要的原材料、工具和工资租借或支付给他们，也同样提前把维系自己生活所需要的费用支付出来。通常，他提前支付的这种维持费，和他希望从产品价格上得到的利润是成一定比例的。如果产品价格不能够补偿他给自己提前支付的维持费，以及提前租借或支付给劳动者的原材料、工具与工资，那么，显而易见，他就不能补偿他所投下的全部费用。所以，制造业家所投资本产生的利润，并不像土地的地租一样，是扣除所有费用后剩余下来的纯生产物。和制造业者的资本一样，农民的资本也可以给资本的所有者提供一定的利润，但是，除此之外，它还可以给他人提供地租，制造业者的资本却不能。所以用来雇用并维持工匠、制造业工人的费用，只是能够维持自身价值的存在，但是并不能生产出任何新的价值。所以，它完全就是没有生产或者是不能生产的费用。相反，用来雇用农民或农村劳动者的费用，除了保持自身价值的存在外，还生产出了一个全新的价值——地租。所以，它是生产性费用。

和制造业资本一样，商业资本同样是没有生产或者不能生产的。它只能保持自身价值的存在，不能生产任何的新价值。它的利润也只不过是补偿了投资人在投资期间或得到报酬前为自身提前支付的维持费而已，换句话说，不过是部分地补偿了投资需要的费用而已。

小麦丰收的画面。对重农主义者来说，除了地主的土地费用，农民的原始费用和年度费用，除此之外，其他所有的费用和所有阶级的人民，就连通常情况下最被认可是从事生产性劳动的人，也因为上述原理被认为是完全非生产性的。

对于土地原生产物全年生产额的价值来说，工匠和制造业工人的劳动并不能让它有所增加。的确，他们的劳动会让土地原生产物中某一特定部分的价值有所增加，但是他们在劳动时需要消耗掉原生产物的其他部分。他们消耗掉的那一部分土地原生产物的价值，恰好等于他们让另一部分土地原生产物增加的价值。所以，不论在任何时候，工匠和制造业劳动者的劳动，都不能让土地原生产物的全部价值有任何的增加。例如，制造一对花边的人，有时可能会把价值只有1便士的亚麻价值提升到30镑。乍一看，他似乎是把一部分土地原生产物的价值提升

了约7200倍，但是实际上，他没有让土地原生产物全年产额的价值有任何的增加。制造这种花边，可能需要他花费两年的时间。在花边制造完成后，他得到的那30镑，也只是可以补偿他这两年中垫付的生活费用罢了。他每天、每月或每年的劳动让亚麻增加的价值，也只是补偿了他这一天、一个月、一年垫付的生活费用的价值。所以，不论在什么时候，他都没有让土地原生产物全年产额的价值有任何的增加。他不停地消费的那一部分土地原生产物的价值，总是等于他不停地生产出来的那一部分价值。被雇用来从事这种耗费巨大而又不重要的制造业的人，大

19 世纪繁忙的威尼斯港口。像威尼斯这样的商业国的存在，对其他国家的居民不仅有用，而且非常有用。其他国家的地主和农业耕作者本应该在自己国家内找到商人、工匠和制造业工人的，但是因为国家政策的某些缺陷，他们在国内找不到这些人。商业国的存在，让这些国家政策上的缺陷得到了一定程度的弥补。

多数都是穷困的。这种现象让我们相信，通常情况下，他们生产出来的制造品的价格，并不比他们生活所耗费的价值大。但是农民和农村劳动者的工作就不是这样了。通常情况下，他们的劳动在扣除用来偿还自身的全部消费价值和维持雇主的全部费用外，还会有剩余价值成为地主的地租。

工匠、制造业工人和商人，只能通过节省的方法来促进社会收入和财富的增加，或按重农主义学说的说法，只能通过制约自己的方法，也就是通过减少自己生活资料和资金一部分的方法，来促进社会收入和财富的增加。所以，如果他们不能每年节省下来一部分，如果不能每年减少自己的生活资料和资金，那么他们的劳动就不能让社会收入和财富有任何的增加。相反，农民及农村劳动者却可以一方面占有自己生活资料和资金的全部，一方面又增加社会的收入和财富。扣除提供给自己的生活资料外，他们的劳动每年还能产出一部分纯生产物。这种纯生产物的增加，一定可以让社会收入和财富增加。所以，在地主和农业耕作者占人口大多数的国家，例如法国和英国，可以通过辛勤劳动又不影响正常生活的情况下就变得富有；相反，在商人、工匠和制造业工人占人口大多数的国家，例如荷兰和汉堡，只有通过减少生活资料和资金而让国家变得富有。具体情况不同，利害关系就会不同，从而，国民的一般共性也不一样。在第一种国家中，宽宏大量、坦诚相待和友好相处，会成为国民一般共性的一部分。在第二种国家中，人们会讨厌所有社会性的娱乐和享受，心胸狭窄、人品低劣和自私自利会成为国民一般共性的一部分。

用来维持和雇用非生产性阶级（也就是商人、工匠和制造业工人阶级）的费用都是由其他两个阶级（也就是地主阶级和农业耕作者阶级）提供的。非生产性阶级工作的材料、生活的资料和资金、工作时需要消费的谷物和家畜等都是由生产阶级提供的。非生产性阶级所有要支付给工人的工资以及雇主的利润，最后也都需要由生产阶级提供。严格说起来，这些非生产性阶级雇用的工人和雇主，都是地主和农业耕作者的佣人。他们与家仆的区别，只是在于一个在户外工作、一个在户内工作，但他们都是仰仗同样的主人支付工资过活的。他们的劳动，同样是完全没有生产或不能生产的，同样不能让土地原生产物总额的价值有任何的增加——不但不能让总额的价值有任何的增加，相反还需要由这个总额支付它们的开销。

不过，对于地主阶级和农业耕作者两个生产阶级来说，这些非生产性阶级不仅有用，而且非常有用。正是因为有了商人、工匠和制造业工人的非生产性劳动，地主和农业耕作者才可以用较小量的劳动产品去购买需要的外国商品或者是本国生产物——如果他们尝试自己进口或制造这些商品，所要付出的劳动会多得多。正是因为有了非生产性阶级，地主阶级和耕作者才可以心无旁骛地耕作土地，而不用分心考虑其他事情。心无旁骛让耕作者可以生产出更多的土地原生产物。这更多的土地原生产物足够补偿生产阶级自己以及地主雇用并维持非生产性阶级的全部花费。商人、工匠和制造业工人的劳动，虽然从它自身性质来说是完全不能增加生产的，但是它通过这种方式间接地促进了土地原生产物的增加。他们的辛勤劳动可以让生产阶级专心致志地从事自己的职业，也就是土地耕作，从而增加生产阶级的生产能力。耕作土地这项业务，一次次地借助不以土地耕作为业务的人的劳动，而发展到了更加简单、更加优秀的地步。

不论从那个方面来说，制约或者妨害商人、工匠及制造业工人的产业，都不符合地主阶级及农业耕作者的利益。非生产性阶级越自由，他们之间各种职业的竞争越激烈，其他两个阶级就越可以用更低廉的价格购买到需要的外国商品及本国制造品。

制约其他两个阶级的发展，也绝对不符合非生产性阶级的利益。用来维持并雇用非生产性阶级的，是扣除掉维持农业耕作者需要的部分和维持地主阶级需要的部分后，剩下来的那一部分土地生产物。剩下来的这一部分土地生产物越大，就越能够促进非生产性阶级生活水平的提高。建立起完全合理、自由、公平的制度，是让这三个阶级同时发展到最繁荣程度最简单又最行之有效的方法。

在像荷兰和汉堡那样的国家，商人、工匠和制造业工人这一非生产性阶级占了国家人口中大多数，他们也是由地主及农业耕作者维持和雇用的。唯一的区别在于，为这些非生产性阶级提供维持和雇用费用的地主和农业耕作者离他们特别远，也就是说，他们是由其他国家的地主和农业耕作者提供工作原料和生活资料及资金的。

但是这样的商业国的存在，对其他国家的居民不仅有用，而且非常有用。其他国家的地主和农业耕作者本应该在自己国家内找到商人、工匠和制造业工人的，但是因为国家政策的某些缺陷，他们在国内找不到这些人。商业国的存在，让这些国家政策上的缺陷得到了一定程度的弥补。

对于这种商业国家的贸易和它所提供的商品征收高额的关税，从而达到损害或者是制约这种商业国家产业发展的目的，绝对不符合那些农业国（如果可以这样称它们的话）的利益。征收关税提高了这些商业国家商品的价格，对于要用来购买这些商业国家商品的农业国家的土地生产物来说，就相当于降低了其真实价值。这种关税产生的唯一作用，就是阻止了这种土地剩余生产物的增加，从而妨害农业国土地的改良和耕作。相反，允许所有的商业国家进行完全自由的贸易，就相当于提高了农业国土地剩余生产物的价值，鼓励了土地剩余生产物的增加，并从而成为促进土地改良和耕作的行之有效的方法。

这种完全的贸易自由，会在合适的时候给农业国提供它们缺少的商人、工匠和制造业工人，使它们的这类缺少得到最有利、最合适的补充。这也是最行之有效的方法。

随着土地剩余生产物的不断增加，到了一定时候，它所创造出来的资本一定会有一部分超过正常利润率下应该投资在土地改良和耕作上的资本。多出来的那一部分资本，就会自动在国内转投到雇用工匠和制造业工

随着农业国土地原生产物及制造品的不断增加，到了一定时候，它所创造的资本一定会有一部分超过正常的普通利润率下应该投在农业和制造业上的资本。

人上去。因为国内工匠和制造业工人可以在国内找到工作需要的原材料和维持生活的资料及资金，所以，就算他们的技术与娴熟程度都比较低，也可以立刻就像商业国家的同类工匠与制造业工人那样，用同样低廉的价格制造出商品，因为商业国家的工匠和制造业工人必须从距离自己很远的地方得到自己需要的工作原料和维持生活的资料及资金。在农业国工匠和制造业工人的技术和娴练程度还比较低的时候，当然会有一段时间不能像商业国的工匠和制造业工人那样，用同样低廉的价格生产出制造品，但是也许在农业国的国内市场上，他们可以用和商业国工匠与制造业工人同样低廉的价格销售他们的制造品，因为商业国家的工匠和制造业工人需要从很远的地方把他们的货物运过来。而且，当农业国工匠与制造业工人的技术和娴熟程度得到改进以后，他们很快就可以用更低廉的价格销售其制造品。于是，用不了多久，商业国的工匠和制造业工人就会在农业国遇到竞争对手，又用不了多久，商业国的工匠和制造业者就不得不把自己的制造品低价销售，从而被排挤出农业国的市场。随着农业国工匠技术和娴熟程度的逐渐改进，其制造品价格会越来越低廉，这将会在适当的时机让农业国工匠和制造业工人的制造品走出国门，也就是可以在很多外国市场上销售，并且用同样的方法，逐渐把商业国的许多制造品排挤出市场。

随着农业国土地原生产物及制造品的不断增加，到了一定时候，它所创造的资本一定会有一部分超过正常的普通利润率下应该投在农业和制造业上的资本。多出来的那一部分资本，会自动转投到对外贸易上，把超过国内市场需要的那一部分剩余的土地原生产物和制造品运送到外国去。就像农业国的工匠和制造业工人比商业国的工匠和制造业工人更有优势一样，在出口农业国的货物的时候，农业国的商人也比商业国的商人更有优势。在商业国的商人必须从遥远的地方寻找货物、原料和食品的时候，农业国的商人却可以直接在国内找到这些东西。所以，就算农业国商人的航海技术和娴熟程度都比较落后，他们也能够用同样低廉的价格在外国市场上销售他们的货物。如果农业国商人和商业国商人的航海技术和娴熟程度一样了，那么前者就可以用更低廉的价格销售他们的商品。所以，在这个外国贸易部门中，用不了多长时间，农业国商人就可以和商业国商人进行竞争，并在恰当的时机把商业国商人完全从这个商业部门排挤出去。

根据这个自由宽松的学说，一个农业国家要想培养自己国家的工匠、制造业工人和商人，最好的方法就是给所有国家的工匠、制造业工人和商人贸易自由的权利。这样，就可以提高本国土地剩余生产物的价值，并逐渐形成一种资金。这种资金在恰当的时机一定会培养出农业国需要的各种工匠、制造业工人和商人。

相反，如果一个农业国通过征收高额关税或者是禁止进口的方法限制外国商人进行贸易，那么就一定会在两个方面损害自己的利益：第一，征收高额关税会让外国商品和所有制造品的价格提高，从而会让用来购买这些外国商品的农业国土地剩余生产物的真实价值降低；第二，禁止外国商品的进口就相当于把国内市场的垄断权给了本国商人、工匠和制造业工人，这种垄断会提高这些产业的利润率，让它们高于农业的利润率，从而会从农业上吸走一部分的资金到工商业上去，或者是会把一部分原来准备投在农业上的资本吸引到工商业上去。所以，这个政策通过两种不同的方法损害了农业的发展：首先，让农产品的真实价值降低，从而也让农业的利润率变低；其次，提高农业之外其他所有产业的利润率。因为农业将成为利润比较少的行业，而商业和制造业将成为利润比较高的行业，从自身利益出发，每个人都会竭尽所能地把自己的资本和辛勤劳动从农业转投到商业和制造业上。

和实行完全的贸易自由相比，农业国家也许可以通过这种制约政策更快地（事还不是很确定）培养出本国的工匠、制造业工人和商人，但是这是用一种早熟的方法（如果这样说合适的话），在时机还没有完全成熟时过早地培养起来的。用过快的速度培养一种产业，结果就会抑制另外一种更有价值产业的发展。用过快的速度把一种只能补偿所投入资本并提供一般利润的行业培养起来，结果就会抑制另外一种除了补偿资本并提供资本的一般利润外，还能生产一个纯生产物作为地主自由地租的产业的发展。如果对于完全没有生产或者完全不能生产的劳动进行过多的鼓励，那么就一定会抑制生产性劳动。

至于根据重农主义学说、全部的土地年产物是怎样在上面所说的那三个阶级（地主阶级，耕作者、农民和农村劳动者，工匠、制造者和商人阶级）之间进行分配的，为什么非生产性阶级的劳动只能补偿它所消费的价值，而不能增加土地原生产物全年生产额的总价值，最早创立重农主义学说、渊博而独到的魁奈先生通过数学公式进行了表述。在所有的这些公式中，他对被命名为《经济表》的第一个公式尤其重视。这个公式，表明了在贸易最自由、最繁荣，土地年生产物可以提供最大量的纯生产物，各个阶级都可以在全部年生产物中得到应得部分的状态下，全部的土地年产物是如何在三个阶级中分配的。接下来的其他几个公式，又表明了在有着各种制约和法规，地主阶级或者非生产性阶级得到的利益比耕作阶级多，前两者吞掉了本应属于后者的一部分生产物的状态下，全部的土地年产物是如何在三个阶级中分配的。根据重农主义的学说，在贸易完全自由的状态下确立起来的自然分配，每被吞并一次，每被损害一次，都一定会一年比一年更厉害地让年产物的总价值遭到损害，从而让社会收入和财富逐渐减少。社会收入和财富逐渐减少的程度，一定会根据吞并的程度、根据贸易完全自由状态下确立起来的自然分配被损害的程度日益加剧。随后的一些公式，表明了和贸易完全自由状态下确立起来的自然分配被损害的程度相对应的社会收入和财富的减少

19世纪穿过乡村的铁路桥。更便利的交通方式可以将更多的土地剩余生产物运往他处销售，获得更多利润。

程度。

一些有自己独到见解的医生认为，一个人身体的健康只能通过食物和运动的正确养生方法来维持，如果稍微违背了这两种方法，就一定会根据违背程度的比例而引起相应程度的疾病。但是经验却经常表明（至少从表面上看），人类身体通常都可以在多种多样的养生方法下维持最健康的状态，甚至就算是在通常人们认为卫生条件并不好的地方，也可以保持健康的身体状态。实际上，人体本身就含有一种未知的保护力量，可以在许多方面预防并矫正不好的养生方法产生的不好结果。本身就是一个很有思想的医生的魁奈，对于国家似乎也持有同样的观点，他认为，国家只有在完全自由、完全合理的体制下，才能发展得繁荣兴盛。但是他好像没考虑到，在一个国家中，每个人为了改变自身处境而进行的自然努力就会成为一种保护力，可以在许多方面预防并矫正那些不公平、有制约作用的政治经济政策带来的不好结果。这种不好的政治经济政策，毫无疑问会妨碍一个国家变得富有繁荣的自然进步，但是它并不能完全阻止这种自然进步，更不能让一个国家后退。如果一个国家没有了完全自由和完全合理的体制，就不会变得繁荣兴盛，那么世界上就没有一个国家会繁荣兴盛了。幸好，就像在一个人的身体中，自然的智慧对于人类的懒惰和毫无节制的不良后果有了充足的准备一样，在一个国家中，自然的智慧也有充足的准备来应对人类的愚昧和许多不合理制度的恶劣影响。

重农主义学说最大的错误，在于将工匠、制造业工人和商人都当作没有生产或者是不能生产的阶级。这种学说的不恰当之处，可以通过下面的各种观点说明。

第一，重农主义学说也承认工匠、制造业工人和商人阶级每年都可以生产出他们自身消费的价值至少让他们可以继续从事那个行业，维持那个资本的存在。仅从这一点来说，称他们是完全没有生产或者是不能生产的阶级就是不合适的。仅生一子一女代替父母以延续人类的存在的婚姻，并没有增加人类的总数目，但是并不能因此说他们的婚姻是没有生产或者是不能生产的婚姻。的确，农民和农村劳动者阶级，除了补偿维持他们生活的费用、雇用他们的资财并提供一般利润外，还产出了一个纯生产物作为地主的地租。但是，就像生育了三个孩子的婚姻的确比生育了两个孩子的婚姻更有生产力一样，农民和农村劳动者阶级也只是比工匠、制造业工人和商人更有生产力而已。一个阶级更大的生产能力，绝对不能够让其他阶级成为没有生产或者是不能生产的阶级。

第二，只因为不能产出纯生产物，就把工匠、制造业工人与商人当作和家仆一样，也是完全不恰当的。家仆的劳动不能使雇用和养活他们资金持续存在。雇用并维持他们的生活的费用全部都是主人支付的，他们的劳动不具备补偿这种费用的性质。家仆的工作通常都是些做完立刻就会消失的事情，不能附着也不能体现在任何可以销售的产品上，从而补偿雇用和维持他们生活的价值。相反，工匠、制造业工人与商人付出的劳动却都会自然而然地附着并体现在那些可以销售的产品上。因此，在探讨生产性和非生产性劳动那个章节中，我把工匠、制造业工人和商人归到了生产性劳动者中，而把家仆归到了没有生产或者不能生产的劳动者中。

第三，不论根据哪种假设，认定工匠、制造业工人和商人的劳动没有增加任何的社会真实收入似乎都是不合适的。例如，就算我们假设（就像重农主义学说假设的那样）工匠、制造业工人和商人阶级每天、每月或每年消耗的价值，刚好等于他们每天、每月或每年生产的价值，那么也不能因此就断定他们的劳动没有让社会的真实收入、社会上土地和劳动的年产物有任何的增加。

拥护重农主义学说的人经常说，工匠、制造业工人与商人的消耗等于他们所生产的价值。在这样表述的时候，他们的意思也许是，用来供工匠、制造业工人与商人消费的收入等于他们生产的价值。如果他们的表述更贴切一些的话，也就是说，如果他们的表述是，这个阶级用来供自己消费的收入等于他们生产的价值，读者们也许更容易想到，这个阶级如果从自己的收入中节省一部分下来，一定会或多或少地增加社会的真实财富。但是，为了要表述得掷地有声一点，他们不得不按照现在这样表述。但是，就算事情真像他们假设的那样，也是非常不贴切的。

第四，农民及农村劳动者只有通过节俭，才能增加社会的真实收入及土地和劳动的年生产物，在这个方面，他们是和工匠、制造业工人及商人一样的。不论在什么社会，土地和劳动的年生产物都只能通过两种方法增加：第一，本社会中实际雇用的有用劳动的生产力的改良；第二，社会中实际雇用的有用劳动的量的增加。

有用劳动的生产力改进与否受两个因素影响：劳动者自身能力的提升，劳动者工作使用机械的改进。和农民及农村劳动者要进行的工作相比，工匠及制造业工人的劳动可以进行更精细的分工，每个工人要从事的工作就可以更加简单，因此在工匠和制造业上，这两个方面（劳动者自身能力和劳动者使用的机械）都可以提升和改进到比农民和农村劳动者更高的程度。所以，在有用劳动的生产力改造方面，耕作阶级和工匠及制造者阶级相比，并没有优势。

社会中实际可以雇用的有用劳动量的增加，完全是由雇用有用劳动的资本的增加决定的，这种资本的增加量又一定等于资本管理人和资本出借人从自己的收入中节省下来的数目。如果真像重农主义学说假设的那样，商人、工匠和制造业工人会本能地比地主及耕作者更加倾向于节省和存储，那么和地主及耕作者相比，他们就一定更能增加社会可以雇用的有用劳动量，从而更能增加社会的真实收入及土地和劳动的年生产物。

类似这样精美的瓷器，是中国出口的重要产品，广受欧洲人的欢迎。通常情况下，制造品体积小而价值大，从一个国家运到其他国家时可以比运送大部分的原生产物花费更少的费用，所以几乎在所有国家，它们都是进行对外贸易的主要物品。

第五，就算真像重农主义学说设想的那样，一个国家居民的收入全部都是由其国民劳动所能得到的生活资料组成的，那么在其他条件都一样的情况下，工商业国家的收入也一定远远大于农业国家的收入。和自己国家土地在当前的耕作状态下可以提供的生活资料相比，工商业国家可以通过工业和商业每年从其他国家进口更多的生活资料。虽然城市居民通常没有土地，但是他们可以通过自己的辛勤劳动吸引到大量的土地劳动原生产物。他们不仅利用这个途径获得工作原料，而且还利用这个途径获得用来购买生活资料的资金。城市与其周边农村的关系，通常情况下就相当于一个独立国家和其他独立国家的关系。荷兰就是利用这个方法从其他国家得到它需要的大部分生活资料的：它们从霍尔斯廷和日德兰获得需要的活牲畜，几乎从全欧洲获得谷物。因为少量的制造品就可以购买到大量的土地原生产物。所以，工商业国家只需要用少量的本国制造品就可以交换到大量的外国土地原生产物。相反，那些没有工商业的国家，却需要耗费大量的土地原生产物才能交换到少量的外国制造品。工商业国家出口的制造品只能维持少数人的生活，只可以供少数人使用，但是进口的却是可以维持大量人生活和使用的生活资料及消费品。没有工商业的国家出口的是可以维持大量人生活和使用的生活资料及消费品，但是，进口的却只是可以维持少数人生活和使用的生活资料及消费品。和自己国家土地在当前的耕作状态下可以提供的生活资料相比，前一种国家的居民可以享受到更多的生活资料，后一种国家的居民能享受到的却是数量少得多的生活资料。

虽然重农主义学说有许多缺点，但是在政治经济学体系下的众多学说中，这个学说也许是最接近真理的。因此，所有想要认真研究政治经济学原理的人，都需要认真地关注这个学说。这个学说只把投入到土地上的劳动看作生产性劳动固然是有些狭隘的，但是这个学说认为一个国家的财富并不是由不能消费的货币财富组成，而是由社会劳动每年再生产出来的可以消费的货物组成并认为完全的贸易自由是最大限度地增加再生产唯一有效的方法等论点，却是不论从哪个方面说都是公正的。拥护这种观点的人特别多，大多数的人都喜欢新奇的言论，从而显得自己的看法超出了一般人的理解。所以，重农主义学说标新立异地提出制造业劳动是非生产性劳动，也许是它赢得很多人拥护的重要原因之一。在过去数年间，这些拥护重农主义学说的人，竟然组成了一个非常重要的学派，并在法国的学术界获得了“经济学家”的称谓。他们出版的作品，把许多原来从来没有人深入研究过的问题摆到了公众面前，让大家讨论，并促进政府在一定程度上鼓励农业的发展，因此他们对于自己的国家的确做出了不小的贡献。因为他们的这种学说，法国农业原来遭受的一些压迫得到了解除：任何未来的土地购买者或所有者都不能侵犯的租期，已由9年延长到了27年；原来同一个国家不同省份间谷物运输所受到的限制已经完全废除了；在所有的情况下，都可以自由地出口谷物到外国去的规定也在王国的普通法中确立了。这个学派中，有不计其数的著作，不仅研讨真正意义上的政治经济学（也就是研讨国民财富的性质和原因），而且还讨论国家政府组织中各个部门。所有的这些著作，几乎都照搬了魁奈的学说。因此，他们的著作中，有很大一部分都是一样的。

近代欧洲奉行的政治经济学，相对来说都对制造业和对外贸易（也就是城市产业）比较有利，对于农业（也就是农村产业）比较不利。欧洲以外的国家则实行了另外一种政治经济学，也就是对农业比较有利，对于制造业和对外贸易比较不利。

中国实行的政策，就是在所有的产业中特别保护农业。在欧洲大部分地方，工匠的处境要比农业劳动者的处境好，但是，据说在中国，农业劳动者的处境远比工匠要好。在中国，每个人的欲望都是占有一些土地。据说，在中国，租借条件非常简单而合适，对于租借人来说又非常有保障。中国人比较轻视对外贸易。当俄国公使兰杰到达北京请求进行通商时，北京的官员就经常对他们说：“你们乞食般的贸易！”除了跟日本进行贸易往来外，中国人几乎完全没有自己或用自己的船只跟外国进行过贸易，就连允许外国船只进出的港口，也只有一两个。所以，在中国，对外贸易就被制约在了一个非常狭小的范围里，如果中国的对外贸易稍微自由一点，那么由本国船只和外国船只开展的对外贸易一定会大得多。

古埃及的财富建立在农业之上，因尼罗河流域肥沃的土地而繁荣。

因为通常情况下，制造品体积小而价值大，从一个国家运到其他国家时可以比运送大部分的原生产物花费更少的费用，所以几乎在所有国家，它们都是进行对外贸易的主要物品。而且如果一个国家的国内市场不能像中国那么广阔而有利的话，那么制造品也常常需要通过对外贸易进行销售。如果没有广阔的国外市场，那么在国土面积不大、只能提供狭小国内市场的国家（或者是因为国内某生产物不能自由销往国内各地，或者是因为国内各个地方间交通不方便的国家），制造业就不可能会有很好的发展。需要谨记的是，制造业是通过分工日臻完善的，而制造业所能实行的分工的细化程度，又一定是由市场范围决定的。关于这一点，我们以前说过。中国国土面积辽阔，人口数量众多，气候多种多样，生产物丰富多样，国内各个地方间水陆交通都很便利，所以仅这个国家的国内市场，就可以维持一个很大的制造业的发展，并且让制造业的分工达到一定的细化程度。从面积来说，中国的一个国内市场并不比全欧洲各国的市场小多少。如果除了国内市场，中国再拥有一个世界其他各个地方的国外市场，那么这个更广阔的国外市场，一定可以让中国的制造品大大增加，让它的制造业生产力大大提升。如果这种对外贸易中的大部分还由中国的船只负责经营，那么尤其会达到这种效果。而且，通过广泛的航行，中国人自然可以学到外国各种机械的使用方法和制造方法，以及世界上其他各个国家在技术上、产业上的改进。但是在中国现在的状态下，却是除了模仿它们的邻国日本外，再没有机会模仿外国从而改良自己了。

古代埃及和印度政府所实行的政策，似乎也是对农业比较有利，而对农业之外的其他产业比较不利。

在古代埃及和印度，人民都被划分成一些不同的阶级或者部族，按照由父亲传给儿子的方法，世袭某一个或者是某一种特定的职业。僧侣的儿子一定还是僧侣，士兵的儿子一定还是士兵，农业劳动者的儿子一定还是农业劳动者，织工的儿子一定还是织工，缝工的儿子一定还是缝工，以此类推。在这两个国家中，僧侣阶级的地位都是最高的，其次是士兵，而农民及农业劳动者阶级的地位都比商人及制造业者阶级的地位高。

这两个国家的政府都是特别重视农业利益的。古埃及国王为了让尼罗河的灌溉可以在各个地方间合理分配而建设的水利工程是闻名于世的；它的遗迹一直到现在也还是旅游者们赞叹的对象。古代印度的各个王公为了让恒河的灌溉可以在各个地方间合理分配而建设的水利工程，虽然没有古埃及的有名，但也是很伟大的。所以，这两个国家就算偶尔会有缺少粮食的情况，但是，总的来说，还是会因为生产大量的粮食而名扬天下。虽然这两个国家都是人口稠密的地区，但是就算是在收成一般的年份，也都会有大量的谷物出口到邻国去。

埃及和印度几乎完全是依靠外国航海业把它们的剩余生产物运送出去的。这种对于外国航海业的依赖，一定会制约国外市场，从而一定会阻碍剩余生产物的增加，但是对于制造品增加的阻碍一定会超过对于原生产物增加的阻碍。因为和土地生产物最重要的那一部分相比，制造品需要的市场要大得多。一个鞋匠一年可以制造300多双鞋，但是他和他的家人一年也许连6双鞋也穿不了。所以他至少还需要50个像他这样的家庭来购买自己的产品；否则，辛勤生产出来的产品就没有办法销售完。不论是在哪个国家，工匠（就算是人口最多的那一类工匠）在国家总人口中的比例，也很少有超过2%或者是1%的。但是，在英国和法国那样的大国，根据一些作家的统计，从事农业的人口占国家总人口的比为1/2，根据另外一些作家的统计，这个比例为1/3，据我所知，没有哪一个作家统计出来的比例是在1/5以下的。既然英国和法国的农产品主要是在国内消费掉的，那么这样算来，每一户农民只需要一户或两户，最多不超过四户像他一样的家庭来购买农产品，就可以把自己的农产品销售完。所以，和制造业相比，农业更能在市场比较小的恶劣条件下维持生存。的确，对于古埃及和古印度来说，狭小的外国市场，因为国内航运的繁荣和便利（对于本国的生产物来说，国内航运的繁荣和便利十分有利地开放了整个国内市场）得到了一定程度的弥补。而且，因为印度国土面积广

正准备去田里劳作的一对夫妇。为了促进农业的发展而特别重视农业，并制约农业以外其他产业发展的学说，最后产生的结果都会和它的出发点相悖，间接地妨碍它们本来要鼓励的产业的发展。

阔，所以它能提供的国内市场也非常大，足够维持许多种类的制造业的发展。但是因为古埃及国土面积比较小（没有英国大），所以不论在什么时候，国内市场也都比较小，不能够维持许多种类的制造业的发展。所以，孟加拉（印度出口谷物最多的一个地方）之所以引起人们的注意，与其说是因为它出口了很多的谷物，不如说是因为它出口了很多的制造品。相反，古埃及虽然也出口了一些制造品，尤其是精麻布，但是它最终还是因为出口大量的谷物而闻名遐迩——有很长的一段时间，它都是罗马帝国的粮仓。

中国、古埃及和印度各个时代的君主，全部或者大部分的收入都来自地租或者是地税。就像欧洲的什一税一样，这种地租或者地税也由包含了一定比例（据说是1/5）的土地原生产物构成，或者是直接用实物支付，或者是估算过价格之后用货币支付。根据每年农作物的收获情况的不同，这种地租或地税也是各不相同的。这样一来，这种国家的君王就特别重视农业的利益，因为他们年收入的增加还是减少，完全是由这一年的农业收成决定的。

不论对哪个国家来说，城市和农村之间的贸易都是最大、最重要的贸易。城市居民需要的工作材料及用来购买生活资料的资金，都需要依靠农村的原生产物进行供给；而把一部分适合现在使用的制成品，作为输送过来的农村原生产物的代价送还到农村。这两种人之间的贸易，说到底，其实就是一定数量的农村土地原生产物和一定数量的制造品之间的交换。制造品的价格越昂贵，土地原生产物的价格也就越低廉。不论在哪个国家，提高制造品的价格，就相当于降低了农村土地原生产物的价格，就会阻碍农业的发展。一定量的农村土地原生产物或者它的价格能购买到的制造品的数量越少，它的交换价值就越小，对地主改良土地和农民耕作土地产生的鼓励作用也一定越小。此外，不论在哪个国家，会让工匠及制造业工人减少的事情，就会让国内市场（也就是农业土地生产物所有市场中最主要的市场）缩小，从而阻碍农业的发展。

所以，为了促进农业的发展而特别重视农业，并制约农业以外其他产业发展的学说，最后产生的结果都会和它的出发点相悖，间接地妨碍它们本来要鼓励的产业的发展。从这个方面来说，重农主义学说造成的矛盾比重商主义造成的矛盾还大。重商主义学说尽管让社会上一部分资本从比较有利的行业转投到了利益比较少的行业，但是，它确实促进了商业的发展。而重农主义学说最终却阻碍了它想要促进的农业的发展。

这样看来，任何一种学说，如果为了要鼓励某种特定产业的发展就违反自然趋势，吸引超过正常情况下的资金流向那个产业，或者对某个特定行业的发展实行制约，违反自然趋势，迫使原来要流向它的资金流向其他产业，最后都会事与愿违，不能达到它想要达到的目的。这些做法只会减慢而不是加快社会变得富有的步伐，只会减少而不会增加土地和劳动年生产物的总价值。

任何特别鼓励或者是制约的政策一旦废除，最简单最纯粹的自由贸易制度就会自然而然地确立起来。在不违背公正的法律的前提下，每一个人都应该完全自由，可以用自己的方法追逐利益，并通过自己的辛勤劳动和资本与任何其他人或其他阶级进行竞争。君主们在履行监督、指导私人产业使它们符合社会利益的义务的时候，非常容易犯糊涂，并且这项义务要履行得恰如其分，恐怕不是人类的才智和知识可以完成的，所以，君主们应该完全放弃这种义务。根据自然的自由制度，君主需要履行的义务只有三项：一、保护社会，使它不会受到来自其他独立社会的侵害。二、竭尽所能地保护社会上的每个人，使他们不用受到社会上的其他个人的欺负或者是迫害，建立公正严明的司法行政机关。三、建设并维护一定的公共事业和公共设施。这种公共事业和公共设施的建设与维护，在由整个社会管理时，通常会足够补偿所投入的花费而且还会有节余。但是如果由某个个人或者少数人管理，那么就绝对不能补偿所投入的花费，所以绝对不适合任何个人或者少数人进行的。

要恰当地履行以上三种义务，肯定需要一定的费用；而这一部分的费用，肯定需要一定的收入来供给。所以，在下一篇，我将尽力说明下面几件事：第一，君主或国家需要的费用到底是什么，其中，哪些部分应该由全社会缴纳赋税支付，哪些部分应该由社会内特殊部分或者是特殊人员缴纳赋税支付；第二，应该由全社会支付的费用，应该用什么样的方法向全社会征收赋税，同时，这些方法的利弊分别是什么；第三，为什么近代各国政府都会用这种收入的一部分抵押借债，这种债务对于社会的真实财富和社会土地劳动年生产物有什么样的影响。

第五篇

论君主或国家的收入

第一章 论君主或国家的开支

第一节 论国防经费

君主的义务中，最重要的就是保护社会的安全，使它不至于遭受来自其他独立社会的压迫和侵犯。想要履行这种义务，必须借助军队的帮助。至于和平时期储备兵力、战争时期使用兵力的花费，则根据各个社会发展程度的不同而各不相同。

在最低等、最落后的狩猎民族中，人人都是狩猎者，人人都是战士。现在的美洲土著居民就是这样。他们依靠自己的劳动维持家庭生活，也依靠自己的劳动维持为了保护社会或为了给社会复仇而进行的战争。在这种情况下，本来就没有所谓的君主、国家一说，每个人也不需要为准备战争或者进行战争而承担任何费用。

就算是像鞑靼人和阿拉伯人那样比较进步的游牧民族，基本上也这样。在那种社会中，通常每个人都是游牧者，同时也是战士。他们通常居住在帐篷中或者是带有帐篷的马车中，没有

蒙古人居住的蒙古包，可以很快拆下来带走，适合游牧生活。

固定的住处。随着季节的变迁或者是其他偶发性事件的发生，他们每年都会让整个民族迁移。牲畜把这个地方的牧草吃完了，他们就换到另一个地方，那个地方的牧草吃完了，就再换一个地方。在干旱的季节里，他们迁移到距离河流比较近的地方，在阴雨连绵、潮湿的季节里，又搬回到地势比较高的地方。当面临战争时，他们不是把牲畜交给老人、妇女和孩子看管，也不是把老人、妇女和孩子扔在后面，既不提供保护也不提供给养。他们在和平的时候过的就是流浪的生活，所以，当面临战争时，他们每个人都很容易就可以成为战士。而且，他们在像军队那样战争和在作为游牧民族进行迁移的情况，虽然目的不同，但是生活方式却是基本相同的。一旦发生战争，他们就会全员参战，并且每个人都竭尽所能。我们经常可以听到关于鞑靼妇女参加战争的事。如果他们最后战胜了，那么敌方整个部族所有的一切就会成为他们的战利品；如果战败了，那么他们的家畜甚至是妇女孩子，也将会全部成为敌方的战利品。就算是战场上活下来的勇武强壮的战士，也不得不为了可以得到生活资料活下去而归顺征服者。其他的人，通常会被驱逐到四面八方，逃向荒无人烟的地方。

狩猎者的队伍通常只有二三百人。因为各个地方能够提供的生活资料非常不确定，所以，如果太多的人长时间在一起，一定没有办法维持下去。但是游牧者的队伍就不是这样了，他们有时会达到二三十万人。只要他们的迁移活动不受阻碍，可以从牧草吃完了的甲地区迁移到牧草充足的乙地区，那么在一起的人数似乎就可以毫无限制地增加。所以，虽然狩猎民族对于周围的文明国家没有什么威胁，但是游牧民族就是一个很大的威胁了。

现在，再说说相对更进步的农业社会。在纯粹的农业民族中，完全没有对外贸易，除了为供自己使用而在家中制造的简易用品外，就几乎没有其他的制造品了。他们每个人都是农业劳动者，但同时也是战士，或者说，很容易成为战士。夏天的时候，农业劳动者要顶着炎炎烈日，冬天的时候要冒着凛冽的寒风，这种艰辛的日常劳作，正好可以锻炼他们，让他们可以忍受战争的苦难。实际上，农业劳动中的一些工作和战争中的一部分艰难工作是非常相似的。例如，农业劳动者在土地上需要开凿沟渠的，有了这项本领之后，就让他们可以在战场上轻轻松松地建造战壕和围墙。前面说过，游牧民族在游戏的时候从事的活动也和战争时候非常像。虽然农民不像游牧人民那样有那么多的空闲可以进行游戏，从而为成为战士做充足的准备，也没有学到像游牧者那样的技艺，但是一旦他们拿起武器保卫国家的时候，却也不需要国家或君主花费多少资财。

不过，农业是有固定性的。就算是农耕文明程度最低、耕作方式最落后的农民，也一定要有一个固定的住处。一旦要放弃这个住处，就会遭受巨大的损失。所以，农耕民族进行战争的时候，就不能像狩猎民族和游牧民族那样全员出动了。他们至少要把老人、妇女和儿童留下来，照顾住处。但是，其他所有在服兵役年龄内的男人就需要全部上战场，对于比较弱小的民族更是如此。一般情况下，在服兵役年龄内的男子会占全部人口的1/4或1/5。如果战争开始于农作物的播种期后，结束于农作物的收获期前，那么，就算农民及其主要劳动者全都不在农场，也不会遭受太大的损失。在战争进行的这个时期内，虽然农业耕作上也有必须要进行的工作，但是出外征战的人相信，在家里的老人、妇女和孩子就可以把这些事情做好。所以，农业劳动者参加短期的战争完全可以不要报酬。他们成为战士，不需要国家花费资财进行训练；他们参加战争，也不需要国家花费资财进行维持。在战争发生以前，古希腊各个城邦的人们似乎

伯罗奔尼撒战争中对阵的军队。农耕民族不能像游牧民族那样全员动员，他们至少要把老人、妇女和儿童留下来，但是，其他所有在服兵役年龄内的男人就需要全部上战场。

就是用这种方式服兵役的。在伯罗奔尼撒战争发生以前，伯罗奔尼撒人也一直是按照这种方法服兵役的。根据修昔底德的观察：伯罗奔尼撒人通常在夏季的时候从战场撤离，回去收割农作物。罗马人在各国王单独统治时期甚至是在共和国初期，也都是采用这种方法服兵役。直到维伊之围以后，罗马统治者才开始把维持在前方作战的人的费用施加在那些留在家里的人身上。后来罗马帝国衰败了，在它的废墟上，又建立起了欧洲的各个王国。在这些王国，真正的封建法确立以前以及确立后的一段时间里，许多大领主和直接隶属于他的扈从，通常都是花费自己的资财为国王服务。就像在家庭中一样，他们在战场上也是用自己的收入维持自己；他们从来没有从国王那里得到过薪酬或军饷。

在更加进步的社会里，让参加战争的人用自己的资财维持自己，就是完全不可能的了。这有两方面的原因：一是因为制造业的发展；二是因为战争技术的改进。

对于参加远距离战争的农民来说，只要那场战争能开始于农作物的播种期之后，并在农作物的收获期前结束，那么他们在农业耕作上的这种中断，就不会对农业的收成有太大的影响。因为，就算他们不参加劳动，大自然也会替他们完成剩下工作中的大部分。但是，对于参加战争的一般技术工人来说影响就很大了。比如，铁匠、木匠、织工，他们一旦离开自己工作的地方，唯一的也是主要的收入来源就没有了。他们的全部工作都要依靠自己，大自然一点也帮不上他们的忙。所以，如果这种人服兵役，那么就没有办法自己维持自己，只能由国家供养。这样一来，如果一个国家中大部分的人民都是技术工人和制造业者，那么就只能从他们中间征集服兵役的人员，并在服兵役的时候由国家费用对其进行供养。

另外，战争的技术已经逐渐发展成为一种复杂高深的科学。战争的形式，已经不再是早期社会那种单纯随意的小战斗、小争夺；而且战争的时间也更不确定了，通常会接连进行几次战役，说不定每次战役都会持续大半年。这个时候，至少在战时，参加战争的人是需要依靠国家费用供养的。不论一个人原来从事的是哪种职业，如果要让他长期服兵役，还自己养活自己，那么对于他来说，都是一个沉重的负担。

在文明社会中，服兵役的人数和人民总数所成的比例，一定比其在没有开化的社会中小得多。在文明社会中，通常是由那些不是士兵的劳动者承担维持士兵生活的费用。这些劳动

者，通常不仅要维持士兵的生活，而且还要根据自己的身份维持自己和行政司法官员的生活。因此，士兵的人数就不能超过这些劳动者除了维持自身和行政司法官员外所能维持的人数。在古代希腊的小农业国，全国人民中有1/4或者1/5自称是士兵，随时都要投入到战争中。但是，在近代各个文明国家中，一般算来，士兵的人数不会超过总人口数的1%，如果超过了这个份额，就会因为负担过重而危害到国家的财政收入。

直到战场上的军队全部都由君主或国家供养了很长一段时间后，为了上战场而进行练兵的费用，才会成为国家的一项巨大支出。在这之前，这项支出形成的负担似乎并不是很沉重。古希腊各共和国的军事训练，是国家施加在每个自由人民身上的教育必不可少的一个组成部分。每个城市都有一个公共广场，各个科目的老师就在这个广场里，在国家官员的监督下对青年进行各种军事训练。所以，希腊各共和国虽然要承担为了战争而做准备的费用，但是也只是这种简单设施（广场）的维护费而已。古罗马在其竞技场中进行的训练与古希腊在其运动场中进行的训练有着同样的目的。虽然后来的各个封建政府也曾经为了这个目的而规定各个地方的人民必须练习弓箭，并进行其他各种军事训练，但是，最终因为任用的官员不够负责或其他各种原因，这种命令成了一纸空文。随着那些政府的覆灭，军事训练逐渐就在人民大众中停止了。

然而，在所有的技术中，战争技术的确是最高端的，所以战争技术改良进步的结果，必然是让这种技术成为所有技术中最复杂的。在某个特定的时期，战争技术能够发展到多么先进的程度，固然受决定于机械技术以及其他各种一定和战争技术相关的技术的状态，但是，要让它发展到那么先进的程度，还必须让战争成为某些特定市民主要或者是唯一的职业，和其他技术一样，战争技术的发展，也必须依靠分工。不过，其他技术的分工，是个人聪明智慧的必然结果，因为他发现，要增加自己的利益，与其同时从事几种职业，还不如专门从事一种特定职业。士兵这个职业从其他职业中脱离出来，成为一个独立的专门的职业，却不是某个人聪明智慧的结果，而是国家智慧的结晶。毫无疑问，如果有一个人在和平时期不期待国家的特别奖励，而把自己的大部分时间耗费在军事训练上，那么他一定可以在军事训练上取得长足进步，而且也将得到很多乐趣，但是这对于他的自身利益却是没有任何好处。只有国家的智慧才能让他从自己的利益出发，耗费大量的时间从事这个特殊的职业。但是，有很多国家，就算已经到

火器的发明对军队的好处

火器没有发明以前，一个军队的战斗力，取决于各个士兵使用武器的熟练程度和技巧。

以前，要学会一种技艺，只有个人独自进入某种特定的学校，向老师学习或者是跟那些技艺高超的同伴进行切磋。

火器发明以后，虽然体力和动作的灵活性、使用武器的熟练程度和技巧仍然有用，但是和以前相比，重要性就大大降低了。

新式的火器，虽然不能让不熟练的使用者和熟练的使用者展现出同等的水平，但是和以前相比，他们之间的差距却大大缩小了。

同时，使用这种新式武器所需要的所有技巧和熟练程度，可以通过训练让许多人同时学习，而不用再找私人老师。

士兵如何逐渐转化成市民的

隶属于皇帝陛下的那些常备军，他们多次违背皇帝的命令，简直成为危害皇帝的势力。

为了要减轻危害，皇帝把这个大部队拆分，分别驻守在各州的城市里，除非必须要用武力驱逐敌人，否则这些军队不准移动。

这些军队通常都驻守在商业或者是制造业城市中，所以，这些士兵慢慢转变成了商人、手工业劳动者或者是制造业者。

渐渐地，士兵身上市民的性质就比军人的性质多了。

各种样式火绳枪的雏形。在所有的技术中，战争技术的确是最高端的，所以战争技术改良进步的结果，必然是让这种技术成为所有技术中最复杂的。

了没有这种智慧就要灭亡的地步，往往也还没有这种智慧。

从事游牧活动的牧民有很多的空余时间，从事农耕业的农民有一部分的空余时间，从事手工业和制造业的工人则没有任何的空余时间。第一种人把大部分的时间花费在了军事训练上，第二种人花费了一部分时间在军事训练上，他们都不会因此而遭受太大的损失。但是，对于第三种人，情况就完全不同了。他每在军事训练上花费一个小时，就会遭受一个小时的损失。从自己的利益出发，他自然就会倾向于完全忽视这种训练。同时，技术进步、制造业进步，一定会让农耕业产生一些改良，从而让农民和工人一样，忙得没有空余时间，农民由此会和工人一样，自然而然地忽视军事训练，从而让国家中的大多数人都养成不好战的习惯。但是，在另一个方面，因为农业改良而增加的财富，或者说，因为这些改良而逐年积累下来的财富，又一定会引起周围其他国家的非分之想和侵犯行为的发生。实际上，勤劳而殷实的国家，通常最容易引起周围国家的侵犯。所以，如果国家不采取一些新的方法加强国防，人民形成的习惯，会让他们完全地失去保护自己的能力。

在这种情况下，国家想要加强国防力量，似乎只有采取两种方法：

方法一，颁布一种严苛的法律，抛开国民的利益、资质和兴趣，规定他们必须进行军事训练。所有在服兵役年龄内的人民或者是人民中的一部分，不管他们原来从事哪种职业，都必须要和士兵的职业在一定程度上结合起来。

方法二，国家雇用并供养一部分的人民，对他们进行不断的军事训练，从而让士兵这一职业脱离其他职业，明确地成为一种新的特殊职业。

如果一个国家采用第一种方法，那么，这个国家的兵力就是所说的民兵；如果采用第二种方法，那么这个国家的兵力就是所说的常备军。常备军唯一的职业就是进行军事训练。国家发放给他们的军饷，就是他们生活花费的主要来源。但是，民兵就另当别论了。对于民兵来说，军事训练只是临时性的职业，他们的生活花费还需要通过其他职业获得。民兵身上劳动者、手工劳动者、商人的性质比士兵的性质要多；对于常备军来说，士兵的性质又比其他一切职业的性质要多。这就是两种兵力在本质上的区别。

仅就民兵来说，也分了很多种类。有的国家对于保护国家的公民，只进行军事训练，却没有固定的军队编制（如果这样说合适的话），也就是说，在他们训练的时候，既没有分编成分别独立并可以区别的军队，也没有固定不变的长官。在古希腊和罗马各共和国时期，各国人民在家乡进行的军事训练大多数都是分散进行的，或者是和几个要好的同伴一起训练。在实际作战之前，他们不属于任何特定的部队。在其他国家，则完全不是这样。民兵不但要训练，而且还要编成固定的军队。在英国，在瑞典，甚至是在其他所有建立了这种不完全军事力量的欧洲近代国家，每个民兵都有自己固定隶属的军队，也有固定不变的训练长官。在战争的时候自然不用说。

火器没有发明以前，一个军队的战斗力，取决于各个士兵使用武器的熟练程度和技巧。体力和动作的灵活性尤其重要，通常会决定战斗的胜负。就和现在的剑术一样，使用武器的熟练程度和技巧不是可以许多人一起学成的。要学会这种技艺，只有个人独自进入某种特定的学校，向特定的老师学习或者是跟那些技艺高超的同伴进行切磋。火器发明以后，虽然体力和动作的灵活性、使用武器的熟练程度和技巧仍然有用，但是和以前相比，重要性就大大降低了。新式的火器，虽然不能让愚笨的使用者和熟练的使用者展现出同等的水平，但是和以前相比，他们之间的差距却大大缩小了。同时，使用这种新式武器所需要的所有技巧和熟练程度，可以通过训练让许多人同时学习，而不用再找私人老师。

决定近代军队战斗胜负的，与其说是士兵对武器使用的熟练程度和技巧，还不如说是军队的纪律、秩序和对命令的服从程度。近代的火器是有声音、有烟雾的，是随时（通常是在距离战斗正式开始还有很长时间的时候）都会让人在炮弹降临时突然死去的，也就是因为这样，通常战斗刚一开始，这种规律、秩序和对命令的迅速服从就会变得很难维持。如果是在古代的战斗中，情况就不同了。战场上除了人们的叫喊声之外，没有声音，没有烟雾，也没有看不见却会造成伤亡的因素。在可以导致人死亡的武器没有真实地接近自己以前，每个人都清楚地知道没有任何值得担心的事情。在这种情况下，只要是对于使用武器的熟练程度和技巧有很大的把握，那么就不但可以在战争刚开始的时候保持军队的规律、秩序和对命令的迅速服从，而且就

火器普及之后，决定近代军队战斗胜负的，与其说是士兵对武器使用的熟练程度和技巧，还不如说是军队的纪律、秩序和对命令的服从程度。

算是在整个战斗过程中，或者是战斗结束、胜负已分的时候，军队也不会非常混乱。总之，在这种情况下，要保持军队的规律、秩序和对命令的迅速服从比在前面一种情况下容易得多。不过，规律、秩序和对命令的迅速服从是只有在大部队的训练中才能形成的。

但是，不论民兵是采用什么方法训练的，训练好了的民兵通常都比不上训练好了的常备军。在使用武器的熟练程度上，一周或一月进行一次训练的士兵，肯定比不上每天或者是隔天进行一次训练的士兵。也许有人会说，近代士兵使用武器的熟练程度已经没有原来那样重要了，但是世人都承认的普鲁士军队的强悍战斗力（据说这种强悍的战斗力来源于训练的熟练程度），却表明就算是在现在，士兵使用武器的熟练程度也还是非常重要的。

一种士兵，每周或每月只需要听长官指挥一次，其余所有时间都归自己所有，可以自由处理自己的事务，不需要向长官报告。另外一种士兵，他的全部生活和行为都需要在长官的指挥下进行，甚至是每天的起床睡觉（至少在营房中）也要按照长官的命令进行。这两种士兵比起来，前一种士兵对于长官的敬畏程度和对于服从命令的迅速程度，是绝对不如后一种士兵的。所以，从持枪训练来说，也就是从操纵和使用武器来说，民兵通常不如常备军。从纪律性，也就是从迅速服从命令来说，民兵更是远远落在常备军后面。而在近代战争中，迅速服从命令的纪律性，比使用武器的技巧要重要得多。

不过，我们需要注意的是，不论是哪种民兵，只要经过了几次战争，都可以成长为一个很好的常备军。因为他们第一要每天训练使用武器，第二每天都不断地接受长官的命令和指挥，从而很快就会形成常备军那种迅速服从命令的习惯。不论他们在没有上战场之前是干什么的，只要经过几次战争，都一定会掌握常备军的所有优点。所以，如果美洲战争持续的时间再长一点，那么不论从哪个方面说，就都可以和常备军抗衡，因为他们在上一次战争中表现出来的战斗力和精神，一点也不比法国和西班牙最顽强的老兵组成的常备军差。

知道了民兵和常备军的区别，我们就可以根据历史事实证明，纪律性强的常备军和民兵相比，有着很大的优势。

据可信度很高的历史资料记载，马其顿国王腓力率领的军队是最早出现的常备军之一。他多次和色雷斯人、伊利亚人、色萨利亚人甚至是邻近的希腊各城市进行战争。一次次战争的结果是，他逐渐地把军队训练成了一个受过严格训练的常备军——这个常备军刚开始的时候可能只是民兵。即使是在和平时期（这样的时候比较少，就算有也很短），他也小心地把军队保存下来，不解散。后来，经过很长时间的激烈战争后，终于打败了希腊各共和国勇敢而精心训练的民兵，征服了希腊各共和国。接着，他开始攻打大波斯帝国。大波斯帝国那些瘦弱而训练不足的民兵很快就败北了，于是他征服了大波斯帝国。希腊各共和国和波斯帝国的覆亡，就是常备军和民兵相比拥有很大优势的明证。同时，这也是人类历史中有详细记录的最早的一次大革命。

迦太基的覆亡和取而代之的罗马的兴盛，是人类历史上的第二次大革命。这两个举世闻名的共和国的兴衰变化，可以用同样的原因解释。

从第一次迦太基战争结束到第二次迦太基战争开始，迦太基的军队一直都没有从战争中撤离，相继由哈米尔卡尔、他的女婿哈斯德拉巴和他的儿子汉尼拔三员大将率领。他们首先惩办了国内叛变的奴隶，然后平定了非洲叛乱的各个民族，最后又征服了西班牙大王国。等到汉

汉尼拔对于军事极为精通，他甚至曾经训练大象在战场上冲锋陷阵。

尼拔带领着军队准备从西班牙向意大利进军的时候，他的军队一定已经从这一次次的战争中受到了常备军应受到的严格训练。当时的罗马人虽然过得不是完全和平的生活，但是因为他们没有经历过真正的战争，军事训练难免会有些懈怠。所以，当罗马军队和汉尼拔的军队在特雷比亚、斯雷米阿以及肯尼等地开战时，是在用民兵和常备军抗衡。单从这一点来说，战争的胜负也就不言自明了。

对于罗马派去抵御侵犯的民兵来说，汉尼拔留在西班牙的常备军也同样具有这种优势，所以在汉尼拔的弟弟小哈斯德拉巴的指挥下，不到几年，常备军就把罗马的民兵全部从西班牙赶走了。

后来，国家没有给汉尼拔提供充足的供给。同时，随着经历的战争的增多，罗马的民兵也逐渐地成了训练良好、对武器操作娴熟的常备军。相比之下，汉尼拔所占有的优势越来越小。后来，小哈斯德拉巴认为自己需要奔赴意大利增援哥哥，于是他带领着几乎全部的常备军离开了西班牙。据说，在去意大利的途中，他们被向导带错了路。在陌生的国土上，他正犹豫着要不要去意大利的时候，又遭到了另外一支同样训练良好甚至更精良的常备军的袭击，结果全军覆没。

在哈斯德拉巴离开西班牙后，罗马大将知道剩下来和自己作战的都是些民兵，于是他 鼓作气打败了那些民兵，并且借助这些战争，让自己的军队完成了从民兵到训练良好、对武器操作娴熟的常备军的转变。后来，这支军队被派遣到非洲——驻守那里的也只不过是一些民兵。这时，从保卫迦太基的角度出发，汉尼拔的常备军被召回了。汉尼拔回到非洲，那些经历了数次败仗、四处流散的民兵被召集了起来，成了后来查马会战中汉尼拔军队的主要组成部分。于是，这两个对立大共和国的命运就这样决定了。

从第二次迦太基战争结束到罗马共和国灭亡，罗马的军队已经成了纯正的常备军了。当时，马其顿的军队战斗力很强，而且很英勇，敢和罗马军队开战。就算是通过一次次战争的胜利，军威已经达到顶点的罗马军队，也经过了大大小小的五六次战争，才征服了这个小小的国家。如果不是最后马其顿国王认输，这场战争恐怕还要更艰难一些。在古代文明程度已经很高的国家，例如希腊、叙利亚、埃及等国，它们的民兵对于罗马军队的侵犯，只是稍微地表示了一下反抗就屈服了；但是其他各个野蛮民族的民兵却是誓死捍卫自己的国家。米斯里德斯从黑海、里海以北各个国家带来的塞西亚或鞑靼民兵，是罗马在第二次迦太基战争后遇到的最强劲的敌人。帕斯阿及日耳曼的民兵，也很让人佩服。他们曾经和罗马的军队进行过几次战争，而且还取得了胜利。但是，总体来说，如果罗马的军队得到良好的指挥，这种民兵一般是不能取得胜利的。罗马人之所以没有彻底地征服帕斯阿和日耳曼，估计是因为当时他们觉得自己的帝国疆域已经够辽阔了，没有必要再多加这两个野蛮国家。

罗马军队纪律松散的原因是多方面的，但是纪律过于严苛恐怕是原因之一。在它们发展到非常强大的地步时，因为已经打遍天下无敌手了，所以盔甲被当作沉重的负担丢弃到了一边，繁杂的训练也被当作不必要的辛苦劳动而忽略了。另外，隶属于皇帝陛下的那些常备军，尤其是那些驻守边疆、用来防备日耳曼及班尼诺的常备军，简直成了危害皇帝的势力——他们多次违背皇帝的命令，自立将军。为了要减轻这些常备军的危害，据某些作家说，德奥克里希恩大帝（也有其他作家说是康斯坦丁大帝）首先把守卫边疆的常备军（通常是由两三个大军团组成）召回了内地，然后把这个大部队拆分成了很多小部队，分别驻守在各州的城市里，除非到了必须要用武力驱逐敌人的时候，否则这些军队不准移动。这些军队通常都驻守在商业或者是制造业城市中，所以，这些士兵慢慢地就转变成了商人、手工业劳动者或者是制造业者。渐渐地，士兵身上市民的性质就比军人的性质多了。这样一来，罗马的常备军就渐渐地懈怠了，逐渐地成为腐败、玩忽职守、纪律涣散的民兵了，等到日耳曼、塞西亚民兵侵犯的时候，西罗马帝国就无力抵抗了。那时，各个皇帝没有办法，就只有雇用日耳曼和赛西亚民族中的一部分民兵来抵抗另一部分民兵，结果也只是多维持了一段时间而已。西罗马帝国的灭亡，可以算是人类历史中保存有明确而详细记录的第三次大革命。这次革命胜败的原因就在于一个国家的民兵比另一个国家的民兵占有更大的优势。在这里，民兵打败的，都不是常备军，而是训练不足、纪律不够严明的民兵。希腊民兵打败了波斯民兵是这样，后来，瑞士民兵打败奥地利和勃艮第的民兵也是这样。

西罗马帝国覆亡后，日耳曼民族和塞西亚民族在它废墟上建立起了新的国家。这些民族迁移到新的住处后，他们的军队在一段时间内仍然可以保持民族的精神。这种军队就是由牧羊者和农夫组成的民兵。这些民兵在平时的时候就已经习惯了服从酋长，在战争的时候，更是由酋长带领着奔赴战场，所以他们是受过一定训练、拥有了一定纪律的。但是，随着技术的进步和产业的发展，酋长的权威逐渐降低，同时大多数人民能空出来接受军事训练的时间也越来越少了。于是，封建式的民兵训练就渐渐地废弛了，为了弥补这种缺陷，常备军就逐渐建立。而且，一旦建立常备军的方案被一个文明国家采用了，那么其他国家也会立即产生建立常备军的需要。因为他们知道，自己国家的民兵不能打败这样的常备军，只有也建立起常备军，才能守卫国家的安全。

一个从来没有参加过战争的常备军士兵，常常会和那些久经沙场的老兵一样有勇气。而且，在战争刚开始的时候，他们就有勇气兼能力和那些久经沙场，最顽强、最有经验的老兵一较高下。1756年，俄罗斯和波兰开战，俄罗斯军队所展现出来的英勇，几乎和当时欧洲最顽强、经验最丰富的普鲁士士兵不相上下。但是，在这之前的20年，俄罗斯都是天下太平，没有进行过任何战争的，所以当时军队中参加过战争的士兵，绝对不会很多。1739年，英国和西班牙的战争爆发，这次战争发生在英国安享了28年的太平之后。但是，这28年的安逸并没有让其常备军懈怠，在这次战争中，他们在最初的战斗中获得了惨烈的胜利，表现出来的英勇尤其突出。可见，长时间处于和平之中，会让长官们忘记他们的技能，但是却不能让正规而训练精良的常备军士兵忘记英勇的精神。

只有建立了纪律良好的常备军，一个文明国家才能抵抗外国的侵犯。同样，只有建立了纪律良好的常备军，一个相对落后国家才能立刻而且在一定程度上稳定。借助常备军的威力，可以把国家施行的政策推行到就算是帝国最偏僻的地区；可以让一向不知道政治为何物的国家维持一定程度的正规统治。所有认真考察过俄国彼得大帝变法图强所采取的措施的人，都一定会发现，在所有的改革措施中，变革的中心环节就是建设正规常备军。常备军是彼得大帝实施其他各种法令的保障工具。俄国从此以后享有的一定程度的秩序和和平，不得不说是受益于这种常备军。

从1653年到1658年，克伦威尔作为“护国公”在英国执政。

秉承共和主义精神的人，通常总担心常备军的存在会危害自由。不用说，如果掌握了兵权的人和国家宪法的维持没有必然的联系，那么的确存在这种危险。比如，恺撒大帝的常备军摧毁了罗马共和国；克伦威尔的常备军解散了英国存在已久的议会。但是，如果一个国家的兵权掌握在君主手中，在军队中担任长官的也是这个国家的达官贵人，换句话说，如果国家的兵力掌握在那些从自己的利益出发，必须支持文明权利的人手中，那么常备军对于自由是没有任何危害的。相反，说不定在某些情况下，还对自由有利。有了常备军的保护，君主通常就会觉得自己比较安全了，就不需要像近代一些共和国君主那样，监视市民们的动作（哪怕是很微小动作），时刻担心、猜忌市民会扰乱和平。一个国家行政长官的安全，只依靠达官贵人的支持是不够的。就算是达官贵人都愿意支持他，但是一般人民不喜欢他，那么他也难免会时时感到危险。哪怕只是很小的一个纷乱，也有可能在几个小时内就掀起一场大的革命。为了将这种大革命扼杀在摇篮中，防微杜渐，政府就会对即使很小的一个事情也动用全部权力，惩治骚乱，镇压所有表示不满或者是不平的活动。相反，如果一个国家的君主感觉到支持自己的不仅有可靠的贵族，而且还有训练良好的常备军，那么就算是面对最粗暴、最无理、最放肆的抗议，他也可以处之泰然，并且，因为他知道了自己的地位是安稳的，所以自然而然就会宽宏大量了。因此，这种简直可以称之为放肆的自由，只有在君主受到了常备军保护的国家里才会出现；也只有在这种国家里，才不需要为了公共安全而赋予君主一种压抑任何自由的绝对权力。

总之，对于君主来说，最重要的义务就是保护本国社会的安全，使它不至受到来自其他社

火器的发明引起了战争技术上的巨大变化。从防御角度，火器的大发展，使得类似英格兰迪尔城堡这样的中世纪城堡日益衰落。

会的压迫和侵犯。履行这种义务需要的费用，一定会随着社会的进步而越来越大。原来不论是在和平时期还是在战争时期都不需要君主支付费用的社会兵力，到了进步社会里面，就不仅在战争时期需要君主支付费用，而且在平时，也需要君主支付费用。

火器的发明引起了战争技术上的巨大变化。所以，和平时期训练一定数量的士兵、战争时期使用一定数量的士兵需要的花费都增多了。战争需要的武器和军需品的费用也同时增加了。和长矛及弓箭相比，短枪是更昂贵的武器；与弩炮和石炮相比，大炮和臼炮（口径大，身管短的一种火炮，因外形像石臼而得名）也是更昂贵的武器。近代阅兵式上消耗掉的火药，用了就不可能收回来，这更是一笔巨额的耗费。在原来的时候，阅兵式中投掷出去的长矛和射出去的箭，都可以很容易地收回来，因此耗费有限。更何况，和弩炮、石炮相比，大炮和臼炮不仅是更昂贵的武器，而且也是更笨重的武器，不仅制造起来要耗费很多资财，而且制成后，运往战场也需要花费很多资财。再加上，近代大炮的威力远远超过原来的石弩，因此，一个城市为了抵御这种攻击而建造防御工事（哪怕是只抵御几个星期的防御工事）就困难得多，而所耗费的资财也就多很多。不过，这还仅仅只是从防御大炮攻击一个方面说。其实，近代社会需要防御的武器还有很多，而增加的费用也就更多了。总之，社会的进步，一定会让国防费用增加。事物的自然进化一定会带来的结果（费用的增加）在这个方面，被战争技术上的大革命（好像是偶然间发明的火药引起的）促进了很多。

毫无疑问，近代战争花费在火药上的费用实在是太大了，但是，这却给那些能够承担这项巨大费用的国家提供了一种利益。不过，对一个国家有利的事情，对另一个国家有时是不利的。在古代，文明国家很难抵抗相对落后国家的侵犯；但是在近代，贫困国家却很难抵抗强国的侵略。火器的发明，乍一看似乎对于文明的延续和传播有害，但实际上，它对于这两个方面都是有利的。

第二节 论司法费用

君主的第二个义务，是保护社会中的每个人，使他不会受到任何其他人的欺负或者迫害。也就是说，要建立一个公正严明的司法行政机关。履行这项义务的费用，也因为时期的不同而存在差异。

在以狩猎为生的社会中，几乎没有什么财产，就算有，也只是价值两三天劳动的物品罢了。在那种社会中，当然不需要多么固定的审判官，或者是多么正规的司法行政机关。既然一个人没有财产，那么其他人最多也就是损害一下他的名誉或者是身体。而且，虽然被杀害、被殴打、被诽谤的人感到了痛苦，但是杀人者、打人者、诽谤者，并没有得到什么利益。如果损害的是财产，就不一样了。通常，被加害的人失去了多少的利益，施加伤害的人就可以得到多少利益。而因为财产关系引起的嫉妒、敌视和怨恨，经常成为损害他人身体或者是名誉的助力。但是，对于大多数人来说，这种助力并没有多大的作用，就算是最坏的人，也只是偶尔地受到它的影响。更何况，人类的天性就是追逐利益，助力引起的行动尽管可以一时地满足人们，但是因为缺乏持久的利益，所以人们通常会约束这种行为。就算社会上没有矫正不轨行为的司法官，人们按照自己的天性也还是可以安定地共同生活在一起。但是，富有人士对于财富的贪婪和欲望，贫困人士懒惰、厌恶劳动、贪图当前安乐的品性，却是可以成为侵害他人财产的动力的。而且，这种动力的作用更为稳定、影响应更为普遍。哪里有大财产，哪里就有大不平等。在一个非常富有的人身边，至少同时有500个穷人。多数人的穷困是少数人富有的前提。富人的富有会激起穷人的不满，穷困会驱使穷人、羡慕会煽动并蛊惑穷人，让他们侵害富人的财产。经由多年的劳动或者是几代人的劳动才积累起来的财富的拥有者，如果没有司法行政机关的保护，就不能高枕无忧。富人的周围随时都会有不可预知的敌人出现，就算是他没有激怒敌人，却也不能安抚敌人。他不想遭受这种敌人的不正当侵害，就只有依靠强劲有力的司法官的保护了。所以，一旦有了大财产，就一定会要求建立司法行政政府。如果是在那些没有什么财产，或者是顶多只有价值两三天的劳动物品的社会，就没有建立这种政府的必要了。

古巴比伦王国颁布的《汉穆拉比法典》。随着文明的发展，国家的行政司法权力也逐渐确立起来。

一个司法行政政府，首先必须得到人民的服从。通常，司法行政政府设立的必要性会随着财富价值的增大而增大。要使人民自然服从的原因，也随着财产价值的增大而增多。所有司法行政制度建立的前提条件是为什么人民会形成这种服从，具体地说，就是某些人强于其同胞的自然原因，一般包括以下四种。

第一种原因，是他们本身具有的优越性，例如，身体上的力量、容貌上的美丽、动作上的灵活，以及精神上的聪明、公正不阿、坚忍不拔和克己等。身体上的各种优越性需要由精神上的各种优越性来支持；否则，得到的权威就非常小。一个身体强壮的人，只依靠体力最多能让两个弱小的人服从他。一个聪明而道德高尚的人，却能够获得非常大的权威。但是，精神上的各种优越性是眼睛看不到的，有会引起争议的地方，也往往成为争议的对象。不论是在野蛮社会还是在文明社会，当制定等级和服从的法规时，为了方便，人们都不理会那些眼睛看不见的抽象品格，而是用那些可以看见的具体事物做依据。

第二种原因，是年龄上的优越性。年长者如果没有老到衰弱不堪，那么和那些身份、财产和能力都相等的年轻人相比，不论在什么地方，他都更受人尊重。在北美那些狩猎的土著民族中，身份和地位都是依靠年龄而存在的。他们称上级为父亲，称同级为兄弟，称下级为儿子。在文明富有的国家确定身份时，如果其他各个方面都相等，如果除了年龄再没有其他可以确定身份的标准，那么通常就用年龄规定身份。在兄弟姐妹中间，年纪大的占第一位。当继承父辈的遗产时，例如像荣誉称号这类不能分割只能归一人所有的东西，就通常归年纪大的人所有。年龄方面的优越性，是具体的、明显的，没有任何值得争议的地方。

第三种原因，就是财产的优越性。虽然富有的人不论在哪个社会都有很大的权威，但是，在富有程度最不平衡的游牧民族时期，富有的人却会有最大的权威。鞑靼族一个酋长拥有的牲畜通过生长繁殖，增加的牲畜足够养活1000人，而这些增加的牲畜除了用来养活这1000人外，也不会有别的用途了。因为，在他生活的那种没有开化的社会状态中，他不能用自己消费不完的原生产物交换到其他种类的制造品、小装饰品和玩具。那1000人，既然要由他养活，那么在发生战争时，也就必须得服从他的命令，在和平时期，也就不能不服从他的司法管理。因此，他就一定会成为他们的首领和法官。他得到酋长的位置，只是他的财产比其他人多带来的必然结果。在文明富庶的社会中，一个人和其他人相比可能拥有非常多的财富，但是借助着这巨大的财富，他可以支配的也许只有十几个人。通过自己财产的产出，可能他也能养活1000人，实际上也许真的养活了1000人，但是，这些人不论从他这里得到了什么都付出了相当的代价，如果没有得到相当的代价，他是什么东西也不会给他们的。所以，既然没有完全依靠他而生活的人，那么他的权威最多也就存在于那依靠他而生活的家仆中。即便如此，在文明富裕的社会中，财产形成的权威也仍然非常大。和年龄形成的权威、个人资质形成的权威相比，财产形成的权威通常大得多。这个事实，早已经是所有财产不平等社会中人们争相抱怨的对象了。狩猎民族社会，是社会的第一个时期，这个时期没有什么财产上的不平等。因为普遍的贫乏，形成了普遍的平等。年龄和个人资质的优越，形成了权威和服从的薄弱基础，也是唯一基础。游牧民族社会，是社会的第二个时期。这个时期，财产的不平等尤其严重，由财产而造成的权威也在这个时期达到了最大，从而，权威和服从的程度也在这时达到了顶峰。阿拉伯酋长的权威，已经非常的大了，但是鞑靼可汗的权威，则完全达到了专制独裁的程度。

第四种原因，是门第的优越。这种优越建立在祖辈财产优越的基础上。任何家族都是从古代继承下来的。虽然王公贵族的祖辈有更多的人知道，但是在数量上却并不见得比乞丐的祖辈多。一个家族世代相传的渊源，都是建立在财富，或者是伴随财富而产生的巨大声誉的基础上。暴发户的名声，不论在哪个地方都不如世家那样受人尊敬。人们憎恶篡夺者，而尊敬旧时的王族，在很大程度上都是源于人们看不起前者而仰慕后者的心理。对于一直指挥他的上级官员，军人通常会心甘情愿地服从，但是，一旦他的下级升到管理他的位置上，他就会不能忍受。同样，人们都愿意接受自己或者是自己的祖辈服从过的世家，如果原来不比自己优越的家门突然超越并可以支配他们了，那么他们就会愤愤不平。

既然显贵的门第建立在财产不平等的基础上，那么，在财产平等、家世也几乎平等的狩猎民族中，就根本不存在这样的显贵门第了。当然，即使是在那样的社会中，在拥有同样本领的情况下，睿智勇敢的人的儿子也能够比愚昧胆小的人的儿子受到更多的尊重。但是，这种差别是非常小的。我相信，世界上几乎没有一个大门第是仅靠智慧和德行维持家世荣耀的。

显贵的门第不但有在游牧民族中存在的可能性，而且也实实在在地存在过。既然他们通常不知道有奢侈物品，当然也就不会出现在上面花费资财的事情。所以，财富长久地保持在同一个家族手里的情况，在游牧民族中出现得最多。因此，所有借助祖先的权势荣誉而受人尊敬的家门，也在这个民族中出现得最多。

俄皇亚历山大一世与奥皇法兰西斯一世、普鲁士国王腓特烈三世在一起。传统的欧洲贵族不光拥有巨额财富，更愿意标榜他们的显赫门第。

很明显，门第与财富是让一个人比其他人地位高的两个因素，同时也是这个人成为达官贵人的因素。根据这两个因素，人类社会中自然而然就会产生权威，形成服从。可以说，这两个因素的作用，在游牧民族中发挥到了极致。拥有大量羊群的人或者是拥有大量牲畜的人，因为有大量的财富，而且有很多人靠他养活，所以受到众人的尊敬；他门第高贵，而且有荣耀的祖辈，所以受到人们的崇拜。结果，在同族的其他牧羊者或者是拥有牲畜的人中，他就拥有了一种自然的权威。和其他人相比，他可以团结更多的人为己所用，因此他的兵力也就更强大。当战争发生时，愿意团结在他的领导下，跟他一起作战的人就比愿意跟着其他人一起作战的人多。借助这样的门第和财富，他就自然而然地获得了这种行政权。不仅如此，因为和其他人相比，他可以团结并支配更多的人，所以，对于所管辖人员中危害他人的人，他就能够迫使其做出赔偿。因此，那些没有能力保护自己的人，自然都会向他寻求保障。任何人，如果觉得自己被其他人损害了，也自然会告诉他，希望他帮助解决。他对这些事情做出的处理和干涉，都更容易发挥效用，更容易让被告者服从。于是，借助门第和财富，他又自然地获得了一种司法权力。

门第与财富的作用

门第与财富是让一个人比其他人地位高的两个因素，同时也是这个人成为达官贵人的因素。根据这两个因素，人类社会中自然而然就会产生权威，形成服从。

比如在游牧民族中，拥有大量羊群或牲畜的人，因为有大量的财富，很多人靠他养活，所以受到众人的尊敬和崇拜。

结果，和其他人相比，他就拥有了一种自然的权威。他可以团结更多的人为己所用，因此他的兵力也就更强大。

借助这样的门第和财富，他就自然而然地获得了这种行政权。

因为和其他人相比，他可以团结并支配更多的人，所以，对于所管辖人员中危害他人的人，他就能够迫使其做出赔偿。

因此，没有能力保护自己的人，自然都会向他寻求保障。他对这些事情做出的处理和干涉，都更容易发挥效用，让被告者服从。

借助门第和财富，他又自然地获得了一种司法权力。

司法裁判上的腐败如何被改正的

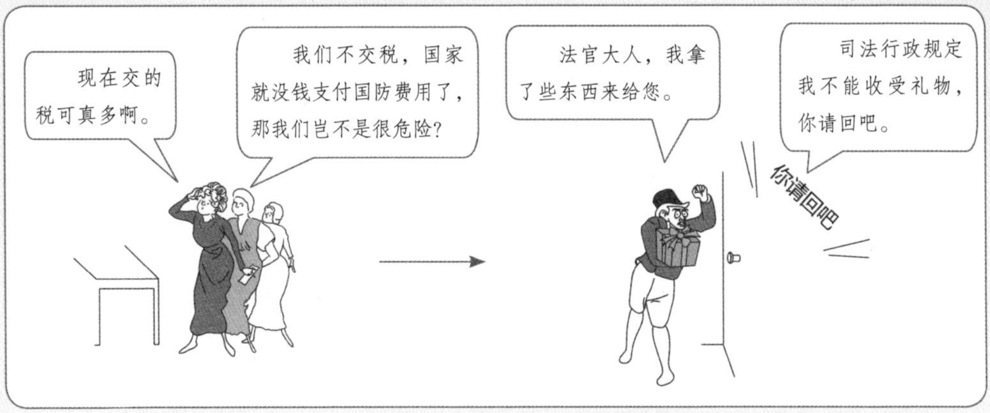

君主的收入不足以支付国防费用，为了自己的安全考虑，人民开始全额缴纳各种赋税，这时，司法行政规定，不管什么理由，不管是君主还是君主的代理者，法官一律不准收受任何礼物馈赠。

法官有薪酬，这薪酬可以补偿他原来通过收受礼物可以得到的份额。

同时，君主征收的赋税不但可以补偿他原来通过礼物而得到的经常性收入，而且还会有节余。

从此，裁判算是不收费了。由此看来，想要进行有效的规定是比较困难的，完全废除好像更容易一些。

君主的司法权力，不但不会花费他任何的资财，而且会成为一种长期的收入来源。要求他裁判的人，通常愿意给他一些酬劳——赠送的东西总是伴随着要求一起来。在君权确立以后，罪犯除了要赔偿给原告损失之外，通常还得给君主缴纳罚金。因为他给君主添了麻烦，骚扰了君主，破坏了君主的和平，所以对他征收罚金是他罪有应得。在统治亚洲的鞑靼政府和颠覆罗马帝国的日耳曼民族及塞西亚民族所建立的欧洲各政府，不论是对于君主还是君主下面的在各个部落、氏族或领地行使特定裁判权的酋长或诸侯来说，司法行政机关都提供了一个很大的收入来源。刚开始时，这些裁判权都是由君主或者是酋长自己行使的，但是因为感到不便，后来转为委托代理人，也就是执事或者是法官来行使这项权利。不过，代理人仍然有义务把裁判得到的利益交给君主或者是酋长。我们试着读一读亨利二世给巡回裁判官的训令就会明白，那些巡回裁判官在全国巡行的目的，只是为了代替国王取得一种收入。当时的司法行政机关，不但会给君主提供一定的收入，而且这种收入还是君主希望得到的主要利益之一。

这样一来，司法行政机关就成了一个敛财的工具了，结果，自然就会产生很多的弊病。例如，一个人如果在请求进行裁判的时候送来了比较贵重的礼物，那么他得到的利益可能就会超过公平情况下应该得到的；相反，一个人如果在请求裁判时送来的礼物比较轻，那么他可能就得不到公平情况下应该得到的利益。而且，为了可以多得到一些送来的礼物，行使司法权的人会把裁判日期千方百计地向后拖延；为了可以得到罚金，行使裁判权的人会把实际上没罪的人判定为有罪。只要我们一翻欧洲古代史，就会发现司法行政上的这种弊病是屡见不鲜的。

如果是君主或者是酋长自己滥用司法上的职权，那么不管滥用到了什么程度，都是没有办法矫正的。因为君主或者酋长是最有权势的人，没有人有资格责问他。但是，如果这项职权是由代理人行使的，那么就有可能得到矫正。如果代理人是为了自己的利益而滥用职权，那么君主可能会愿意惩罚他，或者是强制他改变错误。但是如果代理者这么做是为了君主的利益，也就是说是为了取悦那个任命他、重用他的人，那么在大多数情况下，就和君主自己滥用职权时一样，是没有办法矫正的。所以，所有野蛮国家的司法行政机关，尤其是原来建立在罗马帝国遗址上的欧洲各国的司法行政机关，在很长的一段时间里都处于非常腐败的状态，就算是在最好的国王当政的时候，也谈不上什么公正、平等，而在最坏的国王当政的时候，就更不用说了。

后来，在多种原因的作用下，这种司法裁判上的腐败终于从根本上改过来了。其中比较

拜占庭帝国的行政官员。随着国家制度的日益完善，行政、司法、税收等官员在国家中发挥了重要作用。

重要的原因之一就是国防费用的不断增加，使得归君主所有的土地收入不能够支付国家的行政开支了。为了自己的安全考虑，人民开始全额缴纳各种赋税，以满足国家的各项支出，这时，司法行政上赠送礼物的惯例才有了新的规定，也就是不管什么理由，不管是君主还是君主的代理者，法官一律不准接受任何礼物馈赠。由此看来，想要进行有效的规定是比较困难的，完全废除好像更容易一些。法官有薪酬，这薪酬可以补偿他原来通过接受礼物可以得到的份额；同时，君主征收的赋税不但可以补偿他原来通过礼物而得到的经常性收入，而且还会有节余。从此，裁判算是不收费了。

但是认真说起来，不论哪个国家，裁判都不能说是完全不收费的。至少，诉讼当事人也得给律师和辩护人员一些报酬；否则的话，他们就不会竭尽所能地进行辩护。把各个法庭中诉讼当事人每年支付给律师和辩护人员的费用加起来，恐怕比法官的薪酬还要多得多。虽然审判官的薪酬由国王支付了，但是不论在什么地方，诉讼事件的必要花费都没有大幅下降。不过，禁止法官接受诉讼当事人礼物的目的，与其说是为了减少诉讼费用，不如说是为了防止腐败。

法官是一个名声很好的官职，虽然报酬很少，但是仍然有很多人都想干。法官下面的治安官，工作麻烦，报酬几乎就没有，但是仍然有很多的乡绅，挤破了头也想要得到这个职位。把司法机关大大小小所有工作人员的薪酬和其他所有司法行政机关的费用加起来（就算是按照很奢侈的方法来计算），也只不过占了国家全部费用中非常小的一部分。这种情况在所有的文明国家都是一样的。

此外，法院的手续费已经足够支付裁判的全部费用了。这在司法行政上不会引起什么腐败的危险，而在国家的收入中就可以减少一笔支出（尽管很小）。如果法院的手续费归一个权力像君主那样大的人所有，而且组成了他收入的大部分，那么这种手续费就很难有效进行规定了。如果这项手续费不是归君主而是归审判官所有，那么就非常容易了。虽然法律通常不能让君主按照某个规定办事，但是它却可以让某个审判官按照某个规定办事。如果正确规定了法院手续费，并在诉讼的一定期间全部交到会计处或收支部门，待诉讼结束之后（不是诉讼结束之前）按照一定的比例分配给各个法官，那么和废除这种手续费相比，这种手续费的存在同样不会有引起任何腐败的危险。在不导致诉讼费用显著增加的情况下，这种手续费足够支付裁判的全部费用。如果在一个案件裁判结束之前，法官不能拿到这种手续费，那么这就会成为督促所有的法官勤劳办案、加快案件审理和最终裁决的一个有利因素。同时，法院的法官是非常多的，如果各个法官可以得到的手续费的份额是由他们在法院或裁判委员会审理案件的时间决定的，那么法官通过这种手续费中得到的份额就可以当作是对他勤劳办案的一种奖励。对于一个人的工作，最好是根据他办事的结果和办事的勤劳程度给予报酬。法国各高等法院也征收手续费。这手续费就在法官的薪酬中占很大一部分。从等级和权限上说，图卢兹高等法院是法国的第二大法院。这个法院的评议员和法官每年从国会中得到的纯俸禄，只有150里弗，约合6英镑11先令。这个数额，和当地7年前一个侍者一年的工资是相等的。这种法官就是按照勤劳程度获得手续费的。勤劳的法官虽然得到的薪酬仍然有限，但是数量已经不少，至于懒惰的法官，除了那少得可怜的俸禄，就几乎没有任何其他收入了。从各个方面来说，这种高等法院也许不是最方便的法院，但是它却从来没有受到过人们的责难，好像也从来没有人怀疑它腐败。

英国各法院的主要费用，刚开始的时候可以说是由手续费支付的。因此为了得到更多的费用，各个法院都尽可能地招揽诉讼；也因此，就算是某些不一定要由这个法庭审判的案件，如果到了这个法庭，它也乐于进行审判。例如，专门为审理刑事案件而建立的高等法院，也接受民事案件。这是因为本来对于被告的不法行为，原告是可以进行民事诉讼的，但是当听说刑事裁判效率比较高而且公平时，他就诉讼说被告犯了更重或者是更轻的罪，从而请求刑事裁判。又比如，王室特别法院的设立，本来只是为了审理国王收入或者是强迫别人偿还对国王的债务的。但是后来，所有契约上的债务诉讼它都受理。这是因为原告通常会说，就是因为被告不偿还自己的债务，所以自己才没有办法偿还国王的债务。同一个诉讼事件，原告想要委托给哪个法庭可以自由选择，所以，各个法庭要想为自己招揽到更多的案件，就只有在案件审理上做到快速而公平。现在英国的法庭制度是值得夸赞的，但是，这种优秀恐怕在很大程度上要归因于原来各个法院、法官间的竞争。他们之间的竞争越激烈，那些不正当的行为就越能够依法用最快的速度进行补救。对于违反契约的行为，普通法院只不过是要求赔偿损失，但是大法官高等法院却会判处对契约进行强制履行。如果一个人破坏契约，不肯偿还货币，那么唯一有效的方法就是责令他偿还。在这种情况下，普通法院当然可以补救；但是如果一个租地人控告地主非法夺回了自己租用的土地，那么他收到的赔偿金就绝对不能和被夺去的土地的占有权相等，在这种情况下，就要对契约进行强制执行，换句话说，这种案件，就不得不转移到大法官高等法院进行审理。这样一来，普通法院就会遭受到不小的损失。为了要把这种案件招揽到自己这里进行审理，据说，普通法院发明了一种人为拟定的放逐令状——这种条令状对于那些被通过不正当手段剥夺了土地占有权的事件，是最有效的补救方法了。

英王约翰像。正是在他在位的时候，诞生了《大宪章》，在历史上第一次限制了封建君主的权力，日后成为英国君主立宪制的法律基石。

但是，不论司法行政费用是不是由司法行政部门自给自足，也不论司法人员的薪酬是不是由其他财源支付，总之，对于这个财源的管理和薪酬的支付，都不用再交给行政当局了。这个财源有的是来自地产的地租，既然法院依靠地租维持，那么对于地产的管理，就不如由各个法院自行进行；也有的来自一定数额的货币利息，既然法院依靠利息维持，那么贷出这些货币的责任，也就不如让各个法院自行承担。苏格兰有一种巡回法院，这种法院法官的一部分（只是很少的一部分）收入，就是来源于一定数额的货币的利息。但是，像这种财源是非常不稳定的。用这种不稳定的财源承担应该永远维持下去的机构的费用，似乎是不太合适的。

司法权脱离行政权而单独存在，是社会进步、社会事务增加的必然结果。随着社会事务的日益增多，司法行政成为一项纷繁复杂的任务，而承担这项任务的人就没有精力再关注其他方面的事情了。同时，行使行政职责的人因为没有空闲处理私人诉讼事件，于是就把这些事件交给代理者处理。当罗马帝国兴盛时，执政官日理万机，很难有时间过问司法审判，于是，就任命代理人代替自己行使这种职权。罗马帝国覆亡后，它的废墟上建立起了欧洲的各个国家。这些国家的君主或者大领主，都把自己执行司法权当作是一件太烦琐而有失身份的事情。为了摆脱这项任务，他们都委托代理人或者是法官代替自己去行使这项权力。

如果司法权和行政权没有分离，那么公正很容易就会被人们通常所说的政治势力牺牲掉。承担着国家重任的人，就算是没有什么腐败的想法，也总会觉得为了国家的重大利害关系，有时有必要牺牲个人的权利。但是，每个人的自由（每个人对于自己所抱的安全感）都依赖公正的司法行政进行保护。为了要让每个人都觉得自己的所有权利有足够的保障，司法权不但有和行政权分离的必要，而且有完全脱离行政权而单独存在的必要。法官不应该由行政长官随意罢免，法官固定数额的薪酬也不应该随着行政当局的意愿或者是经济状况的变化而发生变化。

第三节　论公共工程和公共机关的费用

君主和国家的第三种义务就是建设并维护一定的公共工程和公共机关。对于一个大社会来说，这种公共工程和公共机关当然是大有好处的。但是从它的性质来说，如果这种事业由某个人或者是某几个人来办，那么所得到的利润就绝对不能补偿所投入的费用。所以这种事业不能希望由某个人或者少数几个人创建或维护。随着社会发展时期的不同，完成这种义务需要的花费也各不相同。

对于前面所说的国防和司法行政两个方面，都必须建立公共工程和公共机关。此外，和这种性质相似的，例如为了方便社会商业，促进人民的教育，也必须有这种公共工程和公共机关。教育上的设施，大致可以分为两种：一种是用于青年教育的设施，另一种是用于所有年龄人民的教育设施。上面各种工程、各种机关所需要的费用的支付，都应该采用最合适的方法，这些方法可以分为下面三项进行研究。

第一项　方便社会商业的公共工程和公共机关

方便一般商业的公共工程和公共机关

一个国家商业的兴旺繁荣，有赖于通畅的道路、桥梁、运河和港湾等交通设施的建设。很明显，这种设施的建设和维护，根据各个社会发展时期不同，花费也不同。一个国家建设和维护公路的费用，一定随它土地及劳动年生产物的增加而增加，换句话说，一定随着公路运输货物的数量和重量的增加而增加。桥梁的承载能力，一定要符合经过它的车辆的数量和重量；运河的深度和水量，也一定得符合在河上来往的货船的数量和吨位；而港湾的广阔程度也一定得符合停靠在其中的船只的数量。

这类公共工程的建设费用，似乎不是必须要由通常所说的国家收入支付，或者是从行政费用中支出（许多国家都把这种费用的征收和使用交给了国家行政机关）。只要管理得恰当，这种费用中的大部分，都可以通过它本身提供的额外收入而供给，没有必要增加社会的一般负担。

例如，在大多数情况下，公路、桥梁、运河的建设费和维护费，都可以通过对来往车辆、船舶所征收的小额通行税而获得；港湾的建设费和维护费，都可以通过对在此装卸货物的船只所征收的小额港口税获得。此外，为了方便商业而存在的铸造货币的设施，在许多国家不但不需要君主支出费用，而且还可以给君主带来一笔小收入。还有，同样为了方便商业而存在的邮政局，现在在所有的国家都不但能够维持自己的运营，而且可以给国家提供一笔很大的收入。

车辆通过公路或桥梁，船舶通过运河或港口时，如果都按照重量或吨位的一定比例征收通行税，那么这通行税就可以说是按照它们对所使用的公共设施造成的损耗而支付的维护费。要维护这种公共设施，似乎没有比征收通行税更公平的办法了。这种通行税虽然由贩运商人缴纳，但他只是暂时垫付罢了，最后还是会添加到货物身上，由消费者支付。因为有了这种公共设施，货物的运费大大降低了，消费者虽然承担了通行税，但是和没有这种公共设施，也没有通行税时相比，他还是可以用更低的价格购买到货物。因此，对于最后承担了通行税的消费者来说，通过支付通行税获得的利益比由此遭遇的损失多得多。他的支出恰和他得到的利益成比例。实际上，他支出的只不过是利益中一部分罢了，他必须舍弃所缴纳的通行税那一部分，从而保留剩余部分。

公路、桥梁、运河等的建设和维护如果由使用它们的商业支付费用，那么这种设施就一定会建在商业需要的地方，因此也就只会建在适合建设的地方。此外，建造的花费、建设的宽敞和华丽程度，要看商业能不能承担得了，也就是说看适不适合建设。宽广的大道不可能建设在没有任何商业的荒凉国家内，也绝对不可能仅仅为了顺畅地到达州长或者是州长想要谄媚的某个大领主的农村别墅而建设一条宽广的大道。同样，也绝对不会仅仅为了方便一个人出行，或者是为了装饰附近某个宫殿临窗眺望的风景而在河上建起一座大桥。不过，如果这笔建设和维护的费用不是由公共设施本身提供而是由其他的国家收入提供，那么这种情况偶尔也会发生。

一个国家商业的兴旺繁荣，有赖于通畅的道路、桥梁、运河和港湾等交通设施的建设。

在欧洲的许多地方，运河通行税或水闸税都是个人的私有财产，为了保持这种利益，他们就不得不全力地维护这条运河。如果不对运河进行维护和整修，当然就不能行船，那么经由通行税可以得到的利益也就全部没有了。所以，如果完全让那些和自己没有利害关系的委员们支配运河的通行税，那么他们对于可以产生通行税的公共设施的维护，就一定不会像拥有运河通行税或水闸税的人那样用心。

运河的通行税可以赠给某个人，作为他的个人收入，但是公路的通行费却不行。因为，如果运河不进行维护和整修，船只就不能航行，但是公路就算不进行整修，也绝对不可能出现不能通行的情况。所以，公路通行税的收取人，即使是从来也不对公路进行整修，这条路还是可以给他提供同样多的通行税。所以，维护这种公共设施的通行税应该由委员会或者是管理者管理。

在英国，就有专门的管理委员会对公路通行税进行管理和使用。该委员会对于通行税的管理和使用上的很多弊端，经常被人们所责难，在许多情况下，这种责难也是非常公正的。据说，在征收通行税的那些道路中，有很多通常是用非常粗劣的方法完成的，还有许多道路甚至都没有全部完工。但是，我们需要注意的是，用通行税充当公路维护费用的方法确立的时间并不长，所以，就算没有做到完美也是很正常的。卑劣的人为什么经常被任命为管理者？为什么没有设立一个监督处或者是会计处对他们的行为进行监督制止？这所有的不足都可以用一件事情解释和说明，那就是用通行税维护公路的制度还处于初创时期，再经过一些时间，议会一定会逐渐采取明智的措施对这些弊病进行矫正。

英国各种征收通行税的道路所征收到的货币，实际上远远超过了修补道路需要的数额。根据几个大臣的调查，多出来的数额如果妥善保管，那么就可以充当日后出现紧急情况时的一个大财源。有的人认为，和由管理者经营相比，征收通行税的道路如果由政府经营，就可以花费更少而收效更大。政府可以让士兵修补道路，因为士兵本来就已经有正式的军饷了，所以只需要再稍微多给他们一些薪酬就行了。但是管理者修补道路可以雇用的工人都是工资劳动者，他们的生活资料全部都需要从这份工作中获得。所以有人认为，通过这种方式经营收费公路，政府可以不用增加人民的负担而立刻就增加50万镑的大笔收入；收费公路就会和现在的邮政一样，如果管理得法，会成为国家一般收入的一个来源。

就算政府通过经营收费公路获得的收入没有刚开始拟订这个计划时那么大，但是，毫无疑问，一定会有一笔大收入。但是，这个计划本身也是有非常大的弊病，足以引起人们的反对的。

第一，如果一个国家把从道路上征收的通行税当作应付紧急情况的财源，那么，这种通行税就会随着想象中需要程度的增大而增大。如果英国真的施行这种政策，那么征收的通行税一定会非常迅速地增加。既然这么容易就能够得到一笔很大的收入，那么国家一有困难就会想到这个来源。不知道现在施行的通行税能不能省出50万镑，但是毫无疑问，如果这个通行税增加两倍，一定能省下来100万镑；如果增加三倍，一定可以省下来200万镑。而且，征收这样一大笔收入，并不需要任命一个新的收税官。但是，最初建立通行道路的初衷是为了方便国内的一般商业，如果通行税不断地增加，那么原来打算提供给商业的便利，就会成为商业发展的一个妨碍。既然国内从一个地方运送到另一个地方的笨重货物的运输费迅速增加，那么这种货物的生产就会受到很大的妨害，而本来国内最重要的产业部门说不定就会因此而完全消失了。

第二，根据重量比例而征收的车辆通行税，如果唯一目的就是补修道路，那么这种税可以

美国维拉扎诺海峡大桥。建立通行道路的初衷是为了方便国内的一般商业，并为此提供便利。

说是非常公平的；但是，如果这种税的征收不仅仅是为了这个目的，还为了应付国家的紧急需要，那么这种税就是非常不公平的了。如果道路通行税征收的目的是补修道路，那么各个车辆就可以按照它对道路造成损害的比例而缴纳税款。现在既然通行税要转移到其他用途，那么各个车辆要缴纳的税款，就一定会超过根据它对道路造成的损害程度应该缴纳的税款。因为通行税是根据货物的重量而不是货物的价值进行征收的，所以，最后承担这种赋税的人，不是重量轻价值大的商品的消费者，而是粗糙而笨重的商品的消费者，所以，不论国家是用这笔收入来应对什么紧急情况，给国家提供这些紧急资金的都不是富有的人而是穷苦的人，都不是最有能力承担这项费用的人，而是总体来说最没有能力承担这项费用的人。

第三，如果政府对于损坏的公路不及时修理，那么我们想要强制其拿出一部分通行税来修理公路，就会比现在还困难。有时候，从人民中征收来专门用于维护、补修道路的费用，竟然没有任何一部分被用来整修公路。如果对于现在管理通行税的卑微贫苦的人，我们还不能轻易地让他们改正错误，那么如果想要那些富有的、有权势的人改正错误，恐怕会比我们现在所想象的情况还要困难十倍。

法国用来修理公路的资金都归国家行政当局直接管理。这笔资金里面并非全部都是货币，其中一部分是地方人民每年为修理公路应该服的一定时间的劳役。除此之外，则是国王在国家收入中，为了应对当前道路维修的需要，从其他支出项目中节省下来的费用。

在中国和亚洲其他一些国家，整修公路和维护河道的两大任务通常是由行政机关承担的。据说，朝廷下发给各个地方官员的训示中，曾不断地鼓励他们整修道路、维护河道。官员对这一个训示执行的勤劳和懒惰程度，就是朝廷对官员进行升职或降职的一大标准。所以，所有的这些国家对于河道的维护和道路的整修，都是非常关注的。特别是在中国，有人觉得那里的道路，尤其是运河，甚至比欧洲著名的运河还要好得多。不过，关于那里的运河情况的资料，都来源于一些少见多怪的旅行者和无知、喜欢说谎的传教士。如果那些资料经过了睿智人的考证，经过了诚实的目击者的亲眼见证，那么或许就不会让我们这么吃惊了（也就是说，中国的运河情况实际上可能并没有好到让人吃惊的地步）。伯尼尔关于印度运河情况的描述，就没有少见多怪的旅行者那么夸张了。法国对于朝廷及达官贵人关注的主要道路和大的交通枢纽，都认真建造、精心维护；而对其他所有的小道路都不放在心上。亚洲各个国家的情况说不定也是这样吧。中国、印度等国家土地赋税几乎是君主收入的唯一来源；而征税赋税的多少，取决于土地年生产物的多少。所以，国家君主的利益和收入，是与国内土地的开垦情况以及土地生产物的数量和价值高低息息相关的。为了尽可能地让这种生产物既产量丰富，又价格合适，那么就必须努力给这个生产物提供广阔的市场，从而就有必要在国内各个地方建立最自由、最方便而且最低廉的交通。要建立这种交通，只有建造最好的运河和最好的道路。但是在欧洲，情况却完全不同。欧洲各个国家的君主并不是通过土地税收获的主要收入。当然，那里所有大的王国最后都还是要依靠土地生产物支持，但是，这种支持关系不是直接的，而且不像亚洲各国那么明显。也就是因为这样，欧洲各个国家的君主才不像亚洲各个国家的君主那样，那么迫切地想要增加土地生产物的数量和价值，换句话说，那么迫切地要建造并维护好道路和运河，从而为生产物开拓广阔的市场。所以，亚洲各个国家通过行政机关管理运河的疏浚和道路的整修这些人民事业，可以像传闻的那样成效卓著，但是，在欧洲现在的情况下，要想让行政机关把这件事情做好，就是完全不可能的。

一项公共设施如果不能依靠自己的收入维持，而它方便的又只是某些特定地方或者是特定区域的人们，那么与其让国家行政机关管理、由国家收入维持，不如让地方机关管理、由地方收入维持。例如，伦敦市的街道路灯费用，如果由国家收入维持，那么街道上的路灯和路上的石头，一定不会像现在这样完好无缺，它的费用也绝对不会像现在这样节俭。更何况，如果这些费用不是来自那些享有了这些利益的特定地方或特定区域，那么就一定需要国家从一般收入中支出一部分，这样的结果就是，国家中并没有从这街灯中享受到利益的大部分居民，就要莫名其妙地承担这种费用了。

中国东部的大运河。中国的大运河绵延千里，沟通了南北水系，给外来者留下了深刻的印象。

由地方或是州区管理公共设施的建设，并让他们征收钱财对公共设施进行整修，当然有时候也会产生弊病，但是和由一个庞大国家的行政机关管理，并由这个国家的一般收入维持所产生的弊病相比，前者产生的弊病实在算不了什么。更何况，和后者所发生的弊病相比，前者的弊病是更容易矫正的。英国的公共设施建设通常是由地方或是州区的治安推事管理的，为了整修公路，地方人民每年都需要服六天的劳役。这种做法尽管不能说完全合适，但是也从来没有发生过什么严苛压迫的事情。在法国，这类事情通常由州长管理，它们采取的措施不仅没有英国的合适，而且强制征收和勒索征收的行为通常是特别严酷而暴力的。法国人所说的强迫赋役制，就成了凶悍的管理者欺压人民的工具；如果某个教区或者是某个地方很不幸遭到了这种凶悍官吏的厌恶，那么该官吏将通过这种制度（强迫赋役制）而施行惩罚。

方便特殊商业的公共工程和公共机关

上面所说的各种公共设施和公共机关，目的在于方便一般的商业。如果要方便特殊商业，那么就需要特别的设施，并且需要一项特别的费用。

和没有开化的野蛮国家通商，通常需要一种特别的保护。在非洲西部海岸进行贸易的商人，如果住在一般的客栈或者旅店里，绝对不能够保障货物的安全。为了避免遭到当地土著居民的抢夺，存放货物的地方需要进行一定的防备。本来印度人民是很温和而安分的，就因为印度政府非常混乱，所以，欧洲人在印度进行贸易，也同样觉得有进行防备的必要。最早在印度得到了建造堡垒特权的是英法两个国家的东印度公司，它们当时建立堡垒唯一的借口，就是为了防备暴力，保护生命财产安全。如果一个国家有很强大而稳定的政府，是绝对不会允许外国人在自己国家内建造堡垒的，在这种情况下，就有必要互相派遣大使、公使或领事了。如果自己国家的人民间发生了争执，公使或者大使可以根据自己国家的习惯进行处理；如果自己国家

英国东印度公司在印度加尔各答的贸易港。在欧洲人最初来到这里建立起商站的时候，他们为了安全起见，不得不建成堡垒和围墙来保护自己。

的人民和外国人民发生了争执，公使也可以凭借外交官的身份进行适当的处理，这样，他们国家的人得到的保护，肯定可以比从任何其他私人那里得到的保护要有力得多。最早并不是出于战争或者是同盟国的考虑才设立公使，而是出于商业上的利益。英国在君士坦丁堡设立常驻大使，是英国在土耳其商业的需要；英国在俄国设立常驻大使馆，也是英国和俄国商业关系的需要。欧洲各个国家在所有的邻国都永久地派驻公使的制度，恐怕就来源于商业利益而导致的欧洲各个国家人民间不断的矛盾冲突。这个以前从来没有过的制度，似乎出现于15世纪末16世纪初。当时，商业开始在欧洲大部分地方扩展，各个国家的国民也开始注意到商业上的利益。

国家为了保护某一特殊产业而导致了特别费用的产生。如果这笔费用通过对这种产业增收赋税而获得，那么可以说是很公平的。至于征收这笔费用的方法，在商人开始营业时征收小额的营业税当然可以，但是更公平的方法是根据商人对于特定国家进出口货物的多少，按照一定的比例征收特定的赋税。据说，最早设立关税只不过是为了防止海盗，保护正常贸易。如果真是这样的话，既然为了保护一般贸易而花费的资财通过对一般贸易征税而获得是合理的，那么为了保护特殊贸易而花费的资财通过对特殊贸易征税而获得也同样是合理的。

保护一般贸易通常被看作是国家防御上的一个重大事件，因而也就是行政机关必须履行的义务的一部分。于是，一般关税的征收和使用就通常交给了行政机关。保护特殊贸易是保护一般贸易的一部分，因此也是行政当局应该履行的义务的一部分。如果这个国家的行政系统明白这一点，那么它们就应该把为保护特殊贸易而征收特殊关税的权利也交给行政机关。但是，实际上完全不是这样，无论是在这个方面还是在其他方面，行政系统的行动通常都是和这一点相矛盾的。在欧洲大部分的商业国家，商人是非常有权势的，他们通常会向立法机构建议，把本来属于行政机关应该履行的义务以及和这个义务相关的所有权利，都转交给属于他们的特殊商务公司。

当一个地方刚刚开辟、国家对于在这里进行商业贸易有很多顾虑时，这种公司自己筹措资金、尝试着进行商业贸易，对于某些特殊商业部门的建立或许是有好处的，但是时间一长，就没有什么用处了。在经营方面，它会有很多不当之处，其经营的范围通常都非常狭窄。

这种公司有两种类型，第一种公司是商人们互相订立和约和行规，所有具有一定资格的人都可以通过缴纳一定的资金加入组织。每人各自经营自己的资本，也各自承担经营的风险。他们对于公司要承担的义务，只是遵守和约和行规。这种公司称为受管制公司。另一种公司是用各个股东共同的资本进行贸易，对于这部分资本形成的普通利润或损失，各个股东分摊。这种公司称为股份公司。不论是受管制公司还是股份公司，都是有时拥有专营特权，有时又没有这种特权。

所说的受管制公司，在所有方面都和欧洲各个城市中普遍存在的行业协会类似，而且和行业协会一样，也是一种扩大的垄断团体。不论是城市中的哪个人，如果他没有先在受管制公司中获得自由经营权，就不能从事所有已经受管制了的工作。同样，不论国家中的哪个人，如果他不先成为这种公司的一员，也就不能合法经营已经属于受管制公司的外国贸易。这种垄断权的强弱，恰好和公司入伙条件的难易，以及公司董事的权力（也就是他们拥有的可以把大部分的贸易部门都规定为只有他们和他们的亲友才可以经营的权力）相对应。最早的时候，受管制公司中徒弟享有的特权就和行业协会中徒弟享有的特权是一样的。只要是在公司中干够了一定年限的人，不用缴纳任何的入伙金或者是只需缴纳很少的入伙金，就可以成为公司的成员。所以，只要法律不禁止，一般的行业精神就将充斥在所有的受管制公司中。公司的董事将精心设置行规，从而尽可能地减少竞争者。可是，一旦法律禁止他们这样做，他们就没有办法了，而这种公司本身也就成了虚设，没有任何作用和意义了。

在英国，进行对外贸易的受管制公司，现在还残留有五个，即汉堡公司（原来称为商人冒险公司）、俄罗斯公司、东方公司、土耳其公司和非洲公司。

股份公司的建立，或者经过了国王的允许，或者经过了议会的允许。因此它的性质不但和受管制公司不同，和私人合伙公司也有很多不同之处。

第一，在私人合伙公司中，除非全公司许可，否则原来入伙的人不能擅自把资本转让给其他人，从而让新入伙人加入。如果入伙人想要退出，需要提前一段时间表明，然后才能把投入的股份撤出来。股份公司则不是这样。股份公司不允许股东撤出资本，但是转让自己的股份却不需要公司同意。股票上市后，时涨时跌，因此，持股人的实际股金，也就经常和股票上标明的数额有出入。

第二，私人合伙公司如果在营业上出现了亏损，那么各个入伙人的全部财产都负有责任。股份公司如果在经营中出现了亏损，那么各个股东只在他持有的那一部分股份内承担责任。

股份公司通常由董事会经营。董事会在履行职责时，当然免不了要受股东大会的支配。但是，股东对于公司的业务通常并不了解，如果派别色彩不重的话，他们通常更愿意安逸地每年或者是每半年接受一次分配给他们的红利，而不必为公司费心费力。既然有这种既不是很麻烦，风险又不大的事业，难怪大多数人都不肯用全部的身家投资合伙公司，而更愿意把资本投在股份公司中。因此，不论一个合伙公司自己的资本如何雄厚，通常情况下也没有股份公司吸收的资本多。

非洲公司的前身是皇家非洲公司。这个公司是通过国王颁发的特许状而得到了专营特权，但是并没有经过议会承认。所以革命后没多久，非洲贸易就对整个国家的人民开放了。在非洲贸易对全体人民开放后没多久，皇家非洲公司就对自己竞争不过私人贸易者有了充分认识，于是，它不顾民权宣言，竟然说私人贸易者是奸商并对其进行压制。1698年，皇家非洲公司借着维持堡垒守卫的名义，对各个私人贸易者征收10%的重税，但是在营业上，仍然不能和私人贸易者竞争。因此，公司的资本和信用日渐减少。到1712年的时候，公司已经债台高筑了。议会为这个公司和债权者的安全考虑，制定并通过了一项法案，该法案规定，关于公司债务的偿还日期和关于债务偿还的其他必要协定，只要公司债权者（从数量和价值两方面说）中有2/3以上的人通过了的决议，其他人就必须遵守。

1730年，皇家非洲公司的业务陷入了极度混乱中。本来这个公司建立的唯一目的就是维持堡垒和守备队。现在，就连堡垒和守备队也维持不了了。鉴于这种情形，议会决定每年支出1万镑作为弥补之用。这项资金自从当年开始发放，一直持续到了公司解散。鉴于历年来和西印度的黑奴贸易都赔本，1732年，皇家非洲公司决定停止这项贸易，而把已经从非洲海岸买到的黑奴转手卖给美洲私人贸易者，并支使公司中的雇员从事非洲内地的金沙、象牙和染料的贸易。虽然贸易经营的范围缩小了，但经营上却并没有好转，公司的业务仍然一天天地减少下去，不论从哪个方面来说，都到了破产的边缘。议会知道已经没有办法挽救，于是下令将其解散，而堡垒和守备队的维持费用就责令现在的非洲贸易商人组建的受管制公司支付。经营失败

英国的皇家非洲公司，最初的主要业务就是贩卖黑人奴隶。

的股份公司，不是只有皇家非洲公司一个，在它之前，为进行非洲贸易，还建立了三个股份公司，它们都持有国王的特许状，但是都没有成功。

在偏远落后的国家里享有建立堡垒和拥有守备军的权利，一定是和对当地宣战与议和的权利紧密联系在一起的。股份公司既然拥有了前面的权利，那么肯定会经常需要使用后一种权利。从最近的经验中，我们就可以知道它们对于这种权利的使用是多么地不恰当、不谨慎，以及残酷而苛刻！

一些商人自己出资本，在相对落后的外国境内建立起一种新的贸易，政府让他们组成股份公司，并在贸易顺利展开时给他们以若干年的垄断权，这没有什么不合理的。说实话，政府要想犒劳这种充满了风险而且耗费资财，但是将来可能对人民大众有利的尝试，最简单、最自然的方法就是给他们垄断权。像这种一段时间内的垄断权，和允许新机械的发明者单独占有其机器、写作者单独占有自己的新著作的道理是一样的。不过，规定的时间一过，垄断权是应该取消的。如果仍然有必要维持堡垒和守备队，应该交给国家，由政府支付费用，而当地的贸易应该让全国人民自由经营。如果让公司长期享有垄断，结果就相当于向全国人民征收了一种不合理的赋税。征收这种不合理的赋税大概有两种方法：一、如果让人民进行自由贸易，物价一定比较便宜；如果实行垄断，物价一定比价高昂。二、对于大多数人民方便而有利的事业，因为垄断而被全部排除了。人民无缘无故地承担了这种没有任何价值的负担，但是对于公司来说，却不过是让工人更懈怠，更容易浪费和贪污罢了。工人的胡作非为不会让股东的股息超过普通事业的一般利润；相反，往往还因此而低于一般利润。我们根据以往的事实推断，股份公司如果没有垄断经营权，就没有办法长久地经营任何外国贸易。商业不过就是从一个地方购买货物，并在有利的条件下运送到其他地方销售出去。用最低的价格购入，用最高的价格售出，双方的竞争和供求关系是频繁变化的。在这种频繁的变化下，对于各种货物的品质和数量，需要运用技巧进行判断，从而让它们可以满足市场的需要。这俨然是在进行一种不断变化的战争，只有私人贸易者才能时刻保持警惕，有希望胜利；如果让股份公司的董事应对，则是不可能长久的。所以，当东印度公司偿还完了公款，排他的垄断经营权被取消时，虽然议会制定了法案，允许它以股份公司的资格在东印度和其他商人一起竞争，但是，私人贸易者的警惕和关注，很快就让它厌倦了这种贸易。

修道院院长阿柏·穆勒是法国著名的著作家，他对经济学有很深入的研究。他曾经列举了55家建立于1600年以后、分布在欧洲各地的外国贸易股份公司。根据他的说法，这55家公司都享有了排他的垄断权，但最后都因为经营不当而失败了。其实，他列举的这些股份公司中有两三家并不是股份公司，而且也没有失败，是他弄错了。另外，还有几家失败了的股份公司他没有列举出来，所以总的看来，失败了的欧洲股份公司不会少于55家。

不过，一个股份公司没有享有排他的垄断权，也不一定就完全没有取得成功的希望，重点在于经营的是什么事业。在营业活动中有固定的模式可以遵循，又或者经营方法不需要变化或者不能变化的事业，就可以由股份公司进行经营。而这种类型的事业总共有四种：第一种，银行业；第二种，水火兵灾保险业；第三种，修建通航的运河或者是河道；第四种，为城市储引清水。

虽然银行业的原理有些深奥，但是它的实际业务却可以一项项地都定成需要遵守的固定模式。如果为了眼前的利益大胆投机，不按照正常需要遵守的固定模式进行经营，那么就很危险了，往往会将银行业推到无法挽救的境地。但是，股份公司和私人合伙公司比起来，前者是更能遵守固定模式的。因此，股份公司更适合经营银行业。这也就难怪欧洲的银行业都是由股份公司经营的了。在这些公司中，有很多并没有取得垄断的经营权，但是仍然经营得很好。英格兰银行就完全没有排他的垄断经营权，如果有的话，也只是议会规定的其他银行最多只能由六个人组成的限制。现在爱丁堡的两家银行都是股份公司，更是没有享有任何垄断经营特权的。

对于火灾、水灾甚至战争发生的损失，虽然不能很精确地计算出它的价值，但是却可以根据严密的规则和一定的方法计算出大概价值，所以，没有任何特权的保险业应该可以通过股份公司顺利开展。例如，伦敦保险公司和皇家贸易保险公司都是没有享有任何特权的。

通航运河和河道一旦修建成功，管理起来非常简单，而且，都可以制定出严密的规则和方法。即使是修造河道也可以按照要修几英里、要建几个闸门的一定标准，分别和承包者订立合同。其他的，像给城市提供清水的运河、水槽或大水管，也可以这样做。由股份公司经营这些项目，就算没有取得单独占有经营权，也应该可以获得很大的利润。

但是，如果建立股份公司，只是因为某一行业可能经营得成功；如果让一群特定的商人享受其邻人不能享受的权利，只是因为这样他们才能繁荣，那么是绝对不合理的。因此要让股份公司的建立完全合理化，除了它经营的事业必须可以制定出严密的规则和方法外，还必须具备其他两个条件：一、股份公司经营的事业必须比一般的事业有更大、更普遍的效用；二、需要的资本数额必须非常大，很明显不是一般的合伙公司可以筹集到的。所有只要有一定数额（这个数额不是很大）的资本就可以开展的事业，就算它的效用再大，也不能成为建立股份公司的充分理由。因为在这种情况下，对于那种企业产出物的需要，私人合伙公司很容易就可以提供。上面四项事业，都同时具备这两个条件。

如果银行业管理得法，那么它的效用就是巨大而普遍的，关于这一点，本书的第二篇已经详细地说明过了。如果公共银行设立的目的是维持国家信用，也就是当国家有数百万镑的额外急需，而可以供应这种急需的全部赋税需要一两年后才能收上来，只有由银行先垫付时，那么所急需的资本应该不是私人合伙公司可以筹集出来的。

保险业能给个人财产一种很大的保障。本来一个人遭遇了一种损失是会趋于没落的，但是有了保险业，就可以将他遭受的这种损失分摊给很多人，这样全社会一起承担，就毫不费力了。不过，保险业者要想给其他人一种保障，它自己必须有很大的一笔资本。据说，在伦敦的两家保险公司建立以前的数年里，已经有150个失败了的私人保险商的名单在检察长那里了——他们全都在很短的时间内就失败了。

为给城市供水而建设的通航水道、运河以及其他各种必要的建设，都有普遍的效用，同时，它所花费的巨大费用也不是个人财力可以承担的。

总之，合理的股份公司的建立，必须符合上面所说的三个条件。具备这些条件的事业，除了上面说的四种外，我再也想不出其他的了。以伦敦的英国制铜公司、熔铅公司和玻璃公司为例，从它们的效用上说，并不见得多么大，多么特别；从它的费用上说，也并不是许多人的财力合在一起办不到的；至于这种公司的经营上能不能订立严密的法则和方法，使它适合股份公司经营，以及这种公司有没有值得它们自己夸耀的可以获得丰厚利润的理由，我就不知道了。矿山企业公司早就破产了。爱丁堡英国麻布公司的股票，尽管没有从前跌得厉害了，但是和它额面上标明的价值相比，还是低很多的。而那些为了公共理想、为了促进国家某种特殊产业而建立的股份公司，往往因为经营不当减少社会的总资本；在其他各个方面，也是弊多利少。就算出发点再好，董事对于某种特定制造业的不可避免的偏爱，也一定会对其他各种制造业产生妨碍作用。更何况，适当产业和利润间的自然比例，是对一个国家一般产业最大而最有效的鼓励。现在这种做法，自然比例难免会受到破坏。

第二项 论青年教育设施的费用

用自身收入来支付自身费用的事业，并不只有前面所说的道路、运河等，用来进行青年教育的设施也是这样。学生支付给老师的学费或者是谢礼，自然就构成了这一类收入。

就算老师的报酬完全不是来自这种自然收入，那也不一定就要由社会一般收入（在很多国家，这种收入的征收和管理都归行政当局负责）支付。从欧洲来说，大部分普通学校及大学，通常都是由捐赠的财产维持的，偶尔也有依靠一般收入的，但是非常少。教育经费几乎在各地都是依靠地方收入或某项地产的租金维持的。此外，把君主或者是私人捐助的学款妥善管理，积累起来产出利息，也可以在很大程度上充当教育经费。

这些捐赠的财产，能够促进教育设施的改良吗？能够鼓励老师的勤勉、提高老师的能力吗？能够改变教育的自然行程，让它转向对个人和社会都更有用的目标吗？对于这些问题，要做出一个大概的答复并不是多么困难的。

苏伊士运河的通航典礼。像苏伊士运河这样庞大的工程，需要不止一个股东参与才能成功，但通航运河和河道一旦修建成功，管理起来非常简单。

不论在哪个职业上，大部分人的努力程度都是和

埋首于法律文件中的律师。在英国，精通法律的人更有获得高官厚禄的机会，于是，精通法律就成了很多有壮志雄心的人的目标。但是，他们中在这种职业上崭露头角的又有几个呢？

完成这个工作的困难程度成一定比例的。这种必要性，根据每个人的境况不同而不同。如果一个人的职业报酬是他积累财产，甚至是获得普通收入和生活资料的唯一来源，那么这种必要性对于他就非常大。他为了积累财产，甚至是为了获得生活资料，一年之中就必须完成有一定价值的一定量的工作。于是，在自由竞争的情况下，各人之间相互竞争，就会迫使他尽可能地把自己的工作做到最好。当然了，从事某种工作可以达到的伟大目标，有时也会引起一些拥有壮志雄心的人的最大努力。但是，通常，最大努力是不需要大目标来督促的。就算是最卑微的职业，在其竞争和对抗中获胜也可以成为有雄心壮志的人的目标，从而引起最大努力。相反，如果只有大目标，却没有迫切想要实现的愿望，那么也不会引起任何比较大的努力。在英国，精通法律的人更有获得高官厚禄的机会，于是，精通法律就成了很多有壮志雄心的人的目标。但是，他们中在这种职业上崭露头角的又有几个呢？

如果一个普通学校或学院有了一笔捐助的资金，那么教师鼓励自己好好教书的必要就一定会减少。如果教师的生计是由每月额定的薪水维持的，那么他们教学的成功和声誉就和其生活资料来源毫不相关了。

在有些大学，教师的薪水只占他报酬的一部分，通常还是很小的一部分，其他大部分都是来自学生的学费或谢礼。在这种情况下，教师努力教书的必要性虽然也会减少一些，但是却不会完全没有。因为从事这项职业，声誉还是非常重要的，他还可以从自己学生的尊敬、爱戴和好评中得到一种愉悦感。而这种愉悦感只有依靠自己的能力和勤勉、从完成各项任务中得来。除此之外，别无他法。

在有些大学，教师被禁止接受学生的谢礼或学费，在这种情况下，薪水就是他从这项工作中得到的全部收入了。这样一来，他要履行的义务就和自身的利益站在相反的位置上了，他越不履行义务，对自己就越有利。对一个人来说，利益就是怎么让自己的生活过得最安逸。如果对于某项非常费劲的义务，履行和没有履行得到的薪水是一样的，那么他的利益（至少是通常意义上的利益）就是干脆一点都不要履行。如果这时有某种权力督促他履行义务，那么他就会在权力允许的范围内敷衍了事。如果他生性活泼、喜欢劳动，那么他与其把精力用在完全没有利益的义务的履行上，还不如干点其他有利可图的事情。

如果教师们应当服从的权力掌握学校或学院某一团体的手里，而他自己又是这个学校团体中的一员，其他成员也是教师或者是可以当作老师的人，那么这些老师就会对彼此都宽容。每个人都以别人容忍自己不认真履行义务为条件，而容忍别人不认真履行义务。他们会把这当作共同利益。最近的这些年来，牛津大学一大部分的老师简直连表面上装作老师也十分不屑了。

如果教师应当服从的权力没有掌握在他们自己所在的团体的手里，而是掌握在团体之外的人手中，例如，主教、州长或者是某个国务大臣的手中，那么他们想要完全不履行这种义务就不太可能了。不过，这些权力拥有者能让教师履行的义务，也只是上一定时间的课，或者是在一周或一年内保证一定的课时而已。至于讲解的内容怎么样，那仍然是要看教师自己的勤勉程度的。而教师的勤勉程度，又是和他要努力的动机成正比的。这种外部的监督，非常容易表现出无知和反复无常，性质是强制的、强横的。进行监督的人，既没有亲自听教师在课堂上讲课，也不一定能理解教师所讲解学科的内容，因此要想让他们做出正确的判断是很困难的。另外，因为这种职务而产生的傲慢，经常让他们不谨慎地使用手中的权力，有时候，就算没有正当理由，也总是任性地责备教师或者是开除教师。这样就一定会降低教师的品格。教师本来是社会上最让人尊敬的人，但是现在却成了最卑贱、最容易欺负和侮辱的人。为了要避免这种随时可能发生的不好待遇，教师们就只有依靠有力的保护了，但是得到这种保护最好的方法，并不是努力而勤奋的工作，而是听从监督者的意向、阿谀逢迎。不论什么时候，他们都准备着为了这种意向而放弃自己所在团体的权利、利益和名誉。如果观察法国大学的管理一段时间，那么你一定会看到这种强制外加的监督所产生的结果。

如果强制一定数量的学生必须进入某所学校或者是大学，而不管教师的真正学识如何、名誉如何，那么教师努力提高自己学识和名誉的必要性也就会因此而减少。

如果一个学生只要在某个大学里住满一定的时间，就可以获得艺术上、法律上、医学上、神学上的毕业生才能享有的特权，那么就一定会强迫一定数量的学生进入这个大学。至于教师的真正学识和名誉如何，就无关紧要了。毕业生的特权也可以算是一种徒弟制度。其他的徒弟制度对于技术和制造业的改进有什么样的贡献，我们前面已经讲过了。这种制度对于教育改良

19世纪的耶鲁大学。耶鲁大学这样的私立大学，多有赖于各种基金会的赞助。

的贡献，是和其他的徒弟制度一样的。

研究费、奖学金、助学金之类的慈善基金，一定会让一定数量的学生不管拥有这个基金的学校的真正实力如何而贸然进入。如果依赖这种基金的学生可以自由地选择最喜欢的学校，那么这种自由说不定会引起各学校之间的竞争。相反，如果规定各学校的学生——就算是自费生——没有得到学校的允许也不能转入其他学校，那么各个学校间的竞争恐怕就不存在了。

如果在学校中教授学生科学技术的导师或教师不是由学生自由选择的，而是由校长指定的，并且学校规定，就算是老师懈怠、愚钝或者无能，不经过学校的允许，学生也不能从甲老师换成乙老师，那么学校各个导师、各个老师间的竞争当然会减少很多，而学校内老师互相勉励的必要性、对于各自学生关注的必要性也会大大减少。像这种老师，就算他接受了学生非常丰厚的酬劳，和那些完全没有接受学生酬劳，或者是除了薪水外没有任何其他报酬的老师相比，也一样会玩忽职守，耽误学生。

如果教师是一个有责任感的人，当他意识到自己向学生讲授的都是一些没有意义的话时，一定会感到不开心。另外，当他看到大部分的学生都不上课，或者就算是来上课了也当着他的面很明显地表示出漠视、轻蔑或者是嘲弄时，他也一定会感到不高兴。于是，对于需要讲解额定次数的内容，就算没有其他的利益，他也一定会为了自己的责任心而苦苦钻研，尽量让它完善。然而，这种可以鼓励教师的机制，很轻易就会被几种不相干的手段打消掉。有时，对于要讲解给学生的内容，他不自己讲解，而是把那种学科的书籍拿过来讲读；如果那本书是用死板的外国语写成的，那么他就用本国语向学生们译述；而更省力的方法就是让学生自己解释，自己倾听，偶尔的加几句话进去，就可以大言不惭地吹嘘说，是在讲授。这种简单的事，只需要非常有限的知识和勤勉就够了，而且既可以避免当面遭到漠视和轻蔑，还可以避免讲出真正迂腐、毫无意义甚至是可笑的话语。同时，学校的规则又让教师可以迫使学生全部规规矩矩地到课堂上课，并且在他教授的过程中维持一种最有礼貌而虔诚的态度。

学院或大学的校规，总体上来说，不是为了学生的利益，而是为了教师的利益，更确切地说，是为了教师的安逸而设计出来的。在所有的情况下，校规的目的都是为了维护教师的权威。不论教师有没有履行自己的义务，学生总得承认教师用了自己最大的勤勉和能力履行义务，因此必须随时保持对于教师的尊敬态度。校规好像建立在教师是拥有了最大智慧和最良好德行的人，而学生则是完全愚昧的，并且还是拥有最大缺点的人的基础上。但是我相信，如果教师真的履行了自己的义务，大部分的学生也是绝对不会忽视自己要履行的义务的。如果老师讲解的内容真的值得学生们到课堂上听，那么学生自然会到课堂上听课，根本用不着校规约束。对于小孩，尤其是年龄非常小的孩童，为了让他们学到在那个年龄段上应该学到知识，的确有在一定程度上强制干涉的必要。但是学生一旦到了十二三岁以后，不论哪门功课，只要教师履行义务了，就都不需要对学生进行强制干涉了。大多数的青年人都是非常宽容的。如果教师表示想要努力地让他们得到点好处，那么不要说漠视、轻蔑教师的教导了，就算教师在履行义务中有了很大的过失，他们也会原谅，有时，甚至会对大众隐瞒教师的懈怠。

值得关注的是，非公立机构实施的那一部分教育，大概是教授的最好的部分了。当一个青年进入击剑学校或者是舞蹈学校时，对于击剑和舞蹈他通常都一无所知，但是一旦学习起来，却很少有人失败。马术学校的教授结果通常没有那么好，这是因为马术学校费用比较高，因此在大多数地方都属于公立机构。在文科教育中有三个最重要的部分：诵读、书写和算术。就算到了现在，学习这三项的人，进私立学校的也还比进公立学校的普遍，但学习者都能够学到他所必须要学到的程度，几乎没有一个人学习失败。

就以英国来说，公立学校当然免不了会腐败，但是和大学相比，还是好很多的。在公立学校，有希腊语和拉丁语课，所以，至少学生们可以学到希腊语和拉丁语。也就是说，教师说要教授的或者说应该教授的，实际上都会交给青年。但是，青年在以教授科学为主要内容的大学中，通常既没有学到科学知识，也找不到学习这种科学的合适方法。公立学校教师的报酬，在许多情况下大部分来自学生的谢礼或者学费，在某些特殊情况下甚至全部都来自学生的谢礼或学费。这种学校，是没有任何排他的垄断权的。一个人如果想要获得毕业学位，不需要缴纳在一定的公立学校学过一定年限的证书费用。如果在考试的时候，他可以证明自己已经了解了公共学校所教的东西，那么就没有谁会问他究竟是从那个学校学来的。

我们可以说，一般情况下归大学教授的那一部分功课，没有教授得很好。但是如果没有这种设施，或是完全就不教了，那么对于个人来说，对于社会来说，又难免会因为在教育上缺失这个重要的部分而遭受损失。

现在欧洲的各个大学，大部分都是原来为了教育僧侣而建立的宗教团体。学校最早的创办者是罗马教皇。在刚刚创建的时候，学校中所有的教师和学生，都是直接受庇护于教皇的羽翼下，而享有当时所说的僧侣的特权。有了这种特权，他们就只服从宗教裁判所，而不受大学所在国司法权的约束。在这种学校里面，所学的内容当然是符合其建立目的的。所以，它教授的大部分课程不是神学，就是专门为了神学而做准备的学问。

刚开始的时候，各大学的课程中只有希腊语和拉丁语的初步知识，有的学校直到现在也是这样。另外一些大学则认为学生对于这两种语言（至少一种）已经有了初步认识，希望可以继续研究。关于这进一步的研究，现在已经成了各地大学教育中非常重要的一部分。

古代希腊哲学分了三个科目：物理学（或自然哲学）、伦理学（或道德哲学）和逻辑学。这样的划分似乎完全符合事物的性质。

巴黎大学的索邦神学院。现在欧洲的各个大学，大部分都是原来为了教育僧侣而建立的宗教团体。学校最早的创办者是罗马教皇。在刚刚创建的时候，学校中所有的教师和学生，都是直接受庇护于教皇的羽翼下，而享有当时所说的僧侣的特权。

各种伟大的自然现象，天体的运行、日食月食、彗星、雷电及其他异常的天文现象；植物和动物的诞生、生活、生长及死亡等，一定会让人类觉得惊奇，自然而然就会引起人们的好奇心，使人们把它们当作研究对象，探寻其中的奥秘。最早的时候，迷信试图把这所有异常的现象解释为各个神祇的直接动作造成的，从而满足人们的好奇心。后来，哲学努力用比神的动作更为常见、更为人类所容易理解的各种原因去解释这些异常的现象。因为这些伟大的现象是人类最早的好奇对象，所以解释这种大现象的科学，自然就成为哲学中最早开辟的科目。而有历史记载的最早的哲学家，差不多也都是一些自然哲学者。

不论是哪个时代、哪个国家的人们，都会互相关注他人的性格、意向和行动，通常都会同意制定并认可许多关于人类生活行动方面值得遵守的规则和准则。等到写作一开始流行，很多睿智的人或者是自认为睿智的人，就自然而然地开始增加这种已经确立了的准则；并且，为了表明自己认为某种行为合适、某种行为不合适的观点，他们有时会采用比较有技巧的寓言的形式，比如《伊索寓言》，有的会采用比较直接的箴言的形式，比如，《所罗门金言》、提西奥尼斯（古希腊诗人）及弗西里迪斯（古希腊诗人）的诗，以及一部分赫西奥德（古希腊诗人，有长诗《工作与时间》传世）的作品。在很长的一段时间里，他们都只是一味地想着增加智慧和道德的准则，却从来没有想过用一种明确的、有方法的秩序去整理这些准则；更不用说用一种或者是多种可以推论的（就像从自然的原因推出结果一样）一般原理，把这各种原则联结、综合起来了。把各种观察用一些共通的原因联结起来，形成一个系统的整列，最早出现在自然哲学家的粗浅的论文中。后来，和这相似的事情才逐渐出现在道德方面。日常生活的各种准则，才在某种有条理的秩序中整理起来，并且，就像在自然现象的研究上一样，生活上的准则也通过少数的共同原理联结综合起来了。研究并说明这些联结起来的原理的科学，称为道德哲学。

各个不同的学者，对自然哲学和道德哲学进行了不同的体系划分。但是，支持他们的那些体系的观点往往是没有一点根据的，最多也不过是一些十分勉强的巧合。有时，他们的议论又只是建立在不正确的、暧昧的用语的基础上的诡辩。不论在什么时代，一个思想体系的采用都只是关于一些琐碎、细密的东西的推论，对于一个有常识的人的意见，不会产生什么实质性的影响，也没有什么金钱上的利害关系。多数的诡辩对于人类的意见，都是没有什么影响的，但是在哲学和思辨的范围内，诡辩的影响却是非常大的。自然哲学和道德哲学各个体系的拥护者，为了维护自己的学说，当然会竭力地指出别的体系议论的不足。在他们相互指出别的体系观点的不足时，一定会想到巧合的议论和论证的议论的差别、似是而非的议论和决定的议论的差别；从这种精细的审核中引出的各种观察，一定会引起一种讨论正确和错误推理的一般原理的科学，这种科学就是逻辑学。从它的起源来说，逻辑学晚于自然哲学和道德哲学，但是在古代的大部分（虽然不是全部）学校中，逻辑学总是先于其他两门学科而提前教授。因为要想让学生正确推理关于自然哲学和道德哲学这种非常重要的主题，当然得先让他们理解正确推理和错误推理的差别。

欧洲各个大学对古代哲学课程进行的修改，通常是为了教育僧侣的目的，并且，让哲学成了神学研究比较合适的入门。但是，附加在哲学上的诡辩和因为上面所说的变更而引入的诡辩的决疑论和禁欲道德，却没有让哲学更适合绅士和一般世人的教育，或者说，并没有促进他们悟性的发展或者是感情的完善。

现在，在欧洲的大部分大学中，这种哲学课程仍然在一定程度上依靠教师的勤勉教授。这是因为，各个大学的组织让教师有在这个方面勤勉的必要。至于那些最富裕、有最多捐赠基金的大学，情况就完全不一样了。那里的导师们通常满足于只教授这种歪曲了的课程中的片段，而且，就连对于这种零星片段的教授，往往也是非常懈怠而粗浅的。

笛卡尔被誉为现代哲学之父，其著作《方法论》奠定了一套思想体系的基础。对于哲学家而言，他的理念得到认同，受到相应的赞誉，就是其最大的收获。但在学校而言，是否教授新的哲学课程是艰难的选择。

近代关于哲学若干部门的改善，虽然有一部分在大学中实施了，但是，还有一大部分没有实施。大多数大学就算改进了，却又不肯赶快实施。那些被抛弃的体系，已经变成了被世界各地所不容的陈腐的偏见，但在学术团体中，它却找到了保护伞和避难所；而这种学术团体也心甘情愿地长期成为它们的避难所。最富裕、有最多捐赠基金的大学，看起来最不愿意已经确立的教育方案有任何的改变，因此它们对于采用这种改进也行动得最缓慢。而在那些比较贫困的大学中，老师们的生活资料大部分都依靠自己的名声，因此他们不得不更关注世界时代的思潮，也因此，课程的改进更容易实施。

欧洲公立学校和大学，尽管最早建立的目的只是为了某种特定职业教育，也就是僧侣教育，但是，就算是那些僧侣职业必要的科目，教师也并没有十分勤勉地教授学生；学生的学业逐渐荒废了，但是它们却逐渐把所有人民，特别是绅士和有钱人家子女的教育吸引了过来。从一个人的幼年时期到他开始认真地着手做事之前，有很长的一段时间。在这段时间内，似乎没有比上大学更有利的消费方法了。然而各公立学校和大学所教授的东西，对于学生后来要从事的事业来说，却并不是最好的准备。

在英国，一个青年人刚从学校毕业，不把他送入大学，却把他送到外国去游学，已经渐渐地成为一种流行的风尚。据说，游学回来的青年人智能都有很大的进步。一个青年人十七八岁出去游学，二十一岁归国，归国时只比出去时大了三四岁。在这个年龄段把他送出去留学，想让他在三四年间就有很大的成就，当然是很困难的。他在游学中，大概只能学到一两种外语，但是他学到的外语程度，恐怕还不够让他顺利地对话或者是书写。如果在这两三年的时间内，他没有到外国去而是留在了家里，那么也许就不会变得那么骄傲、随便、放荡，而且对于研究或作业也不会那么不专心，不努力。这样一来，年轻时的游学，就让他脱离了父母和亲戚的监管，非常放荡而无聊地把一生中最宝贵的时间浪费掉了。以前的教育让他形成的所有良好习惯，不但没有因为游学而更牢固，反而减弱，甚至消失了。这种毫无意义的早期游学风尚的流行，其实只说明了一件事，那就是社会对于各个大学的不信任，孩子的家长，不愿意看到孩子在自己面前无所作为，所以只好暂时把他送到了外国。

某些近代教育机构的成果，似乎就是这样。

正在工作的工人。随着人类劳动分工的细化，依靠劳动为生的人民（也就是人民中大部分）的大部分职业，就局限在了少数非常单纯的操作上——这种操作往往只有一两个动作，但对操作者来说却要重复数年乃至更长时间。

如果完全没有公立的教育机构，那么一个体系或科学的需要不达到一定的程度，或者说按照当时的情形是不一定要存在的、是不利的或不流行的，那么就一定不会有人教授。一种科学，如果是体系已经破坏了的、过时的，或者一般情况下被认为是没用的，是卖弄学问的诡辩，那么私人教师是不能从教授中得到任何利益的。这种体系，这种学科，只会存在于那种教师的繁荣和收入大部分都和名声没有关系，也和勤勉程度没有关系的教育机构中。如果完全没有这种公立的教育机构，一个绅士还能够用自己全部的勤勉和能力接受当时所能提供的全部教育课程，那么，我敢保证，他和人们讨论问题时一定不会一无所知。

没有一个公立机构是专门用来教育女子的，所以女子教育的普通课程中，就没有任何没用的、没有意义的、空想的东西。女子所学的东西，都是父母或者监护人认为她必须学习，或者是学过之后对她有用的课程。或是可以增加她身体上自然的丰姿，或是形成她内心的谨慎、谦虚、贞洁及节俭等品格，或是对她们进行妇道教育，让她们将来可以成为合格的家庭主妇。所有她学习的东西，很明显都是有用的。她总会感到，自己所受的各个方面的教育都是有某个方面的方便或利益的。对于男子来说则不是这样，他们受的是非常辛苦而麻烦的教育，但是却很少有人在他的一生中感到这种教育是多么方便或有利。

因此，我们不禁要问：国家对于人民的教育应不应该进行关注呢？如果需要进行关注的话，那么，在各个阶层的人民中，国家应该关注哪一部分，要怎么关注呢？

在某些情况下，尽管政府没有注意，但是社会状态本身也一定会把大多数人置于一种境地，让人们自然而然地形成当时的环境需要或允许的能力和品行。在其他情况下，因为社会状态不能把大多数人置于那种境地，所以为了防止大部分人堕落或退化，政府就有关注的必要。

随着人类劳动分工的细化，依靠劳动为生的人民（也就是人民中大部分）的大部分职业，就局限在了少数非常单纯的操作上——这种操作往往只有一两个动作。但是人类大部分的智慧都来自日常职业，如果一个人把全部生命都耗费在了少数几个简单的操作上，那么他就永远也不会在工作中遇到困难，也不会寻求解决困难的方法，因此，也就没有增加智慧、努力搞发明的必要了。这样一来，他自然就会丢掉努力发奋的习惯，让自己变得蠢笨而愚昧。精神上这种没有感觉的状态，不但让他失去领悟和参加所有合理的谈话的能力，而且让他失去拥有所有宽厚的、高尚的、温和的情操的能力，结果，对于私人日常生活上的许多事情，他也失去了进行适当判断的能力，至于大的、广泛的国家利益，就更没有能力进行辨认了。在所有进步的、文明的社会中，政府如果不大费周章地进行预防，劳动贫民——也就是人民中的大多数——一定会陷入这种状态中。

在先进的商业社会中，和有身份、有财产的人的教育相比，国家更应该注意普通人的教育。有财产、有身份的人，大多数都是在十八九岁之后才开始从事让他们闻名于世的特定事业、职业。在这之前，他们有充足的时间获得——至少也是让他们有能力在以后获得——赢取世人尊敬的所有知识和技能。他们的父母或监护人对于获得这些知识和技能所需要付出的资财，是毫不吝惜的。如果他们不能总是受到适当的教育，那很少是因为缺少费用，通常都是因为费用使用不当；也很少是因为缺少教师，通常都是因为教师的懈怠和无能，或是在当时不容易找到或是不可能找到更好的教师。有身份、有财产的人终身从事的事业并不像普通人民从事的那样单纯而重复，他们从事的职业几乎都是非常复杂的，用手的时候少，用脑的时候多，因此从事这种职业的人的理解力，不太会因为不用脑子而变得迟钝。更何况，他们所从事的职业，并不太会让他们整天繁忙，所以对于在原来已经打有一定基础，或者已经有一定兴趣的各种知识（有用的或者是装饰性的），他们都有不少的空余时间来继续完成。

对于普通人民来说，情况就完全不同了，他们几乎没有接受教育的时间。就算是在幼年时期，他们的父母也几乎没有能力供养他们。所以，一旦可以工作，他们就必须谋生。他们所从事的职业大多数都是单一而重复的，对于理解能力的发展，几乎没有任何帮助。同时，他们的劳动又是那么的忙碌而紧张，根本没有空闲考虑别的事情。

不过，不论是在哪种文明社会，普通人民虽然不能受到像有身份、有财产的人那样好的教育，但是教育中最重要的几个部分，如诵读、书写及算术，却都是可以在早年学习到的。就是说，就算是那些准备从事最低等职业的人，大部分也有时间在从事职业之前学习到这几门功课。因此，国家只需要支付非常少的费用，就几乎可以推动、鼓励，甚至是强制全体人民接受这最基本的教育。

国家在各教区各地方设立教育儿童的小学，收取的费用必须让一个普通劳动者也负担得起。这样，人民就比较容易接受基础教育了。这种学校的教师的薪酬，国家不能全部承担，而只应该承担一部分。因为如果国家全部或者是大部分承担了，教师马上就会养成懈怠的习惯。在苏格兰，这种教区学校的建立几乎让全体人民都会诵读，让大部分的人都会写算。在英格兰，慈善学校的建立也曾经收到了同样的效果，不过因为这种学校的建立没有前者的普遍，所以效果也没有前者的普遍。如果这些学校所教的儿童读物比现在所教的更有教育意义一点；如果将现在普通人的孩子在学校学习的，对于他们来说毫无用处的拉丁语废止，而改教几何学和机械学的基础知识，那么这个阶级人民的文化教育恐怕就达到了可能达到的最高水平。没有一种职业是不使用几何学及机械学原理的，因而，没有一种职业不能使普通人因为实践这些原理而得到锻炼和提高，可以说，这些原理是最高尚、最有用的科学的必要入门。

普通人民的儿童中，有些在学业上比较优秀。对于这种儿童，如果国家能够给予奖赏或荣誉奖章，那么一定可以鼓励普通人民的孩子接受这最基本的教育。

如果国家规定，所有人在取得加入某种同业协会的权利以前，或在有资格在自治村落或自治都市中从事某种职业以前，都必须接受国家的考试或检定，那么国家就可以迫使几乎全体人

英国曼彻斯特一所小学的学生正在上课。国家在各教区各地方设立教育儿童的小学，收取的费用必须让一个普通劳动者也负担得起。这样，人民就比较容易接受基础教育了。

民都接受最基本的教育。

文明社会中所有下级人民的理解力，经常被粗野的无知和愚钝所麻痹，这种无知和愚钝也可以说是一种精神上的残疾和畸形。一个人如果不能适当地使用只有人类才具备的智慧，那么从某个角度来说，就比胆小者还要可耻，是人类天性中更重要部分的残疾和畸形。就算国家不能从下层人民的教育中得到什么利益，也应该加以关注，不让他们完全陷入没有教育的状态中。更何况，对下层人民的教育可以让国家获益匪浅。在愚昧的国民中，狂热和迷信非常容易引起可怕的骚乱。一般的下层人民所受的教育越多，他由狂热迷信所形成的妄想就越少。而且，受过教育的人，比无知而愚昧的人更有礼貌，也更遵守秩序。他们每个人都觉得自己更受人尊敬，也更有资格得到那些地位比自己高的人的尊敬，因此，他们也就更尊敬那些地位高的人。对于那些从自己的利益出发，具有党派性质或者是煽动性质的不平言论，他们更能搞清楚原委，也更能看透本质，因此，反对政府政策的言论或不必要的论调就更加不能蛊惑他们。在自由的国家中，政府的安全极大地建立在人民对于政府行为所持的好感度上。人民不轻率地、随意地判断政府的行动，的确是一件非常重要的事。

第三项　论对各个年龄阶段的人民进行教育的设施费

对各个年龄阶段的人民进行教育的设施主要是宗教教育的设施。这种教育的目的，与其说是为了让他们成为现世的优秀公民，不如说是在为他们的来世（更好的世界）生活做准备。和其他的普通教师一样，教授这种教义的教师的生活费，有的完全依靠学生奉给，有的则由国家法律规定从僧禄、什一税地租薪金、僧俸中获得，但是他们的努力程度、热心和勤勉程度，在前一种情况下似乎比在后一种情况下要大得多。在这一点上，新教的教师们要攻击旧的宗教体系通常会占有很大的优势，因为旧的僧侣依靠僧禄过活，就不太注意去维持大多数人民的信仰和皈依的热情；他们习惯了懒惰，甚至不能发奋起来保护自己的教会。况且，一种宗教一旦被认定为国教并且有了很多的捐赠财产，它的僧侣们就会拥有绅士的品格，他们的学识和风度都足以赢得绅士的尊重；可是，也正因为如此，他们对于下层人民的权威和感化力，换句话说，他们的宗教成为国教的本来原因（不论它的性质是善的还是恶的）就难免会逐渐地消失。这种僧侣一旦遇到勇敢而深孚众望（虽然也可能是愚昧而无知的）的信徒的攻击，就会像亚洲南部懒惰的、毫无建树的、饱食终日的人民遭到了来自北方的矫健的、坚忍的、食不果腹的人的攻击一样，完全没有自卫能力。在这种情况下，这些僧侣通常所采取的唯一方法就是向行政长官申诉，说反对者扰乱了社会秩序，请求行政长官对其进行迫害、镇压或驱逐。罗马天主教僧侣是假借了行政长官之手迫害新教徒的；英格兰教会也是假借行政长官之手迫害非国教徒的。此外，当一种宗教已经被认定为国教并且安全度过了一两个世纪时，如果有某种新宗教对它的教义教律进行攻击，它是不可能做到果敢防御的，唯一的办法也是请政府出面阻止。虽然从学问和著作来说，国教方面通常占有优势，但是在博得众望和拉拢新教徒的能力面，新起的教派却往往占有优势。在英格兰，宗教上的这种能力，早就被那些拥有大量捐赠财产的国教教会抛到一边了，到现在，只有非国教派教徒及卫理公会派教徒拥有这种能力。不过，在许多地方，如果非国教派的教师已经通过自由捐赠、信托或其他逃避法律的行为得到了独立的生活资料，那么他们的热情和活动力就会大大减少。虽然，他们中的大多数都是非常有学问、贤明而值得尊敬的人，但是整体来说，他们却不是深孚众望的说教者。现在，比非国教派更得人心的，已经是那些学问远远不如非国教派的卫理公会派了。

和国教教会的僧侣相比，在罗马教会中，下级僧侣要更勤勉和热心，是因为受到了一部分利己动机的驱使。在很多教区，僧侣的绝大部分生活资料都来自人民的自由奉纳。奉纳是他们收入的一个来源，而忏悔又会给他们许多机会增加收入。托钵教团的生活资料全部都来自这种奉纳。他们很像那些轻骑兵和轻装步兵，如果不进行掠夺，就没有给养。教区的僧侣就像那些一部分依靠薪酬，一部分依靠学金的教师，因此，这些报酬的获得就经常需要依靠他的勤勉和名声。至于那些托钵教团，则像那些全部依靠勤勉以得到生活资料的教师，因此，他们就不得不使用那些煽动普通民众皈依的能力。据马基雅维利观察，在13世纪及14世纪，圣多米尼克及圣弗兰西斯两大托钵教团的建立，曾让人民对于天主教会日益衰微的信仰和皈依复活。在罗马天主教各个国家，这种皈依精神全部都是由修道僧及贫苦的教区僧侣支持的。至于那些大僧侣们，他们拥有了绅士及世人所有的艺能，有时还拥有了学者的知识，虽然他们也十分注意对于下级僧侣所必要的教化，但是对于人民的教育却很少劳心费神。

不管给僧侣提供独立的给养的利弊如何，订立这种制度的人，恐怕都很少以此为出发点。历来宗教上争论激烈的时代，也都是政治上斗争激烈的时代。在那种情况下，各政治党派都发觉或者都认为：和正在参与争论的某一个宗派结成同盟，肯定会对自己更有利。不过，要结成

作为中世纪最有影响的宗教人物之一，圣弗兰西斯创立的托钵教团曾让人民对于天主教会日益衰微的信仰和皈依复活。

同盟，就只有采纳或者是赞成那个特定宗派的教理。某个特定的宗派如果很幸运地站在了胜利政党那边，那么就一定会要求共享胜利的果实，借助同盟者的帮助和保护，马上让所有敌对教派屈服并不能继续宣扬自己的教义。这些敌对教派，通常都和胜利政党的敌对党派结成了同盟，因此，也就成了胜利党派的敌人。这样，特定宗派的僧侣就完全控制了战场。在大多数人民中间，他们的势力和权威，达到了最高点，甚至已经足够震慑自己党派的领袖和指导者，并且迫使政府尊重他们的观点和意向。他们向政府提出的第一个要求，是帮他们镇压所有的敌对宗派，并使之屈服；第二个要求，是给他们提供独立的给养。既然他们为政治斗争的胜利贡献了力量，那么要求分享一些胜利品也是合理的。另外，他们厌烦了通过一味地迎合反复无常的人民的心理而获得生活资料的方式，因此，当提出这个要求时，纯粹是从自己的安逸和快乐出发的，至于这个要求将来会对他们所处阶级的势力和权威产生什么样的影响却没有认真考虑。对于政府方面来说，答应这个要求就意味着把那些本应由自己占有并保留的东西，分一部分给他们。所以，对于这种要求，政府绝对不会立刻答应。不过，通常推三阻四一段时间之后，最终为了某种必要，政府不得不屈服。

但是，如果当时政党没有向宗教要求援助，某一党派获得胜利时，又没有特别地采用任何一个宗教的教理，那么，这个政党就会对所有的宗教一视同仁、平等对待，让人们自由选择自己认为合适的僧侣和宗教。在这种情况下，毫无疑问，会有很多的宗教出现。各种不同的会众，几乎都会组成不同的小宗派，或者是拥护一些特殊教理。这时，要维持并增加信徒的人数，担任宗教教师的人就需要费很大气力了，并且有必要使用各种技巧。可是，这种必要性是所有的教师都会感觉到的，每个人都大费气力，都使用所有的技术，因此任何一个教师，或者说任何一个宗派教师都不会获得很大的成功。宗教教师受自己利益的驱使产生的狂热，只有在两种情况下才会导致危险和困难：情况一，社会默认了某一个特定的宗派；情况二，一个很大的社会团体，只划分成了两三个宗派的势力范围，而各个宗派的教师又在一定的纪律和服从关系下通力合作。如果一个社会分成了二三百个甚至数千个小宗派的势力范围，那么就没有一个宗教的势力可以大到足够扰乱社会秩序，而他们教师的狂热也就没有任何害处了。在这种情况下，各个宗派的教师见到自己的周围布满的不是朋友，而是敌人，从而，就会更加注意经常被大宗派（这种大宗派的教理，在政府的帮助下，几乎拥有广阔国土内所有人民的尊敬，它的周围布满着拥护者、信徒以及唯命是从的崇拜者）教师们忽视的诚实和公正。一旦小教派的教师发觉自己是孤立无援的，就会尊重其他宗派的教师。他们彼此间这种为彼此提供方便和适度的礼让，或许能让大部分的教义都抛弃所有荒谬、欺骗或迷妄的夹杂物，而还原成了纯粹的、合理的宗教。这样的宗教，是世界上各个时代贤明而睿智的人都想要看到的，但是国家法律恐怕从来没有认定这样的宗教为国教，而且将来恐怕也没有国家会把这种宗教认定为国教。这是因为关于宗教的法律一向都会受到世俗的迷信和狂热的影响，而今后恐怕还要继续受到这种影响。英国的某个独立教派（毫无疑问是一个拥有非常狂热的信徒的宗派），曾在内战结束时提议在英国建立这种教会管理方案（更确切地说是“不管理教会”方案）。从它的起源来说，这个建议尽管不是出于理性，但是如果付诸实施了，恐怕到现在已经产生了理性的和平气质和公正精神来对抗各种宗教原理了。宾夕法尼亚州已经实施了这个方案，尽管那里教友派占最多数，但是法律对于各个教派是一视同仁、不分轩轾的。据说，那里就形成了这种理性的和平气质和公正精神。

在某个国家中，虽然平等地对待各个宗派，却仍然不能让全部或大部分的宗派产生这种和平气质和公平精神。不过，如果宗派的数目非常繁多，以至每个宗派的势力都小到不能扰乱社会秩序，那么各派对于各自教理的狂热，也就不会产生什么有害的结果。相反，还会产出一些好的结果。如果政府断然决定让所有的宗派自由，并且不准任何宗派干涉其他宗派，那么就不用担心了，因为它们一定会自行分裂，形成许多宗派。

在各个文明社会中，也就是在阶级区别已经完全确立了的社会中，通常存在着两种完全不同的道德体系。其中一种称为刻苦、严肃的体系，另一种称为自由的或者散漫的体系。前者受到普通人的赞赏和拥护，后者更多地受到上流社会人士的赞赏和拥护。不过，照我看来，对于轻浮这种恶劣品德（很容易由大繁荣、过度的欢乐产生的恶劣品德）的责难程度，是这两个相反体系的主要区别。对于像奢侈浪费、放荡甚至昏乱的欢乐，不太谨慎的追求享乐，两性中的一方破坏贞操等，只要不达到败坏风化的地步，自由的体系一般都会非常宽大地对待，而且很容易就宽恕或完全地原谅。如果这些事情发生在严肃的体系中，就完全不同了，所有这些放荡的行为都将受到人们极度的厌恶和嫌弃。对于一个普通人来说，轻浮的恶劣品德很容易让他倾家荡产。哪怕只是一个星期的荒诞行为和奢侈浪费，也足够让一个贫穷的劳动者永远堕落，落入绝望的深渊，从而孤注一掷地违法犯罪。因此，普通人中贤明而善良的人通过经验了解到，这种放荡的行为会让处于他们那种境地的人遭受毁灭性的打击，所以对于这种行为深恶痛绝。但是，在另一个方面，对于一个处于上流社会的人士来说，数年的放荡及浪费却不一定会让他破落。他们经常把某种程度上的放荡当作是自己财产上的一种利益；把放荡却不受责难的自由当作是他们地位上的一种特权。因此，和他们处于同一阶级的人，就不大责难这种放荡，只认为那是一个很小的错误，或者连错误也算不上。

几乎所有的宗派都是由普通人民创立的，由普通人民吸引来了最早的、最多数的新信徒。从而，道德上严肃的体系就不断地被宗派体系采用，虽然也有例外，但屈指可数。这个体系就是各个宗派最容易赢得普通人民（它们改革旧教理的方案就最先受到了这些人的拥护）拥护的体系。为了要赢得这些人的拥护，许多宗派或者大部分的宗派都竭尽所能地改进这个严肃的体系，甚至把这个体系弄得有些愚蠢。但是，这种过分的严肃，却通常比其他任何事情都更能赢得普通人民的尊敬和膜拜。

从地位上说，有身份、有财产的人，都是社会中的达官显贵。整个社会都在关注他们的一举一动，因此他们对于自身的行为也都特别留意。社会对于他们的尊敬，是和他们的权威及名声息息相关的。社会上，凡是会让权威和名声受损的事情，他们都是不敢肆意妄为的；并

宗教改革时期，路德宗的教徒与天主教徒争论。如果宗派的数目非常繁多，以至于每个宗派的势力都小到不能扰乱社会秩序，那么各派对于各自教理的狂热，也就不会产生什么有害的结果。

且，社会上要求像他们这样的人应该遵循的道德，不论是自由的还是严肃的，他们都必须小心谨慎。对于一个地位比较卑微的人来说，则完全不同。他算不上是大社会中的达官显贵。在乡村中，也许会有人注意他的行为，他自己也不得不注意。但是，一旦走进大社会，他马上就陷入卑贱和黑暗中。再也没有人注意他的行为了，于是通常情况下，他就开始任意放纵自己的行为，不进行任何约束，委身于所有卑劣的游荡和罪恶。一个人如果想跳出自己所处的卑微的境地，引起上流社会的注意，最有效的方法就是成为一个小宗派的信徒。一旦成了某个小宗派的信徒，他马上就会获得一些从来没有过的名望。从维护宗教的名誉出发，所有的教友都会留意观察他的行为。如果他做了什么卑鄙无耻的事情，或者他所做的违反了同门教友通常需要遵守的严肃道德的规定，那么就算法律上没有惩罚，他也要小心非常严峻的刑罚——宗教上的放逐。因此，在小宗派上，普通人民的道德通常是更有规则、更有秩序的，要比国教教会中正规有序得多。当然，这些小宗派的道德有些也太过严苛，甚至不近人情。

对于国内所有小宗派的这些缺陷，国家不需要使用暴力，只需要采用两种非常容易而有效的方法就能予以矫正。

方法一，是由国家强迫国内所有中等及中等以上身份和财产的拥有者普遍学习科学及哲学。在这种情况下，它并不是给老师规定薪酬，从而养成他们懈怠的惰性，而是对于比较高深、比较困难的科学建立一种检定考试制度。在从事某项职业以前，或是在接受享有某种名誉或俸禄的候补官职以前，每个人都需要接受这种检定或考试。如果国家强迫这个阶级的人们研究学问，就不需要给他们提供适当的教师，因为他们自己马上会找到教师，而且他们找的教师，可能比国家给他们提供的还要好。科学是消除狂妄和迷信最有力的武器。如果一个国家中的上层人士都摒弃了迷信，那么一般的下层人民也就不太会受迷信的蛊惑。

方法二，增加民众的娱乐项目。人民的迷信和狂妄通常来源于忧郁、阴沉的气氛，大部分人民的这种气氛，都不难通过绘画、诗歌、音乐、舞蹈及戏剧表演消除。因此，对于那些以自己的利益为出发点，在不伤风败俗的范围内以专门为引人发笑、让人解闷为职业的人，国家应该进行奖励，或者完全放任自由。煽动人民大众的狂热者，通常非常害怕或者厌恶公众娱乐。

因为由娱乐引起的快乐和惬意，是和符合他们利益的或便于他们利用的那种精神状态相反的。另外，戏剧表演通常会揭露他们的欺诈手段，让他们成为公众嘲笑甚至是憎恶的对象。因此，在所有的娱乐项目中，戏剧是他们最厌恶的。

如果一个国家的法律对于国内所有宗教的教师都一视同仁，那么这些教师和君主或行政当局就没有必要拥有特定的或直接的隶属关系，同时，君主或行政当局也没有必要对教师进行任免。在这种情况下，君主或行政当局对待宗教教师也应该像对待其他人民一样，唯一的任务就是维持他们之间的和平，也就是防止他们互相迫害、侮辱或压迫。但是，如果一个国家有国教或占统治地位的宗教存在，那么情况就完全不一样了。在这种情况下，如果君主对于这个宗教的大部分教师没有一种有效的控制方法，就永无宁日了。

所有国教教会的僧侣，都会形成一个很大的法人团体。他们就好像在一个人的指挥下一样协同行动，用一个计划、一种精神追求他们的利益，实际上他们也都是在一个人的指挥下行动。他们形成的法人团体和君主的利益是不完全相同的，有时甚至是恰好相反的。他们最大的利益在于维持对于人民的权威。这种权威建立在两种设想的基础上：一、设想他们恳切教导的全部教义是正确而又重要的；二、设想要从永远的悲惨中挣脱出来，需要有绝对的信仰采用这全部的教义。如果君主不小心谨慎，敢嘲笑或怀疑他们的教义中任何细小的部分，或者对其他嘲笑或怀疑教义的人进行包庇、保护，那么这种和君主没有隶属关系的僧侣的名誉心，就会立刻被激发出来，判定君主的怀疑之罪，同时使用所有宗教上的恐怖手段，让人民效忠于比较信服正统宗教、比较驯服的君主。另外，如果君主反对他们的某种要求或侵占行为，也会有同样大的危险。如果一个君主敢像上面所说的那样反对教会，那么不管他怎么严肃地表明他的信仰，以及他对于所有教义（教会认为君主应该遵守的教义）是多么的尊重和服从，都会被冠以反逆之罪，而且还会被冠以异教徒的罪名。宗教的权威高于其他所有权威。宗教暗示的恐怖可以超越其他所有恐怖。所以，国教教会的教师如果宣扬颠覆君权的教义，那么君主就只有通过暴力，也就是国家的常备军，才能维持权威。有时候甚至连常备军也不能完全地保障君主的权威，因为，如果大多数的士兵们不是外国人，而是从民间招募过来的，那么通常用不了多久也会被那种教义所腐化。

宗教信条，以及其他所有精神上的事情，很明显，都不是现世的君主可以管辖的范围；君主就算有资格好好地保护人民，也很难能够好好地教导人民。所以，针对这些精神上的事情，君主的权威通常比不上国教教会僧侣们结合起来的权威。社会的安定和君主的安全通常都依存于僧侣们认为对于这些事件应该宣讲的教义。既然君主不能用适当的压力或权威直接反对僧侣们的决议，那么就必须有更有效的手段掌控僧侣们的决议。掌控的方法，只有让僧侣阶级中的大多数既有所畏惧又有所希求才行——罢免职位或其他的惩罚是他们畏惧的，升迁禄位是他们希求的。

在所有的基督教会中，僧侣的僧禄都是他们终身享有的一种不动产。这种享有，不是因为授予者的一时兴起。一个僧侣只要行为端正，其他人就不能任意剥夺他享有的僧禄。如果他们对于财产的保有不是那么稳定，而是只要稍微惹怒了君主及达官贵人，就有被剥夺的危险，那么他们也就不能维持对于人民的权威了。人民会把他们看作是宫廷金钱上的附庸，从而对于他们所教导的真诚也没有信心。但是，如果，君主滥用暴力，以僧侣散布朋党的或煽动性的教义为借口，私自地剥夺了他们终身享有的不动产，那么这种行为，只会让被迫害的僧侣及其教义

传教士加尔文正在与人交流。精神领域的事务，君主的权威经常比不过僧侣。

的声誉猛地提高十倍，从而让君主自身遭遇的麻烦和危险猛地增加十倍了。在大多数情况下，恐怖手段都是一种很坏的统治工具。如果用这种工具去对付那些对于独立权要求很小的人，就更不应该了。恐吓这种人，实际上只会刺激他们的厌恶感，增加反抗情绪；如果宽大处理，他们的反抗也许是很容易缓和下来，或者是被搁置一边的。法国政府经常用暴力镇压议会或者是最高法院所公布的不孚众望的布告，但是这种暴力很少能够真正取得效果。有人认为，把所有的顽固反对者统统监禁起来，是非常有效的方法。斯图亚特王朝的各个君主就曾经使用这个方法来控制英国议会中的一些议员，但是那些议员仍然顽强不屈。因此，他们不得不改弦易辙。现在英国议员是被用另一种方法操纵着。大约在12年前，奇瓦塞尔公爵曾经对巴黎最高法院进行过一个小实验，那个实验充分说明了一件事，那就是用现在英国使用的方法，法国的最高法院更容易收到操纵的效果。不过，这位公爵没有继续他的实验。因为虽然强制和暴力是最坏、最危险的工具，操纵和劝说是最简单、最安全的工具，但是人类似乎天生就是傲慢的，除非不能或者是不敢使用坏的工具，否则他就不屑于使用好的工具。法国政府有能力也敢使用暴力，所以就不屑使用操纵和劝说了。不过，根据所有的历史经验，我相信，把强制和暴力施加在国教教会让人尊敬的僧侣身上，比施加在任何其他阶级的人民身上还要危险。僧侣们有自己的权利、个人自由，只要他们和本阶级中的人形成良好的关系，那么就算是最蛮横的政府也得千万当心——和其他有同等地位和财产的人相比，僧侣的权利和自由是更受人尊敬的。这种情况，在巴黎那种宽松温和的专制政府中如此，在君士坦丁堡那样蛮横狂暴的专制政府中如此，而在这两个极端中间的各种程度的专制政府中也如此。虽然僧侣阶级很难用暴力压制，但是却和其他阶级一样容易操纵。君主的安全、社会的安定，都依赖于君主操纵他们的方法，这方法似乎全都在他们禄位的提升上。

罗马教皇首先把几乎欧洲大部分的主教职位、僧院长职位的任命权拿到了手中。接着又用各种诡计和借口，把各主教区内大部分僧侣职位的任命权拿到了手中。这样一来，主教除了对自己下级僧侣还保有一定的权力外，就没有任何其他权力了。同时，君主的境况因为教权上的这种安排而变得更糟糕了。欧洲各国的僧侣，几乎由此而组成了一种僧侣军。这种军队虽然散布在全国各处，但是它的所有活动、所有动作却都受一个首领的指挥，在一个统一的计划下进行。每个国家的僧侣都可以看作是僧侣军的一个支队；同时，各支队的行动，很容易得到周围其他支队的支援。各个支队，不仅对于各自驻在国和给养国的君主是独立的，而且还隶属于一个外国的君主。一旦这个外国君主有需要，随时可以让它们倒戈转投向其他某个特定国家的君主，同时其他所有的军队也将声援它。

在我们可以想象到的范围内，这种武力的威力是最大的了。在欧洲技术和制造业不是很发达的时候，诸侯对于他们的家臣、佃户和家仆享有的权利是通过富有获得的。同样，僧侣对于普通人民的权力也是通过富有获得的。诸侯在自己的领地上享有一种司法权，同样的，僧侣在自己的地产（通常是诸侯或私人为了忏悔而捐赠给教会的）也享有一种类似的司法权。在这种地产上，僧侣或执事不依靠君主或任何其他人的支持和帮助就可以维持和平，但是，如果没有僧侣的支持和帮助，不论是君主或任何其他人都没有办法维持和平。因此，就像一般的诸侯，在特定的领地和庄园中享有司法权一样，僧侣的司法权也独立于国王的裁判权，而存在于国家司法管理范围之外。和诸侯的佃户一样，僧侣的佃户也几乎都是没有契约，随时可以更换的。他们都依靠僧侣生活，所以一旦僧侣有了争斗，需要他们参加，他们就必须应召前往。僧侣通过两种方法获得收入：一、僧侣所有地的地租；二、以什一税的名义，征收全国其他所有土地地租的大部分。这两种地租，大部分都是用实物缴纳的，比如谷物、葡萄酒和家畜等。他们的收入量大大超过了可以消费的量。因为在当时没有技术品或制造品来交换掉多余的部分，所以僧侣们除了像诸侯那样用自己的剩余部分大宴宾客、大行慈善之外，就再也没有其他更好的用途了。因此，据说僧侣宴请宾客和做慈善的规模都是非常大的。他们不但维持了几乎全国贫民的生活，而且很多没有生活来源的骑士和绅士也经常往来于各个僧院间，以皈依为借口接受僧侣的款待。一些特殊僧院长的仆从和最大领主的仆从一样多。把所有僧侣的仆从加起来，数目可能比所有领主仆从加起来的数目还多。各个僧侣间的团结能力是远远大于领主们的。前者是在一种正规的纪律和隶属关系下服从罗马教皇的权威的，后者则不是这样，他们彼此间通常都在互相猜忌，并且又都在妒忌国王。所以，从佃户和仆从的总数量来说，尽管僧侣拥有的比大领主的少，只从佃户的数目来说，僧侣拥有的就更少了，但是他们的结合力却让世人更害怕他们。此外，僧侣的款待和慈善不但给了他们支配一股强大的世俗力量的权力，而且还大大增加了他们精神武器的力量。他们已经通过这种大举的慈善，赢得了全下级人民的尊敬和崇拜。所有和这个阶级有关的事物，它的所有物、特权、教义，在普通人眼中都成了神圣的；而对于这

在欧洲的历史上，王权与教权的争斗一直存在，如为了主教叙任权之争，神圣罗马帝国的皇帝亨利四世不得不在教皇格里高利七世面前下跪求宽恕。

种神圣物的侵犯，不论是不是真的，都是罪大恶极的。如果一个君主觉得抵抗治下的少数大贵族的同盟已经很困难了，那么他觉得抵抗治下的僧侣结合势力更困难也就不奇怪了，在这种情况下，君主不得不屈服是正常的；君主经常能够抗衡才是奇怪的。

在10~13世纪以及这前后的一段时间内，欧洲的大部分地区都是基督教的势力范围，罗马教会制度对于政府的权力和安全，人类的自由、理性和幸福的反对，可以说是达到了前所未有的恐怖程度。在这种制度下，非常愚昧的迷信妄想，竟然受到了那么多由利己心驱使的人的支持，以至就连人类理性的攻击，也不能动摇它了；虽然理性想要揭穿迷信妄想很简单，也能让普通人明白，但是它却不能解散那些从利己心出发的力量的结合。教会制度如果没有遭遇其他的反对者，只是受到势单力薄的人类理性的攻击，应该是会永远存在的。然而，这种广大而牢固、不能被人类智慧撼动和颠覆的组织，却在事物的自然发展行程上开始衰弱了，后来部分地倒塌了，按照现在的倾向看，恐怕再过几百年，就会全部瓦解。

技术、制造业及商业的逐渐发达，让大领主的权力逐渐被破坏了，同样也让僧侣在欧洲大部分的俗世权力完全被破坏了。就像大领主一样，僧侣在技术、制造业及商业的生产物中，找到了可以用自己的原生产物交换的东西，并且由此发现了可以自己消费完所有收入的方法。因为自己可以消费完全部生产物而不用分给别人了，所以慈善的规模越来越小了，款待也不像从前那样大方而丰盛了。结果，原来那么多的仆从逐渐就没有了。为了要过上大领主那样的生活，为了满足自己的虚荣和骄奢淫逸，这些僧侣也想从自己的土地中获得更多的地租。但是想要增加地租，只有同意和租地人缔结佃租契约，这样一来，租地人就可以脱离他们而独立了。从此以后，下级人民附属于僧侣的利害关系也一天天地被破坏了。和大领主及下级人民间关系的破坏和分解相比，它的速度还要更快，因为大多数教会寺领土地都比大领主的土地少很多，因此，每个寺产的拥有者，很容易就可以消费掉自己的收入。在14、15世纪的时候，封建诸侯的势力在欧洲大部分地区达到了顶峰，但是僧侣的世俗势力，也就是他们一度享有的对于大多数人民的绝对支配权，却在这个时候明显地衰退了。这时候，教会在欧洲的势力几乎只剩下心灵上的权威了，甚至就连这心灵上的权威也因为僧侣不施行慈善、中断款待而明显削弱了。下级人民再也不把这个阶级当作是悲惨人民的安慰者和贫穷人民的救济者了。在另一个方面，富有僧侣的虚荣、奢侈和浪费，还经常引起下层人民的不满和厌恶，因为一向被当作是贫民财产的东西，现在竟然因为僧侣们的奢侈而被浪费掉了。

在这种情况下，欧洲各国君主就试图挽回他们享有的对于教会重要僧侣职位的任免权：一方面，改弦更张，恢复各主教领区的副主教和僧会选举主教的权力，另一方面又恢复各僧院长领区修道僧选举僧院长的权力。重建这些旧制度，就是14世纪英格兰制度的一些法令，特别是所谓的《俸给条例》的目的，也是15世纪法国颁发的《基本敕令》的目的。根据这些条例或敕令，要想选举有效，必须先得到君主的同意；被选举的人选，也需要得到君主的同意。这样一来，尽管选举仍然被认为是公平的，但是君主的地位让他拥有了一些间接支配治下僧侣的手段。在欧洲的其他地方，原来也没有和这个目的相同的规定。不过，在宗教改革以前，罗马教皇任命教会重要僧职的权力，只有在英法两国被限制的最厉害，也最普遍。16世纪时，罗马教皇和法国国王之间可能达成了某种协议，借助这些协议，国王对于法国教会的所有重要僧侣职位（也就是所谓的主教大会僧侣职位）都有了绝对的推荐权。

自从基本敕令和上面所说的协议达成以后，法国一般僧侣对于罗马教廷所颁发的布告就没有其他的天主教国家那么尊敬了。每当君主或教皇起争执的时候，他们通常都站在君主的一边。由此看来，法国僧侣之所以可以独立于罗马教廷，主要是因为基本敕令和协议的存在。而在此之前，法国的僧侣们和其他国家的僧侣一样，对于教皇是非常忠心的。当卡佩王室的第二代君主罗贝尔被教皇极不公正地赶出教会时，据说他的属下把他餐桌上的食物扔给狗吃——他们拒绝吃犯罪的国王污染过的所有东西。国王的属下竟然敢这样做，不难猜想是谁指使的。

这样，对于教会重要僧侣职位任命权的要求（为了拥护这种要求，教皇宫廷常常动摇甚至颠覆一些基督教国家最有力的君主的王位），在欧洲各国实行宗教改革之前，就被抑制了，被变更了，或者被完全放弃了。随着僧侣对于人民势力的减小，国家对于僧侣的势力也越来越大。因此，僧侣扰乱国家治安的势力和意向也就比原来的大大减小了。

正是因为罗马教会的权威已经危在旦夕，所以宗教改革的呼声一出现在德国，就迅速地传播到了欧洲各地。新教义在各地都大受欢迎。当新教攻击既定的权威（旧教）时，照例也使用了会煽动党派精神的狂热精神宣传教义。从其他方面来说，新教的教师也许不比拥护旧教的教师更有学识，但是，总体来说，他们似乎更熟悉宗教的史实，更清楚旧教权威得以树立起来的思想体系的起源和沿革，所以在所有的争辩中，他们都更有优势。他们的态度是严肃的，人民大众把他们非常严谨的行为和旧教很多僧侣的奢侈的生活进行对比，就更觉得他们值得尊敬。另外，他们拥有比反对者高明得多的能力和手段来获得名望和吸引信徒，那些对于他们来说几乎没有任何用处的能力和手段早就被抛之脑后了。新教义凭借理性吸引到的信徒少，凭借新奇吸引到的信徒多，凭借对旧教的憎恶吸引到的信徒更多。不过，他们用来赢得大多数人民喜欢的方法，还是他们四处开展的讲述教义的雄辩——这些虽然有时会趋向于粗野下流，但是仍然是热心的、激情的、狂热的。

新教义几乎在各地都取得了很大的成功。当时和罗马教皇有分歧的君主，只要凭借着这个教义，很容易就可以把自己管辖内的教会颠覆掉。教会是失去了下层人民的尊敬和崇拜的，因此大多数都没有能力反抗。德意志北部有些小君主因为曾经被罗马教廷看不起，并受到过不公正待遇，所以，他们就在自己的领土内进行宗教改革。

重重危机之下，罗马教廷不得不费尽心机地向法兰西和西班牙这两个实力比较雄厚的君主请求交好，当时西班牙的国王也是德国的皇帝。依靠着这两个君主的帮助，罗马教廷终于可以在那样巨大的困难和流血事件之下，把管辖领土内的所有宗教改革运动镇压了下来，或者在很大程度上阻止了下来。教皇本来也是想拉拢英国国王的，但是在当时的情况下，为了怕得罪实力更雄厚的西班牙兼德国国王查理五世，最终没有拉拢成功。英国国王亨利八世

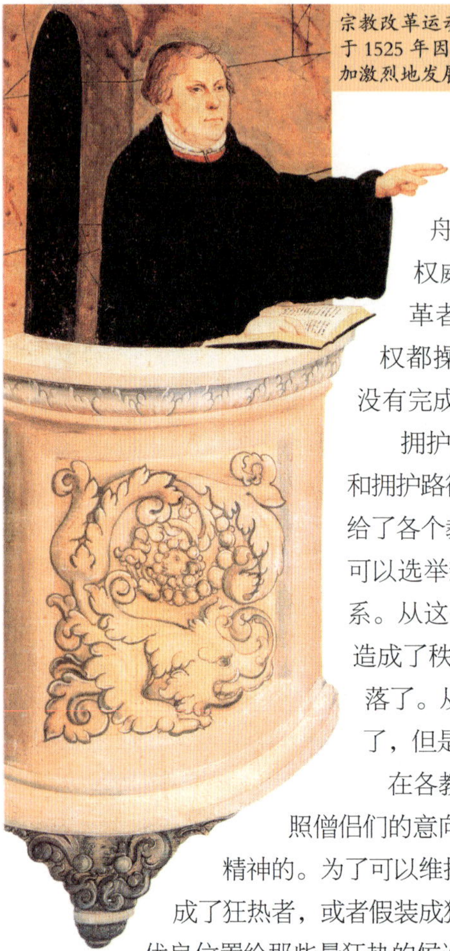

宗教改革运动的重要人物马丁·路德。他反对罗马教会干预国家政治，并于1525年因拒绝放弃其观点而被教皇驱逐，这也导致了宗教改革运动更加激烈地发展起来。

本来是不完全相信改革的教义的，但是因为这种教义已经在国内流行起来了，所以他也就顺水推舟，废除了领土内所有寺院，消除了所有罗马教会的权威。虽然他只做到这里就停止了，但是那些宗教改革者已经觉得很好了。后来英国国王的后代继位，政权都操纵在了这些拥护宗教改革的人的手中，亨利八世没有完成的功业，由他们毫不费力地完成了。

拥护茨温克利的人，或者更妥当地说，拥护加尔文的人和拥护路德的人不同。他们把选举各个教会僧侣职位的权利交给了各个教区的人民。僧侣职位一旦出现了空缺，人民随时都可以选举新的。此外，他们在各个牧师间建立起了平等的关系。从这个制度的前一部分来说，在它完好存在时，也只是造成了秩序的缺失和混乱，并让僧侣和人民双方的道德都堕落了。从这个制度的后一部分来说，平等的目的是完全达到了，但是没有产生什么结果。

在各教区人民享有僧侣职位选举权的时候，也通常都是按照僧侣们的意向行事，而这些僧侣又都是非常具有宗派精神和狂热精神的。为了可以维持他们在这种民众选举上的影响力，他们大多数人都成了狂热者，或者假装成狂热者，他们经常鼓励民众信奉狂热主义，并经常把优良位置给那些最狂热的候选人。本来，任命一个教区牧师是一件小事，但是，这件小事不但在本教区内，而且很容易就会在所有邻近的教区内导致激烈的斗争。如果这种斗争发生在大城市中，就会把全区的居民分成两个宗派。如果这个城市本身就是一个小共和国，或者像瑞士、荷兰那样是一个共和国的首都，那么，这种无聊的斗争，除了会引起其他党派间的厌恶情绪外，还会在教会内留下新的宗派，在国家中留下新的党派。因此，用不了多久，那些小共和国的政府就会从维护社会安定出发，将僧侣职位的推荐权掌握在自己手中。苏格兰是建立长老管理教会制度的最大国家。

教会的僧禄差不多相等，中间绝对不会有突然增多的可能。在实行的过程中，虽然有时会执行得过于严苛，但是对于教会本身，却还是有很多好结果的。一个拥有小额财产的人想要维持威严，唯一的办法就是具备一些可以当作众人楷模的品行。如果他浅薄奢侈、行为乖张，一定会让众人嘲笑；并且因为财产不多，所以难免和普通的奢侈浪费者一样遭遇破产。因此，他们这种人就不得不遵循普通人最尊敬的道德体系。他们赢得普通人的尊敬和喜欢的方式，就是他们的利益和地位引导他们遵循的生活方式。如果一个人的情况和我们差不多，而在我们看来，他的地位实在应该高于我们，那么对于这个人我们就会自然而然地产生亲切之情。普通人对于僧侣亲切，僧侣也一定会对僧侣亲切，认真地教导、帮助并救济他们。既然他们对僧侣那么亲切，僧侣一定不会轻视他们，绝对不会像富有教会的傲慢僧侣那样，动不动就用轻慢骄傲的态度对待他们。因此，从对于普通人民精神的影响力上来说，长老教会僧侣的影响力恐怕要比其他任何国教教会僧侣的影响力都大。也正因为这样，普通人民不经强制，就全部都改信国教教会这样的事情，只会发生在实行长老教会制度的国家。

如果一个国家大部分的僧禄都很普通，那么，大学教师得到的报酬就可能比教会僧禄还丰厚。在这种情况下，大学的教师就会从全国所有的僧侣（不论在哪个国家，僧侣都是拥有最多数学家的阶级）中抽取选拔。相反，如果一个教会大部分的僧禄都很多，那么教会自然就会把大学中大部分的知名学者吸引过去，因为这些学者想要获得僧侣职位，而

剑桥大学国王学院的教堂。如果一个教会大部分的僧禄都很多，那么教会自然就会把大学中大部分的知名学者吸引过去，因为这些学者想要获得僧侣职位，而推荐他们的人又以可以推荐他们而感到荣耀。

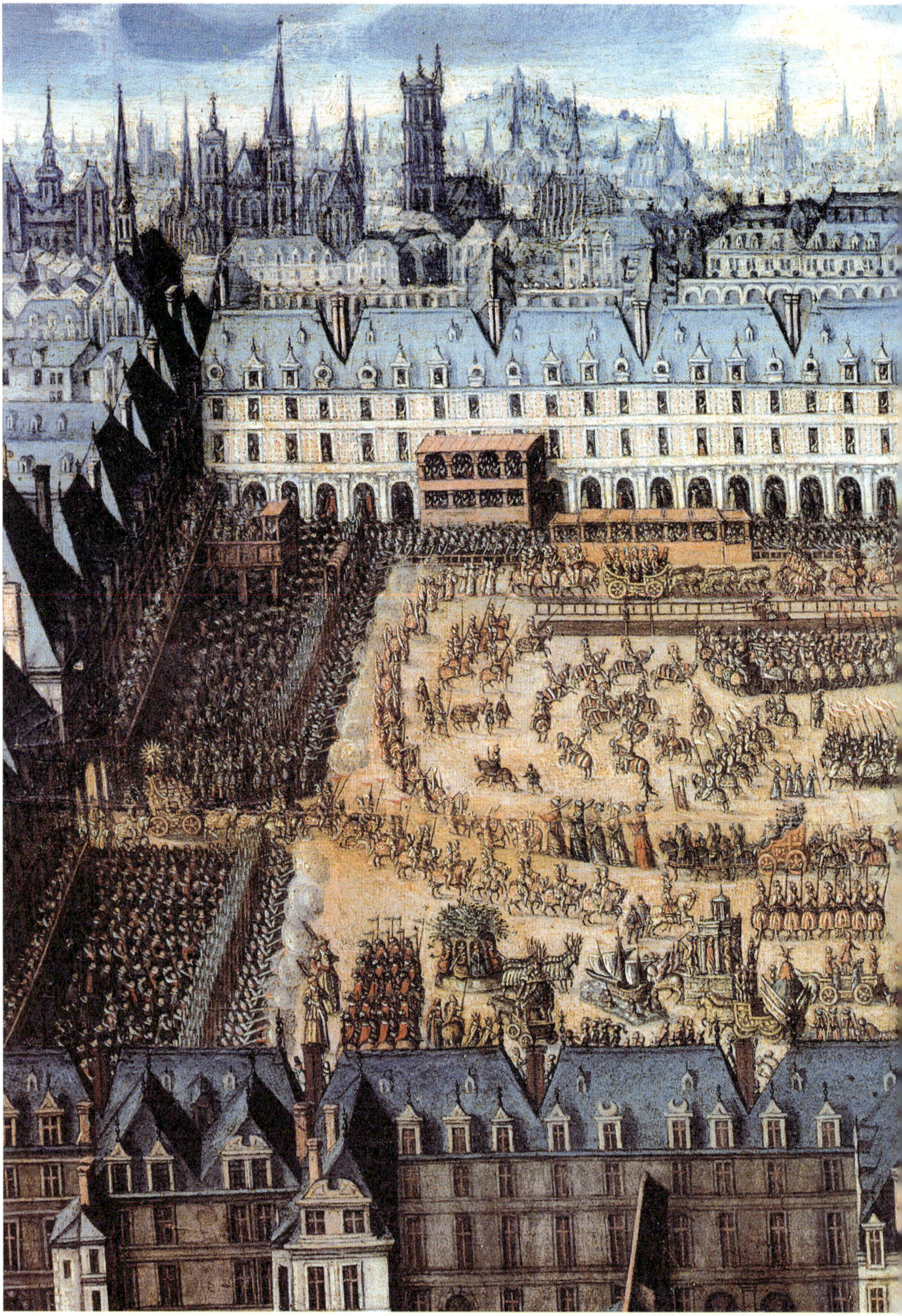

法国国王路易八世迎娶奥地利安妮公主时的盛大马术表演场景。一个国家的君主对于他的臣民，和一个共和国的元首对于他的同胞市民相比，要更加地高高在上。为了要维持这种高不可攀的尊严，一定需要较大的费用。

推荐他们的人又以可以推荐他们而感到荣耀。在前一种情况下，全国知名的学者都将云集在大学中；而在后一种情况下，大学中剩下的知名学者将非常少，就连其中的年轻教师也会在还没有获得足够的经验和学识以前就被教会招揽过去了。根据伏尔泰的观察，耶稣教徒波雷本来在学者中算不上多么了不起的人物，但是在法国各个大学教师中，只有他写的书还值得一读。一个国家培养出了那么多的知名学者，结果却几乎没有一个人担任大学教师，看起来一定有些奇怪。著名学者加桑迪在年轻时是艾克斯大学的教师。正在他要发挥聪明才智的时期，有人劝说他进入教会，说那里更容易获得安静而愉快的生活，更适合进行研究。他相信了，于是立刻辞去了大学教师的职业而投身到了教会中。我相信，伏尔泰观察到的这种情况不只发生在法国，在其他所有的天主教国家中都是这样。除了教会不太关注的法律和医学外，其他所有方面的有名学者，在大学中都是凤毛麟角。除了罗马教会外，在所有的基督教国家中，英格兰教会算是最富有、拥有最多捐款的了。因此，英国各个大学最优秀、最有实力的学者，都不断地被教会招揽走了。结果，就和从所有的罗马天主教国家大学中找知名学者一样，想要从英格兰的大学中找到一个经验丰富而知名的教师几乎是不可能的。相反，日内瓦、瑞士新教各州、德意志新教各邦、荷兰、瑞典、丹麦等地，它们培养出来的全部或者大部分的著名学者，都是在大学中担任教师的。在这些国家，教会中的优秀学者不断地被大学吸引了过去。

在古希腊和古罗马，除了诗人、少数雄辩家和历史家外，其他大部分的知名学者，大概担任的都是哲学或修辞学的教师。也许这件事值得我们的注意。不但古代是这样，从吕西阿斯、伊索克拉底、柏拉图及亚里士多德时代，到普卢塔克、爱比克泰德、苏埃托尼乌斯及昆体良时代，都是这个样子。把某一门特定的学科连年交给一个人教授，实际上是研究并精通这门学科最有效的办法。因为，他今年教这一科，明年后年还教这一科，如果他有所作为，在几年间，一定可以精通这门学科的各个部分；并且，如果他今年对这个观点的讲解还有欠斟酌，那么明年讲到这个观点时，就通常都会改正。教师的确是真正想要成为学者的人最适合的职业，同时这个职业又可以让他接受最扎实的学问和知识的教育。如果一个国家教会的僧禄真的很普通，那么大部分的学者都会自然而然地从事这种对于国家和社会都最有用的职业，同时也都能通过这个职业接受最良好的教育。这样一来，他们的学问就会成为最扎实而有用的了。

第四节　论维持君主尊严的费用

一个国家的君主，除了履行各种义务需要一定的费用外，为了维持自己的尊严，也需要有一定的费用。这种费用随着社会发展阶段和政体形态的不同而不同。

在富有而先进的社会中，各阶级人民的房屋、家具、食品、服装以及各种装饰用品，都从质朴转向奢华，在这种情况下，想要君主漠视时尚是很困难的。他所有用品的花费就一定日益增多。否则的话，就不能维护他的尊严。

从尊严方面来说，一个国家的君主对于他的臣民，和一个共和国的元首对于他的同胞市民相比，要更加地高高在上。为了要维持这种高不可攀的尊严，一定需要较大的费用。从华丽来说，总督及市长的官邸自然是不能和国王的宫廷相比的。

本章的结论

用来保卫社会的费用和用来维护君主尊严的费用，都是为了社会的一般利益而支出的。因此，按照常理来说，这两者应该由全社会共同支付，而全社会每个人也应该根据自己的能力出资。

毫无疑问，司法行政的费用是为了全社会的一般利益而支出的。这种费用，由全社会的一般收入支付，并没有不合理的地方。不过，国家之所以需要支出这项费用，是因为社会上有些人蛮横、奸诈、做坏事，必须要建立法院对其进行审判和惩罚；而最直接从法院得到好处的，又是那些通过法院恢复或维护了权利的人。因此，如果根据特殊情况，司法行政费用由他们双方或者是其中的一方支付，也就是由法院收取的手续费支付，才是最合适的。除非罪人自己没有财产来支付这种手续费，否则的话是不需要整个社会承担的。

所有只对一个地方或一个州有利的地方费用或州区费用（例如为了特定城市或特定地区支出的警察费），都应该由地方收入或州区收入支付，而不应该由社会一般收入支付。为了社会某一部分的利益而增加整个社会的负担，是不合适的。

维持良好的道路和交通机关，毫无疑问对于整个社会都是有利的。所以，这笔费用由整个社会支付并没有不合适的地方。

所有对整个社会有利的各种设施和土木工程建设，如果不能由那些最直接获利的人维持，或者不是由他们全部维持，那么通常就需要由整个社会来弥补不足的部分。因此，社会的一般收入，除了要支付国防费用和维持君主尊严的费用外，还需要弥补许多特别收入部门的不足。

第二章 论一般收入或国家收入的来源

第一节 专属于君主或国家的收入来源

专属于君主或国家的收入来源，由资财和土地组成。

和其他拥有资财的人一样，君主也通过两种方式获得收入：亲自使用这笔资财获得利润，将这笔资财借贷给别人获取利息。

可以说，商人性格和君主性格是两种最不相容的性格。如果东印度公司的商人精神让他成了非常差劲的君主，那么君主的精神也会让他成为非常差劲的商人。当这个公司专门以商人的资格经营时，它是成功的，并且可以在获得的利润中给公司的各个股东提供一些红利。但是，自从开始统治当地以后，虽然说原来有300万镑以上的收入，但是为了避免当前破产，仍然不得不多次请求政府临时性的援助。原来，这个公司在印度的工作人员都认为自己是商人的伙计，现在，他们却都认为自己是君主的钦差。

一个国家的一部分收入，通常来自货币的利息和资本的利润。如果这个国家积累有一些财宝，它就会把这财宝的一部分借贷给外国或者是本国的臣民。

农夫向官员询问土地出租事宜。所有比游牧国家进步的国家，都把国有土地的地租作为主要的收入来源。

只有那些稳定的、不动的、持久的收入，才能维持政府的安全和尊严，至于那些不稳定的、随时可能消失的资本和信用，是绝对不适合作为政府的主要收入来源的。所以，比游牧国家进步的所有大国政府，从来都不从这种来源中得到公共收入的大部分。

土地是一种比较稳定和持久的来源。所以所有比游牧国家进步的国家，都把国有土地的地租作为主要的收入来源。古代希腊和意大利的各共和国就是这样。这些国家大部分必要费用的支出，有很长一段时间都是来自国有土地的生产物和地租。而原来欧洲各国君主大部分的收入，也有很长一段时间都是来自国王领地的地租。

在近代，战争和为战争做准备这两件事，占据了所有大国必要费用的大部分。但是在古代的希腊和意大利各共和国，每个市民都是战士，服兵役和为服兵役做准备都自备费用，国家不需要支出很多费用。所以，一项数额不大的所有地的地租，对于应付政府的所有必要费用来说就绰绰有余了。

在欧洲古代的君主国中，大多数人民在当时的风俗习惯的影响下，对于战争都有充分的准备。一旦参加战争，根据租地的条件，或者由他们自己承担，或者由直属领主的费用维持，不需要给君主增加新的负担。政府的其他费用，总的来说也非常有限。至于司法行政这一项，我们前面讲过，不但不会耗费政府的资财，还会成为一项收入来源。各地方的人民在农作物收获前或收获后，需要服三日的劳役，商业上所有必要的桥梁、道路和其他的土木工程建设，有了这三日的劳役，就足够维持了。当时，君主的主要费用就是维持他自身家族和宫廷的费用了。他宫廷的官吏，也就是国家的官员。户部卿是负责收地租的，宫内卿及内务卿是负责掌管费用的出纳的。君主的厩舍，则交给了警卫卿、部署卿管理。君主居住的宫室，通常建造成城郭的形式——和他拥有的主要要塞一样，这个要塞由类似于卫戍总督的人防守。平时需要君王出费维持的，仅仅只是这种总督而已。在这种情况下，通常只要一块比较大的土地地租，就足够支付政府的所有必要费用了。

在欧洲，已经没有一个现代文明国家把土地作为国家私有财产，把地租作为公共收入的主要来源了。但是国王有许多大领地却是所有大君主国家共同的现象。王室的领地大多数都是森林，但是有时你在这领地中走上数英里，也不一定能找到一棵树。对于这种土地的保有，只是国家生产和人口两方面的浪费和损失罢了。如果各国君主尽可能地售卖自己的私有领地，那么所获得的收入一定很可观；如果更进一步，用这种收入来偿还国债取回担保品，那么由此得到的收入和原来从领地得到的收入相比，就更不可同日而语了。土地改良和耕作比较好的国家，地租比较丰厚，地价通常是年租的30倍；国王的领地是没有改良的土地，地租相对来说比较轻薄，地价大约相当于40、50年或60年的地租。君主用这种大价格赎回国债的担保品，立刻就可以享受到这种担保品提供的收入。而在几年内，还会享有其他收入。因为君主领地变成了个人私有财产，所以用不了几年，就可以改良、耕作得很好，从而导致生产物增加，人民的收入和消费增加，随之人口也会增加。这样一来，君主的关税和国产税的收入，也一定会随着人民收入和消费的增加而增加。

文明国家的君主，从自己的领地获得的收入看起来没有给人民造成任何损害，但是，这对于整个社会造成的损害比他享有的其他任何同等收入都多。所以从整个社会的利益考虑，不如把君主的领地拍卖掉分配到人民中间，而由人民给君主提供他原来通过领地获得的收入。

被用来当作公园、森林和散步场所的土地，目的在于供人们游玩和观赏，它不但不能提供收入，还经常需要出资修整。在我看来，只有这种土地应该归文明国家的君主所有。

因此，一个文明国家的必要费用，如果只依靠君主或国家特有的资财和土地两项收入进行

种植马铃薯的土地。当君主的领地变成个人私有财产之后，用不了几年，就可以改良、耕作得很好，从而导致生产物增加，人民的收入和消费增加，随之人口也会增加。

支付，那么不但不合理，而且也不够。那么剩下的方法，就是依靠其他项的税收来支付了，也就是，人民需要自己拿出一部分私人的收入来弥补国家公共的收入。

第二节　论赋税

一个人的收入最终有三个不同的来源：地租、利润和工资。归根到底，每种赋税最终也将来源于这三者中的一项、两项或三项。因此，我将竭尽所能地论述下面几点：一、论要加在地租上的税；二、论要加在利润上的税；三、论要加在工资上的税；四、论加在这三项收入上的税。对于这四种赋税的考察，需要将本章的第二节分为四个部分，其中有三个部分还需要再细分成一些小条款。就像我将要在后面讨论到的，这各种赋税虽然刚开始的时候是要加在某项来源或收入上的，但是最后却不是从那项收入中支出的，所以，必须得详细讨论。

在讨论各种特殊赋税之前，需要列举说明一下关于一般赋税的四种原则。这四种原则如下。

第一，一个国家的人民，都需要在可能的范围内，根据自己的能力（也就是按照自己在国家保护下获得的收入）给国家缴纳赋税，维持政府。就像大地产的管理者，需要按照自己从地产上获得利益的一定比例提供经营费用一样，一个大国中的每个人也需要给政府缴纳费用。赋税公平不公平，就看它对于这个原则是尊重还是忽视了。所有的赋税，如果结果都只由地租、利润、工资三者中的一个承担了，其他两者都没有受到影响，那么一定是不公平的。关于这种不平等，就说到这里了，以后会很少说到。以后，我们将只谈特定赋税是如何不公平地落在了所征收的特定私人收入上。

第二，各个国民应当全部缴纳的赋税必须是确定的，不能随便变更。缴税的日期、方法、数额，都应该让所有的纳税人及其他人都能明明白白，清清楚楚。否则的话，每个纳税人就都多多少少地会受到收税官吏权力的影响，收税的官吏会找各种借口加重赋税，或者用加重赋税为借口，勒索财物或赏金。一旦赋税不确定，那么就算是不傲慢不腐败的人，也会变得傲慢而腐败，因为他们这种人本来就是不在乎名誉的。根据所有国民的经验，我相信，就算赋税再不平等，对人民造成的危害也比较小，但是赋税一旦不确定，对人民造成的危害就会非常大。因此，国家明确规定人民应该缴纳的税款是非常重要的。

第三，缴纳各种赋税的日期和方法应该以方便纳税人为准。房租税和地租税应该在通常缴纳房租或地租的时候征收，因为这个时候对纳税人最方便，或者说，这个时候他最容易拿出钱来。至于对于奢侈品类征收的赋税，因为最终是要出在消费者身上，所以征收的方法一般都对消费者很方便。每次买东西的时候都征收一点，每购买一次就征收一次。买或者不买是他的自由，如果他因为征税感到了不便，那么只能怪自己。

肯塔基州的酒类广告。一般而言，对酒类的消费税国家会给出一个定额和固定的征收方式。国家明确规定人民应该缴纳的税款是非常重要的。

第四，所有赋税的征收，都应该尽可能地让人民缴纳的等于国家收入的。如果人民缴纳的比国家收入的多，原因通常不外乎：一、征收赋税时使用了大批的官吏。这种官吏不但耗费掉了赋税的大部分，而且还在正税之外严苛地对待人民。二、赋税的设立让一些想要举办产业的人民裹足不前，从而妨害了可以给社会上很多人提供生计的产业。如果强制人民纳税，那么用来举办这项产业的基金就会减少或者受到破坏。三、对于逃税没有成功的人施行的充公或者其他惩罚，往往会让他们倾家荡产，而国家从这种资本的使用中获得的利益，也就没有了。更何况，不合理的征税，是造成走私偷税的最大原因。而对于走私的惩罚，也一定按照这种诱惑的比例而加重。先用重税诱惑人民走私，再用重罚惩罚走私的人民，根据诱惑的大小来定刑罚的重轻，挖个陷阱让人民跳，完全违背了法律的正义原则。四、税吏的频繁访问和惹人厌的稽查，通常让纳税人遭受不必要的麻烦、苦恼和压迫。这种苦恼，严格地说，虽然不是什么金钱上的损失，但是也是一种损失，因此人民都更愿意想办法逃离这种烦扰。总之，赋税让人民觉得烦扰而没有让国家收入增加，都逃不出这四个原因。

上面四个原则，道理明显，效果显著，所有的国家在制定税法的时候，总是多少会留意的。它们凭借周密的计策，想让赋税尽可能地公平，赋税的数额尽可能地确定，缴税的方法尽可能地方便纳税人；尽可能地让人民在正税之外，不用再受到其他严苛地对待。下面对于各个时代各个国家主要赋税的简短评论，将表明各个国家在这个方面的努力并不是都取得了成功。

第一项 地租税

加在土地地租上的赋税，有两种征收方法：根据某种标准，对各个地区分别评定一定数额的地租，这个数额确定以后，不再变更；随着土地实际地租的变化而变化，耕作情况好，地租税就增加；耕作情况不好，地租税就降低。

英国采用的是第一种方法。英国各个地区的土地税，是根据一个固定不变的标准评定的。这种固定不变的税法，虽然在刚开始的时候是平等的，但是，因为各个地方耕作上的勤劳程度不同，后来，慢慢地就变得不平等了。在英国，根据威廉及玛丽第四年颁布的法令，对各州区、各教会征收的土地税，甚至在订立的时候就是非常不平等的。因此，这种赋税就违反了上面所说的四个原则中的第一个原则（公平），幸好，它完全符合其他三个原则。这种征税制度是非常明确的。征税的时间和佃户纳税的时间是一致的，对于纳税人来说也很方便（虽然在所有的情况下，地主都是真正的纳税人，但这项税款通常是由佃农垫付的，地主在收取地租时，再减去这部分）。和其他同等额度的税收相比，征收这种税使用的官吏非常少。既然各个地区的税款数目不随着地租的增加而增加，那么君主就不能分享地主通过土地改良得到的利益。毫无疑问，在同一个地区，一个地主对于土地的改良，并不会减轻其他地主的负担。有时，就算是加重某种特殊土地上的赋税，也因为所加有限而不会对土地的改良和正常的生产产生根本性的影响。让土地产量减少的倾向没有了，让生产物价格提高的倾向也没有了，从而绝对不会妨害到人民的辛勤劳动。地主除了需要缴纳赋税外，不需要承担其他的不便（纳税是一种谁都没有办法避免的不便）。

毫无疑问，英国地主从这种恒久不变的土地税中得到了好处，但是，这种好处不是因为这种赋税的性质，而是因为其他的一些外部情况。

自从英国土地税评价确定以后，各地都取得了极大的繁荣，所有的土地地租都持续增加，很少有降低的，因此，根据现在的地租应该支付的税额和根据原来的评价应该支付的税额之间就有了一个差额，几乎所有的地主都按照这个差额得到了利益。如果情况和现在的相反，地租因为耕作的衰退而降低了，那么几乎所有的地主都会按照这个差额而遭受损失。英国革命以后，固定不变的土地税经常呈现出对地主有利而对君主不利的情况；如果情况和现在的相反，那么说不定又会呈现出对君主有利而对地主不利的情况。

既然国家以货币的形式征收赋税，那么土地的评价自然也是用货币的形式表现的。自从这个评价设定以后，银的价格十分稳定——在重量和品质上，都没有改变铸币的法定标准。如果银价明显上涨了，就像在美洲银矿发现之前的两个世纪那样，那么这种评价的固定性将让地主吃大亏；如果银价明显下跌了，就像在美洲银矿发现之后的一个世纪那样，那么君主的收入又会因为这种评价的固定性而大大减少。

因此，在与当时的实际情况有出入的情况下，这种评价的固定性，就会让纳税者或者君主感到很大的不便。然而，只要时间一久，这种情况就一定会发生。各个帝国虽然和其他人为事物一样，总有生命结束的一天，但是它们却总奢求永生。帝国的所有制度都被认为是应该和帝国本身一样永恒的，所以设立的制度不但要适合于某一种特殊情况，而且还要适合于所有的情况；换句话说，所有的制度被要求不应该适合于过渡的、一时的、偶然的情况，而应该适合于那些必然的、不变的情况。

让征收的土地税随着地租和耕作状况的变化而变化，曾经被法国那些自命为经济学家的学者推崇为最公平的税法。他们认为，所有的赋税最后都是加在土地地租上的，土地地租是最后支出这笔赋税的来源，所以赋税从这最后的来源公平地支出，才合情合理。他们这种微妙的学说，只是建立在形而上学的议论上，我不想多做辩驳。我们只要看看下面的评论，就可以很清楚地明白哪种赋税最终来自地租，哪种赋税最终来自其他来源。

所有的赋税最后都是加在土地地租上的，土地地租是最后支出这笔赋税的来源，所以赋税从这最后的来源公平地支出，才合情合理。

在威尼斯境内，所有以租约的形式借给农家耕作的土地，都按1/10征收地租税（来源于《欧洲法律及赋税的记录》）。租约登记在公簿上，交由各地区的税吏保管。如果土地所有者自己耕作土地，那么地租就由官吏进行公平的估定，然后减去税额的1/5。因此，这种土地缴纳的赋税就不是规定的地租10%，而是8%了。

在更新租约的时候，有些地主不增加地租而只要求一些续租金。为了贪图现金而舍去价值可能大得多的将来收入，是浪费者经常使用的手段。不用说，这种手段是对地主有害的，但也经常有害于佃农，而在所有情况下都对国家有害。因为佃农经常会因为花费掉了大部分的资本而极大地降低土地耕作能力，从而感到提供续租金而支付少量的地租比不交续租金而支付更多的地租更加困难。另外，土地税是国家最重要的一项收入，土地的耕作能力降低了，国家当然会蒙受损失。总之，要求续租金是一种有害的行为。如果通过对这种续租金征收比普通地租重得多的税的方法进行阻止，那么所有和它有关系的人，例如地主、佃农，君主甚至整个社会，都将获益匪浅。

有的租约，规定了佃农在整个租期内应该采用什么样的耕作方法、应该轮种哪种作物。这个条件，大多数都来源于地主自以为知识丰富的优越性。佃农受到这种约束，就相当于额外又交了一份地租，不同的只是这一部分是用劳务交的而不是用货币交的。想要阻止这种做法，只有对这种地租给予比较高的评价，从而征收比普通地租更高的赋税。

有些地主征收的地租不是货币，而是谷物、家畜、酒、油等实物；还有一些地主征收劳务地租。不论是实物地租还是劳务地租，通常都很少对地主有利，对佃户更是有害——佃户缴纳的通常比地主收到的多。所以，通常实行这些地租的国家，佃户都是穷困潦倒的，实行得越严格，穷困得就越厉害。这种对全社会都有害的方法，如果采用对地租进行很高的评价，从而征收比普通货币地租更高的赋税的方法，应该是可以制止的。

当地主自己耕作所有地一部分的时候，通常是由周围的农民和地主对其地租进行公平的评价，这种评价的地租，如果没有超过一定的数额，那么就按照威尼斯实行的办法，允许减轻一些赋税。这种减轻赋税的办法，对于鼓励地主自己耕作土地是非常重要的。地主的资本比佃户的资本雄厚，所以虽然他可能耕作不熟练，但是却经常收获很丰厚。在农场上，他是有能力而且有意向进行某种试验的人。就算试验失败了，对他造成的损害也非常有限；但是如果实验成功了，那么给全国耕作的改良带来的利益将是无穷的。不过，通过减税鼓励地主自行耕作，一定得限制耕作的范围。如果没有限制，那么大部分的地主都会竭尽所能地自己耕作所有土地，那样，国家中真挚而勤劳的佃农就会全部被驱逐出去，而取代他们的是懒惰而放荡的代耕人。这种人浪费的经营方式，用不了多久就会让耕作荒废，让土地年产物减少。这样一来，遭受损失的，不仅有地主的收入，而且还有整个社会最重要的一部分收入。

上述这些管理制度，也许一方面可以去除因为税额的不确定而对纳税者造成的压制和不便，另一方面，也许可以由此在一个国家普通土地的经营上，引入一种对于全国一般改良和耕作进步大大有利的计划或政策。

如果土地税随地租的变动而变动，那么花费在征收上的费用一定比固定不变时多。这是因为随地设置登记处、随时对地主自耕地进行评价，都需要支出一定的费用。不过，所有的这些费用都非常少，和其他花费在征收上的多而收入有限的赋税相比，就算不上什么了。

反对这种税法的人最重要的借口是，可变土地税会阻碍耕地的改良。因为，如果君主不分摊土地改良的费用，却分享土地改良带来的利润，那么作为地主，是一定不愿意进行土地改良的。然而，这种阻碍也许是可以消除的。如果在地主改良前，允许他和收税官吏一起，根据双方共同选择的一些周围地主和农夫的公平裁定，确定土地的实际价值，然后在一定年限内，根据这种评价征收赋税，让他的改良费用可以得到完全的弥补，那么，他就没有什么理由不愿意进行土地改良了。这种赋税的好处之一就是让君主为了增加自己的收入而关注土地的改良。所以，为了赔偿地主的土地改良费而规定的期限，只要达到赔偿的目的就够了，不应该定得太长。如果地主享有这种利益的时间太长，那么就会损害君主的这种关注。可是，与其把时间定得太短，不如定得稍长一些。因为，就算是促使君主关注农业改良的动力再大，如果损害了地主改良土地的动力，也是徒劳。君主的关注，最多只能在非常广泛、一般的考虑上，看怎么才能对全国大部分的土地改良有利。至于地主改良的动力，则会在特殊的、比较具体的方面，看怎样才能最有利地利用每一寸土地。总之，君主应该在能力范围内，尽可能利用各种方法鼓励地主和农民关注农业发展。也就是说，让他们都能够根据自己的判断，用自己认为最好的方法、追求利益的最大化；让他们可以最安全地享有辛勤劳动的报酬；并且，在国内建设最方便、最安全的水陆交通和交通机关，让他们所有的生产物可以拥有最广泛的市场，同时可以最自由地运往任何国家。所有这些，才是君主应该好好注意的地方。

如果这种管理制度使土地税不但不妨害土地的改良，相反还促进土地改良，那么，土地税就不会让地主感到不方便，如果有的话，就是不可避免的纳税义务了。

不论社会状态、农业、银价和铸币的法定标准怎么变化，这种赋税就算没有政府的注意，也会自然而然地和事物的实际状态相适应，而且同样会因时制宜地趋向于公平正当。所以，和其他经常按照确定评价征收的赋税相比，建立这样一种在一定时期内不变的规定，或者所谓的国家基本法是比较合适的。

不和土地地租而和土地生产物成比例的赋税

对土地生产物征收的赋税，实际上就是对土地地租征收的赋税。这种赋税虽然刚开始的时候由农民垫付了，但是最后都是由地主支付的。当农民把生产物中的一部分作为赋税支出的时候，一定会认真计算这部分生产物每年的平均价格究竟有多少，并按照这个比例，从他已经同意支付给地主的租额中扣掉。教会的什一税就是这种性质的赋税。农民不可能缴纳这种赋税，却不先计算这些生产物每年大概的平均价值。

什一税及其他所有类似性质的土地税，表面上看起来非常公平，其实却非常不公平。在不同的情况下，同样部分的生产物等于地租的部分非常不相同。肥沃的土地通常可以有丰盈的生产物，这些生产物中的一半就足够补偿农耕资本并提供普通利润了，剩下的那一部分（或者剩下那一部分的价值），在没有什一税的情况下，足够给地主缴纳地租的。但是，如果租地者要缴纳生产物的1/10作为什一税，那么他就必须减少1/5的地租；否则，就会缺少一部分的资本和利润。在这种情况下，地主的地租就不再是全部生产物的一半，而只有2/5了。贫瘠的土地产出的生产物比较少，而耗费比较大，所以经常需要土地全部生产物的4/5才能补偿农家资本并提供资本的普通利润。在这种情况下，就算没有什一税，地主得到的地租也不可能超过全部生产物的1/5。如果农民还需要把生产物中的1/10缴作什一税，那么他就会少缴1/10的地租，从而地主得到的就只有生产物中剩下的1/10了。在肥沃的土地上，什一税通常不超过全部地租的1/4，或者是每镑4先令；但是在比较贫瘠的土地上，什一税就会占全部地租的1/2，或每镑10先令。

既然什一税是一种加在地租上的非常不公平的赋税，那么对于地主改良、农夫耕作土地就经常会起阻碍作用。教会不支付任何费用，却大大享受土地改良带来的利润，那么地主就不愿意进行各种非常重要、同时费钱费力的改良了；农夫就不愿意种植那些最有价值、但同时费钱费力的谷物了。自从什一税实施以来，欧洲种植并垄断茜草这种染料的，只有荷兰联邦,因为它是长老教会国家，没有这种恶税。最近英国也开始种植茜草了，因为根据议会制颁布的法令，每亩茜草只征收5先令的赋税，同时不征收什一税。

农民从土地里收获之后的场景。对土地生产物征收的赋税，实际上就是对土地地租征收的赋税。

就和欧洲大部分地方的教会一样，亚洲有很多国家的主要收入都来自土地税。土地税的征收不和地租成比例，而是和土地生产物成比例。中国帝王的主要收入就是由国家中所有土地生产物的1/10组成的。不过这所谓的1/10，依据的评价非常低，很多地方还不到普通生产物的1/30。印度在没有受到东印度公司的统治以前，孟加拉政府征收的土地税约为土地生产物的1/5，而古代埃及的土地税也接近1/5。

亚洲的这种土地税，让君主们非常关注土地的改良和耕作。据说中国的帝王、孟加拉君主和古代埃及的君主，为了尽可能地增加国内所有土地生产物的分量和价值，都会竭尽所能地修建并维护公路和运河，确保国内所有的生产物都可以在国内畅销。欧洲享有什一税的教会则不是这样。因为各个教会分得的什一税数量非常有限，所以它们不像亚洲的君主们那样关心土地的改良和耕作。如果一个教区的僧侣为了扩大生产物的市场，而向国家中的偏远地区修建公路或运河，那么绝对不会有什么利益。因此，这种税如果用来维持国家，那么随之而来的一些利益也许可以在某种程度上抵消不便，但是如果用来维持教会，那么除了不便，就不会有任何东西了。

对土地生产物征收的赋税，有的是征收实物，有的是根据某种评价征收货币。

教区僧侣和住在自己田庄内的小乡绅征收实物地租，有时也许会有一些利益，因为他征收的分量和区域都非常有限，可以亲自监管，亲自处理。可是，如果一个住在大都市中有很多资产的地主也对自己散布在各地的田庄征收实物地租，那么就可能会遭受由于承办者及代理商的懈怠而带来的损害了，尤其是徇私舞弊的损害。至于由于税吏的滥用和玩忽职守而给君主造成的损失，那就更大了。在督促和用人方面，一个普通人就算再粗心也比小心翼翼的君主更有效。经过税吏的胡乱处理，征收实物赋税经常让国家蒙受巨大损失，国库最后得到的通常只是人民缴纳的全部赋税中很小的一部分。据说，中国等一些国家收入就是这样征收的。毫无疑问，中国的达官显贵和税吏们，都乐于保持这种用实物征收赋税的惯例，因为这比用货币征收更容易徇私舞弊。

以货币缴纳土地生产物征收的税收，有的是依据随市场价格的变化而变化的评价，有的是依据一成不变的评价。例如，不论市场状况如何变化，1蒲式耳的小麦通常都评价成同样的货币价格。根据第一种方法征收的生产物的价格，只跟随人民耕作的勤劳和懒惰程度对生产物价格造成的变动而变动。根据第二种方法征收的生产物的价格，不但随着土地生产物上产生的变动而变动，而且还会随着贵重金属价值的变动，甚至是随各个时代同名异量的铸币的变动而变动。因此，对于前者来说，生产物和土地实际生产物的价值总是保持同样的比例；而对于后者来说，在不同的时期，生产物和土地实际生产物的价值之间的比例是不同的。

不通过征收一定的土地生产物或这一部分土地生产物的价格来补偿，而是完全依靠一定数额的货币来代替的赋税或什一税，和英国的土地税是一种性质的。这种税，既不会随着土地地租的变化而变化，也不会阻碍或促进土地的改良。在许多教区，都用货币而不是实物缴纳什一税，这种税法也和英国的土地税很像。在孟加拉伊斯兰教政府时代，它的大部分地区都对生产物征收的1/5的土地税，也有一种比较轻的货币代税制。后来，东印度公司的某些工作人员以恢复国家收入的本来价值为借口，在一些州区把货币代税改成了实物缴税。可是，在他们的管理下，这种改变一方面妨碍了耕作，另一方面滋生了很多舞弊的机会，所以，和他们刚开始管

美国纽约的麦迪逊广场花园，它位于第七大道和第八大道之间，拥有各类商业和文化产业。这些地方的租金比起其他地方要贵一些。

理这种赋税的时候相比，国家的收入一度大大减少。这种公司工作人员主张的改弦更张，对于他们可能是有利可图的，但是对于他们的主人及国家却会造成损害。

房租税

房租可以分为两种：建筑物租金和地皮租金。

建筑物租金，是建造房屋所花费资本的利息或利润。为了要让建筑商与其他行业的人处在同样的利润水平上，这种建筑物租金，需要满足两个条件：第一，支付给他一种利息，这种利息必须等于他把资本贷给那些有抵押品的人所能得到的利息；第二，足够他不断地修葺房屋，或者在一定的年限内收回他花费在建造房屋上的资金。因此，各地的建筑租金或建筑资本的普通利润就通常受货币的普通利息的影响。在市场利率为4%的地方，如果扣除地皮税，还能给建筑的全部费用提供6%或6.5%的建筑租，那么建筑商的利润就足够了。如果在市场利率为5%的地方，那么建筑租金可能会要求7%或7.5%。不过，既然利润和利息成比例，如果建筑业的利润长期过多地超过货币利息率，那么本来应该投到其他事业上的资金就会转投到建筑业上来，直到这个行业的利润降低到和其他行业一样为止；如果建筑业的利润长期过多地低于货币利息率，那么本来应该投在这个方面的资金就会转投到其他行业，直到建筑业的利润提高到和其他行业的利润一样为止。

在全部房租中，所有超过合理利润的部分自然都会变成地皮租金，并且，在地皮所有者和房屋所有者是不同个人的时候，这一部分通常都要给前者。这种剩余的租金，是住户为了偿还房屋的当前位置为其带来的真实或想象中的利益而额外支付的代价。在距离大都市比较远的地方，可以用来选作房屋基地的地方非常多，因此，那里的地皮租金通常就和用那一部分的土地栽种农作物得到的利润差不多；邻近大都会的郊外别墅，地皮租金有时就贵多了。至于有特别的便利或者是有美景的地方，不用说，就更昂贵了。在一个国家的首都和那些对于房屋有最大需求的特别地段内（不论这种需要是为了营业、游乐还是虚荣和时尚），地皮租金大多数都是最高的。

对房租征收的赋税，如果由住户支付，并和各个房屋的全部租金成一定的比例，那么至少在相当长的一段时间内，是不会影响建筑租金的。建筑商得不到合理的利润，就会抛弃这种职业，这样用不了多久，对于建筑的需求就会增加，利润就会恢复到和其他职业一样的水平。不过，这种税也不会完全施加在地皮租金上，而是通常会自行分成两个部分，一部分由住户承担，一部分由地皮拥有者支付。

例如，如果有一个人每年可以承担的房租为60镑，对房租征收的由住户承担的房租税为每镑4先令，或者是全部租金的1/5，那么在这种情况下，60镑的房租就需要花费他72镑，其中有12镑超出了他可以承担的额度。这样一来，他宁愿住得差点，比如住一个租金为每年50镑的房屋。50镑的房租再加上必须要支付的房租税10镑，刚好是他可以承担的房金60镑——为了支付房租税，他放弃了那所贵10镑的房子可以额外提供的便利。不过，这种附加的便利只是部分地放弃了，很少有全部放弃的。因为，有了房租税，他就可以用50镑租到没有税时50镑租不到的房屋。因为这种税通常可以产生减少竞争者的作用。既然可以减少人们对年租为60镑的房子的竞争，那么也就一定可以减少人们对房租为50镑的房子的竞争。由此类推，除了对那些租金已经低到极致，没有办法再降低的房子的竞争会因此而加剧外，对于其他所有房屋的竞争都会根据同样的方法减少，结果就是，所有房屋的租金都因此而降低了。可是，因此而减少的任何部分都不会影响建筑租金，结果就是全部落在了地皮租金上面。最后，房屋税一部分来自因为分担此税而不得不放弃一部分便利的住户；一部分来自为了分担此税而不得不放弃一部分收入的地皮拥有者。至于他们两者最后是按照什么样的比例分担这种赋税的，则比较难判断。大概情况不同，分担的比例也会不同。而且，随着情况的不同，住户及地皮所有者会因为这种税而受到非常不公平的影响。

拥有地皮的人从这种税中受到的不平等待遇，全部都是分割上的偶发事件；但是住户从这种税中受到的不平等待遇，除了上面所说的分割上的原因外，还有其他的原因。房租费在生活的全部费用中所占的比例，随着财产的多少而不同。通常情况下，财产越多，这种比例越大；财产越少，这种比例越小。购买生活必需品的费用在贫穷人的生活费用中占了大部分。通常对于他们来说，要不挨饿都是很困难的，所以他们收入中的大部分都花费在了食物上。富人则不是这样，他们主要的收入都用在了购买生活的奢侈品和装饰品上；宽敞的居室正好可以摆放装饰品，显示他的虚荣。因此，国家征收的房租税，通常都是由富有的人承担的。虽然可能不是那么公平，但是也不怎么违背情理——富有的人按照自己收入的一定比例（有时超过这个比例）为国家提供费用，怎么能说是不合理的事情呢?

虽然在某些方面，房租和土地税相似，但是在另一方面，它却又和土地税完全不同。之所以要支付土地地租是因为使用了一种有生产力的东西，也就是产生地租的土地，而支付房租却是因为使用了一种没有生产力的物体。房屋和房屋所占的地皮都是不能生产什么东西的。所以，为了支付房租，人们必须从其他和房屋毫无关系的收入来源中抽出一部分。由住户分担的那一部分房租税，来源一定和房租一样，也就是来自劳动工资、资本利润或土地地租。并且，不论从哪个角度说，房租税都和其他所有的消费品税性质一样。一般来说，要通过消费品来判断一个人全部费用是奢侈还是节俭，最好是根据房租判断。在这种特殊的消费品上，按照一定比例征收的赋税收入，可能比现在欧洲其他任何税种的收入还多。不过，如果房屋税定得太高，大部分人都将力求避免缴纳，或者是满足于居住较小的房屋，或者是把大部分的房屋费用转投到其他方面。

如果用确定普通地租所必须采用的方法来确定房租，那么通常很容易做到完全正确。没有人居住的房屋当然应该免税，如果对它征税，那么就要全部落在既没有收入，又不能提供任何便利的房屋拥有者的身上。如果房屋是所有者自己居住的，那么应该缴纳的税额不应该根据建筑费来定，而应该根据出租这个房屋时公平裁定的租金来定。如果根据建筑费来定，那么每镑3先令或4先令的房屋税，再加上其他所有的税种，几乎会让全国所有的富有人士破产。我相信，如果其他所有的文明国家这样做，也都会是同样的结果。不论是谁，只要他注意观察一段本国的富有人士在都市中的府邸和乡下别墅就会发现：如果对这些宅第的建筑费征收6.5%或者是7%的税，那么仅房租就差不多等于他们在其地产上收入的所有净租金了。他们建造宅第的费用是几代人的积累支出，增添的都是宏伟华丽的部分，但是和花费的比较起来，交换价值（或出租价值）却小得多。

与房租相比，地皮租是更合适的征税对象。对地皮租征税，不会提高房租，将全部都由地皮所有者承担。他们通常处于独占地位，对地皮的使用也要求尽可能多的租金。他可以得到的租金是多还是少，取决于竞争使用这块地皮的人是富有还是贫穷。换句话说，他能否从这块地皮中得到满意的租金，关键看竞争者能出多少。大都市里竞争用地的人比较多而且都比较富有，所以地皮通常能够得到最高的租金。不过，如果竞争者的财富不论在哪个方面都不能因为地皮税而增加，那么他也就不愿意为了使用地皮而出高昂的租金。地皮租的税，是由住户垫付的还是由地皮所有者垫付的根本不重要，重要的是，住户需要缴纳的税越多，他愿意缴纳的地皮租就越少。所以，最后支付地皮税就完全落在了地皮所有者身上。没有人居住的房屋当然是

梵高绘制的橄榄园。对于地皮征收赋税后，和没有征收赋税以前相比，社会土地劳动的年生产物，也就是大多数人民的真实财富和收入，都不会有什么变化。

不应该征收地皮税的。

在许多情况下，地皮租及其他普通土地地租，都是所有者不用亲自费心劳力就可以获得的收入。因此，虽然需要从这种收入中抽出一部分充当国家费用，但是，对于任何产业都不会产生阻碍作用。对于地皮征收赋税后，和没有征收赋税以前相比，社会土地劳动的年生产物，也就是大多数人民的真实财富和收入，都不会有什么变化。这样看来，地皮租和其他普通土地地租恐怕是最适合承担这种特殊赋税的收入了。

如果只从这个角度说的话，地皮租甚至是比普通土地地租更适合承担特殊赋税。因为，在许多情况下，普通土地的地租至少有一部分要依靠地主的谨慎和经营。如果地租税过重，就会妨害到这种谨慎和经营。地皮租则不会这样。地皮租超过普通土地地租的部分完全是因为君主的良好管理。这种良好管理一方面保护了全体人民的产业，另一方面保护了一些特殊租住人民的产业，结果，这些租住人才能为房屋所占的地皮支付大大超过其实际价值的租金；或者说，因为这种良好的管理，地皮所有者才可以获得更大的报酬来补偿地皮被人使用带来的损失。对于依靠国家良好管理而存在的资源征收特别的赋税，或者让它上缴比其他大部分收入更多的赋税来支援国家，当然是完全合乎情理的。

虽然欧洲各国都对房租征收赋税，但是据我所知，没有一个国家把地皮租当作一个独立的税收对象。创设租税的人，可能对于应该把房租的哪些部分归为地皮税，哪些部分归为建筑租金不很明确，但是，要把它们彼此分开也不是多么困难。

在英国，有所谓的年土地税，根据这种税法，房租缴纳的税率和地租缴纳的税率相同。各个不同教区和地区，征收这种赋税所依据的评价都是一样的。在原来，这种制度就已经非常不公平了，现在仍然如此。从整个王国来说，这种税施加在房租上的仍然比施加在地租上的轻。只有少数几个地区，虽然原来的税率很高，但是房租降低了一些，所以，据说每镑3先令或4先令的土地税和实际房租的比例相等。虽然法律规定没有人居住的房屋也要纳税，但是在大多数地区都因为估税吏的好意而免除了。虽然这种免除不会影响整个地区的税率，但是某些特定房屋的税率却难免因此而发生些微变化。同时，房屋的建筑和修葺虽然会让租金增加，但却不能让房租税增加，因此特定房屋的税率就会发生更大的变化。

在荷兰，所有的房屋，不论实际房租多少，也不论有没有人居住，都根据其价值征收2.5%的赋税。对于无人居住的房屋，也就是所有者不能由此获得收入的房屋，如果还勒令它纳税，而且还那么重，恐怕是很苛刻的。通常，荷兰的市场利息率为3%，对于房屋全部费用征收2.5%的重税，在大多数情况下，就要占建筑物租1/3以上，或者达到全部租金的1/3以上。不过，征税依据的评价虽然非常不公平，但通常都在实际价值之下。当房屋再建、增修或扩建时，就会建立一种新的评价，房租税就会以这种新评价为准。

在英国，各个时代制定房屋税的人，都觉得要很正确地确定房屋的实际房租非常困难，因此，他们在确定房屋税时，就依据了一些非常明白的事实，也就是他们认定的在大多数情况下，房租一定会和房屋成一定比例的事实。

最早的时候，有所谓的炉捐,每个炉子征税2先令。为了要确定一个房屋中总共有几个炉子，收税官吏经常需要挨个进到每个房间里面进行调查。这种调查，让这种税成了人民大众讨厌的对象，所以在革命后没多久，就被当作奴隶制度的标志废除了。

在炉捐之后，实施的是根据住屋征收的赋税，每个住屋征税2先令。如果房屋有10扇窗，那么额外征税4先令；如果有20或20扇以上窗户，那么额外征税8先令。后来这种税进行了很大的改变。所有有20扇以上30扇以下窗户的，都额外征税10先令，有窗户30扇及以上者，额外征税20先令。窗户的数目大多数都可以从外面计算出来，不用进入私人的室内，所以，关于这种税的调查，没有像炉捐那样让人讨厌。

后来，这种税被废止，而用窗税代替了。窗税设立后，也曾经有过几次变更和增加。现在（1775年1月），英国每间房屋征收赋税3先令，苏格兰每间房屋征收赋税1先令，除此之外，它们对窗户还另外征税。英国房屋上的窗户不到7扇的，按照最低税率2便士征收；房屋上的窗户达到25扇及以上的，按照最高税率2先令征收。

这各种税之所以引起众人的反对，主要是因为不公平。其中最不公平的就是它们施加在贫民身上的税比施加在富人身上的还要重。乡镇上租金为10镑的房屋，有时比都市中租金为500镑的房屋的窗户还要多。因为窗户税已经确定下来了，所以不管前者的住户多么贫穷，后者的住户多么富有，都不能让贫穷的人负担轻一些的费用。这样一来，这种税就直接违反了前面所说的四个原则中的第一个原则（公平）了。

窗税乃至其他一切房屋税很自然地就会降低房租。很明显，一个人缴纳的税越多，能承担的房租就越少。不过据我所知，英国自从开始征收窗税，所有市镇乡村的房租都多多少少提高了一些。这是因为各地对房屋的需求增加，让房租提高的程度超过了窗税让它降低的程度。这个事实可以充分说明国家的繁荣程度已经增大，居民的收入已经增加。如果没有窗税，房租是会更高的。

一栋老式建筑。在炉捐之后，实施的是根据住屋征收的赋税，每个住屋征税2先令。窗户的数目大多数都可以从外面计算出来，不用进入私人的室内，所以，关于这种税的调查，没有像炉捐那样让人讨厌。

第二项　利润税

利用资本产生的利润或收入，自然地就会分成两个部分：一部分是支付给资本所有者的利息；另一部分是支付利息以后的剩余。

很明显，后一部分利润是不能当作直接的征税对象的，因为，那是投资风险和困难的报酬，并且，在大多数情况下，这种报酬都是很少的。使用资本的人，只有有了这项报酬，才会继续使用下去。否则的话，为了自己的利益考虑，他是不会继续做下去的。因此，如果按照他获得的利润的一定比例征收赋税，那么他就不得不提高利润率，或者是把负担转移一部分到资本利息上去，也就是减少要支付的利息。如果按照税收的比例而提高利润率，那么虽然使用资本的人垫付了全部的税款，但是最后根据他的投资方法，还是由下面两种人中的一种支付了：如果把资本投在了农业上，用来耕作土地，那么投资人就只有通过保留大部分的土地生产物或者是大部分土地生产物的价值的方法，来提高自己的利润率。他要想做到这点，只能少缴地租。最后，这种税就由地主支付了。如果把资本投在了商业或制造业上，那么投资人就只有通过提高货物价格的方法来提高利润率。在这种情况下，最后支付这种税的就成了消费者。如果他没有提高利润率，就不得不把全部的税款转嫁到利润中属于货币利息的那一部分上去，对于借贷来的资本，他就只能提供较少的利息。这样的话，全部的税就要由货币利息承担。总之，在他用一种方法不能让自己免于付税时，就会采取其他的方法让自己免于付税。

乍一看，货币利息和土地地租一样，都是可以直接作为征税对象的。货币利息是扣除了全部的投资风险和困难应得的报酬之后剩下的纯收入，土地地租也是这样。地租税不会让地租提高，因为偿还过农业家资本和合理利润后，剩下的纯收入在征税后绝对不可能比没征税之前还多。同样的道理，货币利息税也绝对不会提高货币利息率，因为一个国家的资本量或货币量和土地量相同，缴税后和没有缴税前都是一样的。本书的第一篇讲过，不论在哪里，普通利润率都受可以使用的资本量和其用途范围所成的比例的支配，换句话说，不论在哪里，普通利润率都受可以使用的资本量和可以经营的业务范围之间的比例的支配。不过，用途的范围和可以经营的业务范围，都绝对不会因为任何利息税而有任何的增减。可供使用的资本既不增加也不减少，那么普通利润率就一定会维持原状不变了。但是，在投资风险和困难没有变化的范围内，用来回报投资者投资风险和困难的必要利润也会保持不变。结果，作为货币的利息剩下来，属于资本所有者的部分，也一定会保持不变。所以，看起来货币利息就和土地地租一样，是可以作为直接征税对象的。

但是实际上，与地租相比，货币利息是很不适合作为直接征税对象的，原因有两个。

第一，一个人拥有的土地的数量和价值，是不能保守的秘密，但是，一个人拥有的全部资金却经常都是秘密，想要在一定程度上正确地判断是非常困难的。资本额是随时都会发生变动的，别说是一年了，就是每个月、每天都是不一样的。调查各个人的私人财产状态，也就是为了征收适合的赋税而调查监视各个人的财产变动，是一件很难让人忍受的、无休止的麻烦工作。

第二，土地是不能移动的，而资本则很容易移动。拥有土地的人，一定是土地所在国家的公民。拥有资本的人则不是这样，从某种程度上说，他可以算是一个世界公民，不一定要依附于某个特定的国家。如果一个国家为了要征收重税而多方调查他的财产，那么他就会立刻从这个国家转移到其他国家。同时，他也会把资本转移到任何其他可以比较自由地进行经营或者可以比较安稳地享有财富的国家。他一转移资本，原来在这个国家经营的所有产业就都会停止。资本耕作土地，也雇佣劳动。如果一个国家的税收有让资本转移的倾向，那么它让资本转移了多少，君主和社会的收入就会减少多少。资本向外转移，不但会让资本利润降低，就是土地地租、劳动工资也会因此而减少。

因此，历来要对资本征收赋税的国家，都很少采用严苛的调查方法，通常采用宽松的、随意的方法。采用这种方法征收赋税造成的不公平、不确定，只有通过最低的税率征收赋税才能得到补偿，因此，每个人缴纳的税款都比按照自己的实际收入应该缴纳的少，那么邻人缴纳的税款比自己的低一些也就可以接受了。

英国的所谓土地税，本来是打算对资本征收和土地同样比例的税率的。当土地税率为每镑4先令，或者是缴纳估定的地租的1/5时，也想对资本征收估定利息的1/5。刚开始实行年土地税的时候，法定的利息率为6%，也就是每100镑的资本，应该征税24先令，也就是6镑的1/5。自从法定利息率减少为5%之后，每100镑资本应该征收的赋税就只有20先令了。这所谓的土地税征收的金额，是由乡村和主要市镇分摊的。其中，一大部分由乡村承担了。市镇承担的那一部分，又大部分来自对房屋征收的赋税，其余的则来自对市镇上的资本或营业（对投在土地上的资本，没有想要征收的想法）征收的赋税，而对资本和营业征收的赋税又通常在实际价值之下。因此，不论当时这种赋税征收时依据的估价多么不公平，这种不公平都比较轻微，所以没有引起什么骚乱。现在举国繁荣，在很多地方，土地、房屋和资本的价格已经提高了很多，但

如果把资本投在了商业或制造业上，那么投资人就只有通过提高货物价格的方法来提高利润率。

是各个教区却仍然依据原来的估价征收所有的赋税，所以现在看来，那种不公平就更无关紧要了。加上各地的税率已经很久都没有变过了，所以这种税的不确定性（在它对任何个人资本征收赋税的范围内）也大大减少，越来越不重要了。如果英国大部分土地缴税依照的标准还不到实际价值的一半，那么英国大部分资本缴税依照的标准就还不到实际价值的1/50。在一些市镇，全部的土地税都是加在房屋上的，而商业资本则免征，比如威斯敏斯特市。伦敦当然是另一回事。

无论哪个国家，都曾小心谨慎地回避严密调查个人情况的行为。

在汉堡，每个居民都有对自己所拥有的财产缴纳2.5‰的赋税的义务。如果一个在汉堡居住的人的主要财产是资本，那么这种税就可以当作是一种资本税。每个人自己估定交给国库的数额，并需要在长官面前宣誓那就是他所拥有财产的2.5‰。不过，在宣誓时不用说明自己总共有多少财产，也不用接受任何的盘问。一般人都觉得这种税的支付是非常忠实的。因为，在一个小共和国中，所有的人民都完全信任长官，都相信赋税是维持国家所必需的，并且，都相信所有的赋税都被忠实地用在了国家的维护上，那么这种凭良心自觉纳税的方法，有时也是行得通的，而且施行这种方法的还不止汉堡一个。

瑞士的翁德沃尔德联邦，经常会遭受暴风和洪水灾害，所以就经常需要筹集应急的费用。在这种情况下，人民聚集在一起，大公无私地宣誓公布自己的财产，然后根据这个财产的数额缴税。在久里奇，每当有紧急需要时，法律就命令各个人根据自己收入的一定比例纳税，对于纳税的金额，每个人都需要宣誓。据说，当地的行政机关从来没有怀疑过自己的同胞会存在欺瞒的情况。在巴西尔，政府的主要收入来源就是商品出口时征收的小额关税。所有的市民都需要宣誓，每三个月缴纳一次根据法律规定应该缴纳的税款。所有的商人，甚至就连旅舍的主人，政府都非常放心地让他们亲自登记在境内外贩卖的商品。每到三个月月末的时候，就让他们自己把这种登记簿（登记计算出了的税额）送交给国库官员。从没有人怀疑过国库收入会因此受到损失。

在瑞士各联邦中，市民们公开宣誓自己有多少财产并不是一件多么痛苦的事。但是，在汉堡，就是很痛苦的事情了。从事投机贸易的商人时时刻刻都在担心要公开自己的财产状况。在他想来，这会让他的信用丧失、企业破产。至于没有从事这种投机事业的质朴、勤俭的人民，却没有隐藏自己实际财产情况的必要。

荷兰在已经故去的奥伦治公爵担任总督职位后不久，就开始对全体市民的财产征收2%的赋税，也就是所谓的50便士取一税。各个市民对于自己财产的估计甚至缴税，全部都和汉堡相同。一般认为，他们的纳税额是非常诚实的，因为当时的人民对于刚刚通过叛乱而建立的新政府有很大的好感。这种税是为了解国家的燃眉之急，所以只征收一次。的确，如果永久地征收下去，那这个负担对于人民来说就太重了。在荷兰市场上，利息率通常低于3%，对于一般资本的最高纯收入却征收2%的赋税，也就是每镑征收13先令4便士。人民为了承担这项沉重的赋税，通常多多少少都会耗费掉一部分的资本。当国家处于危机的时刻，人民出于爱国热忱，尽自己的最大努力，放弃资本的一部分还可行，但是这种事情只能发生一次，绝对不能长久下去。如果长久下去的话，这种税很快就会毁坏人民，让他们完全失去支持国家的能力。

英国根据土地税法案征收的资本税，虽然和资本成比例，但是它的目的不是减少或分割资本的任何部分，而是在于根据土地地租的比例对货币利息征收同样的税。所以，当地租税为每镑4先令时，货币的利息税也是每镑4先令。汉堡征收的赋税、翁德沃尔德及久里奇所征收的更为轻微的赋税，也同样打算对资本的利息或纯收入征税，而不是对资本征税。至于荷兰，则对资本征收赋税。

特定营业利润税

有些国家，对资本利润征收特别的赋税，这些资本有的是用在特殊商业部门上的，有的是用在农业上的。

在英国，对于小贩商人及外出经营的流动商人征收的赋税，对于出租马车及轿子所征收的赋税，以及酒店主为了得到麦酒、火酒零售执照而缴纳的税款都可算是前一种赋税（对用在特殊商业部门上的资本征收赋税）。在距今最近的战争中，同类的其他赋税曾经提议施加在店铺上。有人认为，战争开始的原因是为了维护本国的商业，因此从中获利的商人，当然应该承担战争的费用。

不过，对于特殊商业部门资本征收的赋税，最终都不是由商人（在所有的情况下，他都必须有合理的利润，而且在商业可以进行自由竞争的地方，他得到的通常也不会超过这个合理利润）承担的，而是由消费者承担的。消费者必然通过购买物品的价格补偿商人垫付的税额。而且，在大多数情况下，除了应该缴纳的税额外，商人还会把商品的价格再提高一些。

在英国，对于小贩商人及外出经营的流动商人征收的赋税，对于出租马车及轿子所征收的赋税，以及酒店主为了得到麦酒、火酒零售执照而缴纳的税款都可算是对用在特殊商业部门上的资本征收赋税。

当这种税按照商人的营业比例征收时，最后都是由消费者支付的，对于商人却没有什么影响。但是，当它不是按照商人的营业比例对所有的商人征收时，最后虽然也是由消费者支付的，但是大商人会从这种税收制度中获利，小商人却会从中受到压迫。对于每辆出租马车，一周征收5先令的税，对于每顶出租的轿子，一周征收10先令的税，在这种税由车子和轿子的所有人分别垫付的时候，通常是非常合理的，因为这和他们的营业范围成比例。根据这种税法，大营业者不会享有什么好处，小营业者也不会受到什么压迫。想要得到零售麦酒的营业执照，每年需要缴纳税款20先令；想要得到零售火酒的营业执照，需要缴纳40先令；想要得到葡萄酒的营业执照，需要缴纳80先令。这种征税方法，对所有的零售酒店都平等对待，结果，就一定会让大营业者获得某种利益，同时让小营业者感到一定程度的压迫——前者要想通过货物价格收回垫付的税款，一定比后者容易。不过，因为这种税非常轻，所以，就算不公平也无关紧要。并且，许多人认为小酒店林林总总，稍微地压迫一下，也没有什么不合适的。如果不论大小，对所有的店铺，一律平等对待有失公平，那么要想让这种税法公平，除了采用自由国家绝对不会承认的调查之外，就再也没有别的办法了。如果这种非常不公平的税还很繁重，那么小营业者将遭受严重压迫，甚至可能全部被大营业者兼并。如果小营业者不存在了，那么大营业者就将享有经营上的垄断权。和其他的垄断权一样，所有的大营业者将联合起来，把利润抬高到远远超过税额所需要的额度。这样一来，最后支付店铺税的，就不是店铺主，而是消费者了，同时，消费者还要为店主的利润额外支出一笔费用。因此，这种税收制度被1759年设立的补助金代替了。

在法国，有一种被称为个人贡税的税。它以农业资本利润为征税对象。恐怕在整个欧洲，这种赋税也是对于农业资本利润征收的最重的赋税了。

在欧洲普遍处于封建政府的混乱统治下时，君主为情势所迫，不得不只对一般的、没有能力拒绝纳税的人民征收赋税。虽然当君主有急需时，大领主们也愿意提供帮助，但是对于永远地纳税，却是不会愿意的，而君主又没有足够的实力强迫他们。原来，占有欧洲大部分土地的都是农奴。后来，他们在欧洲逐渐获得解放。其中的一部分获得了地产保有权。他们保有地产，就像英国原来的佃据所有者一样，有时是在国王的统治之下，有时是在大领主的统治之下，用贱奴式的方法保有土地。其他没有获得保地权的人，则在他们领主之下，以若干年为期限，租赁可以用来经营的土地，这样一来，他们对于领主的依附性就大大减弱了。大领主们看着下面的这些人民慢慢地变得繁荣而独立，愤愤不平，因此很乐于看到君主对他们征收赋税。在一些国家，这种税的征收对象，只限定于那些用贱奴式保有法保有的土地；并且，只有在这种情况下，才可以说是真正的贡税。由已经故去的沙廷亚国王颁布的税法，以及在兰多克、普冯斯、多菲那及布列塔尼各州，在芒托本、亚琛及康顿选举区，甚至在法国其他一些地区，征收的贡税通常都是对上面所说的保有地征收的赋税。在其他各个国家，这种税的征收对象是那些租用他人土地的人（不管土地的租用法如何）被估定获得的利润。在这种情况下，可以说是个人的贡税。法国所谓的选举区各州，通常实行的都是这种税法。既然贡税只对一个国家的一部分土地征收，肯定是不公平的。虽然不公平，却毕竟不经常以武断的形式征收。如果个人的贡税本来要根据这个阶级人民的利润，按照一定的比例征收，但是这个利润到底有多少，只能靠推测，那么这种征税的方法一定是武断的，不公平的。

法国现在（1775年）所实行的个人贡税，每年对被称为选举区的20个征税区征收，每年的总税额为40 107 239里弗16苏。每年各个州承担的这个税额的比例都有变动，这些变动的依据是枢密院接到的关于各个州的收获情况的报告。每个征税区分成了一定数量的选举区域，全部的征税区再把根据比例分配到的总额分配给各个选举区域；各个选举地域每年分担到的总额，也同样按照枢密院收到的关于各个地区纳税能力的报告而不同。由此看来，枢密院的本意虽然是好的，但是如果想要以比较正确的比例决定当年某州某地的实际纳税能力，却是不可能

从事农业的人和从事其他行业的人一样，必须得有合理的利润，否则他就会放弃自己的职业。

的。况且，无知和误报，一定会让本来非常公平的枢密院在下判断的时候出现错误。一个教区对于整个选举地域征税额应该承担的比例，每个人对于自己所属教区征税额应该承担的比例，都是根据实际情况而年年不同的。这各种情况，在第一种情况下，是由选举地区的征税官吏决定；在第二种情况下，是由教区的征税官吏决定，他们都难免会在一定程度上受到州长的指导和左右。据说，这种官吏经常会做出错误的判断，不但是因为无知和误报，而且还为了铲除异己，甚至是报个人恩怨。很明显，在评判之前，没有任何一个纳税者确切地知道自己要支付的税额；甚至就算是在评判过后，他也经常不能确切地知道。如果一个不应该纳税的人被征收了赋税，或者征收的税额超过了他们应该缴纳的比例，虽然他暂时垫付出来了，但是如果他们说出了自己受到的不平待遇，并且有了证明被不平等对待的理由，那么，为了要补偿他们，第二年，整个教区就需要额外征收一笔税款。如果纳税者破产了，或者是完全没有能力支付了，那么他需要缴纳的税款就要由税吏垫付，并且为了补偿税吏，第二年也需要额外征收一笔税款。

美国加利福尼亚的河道景观，水上交通的发达，使得地主们交完税依然保有大量财富。

如果税吏自身破产了，那么选出他的教区就必须当着选举地域总税收官吏的面，对那个税吏的行为负责。但是，对于总税收官吏来说，要控诉整个教区恐怕也太麻烦了，所以，通常的做法是，从那个教区中任意选定五六个最富有的纳税人，让他们补偿税吏没有能力支付的损失，以后再通过对整个教区额外征收赋税而补偿他们。这种额外征收的税款，通常是特定年度贡税以外的附加款项。

当对某个特定商业部门的利润征税时，商人们就会注意让投入市场的货物量可以卖得的价格足够补偿他们垫付的税额。他们采用的方法之一就是从营业上撤回一部分资金，从而让市场上的供给比以前少。货物的价格因为供给的减少而提高，那么税款最后就由消费者支付了。但是，当对一种农业资本利润征税时，农民如果从投向农业的资本中撤走一部分，一定不会得到什么利益。从事农业生产的人需要对土地支付地租。要想让土地适合耕作，必定需要一定量的资本，如果他把必要的农业资本撤走一部分，那么就必然会没有能力支付地租和赋税。为了要

支付赋税，他也绝对不能用减少生产物数量的办法来维护自己的利益。另外，他想要通过提高生产物价格的方法，将赋税的最后征收转移给消费者也是行不通的，赋税绝对不能让他提高生产物的价格。不过，从事农业的人和从事其他行业的人一样，必须得有合理的利润，否则他就会放弃自己的职业。在有了赋税这项负担之后，农民只有通过对地主少付地租的方法才能让自己得到合理的利润。他需要缴纳的赋税越多，能够提供的地租就越少。如果这种赋税开始于租约未满之前，那么农民一定会遭受损害，甚至没落。可是，当租约更新时，这种赋税就会转嫁给地主。

在要缴纳个人贡税的各个国家，因为农民要缴纳的税款通常是和他在耕作上使用的资本成比例的，所以他通常都不敢使用好的车马，而总是竭尽所能地使用那些最落后、最没有价值的耕作农具。由此可见，他非常不信任税吏，觉得税吏不会公平估价，害怕缴纳沉重的赋税，所以就假装贫困，从而表明没有能力纳税。采用这种祈求怜悯策略的人，估计是没有仔细地考虑自己的利益。他从这种生产物的减少中损失的，说不定比他通过少缴赋税而节约的还多。虽然这种不尽心的耕作会让市场上的货物减少，从而提高货物的价格，但是提高的那点儿价格或许连补偿生产物的损失都不够，更别说给地主支付更多的地租了。这种耕作上的不尽心，会让国家、农民和地主三方都蒙受损失。至于个人贡税是如何阻碍耕作，从而让国家的一个重要财源枯竭的，在本书的第三篇已经讲过了。

北美南部各州及西印度群岛有所谓的人头税，也就是对每个黑奴逐年征收的税，更确切地说，就是加在农业资本利润上的一种税。因为大部分的耕作者都是农民兼地主，所以最后支付这种税的，就是同时充当着地主的他们。

对农业使用的农奴征收一定数量的税，似乎整个欧洲以前都实行过。现在，俄罗斯也还在实行。也许就是因为这个原因，很多人都觉得人头税是奴隶制度的象征。然而，对于纳税的人来说却正好相反，所有的税不但不是奴隶的象征，相反还是自由人的象征。一个人纳税，虽然表示他隶属于政府，但是既然有了自己的财产，就表示他自身不再是主人财产的一部分了。施加在奴隶身上的人头税和施加在自由人身上的人头税是完全不同的。后者是由纳税人自己支付的，前者是由其他的人代付的。后者完全是任意的，或者是不公平的，而在大多数情况下，都是既任意又不公平的。至于前者，虽然在一些方面是不公平的，但是不同的奴隶有不同的价值，所以并不是任意的。主人知道自己有多少奴隶，也就明确地知道自己应该纳多少税。不过，因为这种不同的税有相同的名字，所以通常被人认为是性质一样的。

荷兰对于男女仆人征收的税，不是施加在资本上的，而是施加在开支上的，所以，就像是一种加在消费品上的税。最近，英国对每个男仆征收的赋税为21先令，和荷兰征收的税率相同。这种税让中产阶级承受了最沉重的负担。因为每年收入百镑的人，可能要雇用一个男仆；每年收入万镑的人，却不会雇用50个男仆。至于贫民，则是不会受到影响的。

施加在特定营业上的资本利润税，绝对不会影响货币利息。一个放债的人绝对不会对无税经营的借贷人要求更多的利息，而对有税经营的借贷人要求更少的利息。如果一个国家的政府想要用正确的比例对各种营业的资本征收赋税，那么在许多情况下，应该会降低货币利息。法国的二十便士取一税，和英国所谓的土地税相同，同样把土地、房屋和资本的收入作为对象，不过这种税虽然没有很严苛地对资本征收，但和英国土地税相比却正确多了。在很多情况下，这些都完全来自货币利息。在法国，货币通常按照所谓的年金契约（一种永久地年金，债务者如果能够偿还原来借的金额，就可以随时偿还，但是债权者除了特殊情况外，不允许请求赎回）偿还。所以，二十便士取一税虽然对所有的年金征收正确的赋税，但是却不能提高这个年金的比率。

第一项和第二项的附录加在土地、房屋、资财上的资本价值税

当财产归同一个人所有时，不论对于这种财产所征收的税多么恒久，目的都不在于减少或者划去财产中任何部分的资本价值，而只在于划走其财产收入中的一部分。但是当财产的主人更换时，也就是由死者转移到生者，或者是由一个生者转移给另一个生者时，所征收的财产转移税就一定会划去财产资本价值的一部分。

由死者转移给生者的所有财产，以及由生者转移给另一个生者的不动产，比如土地、房屋等，在转移的性质上通常是公开的，是众所周知、不能长久地隐瞒的，所以对于这种对象，国家是可以直接征税的。至于生者彼此间通过借贷关系而发生的资本或者是动产的转移，却通常是秘密性的，而且是可以保守秘密的。要对这种秘密的事情直接征税非常困难，所以国家采取了下面两种间接征税的方法：一、规定所有的债务契约必须写在赋予了一定额度印花税的用纸或羊皮纸上，否则就没有效力；二、规定这种彼此间的授受行为，必须注册，并征收一定的注册税，否则同样没有效力。对于容易直接征税的财产的继承及不动产的变卖，也经常征收这种印花税及注册税。

古代罗马由奥古斯都订立的二十便士取一的遗产税，就是对于死者的财产转移给生者时征收的转移税。迪昂·卡西阿斯曾经对这种税有过明确的记述。据他说，尽管这种税对所有的继承、遗赠及死时的赠予行为都有效，但是如果受惠者是最亲的亲属及贫苦的人，那么就免征赋税。

国王的封地通常由直接封臣拥有。当封臣把国王的封地转移给继承人时，需要支付约相当于一年地租的税款。

在继承方面，荷兰征收的税和上面的种类相同。凡是属于旁系继承的就根据亲疏关系的顺序，对于继承的全部价值征收5%~30%的继承税。对于旁系的遗言赠予或遗赠，也按照这个税法征收赋税。夫妻之间转移财产（丈夫转移给妻子或者是妻子转移给丈夫），都按照1/15的税率征收赋税。如果财产在直系间转移，并且是从小辈转移给长辈的悲惨转移，那么通常按照1/20征税。如果财产在直系间转移，并且是从长辈转移给小辈，那么通常情况下就不征收赋税。父亲的逝去，对于生前一起生活的子女来说，不但不能增加收入，还往往会让收入大大减少。因为父亲去世后，他的辛勤劳动、在世时所享有的官职，或某些终身年金都会消失，如果再通过征税划走其财产的一部分从而造成更大的损失，那恐怕就太残酷了。但是，对于罗马法所说的解放过了的子女，或苏格兰法律上所说的分过了家的子女，往往又另当别论。因为他们通常都是分有一部分财产，有了自己家庭，并且不依靠父亲过生活，有独立的经济来源。父亲每留下一分财产，他们的实际财产就会增加一分。所以，这种继承税和施加在其他遗产上的税相比，恐怕不会引起更多的不便。

根据封建法律，对死者转移给生者和生者之间的土地转移都征税。原来，欧洲各个国家还把它当作是国王的主要收入来源之一。

国王的封地通常由直接封臣拥有。当封臣把国王的封地转移给继承人时，需要支付约相当于一年地租的税款。如果继承者还没有成年，那么在他成年前的这段时间，这块封地的地租就全部都归国王所有，国王除了抚养未成年人外，没有任何负担。如果继承人是个寡妇，那么封地的地租也归国王所有，国王只需要给寡妇支付一定的生活费就可以了。当继承者成年后，他需要给国王支付一种交代税，大约也相当于一年的地租。在现代，如果需要很长的一段时间才能成年，那么通常可以解除面积广大的地上的所有债务，从而恢复家族原来的繁荣，但是在当时却不会产生这样的结果。那时，通常的结果不是债务的解除，而是土地的荒废。

根据封建法，拥有土地的人没有得到领主的同意，不能私自转让，想要获得领主的同意，通常需要缴纳一笔补偿金。刚开始的时候，这种补偿金性质比较随意，后来许多国家都把这种补偿金规定成了土地价格的一部分。虽然在一些国家，许多的封建惯例都废止了，但是这种土地税却依然延续着，而且还是君主收入的一大来源。在伯尔尼联邦中，这种税率非常高。贵族拥有的土地按照价格的1/6征税；平民拥有的土地按照价格的1/10征税。在卢塞恩联邦，土地变卖税只存在于一些地区，并不很普遍。但是，一个人如果为了迁移到其他地方居住而变卖土地，那么就要按照它变卖价格的1/10缴税。此外，在其他的许多国家，对于一种土地的变卖，或者是对于依据一定的保有土地法而保有的土地进行变卖，征收的赋税或多或少都是君主的一项重要收入。

上面所说的各种税都是间接的，或者通过印花税征收，或者是通过注册税征收。而这种税，有些和转移物的价值成比例，有些不和转移物的价值成比例。

英国的印花税，没有按照转移物的价值征收（最高金额的借据也是只要支付1先令6便士或者是2先令6便士的印花税就够了）。契据的性质不同，所征收的税也就不同。征收的最重赋税也只有6镑，通过购买税纸或者羊皮纸缴纳，这种高额的税款大多数都是以国王特许证书及某些法律手续为征税对象的，而和转移物的价值没有什么关系。英国对于契约或者是文件的注册不征收任何的赋税，如果有的话，也只不过是管理登记册的官员的手续费罢了。这种手续费很少有超过管理者劳动应得的合理报酬的。至于君主，并不能从中得到任何好处。

在荷兰，实行的既有印花税又有注册税。这种税，有时候按照要转移财产价值的一定比例征收；有时候又不按照一定的比例征收。所有的转移证书都必须写在印花纸上，这种纸的价格又和所处理财产的价格成一定的比例，所以，印花纸的种类，就有3便士或3斯泰弗一张的，也有300佛洛林（也就是27镑10先令）一张的。如果具备的价值低于它应该具备的价值，那么它继承的财产就会被全部没收。除了汇票及其他的商用票据外，所有一切票据借据都应该全额缴纳印花税。需要注意的是，这种税不依据转移物价值的比例而提高。所有房屋土地的变卖，以及所有房屋土地中用来作为抵押品的都需要注册，并需要给国家缴纳变卖品或抵押品价格的2.5%作为注册税。这种税法也适用于载重200吨以上的船舶（不论有没有甲板）的变卖。之所以也适用于船舶，估计是把船舶看成了水上的房屋。此外，根据法院命令而变动的动产，也同样需要缴纳2.5%的印花税。

法国也是印花税和注册税同时实行的国家，印花税被当作了国内消费税的一部分，而实行这种赋税的各州，通常由征收国内消费税的官吏负责征收。注册税成了国王所有收入的一部分，由其他官员负责征收。

虽然通过印花和注册征税的方法是近代的产物，但是，大约在100年前，印花税就几乎已经通行于整个欧洲了，注册税就更普遍了。一个政府像其他政府学习技术时，如果学的是从人民的腰包中掏取金钱的技术，那么就会学得非常快。

对财产由死者转移给生者征收的赋税，最终直接落在了接受这种财产的人身上。对土地变卖征收的赋税，却完全落在了卖土地的人身上。卖者变卖土地往往是迫不得已，必须得到他所能得到的价格。对于买者来说，则没有必要非买不可，所以，他只愿意出想出的价格。买地人把土地花费的价格和赋税放在一起计算，必然是支付的赋税越多，他愿意为土地支付的价格就越少。所以，这种税通常是由那些经济情况比较差的人承担的，是有残酷的压迫性的。至于对新房屋的变卖（在不卖地皮的情况下）征收赋税，征收的赋税通常来自买者，因为通常建筑商必须得获利，无利可图的话，他就会放弃这种职业。如果税由他垫付了，那么买家通常总得补偿他。对变卖旧房屋征收的赋税，通常和对土地变卖所征收的税相同，最后都是由卖家承担的。因为，卖房者一定是有迫不得已的理由，或者是卖了对他来说更方便一些。每年能够卖出去多少新房屋，在一定程度上受需求的支配。如果需求不能再给建筑商提供利润，那么他就不会继续建造了。至于每年能够卖出去多少的旧房屋，却是受偶发事件的支配，和需要没有什么关系。如果一个大城市中有两三件大破产事件发生，那么就有许多房屋要出售，并且都会以能够得到的价格出售。对变卖地皮征收的赋税，也通常由卖者承担，理由和变卖土地相同。借贷字据契约的印花税和注册税，全部都由想借款的人承担，而通常也都由他支付。至于对诉讼事件征收的印花税和注册税，通常由诉讼者缴纳；不过，对于原告和被告两方面来说，都会让诉讼对象的资本价值减少。为了争取某种财产花费的越多，最后到手的纯价值就越少。

如果一种财产转移税会减少其资本价值，那么就一定会减少用来维持生产性劳动的资源。人民的资本只是用来维持生产劳动者的，而君主的收入则多数都是用来维持非生产性劳动者的，既然一种税收是通过牺牲人民资本来增加国君收入的，那么一定会在某种程度上造成奢侈浪费。

就算这种税是按照转移物价值的一定比例征收，也仍然是不公平的。以价值相等的财产为例，每转移一次，财产的价值就发生一次变化。如果不按照价值的一定比例征收（大部分的印花税和注册税都是这样），那么就更不公平了。不过，这种税在任何的情况下都是明确而固

陶瓷陈列室里，顾客们正在挑选商品。对于一些零售营业执照征收的税款，虽然本来是要加在这些零售商人的利润上的，但是最后同样也是由消费者承担了。

定的，不会出现任意决定的情况。虽然有时难免会施加在那些根本没有能力承担的人身上，但是支付的时间对于纳税者来说还是很方便的。当支付日期到来的时候，他通常总有钱支付。此外，这种赋税的征收费非常少，除了纳税本身是一种没有办法避免的不便外，通常，纳税者不会遭受其他的不便。

在法国，人们很少抱怨印花税，但是，对于被称为康特洛尔的注册税却怨声载道。总体来说，康特洛尔的任意性和不确定性非常强，它的目的就在于多给那些负责征收赋税的官吏提供勒索的机会。所以，反对法国现行财政制度的出版物，大多数都以这种注册税的弊端为主题。不过，不确定性似乎还不是这种税收的根本性质。如果群众的抱怨是有根据的，那么弊端更应该源于征收赋税的法令或法律用语不够精确、明了，而不是源于这种税的性质。

抵押品及所有不动产权利的注册，因为可以在很大程度上成为债权者及买入者双方的保障，所以对人民大众非常有利。至于其他大部分契据的注册，就不但不会给人民大众带来什么利益，还往往给人民大众带来不便，甚至危险。一般情况下，认为应该作为秘密保守的册据绝对不应该存在。个人的信用绝对不应该靠像下级官吏那种忠诚度和正直度都很低的人和机构来保证。但是，在那些注册费成了君主收入源泉的地方，应该注册的当然要注册，就算是不应该注册的也会被强迫注册，因此需要毫无节制地增设注册机关。法国有各种秘密的注册簿。虽然这种弊端不是这种税的必然结果，但是我们必须得承认，这种税非常容易导致这种结果。

英国对纸牌、骰子、新闻纸甚至定期印刷物等征收的印花税，确切地说都是消费税，最后都是由使用或消费这种物品的人承担的。对于麦酒、葡萄酒及火酒的零售营业执照征收的税款，虽然本来是要加在这些零售商人的利润上的，但是最后同样也是由消费者承担了。像这种税，虽然名字叫作印花税，也和上面所说的财产转移税一样，由同样的官吏、用同样的方法征收，但是性质完全不同，而且最后承担这项赋税的人群也完全不同。

第三项 劳动工资税

在本书的第一篇我曾经努力的说明过：不论在哪儿，底层劳动者的工资都受两种情况的支配，这两种情况就是对劳动的需要和食物的一般平均价格。劳动的需要，也就是指是需要更多的劳动、只需要这么多，还是需要更少的劳动？换句话说，是需要人口数目增加、保持不变，还是减少？它不但决定了劳动者的生活资料，同时还决定了生活资料充足、一般或贫乏的程度。至于食物的一般平均价格，则决定了支付给劳动者的货币量，这个货币量是让劳动者每年平均能够购买这些或充裕或一般或缺乏的生活资料的。当劳动需要和食物价格保持在同样的状态时，对劳动工资直接征税的唯一结果就是让工资提高的比率比这种税率稍微高一点。例如，如果有一个特别的场所，那里的劳动需要和食物价格让劳动普通工资为每周10先令。同时假设，对工资征收的税率为1/5，也就是每镑4先令。如果劳动需要及食物价格保持不变，劳动者仍然需要在那个地方，获得每周10先令能购买到的生活资料，换句话说，在缴纳过工资税之后仍然需要有10先令的纯收入，那么为了要让劳动者在征收之后还可以有这个数额的工资，这个地方的劳动价格就一定会马上提高，不但会提高到12先令，而且会提高到12先令6便士。也就是说，为了要让他可以支付那1/5的工资税，他的工资立即提高的比率不但有1/5，而且达到了1/4。不论工资税率是多少，在所有的情况下，工资总会按照这个税率的比例提高，而且通常还会稍高一点。比如，如果工资税率为1/10，那么劳动工资提高的比例就不是1/10，而是1/8。

虽然对劳动工资直接征收的税可能会由劳动者支出，但是确切地说，就连由他垫付也算不上，至少在征税前后，劳动需要和食物价格保持不变时是这样。在这种情况下，不但工资税，就连超过这项税款的其他部分也都是由雇用他的人垫付的。至于最后支付这项税款的人，在不同的情况下则是不同的人。当从事制造业的劳动者的工资因为征收工资税而增加时，垫付这种款项的就是制造业主，制造业主有资格而且也必须把垫付的金额以及金额的利润转嫁到货物的价格上。因此，最后支付工资提高额及额外利润的就是消费者。对乡村劳动工资征税而提高的数额，将由农民垫付。农民为了维持和以前相等的劳动人数，肯定需要比原来多的资本。为了收回这较多的资本并给资本提供普通利润，他就必须留下比原来多的土地生产物，或者是土地生产物的价值。结果，他只能减少要付给地主的地租。所以，劳动工资的提高额和利润都是由地主承担的。总之，在所有情况下，对劳动工资直接征税，总会引起地租的降低或制造物价值的增加。不过，这减少和增加的额度都会超过本来缴纳的税款（减少或增加的额度，一部分最后由土地地租承担了，一部分由消费品承担了）。

如果直接对工资征收的税款没有让工资根据税率而相应地提高，那应该是因为对劳动的需要因此而在总体上有了下降。产业的衰退、提供给贫民的职业的减少、一个国家土地劳动年产物的降低，通常都是直接对工资征税的结果。不过，因为这种税，劳动价格通常比没有此税时稍微高了一些。并且，这种价格上的提高，和垫付这种价格的人的额外利润，最后不是来自地主，就是来自消费者，和劳动者没有任何关系。

对乡村劳动工资征收的赋税，并不会按照这种税的税率而提高土地原生产物的价格，理由和农民利润税不会按照税率提高土地生产物的价格一样。

这种非常不合理的税种，竟然有许多国家都在实行。法国的个人贡税中，有一部分以乡村劳动者及日工劳动者的报酬为征税对象的税种，就和这种税非常相似。这些劳动者的工资，根据他们所在地的普通工资率计算，并且为了让他们尽可能地少承受额外的负担，每年只按照200个工作日的工资计算。每个人承担的税款，根据各年的情况而不同。这种情况的评定，一般取决于税吏或州长派来协助税吏的委员。波希米亚开始于1748年的财政改革的结果是，对于手工业者的劳动征收一种非常沉重的赋税。这种手工业者被分成了四个等级：第一个等级每年需要纳税100佛洛林，每佛洛林相当于1先令10.5便士，总共算起来，一年约有9镑7先令6便士；第二个等级每年需要缴纳赋税70佛洛林；第三个等级需要缴纳50佛洛林；第四个等级（其中就包括了乡村手工业者和城市最底层的手工业者）需要缴纳25佛洛林。

在本书的第一篇中，我讲过：优秀艺术家及自由职业者的报酬，一定是和从事比较底层职业的人的薪酬成一定比例的。因此对于优秀艺术家及自由职业者的报酬征税的必然结果，就是让报酬以略高于税率的比例而提高。如果这种报酬没有提高，那么优秀的艺术和自由职业就不能和其他职业处在同等的利润水平上，从事这种产业的人将减少，从而用不了多久，他们的利润水平又会提高。

因为政府官员的报酬不像普通的职业报酬那样受市场自由竞争的支配，所以这种职业的性质和薪酬，通常并没有保持适当的比例。在大多数国家，政府官员的薪酬都高于它性质应该要求的限度。管理国家的人，通常都会给自己或者是自己的直接从属人员以超过合适额度的报酬。因此，在大多数情况下，对于政府官员的报酬都是应该征收重税的。再加上，担任国家公职的人，尤其是担任有利可图的国家公职的人，不论在哪个国家都是人民嫉妒厌恶的对象，因此，对他们征税更是人心所向。对于他们的报酬征收赋税，就算税率比其他种类的赋税高再多，也只会大快人心。例如，根据英国土地法，对所有其他种类的收入都根据每镑4先令的税率征收赋税，但是对于那些年薪百镑以上的官员的薪俸，就按照每镑5先令6便士的税率征收赋税，这种举措受到了人民的热烈欢迎。至于那些皇室成员的年金、海陆军军官的薪俸，以及其他不很被人妒忌的官员的薪水，就不在征税之列了。除此之外，英国就没有对劳动工资再

正在绘画的画家。优秀艺术家及自由职业者的报酬，一定是和从事比较底层职业的人的薪酬成一定比例的。

直接地征收什么税了。

第四项　原本打算毫无区别地对各种收入征收的税

原本打算毫无区别地对各种收入征收的税，就是人头税和消费品税。这种税必须不分彼此地让纳税人从自己的各种收入中支出——不管其收入来自土地的地租、资本的利润还是劳动工资。

人头税

如果人头税想要按照纳税人的财富或收入的一定比例征收，那么就会完全变成武断随意的了。因为一个人的财产状况是每天都不同的。如果不进行烦琐到难以忍受的调查，并且至少每年更新一次，那么就只有全部靠推测了。因此，关于一个人要缴纳的税额的评价，必然会随估价者一时的好恶而变化，结果，当然是非常随意而不确定的。

如果人头税不按照一个人被估定的财产的一定比例，而是按照一个人身份的一定比例来征收，那么就要成为完全不公平的了。身份相同的人，富有程度通常是不一样的。

因此，如果想要让这种税公平，那么它就会完全变成随意的和不确定的；如果想要让这种税确定而不随意，那么它就会变得完全不公平。不管这种税的税率是轻还是重，其不确定性都是最容易招致不满的；如果征收的是轻税，那么一定程度的不公平还可以勉强接受，如果是重税，那就几乎没有办法容忍了。

在威廉三世统治时期，英国曾经实行过各种人头税。纳税者大部分都是有一定身份的人。根据身份的高低分为公爵、侯爵、伯爵、子爵、男爵、士族、绅士及贵族长子和末子等。所有财富在300镑以上的商人，也就是属于商贾中小康阶层的人，都需要缴纳同样的赋税；至于300镑以上的人的财富程度如何，就根本不予考虑。他们这种人的身份大体上就是从他们的财富考量的。有些人的人头税，刚开始的时候是按照他们被估定的财富征收的，但是后来就开始按照他们的身份征收。例如，法律家、辩护人员、代诉人的人头税，刚开始的时候是按照收入征收的，每镑征税3先令，后来，开始按照绅士的身份征税。如果征收的赋税不是特别重，那么一定程度的不公平，也许还没有什么；但是一旦不确定，就让人难以接受了。

法国从18世纪初开始实行人头税，一种延续到现在。其征收方法为：对人民中的最高阶级，征收的税率不变；但是对于最低阶级，则根据其被估定的财富，每年征收的税都不同。宫廷的官吏、最高法院的法官和其他官吏、军队的士官等，都按照第一种方法征税。各州较低阶级的人民，通常都按第二种方法征税。对于这种不太沉重的赋税，虽然不公平，达官贵人还可以接受，但是却不能忍受州长随意的估价和征税，而下层人民对于其长官认为合适并给予他们的待遇，都是必须默默地承受的。

英国的各种人头税从来没有得到他们期待的金额，也就是没有产出想象上正确的征收应该产生的金额。相反，法国的人头税却常超出它预期的金额。因为英国政府比较温和，当它对各阶层人民征收人头税的时候，经常满足于可以征得的税额，没有能力支付或者是不愿意支付的人（有很多人都不愿意支付），可能会因为法律的宽大而没有被强制执行征收。虽然国家遭受了一定的损失，但是也不要求他们赔偿。法国政府则是比较苛刻的。对每个征税区要征收的数额，州长都会竭尽所能地征收到。如果哪个州抱怨税率太高了，那么在第二年，会按照去年过重负担的比例而减轻，但是本年度评定的赋税还是必须缴纳的。州长为了保证可以征收到足额的税金，有权把人民要纳的金额提高一些，这样如果某个纳税人破产了或者是没有能力支付了，就可以用其他人多缴的那一部分补偿。一直到1765年，这种多征收一些赋税的决定权还是由州长享有的。1765年，枢密院把这种决定权从州长手中收了回来。据博闻强识的法国赋税记录者观察，各省的人头税，贵族和享有不缴纳贡税特权的人承担的比例最轻，而承受了贡税的人承担的比较重，也就是根据他们缴纳的贡税的多少来确定征收的人头税的数额。

如果对下层人民征收人头税，那么就是一种直接对劳动工资征收的赋税，将具有劳动工资税的所有不便。

征收人头税的支出非常有限。如果严格征收，那么的确可以给国家提供一项非常稳定的收入。正因为如此，那些不重视人民的安逸、舒服和安全的国家，通常人头税非常普遍。不过，对一个大帝国而言，从这种来源中得到的都只是公共收入很小的一部分，而且这种税收可以提供的最大金额，很容易就可以通过对人民更方便的方法获得。

消费品税

不论施行的是哪种人头税，要想根据人民收入的一定比例征收都是不可能的。就是这种不可能，导致了消费品税的产生。国家找不到合适的方法直接地按照一定的比例对人民的收入征税，所以就想方设法间接地对人民的消费征税。在大多数情况下，这种消费被认为是和他们的收入成一定比例的，所以对人民的消费征税就是对人民花费资财购买的消费品征税。

这里所说的消费品，可以是生活必需品，也可以是奢侈品。

我这里所说的生活必需品，不仅仅是指那些维持生活所必不可少的商品，还包括那些按照一个国家的风俗习惯，如果没有这些商品，不要说体面人了，就连最底层的人民也不好意思见人的所有商品。例如，严格地说起来，麻衬衫并不能算是维持生活所必需的。我猜测，虽然没有亚麻，希腊人和罗马人也还是生活得很好。但是，一直到现在，在欧洲的大部分国家，就算是一个做日工的人，如果没有穿麻衬衫，也不好意思出去见人。在人民的想象中，没有麻衬衫是表示一个人穷到了没有脸面的地步，并且，一个人只有做了坏到极致的事情，才会穷到那个地步。不仅仅衬衫，风俗还用同样的方式让皮鞋成了英国的生活必需品，顾及脸面的男人和女人，就算是再穷，不穿上皮鞋也是绝对不会出去丢脸的。在苏格兰，虽然习俗也让皮鞋成了哪怕是最下层男子的生活必需品，但是却没有成为最下层女子的生活必需品——如果一个最底层的女子赤着脚，没有什么不体面的。所以，在我的解释中，生活必需品不仅包含了那些在自然情况下应该是最底层人民生活必需品的商品，也包含了那些按照习俗上的礼节为最底层人民所必需的商品。除此之外，其他所有的商品，我都称其为奢侈品。不过，尽管称它们为奢侈品，却并不是对人民适度地消费它们的责难。例如，英国的啤酒、麦酒，甚至是生产葡萄酒国家的葡萄酒，我都称

精美的瓷器。这种精美的瓷器并非生活必需品，不过对于消费品来说，不分生活必需品还是奢侈品，都是政府间接地对人民的消费征税。

之为奢侈品。不论哪个阶级的人民，如果完全不喝这种饮料，绝对不会引起其他人的非难。因为，在自然的情况下，它没有成为维持生活的必需品，而各地的风俗习惯也没有让它成为如果没有就有失脸面的必需品。

因为各地的劳动工资一方面受劳动需要的支配，另一方面受生活必需品平均价格的支配，所以，所有可以提高生活必需品平均价格的因素，都会提高劳动工资。因此，不管对劳动需要的状态是增加、不变还是减少，劳动者仍然可以按照相应状态要求的程度购买到他需要的一定量的生活必需品。对这些生活必需品征收的税，一定会提高其价格，并且提高的额度会稍微高于税额，因为垫付这种税款的商人是一定要从这种垫付中获利的。因此，这种生活必需品税，一定会让劳动工资按照生活必需品价格提高的比例而提高。

这样一来，对生活必需品征收的税，就和对劳动工资直接征收的税款所产生的影响相同。虽然劳动者需要支付这种税款，但是至少在相当长的一段时间里，他甚至连垫付都算不上。这种税经常会通过提高了的工资率由其直接雇主垫付。如果雇主是个制造业者，那么他将把这种增加的工资连同利润一起转嫁到货物的价格上，所以最后支付这种税及其额外利润的，就是消费者。如果雇主是个农场主，那么最后支付这种税的就是地主。

对所谓的奢侈品征税，甚至是对贫穷者消费的奢侈品征收赋税，情况就不一样了。被征收赋税的奢侈品价格的提高，并不一定会引起劳动工资的提高。例如，香烟既是富有者的奢侈品，也是贫穷者的奢侈品，但是对这种奢侈品征收的税，不会让劳动工资提高。在英国，香烟的税率为300%，在法国，香烟的税率为1500%，税率如此之高，但是劳动工资却没有因此受到影响。在英国和荷兰，茶和砂糖已经成为最底层人民的奢侈品了；在西班牙巧克力糖也是这样。对这些奢侈品征收的赋税就和对香烟征收的赋税一样，也没有提高劳动工资。在18世纪，英国对各种酒类征收的赋税，并没有人想过会对劳动工资产生什么影响。对浓啤酒额外征收的每桶3先令的税，虽然让黑啤酒的价格猛增，但是伦敦的普通劳动工资却并没有因此提高。在没有征收这种附加税之前，劳动者们的每日工资约为18~20便士，而现在，他们的劳动工资也大致如此。

这种商品高昂的价格，不一定会削弱底层人民维系家庭的能力。对于质朴而勤劳的贫苦人民来说，这种税就和禁止奢侈的法令一样，目的都在于让他们适度消费或者是完全不消费那些不能轻易买到的奢侈品。这种强制节约，让他们维系家庭的能力不但没有因为这种税而削弱，反而通常会因为这种税而增强了。通常说来，维系大家庭并提供有用劳动需要的，主要都是这些质朴而勤劳的贫苦人民。但是，并不是所有的贫民都是质朴而勤劳的，也有一些不节俭而胡乱挥霍的贫苦人民在奢侈品的价格已经提高了以后，仍然像原来一样消费。至于这种胡乱挥霍的行为会给自己的大家庭带来什么样的困难，他们从来都没有考虑过。像这种胡乱挥霍的人，很少能够维系一个大家庭，他们的孩子大多数都因为没有得到良好的照顾、抚养，缺少食物及卫生不好而夭折了。就算他们的孩子身体强壮，能够忍受父母的胡乱挥霍行为造成的痛苦，但是父母胡乱挥霍的行为给他们树立了坏榜样，让他们通常也会丧失良好的德行。这些儿童长大后，不但不能给社会贡献自己的辛勤劳动，还会成为危害社会风气的害群之马。因此，贫民消费的奢侈品价格的提高，虽然难免会增加这种胡乱挥霍的人的家庭困难，从而削弱他维系家庭的能力，但是从整个社会来说，不会大大减少一个国家的有用人口。

相反，不管生活必需品的平均价格提高了多少，如果劳动工资不相应地提高，就一定会削弱贫苦人民维系家庭的能力，从而减弱其提供有用劳动需要的能力，不管劳动需要的状态是增加了、不变还是减少了（换句话说，所需要的人口是增加了、不变还是降低了）。

对奢侈品征收的赋税，除了会提高商品本身的价格外，对其他任何商品的价格都没有提高作用。但是对生活必需品征收的税，因为提高了劳动工资，所以一定会提高所有制造品的价格，从而缩小它贩卖和销售的范围。奢侈品税最后是由消费者无偿支出了，它们不分彼此地由土地地租、资本利润和劳动工资三种收入承担。生活必需品税则在它们影响贫民的范围内，最后，一部分由地主通过减少地租支付了；一部分通过提高了的制造品价格，最后由富有的消费者（地主及其他人）支付了，而且他们承担的往往还有一个相当大的额外负担。真正是生活必需品，且为贫民消费的制造品（例如，粗制的毛织物）价格的提高，最后都会通过提高了的工资而让贫民得到补偿。中产及富有阶级的人如果真的明白自己的利益，就应该反对对生活必需品征税，反对对劳动工资直接征税。因为最后支付这种税款的都是他们，而且他们同时还需要额外承担一个相当大的负担。尤其是地主，负担最重，对于这种税，他需要用双重身份支付：一个身份是地主，需要减少地租；另一个身份是消费者，需要支付商品额外增加的费用。马太·德克尔对生活必需品税的论断是非常正确的。他认为，某种税施加在某种商品的价格上，有时竟然会重复累积四次或五次。例如，皮革的价格，你不但要支付自己所穿鞋子的皮革税，还要支付制鞋及制革工人皮革税的一部分；而且这些工人在为你做鞋时消耗的盐、肥皂及蜡烛等的税，甚至制盐者、制肥皂者、制蜡烛者为你做鞋时所消耗的皮革税，也都需要由你支付。

英国对生活必需品征收的税，主要就是对上面所说的四种商品，也就是盐、皮革、肥皂和蜡烛征收的。

盐应该是最普遍也最古老的征税对象了。罗马曾经对盐征税，我相信，现在所有的欧洲国家也都对盐征税。一个人每年消费的盐量非常少，而且这数量有限的盐还可以零用零购，所以，就算是再重的盐税，在政府看来，也不会让人民难以承受。英国的盐税为每蒲式耳3先令4便士，相当于原价的三倍。在其他国家，这种税要稍高一些。皮革是一种真正的生活必需品。亚麻布的使用，让肥皂也成了生活必需品了。在冬季夜晚比较长的国家，蜡烛就成了各个行业都必需的工具。英国的皮革税和肥皂税都是每镑3.5便士。蜡烛税则是每镑1便士。皮革税达到了皮革原价的8%或10%，肥皂税达到了肥皂原价的20%或25%，蜡烛税达到了蜡烛原价的14%或15%。尽管这些税和盐税比起来比较轻，但是仍然是非常重的。

一户城市贫民家庭的早餐，桌上稀少的食物显示出他们贫穷的生活。对生活必需品征税，就一定会间接削弱贫苦人民维系家庭的能力。

既然这四种商品都是真正的生活必需品，那么这种重税一定会多多少少地增加那些质朴而勤劳的贫苦人民的花费，从而提高他们的劳动工资。

在像英国这样冬季非常寒冷的国家，不单从烹制食物的角度说，就算是为了在室内作劳动的人的舒适，燃料也应该算是冬季的生活必需品。在所有的燃料中，煤炭是最便宜的。燃料价格对劳动价格产生的影响如此之大，以至英国所有主要的制造业都集中于产煤区。如果在其他地区，煤炭的价格那么高，人们很难这样方便地进行工作。再加上，在有些制造业（例如，玻璃、铁及其他所有金属工业）中，煤炭都是其职业上的必要生产工具。如果在某种情况下可以说奖励金的存在是合理的，那么对把煤炭从丰富的地区运往缺乏的地区的运输进行奖励，就可以算是合理的。然而，立法机关不但没有对这种运输实行奖励，反而还对沿着海岸运输的煤炭征税：每运输1吨征税3先令3便士。这对于多数煤炭来说，已经相当于其原价的60%以上了。通过陆运或者内河运输的煤炭，一律不征税；对于煤炭价格天然低廉的地方不征税，而对于煤炭天然价格昂贵的地方却反而要征收重税。

这些的税虽然提高了生活必需品的价格，从而提高了劳动价格，但是却也给政府提供了一项很难通过其他方法获得的大笔收入。因此，想要继续实行下去是有正当理由的。在现在的农耕条件下，因为谷物输出奖励金有提高这种生活必需品价格的趋势，所以，就一定会产生上面所说的各种恶劣后果；但是，它不但不能给政府提供收入，反而还会花费政府一笔很大的费用。对外国谷物的输入征收重税，在丰收的年份就相当于是禁止了；对活家畜及腌制食品输入实行的绝对禁止，也只适用于法律的普通状态下，因为现在这种物品非常缺乏，因此一定会在一定的时期内，不再禁止爱尔兰和英国殖民地这种物品的进口。这些规定都会产生生活必需品税会产生的所有恶劣结果，并且，对于政府而言，都没有任何收入。所以，要废止这些规定，除了让大众确信建立这种规定的制度完全没用之外，似乎不需要采用其他方法了。

和英国相比，其他国家对生活必需品征收的税要高很多。很多国家，对磨坊研磨的麦粉及粗粉征税，对火炉上烤制的面包还征税。在荷兰，城市中人们消费的面包的货币价格就因此而增加了一倍。住在农村的人，则有其他种类的税代替这种税的一部分，也就是根据每个人被推想、认为所消费的面包的种类，每年征收一定的赋税。例如，消费小麦面包的人，每年需要缴纳3盾15斯泰弗的税，约合6先令9.5便士。据说，这种税，以及其他一些这种性质的税，已经通过提高劳动价格而让荷兰大部分的制造业荒废了。在米兰公国，热那亚各州，摩德拉公国，帕马、普拉森舍、瓜斯塔拉各公国，甚至在教皇领地，都可以见到这种性质的税，只是没有那么繁重罢了。法国作家名拉·列福麦提尔曾经提议改革本国的财政，希望用这种破坏性非常大的赋税代替其他各种税中的大部分。这一行为，就像西塞罗所说的，“就算是再荒谬的事，有时也会有一些哲学家支持”。

对家畜肉征税比对面包征税更普遍。当然了，家畜肉到底是不是生活必需品还有待考证。但是据经验来说，有了稻谷和其他的蔬菜，再加上牛奶、干酪和牛油（就算没有牛油，也可以用植物油代替），就可以提供非常丰盛、卫生、营养而让人精神抖擞的食物了。在很多地方，风俗习惯会要求一个人穿一件麻衬衫、穿一双皮鞋，但是却没有一个地方会要求人们必须吃家畜肉。

对消费品（不论是生活必需品还是奢侈品）征收赋税，通常有两种方法：第一，以消费者曾经使用或消费某种货物为理由，要求他每年支付一定数额的赋税；第二，当货物还在商人手中，没有到达消费者手中之前，就征收一定数额的赋税。一种不会立刻消费完或可以使用很长时间的商品，适宜用第一种方法；一种可以立刻消费完或消费得比较快的商品，适宜用第二种方法。对马车及金银器皿征收的税就是用第一种征税方法的实例；国内消费税及大部分的关税，则是用第二种方法征税的实例。

如果好好保养，一辆马车可以用10~12年。对它征税，当然可以采用在它还在制造者手中时一次征收的方法。但是对于购买马车的人来说，为了保有马车的拥有权而每年缴纳4镑，是比一下子支付40镑或48镑的附加价格（大约等于购买者在使用马车期间要支付税额）更方便的。同样，有时一件金银器皿可以使用100多年，从消费者的角度考虑，对金银器皿每盎司每年征收约相当于其价值1%的5先令，是比一下子支付完约相当于年税额25倍或30倍的金额更容易的。因为，在第二种情况下，这种器皿的价格至少要提高25%甚至是30%。对于房屋来说，就算是征收的税额相同，也更适合每年征收小额的赋税，而不适合在房屋刚建好或者变卖时，一下子用沉重的税率把税额征收完。

马太·德克尔爵士有一个著名的建议，他主张所有的商品，包括可以立刻消耗掉的商品，都应该按照下面的方法征税，也就是消费者为了得到可以消费某种商品的许可证，而每年缴纳一定的金额，不需要由商人垫付。这个建议的目的是想要撤除所有的进口税和出口税，让商人可以把全部的资本和信用都投入到购买货物及租赁船舶上，让资本或信用的任何部分都不必被转用在垫付税金上，从而促进所有贸易，尤其是中间商贸易的发展。但是用这种方法对那些立刻就可以消耗掉的产品征税，似乎难免会因为下面的四个弊端而遭到责难：一、这种税比用普通方法征税更不公平，也就是说，更不能正确地按照各个纳税者的费用和消费的一定比例征收。由商人垫付的麦酒、葡萄酒及火酒税，最后都可以通过消费者消费的数量按照正确的比例支付出来。但是，如果这种税是通过购买饮酒许可证支付的，那么从和消费的酒量所成的比例来说，喝得少的人就比喝得多的人承担的税重多了，经常大宴宾客的家族所承担的赋税，也就比那些很少大宴宾客的家族承担的赋税轻多了。二、根据这种征税方法，对这种可以消费某种商品的许可证征收的税，或者是一年一次，或者是半年一次，或者是一季一次，那样一来，对各种立刻可以消费完的商品征收赋税的主要便利之一，也就是陆续支付的便利就要大打折扣了。现在一坛黑啤酒的价格是3.5便士，但是其中对于麦芽、啤酒花、啤酒所征收的各种税以及酿酒者的额外利润，恐怕就只有1.5便士。如果一个劳动者有能力在拿出2便士之后，再多拿出那1.5便士的税，那么他就可以购买到一坛黑啤酒；如果不能，那么他就会满足于购买一品脱，对于他来说，节约了1便士，就相当于得到了1便士。慢慢地他就会从这种节约中获得1法辛（约相当于1/4便士）。税是陆续支付的，他想支付就支付，什么时候有能力支付就什么时候支付，支付行为是完全自发的；如果他想完全不交税也可以。三、这种税执行起来，没有奢侈品取缔法的作用大，一个人一旦购买到了饮酒的许可证，那么他想喝很多也好，想喝很少也好，征收的税通常都一样。四，如果让一个劳动者把自己一年、半年或一季分很多次喝黑啤酒的全部税额，每年或每半年或每季一下子全部交清，那么就算没有其他的不便，仅是那个数额也往往是个沉重的负担，让他苦不堪言。因此，这种征税的方法，如果不采用容易造成悲惨结果的强制手段，就不会产出和现在的征税法同样多的收入，但是，现在的征税法却是没有采用任何强制手段的。在一些国家，对那些立刻或很快就可以消费掉的商品征税，采用的就是这种依靠强制手段的方法。荷兰人想要获得饮茶许可证就需要支付一定数额的赋税。此外，以前在荷兰农村，面包也是按照同样的方法征税的。

一个人一旦购买到了饮酒的许可证，那么他想喝很多也好，想喝很少也好，征收的税通常都一样。

国内消费税，主要是对那些由本国制造并充当本国消费品的货物征收的税。这种税只对那些使用的最普遍的货物征收。所以，对于哪些货物征税、某种货物的税率是多少，都非常明白而清楚，没有任何疑问。这种税，除了对前面所说的盐、肥皂、皮革、蜡烛，及普通玻璃征收外，其他的征税对象几乎都是我所说的奢侈品。

似乎关税的实行比国内消费税早很多。这种税之所以被称为“customs”（习惯），估计是因为那是从古代沿袭下来的一种按照惯例需要征收的税款。最早的时候，它好像是对商人利润征收的赋税。在封建时期无政府的野蛮时代，商人和城市中的其他居民一样，人格被污蔑、利益被妒忌，和解放后的农奴处境差不多。既然大贵族们已经同意国王对于他们的个人利润征税，那么对于那些无意保护的商人的利润，他们当然也就乐见其被征收同样的赋税。在那种愚昧的时代，他们不明白不能对商人的利润直接征税这个道理，也就是，他们不明白所有征收的税款和额外追加的一个负担，最后都会转嫁到消费者身上由消费者承担这个道理。

和英国商人的利润相比，外国商人的利润遭到了更不好的对待。因此，后者承担的税率自然也就比前者更重。对外国商人和英国商人在征税时区别对待，开始于愚昧时代。后来，又因为垄断（为了要让本国商人在外国市场和本国市场都保有优势）延续下来。

古时候对所有种类的货物征收的关税，不管是生活必需品还是奢侈品，也不管是出口商品还是进口商品，都平等征收。那时的人们似乎认为：同样是商人，这种货物的商人没有必要比其他种类货物的商人享有更多的优惠；出口商人也没有必要比进口商人享有更多的优惠。

古时候的关税分了三种。第一种，或者说所有关税中最早征收的，是对羊毛和皮革征收的关税。这种税主要或者说全部都是出口税。当毛织业在英国建立时，国王担心毛织物的出口，会让自己不能再享有羊毛税，所以就对毛织物也征收同样的税。其他两种，一个是葡萄酒税，也就是对每吨葡萄酒征收一定数额的税，称为吨税；另一个是对其他所有货物征收的税，也就是对被估定价格的货物按照价格的一定比例征收的税，称为镑税。爱德华三世四十七年（1373年）时，对所有进出口的商品，按照每镑6便士的税率征税。而对于已经征收有特别税的羊毛、羊皮、皮革和葡萄酒，这个法令不再适用。到理查二世十四年（1390年）时，这种税提高到了每镑1先令，三年后，又由1先令减少到了6便士；亨利四世二年（1400年），又提高到了8便士，两年后，再次回到1先令。从那时一直到威廉三世九年（1697年）为止，征收的税率一直都是每镑1先令。吨税和镑税曾经根据同样的法令交由国王管理，称为吨税、镑税补助金。镑税补助金在很长的一段时间里都是按照每镑1先令，或5%征收的——关税中经常说的补助金，通常指的就是这5%的税。这种补助金（现在称为旧补助税），一直到现在都还是在按照理查二世十二年（1388年）制定的关税表征收。由关税表确定的纳税货物价值的方法，据说在詹姆士一世以前就曾经实行过。威廉三世九年和十年征收的新补助金，是对大部分货物增收了5%的赋税。在新旧补助税中间，又通过1/3补助金和2/3补助金增加了5%的赋税。1747年的补助金，是对于大部分货物征收的第四个5%；1759年的补助金，是对某些特定货物征收的第五个5%。不但如此，有时为了应对国家的紧急需要，或者是遵从重商主义的原理，从规范国家的贸易秩序考虑，还会对某些特定的货物征收各种各样的税。

重商主义渐渐地为人们所推崇。旧补助税征收的时候，是不分进出口一律征税的。后来的四种补助金，以及其他不时对某种特定商品征收的税，就全部（虽然也有一些例外）都是对进口商品征收的税了，而原来对本国生产商品及国内制造品的出口，征税的大多数税都减轻了，

在家纺织的工人。所有关税中最早征收的，是对羊毛和皮革征收的关税。这种税主要或者说全部都是出口税。

或者是完全废除了，甚至对一些商品的出口还进行奖励。对于先进口再出口的商品，有时退还它缴纳的进口税的全部，但大多数情况下，都是退还进口税的一部分。进口时以旧补助金的名义征收的税，出口时只退还一半，但是以后面的四种补助金及其他海关税种的名义对大部分货物征收的税，在出口时都全部退还。不受这种给出口大开方便之门并进行奖励，而对进口进行阻碍的影响的货物，只有两三种制造原料。我国的商人和制造业者都乐于用尽可能低的价格购买这些原料，然后再用尽可能高的价格把它卖给自己的外国竞争者。因此，有时候会允许一些外国原料在进口时免税。西班牙的羊毛、大麻和经过初步加工的亚麻丝，就是被允许免税进口的货物。而对于国内原料和殖民地特有原料的出口，有时候完全禁止，有时候则征收重税。比如，英国是禁止羊毛出口的，海狸皮、海狸毛及塞内加尔树胶尽管允许出口，但是要征收重税。因为，英国在占领了加拿大和塞内加尔之后，对这些商品几乎享有了垄断权。

在本书的第四篇中我曾经讲述过，重商主义对于大多数人民的收入和一个国家土地劳动的年产物的增加，并不是多么有利。对于君主的收入的增加，似乎也没有更有利，至少在通过关税获得收入的范围内是这样。

人们推崇这种学说的结果，就是禁止了一些商品的进口。于是，进口商人就被迫走私，但是在有些情况下，走私是完全行不通的，而通过正常渠道，可以进口的数量也非常少。完全禁止外国羊毛进口，允许进口的外国丝绒量也大大减少。在这两种情况下，通过对进口商品征收关税获得的收入，就全部没有了。

对许多外国商品的进口征收重税，本来目的在于阻止英国消费这些商品，但是在大多数情况下，这种政策只是达到了鼓励走私的目的，而在所有的情况下，都让关税收入降低了，从而还不能提供征收较轻赋税时可以提供的数额。斯威弗特博士说，在关税的算术中，二加二不是等于四，而通常只能等于一。他的这种观点，对于我们现在正在讨论的征收沉重的赋税来说，是非常合适的。如果重商主义没有告诉我们说，征税赋税不是收入工具，而是独占工具，那么这种征收重税的政策也许就不会被采用了。

对本国生产物及制造品的出口给予的奖励金，及对大部分外国货物再次出口所退还的税款，曾经引起了很多的欺诈行为，并且引起了对国家收入非常有害的走私行为。就像一般人所知道的，有些人为了得到奖励金或退还的税款，经常货物刚刚装到船上驶出海口，马上又会从本国的其他沿海地方登陆。通常，关税因为奖励金及退税（最后大部分都落到了奸诈的商人手中）遭受的损失非常大。到1755年1月5日，当年的关税总收入为5 068 000镑。从这所有的收入中支出的奖励金（虽然当年对于谷物的输出完全没有给予奖励金）有167 800镑。按照退税的票据及其他证明书，退税额为2 156 800镑。两者合起来，共有2 324 600镑。把这笔巨大的退税支出扣掉，关税的收入就只有2 743 400镑了。再从中扣除官吏的薪俸和其他事情的费用，也就是关税的行政费用287 900镑，当年的纯关税收入就只有2 455 500镑了。关税的行政费用约占总收入的5%或6%，再扣除奖励金和退税，那么剩下的部分大约只有10%。

因为几乎对所有的货物都征收重税，所以我国的进口商人都希望可以多走私一点，而对于需要报关税进口的则希望尽可能地少。相反，为了满足虚荣心，我国的出口商人或者在不征税的货物上显示自己是个巨商；或者为了获得奖励金或退税而在关税登记处上报远超他们实际出口量的货物。这两个方面欺诈的结果就是，从关税的账面上看，我国的出口额远远超过了进口额。这种情况让那些认为可以根据贸易差额来判断国家繁荣与否的政治家们乐不可支。

除了极少数免税商品外，对其他所有商品的进口都征收一定的关税。如果进口的某种商品没有列在关税表中，那么这种商品就根据进口商的宣誓，按其价值每20先令征税4先令9920便士，也就是约等于前面所说的五种补助金或五种镑税和关税之间的比例。关税表罗列的种类是非常全的，很多种类都被列举在内了，有许多是平常不太用，不太被一般人知道的。因此，对于某种商品到底是属于那种税种、应该按照什么样的税率征税，经常会没有办法确定。这种缺陷往往让税吏弄错，从而经常给进口商造成很大的麻烦、损失和苦恼。所以从明白、正确和容易分辨各个方面来说，关税远不如国产税。

为了让社会上的大多数人民按照他们各自花费的一定比例给国家提供收入，似乎没有必要对花费资财购买的每项物品都征收赋税。不难想象，通过消费税获得的收入和通过关税获得的收入一样，最后同样都是由消费者平等地承担了，但消费税只对那些用途非常广泛、消费非常多的货物课征。于是，很多人认为，如果经营适当，关税也可以同样只对少数货物征收，而不会让国家收入减少，并且给对外贸易带来很大的利益。

现在英国用途最广、消费最多的外国商品，主要是外国的葡萄酒和白兰地酒，美洲及西印度生产的砂糖、蔗糖、酒、烟草、椰子，东印度生产的茶、咖啡、瓷器、各种香料及一些种类的纺织物等。对这些物品征收的赋税恐怕提供了关税收入的大部分。现在对外国商品征收的赋税，如果把刚才列举的外国货物中一些货物的关税扣除，那么就有大部分不是以收入为目的的，而是以单独占有为目的的，也就是要让本国商人在国内市场上占有优势。因此，如果废除所有的禁令，对外国商品征收适当的、可以给国家提供最大收入的关税，那么我国的工人就仍然可以在国内市场上享有很大的优势。到那时，现在不能给政府提供什么收入，或者只能提供很少收入的很多商品，就都可以给政府提供很大的收入。

对一种商品征收重税，或者会导致人民对这种商品的消费减少，或者会导致走私增多，最后的结果是，政府通过征收重税得到的收入还没有征收轻税时多。

市场上出售的香料。现在英国用途最广、消费最多的外国商品，主要是外国的葡萄酒和白兰地酒，美洲及西印度生产的砂糖、蔗糖、酒、烟草、椰子，东印度生产的茶、咖啡、瓷器、各种香料及一些种类的纺织物等。

当政府收入的减少是因为人民消费的减少时，唯一的补救方法就是降低税率。

当政府收入的减少是因为走私增多时，有两种方法可以补救：减弱驱使商人走私的诱因；增加走私的困难。只有降低关税，才能减弱驱使商人走私的诱因；只有建立最方便阻止走私行为的征税制度，才能增加走私的困难。

经验表明，消费税法

防止走私活动比关税法防止走私活动有效得多。在性质允许的范围内，把类似于消费税的税务制度引入到关税制度中，就能够大大增加走私的困难。这种方法很简单，很多人都想到过。

于是，有人就有了这样的观点：由进口商人承担关税的商品，是要搬运到自己准备好的货仓中，还是保管在国家的货仓里，都由商人自己决定。不过，如果他把货物保存在了国家的货仓里，那么钥匙要由征税官吏掌管，征税官吏不在场，他就不能私自打开。如果他把货物运送到了自己准备好的货仓里，那么国家应该立刻对他的货物征税，而且税款以后不再退还；同时为了确保商人缴纳税款所依照的货物数量和他实际拥有的数量相符，征税官吏需要随时到场检查。如果他把货物运到了国家货仓中，并用来供给国内消费，那么不到出货时，他就可以不用纳税。如果要再次输往国外，那么就完全免税；不过，他需要提供适当的证明，保证他的商品是要出口的。同时，以批发或零售形式贩卖这些货物的商人，需要随时准备接受征税人员的检查盘问，并且需要用适当的凭单，证明自己店铺中或货仓中的全部货物都是支付过关税的。现在，英国在进口蔗糖和酒时，征收的被称为消费税的税种，就是按照这种方法征收的。恐怕这种征税方法很容易就会扩张到对所有进口商品的赋税征收上（如果这种税和消费税一样，征税对象也是少数使用最广泛、消费最多的货物的话）。因为如果现在所有需要征税种类的货物都采用那种征税方法，就需要建设面积非常广大的国家货仓，那恐怕是不容易做到的。更何况，一些精细的货物，或者是需要特别小心保存的货物，商人是绝对不放心把它寄存在别人的货仓中的。

如果采用了这种征税制度，那么就算是关税非常高，也可以大大地防止走私；并且，如果让各种赋税时而提高，时而降低，只是为了给国家（征税通常都是用来作为获得收入的工具，而绝对不是用来作为垄断的工具）提供最大收入，那么只对使用最广泛、消费最多的少数货物征收关税，就至少可以得到和现在的关税纯收入相等的收入。关税要想和消费税一样简单、清楚、正确，也就不是不可能的了。现在，国家收入从支付外国货物再次出口的退税上遭受的损失就完全可以避免了。仅这项节省的数额已经非常巨大了，再加上废除了对国产货物出口发放的奖励金，结果，在实施新制度之后，关税的纯收入无疑至少可以等于没有实施之前。

如果实施这种制度不会让国家的收入有什么损失，那么全国的商业和制造业就要获得很大的利益。没有征税商品（这种商品占大多数）的贸易将完全自由，从而可以为了潜在的利益而运往世界各处。这些商品中包含了所有的生活必需品和所有的制造品原料，因为生活必需品可以自由进口了，所以它在国内市场上的平均价格一定会降低，劳动的货币价格也将按照生活必需品价格降低的比例而降低，但是劳动的真实报酬不会减少。货币的价值是和它可以购买的生活必需品的数量成一定比例的，但是生活必需品的价值却和它所能交换到的货币的数量没有任何关系。劳动的货币价值降低了，国内所有制造品的货币价格也一定会随之降低。这样一来，国内制造品就可以在所有的国外市场上占有一定的优势。一些制造品因为原料可以自由进口了，价格也就一定更低了。如果中国和印度的生丝可以免税进口，那么英国的丝制业者就可以用比法国和意大利的丝制业者更便宜的价格销售其产品。在这种情况下，就没有必要禁止外国丝绒的进口了。本国制造品价格的低廉，不但能够保证我国商人在国内市场上占有优势，而且可以在很大程度上支配国外市场。和现在相比，就连所有需要征税商品的贸易也可以获得很大的利润。如果商品从国家货仓中取出并运往外国时不征收任何费用，那么这种贸易就完全自由了。在这种制度下，各种货物的中间商贸易将享有所有可能的利益。如果那种货物从国家货仓中取出来并没有销往国外，而是供给了国内消费，进口商有机会在把它卖给其他商人或消费者之前不必垫付赋税，那么和刚一输入就需要垫付赋税的情况相比，他就可以用更低廉的价格出售货物。因此，就算经营的是需要征税的产品，征收的税率也维持不变，在这种征税制度下，消费品对外贸易的经营也比在目前的情况下可以获得更大的利益。

非常有名的罗伯特·沃尔波尔消费税案的目的，在于对葡萄酒和烟草建立一种类似于上面所建议的制度。尽管他向议会提出的制度只包含了两种商品，但是一般想来，那只是更广泛的计划的导火索罢了。因此，和走私商人利益一致的营私党派就对这种提案进行了非常不合理的反对。这种反对的程度是那么大，以至首相都觉得还是把这种提案撤销比较妥当，而且，从那以后，再也没有人敢继续提那个方案了。

对于那些由外国进口，由本国人民消费的奢侈品征收的税，尽管有时有些也会由贫民支付，但是，主要还是由中产及中产以上的阶级人民负担。对外国的葡萄酒、咖啡、巧克力糖、茶、砂糖等征收的关税，都属于这种。

对于本国生产、本国消费的相对比较低廉的奢侈品征收的税，按照每个人花费的比例平均地由所有阶级的人民支付。贫穷的人为自己的消费缴纳麦芽、酒花、啤酒、麦酒的税；富有的人则支付自己及奴仆们消费的这种物品的税。

在这里，需要引起人民注意的是，不论在哪个国家，下层阶级（中产以下的阶级，以后类同）与中层阶级人民的全部消费，和中层阶级与中层以上阶级人民的全部消费比起来，不但在数量上，而且在价值上，都大得多。和上层阶级的全部费用相比，下层阶级的全部费用要大得多。这是因为，第一，各个国家的全部资本，几乎都是用来支付生产性劳动的工资，从而分配在了下层阶级人民中间。第二，通过土地地租和资本利润产生的收入的大部分，都用来支付仆人和其他从事非生产性劳动的人的工资和维持费，从而每一年都分配给了同一个阶级。第三，资本利润中的一部分，是同一阶级中经营小资本的人的收入。不论在哪里，小商店主、店员甚至所有零售商人每年获得的利润额都是非常大的，因此在年收入中，占有一个非常大的份额。第四，土地地租中也有一部分是属于这个阶级的，而在这一部分中，大部分都是归中层阶级所有的，小部分是归最下层阶级人民所有的，因为有时普通劳动者也会保有一两亩土地的所有权。尽管这些下层阶级人民的花费从个人的角度来说非常小，但是，从整个阶级来看，通常却占有了整个社会全部费用中最大的一个部分。如果从一个国家的土地劳动年产物中把他们的部分扣除，那么剩下来供上层阶级消费的，往往在数量上和价值上都是很少的。因此，主要以上层阶级人民的消费为征税对象的消费税，不要说和不分彼此把所有阶级的消费当作征税对象的消费税相比了，就连和只把下层阶级人民的消费当作征税对象的消费税相比也少很多。所以，在所有以消费为征税对象的税收中，能提供最多收入的，要算是以本国生产的酒类原料和制造品为征税对象的消费税了；而消费税，主要都是由普通人民承担的。就以1775年1月5日为截止日的那一年来说，消费税这个部门的总收入达到了3 341 837镑9先令9便士。

不过，我们需要时刻谨记的是：应该征税的是下层人民花费在奢侈品上的费用，而不是花费在生活必需品上的费用。如果对他们花费在生活必需品上的费用征税，那么最后，这种税款将全部都由上层人民承担，也就是由年生产物中的较少部分承担，而不是由年生产物中的较大

需要时刻谨记的是：应该征税的是下层人民花费在奢侈品上的费用，而不是花费在生活必需品上的费用。

部分承担。不论在什么样的情况下，征收这种税都会提高劳动工资，或者减少劳动需要。不把这种税的最后支付转嫁给上层阶级人民，劳动价格就没有办法提高；不减少一个国家的土地劳动年生产物，也就是所有税款的最后来源，劳动需要就绝对不会减少。不管这种税让劳动需要减少的程度如何，劳动工资都会因此比没税的时候提高一些。并且，在所有的情况下，最后支付这种工资的一定是上层阶级。

在英国，如果酿造发酵饮料及蒸馏酒精饮料不是为了贩卖，而是为了自己消费，那么是不征消费税的。他们本来免税的目的是让私人家庭不必承受征税官吏讨厌的访问和检查，但是，结果却是富人承担的酒税过轻，而穷人承担的则过重。虽然也有自家酿酒自用的，但是不是很普遍。在乡村，许多的中等家庭及所有的小康家庭，都自己酿造要饮用的啤酒。他们酿造浓啤酒时花费的，每桶要比普通酿造者（他们垫付的所有费用和税金都必须有一个额外的利润）便宜8先令。所以和普通人民（其实他们想要喝啤酒，向酿造所或酒店购买更有利）相比，同样的啤酒，小康家庭饮用的，每桶至少要便宜9~12先令。同样，为了自己消费而制造的麦芽也不用受征税官吏的访问和检查，但是在这种情况下，每个人却需要缴纳7先令6便士的税。7先令6便士等于10蒲式耳麦芽的消费税，而10蒲式耳的麦芽，恰好是勤俭度日的家庭全家平均所能消费掉的数量。可是，富有家庭款待宾客的次数比较多，因此，自己家人消费掉的麦芽饮料只占总消费量的很少一部分。可能是因为这个原因，也可能是因为其他原因，自家制造麦芽终究没有自家酿造酒精那样普遍。但是为什么不对酿造或蒸馏酒精的人和制造麦芽的人平等对待，实行同样的政策呢？我实在是不能给这种区别对待找到正当的理由。

经常会有人认为，对麦芽征收较轻的税获得的收入，会比现在对麦芽、啤酒及麦酒征收较重的税获得的收入多。因为，和麦芽制造厂相比，酿酒厂有更多的机会可以逃税、漏税；而且，为自己消费而酿造酒精的人都免税，但是为自己消费而制造麦芽的人却需要承担消费税。

通常情况下，伦敦的黑麦酿酒厂每夸脱麦芽可以酿成2.5~3桶的成酒。各种麦芽税为每夸脱6先令；各种啤酒及淡色啤酒的税为每桶8先令。因此，在黑麦酿酒厂，对麦芽、啤酒和麦酒征收的各种税加起来，就相当于对每夸脱麦芽生产的酒征收了数额为26~30先令的税。在那些打算把产物销售给普通乡村的乡村酿造厂，向每夸脱麦芽及其产物课征的税通常是26先令，很少低于23先令。平均计算，对每夸脱麦芽生产出来的酒所征收的麦芽、啤酒及麦酒等各种税的总额，恐怕整个王国不会少于24~25先令。但是，据说，如果废除所有的啤酒税、麦酒税，而把麦芽税提高到原来的三倍，也就是对每夸脱麦芽征收的税由6先令提高到18先令，那么仅这一项税获得的收入，就比原来各种重税获得的收入还多。

在1774年，苹果酒的税收收入仅有3083镑6先令8便士。这个收入可能比其他通常年份的数额偏小，因为这一年对苹果酒各种税征收的数额都在通常年份之下。虽然对浓啤酒征收的税比较重，但是因为重税导致人民消费的数量减少了，所以收入还没有苹果酒税多。但是，为了弥补这两种税使它们达到平常额，所以，在所谓的地方消费税下，包含了下面的税：每半桶苹果酒6先令8便士的旧消费税、酸果汁酒每半桶6先令8便士的旧消费税、每桶醋8先令9便士的旧消费税、蜜酒或蜜糖水每加仑11便士的旧消费税。这种税的收入，用来弥补上面所说的麦芽税中包含的苹果酒税和浓啤酒税的收入，恐怕绰绰有余了。

昏暗湖面上的纽夫桥。除了关税和消费税外，还有其他一些更不公平、更间接地影响货物价格的税，比如路捐、桥捐。

麦芽不但可以用来酿造浓啤酒和淡色啤酒，而且还可以用来制造下等火酒和酒精。如果麦芽税提高到了每夸特18先令，那么以麦芽为部分原料的那些下等火酒和酒精的消费税，就有必要降低一些了。在所谓的麦芽酒精中，麦芽通常占1/3，另外2/3，有时候全部都是大麦，有时候是1/3的大麦和1/3的小麦。在麦芽酒精蒸馏所里，走私的机会和诱惑比在酿造厂或麦芽制造厂里多很多。酒精的容积比较小，但是价值比较大，所以走私的机会比较多；同时，每加仑酒精的税率为88先令3便士，赋税比较沉重，所以诱惑比较大。麦芽税增加，蒸馏所征收的赋税减少，差不多就可以减少走私的机会和诱惑，从而大大增加国家的收入了。

因为国家认为酒精饮料是对人民健康和品德都有害的，所以，在过去的一段时间里，英国曾经把减少对这种饮料的消费作为一项国家政策。根据这种政策，对蒸馏所赋税的减轻，不能减轻到会让酒精饮料价格降低的地步。也许就因为这个原因，酒精的价格一直都很高。同时，像麦酒、啤酒这种既无害健康又让人精神抖擞的饮料，价格则明显下降了。这样一来，现在人民抱怨最多的负担，就得到了部分的减轻，同时国家收入也明显增加了。

达文南特博士反对对现在消费税制度进行的这种改变，但是，他的反对似乎全无根据。他认为，改变后，这种税没有公平地在麦芽制造者、酿造者和零售商人各自获得的利润中进行分配。在会让利润减少的范围内，它全部都由麦芽制造者承担了；而且，酿造者和零售商人还可以通过提高酒精的价格取回缴纳的税款，但是麦芽制造者却很难这样。另外，对麦芽征收这么高额的赋税，一定会大大减少种植大麦的土地的地租和利润。

从相当长的时期说，没有一种税能够降低某种特定职业的利润率；不论是什么职业，它的利润率都是和邻近的其他职业的利润率水平相当的。现在的麦芽税、啤酒税和麦酒税，都绝对不会影响商人从这些商品中获得的利润；他们在提高货物价格时，一定会把支付的税金和利润一起加进去。当然，对一种货物征税，一定会让它的价格提高，从而减少人民对这种货物的消费。但是麦芽的消费是在酿成了麦芽酒精以后，麦芽酒精的价格已经由原来的24先令甚至25先令的税提高了很多，所以，现在由麦芽每夸特18先令的税代替，绝对不会再提高了；相反，说不定还会因此降低一些。由此，对它的消费，与其说是会减少，不如说会增加。

为什么现在酿造者可以很容易地通过提高酒精的价格收回24先令、25先令，甚至30先令，麦芽制造者要通过提高麦芽的价格收回18先令却很困难呢？当然，麦芽制造者对每夸脱麦芽垫付的不再是6先令，而是18先令的税，负担确实加重了；但是酿造者现在对自己酿造所用的麦芽每夸脱垫付的税可是24、25先令甚至30先令（他的负担更重）。麦芽制造者垫付出较低的税（18先令）绝对不会比酿造者垫付较重的税（24、25先令甚至是30先令）更不方便。和酿造者处理储存在酒窖中的所有啤酒存货相比，麦芽制造者处理储存在仓库中的麦芽并不需要更多的时间。因此，通常麦芽制造者就可以和酿造者一样迅速地让资金回笼。不论如何，因为税率的增加而让麦芽制造者感到的不便，只要给他比现在的酿造者更长的时间，很容易就可以解决了。

所有不能减少对大麦需要的因素，都绝对不能让大麦种植地的地租和利润降低。如果改弦更张，把用来酿造各种啤酒的麦芽每夸脱的税率从24~25先令降低到18先令，那么不但不会减少需要，还会增加需要。更何况，大麦种植地的地租和利润，通常是和其他生产力及耕作状态相同的土地的地租和利润相等的。如果大麦种植地的地租和利润比其他用途的土地低，那么一定会有其中的一部分转作其他用途；如果比其他的高，那么一定会有更多的土地立刻开始种植大麦。当某种土地生产物的一般价格可以被称作是独占价格时，对它征的税一定会减少土地的地租和利润。例如，人们经常觉得葡萄酒的供应不足。所以，葡萄酒的价格和其他生产力、耕作状态相同的土地生产物的价格之间的比例，通常高于自然比例。如果现在对贵重葡萄酒征税，那么这种税一定会减少葡萄园土地的地租和利润。因为，葡萄酒的价格已经达到通常上市葡萄酒量所能达到的最高价格了，如果供应的数量不减少，价格是不会更高的。既然生产葡萄的土地不会用来生产其他价值相当的生产物了，所以如果损害不是特别大，数量一般不会减少。这样一来，沉重的赋税就全部都由地租和利润承担了，更确切地说，都落在了地租上。当有人提议对砂糖征收新税时，我国的蔗糖栽培者多次说不公平，因为这种税形成的沉重负担，最后不会转嫁给消费者，而只会由生产者承担。这是因为，在征过税后，他们不能把价格提高到超过征税前，也就是说，没有征税之前，砂糖的价格已经是垄断价格了。他们引用来证明砂糖不适合成为征税对象的，恐怕刚好证明了它适合作为征税对象；垄断者享有的利润，随时都是适合作为征税对象的。但是，大麦的一般价格却从来都没有成为过一种垄断价格。大麦种植地的地租及利润和其他生产能力及耕作状态相同的土地的地租及利润形成的比例，从来都没有超过过自然比例，对麦芽、啤酒和麦酒征收的赋税，从来都没有降低大麦的价格，从来没有减少大麦种植地的地租和利润。对于以麦芽为原料的酿造者来说，麦芽的价格在不断地根据麦芽税的比例而提高，而这种税和那些对啤酒征收的税都在不断地提高着相应商品的价格。因此，最后不断地支付这种税的，是消费者，而不是生产者。

从这种制度的改变中遭受损害的，只有那种自己酿造自家消费的人。不过，由一般贫苦劳动者及工匠们承担本来应由上层阶级支付的重税，这是最不合理、最不公平的。就算这种制度上的改变不能实现，对上层阶级的这种免税也是应该废止的。然而，几乎从来都是上层阶级的利益在妨害这种利国利民的制度改革的。

除了上面所说的关税和消费税外，还有其他一些更不公平、更间接地影响货物价格的税。法国称作路捐、桥捐的就是这种税。它在古代的撒克逊时代称为通行税，本来设定这种赋税的目的，似乎是和我国设置道路通行税及为了维持道路或运河而对道路和通航河流征收通行税是一样的。为这种目的而征收的赋税，最适合按照何种及重量征收。最早的时候，这种税是适应地方或省区的地方税及省区税，所以在大多数情况下，它都被委托给被征税地区的特定城市、教区或庄园管理（人们认为，这种自治团体是会用某种方法负责这种税制的实施的），可是，后来，在许多国家中，本来没有任何责任的君主却把这项税收的管理权掌握在自己手中。虽然，在大多数情况下，君主把税率提高了，但是却忽视了税制的实施。如果英国的通行税也成了政府收入的一个来源，那么从其他国家的经验中，我们不难想象它的结果。毫无疑问，那种

结束一天劳作的农夫。土地的产出是最基础的必需品，而对所有消费品征收的税，最后都会让生产劳动量减少到低于没有征税前自然状态下需要的劳动量。

通行税最后是由消费者支出的，但是他支付这项费用时并不是按照他消费货物的一定比例，而是按照货物的体积和重量。如果这种税不再按照货物的体积和重量，而是按照被认为的价值征收，那么它就会恰好成为一种国内关税或消费税。这种税会对国内最重要的一个商业部门——国内贸易，产生极大的阻碍作用。

一些小国，对于沿着陆路或水路过境的外国货物也征收类似的税。这种税在一些国家称为“过境税”。位于波河及波河支流沿岸的一些意大利的小国家，就通过这个方法获得部分收入。这可能是唯一一种不阻碍本国的工商业、由一个国家对另一个国家人民征收的税了。世界上最重要的过境税，恐怕要算是丹麦国王对所有通过波罗的海海峡的商船征收的税了。

关税和在消费税中占大部分的奢侈品税，虽然都是不分彼此地由各种收入承担，由消费这种商品的所有人最后无偿地支付了，但是，它通常不是平等地或者是成比例地由每个人的收入承担。因为，每个人的性情决定了他的消费程度，所以，一个人纳税的多寡并不是按照他收入的一定比例，而是根据他的性情。奢侈浪费的人纳税的比例超过了按照他收入应该上缴的合适比例；而勤俭节约的人纳税的比例则低于按照他的收入应该上缴的合适比例。在大财主成年以前，他通过国家的保护获得了很多的收入，但是，他通过消费贡献给国家的非常少。住在其他国家的人，不能通过消费对于自己赖以获得收入的国家有任何贡献。如果他赖以获得收入的国家像爱尔兰那样没有土地税，对于动产或不动产的转移也不征收什么重税，那么这个居住在外国的人，对于保护他拥有了很大财富的国家，就没有一丝一毫的贡献。这种不公平，在那些政府隶属于或附属于其他国家政府的国家最大。一个在附属国拥有巨大土地财产的人，大多数都宁愿居住在统治国。爱尔兰刚好处于这样的附属地位上，难怪那里的人们非常欢迎对居住在本国的外国人征税的提议。但是，何种移居，或者什么程度的移居，才算是应该纳税的移居者呢？这种税应该从什么时候开始征，到什么时候结束呢？这些问题想要有确定的答案，恐怕是比较困难的。但是，如果我们把类似爱尔兰的特殊情况除外，那么这种税在个人赋税上产生的不公平，就可以通过产生这种不公平的具体情况得到补偿，甚至还有剩余。因为各个人纳税全凭自愿，要不要消费征税的商品，完全由个人自己决定。因此，如果这种税的税率比较适当，征税的商品也比较适当，那么需要缴纳赋税的人是很少会感到不公平的。当这种税是由商人或制造者垫付时，最后支出这种税的消费者会立刻就把它和商品的价格混在一起，并且立刻忘记自己支付了税金。

这种税是完全确定的，或者是可以完全确定的。换句话说，这种税关于应该缴纳多少税款，应该什么时候缴纳完毕，也就是关于税款支付的数量和日期都规定得很明确，不会有任何的疑问。虽然，英国关税和其他国家类似性质的税种有时都显示出不确定的样子，但是无论如何，这都不会是因为这种税的性质，而是因为征收这种税的法律的不准确或不规范。

大多数的奢侈品税都是陆续支付的，而且通常也都可以陆续支付，即纳税者什么时候购买征税产品，就什么时候支付。在支付的时间和方法上，这种税可以说是最方便的了。从总体来说，这种税对于前面所说的征税的四个原则来说，前三个都是符合的，但是对于第四个来说，就是完全相反的了。

和其他税种相比，人民缴纳的这种税的税额通常多于国家最后得到的。在所有可能的范围内，引起这种弊端的就是前面说过的四种不同的原因。

第一，征收这种税，就算是在安排非常得当的情况下，也需要设置许多的税务部门和征税官吏。对于要给予他们的俸禄和津贴，国家没有其他的收入来源，只有由人民缴纳的真正的税来支付。不过，不得不承认，和其他国家相比，英国的这种费用算是比较轻的。在1775年1月5日之前的那一年，英国消费税专员管理下的各种税的总收入5 507 308镑18先令8.25便士，这个税额是花费了5.5%的征收费用之后得到的。不过，因为需要从这个总收入中扣除了出口奖励金及再出口时的退税，所以纯收入就难免会减少到500万镑以下。盐税是一种消费税，因为它的管理方法不同，所以征税花费的就更多了。关税的纯收入还不到250万镑，而征税官吏及其他事情的花费却已经超过了10%以上。但是，不论在什么地方，征税官吏的津贴都远比他们的俸禄多，在一些港口，甚至多了2~3倍。因此，如果征税官吏的俸禄和其他开销达到了关税纯收入的10%以上，那么，把征收这种税花费的所有费用合起来，就要超过20%~30%。管理消费税的官吏几乎没有什么额外津贴，同时因为负责征收这种税的管理机构是新设立的，所以，总体来说，没有管理关税的行政部门那么腐败——关税存在的时间比较长，所以就会产生很多弊端，而且出现了明知它的弊端还包容的情况。如果现在通过麦芽税及麦芽酒精税获得的收入全部都转为对麦芽征收，那么据推算，仅消费税当年的征收费用，就可以节约4万镑以上。如此一来，如果把关税的征收对象限定为少数货物，并且依据消费税法征收，那么每年的征收费用恐怕就可以节省更多了。

第二，这种税一定会对于某个部门的产业造成阻碍作用。因为被征税商品的价格会因此而提高，所以难免会在价格提高的范围内阻碍消费，进而阻碍生产。如果这种被征税的商品是本国生产品或国内制造品，那么生活或制造它使用的劳动量就会减少。如果这种被征税的商品是外国商品，那么它因为征税而被提高的价格，当然会让国内同类的商品在国内市场上享有一些优势，而国内产业中也会有更多的资本和劳动流入这个行业。外国商品价格的提高，虽然会让国内的某些特定部门的商业受到鼓励，但是其他所有产业却将因此而受到阻碍。伯明翰制造业者想要购买的外国葡萄酒的价格越贵，他为了购买这种商品而售卖的一部分金属器具的价格相对来说就越低。和原来相比，因为这种金属器具对于他的价值减少了，所以他制造生产这种金属器具的动力也减小了。一个国家消费者给其他国家剩余生产物支付的价格越高，他们为了购买到这种物品而售卖自己的一部分剩余生产物或全部剩余生产物的价格，相对来说一定会越低。和原来相比，因为这种剩余生产物对他们的价值减少了，所以他们生产这种剩余生产物的动力也就减小了。综上所述，对所有消费品征收的税，最后都会让生产劳动量减少到低于没有征税前自然状态下需要的劳动量。如果被征税的消费品是国内商品，那么它生产上可以雇用的劳动量就会减少；如果被征税的是外国商品，那么减少的是可以用来购买外国商品的本国商品生产上可以雇用的劳动量。而且，这种税经常会让国民产业的自然方向发生改变，并让它转向一个自然状态下不应该趋向，而且也更无利可图的方向。

第三，想要通过走私而逃税，经常会导致财产被全部没收和其他的惩罚，让走私者趋向没落。走私的人违反了国法，毫无疑问是应该进行严重惩罚，但是他这么做，并不能说是违反了自然正义。如果国家不把这种行为定义为犯罪，那么从其他方面来说，他都可以算得上是一个良好市民。有些腐败的政府，难免有随意花费、滥用公款的嫌疑。在这种政府中，国家用来维护收入的法律是不太受人尊重的。所以如果可以不犯伪誓罪，同时又有非常容易而安全的走私机会，那么许多人都会毫不犹豫地走私货物。购买走私的商品，明明就是在鼓励人们去违反国家法律、违反和国家法律相伴而生的伪誓罪，却还在购买这种商品时假装犹豫，这在许多国家都被认为是伪善者的行为。那些敢这么做的人不但不会得到人们的称赞；相反，还会被人们认为是最狡猾奸诈的人。人们对于走私的宽容态度，让走私者受到了鼓励，从而继续开展好像是真的没有犯罪一样的活动。当税收法律对他们实行惩罚的时候，他们还妄图使用武力来保护那些自认为是正当的财产。在刚开始的时候，与其说走私者是个犯罪者，不如说是个粗心的人，但是到后来，他就开始一次次地对法律进行大胆而毫不犹豫的触犯。而且，就算走私者衰落了，他之前用来进行生产劳动的资本，也会被吸入到国家收入或者是征税官员的收入中用来维持非生产性劳动。这样一来，社会的总资本仍然要减少，原来可以由这些资本维持的有用产业也会减少。

第四，实行这种税，至少被征税的商人是需要接受征税官吏的频繁而讨厌的检查的，这样一来，毫无疑问，有时他就会受到某种程度的压迫，而通常更是不胜其苦恼和烦累。前面多次讲过，烦累尽管严格说来不是费用，但是如果可以免除的话，人们是愿意支付费用的，所以，那就和费用是一样的。从设定的目的来说，消费税法是效果比较明显的，可是从这个角度来说，它却引起了更多的烦累。商人在进口征税商品时，如果已经交过关税，再把货物搬运到自己准备好的货仓中，那在多数情况下，就不会再受征税官吏的烦累了。如果货物是根据消费税征税的，情况就大不相同了。对于征税官吏的不断检查和访问，商人可以毫不迟疑地和他们进行周旋，因此，消费税就比关税更惹人讨厌了，从而征收消费税的官吏也就更惹人讨厌了。有人认为，一般说来，征收消费税的官吏可以和征收关税的官吏一样尽职尽责，不过，因为他们履行义务经常让他们的邻人感到烦累，所以就形成了征收关税的官吏没有形成的冷酷性格。但是这种看法，恐怕多数都来自那些从事走私买卖的不正当商人——他们的走私行为经常遭到征税官吏的阻止和揭发。

一旦开始对消费品征税，就难免会给人民造成不便。不过这种不便，在英国或其他和英国征税额度差不多的国家都是非常小的。我们的国家当然没有达到完美的境界，还有很多地方都有待改良。但是和周围的国家相比，我国就算没有更好，至少也是同样好的。

因为一些国家觉得消费品税是对商人利润征收的税，所以货物每出售一次，就征收一次税。它们认为，如果对进口商和制造商的利润征税，那么也对连接进口商、制造商和消费者的中间商人的利润征税才是公平的。西班牙的消费税好像就是根据这个原则制定的。刚开始的时候，这种税对于所有动产或不动产的每次变卖，都征收10%的税，后来，上涨到了14%，现在税率为6%。征收这种税不但要监视货物从一个地方转移到另一个地方，而且要监视货物从一个店铺转移到另一个店铺，所以要想周密地执行，就必须有很多的征税官吏。更何况，根据这种税的税法，需要忍受税吏不时访问和检查的，不仅有从事某几种特殊商品贸易的商人，而且还包括了所有从事农业、制造业和商业的人。这使得实行这种税制国家大部分地区生产的商品都不能远销他方，各个地方都按照邻近地区的消费能力而进行生产。乌斯塔里斯认为，西班牙的制造业之所以凋敝就是因为这种消费税。事实上也正是如此，因为，这种税不但对制造品征收，也对土地原生产物征收。

在那不勒斯王国也有这种税。对所有的契约，从而对所有的销售契约征收其价值3%的赋税。不过这种税比西班牙的税轻，而且这个王国的大部分城市和教区都允许缴纳一种赔偿金代替缴税。至于这种赔偿金怎么征收，就由各个城市和教区根据自身的情况自行其便，只要大体上不阻碍当地商业的发展就行。因此，那不勒斯王国的这种税就没有西班牙的具有破坏性了。

英国实行的各地通行统一的征税制度，让除了少数无关紧要的个例外，其他所有的内地商业和内地贸易都完全自由了。对内贸易的绝大多数商品都可以自由地从国内的一个地方运往另一个地方，而不需要任何的通行证、许可证，也不需要接受任何税吏的盘问或检查。虽然也有一些例外，但那都不会对国内主要的商业部门产生任何的阻碍。输送往海岸的货物，当然还是需要证明书或沿海输送许可证的，但是除了煤炭外，其他所有的货物都不需要缴税。通过这种税制的统一而形成的国内贸易的完全自由，恐怕是英国繁荣的主要原因之一，因为每个面积辽阔的国家都是本国大部分产业生产物最好、最广泛的市场。如果凭借着这种税制的统一，把国内贸易的完全自由扩大到爱尔兰及其他殖民地，那么国家恐怕比现在还伟大得多，而帝国的各个部分也恐怕比现在还繁荣得多。

在法国，各州都实行不同的征税方法。结果，为了要禁止某种货物的进口，或者是对某种货物征收一定的税款，不但要在王国的国境处安置很多征税官吏，而且还要在各州的州境处

法国的葡萄酒桶。法国对于葡萄酒贸易还另外施加其他约束。

安置很多的征收官吏。这样一来，国内商业难免会受到阻碍。在一些省，可以用赔偿金代替盐税；而在其他省则完全免除。在一些省，负责征收赋税的人享有（通常是整个王国的大部分）的烟草专卖权，在其他州则完全不实行烟草专卖。法国实行的类似于英国消费税的税种，在各省也各不相同。一些省用赔偿金或等价物代替了。在其他实行这种税而且采用了包征制度的各省，则设有很多地方税。至于相当于我国关税的税种，则把法国分成了三大部分：第一部分，适用1664年税法而被称为五大包征区（原来的时候关税分为五大部分，每个部门个称为一个特定包征区的对象，所以有了这个称呼，现在这各个部门已经合而为一了）的各省，包含了皮卡迪、诺尔曼及王国内地各省的大部分。第二部分，适用1667年税法而被称为外疆的各省，包含了边疆各省的大部分。第三部分，所谓的和外国受同等待遇的各省。这些省，可以和外国进行自由贸易；但是，和法国其他各省进行贸易时，需要承受和外国同样的关税待遇。如阿尔萨斯、茨图尔、凡尔登三个主教区，及敦克尔刻、贝昂那、马赛三个城市，都是属于第三部分的。在所谓的五大包征区各省及所谓的外疆各省，都各自设立有很多的地方税，这些税的实施范围，也只限定于某个特定城市或特定地区。被称为和外国受同等待遇的各省，也设立有这种地方税，马赛市尤其如此。既然这种税只于某个特定的州或地区实行，那么不用多说，为了守护省界，一定会阻碍国内商业的发展，也一定会需要增加很多收税官吏。

除了这种复杂税制所产生的一般约束外，法国对于自己次重要（重要性仅次于谷物）的葡萄酒贸易，还另外施加其他约束。这些约束，让某些特定省区的葡萄酒享有的优待超过了其他省区。我相信，生产葡萄酒最出名的各省，就是在葡萄酒贸易中受到约束最少的各省。这些省享有的广阔市场的优待，鼓励了葡萄的广泛种植，从而又促进了葡萄酒的良好调制。

这种多样而复杂的征税方法并不是法国所独有的。米兰小公国共有六个省，各省对于某些种类消费品征税时都采用不同的制度。面积更小的帕尔马公爵领土也分了三四个省，各省也都采用不同的征税制度。在这种非常不合理的制度下，如果不是土地特别肥沃、气候特别适宜，

荷兰的城市保卫者们。对生活必需品征税，并不是因为荷兰政府愚昧无知，而是因为荷兰政府要取得独立、维持独立。

这些国家立刻就会后退到最落后的贫困野蛮的国家行列中。

对消费品征收的赋税有两种征收方法：方法一，由政府征收。在这种情况下，政府直接任命收税官吏，收税官吏直接对政府负责，并且政府每年的收入随着税收的变化而不同。方法二，政府规定税收的数额，然后，责成承包征收赋税的人（简称包征者）负责征收。在这种情况下，包征者需要自己任命征税人员，这种征税人员虽然有按照法律规定的方法征收赋税的义务，但是受包征者监督，对包征者直接负责。最好的、最省钱的征税方法，绝对不能使用这种包征制。包征者除了需要支付国家额定的税款、征收人一定的薪俸和全部的经营费用外，至少还需要从征收的赋税中对自己垫付的资金、所冒的风险、所经历的困难，以及应对这种非常复杂的事务经营上所必需的知识和技能，提取一定的利润。如果政府像包征者那样建立类似的征税制度，自己直接管理，至少这笔利润（这笔利润通常是非常大的）是可以节省下来的。负责国家税收包征的任何部门，都必须有雄厚的资本或巨大的信用，这一个条件，就将这种企业中的竞争限定在了少数人中间。而拥有这种资本和信用的人中，有必要的知识和经验的就更少了。于是，这个条件将竞争的范围进一步缩小了。拥有这种竞争资格的人明白，彼此团结起来对自己更有利。于是，大家彼此之间不再竞争，而是合作，在包征投标的时候，他们所出的标的数额就会比国家正常情况下可以获得的税收少。所以，在实行包征制的国家，包征者都是非常富有的人。仅是富有这一项就足够让人民憎恶了；而伴随这种财富的通常都是虚荣，以及他们为了炫耀自己的财富而进行的愚蠢而刻意的卖弄，会加重这种憎恶。

承包了国家税收的包征者绝对不会觉得对企图逃税的人进行惩罚的法律太严苛。因为缴纳税款的不是他们的人民，他们当然不会同情，而且，纳税者的一般破产如果发生在包征期满之后，哪怕就发生在第二天，也不会对他们的财产产生大的损害。在国家财政紧张的时候，君主们一定会非常关心税收是否得到足额征收。这个时候，包征者就会向君主诉苦，说如果不加重对偷税漏税的惩罚，他们就不能为国家征收足额的赋税。在这种紧急的时刻，国家对于他们的要求通常是有求必应的。所以，包征税法就一天比一天严苛。最严苛的税法通常出现在那些国家税收主要依靠包征制的国家，而最温和的税法通常出现在那些君主直接监督税收的国家。君主就算是再愚昧昏庸，对于人民的怜悯、同情，也会比包征者多很多。他知道，王室永久的伟大是以人民的繁荣为基础的；他绝对不会为了一时的利益，而破坏这种繁荣。对于包征者来说就不是这样了。他的富有通常建立在人民穷困，而不是人民繁荣的基础上。

缴纳一定的金额，包征者就可以获得一种赋税的包征权，但有时候他还会获得被征税产品的垄断权。在法国，烟草税和盐税就是用这种方法征收的。在这种情况下，包征者不是从人民身上征收了一种法外的额外利润，而是两种，也就是包征者的利润和通过垄断而享有的更大利润。烟草是一种奢侈品，人民有选择的空间，可以买也可以不买，但是盐却是生活必需品，是每个人都需要向包征者购买一定分量的——如果他不从包征者手里购买，就会被猜想曾经从某个走私者手里购买过。对这两种商品都征收沉重的赋税，结果，走私的诱惑就不可抵挡了。同时，法律上规定的对走私严酷的惩罚，和征税人员的时刻提防，都让受到走私诱惑的人几乎非破产不可。因为走私烟草和盐，每年都有成百上千人被送进监狱，甚至很多人被送上了绞刑架。但是，用这种方法征税是可以给政府提供一项巨额收入的。1767年，烟草通过包征缴纳了23 541 278里弗的税，盐通过包征缴纳了36 492 404里弗的税。这两种税的包征，从1768年开始，被约定持续六年。重视君主收入而轻视人民生计的人，几乎都赞成这种征税方法。因此，在其他许多国家，特别是在奥地利和普鲁士境内，以及意大利各小国中的大部分，对于盐和烟草都建立了同样的赋税和垄断。

在法国，国王的主要收入都来自下面的八个方面：贡税、人头税、二十取一税、盐税、消费税、关税、官有财产及烟草包征。后面的五个，各地大多数都采用包征制，而前面的三个，各地都由政府直接监督和指导，由税收机关征收。从人民上缴的数额和最后纳入国库的数额之间形成的比例来说，前三者提供给国库的要比后面五个提供给国库的多——后面五个在管理上的浪费是众所周知的。

法国现在的财政状态似乎可以进行三项非常明显的改革。一、废除贡税和人头税，以提高二十取一税代替，让后者提高的税额等于前两者税额的和。这样，可以保持国王的收入不变，但是征收费用可以大大降低。下层人民从贡税及人头税的征收中感到的各种烦累也会全部消失，而且大部分的上流阶级又不会因此而承受更重的负担。前面说过，二十取一税和英国的所谓土地税非常像。每个人都承认，贡税最后还是来自土地所有者。大部分的人头税都是按照贡税的一定比例由缴纳贡税的人承担的，因此，这种税最后还是由同一个阶级（土地所有者）支付。因此，二十取一税就算按照贡税和人头税可以提供的税额增加，也不会加重上流阶级的负担。不过，因为此前贡税对个人的土地及租户征收的赋税非常不平等，所以，一旦改革，许多人的负担就难免会加重。因此，现在享有这种特惠的利害关系以及从这种利害关系出发的反对，恐怕就是这种及类似于这种改革会遭遇的最大障碍了。二、统一王国各地的盐税、消费税、关税、烟草税，也就是统一所有的关税和消费税，让这些税都可以用比现在少的费用征收，并且，王国内的所有商业也可以像英国那样自由。三、所有的税都应该由受政府直接监督指导的税政机关的管理支配，这样一来，本来属于包征者利润的部分，就可以成为国家收入。可是，和上面所说的第一种改革一样，后面两种改革的实现，也会受到以私人利益为出发点的人的反对。

法国的课税制度，似乎在所有的方面都不如英国。英国每年从不足800万的人民中，征收到了1000万镑的税款，并且从来没有听说过哪个阶层受到了什么压迫。根据神父埃克斯皮利收集的资料，及《谷物法和谷物贸易论》作者收集的材料，算上洛林及巴尔，法国的人口总数为2300万~2400万人，这个人口数约相当于英国的三倍。法国的土壤和气候比英国的好，法国对于土地的改良和耕作也远比英国早，正因为这样，所有需要长久的时间来建造和积累的事物，比如，大城市以及城市中乡村内宏大而舒适的房屋等，法国都比英国的好。既然没有这各种便利的英国可以轻轻松松地每年征税1000万镑，那么法国也应该可以每年轻轻松松地征税3000万镑吧？然而，从我手中拥有的资料看来，就算是最好的记载（虽然我也认为这份资料是非常不完全的），法国在1765~1766年纳入国库的全部收入，也只有3.08亿~3.28亿里弗之间，折合英币还不到1500万镑。这个实际数额还不到预想数额的一半，但是众所周知，法国人民因为征税遭受的压迫却比英国人民还严重。但是，在欧洲，除了英国，法国已算是政府最温和、最宽大的大帝国。

据说，在荷兰，对生活必需品征收的税十分重，以致曾经破坏了该国所有的主要制造业。就连渔业及造船业恐怕也会逐渐地受到阻碍。英国对生活必需品征收的税很轻，所以没有听说有哪种制造业曾经因此受到阻碍。英国的制造业没有承担沉重的赋税，如果有的话，也只是原料进口税，特别是生丝进口税罢了。据说，荷兰中央政府及各个都市的收入每年有525万镑以上，而它的人口还不及英国的1/3，因此，按照这个人口和收入的比例推断，荷兰的赋税是比英国沉重得多的。

当所有适合征税的对象都被征过税之后，如果国家的紧急状况仍然需要征收新税，那就只有对那些不适合征税的对象进行征收了。因此，对生活必需品征税，并不是因为荷兰政府愚昧无知，而是因为荷兰政府要取得独立、维持独立。所以，尽管平时的时候非常节俭，但是一旦遇到耗费巨大的战争，就不得不大量借债。另外，荷兰是一个比较特别的国家，为了维护它的存在，换句话说，为了防止它不被海水吞没，每年都需要花费一笔巨大的费用，因此，人民的负担就更加地重了。荷兰之所以这么伟大，主要因为其共和政体。在荷兰，大资本家和大商人或者直接参与政治统治，或者间接地影响政治势力。因为人们可以通过这种地位赢得别人的尊重，树立自己的权威，所以，就算和欧洲其他地方相比，在这个国家使用资本利润会稍微低一些；在这个国家贷出资本利息会少一些；在这个国家通过资本获得的少量收入可以购买到的生活必需品和便利品也要少一些，他们仍然愿意居住在这个国家。这种富有人士定居的结果就是，就算它受到的阻碍作用再多，也仍然可以在某种程度上维持该国产业的发展。一旦这个国家发生灾难，共和政体遭到破坏，国家的统治权落到了贵族或者军人手中，而这些富有人士的重要性完全消失，那么他们就再也不会乐意居住在这个不再受别人尊重的国家里了。他会把自己的住处及资本一起迁往其他国家。这样一来，一直都由他们支持的荷兰产业和商业，就会紧随着资本的转移而转移。

第三章 论公债

在商业不发达、制造业不完善的古代社会，人们对于只能由商业和制造业产生的高价奢侈品一点都不知道，这时，就像我在本书第三篇讲的那样，拥有大量收入的人，除了用自己的收入供养尽可能多的人之外，没有任何其他可以用来消费或享受的方法。不论在什么时候，拥有一大笔收入都可以说是拥有了支配大量生活必需品的权力。在那种没有开化的社会状态下，一大笔收入的通常形式都是大量的生活必需品，也就是粗衣粗食的原料，例如，谷物、家畜、羊毛及生皮。当时，既没有商业，也没有制造业，所以，拥有这大量生活原料的人，找不到任何产品可以交换掉自己消费不完的大部分原料。所以，除了尽自己所能地供别人吃、穿之外，他几乎没有任何其他办法消耗掉剩余的部分。在这种情况下，富有人士及有权势的人的主要花费，就是不奢华的款待及不炫耀的施舍。同样，我也在本书的第三篇讲过，这种对于收入的使用不会让他变得衰落。至于为了自己的享乐就不一样了，对这种享乐的追求就算再小，也可能会让聪明的人走向破产。对斗鸡的疯狂迷恋曾经让很多人破产，但是，因为这种款待或施舍而破产的人应该是不多的。从封建时代同一家族可以长久地持续拥有一块土地来看，他们生活上普遍存在着量入为出的倾向。拥有大量土地的人不断地进行着不奢华的款待，虽然看起来有点违背了和良好经济不可分离的秩序生活，但是至少他们那种没有把全部收入都消费掉的节俭精神，是我们不得不承认的。他们可能会有机会卖掉一部分的羊毛和羊皮从而获得货币。这些货币他们也许会有一部分用来购买当时的环境可以提供的某种装饰品或奢侈品进行消费，但是还有一部分通常都是储藏起来。其实，他们除了把节省下来的部分储存起来外，也没有别的什么用途了。经商则有失绅士的身份；借贷出去在当时则被看作是不道德的，而且也是法律不允许的，那就更有失身份了。而且，在那种混乱不安定的时代里，说不定哪一天富人们就会被从自己的宅院中驱逐出去，需要携带一些通常比较有价值的东西逃到安全的地方，因此，在身边储存一些货币还是比较方便的。现在经常会发现的埋藏物，或不知主人是谁的财宝，充分证明了在当时，蓄积货币并藏起来是非常普遍的。曾经有一个时期，出土的埋藏物简直成了君主收入的一个重要部分。但是现在，就算整个王国的所有埋藏物，恐怕也比不上一个富有绅士的主要收入。

节约和储藏财宝的倾向，不但在人民中间流行，也在君主中间流行。在本书的第四篇我曾经说过，在还不知商业和制造业为何物的国家，君主的处境会自然而然地让他为了可以储藏财宝而勤俭节约。当时，就算是君主的费用也不会受到虚荣心的支配；他可能会喜欢奢华的宫殿，但是那个落后的时代只可以给他提供很少的一些没有什么价值的小玩意，这些小玩意就是宫廷的全部装饰品和奢侈品了。当时是没有必要建立常备军的。所以，就像其他大领主一样，君主的费用除了用来奖励自己治下的租地者、用来接待从属者之外，几乎没有任何其他用处。但这种奖励和款待很少会是毫无节制的，通常虚荣才会导致毫无节制。因此，欧洲的古代君主很少有不蓄积财宝的。据说，鞑靼族的酋长现在还蓄积有财宝。

镶嵌高级宝石的王冠。

在那些有各种价格昂贵的奢侈品的商业国中，就像自己治下拥有很多土地的富有人士一样，君主会把大部分的收入用来购买奢侈品。本国或周围国家可以给他提供充足而昂贵的装饰品，这些装饰品会让宫廷变得华美壮丽却没有任何意义。君主治下的贵族们效仿君主，为了追求稍微次一点的华美壮丽，一方面遣散家臣，一方面让佃户独立。这样一来，他们就逐渐失去了权威，从而变得和君主治下的其他大部分富有市民一样了。影响他们的浅薄追求，也同样影响了君主。君主治下的每个富有人士都在追求这种享乐，却让君主独善其身，富而不淫，这怎么可能呢？就算他没有因为享乐而消耗掉大部分的收入（其实，他经常会因为享乐而消耗掉大部分的收入），从而导致国防能力减弱，但是花费在维系国防上面的收入是不能期望他不花费的。他通常的花费就等于收入，花费不超过收入已经要谢天谢地了，更不要说蓄积财宝了；一旦有了紧急情况，需要额外的费用时，他就需要向人民要求特别的帮助。1610年，法国国王亨利四世去世以后，欧洲大君主中积蓄有很多财宝的，算起来也只有普鲁士前任和现任国王了。不要说君主政府了，就连共和政府，也很少会有为了积蓄财富而勤俭节约的。意大利各共和国、荷兰联邦共和国都有债务。伯尔尼联邦共和国是欧洲唯一一个蓄积有不少财富的国家，瑞士共和国的其他联邦就没有任何积蓄可言了。不要说挥霍无度的大王国的宫廷了，就连那些小共和国也对某种华美壮丽的东西（至少对于富丽堂皇的建筑物和其他的公共装饰物）垂涎三尺，这从它们外表肃穆的议会大厅就可见一斑。

一个国家在平时没有通过节俭蓄积财宝，到战争时期就只有被迫借债了。战争爆发时，国库中除了用来维持平时设施所必需的经常性费用外，没有任何其他资财。战争时期，国防设施需要的费用是平时的三四倍，因此，战时的收入也需要是平时的三四倍。就算君主拥有一种直接的手段，可以按照费用增大的比例而增加收入（这几乎是不可能有的），这增加收入的源泉还是赋税；而赋税从开始征收到进入国库，中间需要10~12个月的时间。但是，在战争爆发的时候，或者应该说在战争快要爆发的时候，军队就必须扩充完毕、舰队就必须装备好、军队驻扎的城市就必须进入警戒状态，而且必须给这些军队、舰队，以及军队驻扎的城市提供武器、弹药和粮食。总之，这是一项刻不容缓的大费用，在危险来到的瞬间，就要支出来——不能等赋税慢慢进入国库的。在这种紧急万分的情况下，政府除了借债，就没有其他办法了。

基于道德原因的作用，这种让政府不得不借债的商业社会状态，又让人民具有了借款给政

英法联军与俄军大战的场面。一个国家在平时没有通过节俭蓄积财宝，到战争时期就只有被迫借债了。

府的能力和意向。所以，这种社会状态通常既产生了借款的必要，也产生了方便借款的便利。

一个商人和制造业者比较多的国家，一定会存在这样一种人：他们自己的资本，以及愿意把货币借给他们或者愿意把货物委托给他们的人的资本，通过他们手中的次数和私人收入通过不从事生产性劳动者自己手中的次数相比，同样频繁或更加频繁。后面一种人的收入，一年只能规则地通过他手中一次。但是，如果一个商人从事的是本利可以迅速回收的职业，那么他的资本和全部信用量每年通常就可以通过他手中三四次。因此，一个商人和制造业者多的国家，一定会有那种手中有很多资金的人，如果他们愿意的话，随时都可以借贷给政府很多的货币。所以说，商业国的人民都有出贷的能力。

不论哪个国家，如果没有建立正规的司法行政，那么那里的商业和制造业就不可能长久繁荣地发展下去。因为，对于自己的财产所有权，那里的人们没有安全感；对于契约的遵守没有法律保障，并且，政府又不一定能正确地行使权力，强制那些有支付能力的人偿还债务。简单地说，如果一个国家政府不能在人民那里拥有一定的信任度，那么那里的商业制造业就不会长久繁荣。大商人和大制造家平常的时候信赖政府，把财产委托给政府保护，到了非常时期，也就会信任政府，把财产借贷给政府使用。不论在什么时候，把货币借贷给政府，都不但不会减少进行商业及制造业的能力；相反，却经常会增加这些能力。当国家有紧急需要时，通常会以对出借方非常有利的条件借款。政府给原债权者的抵押物，可以转移给其他的债权者。并且，因为人们通常比较信任国家正义，所以在市场上，那种保证物通常能用比原额略高的价格在市场上买卖。商人或者其他有钱人，把货币借给政府可以获得利润，同时，营业资本不但不减少，反而还增加了。所以，如果政府同意他第一个借款给政府，那么他大概会觉得这是一种特别的优待。因此，商业国家的人民都愿意贷款给政府或者有贷款给政府的意向。

当要应付紧急情况时，这种国家的政府当然会依靠人民的贷款能力和意愿。因为它预见到了借款非常容易，所以在平时的时候也就不会努力地节约了。

在没有开化的落后社会中，因为没有大的商业资本和制造业资本，所以每个人都把自己能节约下来的资财节约并蓄积了起来，甚至都藏起来。这么做是因为他不信任政府，担心如果政府一旦知道了他的蓄积就会掠夺走。在这种状态下，政府就算财政状况非常紧张，有能力贷款给政府的人当然很少，但是愿意借款给政府的几乎没有。君主知道借款是行不通的，所以他就会为了应对不时之需而在平时的时候蓄积财宝。这种先见之明，自然就让勤俭节约的倾向加强了。

在欧洲各个大国，巨额债务的积累过程差不多是一样的；目前，各个大国的人民都在受债务的压迫，如果长此以往的话，说不定会因此破产。国家和个人一样，刚开始借款的时候，凭借的全部都是信用，不需要指定一个特别的资源或者是以某个特别的资源为抵押。后来，这种信用失效了，就出现了指定某个特定资源作为抵押的事情。

英国所谓的无担保公债（或称为短期公债），就是根据第一种方法借贷来的。这种债务有一部分是完全没有利息，也就是类似于个人记账债务；还有一部分是有利息的，类似于个人用期票或汇票借贷来的债务。所有充当特别用途，或者还没有充当特别用途，或者在这种用途上已经满期还没有偿还的债务，也就是一部分的陆军、海军及军需费的临时开支，还没有支付给外国君主的补偿金、欠海员的工资等，都属于第一种债务。为了支付一部分的上述债务，或者为了其他目的而发行的海军债券或财政部债券，则属于第二种债务。财政部的证券是从发行之日起开始算利息；海军部债券则是从发行后的六个月起开始算利息。英格兰银行或者是按照当时的价格补贴这种债券，或者是通过和政府商定，以某种报酬为条件流通财政部的债券，也就是按照债券上的面值收购这种债券，并支付它应付的利息，从而让这种债券可以保值，并方便流通，进而让政府可以经常借到这种巨额的类似公债。因为法国没有银行，所以国家债券有时就以60%或70%的折扣出售。在威廉王大改铸币的时代，英格兰银行认为应该停止它平常的业务，于是财政部债券和符契（古时候用的，上面有刻痕，记载交货、欠款等的数量）迫不得已按照25%~60%的折扣买卖。这是因为，一方面革命刚刚成功，新政府是否安定还不敢确定；另一方面，英格兰银行没有给予援助。

当这种方法行不通时，政府为了借款，就只有指定国家某项特定收入作为抵押了。这种借款的方法，根据情形不同分为两种：一、指定或抵押的时间比较短，如一年或数年；二、永久性的。在第一种情况下，作为抵押的收入，被认为可以在规定的时间内支付国家所借款的本金和利息。在第二种情况下，作为抵押的收入，被认为只够支付利息或等于利息的永久年利息。政府什么时候可以偿还借的本金，什么时候就可以不再支付利息。第一种借款方法，通常称为预支法；第二种借款方法，通常称为永久付息法或息债法。

英国每年征收的土地税和麦芽税，都根据不断插入征税法令中的借款条件而支走了。而垫付这种金额的英格兰银行，估计是以收取一定的利息（革命以后，这种利息已经从8%减少到了3%）为条件，等这种税收慢慢收取。如果哪一年的赋税收入不够补偿英格兰银行垫付的本金并提供利息（这种情况经常出现），那么不够的数额就由下一年的赋税收入补偿。国家收入中仅存的一个没有用来作为抵押的主要收入，在还没有到国库之前就消费掉了。这和毫无规划的浪费是一样的，浪费者对于自己的收入总是迫不及待，在收入还没有到手之前，就通过借钱并支付利息的方法而花费出去了。国家则经常向代理人和经理人借钱，并不断地为自己使用的货币而支付利息。

威廉王及安妮女王统治的大部分时期，永久付息的借款方法不像现在这样常见。那时候，新税主要是短期的（只有四年、五年、六年或七年），而每年国库的支出，主要是依靠以这种税收为抵押的借款。通常，税收都不够支付借款的本金和利息，于是，就只有延长收税的年限，补足差额。

1697年，为了将所有税种的差额补足，根据威廉三世八年（1696年）第二号法令，将各种即将到期的税的征收年限，延长到了1706年8月1日。这就是当时所谓的第一次总抵押或总基金。这次总抵押承担的总的补偿金额为5 160 450镑14先令9.5便士。

1701年，这些税和其他的一些税，又因为同样的原因，将征收年限延长到了1710年8月1日。这是第二次总抵押或总基金。这次总抵押承担的总的补偿金额2 055 999镑7先令11.5便士。

1707年，这些税又作为一项新债的抵押，将征收年限延长到了1712年8月1日。这是第三次总抵押或总基金。这次总抵押承担的总的补偿金额为983 254镑11先令9.25便士。

1708年，这些税（其中，除去吨税和磅税这两种旧补助税的一半，以及由英格兰和苏格兰合并协定废除的苏格兰亚麻进口税）再次作为一项新债的抵押，将征收年限延长到了1714年8月1日。这是第四次总抵押或总基金。这次总抵押承担的总的补偿金额为925 176镑9先令2.25便士。

1709年，这些税（除了吨税和磅税这两种旧补助税，从那时候起，这两种税就和这种新债的抵押没有任何关系了）再次为了同样的目的，将征税年限延长到了1716年8月1日。这是第五次总抵押或总基金。这次总抵押承担的总的补偿金额为922 029镑6先令。

1710年，这些税再次延长到了1720年8月1日，这是第六次总抵押或总基金。这次总抵押承担的总的补偿金额为1 296 552镑9先令11.75便士。

1711年，这些税（到这个时候，这些税已经需要为四种预支供应本金和利息了）和其他税项，都被规定为永久继续征收，作为支付南海公司资本利息的抵押。在这一年，这个公司曾经为了帮政府偿还债务，而借给了政府9 177 967镑15先令4便士。这项借款金额是当时所有的借款金额中最大的。

在这之前，为了支付债务利息就永久征收的赋税只有一个，其目的就是支付英格兰银行、东印度公司和当时规划中的土地银行借贷给政府的货币（土地银行的贷款没有成为现实，只是一种规划）的利息。这时，英格兰银行借贷给政府的资金额为3 375 027镑17先令10.5便士，年利息率为6%，也就是每年的利息为206 501镑13先令5便士；东印度公司借给政府的资金额为320万镑，年利息率为5%，每年的利息为16万镑。

1715年，也就是乔治一世元年，根据这一年的第十二号法令，所有一直作为英格兰银行年息支付担保的各种税，以及通过这次法令而被定为永久征收的其他一些税，统统合并起来成为一种公共基金，称为总基金。这种基金不但用来偿还英格兰银行的年利息，而且用来偿还其他的年利息和债务。后来，根据乔治一世三年第八号法令和乔治一世五年第三号法令，这种基金增大了，而当时又加进去的各种税，也同样被定成永久征收的了。

1717年，也就是乔治一世三年，根据当年的第七号法令，又有其他种类的税被定成了永久征收的，征税得到的又形成了一个共同基金，称为一般基金。这种基金支付的年利息达到了724 849镑6先令10.5便士。

这几次法令征收的结果是，原来被定为短期预支的各种税的大部分，都变成了永久性的，而它的用途也不再是支付通过预支而借来的款项的本金，而是支付利息。

如果政府必须得用预支的方法借钱，那么只要注意两点，就可以让国家在数年之内从债务中解脱出来。第一，合理估定赋税抵押在一定时期内可以承担的债务，不让它的负担太重；第二，在第一次预支没有偿还完之前，不进行第二次预支。但是，欧洲大部分国家的政府是注意不到这些的。它们通常在第一次预支的时候，就给赋税造成了很大的负担；就算不是这样的话，也往往在第一次预支还没有偿还完之前，就开始进行第二次、第三次预支，从而让它的负担非常重。这样的话，被指定的抵押就完全不能够支付预支货币的本金和利息，从而只能用来支付利息，或者是支付和利息相等的永久年金了。像这种毫无规划的预支，一定会导致最后不得不采用破坏性极大的永久息债法。一旦开了这种先例，国家收入的沉重负担就会从有一定期限可以解放，变为没有可以解放的期限了。而通常情况下，由于这种新方法可以比用旧方法借贷到更多的资金，所以一旦人们开始了解这个新方法，每当国家遇到财政紧张的情况时，都会舍弃旧的方法，而用新的方法。解决当前的困难是直接参与国事的人们关心的第一要务，至于解放国家收入，那是后继者的事，他们根本无暇顾及。

在安妮女王时代，市场利息率从6%下降到了5%。安妮女王十二年，又规定这个5%，就是私人抵押借款的最高合法利息率。在英国大部分的暂行税都变成了永久税，并被划分成总基金、南海基金及一般基金后没多久，国家的债权者就和私人债权者一样，最高只能征收5%的利息率了。这样一来，由短期公债换成长期公债的大部分的借款，就可以产生1%的节约，换句话说，由上面三种抵押支付的年金的大部分，就可以节省1/6。在被用作抵押的各种税收上，这种节约产生了一个巨额的剩余，这个剩余成为后来减债基金的基础。1717年，这个剩余额达到了323 434镑7先令7.5便士。1727年，大部分公债的利息降低到了4%；1753年，又降低到

第一次世界大战时期的大炮生产车间。战争的消耗极大，许多时候为了把战争进行下去，必须得用预支的方法向人民借钱。

了3.5%；1757年，又降低到了3%。因此，减债基金越来越大。

虽然减债基金是为了支付旧债而设立的，但是却也给借贷新债提供了很多便利。当国家有紧急需要时，它可以补助其他基金，从而借债，因此，它就成了一种补助基金。英国是用这种基金偿还旧债的时候多，还是用来借贷新债的时候多，慢慢就会知道了。

借款的方法有两种：一种是预支，一种是永久息债。除此之外，介于这两者之间的，还有其他两种方法，也就是有期年金借款法和终生年金借款法。

在威廉王和安妮女王统治时期，通常用有期年金的办法借贷巨额的货币，而这个有期的年限，有时候比较长，有时候比较短。1693年，议会颁布了一项法案，以14%的年金，也就是以16年为期限，以每年还14万镑为条件，借贷了100万镑。在之前的1691年，议会曾经颁布了一个法案，用终生年金法借贷了100万镑。现在看来，这一条件是非常有利的，但是应募的数额没有达到政府需要的100万镑。于是，第二年，就用14%的终生年金借款，也就是用7年就可以收回本金的条件借款，来补足没有借到的款项。1695年，所有购买有这种年金的人，都可以去财政部通过对每100镑支付63镑的方法，换取到其他期限为96年的年金。换句话说，终生年金的14%和96年期年金的14%之间的差额为63镑，每年出14镑，4年半就可以收回本金。这么有利的条件，竟然没有几个人购买，估计是因为当时的政府是否安定还不确定。安妮女王统治时期，曾经用终生年金及32年、89年、98年、99年的有期年金借贷货币。1719年，32年期年金的拥有者，用自己所有的年金交换到了金额等于年金11年半的南海公司的股本，至于这个年金中到期未付的款项，也发给等价的南海公司股本。1720年，其他大部分长短不等的有期年金，都合成了一种基金。当时的长期年金，每年共有666 821镑8先令3.5便士。1777年1月5日，剩下的部分，也就是当时募捐的不足部分，不过136 453镑12先令8便士。

在爆发于1739年和1755年的两次战争中，通过有期年金或终生年金借贷来的货币非常少。98年期或99年期的年金所值的货币，几乎就和永久年金相等，因此，这两种年金就相当于借入了和永久年金一样多的货币。但是，为了家族治下财产长久考虑的人，在购买公债时是绝对不会购买那些价值不断减少的公债的；而这种人又占了公债拥有者及购买者的大多数。因此，尽管长期年金在内在价值上和永久年金差别不大，但是始终没有后者的购买者多。应募新债的人，通常都想尽快地把自己认购的公债抛售出去，所以就算金额相等，和那些长期不能收回的年金相比，他们都更愿意购买由议会偿还的永久年金。永久年金的价值被认为是一样的或者是差不多一样的，所以，和长期年金相比，它更容易转让。

在上面两次战争期间，有期年金或终生年金都是永久息债之外，支付给应募新债的人的一种额外利益。也就是说，那不是为借入的货币本金支付的利息，而是给予出借人的一种额外的奖励。

终生年金通常采用两种方法支付，也就是单独支付给个人，或者直接支付给一群人。后者是法国人顿廷发明的，所以叫作顿廷法。在年金单独支付给个人时，一旦接受年金的人死亡，那么国家收入上的负担就会按照他对应的部分而减轻。如果是按照顿廷法支付的，那么只有这一群人都死完了，国家的负担才会解除。这一群人的人数，有时候是20人，有时候是30人，其中，后死的人可以享有先死的人的年金，最后一个活着的人，享有全部的年金。如果用同样的收入借款，那么单独支付给个人年金的方法不如顿廷法，因为后者可以借到更多的钱。活着的人可以享有死去人的年金，实际上比各个人单独领受的年金有更大的价值，因为每个人都对自己的幸运非常有自信，这也正是彩票生意会成功的依据。因此，这种年金的买卖就通常会超过其实际价值。也因此，如果一个国家常年用年金法借款，那么它通常都采用顿廷法——国家与其采用一种最快地解除国家负担的方法，不如采取一种能够借入很多货币的方法。

和英国公债相比，在法国公债中，终生年金构成的部分要多很多。根据波尔多议院1764年提交给国王的备忘录，法国全部公债共有24亿里弗，其中，通过终生年金法借入的有3亿里弗，也就是全部债额的1/8。这项年金每年需要支付3000万里弗的利息，也就是全部公债总利息1.2亿里弗的1/4。我知道这种计算不正确，但是因为提供这个数据的机关地位举足轻重，所以，我认为它应该和事实差距不大。英法两国采用不同的借债方法，不是因为两国政府想要解除国家收入负担的苦心程度不同，而只是因为两个国家出借人的见解和利益不同。

英国政府所在地，是世界上最大的商业城市，因此借钱给政府的大多数都是商人。商人借钱出去的目的不是想减少自己的商业资本，而是想增加自己的商业资本，所以，如果新债的债券在卖出时不能给他提供相当的利润，他是不会应募新债的。但是，如果他借出去的钱交换到的不是永久年金，而是终生年金，那么这种年金不论是他自己的终生年金，还是别人的终生年金，当转卖时都不会有什么利润。不论是谁，对于和自己年纪差不多、身体健康状况也差不多的人的年金，总是不肯出与购买自己终生年金相同的价格进行购买，所以，售卖以自己生命为基础的年金通常总是要遭受损失的。至于以第三者的生命为基础的年金，对于买者和卖者虽然价值相同，但是真实价值在支付年金的那一刻就开始减少了，而且这种年金存在一天，它的价值就减少一天。所以，终身年金要想和真实价值通常不变，或是变化很小的永久年金一样，成

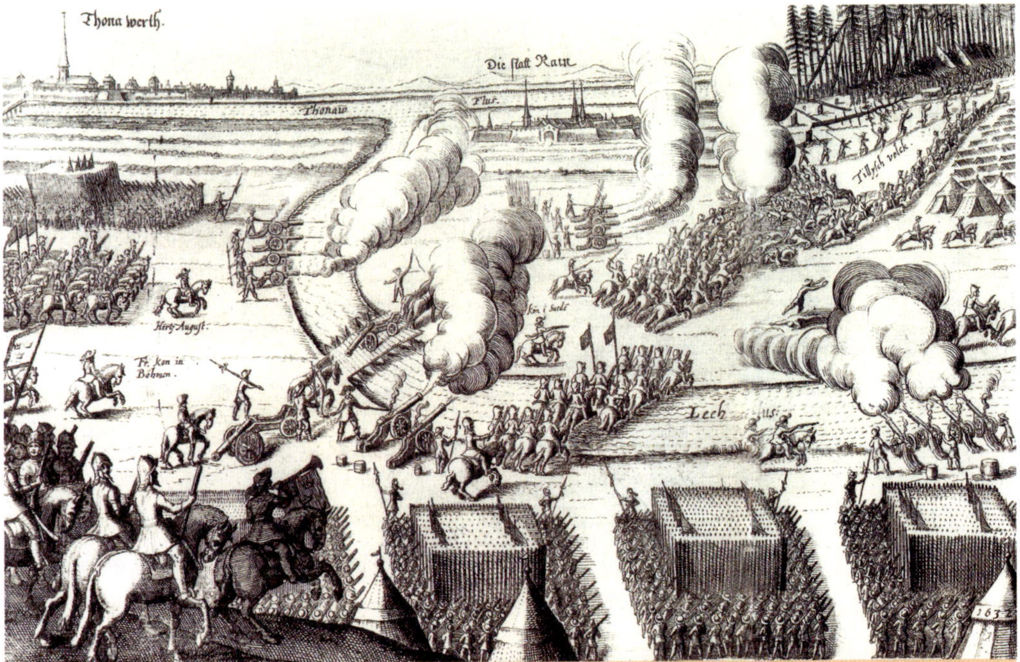

战争的洗礼。各国政府平时的经常性费用大多等于或差不多等于本国的经常性收入，所以，一旦发生战争，政府要按照费用增加的比例增加收入，就不但是不愿意，而且也是不可能的。

为便于转让的资财，是绝对不可能的。

法国政府所在地不是大商业城市，因而借钱给政府的就不像英国那样，大部分都是商人。每当法国政府出现财政紧张的状况时，通常是向那些和财政有关系的人，例如赋税包征者、征收没有实行包征制赋税的人、宫廷银行家等借钱。这些人通常都出身低微，但因为有很多钱，通常又很骄傲。他们不屑与和自己身份同等的女人结婚；而身份比他们高的女人又不屑与他们结婚，所以，他们通常都决意过单身生活。他们是没有家族的，对于通常不太愿意往来的亲戚，也漠不关心；他们只想着好好过完自己的一生就行了。对于财产随着他们生命的停止而消失，他们一点都不介意。另外，富有但是讨厌结婚，或者生活状况不适合或不方便结婚的人，在法国比在英国多得多。对于这种不怎么为后人考虑，或者完全不考虑后人利益的独善其身者，用自己的资财交换一种期限不长不短、正如他所期待的长期收入，对于他来说应该是最方便的了。

近代，各国政府平时的经常性费用大多等于或者差不多等于本国的经常性收入，所以，一旦发生战争，政府要按照费用增加的比例增加收入，就不但是不愿意，而且也是不可能的。之所以不愿意，是因为他们担心突然增加这么沉重的税会伤害人民的感情，让他们讨厌战争；之所以不可能，是因为战争到底要花费多少费用是不确定的，它不能确定应该增加多少赋税才足够支付战争的费用。各国政府都会碰到的这两种困难，通过借钱都很容易地解决了。借债可以让它们只增加一点税，就能逐年筹集到战争需要的费用；并且，永久息债可以让它们只增加最轻微的一点税，就能逐年筹集到所有可能筹集到的最大数额的货币。在一个大帝国中，住在首都中的人，以及住在其他远离战场的人，大多都不会因为战争而感到什么不便；相反，他们还可以悠闲安逸地通过新闻了解自己国家海陆军又打了什么胜仗、取得了什么战功，并享受战胜的快乐。这种快乐对于补偿他们战争时期比平时多缴纳的税款来说，已经足够了。他们通常都不想着恢复和平，因为一旦恢复和平，他们的这种快乐就没有了；并且，战争一旦结束，他们觉得再打一段时间的仗说不定就可能会实现的征服和国家光荣等虚无缥缈的愿望，也就没有办法实现了。

虽然恢复了和平，但是在战争时期额外征收的大部分的赋税却很少有废止的。这些赋税都成了战争借钱的担保。如果旧税和新税在支付完战争所借款项的利息及经常性费用外，还有剩余，那么就一定会转化为偿还债务的减债基金。不过，这种减债基金就算从来都没有被挪用到其他方面，要期待它在和平时期可以继续征收期间偿还完全部的战争借款，也是不可能的。更何况，这种基金还经常被挪用到其他方面。

征收新税的唯一目的，就是支付以此为担保的借款的利息。如果有剩余，那么通常都是意料或计划之外的，所以很少会有很大的数额。所说的减债基金，通常都是因为利息率降低而形成的，而不是因为收入超过了利息或年金的定额而剩下来的。1655年的荷兰减债基金、1685年教皇领地的减债基金，都是因为利率降低而形成的，所以用这种减债基金还债，经常都不够。

当国家处于和平时期，但是有各种额外的开支时，政府通常都会觉得用增加新税的方法，不如用挪用减债基金的方法方便。每增加一项新税，人们都会或多或少地感到痛苦。他们通常会抱怨，并且会反对，征收的赋税种类越多、越重，人们对于新增税的抱怨也就越多，想要另外征收新税或加重旧税，就更加困难了。而如果暂时停止偿还债务，人民并不会马上感到什么痛苦，也不会因此引起什么抱怨。所以，很明显，挪用减债基金通常是政府解决燃眉之急最简单易行的方法。可是，积累的公债越多，越有必要研究如何减少公债，而挪用减债基金也就越危险和具有破坏性。公债减少的可能性越小，挪用减债基金来支付平时各种额外开支的可能性和必然性就越大。既然一个国家的人民已经承担了过重的赋税，那么除非是遇到了新的战争，或者是遇到了需要报国仇或救国亡的时刻，否则人民不可能会愿意忍受新的赋税，所以减债基金经常会被挪用。

英国自从第一次实施破坏性非常大的永久息债法以来，平时公债的减少从来都没有和战时公债的增加保持一定的比例。现在存在的最大一笔公债，大多数还是第一次战争的费用（这场战争开始于1688年，通过1697年签订的《里斯韦克条约》而结束）。

1697年12月31日，英国的公债（永久息债及短期公债）总共达到了21 515 742镑13先令8便士半，其中大部分是短期预支，一部分是终身年金借入。所以到1701年12月31日以前，也就是不到四年的时间，一部分就已经偿还了，一部分又纳入了国库，总额达到了5 121 041镑12先令0.75便士。在这么短的时间内偿还了这么多的公债，真是前所未有的。当时，剩余的所有公债只有16 394 701镑1先令7.25便士。

在那场开始于1702年，并以《乌特勒克特条约》的签订结束的战争中，公债再次增大起来。截止到1714年12月31日，公债的总数额达到了53 681 076镑5先令$6\frac{1}{12}$便士。为了应募南海公司的基金，公债再次增加。截止到1722年12月31日，公债的总数额达到了55 282 978镑1先令$3\frac{5}{6}$便士。英国自1723年起开始还债，但是还债的速度非常慢。截止到1739年12月31日，也就是在17年的和平时期中，总共只偿还了8 328 354镑17先令$11\frac{3}{12}$便士的公债。到1739年年末的时候，剩下的公债总额还有46 954 623镑3先令$4\frac{7}{12}$便士。

1739年爆发的西班牙战争，和紧随其后的法兰西战争，让公债的数额再次大大增加。截止到1748年12月31日，也就是当战争以《埃·拉·查帕尔条约》的签订结束之后，公债总额已经达到了78 293 313镑1先令10.25便士。上面说过，17年的和平时期只偿还了8 328 354镑17先令$11\frac{3}{12}$便士的公债；但是，不到9年的战争却让公债的数额增加了31 338 689镑18先令$6\frac{1}{6}$便士。

在佩兰统治时期，政府下调了公债利息率，从4%减低到了3%，从而增加了用来偿还公债的减债基金。1755年，也就是最近一次战争爆发前，英国的长期公债达到了72 289 673镑。到1763年1月5日，也就是再次签订停战条约时，长期公债达到了122 603 336镑8先令2.25便士，除此之外，还有短期公债13 927 589镑2先令2便士。但是，由战争引起的花费，并不会在合约签订之日立刻停止，所以到1764年1月5日，虽然长期公债已经增加到了129 586 789镑10先令1.75便士（其中，一部分为新公债，一部分为由短期公债改成的长期公债），但根据《英国商业及财政的考察》所载，当年及第二年，还有9 975 017镑12先令$2\frac{15}{44}$便士的短期公债没有计算在内。因此，按照这样的说法，在1764年，英国所有公债（包括长期公债及短期公债）达到了139 516 807镑2先令4便士。此外，支付给应募1757年新公债的人作为奖金的终生年金，如果按照相当于14年年金计算，约为472 500镑；支付给应募1761年及1762年新公债的人作为奖金的长期年金，如果按照相当于27年半的年金计算，约为6 826 875镑。就算是像佩兰那样对国事那么用心和慎重，在7年的和平时期，还不能偿还完600万镑的旧债，但是却在差不多相等时间的战争中，借了7500万镑以上的新公债。

工厂车间里，工人们正在进行生产活动。曾经有学者认为，欧洲各债务国的公债，特别是英国的公债，是超脱于其他资本之外的另外一项大的蓄积资本。凭借这项资本，和没有这项资本只靠其他资本时相比，商业可以得到扩张、制造业可以增大、土地可以得到更多的开垦和改良。

1775年1月5日，英国的长期公债为124 996 086镑1先令6.25便士，短期公债（在扣除了皇室费这项巨大的债务后），还有4 250 236镑3先令$11\frac{7}{8}$便士，长期公债和短期公债合起来，两者共有129 146 322镑5先令6便士。照这样计算的话，在和平的17年间，偿还的债务只有10 415 474镑16先令$9\frac{7}{8}$便士。然而，就算是这么小数额的公债减少，也不都是由国家经常性收入的节余偿还的，而是由许多和国家经常性收入毫不相关的外来款项偿还的。例如三年内对土地税每镑增收的1先令的税款若干、东印度公司为了获得新地区而缴纳给国家的赔偿金200万镑，以及英格兰银行为了更换特许状而缴纳的11万镑。如果最近一次的战争产生了什么款项收入，那么应该当作是偿还这种战争费用的一部分，所以也应该加在这种外来款项中。

如果加上这个数额，再加上查特姆伯爵及克尔克拉弗特所计算出的余额，其他同类军费的节余，以及上面说的从银行、东印度公司、增加的土地税三项所得的款项，数额一定远远超过500万镑。因此，在战争结束之后，由国家经常收入节省下来偿还的公债，每年平均还不到50万镑。因为一部分公债已经偿还完了，一部分终生年金满期了，利息率又从4%下降到了3%，所以，毫无疑问，和平以后，减债基金大大增加了。如果可以一直和平下去的话，说不定现在每年可以从这种还债基金抽出100万镑来偿还公债——去年就偿还了100万镑。但是，皇室费的大债务还没有偿还，而现在我们又要开始新的战争。这场战争一旦爆发，花费一定会和前些次的战争一样浩大。在这场战争结束之前借贷的款项，说不定会等于国家通过经常性收入节省下来的费用所偿还过的全部旧债。因此，想要通过现在国家的经常性收入节俭下来的钱财偿还所有的公债，简直就是幻想。

曾经有学者认为，欧洲各债务国的公债，特别是英国的公债，是超脱于其他资本之外的另外一项大的蓄积资本。凭借这项资本，和没有这项资本只靠其他资本时相比，商业可以得到扩张、制造业可以增大、土地可以得到更多的开垦和改良。但是，主张这种学说的学者忽视了下面的事实：最初借款给政府的人，在把资本借出去的那一刹那，已经把它的资本机能转化成了收入机能；也就是说，这些资本不再用来维持生产性劳动，而开始用来维持非生产性劳动。一般来说，政府在借入资金之后的当年，就把它花费掉了，从来没有想过要用它来从事再生产。借钱给政府的人的确收到了比自己借贷出去的资本多的公债年金。毫无疑问，这种年金会偿还他们的资本，让他们能从事和从前一样或者比从前规模更大的商业或业务。

也就是说，他们不论是出售这种年金，还是用这种年金作抵押借贷资本，得到的资本一定会等于或者多于他们借贷给政府的资本。不过，像这样从其他人那里交换到或者是借来的新资本，原来一定都存在于这个国家中，而且和其他的资本一样，是用来维持生产性劳动的，一旦转到了国家的债权人手中，虽然从某些方面来说，它对于国家的债权人是新资本，但是对于这个国家来说并不是新资本，只不过是为了其他用途，从原来的用途中抽出了一些资本罢了。所以，尽管对于他们个人来说，借贷给政府的资本有了补偿，但是从整个国家来说却没有任何补偿。如果他们不把这些资本借贷给政府，那么说不定这个国家中用来维持生产性劳动的资本或年生产物还会加倍。

当国家为了应对政府的开支而增加当年自由的或者是没有作为抵押的赋税时，只是将人民收入中的一部分从某种非生产性劳动中抽离，然后转投到了其他的非生产性劳动中。人民用来支付赋税的部分，虽然也有一部分会蓄积起来成为用来维持生产性劳动的资本，但是其他大部分还是会用来维持非生产性劳动。毋庸置疑，国家费用在这种情况下，会多多少少地影响新资本的进一步蓄积，但是不一定会破坏现有的资本。

当国家开始通过借债应对政府开支时，这个国家现有的资本一定会逐年受到破坏，原来用来维持生产性劳动的一部分年生产物一定会转向用来维持非生产性劳动。不过这种情况下，征收的赋税比较轻，和上一段所说的情况相比，人民个人收入上的负担较轻，从收入中节省一部分资本的能力受到的损害也比较小。借债的方法对旧资本破坏的程度越厉害，和在当年用增加赋税以应对政府开支的方法相比，阻碍新资本的获得或蓄积的程度就越小。在借债的制度下，政府的浪费和奢侈不时对社会总资本造成的损失，更容易通过人民的节俭和勤劳而得到弥补。

不过，借债制度比其他制度拥有的这种优越性只限于战争期间。如果战争费用能够用当年征收的收入支付，那么为了临时性收入而征收的赋税，就不会超过战争进行的时期。和在借债制度下相比，人民在这种制度下的蓄积能力，虽然在战争时期比较小，但是在和平期间则比较大。战争不一定会破坏原来存在的资本，但是和平却一定会导致新资本的蓄积。一般情况下，战争都会很快地结束，而且也不会很轻易地就开始。在战争时期，人民因为要承担战争的全部负担，所以很快就会厌烦战争。政府为了顺从人民的意愿，自然也会适可而止，不敢故意拖延战期。战争一定会引起繁重而不可避免的负担，这是可以提前预知的，因此，如果没有真实的或者是非常确定的利益，人民是不会贸然同意开战的。因此，人民的蓄积能力受到损害的时期是很少见到的，就算有，那个时期也不会很长。相反，和借债作战的时候相比，蓄积能力强盛的时期是更长久的。

况且，一旦有了债务，为了偿还债务而增加的赋税，就算在和平时期，对人民蓄积能力的损害往往也和其他制度在战时实行的一样厉害。现在，英国每年的平均收入有1000万镑以上。如果赋税都没有用作抵押，都是自由的，并且把这种收入妥善经营，那么就算是进行最激烈的战争，也不需要借1个先令的新债。因为现在英国采用了破坏性非常大的借债制度，所以现在英国的居民个人收入在和平时期承受的负担，居民的蓄积能力在和平时期受到的损害，和耗费最巨大的战争时期竟然是一样的。

有人认为，支付公债的利息就好像是把钱由右手交给了左手。所有的货币都没有流到外国，只不过是将一个国家居民某一个阶级的收入转给了其他阶级罢了。这种转移，并不会让整个国家的人民比没有转移之前穷一丝一毫。这种观点，全部都是建立在重商主义学说上的诡辩。我们已经对于这种学说有过详细的讨论，似乎没有必要再在这里赘述了。需要说明的是，这种学说认为的国家借的钱全部都来自本国人民，是和事实不符的。我国就有很大一部分的公债是向荷兰人及其他外国人借的。就算现在全部的公债都没有外国人的投资，也不能减少公债的危害。

不论是公家还是私人，都依靠土地及资本获得收入。资本不论是用在农业上、制造业上还是商业上，都是用来给生产性劳动支付工资的。土地收入和资本收入归不同的两群人民，也就是土地所有者和资本所有者或使用者支配。

为了自己的收入，土地所有者一定愿意为他的佃户修理或建造房屋，营造并维持他田地中需要的沟渠和围墙，同时进行其他应该由他建造或进行的各种改良。这样一来，他的土地才能保持良好的状态。如果土地税非常繁重，让他的收入大大减少；其他各种生活必需品税、方便品税等，又让他的真实收入价值再次减少，那么他就会觉得完全没有能力进行或维持各种花费很多的改良。一旦地主不再进行自己分内的工作，租地人也是绝对不会继续进行下去的。总之，地主的困难越多，这个国家的农业就越趋向于荒废。

如果一个国家对生活必需品和便利品征税的赋税，让资本的拥有者和使用者觉得他们资本产生的收入在这个国家购买到的必需品和便利品没有在其他国家购买得多，那么他们就会考虑把资本转移到其他国家。如果这种赋税的征收同时还让大部分或全部的商人及制造业者（也就是大部分或全部的资本使用者）不断地受到征税人员的访问和调查，那么用不了多久，他的移居计划就会实现。一旦资本转移了，原来依靠资本维持的产业也将衰败下去，而这个国家的商业和制造业也将步农业的后尘，趋于荒废。

通过土地和资本这两大收入源泉产生的收入的大部分，如果从拥有者（他们和土地各部门

威尼斯的港口。在意大利所有的共和国中，热那亚及威尼斯是仅存的两个维持有独立局面的共和国，它们都因为借债而变得衰弱了。

的良好状态，和资本各特定部门的良好运营，都有直接的利害关系）手中转移到其他没有持有这种直接利益的人（如国家的债权者）手中，那么时间一久，一定会引起土地的荒废和资本的浪费或迁移。国家的债权者对于本国农业、商业和制造业的繁荣，对于土地的良好状态、资本的良好运营，毫无疑问是有一般利害关系的，因为这三者中任何一方的失败或衰退，都会使各种税收不够支付他应得的年金或利息。但是，只用国家债权者的身份来说，他对于土地任何部分的良好状态、对于资本任何部分的良好运营都没有任何利害关系；他对于这些特定部门既一无所知，也无从视察，他根本不会关注这些。有时候，土地荒废了，他也不知道，就算是知道了他也不关心，因为他不会遭受直接的损失。

借债的方法，曾经让采用这种方法的所有国家都变得衰弱了。最早采用这种方法的，好像是意大利各共和国。在意大利所有的共和国中，热那亚及威尼斯是仅存的两个维持有独立局面的共和国，它们都因为借债而变得衰弱了。西班牙好像是从意大利各共和国学到了借债的方法，可能是因为在此之前，它的赋税都比意大利各共和国更不合适，根据它的自然国力，它更加衰弱了。西班牙负债的时间特别长。在16世纪末期之前，也就是在英国还没有借过一先令国债前100年，西班牙已经负债累累了。法国虽然自然资源比较丰富却也遭受了这种债务之苦。荷兰共和国受这种债的拖累而衰弱的程度，和热那亚及威尼斯差不多。因为借债而衰弱的国家到处都是，英国怎么可能会采用了这种方法却没有受到任何损害？

说这些国家的征税制度都没有英国的合理是不错的，我也相信是这样的。但是，需要注意的一件事是，当最贤明的政府对所有适合征税的对象征完税之后，一旦出现紧急情况，它就一定会进行不恰当的征税。就算是贤明如荷兰那样的政府，当国家出现紧急情况时，也不得不像西班牙那样，依靠一些不恰当的税收来应对。在国家收入还没有从重负之下解脱出来时，如果发生新的战争，并且，新的战争也需要和上一次战争那么多的费用，那么迫不得已之下，说不定会让英国的税收制度变得像荷兰那样，甚至变得像西班牙那样沉重不堪。当然了，拜我国现在采用的征税制度所赐，我国的产业可以无拘无束地蓬勃发展，从而，就算是在耗费最大的战争期间，政府的浪费对社会总资本造成的损失，也可以通过个人的节俭和善于节俭而得到弥补。上一次战争花费的额度之大，在历次战争中是从来没有的。在那次战争结束时，英国的农业和原来的时候一样繁荣，制造业和原来的时候一样兴旺，商业也像原来一样发达，因此，用来维持这些产业的资本也一定和原来一样多。恢复和平后，农业改进了，国内各城市和乡村的房屋租金都增加了，这更充分证明人民的财富和收入增加了。原来的各种税，尤其是消费税及关税的主要部门的收入都逐年增多。这种收入的增加，清楚明白地证明了消费的增加，也就是用来供给消费的生产的增加。现在对于英国来说轻而易举的负担，在半个世纪之前，没有人相信它能够承担得了。但是，我们千万不能因为这种原因，就贸然地推断英国可以承担所有的负担，更不能过分地自信，认为就算是再重的负担，英国也可以承担得了。

我相信当公债增大到了某种程度，还能得到公公道道、完完全全地偿还的实例，几乎是没有的。国家收入上的负担，如果的确曾经完全解除过，那么就经常是通过倒账的方式（有时候，是通过公然的倒账，但大多数时候都是通过表面看起来是偿还，其实是倒账的方法）解除的。

提高货币的名义价值，是表面上偿还公债、实际上倒账经常使用的手段。例如，根据议会法令或国王的命令，将6便士银币的名义价值提高到1先令；或者将20便士银币的名义价值提高到1镑，那么在银币原来的价值下借来20先令或4盎司银的人，在银币现在的名义价值下，只需要支付真实价值为6便士的银币20枚，或少于2盎司的银，就可以偿还完全部债务了。英国永久息债和短期债务的本金，总共有1.28亿镑。如果按照这种方法偿还，只需要约6400万镑的现币就够了。像这样偿还债务，只是看上去偿还罢了，其实，对于国家的债权者来说，每1镑都被骗走了10先令。但是，遭受这种损失的，不只是国家的债权者，私人的债权者也按照同样的比例遭受损失。所以，这对于国家的债权者来说，不但没有任何好处；相反，在大多数情况下，还会给他们造成很大的损失。当然了，如果国家的债权者从其他人那里借了巨额的货币，那么也可以用同样的方法偿还，从而让自身的损失得到一定程度的补偿，减轻自身的损失。但是，在大多数国家，把货币借给国家的人都是富有人士，他们对于本国同胞而言，不是债务者，而是债权者。因此，这种偿还的方法，对于国家债权人造成的损失没有丝毫减轻，反而增大了。在这种情况下，国家没有得到任何的好处，但是大多数无辜的人民却遭受了飞来横祸。这对于私人财产，通常会引起破坏性极大的损害。而在大多数情况下，懒惰而奢侈浪费的债务者，将通过牺牲勤劳而节约的债权人的利益而变得富有；国家大部分的资本将从增加这种资本的人手中转移到破坏这种资本的人的手中。如果国家觉得有必要宣布破产，那么它就会像私人觉得有必要宣布破产时那样，光明正大、开诚布公地倒账。这种方法，对于债务者来说不会有失体面，而对于债权者来说，也没有什么大的损失。国家为了掩盖有失体面的实际倒账而采用这种极易被识破又非常有害的方法，真是太愚蠢了。

然而，从古到今，当国家有这种必要时，通常都采取这种最坏的隐瞒方法。在罗马和迦太基之间的第一次战争结束时，罗马人把阿斯（阿斯是当时其他所有铸币的标准）的价值，从每阿斯含铜12盎司减少到了每阿斯含铜2盎司，也就是他们提高了2盎司铜的名义价值，让它等于了原来12盎司铜的名义价值。通过这种方法，国家只要偿还自己原来所借债务真实额的1/6就行了。在我们现在想来，这种突然而巨大的倒账，应该会在人民中间引起很大的抱怨和骚动的，但是当时竟然没有出现这种情况。这可能是因为，就和其他关于铸币的法律一样，这种法律也是由护民官向民会提出，并由民会通过的；这种法律在当时恐怕还是一项非常受人民拥护的法律。就和古代的其他共和国一样，罗马的贫民也不断地向富有人士或其他有权势的人借款，富有人士和其他有权势的人，为了可以在每年的选举上获得很多的票数，就经常以很高的利息贷款给人民，这种利息从来都没有支付过，很快就成了债务人自己没有能力偿还，别人也不能代付的巨大数目了。债务者害怕债权者会有非常苛刻的要求，所以在每年投票的时候，就不得不投票给债权人或者是债权人所推荐的候选人，但是他不能再从债权者那里得到任何报酬。尽管当时的法律严令禁止贿赂和收买，但是在共和国晚期，贫苦市民大多都是依靠候补者提供的报酬和元老院不时发放的谷物生活的。为了可以逃离债权者的掌控，贫困市民多次要求解除他们对于债权者全部的债务，或者是通过他们提请的所谓新案，也就是通过偿还积累下来的债务的一部分，从而解除全部债务责任。因此，把所有铸币的名义价值都减少到其原来价值的1/6，从而他们就可以用相当于原来1/6的价值偿还掉全部的债务，而制定这种方法的法律，刚好是最有利的一种新案。富有人士及有权势的人为了满足人民的要求，在许多情况下不得不同意这种废弃债务及施行“新案”的法律。不过，迫使他们同意这种法律的，一方面是上面所

交税的罗马人。在共和国晚期，贫苦市民大多都是依靠候补者提供的报酬和元老院不时发放的谷物生活的。

说的那些原因；另一方面是因为他们本身也是国家的主要指导者，他们想通过这种方法解除国家的负担，恢复国家发展的元气。通过这种方法，本来1.28亿镑的债务，一下子就减少到了21 333 333镑6先令8便士。在罗马和迦太基的第二次战争期间，阿斯的价值又经过了两次降低，第一次，由含铜2盎司减少到了1盎司，第二次，再次减少到了半盎司，也就是减少到了原来价值的1/24。根据最后一种方法，我国现在1.28亿镑的债务，一下子可以减少到5 333 333镑16先令8便士。就算英国负债的数额那么大，如果用这种方法，也可以一下子就偿还完。

我相信，如果按照这个方法实行下去，所有国家的铸币将会越来越低于其原来价值，而同一名义铸币包含的银量，也将因此而越来越少。

当国家觉得有必要倒账时，有时候是像上面所说的那样提高货币的名义价值，有时候，却是降低货币的标准成色，也就是在某种货币中掺入大量比较劣质的金。例如，根据现在的法律，每镑银币只能掺劣质金18本尼威特（约等于0.05盎司），如果掺入了8盎司，那么1镑或20先令的这种银币，就等于现在银币6先令8便士了。而我国现在银币6先令8便士所包含银量的名义价值，也几乎就提高到了1镑。这种标准成色的降低，和法国人所说的“增大价值”——提高货币的名义价值——在结果是完全一样的。

这种直接提高货币价值的方法，通常是公开的，是显而易见的，从它的性质来说，也必须得这样。通过这种方法，较轻较小的铸币，就可以得到和原来较大较重的铸币同样的名义价值。至于减少货币标准成色的方法则正好相反，它通常都是保密的。使用了这种方法的铸币，虽然造币局想方设法让它和原来同一名义价值的货币保持同样的重量、容积和外观，但是实际价值却相差非常大。当法国国王约翰想要偿还债务而减少货币标准成色时，所有造币局的人都宣誓会保守秘密。上面两种方法都是不正当的。单纯的“增大价值”，是明目张胆、强横的不公正；而减少货币的标准成色则是阴险奸诈的、欺骗性的不公正。所以，后面一种一旦被发现（通常是绝对不可能长久保密的），经常会比前者引起人们更严重的厌恶。铸币在“增大价值”之后，很少可以恢复到以前的重量，但是，在将铸币的标准成色降得非常低之后，却几乎

河边的牧牛人。无论土地、住所、牲畜，都有可能纳入征税体系中。

都会恢复到以前的成色，因为对于后者来说，除了恢复成色外，没有其他任何可以平复人民怒火和不平的方法。

在亨利八世统治末期及爱德华八世统治前期，英国不但提高了铸币的名义价值，而且还降低了铸币的标准成色。在詹姆士六世统治初期，苏格兰也曾经使用过这样的欺诈行为。此外，很多国家，都实行过这种方法。

英国国家收入的剩余部分，也就是支付完每年的经常性费用后剩下的部分非常少，因此，不要说靠它完全解除国家收入上的负担，就连靠它部分地解除国家收入上的负担，也是完全不可能的。所以，除非国家收入有了一个很大的增加，或者是国家的开支有了很大的减少，否则减轻或解除国家收入负担的愿望就永远不可能实现。

采用比现在更公平的土地税和房屋税，以及推行前面说过的关于现行关税和消费税制度的改革，恐怕不用增加大多数人民的负担，而只要把这种负担平均地分配给全国人民，就可以让国家收入大大增加。然而，就算是一个乐观的计划者，他愿意相信这种收入的增加可以完全解除国家收入上的负担，至少也可以在和平时期减轻这种负担，但是他能相信战争不会再次发生，公债不会再次累积吗？

如果英国把征税制度推广到帝国所有属地，而不管那里的人民是不列颠人还是欧洲人，那么收入可能会有大的增加。但那是很难做到的。根据英国宪法，各地方在议会中所占的席位数和它们所纳的税额成一定比例。如果现在将税制推广到所有的地区，那么就必须同意那些地区根据缴纳税款的一定比例而在议会中（如果它们想的话）拥有一定的席位，否则就不公平、就违背宪法了。这么巨大的变革，当然会和许多有权势人的私人利益，以及大多数人民的既成观念相冲突，因此，想要实现是非常困难的，甚至是根本不可能的。但是，暂且先把英国和各地区统一税制是否可行搁置不说，先考察一下英国的征税制度究竟能在什么程度上适用于大英帝国的所有地区。如果真的适用的话，究竟会带来多少收入呢？并且，这种一般的统一完成后，会给整个帝国各个地区的繁荣幸福带来什么样的影响呢？这些方面的设想也许没有什么不合适的。在我看来，就算是最坏，也不过是一种新的乌托邦罢了，尽管可能没有莫尔的乌托邦那么有趣，但是总不会更无用、更虚无吧？

英国有四个主要的税种：土地税、印花税、各种关税和各种消费税。

从支付土地税的能力来说，爱尔兰实际上是和英国不相上下的，而美洲和西印度殖民地比英国还更有支付能力。和征收有什一税或救贫税地区的地主相比，没有征收这两种税的地区的地主，一定是更有支付土地税的能力的。如果什一税不折合成货币征收，而是用实物征收，那么，对于地主来说，这比每镑实际征收5先令的土地税花费得还要多。在大多数情况下，这种税都会比土地真实地租（也就是偿还完全部的农业资本并提供合理利润之后剩下的部分）的1/4还多。如果废止所有的代金及所有交给私人保管的教会财产，那么英国及爱尔兰教会的什一税全部将会超过六七百万镑。如果英国及爱尔兰没有任何的什一税，那么在不加重地主现有负担的情况下，还会让他们有充足的能力多提供六七百万镑的土地税。美洲是没有什一税的，因此要征收土地税就很轻松了。虽然由于美洲及西印度的土地总的来说很少有租给农民耕作的，导致征税的时候没有地租簿可以作为依据，但是，在威廉及玛丽四年（1692年），对英国土地征收的赋税，也并没有可以作为依据的地租簿，而是依据了一种非常宽松而不正确的评价。因此，美洲土地用这种方法征税也并没有什么不可以；否则的话，也可以用最近米兰小公国、奥地利、普鲁士和沙廷尼亚采用的方法，也就是经过准确测量之后，再以公平的评价为依据征税的方法。

在大英帝国下辖的各个地区推行印花税，很明显是没有什么困难的。因为在这些地区，印花税的法律程序、动产或不动产的转移契据都和英国相似或差不多。在这些地方，英国的印花税几乎可以不做任何变动地直接征收。

如果英国的关税法推广到爱尔兰及英国各殖民地，那么伴随而来的贸易自由（公正地讲，就应该这样），将给两地带来非常大的利益。现在为了限制爱尔兰贸易而设置的各种约束条件，都将因此而彻底废止，把美洲产物区分为列举物品和非列举物品的制度，也将完全废止。届时，就像现在的菲尼斯特尔海角以南的地区对美洲某些产物开放市场一样，菲尼斯特尔海角以北的地区，也将对美洲所有的产物开放市场。关税法像这样统一之后，大英帝国各属地的贸易，就会像现在的英国沿海贸易一样自由，而大英帝国将在本国领土内给各地的所有产物提供一个无限的国内市场。这种扩大的市场，会立刻弥补爱尔兰及各殖民地因为关税的增加而承受的负担。

要将英国的税制推广到大英帝国的所有属地，只有消费税这个税种是需要完全修改的。爱尔兰王国的生产和消费实际上和英国差不多，所以英国的税制可能会不需要修改就直接适用于爱尔兰。但是，美洲和西印度生产和消费的性质，就和英国的很不相同了。所以，就和这种征税制度要应用到英国生产苹果酒、啤酒的各州时需要修改一样，这种征税制度在应用到这些地方时，也是需要修改的。

例如，被美洲人也称为“啤酒”的发酵性饮料，在当地人的普通饮料中占了很大一部分，因为它通常是用蜜糖酿造而成的，所以，和英国人所谓的啤酒有很大的差别。这种美洲啤酒，只能保存几天，所以不能像英国啤酒那样在大酿造厂调制、保存和贩卖。如果一个家庭想要消费的话，只能像烹制食物那样，在自己的家中酿造。但是，如果这些以自己饮用为目的的私人家庭，也要和那些以贩卖为目的的麦酒店主及酿造家一样，接受征税人员讨厌的访问和检查，则是完全违背自由的。如果为了公平起见，认为有对这种饮料征税的必要，那么可以在制造这种原料的场所对原料征税；如果商业的情况不允许征收这种消费税，那么就不妨在原料被进口到被消费的殖民地时征收进口税。对于进口到美洲的糖蜜，除了英国议会规定的每加仑1便士的税外，如果是用其他殖民地的船只进口到马萨诸塞湾的，那么每大桶征收8便士的州税，如果是从北部的各殖民地进口到南卡罗来纳的，那么每加仑征收5便士的州税。如果感觉这些征税方法都不方便，那就可以像英国不征收麦芽税的方法一样，按照各个家庭人数的多少征收一定的数额；或者按照荷兰征收各种税的方法，按照一家人的年龄和性别，每年征收一定的数额；也可以按照马修·德克尔爵士提出的对英国所有消费品征税的方法征收——他的方法我们前面已经说过了，对于迅速消费的征税对象来说，实在是太不方便了，但是如果是在没有其他更好的方法可以使用的情况下，也不妨采用。

不论在什么地方，砂糖、甜酒及烟草都不能算是生活必需品，但是，同时，不论在什么地方，它们都可以算是普遍消费品，因此，对于它们征税是最合适不过的了。如果英国和各殖民地实现了统一，那么对这种商品征税，可以选择它还在制造者或栽培者手中时；如果感觉这种征税方法对于他们来说不方便，那么可以把这种等待征税的商品储存在制造所在地及帝国各港口的公共仓库中，由商品所有者和征税官吏共同管理，在这种商品到达消费者、国内零售商或出口商那里之前，都不征税。并且，如果出口商在提取货物时，对于货物确实是输往外国的提出了适当的保证，那么在出口时，也可以免税。因此，如果英国和各殖民地成功统一，那么对这几种商品征税的制度恐怕就是需要大作修改了。

把这种征税制度推广到大英帝国各属地，到底能产生多少总收入呢？要想得到准确的数字当然是不可能的。英国采用这种制度，用不足800万的人口，每年获得了1000万镑的收入。爱尔兰的人口有200万以上。根据某次美洲议会提出的报告，美洲12个同盟州共有人口300万以上——这种报告，或者是出于鼓励当地人民的目的，或者是出于威慑我国人民的目的，可能会有所夸大。所以，我们假定，我国北美洲及西印度各殖民地总共有300万人，或者说包括欧洲美洲在内的整个大英帝国的人口总共有1300万。如果这种征税制度对于不足800万的人口可以征收到1000万镑的税，那么对于这1300万的人，应该可以征收到1625万镑以上的收入。在这种假定能产生的收入中，爱尔兰和各殖民地常年为了支付政费而征收的收入，是需要扣除的。爱尔兰的行政费用、军费和公债利息，从1775年3月之前的两年来看，每年还不到75万镑。根据

早期北美殖民地地图。如果英国和各殖民地实现了统一，那么对某些商品征税的制度恐怕就需要大作修改了。

北美地区的淘金者。美洲金银的稀少，并不是因为美洲缺乏金银，也不是因为当地人民没有能力购买金银。

一项非常正确的计算，在当前的骚乱开始之前，美洲及西印度主要殖民地的收入总共有141 800镑。不过，这个计算把马里兰、北卡罗来纳及我国最近在大陆和岛屿方面领有地的收入排除在外了，这排除在外的收入，估计有三四万镑。为了让数字简单，假定爱尔兰和各殖民地用来支付行政费用的必要收入为100万镑。从总收入1625万镑中扣除这100万镑，还有1525万镑可以让帝国用来支付一般费用和公债利息。既然英国平时可以从现在的收入中节省100万镑下来偿还公债，那么也就可以从增加了的收入中节省625万镑下来偿还公债。而且，这一大笔减债基金，还会因为以前各年已经偿还了一部分、不用继续支付利息而逐年增大。减债基金这样急速地增加，用不了几年，就足够偿还所有的公债，从而完全改变帝国现在消沉、憔悴的景象，恢复帝国的勃勃生机了。同时，人民也可以从几种非常沉重的赋税负担，也就是生活必需品税或制造原料税中解脱出来。这样，从事生产劳动的贫民，才能过上较好的生活，用比较低廉的价格提供劳动，并用比较低廉的价格给市场提供货物。货物价格的低廉，引起了人们对货物需要的增加，对货物需要的增加又引起了生产货物需要的劳动量的增加。需要的劳动量增加，则劳动贫民的人数也会增多，处境也会得到改善。这样一来，他们的消费增加，由他们消费的所有征税商品所产生的收入也会增加。

但是，通过这种税收制度得到的收入，并不一定会立刻根据被征税人口数目的比例而增加。对于大英帝国属地中以前从来没有承担过这种负担，而刚开始承担这种赋税负担的各个地区，在一段时期内应该采用非常宽松的方法。就算在各地都尽可能地正确征收，税收收入也不会处处都按照人口数目的一定比例而增加。因为，在贫困地区，人民对于需要征收关税和消费税的物品的消费非常少；而在人口比较稀疏的地区，走私的机会又非常多。苏格兰的底层人民很少喝麦芽饮料。从人口数目和税率（麦芽的质量有差异，所以税率也有差异）来说，苏格兰对麦芽、啤酒和麦酒征收的消费税收入，比英国少很多。至于存在于这些特定部门的走私贸易，我相信，苏格兰和英国是一样多的。从和人口数目形成的比例来说，对酿造所征收的税和大部分的关税收入，苏格兰都比英国低。这不但是因为苏格兰消费的征税商品比较少，还因为在苏格兰走私比在英国容易。爱尔兰的底层人民比苏格兰的还贫困，而它大部分的领土上，人口和苏格兰一样稀疏。因此，从和人口数目形成的比例来说，虽然爱尔兰对被征税商品的消费比苏格兰还要少，但是它走私的容易程度却是和苏格兰差不多的。在美洲和西印度，就算是处于最底层阶级的白人，处境也不是英国同一阶级人民可以相比的，而他们对于所有奢侈品（他们通常喜欢的）的消费，也恐怕要大得多。当然了，大陆南部各殖民地和西印度群岛的人民，大多数都是黑人，他们现在还是奴隶，处境当然是比苏格兰和英国最底层的人民还恶劣。但是，我们绝对不能因此就推断他们比英国最下层人民吃得更差，消费得征收轻税的商品更少。就像好好喂养从事耕作的家畜是家畜拥有者的利益一样，让奴隶吃好，照顾好他们，从而让他

北美未开垦的荒地。荒地面积越大，刺激殖民地人民从事超出自己资力所能经营范围的诱惑力就越大。

们可以好好工作，也是奴隶主的利益所在。不论是在什么地方，黑人奴仆几乎都和白人奴仆享有同等的机会获得甜酒、糖蜜和枞酒的配给，就算是对这些物品征税轻税，这种配给也不会取消。因此，从和居民人数形成的比例来说，美洲及西印度被征税商品的消费，恐怕不会低于大英帝国的任何一个地方。不错，从面积的广阔程度来说，美洲居民比苏格兰或爱尔兰的要少很多，因此，那里从事走私贸易的机会也多很多。但是，如果现在通过对麦芽及麦芽饮料征收赋税获得的收入，全部都通过只对麦芽征税获得，那么消费税最重要部门上走私贸易的机会，就会被完全杜绝；如果消费税不是对所有的进口物品征收，而是只对那些用途最广、消费最多的少数物品征收，那么，走私贸易的机会就算没有被全部杜绝，也会被大大减少。如果经过了这两种非常简单、非常容易的改革，就算是在人口最稀疏的地区，从消费比例而言，关税和消费税，恐怕也会产生出像人口最稠密地区一样大的收入。

曾经有人认为，美洲人从来没有持有过金币，也从来没持有过银币，当地的内地贸易，都是用纸币进行的。就算偶尔有金银流到了那里，又会为了交换到我国的商品，而全部流回到了英国。没有金银是没有办法纳税的。我们已经从他们身上取走了所有的金银，怎么还能够再去索要他们没有的东西呢?

但是，美洲金银的稀少，并不是因为美洲缺乏金银，也不是因为当地人民没有能力购买金银。和英国相比，那里的劳动工资非常高，食品的价格又非常低，因此如果那里的人民觉得购买更多量的金银是必要的，或者是方便的，那么他们是一定有能力购买的。因此，美洲缺少金银，一定是当地人自己选择的结果，而不是形势逼迫的结果。

金币和银币之所以成为必要或便利，只是为了进行国内或对外贸易。

本书的第二篇说过，进行国内贸易时，用纸币和用金币，便利程度是差不多的，至少在和平年代是这样。美洲人即使是投入再少的资本在土地改良上都可以获得利润，因此，对于他们来说，最便利的是尽量地减少花费在购买高价金银上的剩余生产物，而把大部分的剩余生产物用来购买职业用具、衣料、家具及开垦耕作所必需的铁质农具等，换句话说，不购买死的资本，而购买活的生产性资本。殖民地政府发现，给人民提供足够（通常会超过足够量以上）流通国内交易的纸币量，对于他们有利。这些政府中，尤其是宾夕法尼亚政府，通常借贷纸币给人民，通过高额的利息获得一项收入。此外，像马萨诸塞政府，一旦财政出现紧张，就发行纸币以支付国家费用，然后，在它认为方便的时候，按照纸币逐渐下跌的价格进行收回。1747年，马萨诸塞政府用这种方法，依照自己所发行纸币价格的1/10，偿还了大部分的公债。免去了国内交易上使用金银的费用，这是殖民地人民使用纸币享受到的方便；提供一种媒介物（尽管这种媒介物经常会伴有一些不利），让这种免除成为可能，这是各殖民地政府从使用纸币中得到的方便。纸币过多，一定会把一部分的金银从殖民地的国内贸易中驱逐出去，就像纸币过多，曾经把金银从苏格兰大部分国内贸易中驱逐出去一样。在这两个国家，使用过多的纸币都不是因为人民的贫乏，而是因为他们的企业心和计划精神。他们都想把所有的资财都用作生产性资财。

各殖民地和英国进行的对外贸易，总是需要使用金银的，因此，也会正确地按照需要的必要，多少使用一些金银。在不需要金银的地方，自然很少见到，但是在需要的地方，通常都是不必担心没有的。

英国和生产烟草的殖民地之间的贸易，通常都是这样的：商人先把英国货物赊给殖民地人民，在一段时间之后，再通过一定价值的烟草而收回货物的价值。用烟草支付而不用金银支付，对于殖民地人民来说当然是比较方便的；对于商人来说，不用金银而用自己刚好想要销售出去的商品来购买自己需要的货物，当然也是比较方便的。在通常情况下，商人为了应对临时的需要，经常需要从商业资本中划出一部分现金保存不用，但是，在这种情况下，商人就不用担心这种不时之需了。他可以在店铺或货仓中储存更多的货物，或者是从事更大的营业。但是，一个商人用自己的货物交换其他所有和自己进行贸易的商人的货物，其他商人也感到方便的情况毕竟是很少发生的。如果英国商人在弗吉尼亚和马里兰进行贸易，情况就不一样了，对于卖给这些殖民地的货物，与其收取金银，还不如收入烟草更方便。因为他们可以从烟草的销售中获得利润，但是却不能从金银的转卖中获得任何利润。因此，英国和这种生产烟草的殖民地之间进行的贸易，是很少用到金银的。马里兰和弗吉尼亚，不论是国内贸易还是对外贸易，似乎都没有必要使用金银。因此，它们的金银就比美洲其他殖民地的少。然而，从繁荣和富裕程度来说，它们并不比其他的殖民地低。

在位于北部的各殖民地，也就是在宾夕法尼亚、纽约、新泽西、新英格兰四州等地，出口到英国的货物的价值，和它们自己消费或其他殖民地消费的（在这种情况下，由它们负责把英国货物输送到其他的殖民地）从英国进口的货物的价值并不相等。在这种情况下，就必须用金银把这中间的差额支付给英国。通常，它们总能找到这笔金银。

生产砂糖的各殖民地每年出口到英国的货物的价值，通常都比每年从英国进口的所有货物的价值大很多。如果需要支付砂糖及甜酒的价值给殖民地，那么英国每年就不得不输送出一大笔的货币来填补这个贸易差额。因此，对西印度的贸易（就像某些政治家所认为的那样），也就成了非常不利的贸易了。事实上，许多拥有产糖大农场的人，都居住在英国。他们的地租通常都是以农场生产物的形式输送给他们。根据西印度商人自己的计算，在这些殖民地购买的砂糖和糖酒的价值，少于他们每年在那里卖掉的货物的价值。这个贸易差额当然也是一定要用金银支付给这些商人的，而通常也是不用发愁没有金银支付的。

各殖民地偿还英国债务的困难和拖欠程度，都和它们各地应该偿还的差额大小不成比例。通常，北部的各殖民地应该偿还的差额都非常大，但是生产烟草的殖民地应该偿还的差额有时候根本就不存在，就算有也非常小，但是，前者经常都能按时偿还，而后者却经常不能按时偿还。各产糖殖民地偿还债务的困难程度，不是和各殖民地应该偿还的贸易差额大小成比例的，而是和它们拥有的荒地面积的大小成比例的。荒地面积越大，刺激殖民地人民从事超出自己资力所能经营范围的诱惑力就越大，从而，想要偿还债务就越困

英国任命的印度总督在当地奢华的就职游行仪式。对英国而言，印度殖民地既是其原料供给地，又是其产品倾销地。

难。相反，荒地面积越小，想要偿还债务就越容易。相同的原因，和那些已经完全耕作多年、很少有荒地的小岛——如巴巴多斯、安提瓜及圣克里斯托弗等——相比，还有很多荒地可以开垦的牙买加大岛的还债能力是非常不规则，也非常不确定的。最近，格拉纳达、多巴哥、圣文森特及多米尼亚等新领地的获得，为这种投机开辟了一个新的舞台，而这些岛屿最近还债能力的不规则和不确定，是和牙买加大岛完全一样的。

因此，对于大部分殖民地来说，之所以很少有闲置的银子，并不是因为缺乏。它们需要大量的活动的生产性资本，所以对于它们来说，尽可能地减少死的资本是比较有利的，它们通常觉得用金银交易是不方便的，而满足于那些非常低廉的交易媒介。这样一来，它们就可以把金银的价值转用在购买职业用具、衣料、家具及开垦耕作必需的铁制农具上。对于那些只有依靠金银才能进行的贸易部门，它们通常也总能找到需要的金银量。如果找不到的话，那不是因为缺少，而是因为它们从事了过大的企业。它们偿还债务的不规则和不确定，不是因为它们缺少还债资金，而是因为它们想要发财的愿望太迫切了。如果殖民地征收的赋税，除了用来支付当地行政费用和军费外，其他所有部分都必须以金银的形式输往英国，那么它们也一定有充分的购买这种必需金银的方法。在这种情况下，它们不过是把现在用来购买活的生产性资本的一部分剩余生产物，转而用来购买死的资本罢了。因此，它们就不得不放弃国内贸易中使用的廉价的交易媒介物，转而使用比较高价的交易媒介物，这种高价的交易媒介物，一定会对它们改良土地的过度热心和冒进产生一定的抑制作用。但是，美洲收入的任何部分都没有以金银的形式输送往英国的必要，它们通常都是以汇票的形式汇寄过去的（这种汇票是由英国特殊商人或公司开出并由它兑现的，这种特殊商人或公司曾经订购了一些美洲剩余生产物，它们在货物收割后，就按照货物的价格支付给国库）。这样一来，美洲不需要输出1盎司的金银，但是所有的事情都办妥了。

让爱尔兰及美洲帮英国偿还公债，是非常合理的。因为英国的公债，本来就是为了支持通过革命建立起来的政府而借的。正是因为有了这个政府，爱尔兰的新教徒才可以在自己的国家内享有全部的权利，他们的自由、财产和宗教才有了保障。也是因为有了这个政府，美洲的殖民地才有了现在的特许状和现行的宪法，而美洲所有殖民地的人民也就是从那时才享有了自由、安全和财产。因此，英国之所以会有公债，并不仅仅只是为了保护自己，同时也是为了保护英国的所有属地。尤其是上一次战争引起的巨大公债，以及更早一次战争引起的大部分的公债，本来的用途都是为了保护美洲。

爱尔兰归属于英国，除了可以享有自由贸易的利益外，还可以获得其他重要得多的利益，这些利益远远大于其归属英国后因为需要多缴纳赋税而带来的不便。苏格兰归属于英国之后，原来一直被贵族权力压制的中下层人民获得了完全的解放。在爱尔兰贵族权力的压制更加严重，受害者也更多。自从归属于英国之后，大部分的人民都从贵族的压制中解脱了。就像苏格兰的贵族一样，爱尔兰的贵族也不是因为门第、财产那些自然的可以让人尊敬的差别形成的，而是因为最可恶的宗教偏见和政治偏见而形成的。这种偏见更是助长了贵族们的傲慢，以及被压制者的憎恶和厌烦，结果，同一个国家同胞间持有的敌意，比不同国家间人民的敌意还严重。如果爱尔兰没有归属于英国，它的人民也许在今后的数十年，甚至数百年间都不会把彼此看作同胞。

富兰克林绘制的以13处英属殖民地为原型的蛇。对于英国本土的许多人来说，美洲殖民地只是帝国一种华美壮丽的装饰。

在美洲各殖民地，一直都不存在专横的贵族。然而，从幸福和安定来说，那里的人民也从归属于英国中获益匪浅。至少，他们可以免受小民主政体下经常会发生的党派之间互相仇视和凶恶的竞争之苦。那种党派竞争，经常会分裂人民的感情，破坏政府的安定。如果美洲完全和英国脱离关系（如果没有通过归属于英国进行制止的话，这种情况是非常容易发生的），那么这种党派竞争会比以前激烈十倍。在当前的骚乱发生之前，英国施加的这种压力通常能够起到制止党派竞争的作用，使其不至发展成野蛮和相互侮辱的行径。如果没有这种压力，恐怕很快这种党派斗争就会演变成暴力的流血惨剧了。在所有归一个中央政府管辖的大国内，党派精神在帝国中心通常比较浓厚，而在国家的偏远地区，则比较薄弱。和首都离得远了，也就远离了政党斗争和野心的主要旋涡，这样一来，看待各党派的主张时，就不会有成见，而对于各党派的行动也会进行公正无私的观察。从目前的情况来说，在苏格兰的党派斗争没有在英国的激烈。如果各地区都归属于英国之后，爱尔兰的党派斗争又应该没有苏格兰的激烈，而隶属于英国的美洲各殖民地，估计用不了多久就会出现没有任何党派斗争的其乐融融的景象了，这种景象是英国任何属地都从来没有出现过的。当然了，在归属以后，爱尔兰和美洲各殖民地都会承担比现在沉重的赋税，但是，如果英国能够勤勤恳恳地、忠实地把收入用来偿还公债，那么用不了多长时间，英国的国家收入就会减少到只要够维持政府的经常性费用就行了，现在征收的大部分的赋税都不会继续征收下去。

东印度公司获得的领土，毫无疑问是属于英国国王的，也就是属于英国国家和人民的。从那些领土中产生的另一个收入，恐怕比上面所说的各种收入来源还要更丰富。据说，和英国本土相比，那里物产更丰富、领土面积更广阔，而从和国土面积形成的比例来说，那里更富裕、人口也更稠密。不过，要从那里获得一大笔收入，不能征收新的赋税。因为那里的赋税已经达到极限，甚至超过极限了。我认为，和增加那些悲惨人民的负担相比，更合适的方法是减轻他们的负担，和征收新的赋税相比，更合适的方法是防止对大部分通过赋税征收到的收入进行滥用和贪污。

如果英国没有办法从上面所说的各种来源中获得大笔的收入，那么唯一可用的方法就是缩减费用了。在征税方法和对国家收入的开支上，毫无疑问还是有可以改进的余地的，不过，和其他国家相比，英国至少也算是在征收方法和收入的开支上比较节俭的了。英国花费在军事上的费用，和欧洲其他实力相当的国家相比是更适当的。所以想要从这个项目上节省费用似乎是不可能的。在当前的骚乱开始之前，美洲各殖民地的经常性费用相当大，如果不能从这些殖民地中获得收入，那么它们的这种费用应该是可以完全节省下来的。不过，就算这笔费用再大，和英国为了保护它们而进行的战争所耗费的数额相比，就显得很小了。前面讲过，英国完全为了保护殖民地而进行的最近一次战争耗费的军费在9000万镑以上。主要为了保护殖民地而在

1739年进行的和西班牙的战争，以及由那次战争而引起的和法国的战争，总耗费在4000万镑以上。当然了，这项费用的大部分都应该由殖民地承担。英国为了各殖民地在这两次战争中所花费的，比第一次战争开始之前所有公债的两倍还多。如果没有进行这几次战争，当时的公债已经可以全部偿还完了，实际上也有可能已经完全偿还完了。如果不是为了这些殖民地，说不定就不会有第一次战争，第二次战争则是绝对不会有的。就因为认为这些殖民地是英国的领土，竟然开战了，竟然耗费了那么多的军费。但是对于那些既没有给帝国提供财力上的支持，又没有提供武力上支持的地方，是绝对不应该看作领土的。那应该算是帝国一种华美壮丽的装饰。既然帝国已经没有财力维持这种装饰性的费用，那么早就应该废弃。如果不能够按照支出的比例而增加收入，那么至少应该量入为出。如果不管殖民地是不是拒绝纳税，都把它当作英国领土的一部分，那么将来为了保护殖民地而进行的战争，恐怕还会消耗掉英国更多的资财。数百年来，英国统治者都用我国在大西洋沿岸保有一份疆土的想象来安慰我国的人民。然而，这种疆土到现在为止仍然只存在于想象之中。这种疆土现在还不是疆土，而只是疆土的计划，金矿也不是金矿，而只是金矿的计划。总之，一直都只是一种计划而已。从过去延续到现在，这种计划，已经让英国耗费太多了，如果今后按照同样的方法继续下去，将来的花费恐怕还会更多，而且这种花费还不会有任何的利润。因为前面讲过，殖民地贸易的垄断，对于大多数人民是有害而无益的。是到了我国统治者实现自己沉迷（或许人民也沉迷）的黄金梦的时候了，如果不能，那么就应该先从梦中苏醒过来，然后让人民也苏醒过来。如果制订的计划无法完成，那就应该及早放弃。如果被看作英国领土的地方不能为英国的维持做出任何贡献，那么英国就应该自动免除为了保护那个地方而支出的军费，甚至免除经常性军事费用的一部分，并努力地让将来的目的和计划符合国家的实际情况。

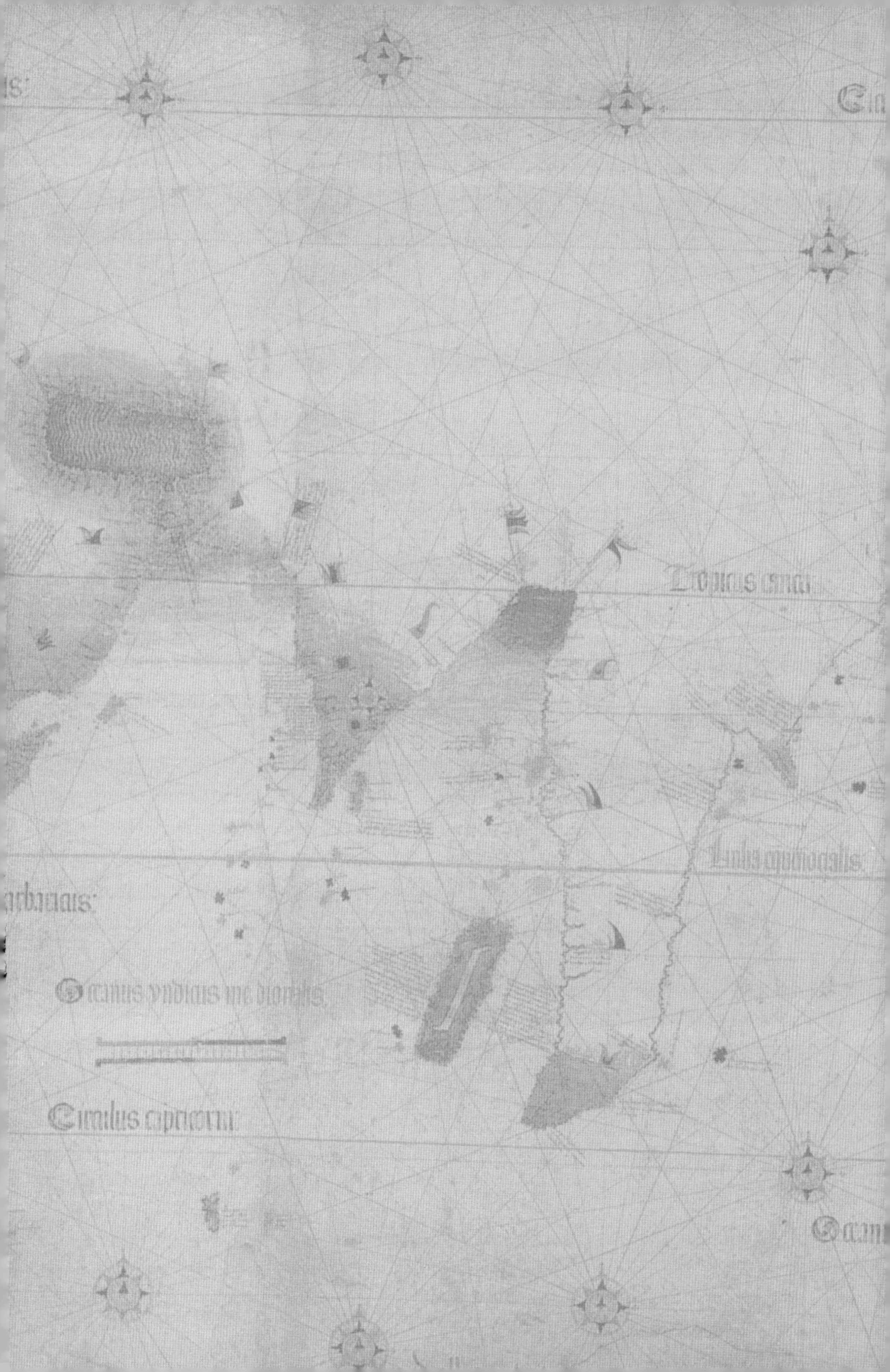